U0627618

中华传世藏书

【图文珍藏版】

二十五史

姜涛⊙主编

线装书局

【二十五史】

北齐书·周书

［唐］李百药

令狐德棻⊙原著

导　读

　　《北齐书》为唐朝史学家李百药所撰,属纪传体断代史,全书共五十卷,包括纪八卷,列传四十二卷。魏永熙三年(534年),高欢立魏清河王世子善见为帝,改元天平,魏分裂为东西两部分,历史上称善见政权为东魏。武定八年(550年),高洋推翻东魏,建立了齐,历史上称为北齐。幼主承光元年(577年),北齐亡于周。《北齐书》主要记载了东魏和北齐的这段历史。

　　北齐王朝上层统治者之间斗争激烈,皇族内部叔侄兄弟互相残杀,致使短短二十多年间六易其君。对上层统治者的矛盾和斗争,《北齐书》记载得比较具体。

　　唐代中叶以后,《北齐书》逐渐残缺,到北宋初,李百药的原文仅存留十七卷,其余各卷是后人拿《北史》等书补配的。因为今本《北齐书》是由众手杂集而成,所以体例混乱,记事也有矛盾的地方。

　　《周书》是中国历代正史《二十五史》之一,唐朝令狐德棻主编,参加编写的还有岑文本和崔仁师等人。全书共五十卷,包括纪八卷,列传四十二卷。东魏建立的第二年,宇文泰立南阳王宝炬为帝,建立西魏。过了二十二年,宇文觉取代西魏,建立了周,历史上称为北周。二十四年后,隋灭周。本书主要记载了西魏、北周两朝的历史。

　　《周书》较多地反映了一些历史真实情况,把宣帝宇文赟的淫暴,宫廷内部的靡乱,都如实地记录下来。《周书》本纪以西魏、北周为主,此外还兼述了东魏、北齐和梁、陈,使人们对当时的政治斗争形势有一个全面的了解。

　　列传中有一篇《异域传》,分为上下两卷,上卷记载高丽、百济、氐等,下卷叙述突厥、吐谷浑和西域诸国。内容涉及政治制度、各地物产、风俗习惯、朝聘往来、道路远近等情况,从中可以得知唐代以前国内外商业、交通发展的程度。

　　宋朝初年,《周书》已经散失了一些篇章,有人截取《北史》和其他史书来补缺,又多所篡改。今本卷十八、二十四、二十六、三十一、三十二等卷,不是令狐德棻的原作,是后人从别的书移植的。此外还有若干卷的部分史文,也有类似的情况。

神武娄后传

【题解】

神武明皇后娄氏（501~562年），名昭君，鲜卑族人。初自许与高欢为婚，并助其创立功业，高欢受封为渤海王，娄氏被册封为王妃，凡生六男二女。其子高洋代东魏建北齐，尊之为皇太后。高洋死，尚书令杨愔等执政，辅洋子高殷，尊之为太皇太后。及愔等排抑宗室诸王，娄氏与其子高演等密谋杀杨愔等人，高演即位，复尊以为皇太后。高演死，娄又诏令其子高湛即位。娄氏性俭朴，识大体，但颇嫉恨汉人。卒谥"明"。

【原文】

神武明皇后娄氏，讳昭君，赠司徒内干之女也。少明悟，强族多聘之，并不肯行。及见神武于城上执役，惊曰："此真吾夫也。"乃使婢通意，又数致私财，使之聘己，父母不得已而许焉。神武既有澄清之志，倾产以结英豪，密谋秘策，后恒参预，及拜渤海王妃，阃闱之事悉决焉。

后高明严断，雅尊俭约，往来外舍，侍从不过十人。性宽厚，不妒忌，神武姬侍，咸加恩待。神武尝将西讨出师，后夜孪生一男一女，左右以危急，请追告神武。后弗听曰："王出统大兵，何得以我故轻离军幕。死生命也。来复何为！"神武闻之，嗟叹良久。沙苑败后，侯景屡言请精骑两万，必能取之。神武悦，以告于后。后曰："若如其言，岂有还理，得獭失景，亦有何利。"乃止。神武逼于茹茹，欲娶其女而未决。后曰："国家大计，愿不疑也。"及茹茹公主至，后避正室处之。神武愧而拜谢焉，曰："彼将有觉，愿绝勿顾。"慈爱诸子，不异己出，躬自纺绩，人赐一袍一袴。手缝戎服，以帅左右。弟昭，以功名自达，其余亲属，未尝为请爵位。每言有材当用，义不以私乱公。文襄嗣位，进为太妃。文宣将受魏禅，后固执不许，帝所以中止。天保初，尊为皇太后，宫曰宣训。济南即位，尊为太皇太后。尚书令杨愔等受遗诏辅政，疏异诸王。太皇太后密与孝昭及诸大将定策诛之，下令废立。孝昭即位，复为皇太后。孝昭帝崩，太后又下诏立武成帝。大宁二年春，太后寝疾，衣忽自举，用巫媪言改姓石氏。四月辛丑，崩于北宫，时年六十二。五月甲申，合葬义平陵。

太后凡孕六男二女，皆感梦：孕文襄则梦一断龙；孕文宣则梦大龙，首尾属天地，张口动目，势状惊人；孕孝昭则梦蠕龙于地；孕武成则梦龙浴于海；孕魏二后并梦月入怀；孕襄城、博陵二王梦鼠入衣下。后未崩，有童谣曰："九龙母死不做孝。"及后崩，武成不改服，绯袍如故。未几，登三台，置酒作乐。帝女进白袍，帝怒，投诸台下。和士开请止乐，帝大怒，挞之。帝与昆季次实九，盖其征验也。

【译文】

北齐神武帝高欢皇后娄氏，名叫昭君，是赠司徒娄内干的女儿。她小时候聪明懂事理,大族子弟许多都想娶她为妻,她都不答应。后来看见神武帝在城上服役,惊叹说:"这人才真正是我的夫君啊。"于是让自己的婢女把心意告诉神武帝,而且多次把自己的私房钱给神武帝,好让神武帝迎娶自己,她的父母双亲没有办法,只好答应这门亲事。神武帝有平定天下的志向,拿出全部家财以交结英雄豪杰,暗中商量策划,娄后经常参与。后神武帝封渤海王,娄后拜为渤海王妃,家里的事全都由她裁决。

娄后性格爽朗善断,平生节俭朴素。到父母家来往,侍从的不过十人。她生性宽宏大量,不妒忌,对神武帝的侍女,她都加以恩待。神武帝曾经即将带军进攻西魏,娄后晚上孪生一儿一女,在她身边服侍的人认为有生命危险,请求追上神武帝,把情况告诉他。娄后不许,说:"渤海王统率大军出征,哪能因我的缘故轻率地离开军营。是死是活是命中注定的,他即使来了又能怎样呢!"神武帝听说这事件,感叹了许久。神武帝在沙苑大败于西魏后,侯景多次向神武帝说,如允许他率领两万精锐骑兵出战,肯定能消灭西魏。神武帝很高兴,把这事告诉娄后。娄后说:"如果真像他说的那样,他哪有再回来臣事于你的道理,得到个宇文泰,跑了个侯景,又有什么好处。"神武帝才没让侯景出军。神武帝受到北方柔然的威胁,想要柔然可汗的女儿为妻以和亲,但未做出决定。娄后说:"这是关系国家存亡的大计,希望你不要有什么顾虑。"当柔然公主来到后,娄后让她作正妻。神武帝内心惭愧,向她赔礼道歉,娄后说:"她将会有所察觉,希望你不要再来看我。"她爱护神武帝所有的儿子,都像自己亲生的一样。亲自纺线织布,给每个做了一件长袍,一条裤子。她还亲手为战士缝制服装,以此给身边的妇女做出榜样。娄后的弟弟娄昭,因功勋自个儿当上大官,其他亲属,娄后从未为他们请求过官爵。她常说亲戚中如有人有才干,自会被任用,要明大义,不要因私利而扰乱公法。

神武帝死后,文襄帝高澄继承他渤海王爵,娄后被尊为渤海王太妃。文宣帝高洋将取代东魏自为皇帝,娄后坚决不让他这样做,文宣帝因此一度中止其行动。文宣帝天保初年,尊娄后为皇太后。皇太后所住的宫叫"宣训"。济南王高殷继位后,尊娄后为太皇太后。尚书令杨愔等人接受了文宣帝临终命令,辅济南王执政,疏远猜忌宗室诸王。太皇太后暗中与孝昭帝高演及各位大将制定策略,将杨愔等杀掉,并下令废掉济南王的帝位。孝昭帝即皇帝位后,再改尊娄后为皇太后。孝昭帝逝世,太后又下令让武成帝高湛当皇帝。太宁二年的春天,娄太后卧病在床,衣裳忽然自然飘起,按照巫婆的话改姓石。四月辛丑日,娄太后在北宫逝世,当时六十二岁。五月甲申日。在义平陵与神武帝安葬在一起。

娄太后总共怀过六个儿子、两个女儿,怀上他们时都做过一个梦:怀文襄帝高澄时梦见一条断了身子的龙;怀文宣帝高洋时梦见一条大龙,头尾连接天地,嘴巴大张,双眼转动,形状吓人;怀上孝昭帝高演时梦见一条龙在地上爬动;怀上武成帝高湛时梦见一条龙在大海中游动;怀上魏帝的两个皇后时都梦见月亮进入自己的怀中;怀上襄城王高淯、博陵王高济二人时梦见老鼠窜进自己的衣服中。娄太后后去世时,曾有童谣说:"九龙母死不作孝。"后来娄太后去世,武成帝不穿孝服,照旧穿着红色的袍子。没过多久,登上铜雀等三台,摆开宴帝,奏起音乐。武成帝女儿送来白色的孝袍,武成帝发火,将它扔到台下。和士开请求停止奏乐,武成帝大怒,加以鞭打。武成帝在兄弟中排行确实是老九,这大概是童谣的应验吧。

文宣李后传

【题解】

文宣皇后李氏,名祖娥,越郡(今河北赵县)人。初嫁东魏太原公高洋为夫人,后高洋代东魏建北齐,经汉士杨愔固争,得以立为皇后。高洋死,其子高殷即位,尊为皇太后。及鲜卑勋贵杀杨愔等,以高洋弟高演为帝,改称李氏为昭信皇后。高洋之弟高湛即位后,逼与相通,后因事遣出为尼。北齐灭亡后,被俘至长安,后还故乡,不知所终。

【原文】

文宣皇后李氏,讳祖娥,赵郡李希宗女也。容德甚美。初为太原公夫人。及帝将建中宫,高隆之、高德正言汉妇人不可为天下母,宜更择美配。杨愔固请依汉、魏故事,不改元妃。而德正犹固请废后而立段昭仪,欲以结勋贵之援,帝竟不从而立后焉。帝好挺挞嫔御,乃至有杀戮者,唯后独蒙礼敬。天保十年,改为可贺敦皇后。孝昭即位,降居昭信宫,号昭信皇后。武成践祚,逼后淫乱,云:"若不许,我当杀尔儿。"后惧,从之。后有娠,太原王绍德至阁,不得见,愠曰:"儿岂不知耶,姊姊腹大,故不见儿。"后闻之,大惭,由是生女不举。帝横刀诟后曰:"尔杀我女,我何不杀尔儿!"对后前筑杀绍德。后大哭,帝愈怒,裸后乱挺挞之,号天不已。盛以绢囊,流血淋漓,投诸渠水,良久及苏,犊车载送妙胜尼寺。后性爱佛法,因此为尼。齐亡入关。隋时得还赵郡。

【译文】

北齐文宣帝高洋皇后李氏,名叫祖娥,是赵郡人李希宗的女儿。容貌和品德都很好。起原文帝为太原公时,他为太原公夫人。当文宣帝将册封皇后时,高隆之、高德正声称汉人妇女不能当皇后,应再选择一个好女人充当。杨愔坚决请求按照汉代和魏代的成例,亲王当皇帝后,不贬黜原配王妃。但高德正仍坚持请求文宣帝废掉李皇后,立段昭仪为皇后,想通过这一活动结好于元勋贵族,使他们支持自己,文宣帝最终没有接受他的意见,却立了李皇后。文宣帝爱鞭笞嫔妃,甚至有人被杀,只有李皇后受到礼遇和敬重。天保十年,改称她为可贺敦皇后。孝昭帝高演当皇帝后,李皇后离开皇后宫,居住于昭信宫,称为昭信皇后。武成帝高湛即皇帝位后,逼迫李皇后与他发生两性关系,说:"如果你不听从我,我就杀了你的儿子。"李皇后害怕了,答应了他。后来怀了孕,她的儿子太原王高绍德来到昭信宫门前,不能见到她,恼怒地说:"儿难道不知道吗,姊姊肚皮弄大了,所以才不见我。"李皇后听见这话后,极其羞愧,因此生下一个女儿后杀掉不养。武成帝手提钢刀骂李皇后说:"你杀了我女儿,我干吗不杀你的儿子!"当着李皇后的面,将高绍德用刀柄打死。李皇后大声痛哭,武成帝更加愤怒,剥下她全身衣服用棍棒乱打,李皇后不停地嚎哭叫天。武成帝用绢做成口袋将李皇后装了,鲜血从袋中浸了出来,把袋子扔进水沟中,李皇后过了很久才苏醒过来,又用牛车将她送到妙胜尼寺中。李皇后生性喜爱

武成胡后传

【题解】

武成皇后胡氏，安定（今甘肃泾川）人。北齐天保初，嫁长广王高湛，后高湛为帝，册封为皇后，生太子高纬。高纬即位，尊为皇太后，肆行淫乱。北齐灭亡，被俘入长安，仍不改行，隋文帝时去世。

【原文】

武成皇后胡氏，安定胡延之女。其母范阳卢道约女，初怀孕，有胡僧诣门曰："此宅瓠芦中有月。"既而生后。

天保初，选为长广王妃。产后主日，鸮鸣于产帐上。武成崩，尊为皇太后，陆媪及和士开密谋杀赵郡王叡，出娄定远、高文遥为刺史。和、陆谄事太后，无所不至。初，武成时，后与诸阉人褻狎。武成宠幸和士开，每与后握槊，因此与后奸通。自武成崩后，数出诣佛寺，又与沙门昙献通。布金钱于献席下，又挂宝装胡床于献屋壁，武成平生之所御也。乃置百僧于内殿，托以听讲，日夜与昙献寝处。以献为昭玄统。僧徒遥指太后以弄昙献，乃至谓之为太上者。帝闻太后不谨而未之信，后朝太后，见二少尼，悦而召之，乃男子也。于是昙献事亦发，皆伏法，并杀元、山、王三郡君，皆太后之所昵也。帝自晋阳奉太后还邺，至紫陌，卒遇大风。舍人魏僧伽明风角，奏言即时当有暴逆事。帝诈云邺中有急，弯弓缠稍，驰入南城，令邓长颙幽太后北宫，仍有敕内外诸亲，一不得与太后相见。久之，帝复迎太后。太后初闻使者至，大惊，虑有不测。每太后设食，帝也不敢尝。周使元伟来聘，作《述行赋》，叙郑庄公克段而迁姜氏，文虽不工，当时深以为愧。齐亡入周，恣行奸秽。隋开皇中殂。

【译文】

北齐武帝高湛皇后胡氏，是安定人胡延之的女儿。她的母亲是范阳人卢道约的女儿，刚刚怀孕的时候，有一个胡族和尚到门前说："这家人的瓠芦中有个月亮。"不久生下胡皇后。

天保初年，被选为长广王高湛的王妃。她生后主高纬的那天，有只猫头鹰在产房上面啼叫。武成帝逝世后，被尊奉为皇太后。陆媪与和士开暗中商量杀掉赵郡王高叡，将娄定远、高文遥下放到地方担任刺史。和士开、陆媪谄媚的侍奉胡太后，什么事都干得出来。当初武成帝在位时，胡太后和一帮宦官戏玩。武成帝宠幸和士开，和士开经常和胡太后玩握槊的游戏，因此同胡太后私通。自从武成帝逝世后，胡太后又多次出宫到佛寺中去，又和和尚昙献私通。她将金钱摊在昙献的席子下，又将装饰有珍宝的座椅挂在昙献屋子中的墙壁上，这把椅子是武成帝生前一直坐用的。于是在内宫安置一百名和尚，

谎称听他们宣讲佛法,日夜和昙献睡在一起。任命昙献为管理全国佛教寺院僧尼的昭玄统。和尚们远远地指着胡太后开昙献的玩笑,甚至有的还把他称为太上皇。后主听说太后个人生活作风不好却没有相信,后来拜见太后,看见两个年轻的尼姑,喜欢她们,便把她们叫来,竟是两个男人。因此昙献的丑事也暴露了,他们都被处死,并且杀了元、山、王三位郡君,她们都是胡太后亲近的人。后主从晋阳带着太后回邺城,到达紫陌时,突然遇到暴风。舍人魏僧伽通晓占卜术,向后主进言说立即会有杀害皇帝的事发生。后主谎称邺城有紧急事件,手持弓箭,挥舞长矛,驱马进入邺城南城,命令邓长颙将胡太后软禁在北宫,随即又下令,所有内亲外亲一概不许和太后见面。过了很久,后主才又迎接太后。胡太后刚听说后主派使者来了,极其惊慌,担心自己将被杀。每次太后为后主摆设饮食,后主也不敢吃。北周使节元伟到齐朝来,撰写了一篇《述行赋》,叙述郑庄公消灭弟弟于段地并放逐母亲姜氏的故事,文句虽不典雅,当时人们因后主与胡太后关系不好,为此极其羞愧。齐朝灭亡后被周朝所俘,后任意淫乱。隋开皇中去世。

后主穆后传

【题解】

后主皇后穆氏,名邪利,小名黄花,又名舍利。先为人奴婢,后充入宫,为北齐后主高纬爱幸,生皇子高恒,赐姓穆氏,册封为皇后。不久高纬复宠幸他人,穆后失宠,不知所终。

【原文】

后主皇后穆氏,名邪利,本斛律后从婢也。母名轻霄,本穆子伦婢也,转入侍中宋钦道家,奸私而生后,莫知氏族,或云后即钦道女子也。小字黄花,后字舍利。钦妇妒,黜轻霄而为"宋"字。钦道伏诛,黄花因此入宫,有幸于后主,宫内称为舍利太监。女侍中陆太姬知其宠,养以为女,荐为弘德夫人。武平元年六年,生皇子恒。于时后主未有储嗣,陆阴结待,以监抚之任不可无主,时皇后斛律氏,丞相光之女也,虑其怀恨,先令母养之,立为皇太子。陆以国姓之重,穆、陆相对,又奏赐姓穆氏。胡庶人之废也,陆有助焉,故遂立为皇后,大赦。初,有折冲将军元正烈于邺城东水中得玺以献,文曰:"天王后玺",盖石氏所作。诏书颁告,以为穆后之瑞焉。武成时,为胡后造真珠裙裤,所费不可称计,被火所烧。后主既立穆皇后,复为营之。属周武遭太后丧,诏侍中薛孤、康买等为吊使,又遣商胡赍锦彩三万匹与吊使同往,欲市真珠为皇后造七宝车,周人不与交易,然而竟造焉,先是童谣曰:"黄花势欲落,清觞满杯酌。"言黄花不久也,后主自立穆后以后,昏饮无度,故云清觞满杯酌。陆息骆提婆诏改姓为穆,陆,太姬。皆以皇后故也。后既以陆为母,提婆为家,更不采轻霄。轻霄后自疗面,欲求见,太后,陆媪使禁掌之,竟不得见。

　　北齐后主高纬皇后穆氏,名叫邪利,原本是后主斛律皇后的侍婢。她的母亲叫轻霄,原来是穆子伦的婢女,后来转入侍中宋钦道家为婢。和人发生私情,生下穆皇后,不知情夫姓甚名谁,有的人说穆皇后就是宋钦道的女儿。穆皇后小名叫黄花,后来改叫舍利。宋钦道的妻子很妒忌,在轻霄的脸上划了个"宋"字。宋钦道犯罪被处死后,黄花因此被充进后宫为侍女,得到后主的宠爱,后宫里的人称他为舍利太监。女侍中陆太姬知道她受后主宠爱,将她收养为自己的女儿,推荐给后主,被册封为弘德夫人。武平元年六月,生下皇子高恒。当时后主还没有太子,陆太姬暗中巴结弘德夫人,认为不能没有监国抚军的太子,当时的皇后斛律氏,是丞相斛律光的女儿,陆太姬担心她心中恨自己,让她充当母亲养育高恒,并立高恒为皇太子。陆太姬又因国家尊贵的姓氏中,穆、陆地位相当,又奏请朝廷赐弘德夫人姓穆。后主胡皇后被废黜为平民百姓一事中,陆太姬出不了少力,因此便将弘德夫人册封为皇后,在全国进行大赦。起先,有个叫元正烈的折冲将军在邺城东边的水渠中得到一方玉玺献给朝廷,铭文为"天王后玺",大概是十六国石赵时制作的。后主下诏书遍告天下百姓,把它当成穆皇后被册封的祥瑞。武成帝时,曾为胡皇后制造用真正的珍珠连缀而成的裙裤,花费的财物说不清有多少,后被火烧毁。后主册封穆皇后以后,又给她制作。刚好周武帝的母亲皇太后去世,后主令侍中薛孤、康买等人担任吊唁的使节,又派经商的西域人带着彩锦三万匹和吊唁的使节一同前往,想购买珍珠为穆皇后造七宝车,周朝的人不同他们贸易,但终究还是造成了。在此以前流传一句童谣说:"黄花势欲落,清觞满杯酌。"这说的是黄花皇后当不长久。后主自从册封穆皇后以后,常无节制地喝得烂醉,所以说清觞满杯酌。陆太姬的儿子骆提婆经后主下令改姓为穆,陆氏号称太姬,都是因为穆皇后的缘故。穆皇后既把陆氏当成母亲,把穆提婆的家当成自己的娘家,再也不搭理自己的亲生母亲轻霄。轻霄后来自己把脸上刺的字迹治好,想求见穆皇后,陆太姬派人加以禁止,竟不能与女儿相见。

高长恭传

　　高长恭,齐文襄高澄第四子。封兰陵王,累迁并州刺史、太尉,钜鹿、高阳等郡公。高长恭貌心壮,骁勇善战,曾在邙山(今河南洛阳北)大败周军。齐后主高纬忌其威名,使人酖之,遂亡。

　　兰陵武王长恭,一名孝瓘,文襄第四子也。累迁并州刺史。突厥入晋阳,长恭尽力击之。邙山之败,长恭为中军,率五百骑再入周军,遂至金墉之下,被围甚急,城上人弗识,长恭免胄示之面,乃下弩手救之,于是大捷。武士共歌谣之,为《兰陵王入阵曲》是也。历司州牧、青瀛二州，颇受财货。后为太尉，与段韶讨柏谷，又攻定阳。韶病，长恭总其众。前后以战功别封钜鹿、长乐、乐平、高阳等郡公。

邙山之捷，后主谓长恭曰："入阵太深，失利悔无所及。"对曰："家事亲切，不觉遂然。"帝嫌其称家事，遂忌之。及在定阳，其属尉相愿曰："王既受朝寄，何得如此贪残？"长恭未答。相愿曰："岂不由邙山大捷、恐以威武见忌，欲自秽乎？"长恭曰："然。"相愿曰："朝廷若忌王，于此犯便当行罚，求福反以速祸。"长恭泣下，前膝请以安身术。相愿曰："王前既有

高长恭雕像

勋，今复告捷，威声太重，宜属疾在家，勿预事。"长恭然其言，未能退。及江淮寇扰，恐复为将，叹曰："我去年面肿，今何不发！"自是有疾不疗。武平四年五月，帝使徐之范饮以毒药。长恭谓妃郑氏曰："我忠以事上，何辜于天，而遭鸩也？"妃曰："何不求见天颜？"长恭："天颜何由可见！"遂饮药薨。赠太尉。

长恭貌柔心壮，音容兼美。为将躬勤细事，每得甘美，虽一瓜数果，必与将士共之。初在瀛洲，行参军阳士深表列其赃，免官。及讨定阳，阳士深在军，恐祸及。长恭闻之曰："吾本无此意。"及求小失，杖士深二十以安之。尝入朝而仆从尽散，唯有一人，长恭独还，无所遣罚。武成赏其功，命贾护为买妾二十人，唯受其一。有千金责券，临死日，尽燔之。

【译文】

兰陵武王高长恭，一名孝瓘，文襄皇帝高澄的第四个儿子。累迁为并州刺史。突厥侵入晋阳，高长恭率军尽全力反击。齐军在邙山之役中失败时，高长恭在中军，率领五百骑兵再次杀入周军，冲到金塘城下，被周军包围，形势十分危急，而城上的齐军不认识高长恭。高长恭脱去头盔，露出脸来，城上的齐军认出是他，才派出弩手下城救援，将周军打得大败。齐军将士一起歌颂此事，成为一曲，即《兰陵王入阵曲》。以后历任司州牧、青州、瀛洲二州刺史，纳了不少贿赂。后来为太尉，和段韶率军攻柏谷，又攻定阳。段韶生病，高长恭总统其军。前后以战功分别封为钜鹿、长乐、乐平、高阳等郡公。

齐军在邙山获大捷时，齐后主高纬对高长恭说："入敌阵太深，一旦失利，后悔也来不及。"高长恭说："家事切身，不自觉就冲了进去。"后主嫌高长恭称家事，从此对他忌惮起来。及高长恭在定阳，其部下尉相愿对高长恭说："大王既然受朝廷重任，为什么如此贪婪？"高长恭未回答。尉相愿说："莫不是因为邙山大捷，恐怕以威武被忌恨，便自我污秽吗？"高长恭说："是。"尉相愿说："朝廷如果忌恨大王，在这些事情上就可以行罚，您本为求福，反而易招来祸害。"高长恭的泪流了下来，向前跪下，向尉相愿请教安身之术。尉相愿说："大王以前既有功勋，现在又获大捷，威声太重，应当借口生病在家，不要干预世务。"高长恭认为此言有理，但未能实行。及陈朝进攻江淮土地区，高长恭害怕重又为将带兵作战，叹息说："我去年脸肿，现在为何不发病。"从此以后，有病也不治疗。武平四年五月，后主派徐之范让高长恭喝毒药。高长恭对自己的妃子郑氏说："我尽忠事上，什么

事辜负了上天,而让我遭此毒手?"郑氏说:"你为何不求见皇上?"高长恭说:"我哪里能够见到皇上!"便饮药而死,死后追赠太尉。

高长恭容貌柔和,但心气雄壮,声音和容貌都很美。在军中为将,亲自处理小事。每次得到甘美的物品,哪怕是一个瓜几个水果,也一定和将士们分着吃。当初在瀛洲时,行参军阳士深上表告发高长恭贪赃枉法,高长恭被免官。及进攻定阳,阳士深也在军中,害怕高长恭借机杀了自己。高长恭听说后,说:"我本来就没有这意思。"便找了一个小过失,把阳士深打了二十杖,使他放心。一次,高长恭入朝,仆从都散走了,只有一个人跟在身边。高长恭回来后,谁也没有责罚。武成皇帝高湛奖赏高长恭的功劳,命贾护为高长恭买了二十个小妾,高长恭只要了一个。家中有上千金的债券,临死的那天,高长恭将它们全都烧掉了。

高延宗传

【题解】

高延宗,齐文襄帝高澄第五子,封安德王。幼骄纵不法。及长,抑节改行。历司徒、太尉。周武帝字文邕率军攻齐,两军相战于平阳(今山西临汾),齐军败。齐后主高纬遁走,使高延宗守并州(今山西太原)。高延宗即自立为帝,一天后即为周军所败。齐亡后,赐死于周。

【原文】

安德王延宗,文襄第五子也。母陈氏,广阳王妓也。延宗幼为文宣所养,年十二,犹骑置腹上,令溺己脐中,抱之曰:"可怜只有此一个。"问欲作何王,对曰:"欲作冲天王。"文宣问杨愔,愔曰:"足下无此郡名,愿使安于德。"于是封安德焉。为定州刺史,于楼上大便,使人在下张口承之。以蒸猪糁和人粪以饲左右,有难色者鞭之。孝昭帝闻之,使赵道德就州杖之一百。道德以延宗受杖不谨,又加三十。又以囚试刀,验其利钝。骄纵多不法。武成使挞之,杀其昵近九人,从是深自改悔。兰陵王邙山凯捷,自陈兵势,诸兄弟咸壮之。延宗独曰:"四兄非大丈夫,何不乘胜径入?使延宗当此势,关西岂得复存?"及兰陵死,妃郑氏以颈珠施佛,广宁王使赎之。延宗手书以谏,而泪满纸。河间死,延宗哭之泪亦甚。又为草人以像武成,鞭而讯之曰:"何故杀我兄!"奴告之,武成覆卧延宗于地,马鞭挝之二百,几死。后历司徒、太尉。

及平阳之役,后主自御之,命延宗率右军先战,城下擒周开府宗挺。及大战,延宗以麾下再入周军,莫不披靡。诸军败,延宗独全军。后主将奔晋阳,延宗言:"大家但在营莫动,以兵马付臣,臣能破之。"帝不纳。乃至并州,又闻周军已入雀鼠谷,乃以延宗为相国、并州刺史、总山西兵事,谓曰:"并州,阿兄自取,儿今去也。"延宗曰:"陛下为社稷莫动,臣为陛下出死力战。"骆提婆曰:"至尊计已成,王不得辄沮。"后主竟奔邺。在并将率咸请曰:"王若不作天子,诸人实不能出死力。"延宗不得已,即皇帝位,下诏曰:"武平屡弱,政由宦竖，衅结萧墙，盗起疆场，斩关夜遁，莫知所之。则我高祖之业将坠于地。王公卿士，猥见推逼，令便祗承宝位。可大赦天下，改武平七年为德昌元年。"以晋昌王唐邕为宰辅，齐昌王莫多娄敬显、沭阳王和阿于子、右卫大将军段畅、武卫将军相里僧伽、开府韩骨胡、候莫陈洛州为爪牙。众闻之，不召而至者，前后相属。延宗容貌充壮，坐则仰，偃则伏，人笑之，乃赫然奋发。气力绝异，驰骋行阵，劲捷若飞。倾覆府藏及后宫美女，以赐将士，籍没内参千余家。后主谓近臣曰："我宁使周得并州，不欲安德得之。"左右曰："理然。"延宗见士毕，皆亲执手，陈辞自称名，流涕呜咽。众皆争为死，童儿女子亦乘屋攘袂，投砖瓦以御周军。特进、开府那卢安生守太谷，以万兵叛。周军围晋阳，望之如黑云四合。延宗命莫多娄敬显、韩骨胡拒城南，和阿于子、段畅拒城东，延宗亲当周齐王于城北，奋大稍，往来督战，所向无前。尚书令史沮山亦肥大多力，捉长刀步从，杀伤甚多。武卫兰芙蓉、綦连延长皆死于阵。

　　和阿于子、段畅以千骑投周。周军攻东门，际昏，遂入。进兵焚佛寺门屋，飞焰照天地。延宗与敬显自门入，夹击之，周军大乱，争门相填压，齐人从后斫刺，死者二千余人。周武帝左右略尽，自跋无路，承御上士张寿辄牵马头，贺拔佛恩以鞭拂其后，崎驱仅得出。齐人奋击，几中焉。城东轭曲，佛恩及降者皮子信为之导，仅免，时四更也。延宗谓周武帝崩于乱兵，使于积尸中求长鬣者，不得。时齐人既胜，入坊饮酒，尽醉卧，延宗不能复整。周武帝出城，饥甚，欲为遁逸计。齐王宪及柱国王谊谏，以为击必不免。延宗叛将段畅亦盛言城内空虚。周武帝乃驻马，鸣角收兵，俄顷复振。诘旦，还攻东门，克之，又入南门。延宗战，力屈，走至城北，于人家见禽。周武帝自投下马，执其手。延宗辞曰："死人手何敢迫至尊。"帝曰："两国天子，有何怨恶？直为百姓来耳。勿怖，终不相害。"使复衣帽，礼之。先是，高都郡有山焉，绝壁临水，忽有黑书见，云："齐亡延宗"，洗视逾明，帝使人就写，使者改亡为上。至是应焉。延宗败前，在邺听事，见两日相连置，以十二月十三日晡时受勅守并州，明日建尊号，不间日而被围，经宿，至食时而败。年号德昌，好事者言其得二日云。既而周武帝问取邺计，辞曰："亡国大夫不可以图存，此非臣所及。"强问之，乃曰："若任城王援邺，臣不能知；若今主自守，陛下兵不血刃。"

　　及至长安，周武与齐君臣饮酒，令后主起舞，延宗悲不自持。屡欲仰药自裁，传婢苦执谏而止。未几，周武诬后主及延宗等，云遥应穆提婆反，使并赐死。皆自陈无之，延宗攘袂，泣而不言。皆以椒塞口而死。明年，李妃收殡之。

　　后主之传位于太子也，孙正言窃谓人曰："我武定中为文州士曹，闻襄城人曹普演有言，高王诸儿，阿保当为天子，至高德之承之，当灭。"阿保谓天保，德之谓德昌也，承之谓后主年号承先，其言竟信云。

【译文】

　　安德王高延宗，文襄帝高澄的第五个儿子。母亲陈氏，原为广阳王歌妓。高延宗小时候为文宣帝高洋所抚养，很受宠爱。十二岁时，高洋还让高延宗骑到自己的肚子上，让他尿到自己的肚脐之中，还抱着说："只有这一个乖孩子。"问高延宗想当什么王，高延宗回答说："想当冲天王。"高洋问杨愔，杨愔说："天下没有这个郡名，愿使他安于道德。"于是封高延宗为安德王。高延宗为定州刺史，在楼上大便，要使人在楼下张着嘴接着。在蒸猪肉里掺上人粪,然后让左右的人去吃,谁不想吃就用鞭子抽。孝昭帝高演听说后,派赵道德到定州去,杖打高延宗一百下。赵道德因为高延宗挨打时态度不恭,又加了三十下。高延宗又用囚徒试刀,以此检验刀是否锋利。武成帝高湛派人责打高延宗,并杀其左右亲近九人。从此之后,高延宗深自改悔。兰陵王高长恭在邙山打了大胜仗,自己陈说当时形势,兄弟们都觉得高长恭英武过人。高延宗却说:"四哥不是大丈夫,为什么不乘胜直追?如果换了我,哪里还能让关西留到现在!"及高长恭死,高长恭的妃子郑氏把脖子上挂的珠串施舍给佛寺,广宁王高孝珩使人赎了回来。高延宗写书相劝,泪流满纸。河间王高孝琬死时,高延宗哭得很厉害。又做了个草人像武成帝高湛,用鞭子抽打,讯问道:"为什么要杀我的哥哥?"高延宗的家奴将此事告发,武成帝高湛让高延宗趴在地上,用马鞭抽了二百鞭,几乎将他打死。后来,高延宗历任司徒、太尉。

　　及与周军在平阳作战,后主高纬亲自率军抵御,命高延宗率领右军先战。高延宗首战告捷,在城下擒获周军开府宗挺。及双方大战,高延宗率所部二次冲入周军,所向披靡。齐军各军战败,只有高延宗部未受损失。后主将要退奔晋阳,高延宗说:"大家只要在营中不动,将兵马交给我,我能击败敌人。"后主不听。等到达并州,又听说周军已进入雀鼠谷,后主便以高延宗为相国、并州刺史,总管山西兵事,对高延宗说:"并州,阿兄好自坚守,我走了。"高延宗说:"为了社稷,陛下请不要走,臣为陛下出死力战。"骆提婆说:"至尊主意已定,王不要再阻拦。"后主还是奔邺城而去。在并州的将帅都请求说:"王如果不当天子,我们实在不能出死力与敌作战。"高延宗迫不得已,即了皇帝之位,下诏说:"武平皇帝孱弱无能,政权操于宦竖之手,使衅结萧墙之下,盗贼起于疆场。此刻又斩关夜遁,不知逃向何方,使我高祖所开创的鸿业将坠于地。王公卿士,不以我才浅德薄而见推,现在我敬登帝位。大赦天下,改武平七年为德昌元年。"以晋昌王唐邕为宰辅、齐昌王莫多娄敬显、沐阳王和阿于子、右卫大将军段畅、武卫将军相里僧加、开府韩骨胡、候莫陈洛州等人为将领。众人听说后,不召而来者前后相继于路。高延宗容貌充壮,坐下则仰面朝天,休息则伏地而卧,别人笑话,他便赫然奋起。高延宗力大无比,驰骋战场,劲捷如飞。下令尽府藏所有和后宫美女以赐将士,又籍没宦者财物人口一千多家。后主高纬听说后,对近臣们说:"我宁愿让周人得到并州,也不愿让安德王得到。"左右回答说:"理所当然。"高延宗见了士卒,都亲执其手,说话时自称己名,流泪呜咽不止,士众都争着效死,连儿童和女子也上到房上,挽营袖子、投掷砖瓦石块以抵御周军。特进、开府那卢安生镇守太谷,率一万士兵投降周军。周军乘胜包围晋阳,旌旗蔽野,望去如黑云四合,声势浩大。高延宗命莫多娄敬显、韩骨胡拒城南,和阿于子、段畅拒城东,高延宗亲自在城北和周齐王宇文宪对阵。他手持大稍,往来督战,所向无前。尚书令史祖山也胖大而有气力,手提长刀,步行跟在高延宗马后,杀伤了很多敌人。武卫兰芙蓉,綦连延长二人都在阵中战死。

　　和阿于子、段畅二人率一千名骑兵投降了周军。周军进攻东门,在黄昏时攻了进去,进兵焚烧佛寺的门屋,火光照彻天地。高延宗和莫多娄敬显率军从城门退入城中,夹击入城的周军。周军大乱,争相夺门逃跑,互相拥挤,乱作一团。齐军从背后砍杀,杀死二千多人。周武帝宇文邕的卫兵被杀殆尽,走投无路,幸亏承御上士张寿拉着他的马头,贺拔佛恩以鞭抽马后,才勉强出城。齐军奋击,几乎击中周武帝。城东一带地势崎岖,贺拔佛恩和降者皮子信在前引路,周武帝才逃出险境。这时,已是晚上四更天。高延宗以为周武帝已死在乱军之中,派人在周军士兵的尸体中找长胡子的人,没有找到。而齐军打了胜仗之后,跑到坊中去喝酒庆贺,都喝得醉卧在地,高延宗由此不能复整部伍。周武帝出城后,十分饥饿,想引军撤退。齐王宇文宪和柱国王谊劝阻,认为若此时撤军,必然失败。高延宗的叛将段畅也反复说城内空虚,周武帝才驻马不行,鸣角收兵,不久,兵势得振。黎明时,周军又还攻东门,将其攻克,又攻入南门。高延宗率军巷战,气力用尽,逃到城北,在百姓家中被周军俘获。周武帝见了高延宗,立刻从马上下来,拉着高延宗的手。高延宗辞谢说:"死人的手,哪里敢让至尊来握。"周武王说:"两国的天子,又有什么怨仇?只是为百姓而来。不要害怕,我不会害你。"让高延宗穿好衣服,以礼待之。在此之前,高都郡有一座山,山中临水的一块峭壁上,忽然有几个黑字出现,写着"齐亡延宗"四字,越洗越清楚。高延宗派人改写,使者把"亡"字改成了"上"字,到这时应验了。高延宗失败以前,在邺城处理政事,看见两个太阳相连在一起。他以十二月十三日受后主之命守并州,第二天即皇帝位,不到一天即被包围,经过一个晚上,到第二天中午失败。年号德昌,好事的人说他得二天之运。被俘后,周武帝问高延宗该怎样攻克邺城,高延宗推辞说:"亡国的大夫不可以图存,这不是臣所能料的。"周武帝坚持要问,高延宗才说:"如果任城王增援邺城,臣就不能预料了。如果现在的皇上自己守城,陛下兵不血刃即成功。"

等到了长安,周武帝和被俘的齐国君臣饮酒,令齐后主高纬起来跳舞,高延宗悲伤得不能自持。几次想喝毒药自杀,被传婢们苦劝拦阻而止。不久,周武帝诬蔑后主高纬和高延宗等,说他们响应穆提婆造反,全部赐死。别人都为自己辩解说没有此事,只有高延宗攘袂而起,哭着不说话。他们都被用花椒塞嘴而死。第二年,高延宗的妻子李妃把他收葬。

后主高纬传位于太子的时候,孙正言偷偷对别人说:"我武定年间当文州士曹,听襄城人曹普演说,高王的儿子中,阿保应该当天子,到高德之承之,就要灭亡。"阿保说的是天保,德之说的是德昌,承之说的是后主的年号承光,他的话竟然成为事实。

斛律金传

【题解】

斛律金(488~567),字阿六敦,北齐朔州(治今山西朔县)人。高车族。善骑射。初为军主,北魏末曾投奔起义军破六韩拔陵,后率部向北魏投降。曾因镇压葛荣等功,升为镇南大将军。尔朱兆等作乱,投靠高欢,参与消灭尔朱兆的斗争,任汾州刺史。东西魏对峙时,参加与西魏宇文泰的斗争,任大司马。北齐建立后,封咸阳郡王,任太师。进位右丞相。斛律金是东魏北齐的元勋、佐命功臣、大将,受到尊崇。他不识文字,在高欢为周军所败时曾唱《敕勒歌》以激励士气,成为流传千古的北朝民歌。可参见《北史》卷五四本传。

【原文】

斛律金，字阿六敦，朔州敕勒部人也。高祖倍侯利，以壮勇有名塞表，道武时率户内附，赐爵孟都公。祖幡地斤，殿中尚书。父大那环，光禄大夫、第一领民酋长。天平中，金贵，赠司空公。

金性敦直，善骑射，行兵用匈奴法，望尘识马步多少，嗅地知军度远近。初为军主，与怀朔镇将杨钧送茹茹主阿那环还北。环见金射猎，深叹其工。后环入寇高陆，金拒击破之。正光末，破六韩拔陵构逆，金拥众属焉，陵假金王号。金度陵终败灭，乃统所部万户诣云州请降，即授第二领民酋长。稍引南出黄瓜堆，为杜洛周所破，部众分散，金与兄平二人脱身归尔朱荣。荣表金为别将，累迁都督。孝庄立，赐爵阜城县男，加宁朔将军、屯骑校尉。从破葛荣、元颢，频有战功，加镇南大将军。

及尔朱兆等逆乱，高祖密怀匡复之计，金与娄昭、厍狄干等赞成大谋，仍从举义。高祖南攻邺。留金守信都，领恒、云、燕、朔、显、蔚六州大都督，委以后事。别讨李修，破之，加右光禄大夫。会高祖于邺，仍从平晋阳，追灭尔朱兆。太昌初，以金为汾州刺史、当州大都督，晋爵为侯。从高祖破纥豆陵于河西。天平初，迁邺，使金领步骑三万镇风陵以备西寇，军罢，还晋阳。从高祖战于沙苑，不利班师，因此东雍诸城复为西军所据，遣金与尉景、厍狄干等讨复之。元象中，周文帝复大举向河阳。高祖率众讨之，使金径往太州，为掎角之势。金到晋州，以军退不行，仍与行台薛修义共围乔山之寇。俄而高祖至，仍共讨平之，因从高祖攻下南绛、邵郡等数城。武定初，北豫州刺史高仲密据城西叛，周文帝入寇洛阳。高祖使金统刘丰、步大汗萨等步骑数万守河阳城以拒之。高祖到，仍从破密。军还，除大司马，改封石城郡公，邑一千户，转第一领民酋长。三年，高祖出军袭山胡，分为二道。以金为南道军司，由黄栌岭出。高祖自出北道，度赤洪岭，会金于乌突戍，合击破之。军还，出为冀州刺史。四年，诏金率众从乌苏道会高祖于晋州，仍从攻玉璧。军还，高祖使金总督大众，从归晋阳。

世宗嗣事，侯景据颍川降于西魏，诏遣金帅潘乐、薛孤延等固守河阳以备。西魏使其大都督李景和、若干宝领马步数万，欲从新城赴援侯景。金率众停广武以要之，景和等闻而退走。还为肆州刺史，仍率所部于宜阳筑杨志、百家、呼延三戍，置守备而还。侯景之走南豫，西魏仪同三司王思政入据颍川。世宗遣高岳、慕容绍宗、刘丰等率众围之。复诏金督彭乐、可朱浑道元等出屯河阳，断其奔救之路。又诏金率众会攻颍川。事平，复使金率众从崿坂送米宜阳。西魏九曲戍将马绍隆据险要斗，金破之，以功别封安平县男。

北齐陶武俑

显祖受禅,封咸阳郡王,刺史如故。其年冬,朝晋阳宫。金病,帝幸其宅临视,赐以医药,中使不绝。病愈还州。三年,就除太师。帝征奚贼,金从帝行。军还,帝幸肆州,与金宴射而去。四年,解州。以太师还晋阳。车驾复幸其弟,六宫及诸王尽从,置酒作乐,极夜方罢。帝忻甚,诏金第二子丰乐为武卫大将军,因谓金曰:"公元勋佐命,父子忠诚,朕当结以婚姻,永为藩卫。"仍招金利、武都尚义宁公主。成礼之日,帝从皇太后幸金宅。皇后,太子及诸王等皆从,其见亲待如此。

后以茹茹为突厥所破,种落分散,虑其犯塞,惊扰边民,乃诏金率骑两万屯白道以备之。而虏帅豆婆吐久备将三千余户密欲西过,候骑还告,金勒所部追击,尽俘其众。茹茹但钵将举国西徙,金获其候骑送之,并表陈虏可击取之势。显祖于是率众与金共讨之于吐赖,获两万余户而还。进位右丞相,食齐州干,迁左丞相。

肃宗践阼,纳其孙女为皇太子妃。又诏金朝见,听步挽车至阶。世祖登极,礼遇弥重,又纳其孙女为太子妃。金长子光大将军,次子羡及孙武都并开府仪同三司,出镇方岳,其余子孙皆封侯贵达。一门一皇后,二太子妃,三公主,尊宠之盛,当时莫比。金尝谓光曰:"我虽不读书,闻古来外戚梁冀等无不倾灭。女若有宠,诸贵妒人;女若无宠,天子嫌人。我家直以立勋抱忠致富贵,岂可藉女也?"辞不获免,常以为忧。天统三年薨,年八十。世祖举哀西堂,后主又举哀于晋阳宫,赠假黄钺、使持节、都督朔定冀并瀛青齐沧幽肆晋汾十二州诸军事、相国、太尉公、录尚书、朔州刺史、酋长、王如故,赠钱百万,谥曰武。子光嗣。

【译文】

斛律金,字阿六敦,朔州人,高车族。高祖倍俟利因威武勇敢而在塞上有名。北魏道武帝时他率领部落内迁依附鲜卑拓跋部,被赐爵为孟都公。祖父幡地斤,任官为殿中尚书。父亲大那环,任官为光禄大夫、第一领民酋长。孝静帝天平年间,斛律金贵盛时,被赠官司空公。

斛律金性格敦厚直率,善于骑马射箭,行军打仗用匈奴战法,看尘土能知马跑的路程多少,从地上听马步声音可知军队的远近。最初被任为军主,与北魏怀朔镇将相钩护送柔然族首领阿那环回北方。阿那环见斛律金射猎,深深叹服他功夫之深。后来阿那环入侵高陆,斛律金击败了他。孝明帝正光末年,破六韩拔陵谋反,斛律金带领部众投奔他。破六韩拔陵授予他王的称号。斛律金预料破六韩拔陵最终会失败,就统率所部一万户到云州向北魏政府投降,北魏授予他第二领民酋长。不久引兵南出黄瓜堆,被杜洛周打败,部众分散,斛律金与其兄斛律平两人单身投归尔朱荣,尔朱荣上表请任斛律金为别将,后逐步升为都督。孝庄帝即位后,赐封爵为阜城县男,加号宁朔将军、屯骑校尉。随从官军击败葛荣、元颢,多次建有战功,加号镇南大将军。

尔朱荣叛逆作乱,高欢暗中有夺取天下的志向和谋划,斛律金与娄昭、库狄干等都赞成高欢的大计谋,于是跟着他树起义旗。高欢南攻邺城,留斛律金守信都,兼任恒、云、燕、朔、显、蔚六州大都督,委托他处理后方的事宜。斛律金另外又讨伐李修,打败了他,加官右光禄大夫。刚好高欢到了邺,于是斛律金随从他平定晋阳,追击消灭了尔朱兆。孝武帝太昌初年,朝廷任命斛律金为汾州刺史、当州大都督,晋封为侯爵,跟从高欢在河西打败纥豆陵伊利。东魏孝静帝天平初年，迁都于邺，朝廷命斛律金领步骑三万镇守风陵以防备西魏进攻，任务完成后，回到了晋阳。他又随从高欢与西魏在沙苑大战，失利后回师，由此东雍州诸城重新被西魏军所占据，后高欢派斛律金与尉景、库狄干等人讨伐收复了它。孝静帝元象年间，宇文泰重新向河阳大举进攻，高欢率部队讨伐抵抗，他派斛律金直往太州，成夹击的态势。斛律金到晋州，因军队退兵不再前行，就与行台薛修义共同包围乔山的敌人。不久高欢到达，于是共同讨平了它。接着随从高欢攻下南绛、邵郡等数城。孝静帝武定初年，北豫州刺史高仲密据城叛入西魏，宇文泰进攻洛阳，高欢派斛律金统率刘丰，步大汗萨等共有数万步兵骑兵守卫河阳城抗拒他。高欢到后，斛律金与他一起打败了高仲密。回军后，授官做大司马，改封石城郡公，食邑一千户，转为第一领民酋长。武定三年，高欢出兵袭击山胡，分为两道，以斛律金为南道军司，由黄栌岭出击；高欢自己从北道出击，度赤谼岭，与斛律金会合于乌突戍，联合击败了它。军队归来后，出任为冀州刺史。武定四年，下诏命斛律金率领部队从乌苏道与高欢在晋州会合，接着一起进攻玉璧。军队归来时，高欢让斛律金总督全军，一起回到了晋阳。

世宗高澄继承高欢的皇位后，侯景占据颍川向西魏投降，朝廷下诏书派斛律金统领潘乐、薛孤延固同守河阳来防备。西魏指使它的大都督李景和、若干宝领数万骑兵和步兵打算从新城出发去支援侯景。斛律金率领部队停顿在广武等待袭击它，李景和等听到消息后退走。回军后，斛律金被任命为肆州刺史，仍然率领自己的部队在宜阳修筑杨志、百家、呼延三个戍，安置了守备而回。侯景走向南豫州，西魏仪同三司王思政进入和占据了颍川。高澄派高岳、慕容绍宗、刘丰等率领部队包围它，再次命斛律金统领彭乐、可朱浑道元等军屯兵到河阳，以切断他的逃走和来救援的道路。又诏命他率领部队会攻颍川。此事平定后，再命斛律金率领部队从崿坂送米到宜阳，西魏九曲戍将马绍隆占据险要阻击，斛律金打败了他，因功另封安平县男。

显祖文宣帝高洋即帝位，封斛律金为咸阳郡王，刺史照旧不变。这一年冬天，到晋阳宫上朝。斛律金病，皇帝亲自到他家中看望，赐给医药，宫中使者常来不断。病愈后回到肆州。文宣帝天保三年，授任为太师。高洋征伐奚贼，斛律金随从。回军后，高洋到肆州，与斛律金聚宴练习射箭后回去。天保四年，斛律金被解除州刺史，以太师身份回到晋阳。皇帝高洋再次亲临他家，六宫和诸王也随着去，在那里置酒作乐，直到深夜才结束。高洋十分高兴，诏命斛律金次子斛律丰乐为武卫大将军，掺着对斛律金说："您老是开国元勋和佐命大臣，父子都对王室忠诚，朕当与你家结为婚姻，使你家永远成为蕃卫。"于是诏命斛律金的孙子斛律武都娶义宁公主。在婚礼的日子里，皇帝跟随皇太后亲临斛律金家，皇后、太子及诸王等都跟随而去，斛律金就是这样被皇帝所亲近看重。

后来由于柔然被突厥打败，种落分散，高洋怕柔然侵犯边塞，惊扰边境上百姓，就诏命斛律金率两万骑兵驻屯在白道来防备。而柔然首领豆婆吐久备统领三千余户打算秘密向西通过，侦察骑兵回来报告，斛律金就统率部众追击，把他们都俘虏了。柔然首领但钵将要带领其全国上下向西迁徙，斛律金获得他们的侦察兵，送到了朝廷，并上表陈述对柔然可以击获的形势。高洋就率领部队与斛律金一起出讨至吐赖，俘获茹茹两万余户而归。斛律金进位右丞相，食齐州干禄，后又升为左丞相。

肃宗高演即位，把斛律金的孙女作为皇太子的后妃。又诏命斛律金在上朝时，可以坐步挽车到台阶，世祖高湛即位，对斛律金更加礼敬尊重，又把他的孙女作为太子的后妃。斛律金的长子斛律光任为大将军，次子斛律羡和孙子斛律武都并为开府仪同三司，出镇到地方上，其余子孙都封了侯而十分显达。斛律金一门有一个皇后，两个太子妃，三个公主，他的受尊崇，当时没有人可以相比。斛律金曾对斛律光说："我虽然不读书，但听说从古以来外戚梁冀等没有一个不最后倾覆灭门。女儿如果受到皇帝宠爱，其他贵妃就会妒忌；女儿如果失宠，皇帝就讨嫌她。我们家族一直以功勋和尽忠来得到富贵，岂可以依靠女儿呢？"他的话没有得到重视，因此常常为此担忧。后主天统三年死，年龄八十岁。世祖武成帝在西堂举哀。后主又在晋阳宫举哀。赠官假黄钺、使持节、都督朔定冀并瀛青齐沧幽肆晋汾十二州诸军事、相国、太尉公、录尚书、朔州刺史、酋长、王不变，赠赐丧葬钱百万，谥号为"武"。儿子斛律光继承爵位。

高昂传

【题解】

高昂（491～538），字敖曹，渤海修县（今河北景县）人。出身豪族家庭。幼时胆力过人，爱骑马。北魏末尔朱荣发动"河阴之变"，与兄高乾起兵反，后降孝庄帝，尔朱荣认为此两人不宜在朝中，于是归乡里。孝庄帝杀尔朱荣后又被孝庄帝重用，在洛阳击退尔朱世隆军队。尔朱兆杀孝庄帝后，在信都起兵反尔朱氏势力。后以信都投靠高欢，与高欢一起在韩陵之战中大破尔朱氏集团。成为高欢建立东魏的一支重要依靠力量（另有六镇鲜卑和李元忠等）。当时鲜卑人轻视汉人，但高欢对高昂这支汉人军队很尊重。高昂在东魏官至侍中、司徒公、大都督。最后在与西魏的河桥之战中战死。

【原文】

高昂，字敖曹，乾第三弟。幼稚时，便有壮气。长而俶傥，胆力过人，龙眉豹颈，姿体雄异。其父为求严师，令加捶挞。昂不遵师训，专事驰骋，每言男儿当横行天下，自取富贵，谁能端坐读书，作老博士也。与兄乾数为劫掠，州县莫能穷治。招聚剑客，家资倾尽，乡间畏之，无敢违迕。父翼常谓人曰："此儿不灭我族，当大吾门，不直为州豪也。"

建义初，兄弟共举兵，既而奉旨散众，仍除通直散骑侍郎，封武城县伯，邑五百户。乾解官归，与昂俱在乡里，阴养壮士。尔朱荣闻而恶之，密令刺史元仲宗诱执昂，送于晋阳。永安末，荣入洛，以昂自随，禁于驼牛署。既而荣死，魏庄帝即引见劳勉。时尔朱世隆还逼宫阙，帝亲临大夏门指麾处分。昂既免缧绁，被甲横戈，志凌劲敌，乃与其从子长命等推锋径进，所向披靡。帝及观者莫不壮之。即除直阁将军，赐帛千匹。

昂以寇难尚繁，非一夫所济，乃请还本乡，招集部曲。仍除通直常侍，加平北将军。所在义勇，竞来投赴。寻值京师不守，遂与父兄据信都起义。殷州刺史尔朱羽生潜军来袭，奄至城下，昂不暇擐甲，将十余骑驰之，羽生退走，人情遂定。后废帝立，除使持节、冀州刺史以终其身。仍为大都督，率众从高祖破尔朱兆于广阿。及平邺，别率所部领黎阳。

又随高祖讨尔朱兆于韩陵，昂自领乡人部曲王桃汤、东方老、呼延族等三千人。高祖曰："高都督纯将汉儿，恐不济事，今当割鲜卑兵千余人共相参杂，于意如何？"昂对曰："敖曹所将部曲，练习已久，前后战斗，不减鲜卑，今若杂之，情不相合，胜则争功，退则推罪，愿自领汉军，不烦更配。"高祖然之。及战，高祖不利，军小却，兆等方乘之。高岳、韩匈奴等以五百骑冲其前，斛律敦收散卒蹑其后，昂与蔡儁以千骑自栗园出，横击兆军，兆众由是大败。是日微昂等，高祖几殆。

太昌初，始之冀州。寻加侍中、开府，进爵为侯，邑七百户。兄乾被杀，乃将十余骑奔晋阳，归于高祖。及斛斯椿衅起，高祖南讨，令昂为前驱。武帝西遁，昂率五百骑倍道兼行，至于崤陕，不及而还。寻行豫州刺史，仍讨三荆诸州不附者，并平之。天平初，除侍中、司空公。昂以兄乾薨于此位，固辞不拜，转司徒公。

时高祖方有事关陇，以昂为西南道大都督，径趣商洛。山道峻隘，已为寇所守险，昂转斗而进，莫有当其锋者。遂攻克上洛，获西魏洛州刺史泉企，并将帅数十人。会窦泰失利，召昂班师。时昂为流矢所中，创甚，顾谓左右曰："吾以身许国，死无恨矣，所可叹息者，不见季式作刺史耳。"高祖闻之，即驰驿启季式为济州刺史。

昂还，复为军司大都督，统七十六都督，举行台侯景治兵于武牢。御史中尉刘贵时亦率众在北豫州，与昂小有忿争，昂怒，鸣鼓会兵而攻之。侯景与冀州刺史万俟受洛干救解乃止。其侠气凌物如此。于时，鲜卑共轻中华朝士，唯惮服于昂。高祖每申令三军，常鲜卑语，昂若在列，则为华言。昂尝诣相府，掌门者不纳，昂怒，引弓射之。高祖知而不责。

元象元年，进封京兆郡公，邑一千户。与侯景等同攻独孤如愿于金墉城，周文帝率众救之。战于邙阴，昂所部失利，左右分散，单马东出，欲趣河梁南城，门闭不得入，遂为西军所害，时年四十八。赠使持节、侍中、都督冀定沧瀛殷五州诸军事、太师、大司马、太尉公、录尚书事、冀州刺史，谥忠武。子突骑嗣，早卒。世宗复召昂诸子，亲简其第三子道豁嗣。皇建初，追封昂永昌王。道豁袭，武平末，开府仪同三司。入周，授仪同大将军。开皇中，卒于黄州刺史。

【译文】

高昂，字敖曹，高乾的三弟。幼年时，便有胆量。长大后，才能卓著，胆识力气都超过常人。龙眉豹颈，容貌堂堂，体格强壮。他的父亲高翼为他请了严厉的老师，嘱咐要严加管教，但高昂不遵守老师的教导，专门骑马到处跑。他常说男子汉应当横行天下，靠自己去争取富贵，谁能够老是端坐读书，做个老博士！高昂与兄高乾多次外出抢劫，州县的官吏对他们不敢过分追究。他们为了招聚会武艺的宾客，几乎把家财也花光了。乡里的人们见他们都害怕，没有人敢违背他们意旨。他父亲高翼常对人说："这个儿不是灭我家族，就是光宗耀祖，不单是做个州豪。"

孝庄帝建义初年，高乾高昂兄弟一起起兵反尔朱荣，后来奉孝庄帝旨意解散了部众，高昂仍被任命为通直散骑侍郎，封武城县伯，食邑五百户。高乾被解除官职回到家乡，他与高昂都在乡里，暗中收买聚集壮士。尔朱荣得知消息后很厌恶，秘密命令刺史元仲宗诱捕了高昂，送到了晋阳自己身边。永安末年，尔朱荣到洛阳时，也带着高昂，把他监禁在驼牛署。后来尔朱荣被孝庄帝杀死，孝庄帝引见高昂，慰劳勉励他。当时尔朱世隆来到洛阳，逼近宫阙，孝庄帝亲自到洛阳城北大夏门安排布置对付他。高昂既然已不再受监禁，就披甲执戈，气势盖敌，与他的侄子高长命一起出击，所向披靡。孝庄帝和其他人看了都认为他们十分英勇。随即任命高昂为直阁将军，赏帛一千匹。

高昂认为敌寇的威胁还很大，不是一个人所能解决的，于是请求回本乡，招募士兵。即授官为通直常侍，加号平北将军。所在地区忠义勇武之士，争先恐后前来应征。不久京师洛阳被尔朱兆攻破，高昂就与父兄在信都起兵。殷州刺史尔朱羽生率领军队来袭击，突然到了城下，高昂顾不上穿甲，就率领十余骑兵冲出作战，尔朱羽生退走，人情才稍安定。后废帝即位，授官为使持节、冀州刺史以终其身。他仍任为大都督，率领部众随从高欢在广阿打败尔朱兆。平定邺城后，另率部众镇守黎阳，又随高欢在韩陵讨伐尔朱兆，高昂自领本乡人的部队王桃汤、东方老、呼延族等三千人。高欢说："高都督统率纯是汉人的部队，恐怕不济事，现在想分配鲜卑兵千余人来掺杂，不知意下如何？"高昂答道："敖曹所统率的部队，练习已很久，前后战斗并不比鲜卑兵差，现在如果掺杂在一起，感情上很难融合，胜利了则争功，败退时则推卸罪责，我愿意自领汉人的军队，不烦来相掺杂。"高欢同意。当战争发生后，高欢的军队失利，稍稍后退，尔朱兆趁机进攻。高岳、韩匈奴等带五万骑兵冲在前面，斛律敦收散兵追踪在后面，高昂与蔡儁带领千骑兵从粟园冲出，横击尔朱兆军，因此尔朱兆大败。这天如果没有高昂等出击，高欢几乎丧命。

孝武帝太昌初年，开始设置冀州。不久，高昂被加官侍中、开府、晋爵为侯，食邑七百户。他的哥哥高乾被孝武帝杀死后，高昂带领十余人骑马逃奔晋阳，投归高欢。后斛斯椿劝孝武帝反高欢事发生，高欢向南讨伐，命令高昂为前锋。孝武帝向西逃跑，高昂率五百骑兵用加倍速度追赶，到了崤、陕，没有赶上而回来了。不久代行豫州刺史，仍讨伐三荆地区不肯归附的各州，都平定了它们。孝静帝天平初年，授高昂侍中、司空公。高昂因其兄高乾死时任此位，坚辞不受，于是转官司徒公。

当时高欢正好在关陇地区有事，就任命高昂为西南道大都督，直接到商洛地区。山路峻险狭隘，敌寇已经占据险要地形而守卫，高昂边战斗边前进，敌人无法抵挡他。于是攻下了上洛，擒获西魏洛州刺史泉企以及将帅数十人。刚好窦泰战斗失利，高欢就召高昂回师。当时高昂被流矢射中，创伤严重，他回头对左右说："我以身许国，死无所恨，所可叹息的是没看到弟弟高季式当刺史呀。"高欢听说后，就立即派人骑马去启奏和任命高季式为济州刺史。

高昂回来后，重新任军司大都督，统领七十六都督，与行台侯景在虎牢训练士兵。御史中尉刘贵当时也率领部众在北豫州，与高昂有些矛盾，高昂怒，鸣鼓聚召士兵进攻他。侯景与冀州刺史史万俟受洛干调解后总算平息了这件事。高昂侠义倔强的性格就是这样的。当时，鲜卑人都轻视汉族人士，只是对高昂害怕和服贴。高欢每次对三军发布命令，常讲鲜卑语，如果高昂在队伍中，就用汉语。高昂曾到相府中去，门房卫士不肯通报，高昂大怒，引弓射门卫。高欢知道后也不责备他。

孝静帝元象元年，进封高昂为京兆郡公，食邑一千户。与侯景等一同进攻被西魏独孤如愿占领的洛阳金墉城，宇文泰率领部众来救，在邙山北部发生战斗，高昂所部失利，左右分散，高昂只身骑马向东，想去黄河河桥南岸的南城，守门者闭门不开，结果高昂被西魏军所杀害，当时年龄才四十八岁。下诏赠官使持节、侍中、都督冀定沧瀛殷五州诸军事、太师、大司马、太尉公、录尚书事、冀州刺史，谥号为忠武。儿子高突骑继承爵位，早死。世宗高澄重新召高昂的几个儿子，亲自挑选他第三子高道豁继承爵位。北齐孝昭帝皇建初年，追封高昂为永昌王。道豁继承爵位，在后主武平末年，授为开府仪同三司。北齐被北周灭亡后，道豁在北周被任官为仪同大将军。隋开皇中，在黄州刺史任上去世。

徐之才传

【题解】

徐之才(公元 505～572 年)，字士藏，祖籍东莞姑幕(今山东诸城)，寄籍丹阳(今江苏南京)。南北朝北齐医家。徐之才自幼聪明好学，五岁背诵《孝经》，八岁即能领会其中意义。十三岁召为太学生，已粗通《礼经》《仪礼》《曲礼》《易经》等。初于南齐做官，后被俘入魏，魏孝明帝欣赏他既通晓医学又机敏善辩而征召任用。武定间(公元 543～550)授大将军、金紫光禄大夫等职。皇建二年(公元 561 年)，治愈武明皇太后身体不适。天统四年(公元 568 年)，徐之才于北齐渐升至尚书仆射，不久又任兖州刺史。武平二年(公元 571 年)封西阳郡王，故又称徐王。由于徐氏医技过人，并治愈武开成帝因酒色过度致精神恍惚症，以后皇帝有病即召见他。徐之才所用针药亦每每效验如神。因此徐氏常常在皇帝身边侍奉医药。徐之才为人诙谐滑稽，好戏笑逗乐，言辞风趣，为此亦深受皇帝宠爱。

徐之才撰有《徐王八代家传效验方》十卷、《徐氏家秘方》两卷、《徐王方》五卷，均系总结徐氏家族治病经验，另撰《药对》两卷、《小儿方》三卷，上述诸书均佚。《药对》佚文见于《证类本草》。据《嘉祐补注神农本草》"所引书传"称，其书"以众药名品，君臣佐使，性毒相反，及所主疾病，分类而记之，凡两卷，旧本多引以为据，其言治病用药最详。"

徐之才博学多艺，不仅善医药，于经史之学造诣颇深，尚通晓天文、图谶。

【原文】

徐之才，丹阳人也。父雄，事南齐，位兰陵太守，以医术为江左所称。之才幼而俊发，五岁诵《孝经》，八岁略通义旨。曾与从兄康造梁太子詹事汝南周舍宅听《老子》。舍为设食，乃戏之曰："徐郎不用心思义，而但事食乎?"之才答曰："盖闻圣人虚其心而实其腹。"舍嗟赏之。年十三，召为太学生，精通《礼》《易》。彭城刘孝绰、河东裴子野、吴郡张嵊等每共论《周易》及《丧服》仪，酬应如响。咸共叹曰："此神童也。"孝绰又云："徐郎燕颔，有班定远之相。"陈郡袁昂领丹阳尹，辟为主簿，人务事宜，皆被顾访。郡廨遭火，之才起望，夜中不著衣，披红服帕出房，映光为昂所见。功曹白请免职，昂重其才术，仍特原之。

豫章王综出镇江都，复除豫章王国左常侍，又转综镇北主簿。及综入魏，三军散走，之才退至吕梁，桥断路绝，遂为魏统军石茂孙所止。综入魏旬月，位至司空。魏听综收敛僚属，乃访之才在彭泗，启魏帝云："之才大善医术，兼有机辩。"诏征之才。孝昌二年，至洛，敕居南馆，礼遇甚优。从祖謇子践启求之才还宅。之才药石多效，又窥涉经史，发言辩捷，朝贤竞相要引，为之延誉。武帝时，封昌安县侯。天平中，齐神武征赴晋阳，常在内馆，礼遇稍厚。武定四年，自散骑常侍转秘书监。文宣作相，普加黜陟。杨愔以其南士之人，不堪典秘书，转授金紫光禄大夫，以魏收代领之。之才甚怏怏不平。

之才少解天文，兼图谶之学，共馆客宋景业参校吉凶，知午年必有革易，因高德政启之。文宣闻而大悦。时自娄太后乃勋贵臣，咸云关西既是劲敌，恐其有挟天子令诸侯之辞，不可先行禅代事。之才独云：“千人逐兔，一人得之，诸人咸息。须定大业，何容翻欲学人。”又授引证据，备有条目，帝从之。登祚后，弥见亲密。之才非唯医术自进，亦为首唱禅代，又戏谑滑稽，言无不至，于是大被狎昵。寻除侍中，封池阳县伯。见文宣政令转严，求出，除赵州刺史，竟不获述职，犹为弄臣。

皇建二年，除西兖州刺史。未之官，武明皇太后不豫，之才疗之，应手便愈，孝昭赐采帛千段，锦四百匹。之才既善医术，虽有外授，顷即征还。既博识多闻，由是于方术尤妙。太宁二年春，武明太后又病。之才弟弟范为尚药典御，敕令诊候。内史皆令呼太后为石婆，盖有俗忌，故改名以厌制之。之范出告之才曰：“童谣云：‘周里跂求伽，豹祠嫁石婆，斩冢做媒人，唯得一量紫綎靴。’今太后忽改名，私所致怪。”之才曰：“跂求伽，胡言去已。豹祠嫁石婆，岂有好事？斩冢做媒人，但令合葬自斩冢。唯得紫綎靴者，得至四月，何者？紫之为字‘此，下‘系’，‘綎’者熟，当在四月之中。”之范问十呛我滩有人患脚跟肿痛，诸医莫能识。之才曰：“蛤精疾也，由乘船入海，垂脚水中。”疾者曰：“实曾如此。”之才为剖得蛤子二，大如榆荚。又有以骨为刀子靶者，五色班斓，之才曰：“此人瘤也。”问得处，云于古冢见髑髅额骨长数寸，试削视，有文理，故用之。其明悟多通如此。

天统四年，累迁尚书左仆射，俄除兖州刺史，特给铙吹一部。之才医术最高，偏被命召。武成酒色过度，恍惚不恒，曾病发，自云初见空中有五色物，稍近，变成一美妇人，去地数丈，亭亭而立。食顷，变为观世音。之才云：“此色欲多，大虚所致。”即处汤方，服一剂，便觉稍远，又服，还变成五色物，数剂汤，疾竟愈。帝每发动，暂遣骑追之，针药所加，应时必效，故频有端执之举。入秋，武成小定，更不发动。和士开欲依次转进，以之才附籍兖州，即是本属，遂奏附除刺史，以胡长仁为左仆射，士开为右仆射。及十月，帝又病动，语士开云：“恨用之才外任，使我辛苦。”其月八日，敕驿追之才。帝以十日崩，之才十一日方到，既无所及，复还赴州。在职无所侵暴，但不甚谙法理，颇亦疏慢，用舍自由。

五年冬，后主征之才。寻左仆射缺，之才曰：“自可复禹之绩。”武平元年，重除尚书左仆射。之才于和士开、陆令萱母子曲尽卑狎，二家苦疾，救护百端。由是迁尚书令，封西阳郡王。祖珽执政，除之才侍中、太子太师。之才恨曰：“子野沙汰我。”珽目疾，故以师旷比之。

之才聪辩强识，有兼人之敏，尤好剧谈体语，公私言聚，多相嘲戏。郑道育常戏之才为师公。之才曰：“既为汝师，又为汝公，在三之义，顿居其两。”又嘲王昕姓云：“有言则訕，近犬便狂，加颈足而为马，施角尾而为羊。”卢元明因戏之才云：“卿姓是未入人，名是字之误，‘之’当为‘乏’也。”即答云：“卿姓在亡为虐，在丘为虚，生男则为虏，养马则为驴。”又尝与朝士出游，遥望群犬竞走，诸人试令目之。之才即应声云：“为是宋鹊，为是韩卢，为逐李斯东走，为负帝女南徂。”李谐于广坐，因称其父名，曰：“卿嗜熊白生否？”之才曰：“平平耳。”又曰：“卿此言于理平否？”谐遽出避之，道逢其甥高德正。德正曰：“舅颜色何不悦。"谐告之故。德正径造坐席，连索熊白。之才谓坐者曰："个人讳底?"众莫知。之才曰："生不为人所知，死不为人所讳，此何是足问?"唐邕、白建方贵，时人言云："并州赫赫唐与白。"之才蔑之。元日，对邕为诸令史祝曰："见卿等位当作唐、白。"又以小史好嚼笔，故尝执管就元文遥口曰："借君齿。"其不逊如此。

历事诸帝，以戏狎得宠。武成生颠牙，问诸医。尚药典御邓宣文以实对，武成怒而挞之。后以问之才，拜贺曰："此是智牙，生智牙者聪明长寿。"武成悦而赏之。为仆射时，语人曰："我在江东，见徐勉作仆射，朝士莫不佞之。今我亦是徐仆射，无一人佞我，何由可活!"之才妻魏广阳王妹，之才从文襄求得为妻。和士开知之，乃淫其妻。之才遇见而避之，退曰："妨少年戏笑。"其宽纵如此。年八十，卒。赠司徒公，录尚书事，谥曰文明。

长子林，字少卿，太尉司马。次子同卿，太子庶子。之才以其无学术，每叹云："终恐同《广陵散》矣。"

弟之范，亦医术见知，位太常卿，特听袭之才爵西阳王。入周，授仪同大将军。开皇中卒。

【译文】

徐之才，丹阳人。父亲名雄，于南齐供事，官位兰陵太守，于江南一带以医术著名。之才幼时英俊奋发。五岁能背诵《孝经》，八岁即略通其意。他曾与从兄康去梁太子詹事汝南人周舍家聆听讲习《老子》。周舍为他们备有餐宴，遂逗之才说："徐郎做学问不用心思考，只想着吃饭。"徐之才答道："我听说《老子》里有一句话谈到'圣人虚其心而实其腹'。"周舍听后十分感叹，很欣赏他的才学。之才十三岁召为太学生。那时他已粗通《礼》《易》。彭城刘孝绰、河东裴子野、吴郡张崚等人常常与他一起讨论《周易》及《丧服》仪式等，徐之才每每应答如流，大家均感叹："他真是神童啊!"孝绰又说："徐郎面生燕颔，长似班超，将来会像他那样前程远大。"陈郡袁昂任丹阳太守，他召任徐之才为主簿，无论人事及其他事务都有人请教他。一次，郡公署失火，徐之才起而观望，夜里未穿外衣，身披红服帕离开卧房，火光中被袁昂看见。功曹由此禀告请求免去他的职务，袁昂器重他负有才华，特此原谅了他。

豫章王综出镇江都，又授徐之才为豫章王国左常侍，以后调任豫章王综下属之镇北主簿。后来综叛降入魏，三军将士离走散失，徐之才退至吕梁，桥断无路，最终被魏统军石茂孙所截止。综入魏朝一月后，授官司空。魏朝皇帝让他收留原下属官僚，于是访问到徐之才在彭泗。他向魏孝明帝禀奏："徐之才尤为擅长医术，且机智能辩。"孝明帝遂下诏书征召徐之才。孝昌二年(公元526年)，徐之才至洛阳，皇帝赐他居住招待宾客的高级客舍，待他十分优厚。他的从祖父徐謇的儿子践劝他回归宅舍。徐之才治病用药多有显效，又涉猎经史之学，言语敏捷善辩，朝廷贤士竞相引用其言论，使他名声越传越远。北魏武帝时，徐之才被封为昌安县侯。天平年间，北齐神武帝高欢征赴晋阳，徐之才于内馆供事，待遇逐渐丰厚。武定四年(公元546年)，徐之才从散骑常侍调任秘书监。文宣帝高洋任丞相时，朝廷上下调整官员，杨愔以他曾是南齐人不可胜任主管秘书职务，转而授他为金紫光禄大夫，并派魏收代替他。徐之才为此怏怏不平。

徐之才还懂得一些天文、图谶等知识。他与馆友宋景业一起参校吉凶，预知庚午年

（公元550年）政权必有革易。于是高德政禀告，文宣帝（高洋）听后大为高兴。当时从娄太后至朝廷功勋贵臣俱认为关西宇文氏是一强有力的对手，恐怕他有以皇上名义发号施令的权势，不可先行帝位之事。只有徐之才说："一千人追赶兔子，唯有一人得到，余者皆得放弃。若要干大事业，怎容得跟在别人后面学。"又引经据典，备好条目证实，文宣帝高洋听从之才建议，于公元550年废东魏，自称皇帝。此后他与徐之才交往更为亲密。徐之才不仅医术精通，且首先倡导禅让制，又诙谐滑稽，能说会道，因此与皇帝很亲近。不久授官侍中。封池阳县伯爵。徐之才觉察文宣帝政令日渐严厉，于是请求离开京城。皇上任他为赵州刺史，但他最终未到任视事，仍系凭借嬉笑取宠之下臣。

皇建二年（公元561年），徐之才受任西兖州刺史，在他还未上任之前，武明皇太后身体不适。徐之才为他治疗，应手而愈。为此孝昭帝赏赐他彩帛千段，锦四百匹。徐之才医术高明，虽然有时授予外职，不久，即征召返京。这样他更见多识广，于方术尤为精通。太宁二年春，武明太后又患病，徐之才之弟徐之范当时为尚药典御，皇帝令他为太后诊病，那时因有俗忌，内史省令大家称太后为石婆，企图以改名来压制病邪。徐之范出来告诉徐之才："童谣里说'周里跂求伽，豹祠嫁石婆，斩冢作媒人，唯得一量紫綖靴。'如今太后忽然改名，我觉得很奇怪。"徐之才说："跂求伽，少数民族方言'离开'的意思。豹祠嫁石婆，有何好事？斩冢作媒人，即是说必须合葬自斩冢。唯得紫綖靴，是指四月得到，为何如此说呢？紫字是"此"下"系"，綖是熟之意，应于四月。"徐之范问"靴"为何意，徐之才回答："靴是革旁化，这哪是长久之物呢？"到了四月一日，武明太后果然故去。

一病人患脚跟肿痛，诸医生均不知此病。徐之才说："此为蛤精所致疾病。因乘船入海，将脚垂入水中所引起。"病人回答："确实如此。"徐之才切开患处取出两个蛤子，如榆荚那么大。又有一人拿骨头作刀靶，那骨头色彩斑斓，徐之才看后说："这是人体骨瘤所造成的。"然后问那人从何处得来，那人答于古棺见髑髅额骨数寸长，即试削之，见上面有纹理，就拿来使用。徐之才就是如此明悟多通。

天统四年（公元568年），徐之才渐升至尚书左仆射。不久又任兖州刺史，并赐给铙吹曲一部。徐之才医术最高，多次被皇帝征召。武成帝酒色过度，精神恍惚。曾疾病发作，他自称于空中看见一五色物体，稍近那物即变为一美女，离地数丈远，亭亭而立。不一会儿又变成观世音。徐之才说："此色欲过多，身体大虚所致。"于是处方开药。服一剂后，便觉那物体渐渐远了。又服一剂，还原变成五色物，服数剂汤药，疾病竟然痊愈。此后皇帝每患病即派人召他，徐之才施用针药，多应时见效，所以他常常在皇帝身边侍奉医药。入秋以后，武成帝疾病小有稳定，不怎么发作。和士开想依次升迁。因徐之才本籍兖州，即向圣上奏请徐之才任兖州刺史，以胡长仁为左仆射，而和士开本人为右仆射。至十月，皇帝旧病复发，就对士开说："我悔恨让之才外任，使我倍受疾病痛苦。"十月八日，皇帝令使者骑马去召徐之才，十日皇帝驾崩，徐之才十一日方赶到。既然未来得及赶上为皇帝治病，于是他又返回兖州。徐之才在任期间没有侵害他人施展暴力，但也不熟诸法规事理，于工作颇为疏忽漫不经心，用人取舍较为自由。

天统五年冬，后主征召徐之才，不久左仆射职位空缺，徐之才说："我能重现大禹治水之功绩。"武平元年（公元570年），徐之才重任尚书左仆射。徐之才对和士开以及陆令萱母子极尽奉承，他们两家有人患病，徐氏不仅给予治疗，而且百般照护，由此徐之才升任尚书令,封为西阳郡王。后来祖珽主管政务,任徐之才为侍中、太子太师。徐之才对祖珽不重用他颇为愤恨,说:"子野淘汰我。"祖珽有眼疾,所以他将祖珽比作春秋时期晋国瞎眼乐师旷(字子野)。

徐之才聪明记忆力强,机敏过人,尤其爱好嬉笑与用隐语逗乐,无论公开场合与私下聚会,常常相互嘲弄取乐。郑道育常戏称徐之才为师公,徐之才说:"既然当你的老师,又当你的公公,按君、亲、师三种礼仪,我占其两种。"又嘲笑王昕的姓说:"王字加言则为讠王,与犬相并就变狂,加上颈足成为马,添上角尾就是羊。"卢元明也因此以徐之才的姓名为戏,说:"徐是末入人,名被字所误,'之'当为'乏'字。"徐之才马上对答:"您的姓在亡为虐,在丘为虚,生男则为虏,养马则为驴。"一次徐氏与朝廷官员出去游玩,远望群犬追逐,大家都试着想观看清楚。徐之才应声说道:"这是宋国良犬宋鹊,这是韩国良犬韩卢,这是赶李斯东逃,这是盘瓠狗背负皇帝女儿去南山石室。"一次李谐在大宴席上称徐之才父亲的名雄为熊,戏弄他说:"你爱吃熊背上的白脂吗?"徐之才回答:"你的话平平没有什么意思。"又反问他:"您此言有道理否?"李谐不好回答,于是外出避开他。路上正巧遇见他外甥高德正。德正语:"舅舅你为何看起来不高兴呢?"李谐告诉他先前发生之事。德正径直去座席,连连要熊白。徐之才问座席上的人:"他祖父姓名是什么?"众人均言不知。徐之才说:"像这样生不被人知,死后不被人忌讳的不足去问他。"唐邕、白建二人于并州一带名声显贵,当时人们均言:"并州赫赫唐与白。"徐之才很看不起他们。大年初一,他对唐邕底下的令史祝贺新年,说:"我看你们与唐、白二人地位相等。"后来又因侍僮喜好嚼笔,徐之才即拿笔管以元文遥之口吻说:"借你的牙齿使使。"徐之才就是这样一点也不谦逊退让。

徐之才侍奉数位皇帝皆因戏狎而得宠。武成帝长智牙时询问医生,尚药典御邓宣文以实情相告,武成帝听后动怒而鞭挞他。后来又问徐之才,徐氏跪下拜贺:"此为智牙,长智牙的人聪明长寿。"成帝听后十分满意而且很欣赏他。徐之才任仆射时对别人说:"我于江南见徐勉作仆射,朝廷官员无不对他巧言诌媚,现在我也是徐仆射,可没有一个人对我诌媚,我还有何理由活下去。"徐之才的妻子系北魏广阳王之妹,徐之才是从文襄帝高澄处求得她为妻的。和士开知道后,就去调戏他妻子,正巧徐之才遇见,他竟然退出来避开他们,说:"别妨碍少年嬉笑。"徐之才就是如此宽容。徐之寸八十岁时死去,赠官司徒公、录尚书事,谥号文明。

徐之才长子名林,字少卿。官至太尉司马。次子同卿,官至太子庶子。之才因他没有学识,常常感叹说:"他恐怕最终会像《广陵散》那样,不被后人知晓。"

弟徐之范,也以医术知名,官至太常卿,被特别准许继承徐之才西阳王的爵位。后来入周,授官仪同大将军。开皇中卒。

魏收传

【题解】

魏收(507~572年),字伯起,钜鹿下曲阳(今河北晋州市西)人,北朝著名史学家。他多次担任史职,直接参与修国史的工作,最终完成了《魏书》。其书主要记述了自北魏道武帝登国元年(386年)至东魏孝静帝武定八年(550年)这一时期的历史,共一百三十卷,包括十二本纪、九十二列传,以及天象、地形、律历、礼、乐、食货、刑罚、灵征、官氏、释老等十志。因系当代人修当代史,《魏书》刚完成,即引起轩然大波,被称为"秽史",历代多因此相仍。究其原因,主要是由于魏收直笔无隐而褐人阴私所致,另外,他恃才傲物,难免评品标准树立太高,有求全责备之处。全面看,《魏书》不能称为"秽史",但缺点不少:它以东魏为主,于是每多挂漏,突出表现在《地形志》中;对高欢事溢美太多;津津乐道轮回报应之事。但《魏书》详细而较全面地记叙了北魏自鲜卑拓拨部到东魏的历史过程,有关材料,大部分赖以保存,是仅存的一部完整的魏史,其史料价值是不容忽略的。

【原文】

魏收,字伯起,小字佛助,钜鹿下曲阳人也。曾祖缉,祖韶。父子建,字敬忠,赠仪同、定州刺史。收年十五,颇已属文。及随父赴边,好习骑射,欲以武艺自达。荥阳郑伯调之曰:"魏郎弄戟多少?"收惭,遂折节读书。夏月,坐板床,随树阴讽诵,积年,板床为之锐减,而精力不辍。以文华显。

初除太学博士。及尒朱荣于河阴滥害朝士,收亦在围中,以日晏获免。吏部尚书李神俊重收才学,奏授司徒记室参军。永安三年,除北主客郎中,节闵帝立,妙简近侍,诏试收为《封禅书》,收下笔便就,不立稿草,文将千言,所改无几。时黄门郎贾思同侍立,深奇之,白帝曰:"虽七步之才,无以过此。"迁散骑侍郎,寻敕典起居注,并修国史。兼中书侍郎,时年二十六。

孝武初,又诏收摄本职,文诰填积,事咸称旨。黄门郎崔悛从齐神武入朝,熏灼于世,收初不诣门,悛为帝登阼赦,云"朕托体孝文",收嗤其率直。正员郎李慎以告之,悛深愤忌。时节闵帝殂,令收为诏。悛乃宣言:"收普泰世出入帏幄,一日造诏,优为词旨,然则义旗之士尽为逆人。"又收父老,和解官归侍。南台将加弹劾,赖尚书辛雄为言于中尉綦俊,乃解。收有贱生弟仲同,先未齿,因此怖惧,上籍,遣还乡扶侍。孝武尝大发士卒,狩于嵩少之南旬有六日。时天寒,朝野嗟怨。帝与从官及诸妃主,奇伎异饰,多非体度。收欲言则惧,欲默不能已,乃上《南狩赋》以讽焉,时年二十七,虽富言淫丽,而终归雅正。帝手诏报焉,甚见褒美。郑伯谓曰:"卿不遇老夫,就应逐兔。"

初神武固让天柱大将军,魏帝敕收为诏,令遂所请。欲加相国,问品秩,收以实对,帝遂止。收既未测主相之意,以前事不安,求解,诏许焉。久之,除帝兄子广平王赞开府从事中郎,收不敢辞,乃为《庭竹赋》以致己意。寻兼中书舍人,与济阴温子升、河间邢子才齐誉,世号三才。时孝武情忌神武,内有间隙,收遂以疾固辞而免。其舅崔孝芬怪而问之,收曰:"惧有晋阳之甲。"寻而神武南下,帝西入关。

收兼通直散骑常侍,副王昕使梁,昕风流文辩,收辞藻富逸,梁主及其群臣咸加敬畏。先是南北初和,李谐、卢元明首通使命,二人才器,并为邻国所重。至此,梁主称曰:"卢、李命世,王、魏中兴。未知后来复何如耳?"收在馆,遂买吴婢入馆,其部下有买婢者,收亦唤取,遍行奸秽,梁朝馆司皆为之获罪。人称其才而鄙其行。在途作《聘游赋》,辞甚美盛。使还,尚书右仆射高隆之求南货于昕、收,不能如志,遂讽御史中尉高仲密禁止昕、收于其台,久之得释。

及孙搴死,司马子如荐收,召赴晋阳,以为中外府主簿。以受旨乖忤,频被嫌责,加以捶楚,久不得志。会司马子如奉使霸朝,收假其余光。子如因宴戏言于神武曰:"魏收天子中书郎。一国大才,愿大王借以颜色。"由此转府属,然未甚优礼。

收从叔季景,有才学,历官著名,并在收前,然收常所欺忽。季景、收初赴并,顿丘李庶者,故大司农谐之子也,以华辩见称,曾谓收曰:"霸朝便有二魏。"收率尔曰:"以从叔见比,便是耶输之比卿。"耶输者,故尚书令陈留公继伯之子也,愚疾有名,好自入市肆,高价买物,商贾共所嗤玩。收忽季景,故方之,不逊例多如此。

收本以文才,必望颖脱而知,位既不遂,求修国史。崔暹为言于文襄曰:"国史事重,公家父子霸王功业,皆须具载,非收不可。"文襄启收兼散骑常侍,修国史。武定二年,除正常侍,领兼中书侍郎,仍修史。魏帝宴百僚,问何故名'人日',皆莫能知。收对曰:"晋议郎董勋《答问礼俗》云:'正月一日为鸡,二日为狗,三日为猪,四日为羊,五日为牛,六日为马,七日为人。'"时邢邵亦在侧,甚恶焉。自魏、梁和好,书下纸每云:"想彼境内宁静,此率土安和。"梁后使,其书乃去"彼"字,自称犹著"此",欲示无外之意。收定报书云:"想境内清晏,今万国安和。"梁人复书,依以为体。后神武入朝,静帝授相国,固让,令收为启。启成呈上,文襄时侍侧,神武指收曰:"此人当复为崔光。"四年,神武于西门豹祠宴集,谓司马子如曰:"魏收为史官,书吾等善恶,闻北伐时,诸贵党饷史官饮食,司马仆射颇曾饷不?"因共大笑。仍谓收曰:"卿勿见元康等在吾目下趋走,谓吾以为勤劳,我后世身名在卿手,勿谓我不知。"寻加兼著作郎。

收昔在洛京,轻薄尤甚,人号云"魏收惊蛱蝶"。文襄曾游东山,令给事黄门侍郎颢等宴。文襄曰:"魏收侍才无宜适,须出其短。"往复数番,收忽大唱曰:"杨尊彦理屈已倒。"愔从容曰:"我绰有余暇,山立不动,若遇当涂,恐翩翩遂逝。"当涂者,魏;翩翩者,蛱蝶也。文襄先知之,大笑称善。文襄又曰:"向语犹微,宜更指斥。"愔应声曰:"魏收在并作一篇诗,对众读讫,云'打从叔季景出六百斛米,亦不辨此。'远近所知,非敢妄语。"文襄喜曰:"我亦先闻。"众人皆笑。收虽自申雪,不复抗拒,终身病之。

侯景叛入梁,寇南境,文襄时在晋阳,令收为檄五十余纸,不日而就。又檄梁朝,令送侯景,初夜执笔,三更便成,文过七纸。文襄善之。魏帝曾季秋大射,普令赋诗,收诗末云:"尺书征建邺,折简召长安。"文襄壮之,顾诸人曰:"在朝今有魏收,便是国之光彩,雅俗文墨,通达纵横。我亦使子才、子升时有所作,至于词气,并不及之。吾或意有所怀,忘而不语,语而不尽,意有未及,收呈草皆以周悉,此亦难有。"又勅兼主客郎接梁使谢珽、徐陵。侯景既陷梁,梁都阳王范时为合州刺史,文襄勅收以书喻之。城得书,仍率部伍西上，刺史崔圣念入据其城。文襄谓收曰："今定一州，卿有其力，犹恨'尺书征建邺'未效耳。"

文襄崩，文宣如晋阳，令与黄门郎崔季舒、高德正，吏部郎中尉瑾于北第掌机密。转秘书监，兼著作郎，又除定州大中正。时齐将受禅，杨愔奏收置之别馆，令撰禅代诏册诸文，遣徐之才守门不听出。天保元年，除中书令，仍兼著作郎，封富平县子。

二年，诏撰魏史。四年，除魏尹，故优以禄力，专在史阁，不知郡事。初帝令群臣各言尔志，收曰："臣愿得直笔东观，早成《魏书》。"故帝使收专其任。又诏平原王高隆之总监之，署名而已。帝勅收曰："好直笔，我终不作魏太武诛史官。"始魏初邓彦海撰《代记》十余卷，其后崔浩典史，游雅、高允、程骏、李彪、崔光、李琰之徒世修其业。浩为编年体，彪始分作纪、表、志、传，书犹未出。宣武时，命邢峦追撰《孝文起居注》，书至太和十四年，又命崔鸿、王遵业补续焉。下讫孝明，事甚委悉。济阴王晖业撰《辨宗室录》三十卷。收于是部通直帝侍房延佑、司空司马辛元植、国子博士刁柔、裴昂之、尚书郎高孝干专总斟酌，以成《魏书》。辨定名称，随条甄举，又搜采亡遗，缀续后事，备一代史籍，表而上闻之，勒成一代大典。凡十二纪，九十二列传，合一百一十卷。五年三月奏上之。秋，除梁州刺史。收以志未成，奏请终业，许之。十一月，复奏十志：《天象》四卷，《地形》三卷，《律历》二卷，《礼乐》四卷，《食货》一卷，《刑罚》一卷，《灵征》二卷，《官氏》二卷，《释老》一卷，凡二十卷，续于纪传，合一百三十卷，分为十二帙。其史三十五例，二十五序，九十四论，前后二表一启焉。

所引史官，恐其凌逼，唯取学流先相依附者。房延佑、辛元植、睦仲让虽夙涉朝位，并非史才。刁柔、裴昂之以儒业见知，全不堪编辑。高孝干以左道求进。修史诸人祖宗姻戚多被书录，饰以美言。收性颇急，不甚能平，夙有怨者，多没其善。每言："何物小子，敢共魏收作色，举之则使上天，按之当使入地。"初收在神武时为太常少卿修国史，得阳休之助，因谢休之曰："无以谢德，当为卿作佳传。"休之父固，魏世为北平太守，以贪虐为中尉李平所弹获罪，载在《魏起居注》。收书云："固为北平，甚有惠政，坐公事免官。"又云："李平深相敬重。"尔朱荣于魏为贼，收以高氏出自尔朱，且纳荣子金，故减其恶而增其善，论云："若修德义之风，则韦、彭、伊、霍夫何足数？"

时论既言收著史不平，文宣诏收于尚书省与诸家子孙共加论讨，前后投诉百有余人，云遗其家世职位，或云其家不见记录，或云妄有非毁，收皆随状答之。范阳卢斐父同附出族祖玄《传》下，顿丘李庶家《传》称其本是梁国蒙人，斐、庶讥议云："史书不直。"收性急，不胜其愤，启诬其欲加屠害。帝大怒，亲自诘责。斐曰："臣父仕魏，位至仪同，功业显著，名闻天下，与收无亲，遂不立传。博陵崔绰，位止本郡功曹，更无事迹，是收外亲，乃为《传》首。"收曰："绰虽无位，名义可嘉，所以合传。"帝曰："卿何由知其好人？"收曰："高允曾为绰赞，称有道德。"帝曰："司空才士，为人作赞，正应称扬。亦如卿为人作文章，道其好者岂能皆实？"收无以对，战粟而已。但帝先重收才，不欲加罪。时太原王松年亦谤史，及斐、庶并获罪，各被鞭配甲坊，或因以致死，卢思道亦抵罪。然犹以群口沸腾，勅魏史且勿施行，令群官博议。听有家事者入署，不实者陈牒。于是众口喧然，号为"秽史"，投牒者相次，收无以抗之。时左仆射杨愔、右仆射高德正二人势倾朝野，与收皆亲，收遂为其家并作传。二人不欲言史不实，抑塞诉辞，终文宣世更不重论。又尚书陆操尝谓愔曰：

"魏收《魏书》可谓博物宏才,有大功于魏室。"愔谓收曰:"此谓不刊之书,传之万古。但恨论及诸家枝叶亲姻,过为繁碎,与旧史体例不同耳。"收曰:"往因中原丧乱,人士谱牒,遗逸略尽,是以具书其支流。望公观过知仁,以免尤责。"

八年夏,除太子少傅、监国史,复参议律令。三台成,文宣曰:"台成须有赋。"愔先以告收,收上《皇居新殿台赋》,其文甚壮丽。时所作者,自邢邵已下咸不寻逮焉。收上赋前数日乃告邵。邵后告人曰:"收甚恶人,不早言之。"帝曾游东山,敕收作诏,宣扬威德,譬喻关西,俄顷而讫,词理宏壮。帝对百僚大嗟赏之。仍兼太子詹事。

收娶其舅女,崔昂之妹,产一女,无子。魏太常刘芳孙女,中书郎崔肇师女,夫家坐事,帝并赐收为妻,时人比之贾充置左右夫人。然无子。后病甚,恐身后嫡媵不平,乃放二姬。及疾瘳追忆,作《怀离赋》以申意。

文宣每以酣宴之次,云:"太子性懦,宗社事重,终当传位常山。"收谓杨愔曰:"古人云,太子国之根本,不可动摇。至尊三爵后,每言传位常山,令臣下疑贰。若实,便须决行。此言非戏。魏收既忝师傅,正当守之以死,但恐国家不安。"愔以收言白于帝,自此便止。帝数宴喜,收每预侍从。皇太子之纳郑良娣也,有司备设牢馔,帝既酣饮,起而自毁覆之。仍诏收曰:"知我意不?"收曰:"臣愚谓良娣既东宫之妾,理不须牢,仰惟圣怀,缘此毁去。"帝大笑,握收手曰:"卿知我意。"安德王延宗纳赵郡李祖收女为妃,后帝幸李宅宴,而妃母宋氏荐二石榴于帝前。问诸人莫知其意,帝投之。收曰:"石榴房中多子,王新婚,妃母欲子孙众多。"帝大喜,诏收"卿还将来",仍赐收美锦二疋。十年,除仪同三司。帝在宴席,口敕以为中书监,命中书郎杨愔于树下造诏。愔以收一代盛才,难于率尔,久而未讫。比成,帝已醉醒,遂不重言,愔仍不奏,事竟寝。

及帝崩于晋阳,驿召收及中山太守阳休之参议吉凶之礼,并掌诏诰。仍除侍中,迁太常卿。文宣谥及庙号、陵名,皆收议也。及孝昭居中宰事,命收禁中为诸诏文,积日不出。转中书监。皇建元年,除兼侍中、右光禄大夫,仍仪同、监史。收先副王昕使梁,不相协睦。时昕弟晞亲密。而孝昭别令阳休之兼中书,在晋阳典诏诰,收留在邺,盖晞所为。收大不平,谓太子舍人卢询祖曰:"若使卿作文诰,我亦不言。"又除祖珽为著作郎,欲以代收。司空主簿李荛,文词士也。闻而告人曰:"诏诰悉归阳子烈,著作复遣祖孝征,文史顿失,恐魏公发背。"于是诏议二王三恪,收执王肃、杜预义,以元、司马氏为二王,通曹备三恪。诏诸礼学之官,皆执郑玄五代之议。孝昭后姓元,议恪不欲广及,故议从收。又除兼太子少傅,解侍中。

帝以魏史未行,诏收更加研审。收奉诏,颇有改正。及诏行魏史,收以直置秘阁,外人无由得见。于是命送一本付并省,一本付邺下,任人写之。

大宁元年,加开府。河清二年,兼右仆射。时武成酣饮终日,朝事专委侍中高元海。元海凡庸,不堪大任,以收才名振俗,都官尚书毕义云长于断割,乃虚心倚仗。收畏避不能匡救,为议者所讥。帝于华林别起玄洲苑,备山水台观之丽,诏于阁上画收,其见重如此。

始收比温子升、邢邵稍为后进,邵既被流出,子升以罪幽死,收遂大被任用,独步一时。议论更相訾毁,各有朋党。收每议陋邢邵文。邵文云:"江南任昉,文体本疏,魏收非直横拟,亦大偷窃。"收闻乃曰:"伊常于《沈约集》中作贼,何意道我偷任昉。"任、沈具有重名。邢、魏各有所好。武平中，黄门郎颜之推以二公意问仆射祖珽，珽答曰："见邢、魏之臧否，即是任、沈之优劣。"收以温子升全不作赋，邢虽有一两首，又非所长，常云："会须作赋，始成大才士。唯以章表碑志自许，此外更同儿戏。"自武定二年已后，国家大事诏命，军国文词，皆收所作。每有警急，受诏立成，或时中使催促，收笔下有同宿构，繁速之工，邢、温所不逮，其参议典礼与邢相埒。

既而赵郡。公。增年获免，收知而过之，事发除名。其年又以托附陈使封孝琰，牒令其门客与行，遇昆仑舶至，得奇货猼然褥表、美玉盈尺等数十件，罪当流，以赎论。三年，起除清都尹。寻遣黄门郎元文遥敕收曰："卿旧人，事我家最久，前者之罪，情在可恕。比令卿为尹，非谓美授，但初起卿，斟酌如此。朕岂可用卿之才而忘卿身，待至十月，当还卿开府。"天统元年，除左光禄大夫。二年，行齐州刺史，寻为真。

收以子侄少年，申以戒厉，著《枕中篇》，其词曰：

吾曾览管子之书，其言曰："任之重者莫如身，途之畏者莫如口，期之远者莫如年。以重任行畏途，至远期，惟君子为能及矣。"迨而味之，喟然长息。若夫岳立为重，有潜藏而不倾；山藏称固，亦趋负而弗停；吕梁独浚，能行歌而匪惕；焦原作险，或跻踵而不惊；九陔方集，故眇然而迅举；王纪当定，想窅乎而上征。苟任重也有度，则任之而愈固；乘危也有术，盖乘之而靡恤。被期远而能通，果应之而可必。岂神理之独尔，亦人事其如一。呜呼！处天壤之间，劳死生之地，攻之以嗜欲，牵之以名利，梁肉不期而共臻，珠玉无足而俱致；于是乎骄奢仍作，危亡旋至。然则上知大贤，唯几唯哲，或出或处，不常其节。其舒也济世成务，其卷也声销迹灭。玉帛子女，椒兰律吕，谄谀无所先；称肉度骨，膏唇挑舌，怨恶莫之前。勋名共山河同久，志业与金石比坚。斯盖厚栋不桡，游刃恚然。逮于厥德不常，丧其金璞。驰骛人世，鼓动流俗，挟汤日而畏寒，包嵝嵲而未足。源不清而流浊，表不端而影曲。嗟乎！胶漆讵坚，寒暑甚促。反利而成害，化荣而就辱。欣戚更来，得丧仍续。至有身御魑魅，魂沉狴狱。讵非足力不强，迷在当局，孰可谓车戒前倾，人师先觉。

闻诸君子，雅道之士，游遨经术，厌饫文史。笔有奇锋，谈有胜理。孝悌之至，神明通矣。审道而行，量路而止。自我及物，先人后己。情无系于荣悴，心靡滞于愠喜。不养望于丘壑，不待价于城市。言行相顾，慎终犹始。有一于斯，郁为羽仪。恪居展事，知无不为。或左或右，则髦士攸宜；无悔无吝，故高而不危。异乎勇进忘退，苟得患失，射千金之产，邀万钟之秩，投烈风之门，趣炎火之室，载蹶而坠其贻宴，或蹲乃丧其贞吉。可不畏欤！可不戒欤！

门有倚祸，事不可不密；墙有伏寇，言不可而失。宜谛其言，宜端其行。言之不善，行之不正。鬼执强梁，人因径廷。幽夺其魄，明夭其命。不服非法，不行非道。公鼎为己信，私玉非身宝。过涅为缁，逾蓝作青。持绳视直，置水观平。时然后取，未若无欲。知止知足，庶免于辱。

是以为必察其几，举必慎于微。知几虑微，斯亡则稀。既察且慎，福禄攸归。昔蘧瑗识四十九非，颜子几三月不违。跬步无已，至于千里。覆一篑进，及于万仞。故云行远自迩，登高自卑，可大可久，与世推移。月满如规，后夜则亏。槿荣于枝，望暮而萎。夫奚益而非损，孰有损而不害？益不欲多，利不欲大。唯居德者畏其甚，体真者惧其大。道尊则群谤集，任重而众怨会。其达也则尼父栖遑，其忠也而周公狼狈。无曰人之我狭，在我不可而覆。无曰人之我厚，在我不可而咎。如山之大，无不有也；如谷之虚，无不受也；能刚能柔，重可负也；能信能顺，险可走也；能知能愚，期可久也。周庙之人，三缄其口。漏卮在前，欹器留后。俾诸来裔，传之坐右。

其后群臣多言魏史不实，武成重敕更审，收又回换。遂为卢同立传，崔绰返更附出。杨愔家《传》，本云"有魏以来一门而已"，至是改此八字；又先云"弘农华阴人"，乃改"自云弘农"，以配王慧龙自云太原人。此其失也。

寻除开府、中书监。武成崩，未发丧。在内诸公以后主即位有年，疑于赦令。诸公引收访焉，收固执宜有恩泽，乃从之。掌诏诰，除尚书右仆射，总议监五礼事，位特进。收奏请赵彦深、和士开、徐之才共监。先以告士开，士开惊辞以不学。收曰："天下事皆由王，五礼非王不决。"士开谢而许之。多引文士令执笔，儒者马敬德、熊安生、权会实主之。武平三年薨。赠司空、尚书左仆射，谥文贞。有集七十卷。

收硕学大才，然性褊，不能达命体道。见当途贵游，每以言色相悦。然提奖后辈，以名行为先，浮华轻险之徒，虽有才能，弗重也。初河间邢子才及季景与收并以文章显，世称大邢小魏，言尤俊也。收少子才十岁，子才每曰："佛助寮人之伟。"后收稍与子才争名，文宣贬子才曰："尔才不及魏收。"收益得志，自序云："先称温、邢，后曰邢、魏。"然收内陋邢，心不许也。收既轻疾，好声乐，善胡舞。文宣末，数于东山与诸优为猕猴与狗斗，帝宠狎之。收外兄博陵崔岩尝以双声嘲收曰："愚魏衰收。"收答曰："颜岩腥瘦，是谁所生，羊颐狗颊，头团鼻平，饭房笭笼，著孔嘲玎。"其辩捷不拘若是。既缘史笔，多憾于人，齐亡之岁，收冢被发，弃其骨于外。先养弟子仁表为嗣。位至尚书膳部郎中，隋开皇中卒于温县令。

【译文】

魏收，字伯起、乳名佛助，钜鹿下曲阳人。他的曾祖名缉，祖父名韶。他的父亲名子建，字敬忠，赠官仪同三司，定州刺史。

魏收十五岁时，就已经写了好些文章了。他跟随父亲到边疆去后，就喜欢学习骑马射箭，想凭武艺取得显贵。荥阳的郑伯调侃说："魏郎您能弄多少戟？"魏收惭愧，于是就改变志向而专心读书。夏天，他坐在板床上，随着树荫的移动而移动诵读诗书，一年下来，板床因此而木板大减，但魏收读书的精神却不减。这样，魏收就以文章华丽著名当世。

开始，魏收被任命为太学博士。尒朱荣在河阴滥害朝廷士人的时候，魏收也在其迫害的范围之中，因为已到黄昏所以得以幸免。吏部尚书李神儁重视魏收的才学，上奏皇上授予了魏收司徒记室参军的职务。永安三年，任命他为北主客郎中职。节闵帝即位后，用巧妙的方法精简近侍，下诏考试魏收以《封禅书》为题。魏收下笔便写成了，连草稿也不打，将近千字的文章，所修改的地方没有几处。当时黄门郎贾思同侍立一旁，大为惊奇，就对皇上说："虽然是曹植七步为诗的才能，也超不过魏收写这《封禅书》。"这样，魏收升任为散骑侍郎，不久皇上又下令让他典起居注，并参加修国史，兼任中书侍郎，当时魏收二十六岁。

孝武帝初年，又下诏魏收兼管本职，公文制诰尽管堆积很多，魏收处理下来都符合皇上的意图。黄门郎崔悛跟从齐神武帝入朝觐见皇上，气焰逼人，魏收开始不上门去拜访。崔悛为皇上登基作赦书，说："朕托体孝文"，魏收嗤笑这句话率直。正员外郎李慎把这事告诉了崔悛，崔悛深为愤慨忌恨。当时节闵帝逝世，命令魏收写诏书。崔悛就散布说，魏收在节闵帝在世时出入帏幄，每天写诏书，文辞和主旨都很优秀，但是举义旗的士人全变成了叛逆；再有，魏收的父老，符合解除官职归侍乡里。南台将要对魏收加以弹劾，全靠尚书辛雄给中尉綦儁加以解释，才化解了。魏收有个同父异母弟名仲同，原先没有登记，因此恐惧，上了户籍后，就遣送他回乡帮助那里做事去了。孝武帝曾发动大批的士兵，在嵩少之南打猎十六天。当时天寒，朝野都埋怨叹息。皇上与跟从的官员及各位妃子，奇装异饰，多不合礼的规定。魏收想说但又害怕，想沉默又按捺不住，就上了《南狩赋》作为讽谏，当时他二十七岁，虽然文辞丰富淫丽，但都归于典雅醇正。皇上亲笔回信，信中到处是表扬赞美的话，郑伯对他说："您不遇到老夫，也应该去追逐兔子了。"

当初齐神武帝(高欢)坚持推辞天柱大将军的封号，魏帝令魏收草诏，命令允许齐神武帝的请求。皇上想加齐神武帝为相国，问给他什么品秩，魏收据实回答，皇上才停止下达这一命令。魏收既然推测不了主相的意图，因为以前的事就不安心，于是请求解除自己的职务，皇上下诏同意了。过了很久，任命魏收为皇上兄长的儿子广平王元赞的开府从事中郎，魏收不敢推辞，就写了篇《庭竹赋》抒发自己的情怀。不久，他又兼任中书舍人。他与济阴的温子升、河南的邢子才齐名，当世号称三才。当时孝武帝猜忌高欢，内部有矛盾，魏收于是托病坚持辞官而免除了职务。他的舅舅崔孝芬感到奇怪就问他(为什么辞官)，魏收回答："害怕有晋阳那样的兵事。"不久齐神武帝南上，皇上就西入潼关了。

魏收兼任通直散骑侍，作为王昕的副手出使梁，王昕文辞辩论风流，魏收辞藻富逸，梁帝及其群臣都对他们恭敬异常。原先南北刚刚和解，李谐、卢元明首次承担通好的使命，两人的才能气度，同为邻国所重视。到这时候，梁帝称赞说："卢、李著名于当世，王、魏又继而兴起，不知后来的情况还会怎样？"魏收在客馆，买了吴地婢女进入客馆，他的部下有买婢女的，魏收也召唤这些婢女来，遍行奸秽，梁朝客馆的主管官员都因此而获罪。人们称赞他的才能而鄙视他的行为。他在出使途中作了篇《聘游赋》，辞藻十分优美丰富。出使回来后，尚书右仆射高隆之向王昕和魏收要南方的特产，未能如愿，于是就委婉地告诉御史中尉高仲密把二人拘留在御史台，过了很久才得到释放。

孙搴死后，司马子如推荐魏收，召他到晋阳，让他担任中外府主簿。因为接受旨意有抵触，受到鞭打，很久不得志。遇到司马子如奉命出使参与朝廷大事，魏收就借他的光。司马子如借宴会的机会开玩笑似的对齐神武帝说："魏收是天子的中书郎，是一国的大才，愿大王给他点面子。"这样才将魏收转为王府的属官，但没有什么优厚的礼遇。

魏收的伯父季景，有才学，官职和名声都在魏收之上，但魏收常常欺压他。季景、魏收当初赴并州时，顿丘的李庶，是已故大司农李谐的儿子，因为辩论华美而著称，他曾跟魏收说："参与朝政便有两个姓魏的。"魏收直截了当地说："把我和我伯父相提并论，就像把耶输与您相比一样。"所谓耶输，是已故尚书令陈留公继伯的儿子，他愚蠢痴呆是有名的，喜欢自己到市场去，高价买东西，商人们都嗤笑他，把他当作玩物。魏收小看季景，所以用此作比，不尊敬伯父的例子大多和这件事差不多。

魏收以文才为本，一定要希望以文才脱颖而出、表现自己的智慧，在官场上不顺当，就请求修国史。崔暹在高澄那里帮魏收说话（想让魏收实现愿望），他说："修国史是件大事，公家父子霸王功业，都须完全写出来，这事非魏收不能完成。"高澄就启用魏收兼任散骑常侍，修撰国史。武定二年，任命魏收为正常侍，兼中书侍郎，仍旧修史。魏静帝宴请百官，问为什么叫"人日"，别人都不知道。魏收回答说："晋朝的议郎董勋在《答问礼俗》中说：'正月一日为鸡，二日为狗，三日为猪，四日为羊，五日为牛，六日为马，七日为人。'"当时邢邵也在魏静帝旁边，感到很惭愧。自从东魏与梁朝和好后，东魏给梁朝的信件中每次都有一句话："想彼境内宁静，此率土安和。"梁朝后来派使者来，他们带来的信件就去掉了"彼"字，自称还是使用"此"字，想表示梁朝与东魏是不以内外分的。魏收拟定回信说："想境内清晏，今万国安和。"梁朝以后回信，就依照这样的写法了。后来齐神武帝入朝，魏静帝授予他相国，他坚决推让，就命令魏收写信（辞让）。写好信后呈上魏静帝，当时高澄正在旁侍立，齐神武帝指着魏收说："这人当是又一个崔光。"武定四年，齐神武帝在西门豹祠设宴集会，对司马子如说："魏收担任史官，写我们这些人的善恶之事。我听说北伐的时候，诸位贵人经常馈赠给史官饮食，请问您司马仆射是否馈赠得很多呢？"引起了众人一阵大笑。接着又对魏收说："您不要看元康等人在我的眼前奔走，就说我认为他们勤劳，我死后的名声在您的手中，不要认为我不知道。"不久就又让魏收兼任了著作郎。

魏收以前在洛阳时，表现特别轻薄，人们称他"魏收惊蛱蝶"。高澄曾游东山，命令给事黄门侍郎颢参加宴会。高澄说："魏收倚仗才能不分时候，必然揭他的短。"（众人与魏收舌战）往复数次，魏收忽然大叫道："杨遵彦理屈，已经被驳倒了！"杨遵彦从容回答："我的闲工夫绰绰有余，山立不动，不过倘若遇上了面对大路的东西，恐怕就会翩翩飞舞而消逝了。"面对大路的，就是魏（阙），翩翩飞舞的，就是蝴蝶。高澄首先理解了这话的意思，大笑着称赞这话说得妙。高澄又说："刚才说的（魏收的短处）还是些细微的，应该再指斥（他大的短处）。"杨遵彦应声说："魏收在并州作了篇诗，对众人宣读完后，他说：'即使给我伯父季景六百斛米，他也不理解这首诗的意思。'这事远远近近都知道，我不敢瞎说。"高澄高兴地说："我也早听到了。"众人都笑了。魏收虽然自己加以申辩，但不再坚持抗拒，不过他终身都记恨此事。

侯景叛乱后进入梁朝地界。高澄当时在晋阳，命令魏收写五十多张纸长的檄文，魏收不到一天就写完了。又写讨伐梁朝的檄文，命令送给侯景，魏收天黑后不久开始执笔，三更就写成了，檄文长超过了七张纸。高澄称赞他文章写得好。魏静帝曾在季秋举行大射，令大家都写诗，魏收写的诗末尾说："尺书征建邺，折简召长安。"高澄认为写得很雄壮，环视众人说："朝廷中现在有魏收，这便是国家的光彩，他为文高雅易懂，通达纵横。我也让邢子才、温子升经常写些诗，（其中也有好的）至于词气，都赶不上魏收。我有时候想到些什么，忘记了没有说出来，或者说得不完全，意思有没有说到的，魏收呈上的草稿都加以完善，这也是难得的。"又下令魏收兼主客郎迎接梁朝使臣谢斑、徐陵。侯景陷落了梁朝以后，梁朝的鄱阳王萧范当时为合州刺史，高澄下敕书给魏收让他写信去晓谕萧范，就入据了萧范原占的城池。高澄对魏收说："现在安定了一州，您出了力，我还恨'尺书征建邺'这句诗没有成为现实。"

高澄驾崩后，文宣帝到了晋阳，令魏收与黄门郎崔季舒、高德正，以及吏部郎中尉瑾在北第掌管机密。后转秘书监，兼著作郎，又升他为定州大中正。当时北齐将接受禅让，杨遵彦奏请将魏收安置在一个专门的屋中，令他撰写有关禅让的诏书册命等文字，遣派徐之才守住房门不让魏收出来。天保元年，北齐文宣帝任命魏收为中书令，仍兼著作郎，封他为"富平县子"。

　　天保二年，下诏魏收撰写魏朝史。天保四年，升任魏郡尹，有意给他优厚的俸禄、更多的精力，让他一心放在史馆，不问郡中事务。当初，文宣帝令群臣各自陈说自己的志向，魏收说："臣下我愿得以在史馆中直笔写史，早些完成魏书。"所以文宣帝让魏收专心他的任务。又下诏平原王高隆之总监修魏史，他只是署名罢了。文宣帝下令魏收说："您尽管直笔写史，我终究不做魏太武帝诛杀史官那样的事。"开始的时候，北魏初年邓彦海撰写了《代记》十多卷，此后崔浩主管修史，游雅、高允、程骏、李彪、崔光、李琰等人继承这了一事业。崔浩采用编年体，李彪首先用它分别做了纪、表、志、传，这书还没有传出来。宣武帝时，命邢峦补写了《孝文起居注》，写到了太和十四年，又命崔鸿、王遵业补续它，写到了孝明帝，事情写得很详细。济阴王元晖业撰写了《辨宗室录》三十卷。魏收于是组织通直常侍房延佑、司空司马辛元植、国子博士刁柔、裴昂之、尚书郎高孝干一起广泛收集、斟酌以上的材料，用以完成《魏书》。于是分辨、拟定名称，随每条之后加以鉴别说明，又搜集采录流散（的材料），续写补作孝明帝以后之事，使元魏一代的史书得以完整，魏收上表报告了此事：写成了一代大典，总计十二本纪，九十二列传，共一百一十卷。这事是在天保五年上奏的。这一年秋，任命魏收为梁州刺史。魏收因为《魏书》的志没有完成，上奏请求让他全部写完，得到了允许。这年的十一月，再奏上了十志：《天象》四卷，《地形》三卷，《律历》二卷，《礼乐》四卷，《食货》一卷，《刑罚》一卷，《灵征》二卷，《官氏》二卷，《释老》一卷，共二十卷，加上原写的纪传部分，共一百三十卷，分为十二帙。这部史书有凡例三十五条，二十五个序文，九十四段论说，魏收前后所上的两个表文和一封信。

　　魏收带领的史官，因为怕（用人不当而）欺凌威逼自己，就只选取原先依附自己的学人。房延佑、辛元植、睦仲让虽然一直在朝做官，并非史才；刁柔、裴昂之因为儒学知名，完全不能承担编辑史书的工作；高孝干用不正当手段求取进入了修史班子。参加修史的这些人的祖宗姻戚多被写入了《魏书》，并用好话美化他们。魏收性情很急，不怎么能公允写史，对与他一直有怨恨的人，多数都将他们的好事埋没（不写）。他经常说："什么东西，敢与魏收作对？我魏收抬举他就会让他上天，按一下他就一定使他入地。"当初魏收在神武帝时为太常少卿修国史，得到过阳休之的帮助，所以魂收感谢他说："没有什么感谢您的恩德，我当为先生您作一篇好的传记。"阳修之的父亲阳固，在元魏时任北平太守，因为贪虐被中尉李平弹劾而被治罪，记载在《魏起居注》中。魏收在《魏书》中却写道："阳固为北平太守，惠政很多，因公事牵连被免去了官职。"又说："李平（对阳固）深相敬重。"对于元魏来说尔朱荣是奸贼，魏收因为高氏是从尔朱荣那里出来的，而且接受了尔朱荣儿子送的金银，所以减少了尔朱荣的恶行而增写了他的善事，并议论说："若说到培养德义的风气，那么豕韦、大彭、伊尹、霍光这些人哪里谈得上呢？"

　　当时的议论已经说魏收写史书不公平，文宣帝就下诏魏收让他在尚书省与各家的子孙共同讨论，前后来投诉的有一百多人，有的说遗漏了他家的世系职位，有的说他家没有被写入史书，有的说对他家妄加非议攻击。魏收都在状纸上一一做了回答。范阳卢斐的父亲卢同附在他所出之族祖卢玄传记的后面，顿丘李庶家的传记说他家本是梁国蒙县人，卢斐、李庶就讥讽说："这是史官没有据实记载。"魏收性急，抑制不住愤怒，写信给皇上诬告说卢、李等人想加害他。皇上大怒，亲自追究责任。卢斐说："臣下的父亲在元魏做官，职位到了仪同三司，功业显著，名闻天下，但与魏收没有亲戚关系，于是他不给我父亲立传。博陵的崔绰，官位只到了本郡的功曹，更没有事迹，只是他是魏收的外亲，就把他安排到了传记的最前面。"魏收说："崔绰虽然没有高位，名义可嘉，所以应该写传。"皇上说："您根据什么知道他是好人？"魏收说："高允曾经当过崔绰的助理，他说他有道德。"皇上说："司空是才士，当人的助理，当然要称赞他助理的人。这也如您为别人做文章，您说他好的难道都符合事实？"魏收无话对答，只有恐惧颤抖。但皇上原先就看重魏收的才干，不想加罪于他。当时太原的王松年也攻击《魏书》，和卢斐、李庶一起被判了罪，各自被鞭打后发配到工场，有的因此而致死，卢思道也被判了相应的罪。但是皇上还是因为众人议论纷纷，下令《魏书》姑且不要公开，让百官进行广泛的讨论；听任有家事（与《魏书》相关的人）进官署（申说），认为记载不符合事实的写信陈述。这样一来众口喧嚷，称《魏书》为"秽史"，投书的人一个接一个，魏收无法抵抗。当时左仆射杨愔、右仆射高德正两人势倾朝野，与魏收都是亲戚，魏收都为他们家作了传记。这两人不想说《魏书》不实，就压制搪塞诉辞，终文宣帝之世也没有重新提出来议论。又有尚书陆操曾经对杨愔说："魏收的《魏书》可以说是见识广博的大才手笔，对元魏立了大功。"杨愔对魏收说："这是说《魏书》是无须修改的书，会流传万古。只是遗憾其中说到各家后裔、婚姻过于烦琐细碎，与过去史书的体例不同罢了。"魏收说："过去因为中原丧乱，各家的谱牒资料，大略都遗失流散完了，所以《魏书》把各家的支系全写出来。希望大人从缺点中体知我的好心，以免更多地责备我。"

天保八年夏季，任命魏收为太子少傅、监修国史，恢复了参议律令。（铜雀、金兽、冰井）三台建成后，文宣帝说："三台落成须有赋。"杨愔先将这话告诉了魏收，魏收就上了《皇居新殿台赋》，文章写得十分壮丽。当时有写这一题目的作者，自邢邵以下都赶不上魏收。魏收在呈上自己的赋以前就将此事告诉了邢邵。邢邵后来告诉人说："魏收实在可恶，不早些说这事。"皇上曾游东山，下令魏收作诏书，（魏收在诏书中）宣扬威德，以关西为譬喻，不一会儿就完成了，词宏理壮。皇上当着百官大大地赞叹了一番，让魏收继续担任太子詹事。

魏收娶她舅父的女儿，即崔昂的妹妹，生了一个女儿，没有儿子。魏太常刘芳的孙女，中书郎崔肇师的女儿，因为丈夫家受连坐，皇上把她们都赐予魏收为妻，当时的人把魏收与贾充置左右夫人相比。但是也没有生下儿子。魏收后来病重，怕死后妻妾不能相处，就让后来的两个妾回自己娘家去了。后来魏收疾病痊愈追忆此事，写了《怀离赋》来抒发自己的怀念之意。

文宣帝每次在宴会上酒酣之后，就说："太子性情懦弱，宗庙社稷的事情重大，最后将传位给常山王。"魏收对杨愔说："古人说，太子是国家的根本，不可动摇。皇上三杯酒后，每次都说传位给常山王，让臣下们怀疑不定。倘若说的是实话，便必须决定实行。这话可不能儿戏。魏收我既然忝为师傅，按照道理当以死坚持（太子的继承权），只是担心会造成国家不安定罢了。"杨愔把魏收的话告诉了文宣帝，文宣帝从此便不再说立常山王的事了。皇上多次举行喜宴，魏收每次都参与侍从。皇太子纳郑良娣为妾那一次，主管部门完备地设置了牛羊等祭品，皇上畅饮之后，起身动手将祭品掀翻了，顺势问魏收："知不知道我的意思？"魏收回答说："臣愚蠢地认为良娣既是太子的妾，按理不须使用牛羊祭品，我仰度皇上的思想，是因为这个原因而掀翻祭品的。"文宣帝大笑，握住魏收的手说："您知道我的意思。"安德王延宗纳赵郡李祖收的女儿为妃，后来皇上亲自到李祖收的宅第宴会，而妃子的母亲献了两只石榴在皇上面前。皇上问大家这是什么意思，竟没人知道。皇上就把石榴掷在地上。魏收说："石榴中多籽，安德王新婚，王妃的母亲想子孙众多。"皇上大喜，命魏收说："您到我这里来。"为此事赐给魏收美锦两疋。天保十年，任命魏收为仪同三司。皇帝在宴席上，口命魏收为中书监，命令中书杨愔在树下起草诏书，杨愔因为魏收是一代盛才，不敢草率，很久没写完。至杨愔诏书写成之时，皇上已从醉梦中醒来，就不再说起这事，杨愔因此不将诏书上奏，这事就搁置下来了。

文宣帝在晋阳驾崩时，用驿传召魏收和中山太守阳休之参加议论吉凶礼仪，并掌诏诰。仍任命魏收为侍中，提升为太常卿。文宣帝的谥号及庙号、陵寝的名，都是采用的魏收的意见。孝昭帝位居中宰那件事，命令魏收在宫内写各种诏书，好几天都没有出宫门。转调他为中书监。皇建元年，任命魏收兼侍中、右光禄大夫，仍仪同三司、监国史。魏收原先作为王昕的副手出使梁朝，互不协调和睦。当时王昕的弟弟王憕与王昕亲密。而孝昭帝另外任命阳休之兼中书，在晋阳典诏诰，魏收留在邺，大概是王昕所做的工作，魏收心中很不平，对太子舍人卢询祖说："假如让您去作文诰，我也没有说的了。"又任命祖珽为著作郎，想用他代替魏收。司空主簿李翥，是个文辞好的士人，听说这些事后就告诉人说："典诏诰都归了阳休之，著作郎又让祖珽去担任，文史立刻都抛弃了，怕魏收大人会背上流汗吧！"当时下诏让百官议论确定（封前两朝的王族后裔为诸侯国君）二王和（前代三个王朝的子孙）三恪，魏收持王肃、杜预的标准，以元、司马氏为二王，所有曹姓为三恪。受诏参议的诸位礼学之官，都持郑玄关于确立二王三格标准的议论。孝昭皇后姓元，认为确定三恪不想涉及的人太广，所以同意了魏收的议论。又任命魏收担任了太子少傅，解除了侍中职务。

皇上因为《魏书》尚未公开，下诏魏收更加研究审查。魏收奉诏后，改正得不少。到下诏公开魏史之时，魏收认为总把《魏书》置于秘阁，外人没有机会看见，于是皇上命令送一套给并省，一套给邺下，任人抄写。

大宁元年，加魏收为开府仪同三司。河清二年，兼右仆射。当时武成帝终日酣饮，朝中之事专门委托给侍中高元海。高元海平凡庸俗，不堪大任，因为魏收才名振俗，都官尚书毕义云长于决断，就虚心倚仗他们两人。魏收畏惧，想逃避不能匡救时局之罪，被议论的人所讥讽。武成帝在华林另外盖了玄洲苑，充满了山水台观的美丽，下诏在阁下画上魏收的像，皇上就是这样看重他。

开始魏收比温子升、邢邵稍微升迁得慢些，邢邵被逐放，温子升因罪死于监牢，魏收于是就大被任用，独步一时。议论更相互诋毁，各自都有朋党。魏收经常批评贬低邢邵的文章。邢邵又说："江南的任昉，文体本于疏，魏收不是直接模拟，也是大大地剽窃他的。"魏收听到这话后说："他常在《沈约集》中做贼，有什么脸说我偷任昉。"任昉、沈约都有大名声，邢邵、魏收各有所好。武平年间，黄门郎颜之推将邢、魏二人的意见拿去问仆射祖珽,祖珽回答说:"知道邢邵、魏收两人所肯定的和否定的,那就是任昉和沈约的优劣。"魏收因为温子升完全不做赋,邢邵虽然有一两首,但作赋不是他的长处。就说:"有集会就须作赋,才能成为大才士。仅以章表、碑志自许,这就是儿戏了。"自武定二年以后,国家大事、诏命、军事的文件,都是魏收所作。每有军情急事,魏收受诏立即就写成,有时宦官催促,魏收笔下如同早就有已写成的一样,敏捷迅速,是邢邵、温子升所赶不上的,他参汶典礼表现的才能与邢邵不相上下。

(以上有脱文)几年后得以赦免,魏收知道后就怪罪他,事情暴露后除去了魏收的官爵。这一年又因为托付陈朝使臣封孝琰,魏收书面命令他的门客与封孝琰一起走,遇上昆仑来的船到了,得到了似猴的猩然皮做的褥面、盈尺的美玉等奇货数十件,按所犯罪应当处以流放,最后以金赎罪论处。武定三年,起用魏收任命为清都尹。不久皇上派遣黄门郎元文遥下敕书给魏收说:"您是本朝的老人,帮我家做事最久,前次您的罪过,按情理在可恕之列。最后令您为尹,不是说这是个好的授职,但是刚起用您,斟酌后只好如此决定,朕岂可以使用您的才而忘了您这个人,等到十月,当归还您开府的职务。"天统元年,任命魏收为左光禄大夫。二年,代理齐州刺史,不久就正式任命他为齐州刺史了。

魏收因为侄子年少,就严厉地对他们进行管教,著了一篇《枕中篇》(略)。

这以后群臣多说《魏书》不实,武成帝再次下令重新审察,魏收又将《魏书》收回修改。这样,就为卢同立了传,崔绰的传变为了附传。杨愔家的传,本来说"有魏以来一门而已",到这时就改了这八个字;又,原先说"弘农华阴人",改成了"自己说是弘农人",用它来配王慧龙的"自云太原人"。这是魏收的失误。

不久任命魏收为开府、中书监。武成帝驾崩,还未发丧。在朝诸公认为后主即位有将近一年了,对下赦令迟疑不决。诸公引魏收去见后主,魏收坚持(新皇帝即位)应当有恩泽的表示,就听从了他的意见。魏收掌诏诰,任命为尚书右仆射,总议监五礼事,位至特进。魏收上奏请求让赵彦深,和士开、徐之才共监五礼事。上奏之前,魏收先将此事告诉了和士开,和士开十分吃惊,推辞说自己不学无术。魏收说:"天下事都取决于王,五礼不是王决定不了。"和士开表示感谢并同意了此事。魏收还荐引了不少文士让他们参加写作,儒学学者马敬德、熊安生、权会是实际上的主持人。武平三年,魏收去世。朝廷赠给他司空、尚书左仆射官,谥号文贞。魏收有文集七十卷。

魏收是个饱学之士、盖世大才,但生性偏持,不能够充分把握命运体现道义。他遇见掌握大权的贵人,每次都以言、色取悦。但他提拔奖掖后辈,则以他们的名声和行为作为首要条件,对那些浮华轻薄奸猾的人,虽然他们有才能,也不予重用。最初河间的邢子才和季景与魏收都因为文章好而显达,世称"大邢小魏",说他们才智特别出众。魏收比邢子才小十岁,邢子才每每说:"魏收是同僚中的伟人。"后来魏收的名气刚刚能与邢子才相比,文宣帝就贬邢子才说:"您的才不及魏收。"魏收就愈发志得意满了。他在《魏书·自序》中说:"早先温、邢并称,后来邢、魏并提。"然而魏收内心认为邢子才浅陋,心里对他不服气。魏收既是个轻率性急之人,所以好声乐,善跳胡舞。文宣帝末,数次在东山与诸多优伶一起搞猕猴与狗斗,皇上对他很溺爱亲近。魏收的妻兄博陵崔岩曾用双声词嘲弄魏收说:"愚魏衰收。"魏收回答说:"颜岩腥瘦,是谁所生,羊颐狗颊,头团鼻平,饭房笒笼,著孔嘲玎。"他辩论的迅捷毫不拘谨就是这样。他既然掌握了史笔,就对人多有得罪,齐被亡的那一年，魏收的坟墓被挖，把他的骨头抛到了外面。原先魏收过继了弟弟的儿子魏仁表作为继嗣。魏仁表职位到了尚书膳部郎中，隋朝开皇年间在温县令任上去世。

袁聿修传

【题解】

袁聿修(511~582年)，字叔德，陈郡阳夏(今河南太康)人。袁氏是北朝士族高门之一。他九岁时被州里辟署为主簿，十八岁时领本州中正。在北齐历任清要之职，最后官至吏部尚书。在官廉洁奉公。在东魏、北齐贿赂成风的环境中，他在尚书省十年，没有接受过别人一升酒的馈赠，被称为"清郎"。以后，任太常少卿外出巡察时，又拒绝老友送的白绸，被称为"清卿"。曾任信州刺史，在离职时，百姓争相来送，挤满道路，并立碑以记述他的德政。北齐灭亡后，又历仕北周、隋朝，于隋文帝开皇二年(582年)死在熊州刺史任上。

【原文】

袁聿修，字叔德，陈郡阳夏人。魏中书令翻之子也。出后叔父跃，七岁遭丧，居处礼度有若成人。九岁，州辟主簿。性深沉有鉴识，清净寡欲，与物无竞，深为尚书崔休所赏识。魏太昌中，释褐太保开府西阁祭酒。年十八，领本州中正。寻兼尚书度支郎，仍历五兵、左民郎中。武定末，太子中舍人。天保初，除太子庶子，以本官行博陵太守。数年，大有声绩，远近称之。八年，兼太府少卿，寻转大司农少卿，又除太常少卿。皇建二年，遭母忧去职，寻复前官，加冠军、辅国将军，除吏部郎中。未几，迁司徒左长史，加骠骑大将军，领兼御史中丞。司徒录事参军卢思道私贷库钱四十万，娉太原王乂女为妻，而王氏已先纳陆孔文礼娉为定，聿修坐为首僚，又是国之司宪，知而不劾，被责免中丞。寻迁秘书监。

天统中，诏与赵郡王睿等议定五礼。除信州刺史，即其本乡也，时人荣之。为政清靖，不言而治，长吏以下，爱逮鳏寡孤独，皆得其欢心。武平初，御史普出过诣诸州，梁、郑、兖、豫疆境连接，州之四面，悉有举劾，御史竟不到信州，其见知如此。及解代还京，民庶道俗，追别满道，或将酒脯，涕泣流连，竞欲远送。既盛暑，恐其劳弊，往往为之驻马，随举一酹，示领其意，辞谢令还。还京后，州民郑播宗等七百余人请为立碑，敛缣布数百匹，托中书侍郎李德林为文以纪功德。府省为奏，敕报许之。寻除都官尚书，仍领本州中正，转兼吏部尚书、仪同三司，尚书寻即真。

聿修少平和温润，素流之中，最有规检。以名家子历任清华，时望多相器待，许其风鉴。在郎署之日，值赵彦深为水部郎中，同在一院，因成交友，彦深后被沙汰停私，门生藜藿，聿修独以故情，存问来往。彦深任用，铭戢甚深，虽人才无愧，盖亦由其接引。为吏部尚书以后，自以物望得之。初冯子琮以仆射摄选，婚嫁相寻，聿修常非笑之，语人云："冯公营婚，日不暇给。"及自居选曹，亦不能免，时人以为地势然也。在官廉谨，当时少匹。魏、齐世，台郎多不免交通饷遗，聿修在尚书十年，未受升酒之馈。尚书邢邵与聿修旧款，每于省中语戏,常呼聿修为清郎。大宁初,聿修以太常少卿出使巡省,仍命考校官人得失。经历兖州,时邢邵为兖州刺史,别后,遣送白紬为信。聿修退紬不受,与邢书云:"今日仰过,有异常行,瓜田李下,古人所慎,多言可畏,譬之防川,愿得此心,不贻厚责。"邢亦忻然领解,报书云:"一日之赠,卒而不思,老夫忽忽意不及此,敬承来旨,吾无间然。弟昔为清郎,今日复作清卿矣。"及在吏部,属政塞道丧,若违忤要势,即恐祸不旋踵,虽以清白自守,犹不能免请谒之累。

齐亡入周,授仪同大将军、吏部下大夫。大象末,除东京司宗中大夫。隋开皇初,加上仪同,迁东京都官尚书。东京废,入朝,又除都官尚书。二年,出为熊州刺史。寻卒,年七十二。

子知礼,武平末仪同开府参军事。隋开皇中,侍御史,历尚书民部、考功侍郎。大业初,卒于太子中舍人。

【译文】

袁聿修,字叔德,陈郡阳夏人。他是北魏中书令袁翻的儿子,但过继给叔父袁跃为子。七岁时父亲去世,他守丧时的起居礼度,与成人相仿。九岁时,州里辟署他为主簿。性格深沉而有见识,清净寡欲,与物无争,深受尚书崔休的赏识。魏孝武帝太昌中,他初次任官为太保开府西阁祭酒。十八岁时,领本州中正。不久,兼尚书度支郎,还历任五兵郎中、左民郎中。东魏孝静帝武定末,任太子中舍人。北齐文宣帝天保初,任太子庶子,以本官行博陵太守。他任职数年,大有政绩,声誉颇佳,得到远近百姓的称赞。天保八年,兼太府少卿,不久,转任大司农少卿,又改任太常少卿。北齐孝昭帝皇建二年,他因母亲去世而离职,不久,朝廷下诏命令恢复前职,先后加冠军将军、辅国将军,调任吏部郎中。时间不长,迁任司徒左长史,加骠骑大将军,领兼御史中丞。司徒录事参军卢思道私自借贷库钱四十万,用来聘太原人王义的女儿为妻,而王氏已经先收下陆孔文的聘礼作为订婚礼物,袁聿修由于是司徒府的首要僚佐,又是国家负责司法的官员,知道此事而不加弹劾,受到免去御史中丞的处分。不久,迁任秘书监。

齐后主天统中,朝廷下诏命令袁聿修与赵郡王高睿等商议制定五礼。后出任信州刺史,就是他的本乡,当时人都认为是荣耀。他为政清静,不言而治,自从长吏以下,直到鳏寡孤幼,袁聿修都能得到他们的欢心。后主武平中,御史都出来巡视诸州,梁、郑、兖、豫等州与信州疆域相接,在信州的周围,御史都检举揭发出官员的不法行为,而御史竟然不到信州来,足见袁聿修所受到的信任。到他任满解职还京时,包括僧人在内的全州百姓,追来送别地填满道路,有人带来美酒与肉脯,哭泣着恋恋不舍,都想要远送。当时正是盛暑,袁聿修恐怕百姓们过于劳累,往往为送行的人停下马,随手喝一杯酒,表示已领受他们的好意,感谢他们的情义,并让他们回家。袁聿修回京后,信州百姓郑播宗等七百余人请求为他立碑,收敛缣布数百匹,托中书侍郎李德林来撰写碑文以记述他的功德,有关部门为此上奏,后主下诏同意。不久,他被任为都官尚书,仍领本州中正。转任兼吏部尚书、仪同三司,不久,被正式任命为吏部尚书。

袁聿修自小平和温润,在士族高门子弟中,最有规矩法度。他以名门之子历任清要官职,当时名士多很赏识他,称许他的风采与见识。他在郎署的时候,正好赵彦深为水部郎中,同在一院,就结为朋友。赵彦深以后遭到淘汰,被遣放回家,由于无人拜访,大门口都长上杂草,而袁聿修还以旧情,到赵彦深家探问往来。赵彦深得到重用后,仍感念甚深,因此,袁聿修历任要职,虽然是由于自己的才干声望,但也与赵彦深的援引有关。袁聿修任吏部尚书后,自认为是由于自己的声望而得任此职的。起初,冯子琮以尚书仆射掌管官员选任的事务,他子女的婚嫁之事,接连不断,袁聿修曾加以嘲讽,说:"冯公经营婚事,日不暇给。"等到袁聿修自己在吏部,也不能免于此,当时认为是由于所处的地势而决定的。他在官廉洁谨慎,当时少有。东魏、北齐时期,尚书台郎多不免于相互送礼,袁聿修在尚书十年,没有接受过别人一升酒的馈赠。尚书邢邵与袁聿修有旧交,每次在尚书省开玩笑时,常称袁聿修为清郎。武成帝大宁初,袁聿修以太常少卿出使巡察,并受命考核官员的得失。他经过兖州时,邢邵正担任兖州刺史,两人分别后,邢邵派人送去白绸为信。袁聿修退还白绸不受,与邢邵写信说:"今日经过您处,与平日出行不同,瓜田李下,必须避嫌,古人对此是十分慎重的。人言可畏,应像防御水患一样,不忽视细枝末节,愿您体会此心,不至于重责。"邢邵也欣然领会,回信说:"先前的赠送,过于轻率,未加考虑,老夫匆忙之间,没有想到这个问题。敬承来信之意,我并无不快。弟昔日为清郎,今日复作清卿了。"到袁聿修在吏部,正赶上国政衰败,道德沦丧,如果违背权要之臣,恐怕立刻就会引来杀身之祸,袁聿修虽然自己仍严守清白,但还是不能摆脱请谒的烦劳。

北齐灭亡后,他入仕北周,任仪同大将军、吏部下大夫。周静帝大象末,为东京司宗中大夫。隋文帝开皇初,加上仪同,迁任东京都官尚书。东京废,又入朝任都官尚书。开皇二年,出任熊州刺史,不久即去世,时年七十二岁。

他儿子袁知礼,北齐后主武平末官至仪同开府参军事。隋文帝开皇中,袁知礼为侍御史,历任尚书民部、考功侍郎。隋炀帝大业初,他死于太子中舍人任上。

苏琼传

【题解】

苏琼字珍之,长乐武强人。他在东魏时出仕,曾任高澄的刑狱参军,因平反并州府的一起冤狱,捉获真凶而闻名。后任南清河郡太守,又将郡中原有盗贼百余人控制在身边,驾驭得当,使郡界安定,百姓无抢掠之忧。他清廉谨慎,从不接受别人的礼物,连瓜果等一概拒绝。在郡大兴儒学,命令郡中官吏在公务之暇都去读书,教导百姓在婚姻丧葬上要符合礼仪而尽量从俭。北齐文宣帝天保(550~559年)中,郡中遭大水灾,苏琼自己向富人借粮后再分发给饥民,使一千余户百姓安然度过荒年。后调任廷尉正,不顾别人威胁,屡次平反冤案。在任行台左丞、行徐州事时,破除不许随意渡淮的禁令,使南、北物资得以交流。后任大理卿。北齐灭亡后出仕北周,为博陵太守。死于隋文帝开皇(581~600年)初。

【原文】

苏琼,字珍之,武强人也。父备,仕魏至卫尉少卿。琼幼时随父在边,尝谒东荆州刺史曹芝。芝戏问曰:"卿欲官不?"对曰:"设官求人,非人求官。"芝异其对,署为府长流参军。文襄以仪同开府,引为刑狱参军,每加勉劳。并州尝有强盗,长流参军推其事,所疑贼并已拷伏,失物家并认识,唯不获盗赃。文襄付琼更令穷审,乃别推得元景融等十余人,并获赃验。文襄大笑,语前妄引贼者曰:"尔辈若不遇我好参军,几致枉死。"

除南清河太守,其郡多盗,及琼至,民吏肃然,奸盗止息,或外境奸非,辄从界中行过者,无不捉送。零县民魏双成失牛,疑其村人魏子宾,送至郡,一经穷问,知宾非盗者,即便放之,双成诉云:"府君放贼去,百姓牛何处可得?"琼不理,密走私访,别获盗者。从此牧畜不收,多放散,云:"但付府君。"有邻郡富豪将财物寄置界内以避盗,为贼攻急,告曰:"我物已寄苏公矣。"贼遂去。平原郡有妖贼刘黑狗,勾结徒侣,通于沧海。琼所部人连接村居,无相染累,邻邑于此伏其德。郡中旧贼一百余人,悉充左右,人间善恶,及长吏饮人一杯酒,无不知。琼情清慎,不发私书。道人道研为济州沙门统,资产巨富,在郡多有出息,常得郡县为征。及欲求谒,度知其意,每见则谈问玄理,应对肃敬,研虽为债数来。无由启口。其弟子问其故,研曰:"每见府君,径将我入青云间,何由得论地上事。"郡民赵颍曾为乐陵太守,八十致事归。五月初,得新瓜一双自来送。颍恃年老,苦请,遂便为留,仍致于听事梁上,竟不剖,人遂竞贡新果,至门间,知颍瓜犹在,相顾而去。有百姓乙普明兄弟争田,积年不断,各相援引,乃至百人,琼召普明兄弟对众人谕之曰:"天下难得者兄弟,易求者田地,假令得地,失兄弟心,如何?"因而下泪,众人莫不洒泣,普明弟兄叩头乞外更思,分异十年,遂还同住。每年春,总集大儒卫觊隆、田元凤等讲于郡学,朝吏文案之暇,悉令受书,时人指吏曹为学生屋。禁断淫祠,婚姻丧葬皆令俭而中礼。又蚕月预下绵绢度样于部内,其兵赋次第并立明式,至于调役,事必先办,郡县长吏常无十杖稽失。当时州郡无不遣人至境,访其政术。天保中,郡界大水,人灾,绝食者千余家。琼普集郡中有粟家,自从贷粟以给付饥者。州计户征租,复欲推其贷粟。纲纪谓琼曰:"虽矜饥馁,恐罪累府君。"琼曰:"一身获罪,且活千室,何所怨乎"?遂上表陈状,使检皆免,人户保安。此等相抚儿子,咸言府君生汝。在郡六年,人庶怀之,遂无一人经州,前后四表,列为尤最。遭忧解职,故人赠遗,一无所受。寻起为司直、廷尉正,朝士嗟其屈。尚书辛述曰:"既直而正,名以定礼,不虑不申。"

初琼任清河太守,裴献伯为济州刺史,酷于用法,琼恩于养人。房延佑为乐陵郡,过州。裴问其外声,佑云:"唯闻太守善,刺史恶。"裴云:"得民誉者非至公。"佑答言:"若尔,黄霸,龚遂罪人也。"后有赦,州各举清能。裴以前言,恐为琼陷,琼申其枉滞,议者尚其公平。毕义云为御史中丞,以猛暴任职,理官忌惮,莫敢有违。琼推察务在公平,得雪者甚众,寺署台案,始自于琼。迁三公郎中。赵州及清河、南中有人频告谋反,前后皆付琼推检,事多申雪。尚书崔昂谓琼曰:"若欲立功名,当更思余理,仍数雪反逆,身命何轻?"琼正色曰:"所雪者怨枉,不放反逆。"昂大惭。京师为之语曰:"断决无疑苏珍之。"

迁左丞,行徐州事。徐州城中五级寺忽被盗铜像一百躯,有司征检,四邻防宿及纵迹所疑，逮系数十人，琼一时放遣。寺僧怨诉不为推贼，琼遣僧，谢曰："但且还寺，得像自送。"尔后十日，抄贼姓名及贼处所，径收掩，悉获实验，贼徒款引，道俗叹伏。旧制以淮禁，不听商贩辄度。淮南岁俭，启听淮北取籴。后淮北人饥，复请通籴淮南，遂得商贾往还，彼此兼济，水陆之利，通于河北。后为大理卿而齐亡，仕周为博陵太守。

【译文】

苏琼，字珍之，是武强人。父亲苏备，出仕北魏，官至卫尉少卿。苏琼幼年跟随父亲在边境，曾去拜见东荆州刺史曹芝，曹芝与他开玩笑说："你想要当官吗？"他回答说："设置官职要寻求合适的人来充任，不是人来要求做官。"曹芝很赏识他的答复，即委任他为府长流参军。高澄以仪同三司的职位开建府署，以他为刑狱参军，经常对他加以勉励。并州曾发生抢掠案，州府长流参军审理此事，所怀疑的贼人在拷打下都已供认，被抢的失主家也进行过辨认，只是没能起获贼赃。高澄交给苏琼命令他再加审理，于是另外查获到元景融等十余人，并获得赃证。高澄大笑，对以前被误指为贼的人说："你们如果不是遇上我的好参军，几乎被冤枉死。"

苏琼出任南清河太守，这个郡盗贼很多，但苏琼来到后，吏民恭敬，奸盗平息。境外有奸贼从郡界中经过，无不被捉获，送到郡里。零县百姓魏双成家丢失牛，怀疑是同村人魏子宾干的，将他送到那里，苏琼一经审问，知道魏子宾不是盗贼，即将他放回。魏双成上告说："府君把贼放走。百姓家的牛到哪里去找？"苏琼不理，秘密巡视私访，另外捉到偷牛者。从此以后，百姓家的牲畜都不再收圈，只是放散在外，说："只管交付给府君。"有邻郡的富豪将财物放到南清河郡界内以躲避盗贼，受到贼人进攻，形势危急，富豪就说："我的财物已寄放到苏公那里了。"贼人于是就离去。平原郡有妖贼刘黑狗，煽惑徒众，直通于沧海。苏琼郡内的百姓与那些人村落相邻，但无人牵连在内，邻近郡、县的人因此深服苏琼的恩德。郡中原有盗贼一百余人，苏琼把他们都安排在自己左右，民间的善恶，甚至是官吏饮别人一杯酒，苏琼无不立即知晓。苏琼性格清廉谨慎，从不接收私人信件。僧人道研为济州沙门统，资产巨富，在郡内放有许多高利贷，经常要郡里协助他征收。当道研来请求拜见时，苏琼知道他的来意，每次见到就与他谈论并询问佛教经义，苏琼态度十分恭敬，道研虽为催债来了数次，但无从开口谈起此事。道研的弟子询问缘故，道研说："每次见到府君，直接将我捧入青云间，没机会来谈论人间的事。"郡民赵颖曾任乐陵太守，八十岁退休还乡。五月初，赵颖得到一对新瓜，亲自来送，他倚仗年纪大，苦苦相请，于是苏琼就将瓜留下，放在厅堂的大梁上，竟不打开。别人听说收下赵颖的瓜，于是争相进献新果，到郡府大门处，知道赵颖的瓜还在，互相看看就离去了。有百姓乙普明兄弟争夺田地，多年未能断清，他们各自提供证人。竟然有一百来人为他们双方作证。苏琼召集乙普明兄弟，当着众人劝告他们说："天下难以得到的是兄弟，容易寻求的是田地，假如让你们得到田地而失去兄弟之心，将会怎样？"苏琼说着就掉下泪来，众人无不哭泣。乙普明兄弟叩头请求到外面去再加考虑，他们兄弟已分居十年，于是又搬到一起居住。每年春天，苏琼就召集儒学大师卫觊隆、田元凤等到郡学讲授经义，官吏在处理公务处的空暇时间，苏琼都命令他们去读书，当时人指着吏曹称为学生屋。苏琼下令禁止百姓进行不合国家规定及儒学经典的祭祀，教导百姓在婚姻丧葬方面俭朴而合于礼仪。另外，在养蚕的月份就将绵、绢的尺度及样式预先发到下面，征兵、收赋的顺序都建立起明确的规定，至于调役，他都事先就加以操办，因此郡县的有关官吏极少因延误时间而受到处罚。当时各州郡无不派人到他境内，访求他处理公务的方法。北齐文宣帝天保中，郡内发生大水灾，百姓断绝粮食的有一千余家。苏琼把郡中有粮的人家都召集到一起，自己向他们借粮，再分发给饥民。州里按户征收田租，又要审查他借粮的情况。郡中的僚佐对苏琼说："虽然是怜惜这些饥民，但恐怕这样做会连累府君您。"苏琼说："我一人获罪，而能救活一千户人家，还有什么可抱怨的。"于是他上表讲明情况，朝廷下令免于派使检查灾情及借贷之事，百姓们平安度过荒年。这些人都抚摸着儿子，告诉儿子说，是府君救活了你们。苏琼在南清河郡六年，百姓受他的恩德感召，从来没有一个人到州里申诉。州里前后四次上表，都把他列为最佳。他因父亲去世而离职，对于朋友的赠送，他一无所受。不久，他被起用为司直、廷尉正，朝士都叹息他有些受屈。尚书辛述说："既直且正，依名以定体，不必忧虑他将来不升迁。"

起初，苏琼任清河太守，裴献伯为济州刺史，裴献伯用法严酷，而苏琼则以恩义养民。房延佑任乐陵郡太守，路过济州，裴献伯问他外界的反应，房延佑说："只听到讲太守善，刺史恶。"裴献伯说："得到百姓称赞的并不是完全奉公为国。"房延佑回答说："如果这样，黄霸、龚遂就是你所讲的罪人了。"后来朝廷有诏，要州里各举荐清廉能干的官员，裴献伯因为先前的话，恐怕被苏琼所陷害，而苏琼去为他申诉冤枉与滞留，议论的人都很称许苏琼的公平。毕义云为御史中丞，任职以凶猛暴虐著称，掌管司法的官员怕他，不敢有不同意见。苏琼审察案件务在公平，许多冤案得以昭雪，由廷尉寺来复查御台的案件，是从苏琼开始的。他又迁任三公郎中。赵州及清河、南中郎府管区内不断有人来告发谋反的逆谋，前后都交付苏琼审理，事情多得到申雪。尚书崔昂对苏琼说："你如果想要立功名，应当再从别的地方考虑一下，要还是经常为反叛的逆贼洗清罪责，莫非把自己的身家性命看得如此轻？"苏琼正颜厉色地说："我所昭雪的都是被冤枉的人，从来没有放过反逆。"崔昂十分惭愧。京师的人流传说："断决无疑苏珍之。"

苏琼后迁任徐州行台左丞、行徐州事。徐州城中五级寺突然被盗走铜像一百个，有关部门查问搜检，四邻防宿以及有些被捕风追影而受怀疑的，一共逮捕了数十人，苏琼一下把这些全部释放回家。寺院的僧人抱怨而且诉说不为他们追寻贼人，苏琼让僧人回去，并对他们说："你们暂且还寺，得到佛像自会送来。"过后十天，了解到贼人姓名及其收存赃物的地方，直接去搜捕，人赃俱获，贼人全部供认，僧人与百姓叹服不已。以前的制度以淮河为禁区，不允许商贩随意往来。淮南地区遭灾，苏琼上表清求到淮北去籴粮。以后淮北百姓发生饥荒，他又请求允许淮南籴粮，于是商人得以往来，使淮河两岸货物得以流通，彼此都得到好处，通过水陆运输，有些货物直达黄河以北。后来苏琼出任大理卿，北齐灭亡后，他出仕北周，为博陵太守。

武帝阿史那皇后传

【题解】

武帝阿史那皇后(451~482 年),突厥族人,木杆可汗之女。北周时,突厥据有大漠草原,威胁中原,北齐、北周争与和亲,以结强援。北周武帝宇文邕遂迎娶阿史那氏,以为皇后。宣帝宇文赟先后尊以为皇太后、天元皇太后、天元上皇太后,静帝宇文衍尊以为太皇太后。隋时去世,与周武帝合葬。

【原文】

武帝阿史那皇后,突厥木杆可汗俟斤之女。突厥灭茹茹之后,尽有塞表之地,控弦数十万,志陵中夏。太祖方与齐人争衡,结以为援。俟斤初欲以女配帝,即而悔之。高祖即位,前后累遣使要结,乃许归后于我。保定五年二月,诏陈国公纯、许国公宇文贵、神武公窦毅、南安公杨荐等,奉备皇后文物及行殿,并六宫以下百二十人,至俟斤牙帐所,迎后。俟斤又许齐人以婚,将有异志。纯等在彼累载,不得反命。虽谕之以信义,俟斤不从。会大雷风起,飘坏其穹庐等,旬日不止。俟斤大惧,以为天谴,乃备礼送后。纯等设行殿,列羽仪,奉之以归。天和三年三月,后至,高祖行亲迎之礼。后有资貌,善容止,高祖深敬焉。

宣帝即位,尊为皇太后。大象元年二月,改为天元皇太后。二年二月,又尊为天元上皇太后。册曰:"天元皇帝臣赟,奉玺绶册,谨上天元皇太后尊号曰天元上皇太后,伏惟穷神尽智,含弘载物,道洽万邦,仪刑四海。圣慈训诱,恩深明德,虽册徽号,未极尊严。是用增奉鸿名,光缛常礼。俾诚敬有展,欢慰在慈,福祉无疆,亿兆斯赖。"宣帝崩,静帝尊为太皇太后。隋开皇二年殂,年三十二。隋文帝诏有司备礼册,祔葬于孝陵。

【译文】

周武帝宇文邕阿史那皇后是突厥木杆可汗的女儿。突厥消灭茹茹汗国以后,全部据有塞北草原地区,能骑马射箭的有几十万人,企图进犯中原。太祖宇文泰正和齐朝征战,联络突厥作为援兵。木杆可汗俟斤开始想把女儿嫁给太祖,不久又翻悔。武帝即位以后,先后多次派使节到突厥请求结亲,俟斤才答应将阿史那皇后嫁给武帝。保定五年二月,武帝令陈国公宇文纯、许国公宇文贵、神武公窦毅、南安公杨荐等人,携带全部皇后使用的仪帐器物及能够移动的宫殿,加上后宫以下各级人员共一百二十多人,到俟斤居住的军帐那儿,迎接阿史那皇后。俟斤又答应将女儿嫁给齐朝皇帝,将有别的图谋。宇文纯等人在突厥汗国中呆了好几年,都不能完成使命回国。虽然他用信义劝说俟斤,俟斤还是不加听从。恰好遇到响雷大风,俟斤居住的毡帐及其他物品被大风刮毁,十天后还不停止。俟斤极为恐惧,认为这是上天因为他不讲信义而降下的惩罚,于是按礼仪将阿史那皇后送到宇文纯等人的住处。宇文纯等张开可以移动的宫殿,摆上旌旗仪帐,拥戴阿史那皇后回国。天和三年三月，皇后到达长安，武帝举行亲自迎娶的仪式。阿史那皇后容貌美丽，善于修饰自己的容貌举动。武帝对她极尊重。

宣帝宇文赟即帝位后，尊奉阿史那皇后为皇太后。大象元年二月，改尊为天元皇太后。大象二年二月，又改尊为天元上皇太后。册封尊号的文书说："天元皇帝臣赟奉上印信和册文，谨上天元皇太后的尊号为天元上皇太后。我敬思太后竭尽神智，胸怀博大，抚育百姓，德行传遍万国，为天下百姓的楷模。英明仁慈，给我以教诲，恩情超过明德皇后，虽曾册奉美好的称号，但还不能完全表达她的庄重和威严。所以再奉上这一美名，使她享受高于平常礼仪的荣光。使我敬重她的诚心得以表达，并使她因此高兴，百年长寿，百姓有所依靠。"宣帝逝世后，静帝宇文衍改尊她为太皇太后。隋开皇二年，阿史那皇后去世，终年三十二岁。隋文帝命令有关机构设全部礼仪及册文，将她合葬于安葬北周武帝的孝陵中。

宣帝杨皇后传

【题解】

宣帝杨皇后(461～609年)，名丽华，隋文帝杨坚女。初嫁周武帝皇太子宇文赟为妃，宇文赟即位，是为北周宣帝，丽华被册封为皇后，后又册封为天元皇后、天元大皇后。579年，宣帝去世，静帝宇文衍即位，尊以为太皇太后。及杨坚辅政，谋夺帝位，丽华深以为恨。隋文帝后封以为乐平公主，欲令改嫁，丽华誓死不从。死后与宇文赟合葬。

【原文】

宣帝杨皇后名丽华，隋文帝长女。帝在东宫，高祖为帝纳后为皇太子妃。宣政元年闰六月，立为皇后。帝后自称天元皇帝，号后为天元皇后。寻又立天皇后及左右皇后，与后为四皇后焉。二年，诏曰："帝降二女，后德所以俪君；天列四星，妃象于焉垂耀。朕取法上玄，稽诸令典，爰命四后，内正六宫，庶弘赞柔德，广修粢盛。比殊礼虽降，称谓曷宜，其因天之象，增锡嘉名。"于是后与三皇后并加大焉。帝遣使持节册后为天元大皇后曰："咨尔含章载德，体顺居贞，肃恭享祀，仪刑邦国，是用嘉兹显号，式畅徽音。尔其敬践厥猷，寅答灵命，对扬休烈，可不慎欤。"寻又立天中大皇后，与后为五皇后。

后性柔婉，不妒忌，四皇后及嫔御等咸爱而仰之。帝后昏暴滋甚，喜怒乖度。尝谴后，欲加之罪，后进止详闲，辞色不挠。帝大怒，遂赐后死，逼令引决。后母独孤氏闻之，诣阁陈谢，叩头流血，然后得免。帝崩、静帝尊后为皇太后，居弘圣宫。

初，宣帝不豫，诏后父入禁中侍疾。及大渐，刘昉、郑译等因矫诏以后父受遗辅政。后初虽不预谋，然以嗣主幼冲，恐权在他族，不利于己，闻昉、译已行此诏。心甚悦之。后知其父有异图，意颇不平，形于言色。及行禅代，愤惋逾甚。隋文帝即不能谴责，内甚愧之。开皇六年，封后为乐平公主。后又议夺其志，后誓不许，乃止。大业五年，从炀帝幸张掖，殂于河西。年四十九。炀帝还京，诏有司备礼，祔葬后于定陵。

北周宣帝宇文赟杨皇后名叫丽华,是隋文帝的大女儿。宣帝当皇太子时,周武帝做主让他娶杨皇后为皇太子妃。宣政元年闰六月,将她册封为皇后。宣帝后来自称为天元皇帝,称杨皇后天元皇后。不久又册封了天皇后与左右皇后,同杨皇后共有四位皇后。宣政二年,宣帝下诏说:"上天降下二女作舜的妃子,从此皇后的德行便与君王交相辉映;天上排列着四颗代表嫔妃的星星,从而向人世显示上帝的原则。我效法上苍,考察古代的法则,封立四位皇后。使后宫制度符合正确的准则,希望借此发扬柔美的德行,增加祭献祖先的子嗣。近来虽然赐予特殊的礼仪,名称还不太适合,现在根据天象,进一步赐予美好的名称。"因此杨皇后与其他三个皇后前都加上"大"字。宣帝派人手持皇帝符节册封杨皇后为天元大皇后说:"你内含美质,德行显扬,行为正确,遵循正道,使祭礼宴飨庄严肃穆,成为全国学习的榜样,所似用这一显耀的名号嘉奖你,以宣扬你的美名。希望你恭敬地实践你的美德,以报答这一神圣的任命,和我一起共同把事情办好,难道还不应该慎重吗?"不久又册封了天中大皇后。同杨皇后一共有五个皇后。

杨皇后性格温和,不妒忌,其他四个皇后及嫔妃们都喜欢她并敬重她。宣帝后来越来越昏庸残暴,喜怒没有节制。曾经指责杨皇后,想办她的罪,杨皇后举动安详,言语和表情都不屈服。宣帝大怒,于是让杨皇后去死,逼着她自杀。杨皇后的母亲独孤氏听说这个消息后,到宫门前向宣帝道歉,叩头不止,直到头上的血都流了出来。杨皇后才得以免遭杀害。宣帝去世后,静帝宇文衍尊奉她为皇太后,住在弘圣宫。

起先,宣帝患病,令杨皇后的父亲到禁省中服侍。当宣帝病危时,刘昉、郑译等人趁机谎称宣帝下诏,让杨皇后的父亲接受遗诏辅佐静帝执政。杨皇后开始虽没有参与谋划,但因静帝年龄幼小,担心朝廷大权落到其他人手中,对自己不利,听说刘昉、郑译已经发布这一诏令,心里为此很高兴。后来知道他的父亲有别的阴谋,心中很不服,并在语言和表情上显示出来。当隋文帝代周建隋时,她更加愤怒痛惜。隋文帝又不能为此指责她,心中很有些惭愧。开皇六年,隋文帝封她为乐平公主。后来又商量想让她改嫁,杨皇后发誓不答应,于是不再提这事。大业五年,她跟随隋炀帝到张掖,在黄河西边去世,终年四十九岁。隋炀帝回到京城长安后,下令有关机构配备礼仪,将她安葬在宣帝的定陵。

宇文宪传

【题解】

宇文宪,北周太祖宇文泰第五子,幼即敏捷通达而有度量。魏恭帝元年(公元554)进封安城郡公。孝闵帝宇文宪觉即位,拜骠骑大将军、开封仪同三司。世宗即位,授大将军,封齐国公。建德三年(公元574),晋爵为王。五年(公元576),武帝宇文邕率军东伐,宇文宪为前锋,克北齐王高纬于晋州(今山西太原)。第二年,为前驱攻克邺城(今河北临漳),灭北齐,并败齐任成王高谐于信都。宇文宪善谋划,多算略,雄姿英发,骁勇善战,当时威名日盛，天下报之。周宣帝宇文赟深忌惮之，大成元年（公元578），将宇文宪杀害，时年三十五。宇文宪死，北周自毁长城，如折栋梁。不久，印为隋文帝杨坚所篡夺。

【原文】

齐炀王宪字毗贺突，太祖第五子也。性通敏，有度量，虽在童龀，而神彩嶷然。初封涪城县公。少与高祖俱受《诗》《传》，咸综机要，得其旨归。太祖尝赐诸子良马，惟其所择。宪独取驳马。太祖问之，对曰："此马色类既殊，或多骏逸。若从军征伐，牧圉易分。"太祖喜曰："此儿智识不凡，当成重器。"后从猎陇上，经官马牧，太祖每见驳马，辄曰："此我儿马也。"命左右取以赐之。魏恭帝元年，进封安城郡公。孝闵帝践阼，拜骠骑大将军、开府仪同三司。

世宗即位，授大将军。武成初，除益州总管、益宁巴泸等二十四州诸军事、益州刺史，进封齐国公，邑万户。初，平蜀之后，太祖以其形胜之地，不欲使宿将居之。诸子之中，欲有推择。遍问高祖以下，谁能此行。并未及对，而宪先请。太祖曰："刺史当抚众治民，非尔所及。以年授者，当归尔兄。"宪曰："才用有殊，不关大小。试而无效，甘受面欺。"太祖大悦，以宪年尚幼，未之遣也。世宗追遵先旨，故有此授。宪时年十六，善于抚绥，留心政术，辞讼辐凑，听受不疲。蜀人怀之，共立碑颂德。寻进位柱国。

保定中，征还京，拜雍州牧。及晋公护东伐，以尉迟迥为先锋，围洛阳。宪与达奚武、王雄等军于邙山。自余诸军，各分守险要。齐兵数万，奄出军后，诸军惟骇，并各退散。唯宪与王雄、达奚武率众拒之。而雄为齐人所毙，三军震惧。宪亲自督励，众心乃安。时晋公护执政，雅相亲委，赏罚之际，皆得预焉。

天和三年，以宪为大司马，治小冢宰，雍州牧如故。四年，齐将独孤永业来寇，盗杀孔城防主能奔达，以城应之。诏宪与柱国李穆将兵出宜阳，筑崇德等五城，绝其粮道。齐将斛律明月率众四万，筑垒洛南。五年，宪涉洛邀之，明月遁走。宪追之，及于安业，屡战而还。是岁，明月又率大众于汾北筑城，西至龙门。晋公护谓宪曰："寇贼充斥，戎马交驰，遂使疆场之间，生民委弊。岂得坐观屠灭，而不思救？汝谓计将安出？"曰："如宪所见，兄宜暂出同州，以为威势，宪请以精兵居前，随机攻取。非惟边境清宁，亦当别有克获。"护然之。

六年，乃遣宪率众两万，出自龙门。齐将新蔡王王康德以宪兵至，潜军宵遁。宪乃西归。仍掘移汾水，水南堡壁，复入于齐。齐人谓略不及远，遂驰边备。宪乃渡河，攻其伏龙等四城，二日尽拔。又进攻张壁，克之，获其军实，夷其城垒。斛律明月时在华谷，弗能救也，北攻姚襄城，陷之。时汾州又见围日久，粮援路绝。宪遣柱国宇文盛运粟以馈之。宪自入两乳谷，袭克齐柏社城，进军姚襄。齐人婴城固守。宪使柱国、谭公会筑石殿城，以为汾州之援。齐平原王段孝先、兰陵王高长恭引兵大至，宪命将士阵而待之。大将军韩欢为齐人所乘，遂以奔退，宪身自督战，齐众稍却。会日暮，乃各收军。

及晋公护诛，高祖召宪入，宪免冠拜谢。帝谓之曰："天下者，太祖之天下，吾嗣守鸿基，常恐失坠，冢宰无君凌上，将图不轨，吾所以诛之，以安社稷。汝亲则同气，休戚共之，事不相涉，何烦致谢。"乃诏宪往护第，收兵符及诸簿书等。

寻以宪为大冢宰。时高祖既诛宰臣，亲览朝政，方欲导之以政，齐之以刑，爰及亲亲，亦为刻薄。宪既为护所委任，自天和之后，威势渐隆。护欲有所陈，多令宪闻奏。其间或有可不，宪虑主相嫌隙，每曲而畅之。高祖亦悉其心，故得无患。然犹以威名过重，终不能平，虽遥授冢宰，实夺其权也。

开府裴文举，宪之侍读，高祖常御内殿，引见之。谓曰："晋公不臣之迹，朝野所知，朕所以泣而诛者，安国家，利百姓耳。昔魏末不纲，太祖匡辅元氏；有周受命，晋公复执威权。积习生常，便谓法应须尔。岂有三十岁天子而可为人所制乎？且近代以来，又有一弊，暂经隶属，便即礼若君臣。此乃乱代之权宜，非经国之治术。《诗》云：'凤夜匪解，以事一人。'一人者，止据天子耳。虽陪侍齐公，不得即同臣主。且太祖十儿，宁可悉为天子？卿宜规以正道，劝以义方，辑睦我君臣，协和我骨肉。无令兄弟，自致嫌疑。"文举拜谢而出，归以白宪。宪指心抚几曰："吾之夙心，公宁不悉？但当尽忠竭节耳，知复何言。"

建德三年，进爵为王。宪友刘休征献《王箴》一首，宪美之。休征后又以此箴上高祖。高祖方剪削诸弟，甚悦其文。宪常以兵书繁广，难求旨要，乃自刊定为《要略》五篇，至是表陈之。高祖览而称善。

其秋，高祖幸云阳宫，遂寝疾。卫王直于京师举兵反。高祖召宪谓曰："卫王构逆，汝知之乎？"宪曰："臣初不知，今始奉诏。直若逆天犯顺，此则自取灭亡。"高祖曰："汝即为前军，吾亦续发。"直寻败走。高祖至京师，宪与赵王招俱入拜谢。高祖曰："管蔡为戮，周公作辅，人心不同，有如其面。但愧兄弟亲寻干戈，于我为不足耳。"初，直内深忌宪，宪隐而容之。且以帝之母弟，每加友敬。晋公护之诛也，直固请及宪。高祖曰："齐公心迹，吾自悉之，不得更有所疑也。"及文宣皇后崩，直又密启云："宪饮酒食肉，与平日不异。"高祖曰："吾与齐王异生，俱非正嫡，特为吾意，今祖括是同。汝当愧之，何论得失。汝亲太后之子，偏荷慈爱。今但须自勖，无假说人。"直乃止。

四年，高祖将欲东讨，独与内史王谊谋之，余人莫得知也。后以诸弟才略，无出于宪右，遂告之。宪即赞成其事。及大军将出，宪表上私财以助军费曰："臣闻抚机适运，理借时来，兼弱攻昧，军资权道。伏惟陛下继明作圣，阐业弘风，思顺天心，用恢武略。方使长蛇外翦，宇宙大同，军民内向，车书混一。窃以龙旗雷动，天网云布，刍粟粮饩，或须周给。昔边隅未静，卜式愿上家财；江海不澄，卫兹请献私粟。臣虽不敏，敢忘景行！谨上金宝等一十六件，少助军资。"诏不纳，而以宪表示公卿曰："人臣当如此，朕贵其心耳，宁须物乎！"及诏宪率众两万为前军，趣黎阳。高祖亲围河阴，未克。宪攻拔武济，进围洛口，收其东西二城。以高祖疾，班师。是岁，初置上柱国官，以宪为之。

五年，大举东讨，宪率精骑两万，复为前锋，守雀鼠谷。高祖亲围晋州。宪进兵克洪同、永安二城，更图进取。齐人焚桥守险，军不得进，遂屯于永安。齐主闻晋州见围，乃将兵十万，自来援之。时柱国、陈王纯屯兵千里径，大将军、永昌公椿屯鸡楼原，大将军宇文盛守汾水关，并受宪节度。宪密谓椿曰："兵者诡道，去留不定，见机而作，不得遵常。汝今为营，不须张幕，可伐柏为庵，示有形势。令兵去之后，贼犹致疑也。"时齐主分军万人向千里径，又令其众出汾水关，自率大军与椿对阵。宇文盛驰骑告急，宪自以千骑救之。齐人望谷中尘起，相率遽退。盛与柱国侯莫陈芮涉汾逐之，多有斩获。俄而椿告齐众稍逼，宪又回军赴之。会椿被救追还，率兵夜返。齐人果谓柏庵为帐幕也，不疑军退，翌日始悟。

时高祖已去晋州，留宪为后拒。齐主自率众来追，至于高梁桥。宪以精骑二千，阻水为阵。齐领军段畅直进至桥。宪隔水招畅与语，语毕，宪问畅曰："若何姓名？"畅曰："领军段畅也。公复为谁？"宪曰："我虞侯大都督耳。"畅曰："观公言语，不是凡人，今日相见，何用隐其名位？"陈王纯、梁公侯莫陈芮、内史王谊等并在宪侧。畅固问不已。宪乃曰："我天子太弟齐王也。"指陈王以下，并以名位告之。畅鞭马而去，宪即命旋军，而齐人遽追之，戈甲甚锐。宪与开府宇文忻各统精卒百骑为殿以拒之，斩其骁将贺兰豹子、山褥瑰等百余人，齐众乃退。宪渡汾而及高祖于玉壁。

高祖又令宪率兵六万，还援晋州。宪遂进军，营于涑水。齐主攻围晋州，昼夜不息。间谍还者，或云已陷。宪乃遣柱国越王盛、大将军尉迟迥、开府宇文神举等轻骑一万夜至晋州。宪进军据蒙坑，为其后援，知城未陷，乃归涑川。寻而高祖东辕，次于高显，宪率所部，先自晋州。明日，诸军总集，稍逼城下。齐人亦大出兵，阵于营南。高祖诏宪驰往观之。宪返命曰："是易与耳，请破之而后食。"帝悦曰："如汝所言，吾无忧矣。"宪退，内史柳虬私谓宪曰："贼亦不少，王安得轻之？"宪曰："宪受委前锋，情兼家国，扫此逋寇，事等摧枯。商周之事，公所知也，贼兵虽众，其如我何。"既而诸军俱进，应时大溃。其夜，齐主遁走，宪轻骑追之。既及永安，高祖续至，齐人收其余众，复据高壁及洛女砦。高祖命宪攻洛女，破之。明日，与大军会于介休。

时齐主已走邺，留其从兄安德王延宗据并州。延宗因僭伪号，出兵拒战。高祖进围其城，宪攻其西面，克之。延宗遁走，追而获之。以功进封第二子安城公质为河间王，拜第三子寅为大将军。仍诏宪先驱趋邺。明年，进克邺城。

齐任城王湝、广宁王孝珩等据守信都，有众数万。高祖复诏宪讨之。仍令齐主手书与湝曰："朝廷遇纬甚厚，诸王无恙。叔若释甲，则无不优待。"湝不纳，乃大开赏募，多出金帛，沙门求为战士者，亦数千人。宪军过赵州，湝令间谍二人觇窥形势，候骑执以白宪。宪乃集齐之旧将，遍示之。又谓之曰："吾所争者大，不在汝等。今放汝还，可即充我使。"乃与湝书曰：

"山川有间，每深劳伫，仲春戒节，纳履惟宜。承始届两河，仍图三魏，二者交战，想无亏德。昔魏历云季，海内横流，我太祖抚运乘时，大庇黔首。皇上嗣膺下武，武隆景业，兴稽山之会，总盟津之师。雷骇唐郊，则野无横阵；云腾晋水，则地靡严城。袭伪之酋，既奔窜于草泽，窃号之长，亦委命于旌门。德义振开无垠，威风被于有截。彼朝宿将旧臣，良家戚里，俱升荣宠，皆縻好爵。是使临漳之下，效死争驱；营丘之前，奋身毕命。此岂惟人事？抑亦天时。宜访之道路，不俟傍说。

吾以不武，任总元戎，受命安边，指路幽、冀。列邑名藩，莫不屈膝，宣风导礼，皆荷来苏。足下高氏令王，英风凤著，古今成败，备诸怀抱，岂不知一木不维大厦，三谏可以逃身哉！且殷微去商，侯服周代；项伯背楚，赐姓汉朝。去此弗图，苟徇亡辙，家破身殒，为天下笑。又足下谍者为候骑所拘，军中情实，具诸执事。知以弱卒琐甲，欲抗堂堂之师；萦带污城，冀保区区之命。战非上计，无待卜疑；守乃下策，或未相许。已勒诸军，分道并进，相望非远，凭轼有期。兵交命使，古今通典，不俟终日，所望知几也。"

宪至信都，湝阵于城南，宪登张耳冢以望之。俄而湝所署领军尉相原伪出略阵，遂以众降。相愿，湝心腹也。众甚骇惧。湝大怒，杀其妻子。明日复战，遂破之，俘斩三万人，擒湝及孝珩等。宪谓湝曰："任城王何苦至此?"湝曰："下官神武帝子,兄弟十五人,幸而独存。逢宗社颠覆,今日得死,无愧坟陵。"宪壮之,命归其妻子,厚加资给。又问孝珩。孝珩布陈国难,辞泪俱下,俯仰有节,宪亦为之改容。

宪素善谋,多算略,尤长于抚御,达于任使,摧锋陷阵,为士卒先,群下感悦,咸为之用。齐人夙闻声威,无不惮其勇略。及并州之捷,长驱敌境,刍牧不挠,军无私焉。

先是,稽胡刘没铎自称皇帝,又诏宪督赵王招等讨平之。语在《稽胡传》。

宪自以威名日重,潜思屏退。及高祖欲亲征北蕃,乃辞以疾。高祖变色曰:"汝若惮行,谁为吾使?"宪惧曰:"臣陪奉銮舆,诚为本愿,但身婴疹疾,不堪领兵。"帝许之。

寻而高祖崩,宣帝嗣位,以宪属尊望重,深忌惮之。时高祖未葬,诸王在内治服。司卫长孙览总兵辅政,而诸王有异志,奏令开府于智察其动静。及高祖山陵还,诸王归第。帝又命智就宅候宪,因是告宪有谋。帝乃遣小冢宰宇文孝伯谓宪曰:"三公之位,宜属亲贤,今欲以叔为太师,九叔为太傅,十一叔为太保,叔以为何如?"宪曰:"臣才轻位重,满盈是惧。三师之任,非所敢当。且太祖勋臣,宜膺此举。若专用臣兄弟,恐乖物议。"孝伯反命,寻而复来曰:"诏王晚共诸王俱至殿门。"宪独被引进,帝先伏壮士于别室,至即执之。宪辞色不挠,固自陈说。帝使于智对宪。宪目光如炬,与智相质。或谓宪曰:"以王今日事势,何用多言?"宪曰:"我位重属尊,一旦至此,死生有命,宁复图存。但以老母在堂,恐留兹恨耳。"因掷笏于地。乃缢之。时年三十五。以于智为柱国,封齐国公。又杀上大将军安邑公王兴、上开府独孤熊、开府豆卢绍等,皆以昵于宪也。帝既诛宪,无以为辞,故托兴等与宪结谋,遂加其戮。时人知其冤酷,咸云伴宪死也。

宪所生母达步干氏,茹茹人也。建德三年,册为齐国太妃。宪有至性,事母以孝闻。太妃旧患风热,屡经发动,宪衣不解带,扶侍左右。宪或东西从役,每心惊,其母必有疾,乃驰使参问,果如所虑。宪六子:贵、质、寅、贡、乾禧、乾洽。

贵字乾福,少聪敏,涉猎经史,尤便骑射。始读《孝经》,便谓人曰:"读此一经,是为立身之本。"天和四年,始十岁,封安定郡公,邑一千五百户。太祖之初为丞相也,始封此郡,未尝假人,至是封贵焉。年十一,从宪猎于盐州,一围之中,手射野马及鹿十有五头。建德二年,册拜齐国世子。四年,授车骑大将军、仪同三司。寻出为豳州刺史。贵虽出自深宫,而留心庶政。性聪敏,过目辄记。尝道逢二人,谓其左右曰:"此人是县党,何因辄行?"左右不识,贵便说其姓名,莫不嗟伏。白兽烽经为商人所烧,烽帅纳货,不言其罪。他日,此帅随例来参,贵乃问云:"商人烧烽,何因私放?"烽帅愕然,遂即首服。其明察如此。五年四月卒,年十七。高祖甚痛惜之。

质字乾祐,初封安城公。后以宪勋,进封河间郡王。寅字乾礼,大将军、中坝公。贡出后莒庄公。乾禧,安城公。乾洽,龙涸公。并与宪俱被诛。

【译文】

齐炀王宇文宪,字毗贺突,太祖字文泰的第五子。性通达敏捷,有度量,年纪很小时就神采焕发。初封为涪城县公。少年时,与高祖宇文邕一起诵习《诗经》《左传》,都能综其机要,得其旨归。太祖曾赐给几个儿子良马,让他们自由选择,只有宇文宪选择了驳马(杂色马)。太祖问他为何要选驳马,宇文宪回答说:"这匹马色类既不同于别的马,或许更为骏逸。若从军征伐,自易见分晓。"太祖高兴地说:"这孩子智识不凡,当成大器。"后跟从太祖到陇上狩猎,经过官马牧,太祖每次见到驳马,总是说:"这是我孩子的马。"即命左右取来赐给宇文宪。魏恭帝元年,宇文宪晋封为安城郡公。孝闵帝即位后,拜骠骑大将军、开府仪同三司。

世宗即位后,宇文宪授大将军。武成初年,除为益州总管、益、宁、巴、泸等二十四州诸军事、益州刺史,晋封为齐国公,邑万户。当初,平定蜀地之后,太祖以蜀地山川险要富足,不想让宿将居守,想在几个儿子中选择,并遍问高祖宇文邕以下,谁能担当此任。别人尚未回答,而宇文宪先请求自己出任。太祖说:"刺史应当抚众治民,这不是你所能干的。以年龄大小而论,当让你的哥哥们去。"宇文宪说:"才用有殊,不关大小。若试而无效,甘受面欺之罪。"太祖大为高兴,但以宇文宪年纪尚小,没有派任。世宗即位后,追尊太祖先前旨意,所以有此项任命。宇文宪当时只有十六岁,到任之后,善于抚绥,留心政治,不论有多少辞讼,都处理得有条有理。蜀地人怀念他,共同立碑颂德。不久,宇文宪进位上柱国。

保定年间,宇文宪被征还京师,拜为雍州牧。及晋公宇文护率军东伐北齐,以尉迟迥为先锋,包围洛阳,宇文宪和达奚武、王雄等在邙山扎营,其余诸军各分守险要。齐军数万突然出现在周军背后,周军大为惊慌,纷纷退散。只有宇文宪和王雄、达奚武率军拒战,而王雄为齐军所杀,三军震惧。宇文宪亲自督战,鼓励士气,众心方安。当时,晋公宇文护执政,对宇文宪非常亲近,赏罚之际,宇文宪都得以参与其间。

天和三年,以宇文宪为大司马,治小冢宰,雍州牧如故。天和四年,齐军将领独孤永业来袭击,盗贼杀害孔城防主能奔达,以城响应齐军。有诏令宇文宪和柱国李穆率军出宜阳,修筑崇德等五座城垒,切断齐军粮道。齐将斛律明月率军四万在洛水南岸筑垒以拒周军。天和五年,宇文宪率军涉过洛水,邀击齐军。斛律明月逃走。宇文宪率军追击,到达安业城,在多次作战后退军。同年,斛律明月又率大军在汾水北岸修筑城垒,向西直到龙门。晋公宇文护对宇文宪说:"寇贼充斥,烽火不断,遂使疆场之间,百姓生业委弊,难道能坐观百姓被屠灭,而不想着拯救他们?你说我们该怎么办?"宇文宪说:"依我之见,兄当暂时出据同州,以为威势,我请求率精兵居前,相机攻取。这样不但边境清静,也应当另有克获。"宇文护认为有理。

天和六年,派宇文宪率军两万,出自龙门。齐将新蔡王王康德见宇文宪率军到来,率军连夜撤退。宇文宪也率军西归,并遣军掘河道使汾水改道,汾水南岸一些堡垒,又被齐人占领。北齐认为宇文宪此举缺乏谋略,边备遂松弛下来。宇文宪乘机率军渡过黄河,进攻北齐的伏龙等四座城垒,两天之内全部攻克。又进攻张壁而克之,缴获其军实,夷平其城垒而还。此时,齐将斛律明月在华谷,来不及援救,便北攻周的姚襄城而克之。当时,汾州被齐军包围已经很久,粮道和援军之路被切断。宇文宪派柱国宇文盛运送粮食以馈汾州,自己率军入两乳谷,袭击并攻克了齐的柏社城,并进军姚襄城下。齐军据城固守。宇文宪派柱国、谭公宇文会修筑石殿城,以为汾州声援。齐平原王段孝先、兰陵王高长恭率大军来攻,宇文宪命将士结阵以待。大将军韩欢所部被齐军袭击,士兵溃散奔退,宇文宪亲自率军督战,齐军攻势被遏止。天黑之后,双方各自收兵。

及晋公宇文护被杀,高祖宇文邕召宇文宪入朝,宇文宪免冠拜谢。高祖对他说:"天下是太祖的天下，我继守鸿业，常常害怕丢失。冢宰（指宇文护）目无君长，以下犯上，将图谋不轨，所以我才杀了他，以安定社稷。你是我的弟弟，同气连声，休戚与共，事不相涉，用不着谢罪。"并诏令宇文宪前往宇文护的府第，收取兵符和各种薄书。

不久，以宇文宪为大冢宰。此时，高祖既诛杀宰臣，亲览朝政，正想整顿政治，严肃纲纪，就是对待亲人也非常刻薄。宇文宪既为宇文护所信任，从天和年间以后，威权逐渐兴隆。宇文护想有所陈述，多让宇文宪上奏，其间或有可否，宇文宪为避免互相嫌疑，总是设法疏通。高祖也真心待之，所以才没有祸患。然而因宇文宪威名过重，高祖心中终不放心，虽升宇文宪为冢宰，实际上加是削夺了他的权力。

宇文宪

开府裴文举是宇文宪的侍读，高祖常在内殿中引见他，对他说："晋公不臣的行径，朝野都知道，朕所以流泪杀掉他，是为安国家，利百姓。过去魏室末年纲纪不振，太祖匡辅元氏；周室受命，晋公又执威权。积习生常，便谓本应如此。哪里有三十岁的天子而被别人所制约的呢！而且近代以来，又有一弊，暂时经过隶属，便即礼若君臣。这是乱世时的权宜之计，而不是经国理天下的治术。《诗经》说：'夙夜匪解，以事一人。'所谓一人，只指天子。你虽陪侍齐公，不能便像臣子与君主一般。而且太祖有十个儿子，难道个个都要当天子吗？你应该以正道规劝，以义方诱导，让我君臣和睦，骨肉相亲，而不要令亲兄弟自相嫌疑。"裴文举拜谢而出，回去以后，告诉了宇文宪。宇文宪指着心口说："我的心思你还不知道吗？我只应当尽忠尽节就是了，不用说别的。"

建德三年，宇文宪晋爵为王。宇文宪的朋友刘休征献《王箴》一首，宇文宪非常欣赏。刘休征后来又将此箴上奏高祖。高祖正在削弱弟弟们的权力，非常喜欢这篇文章。宇文宪常觉得兵书太繁杂，难以得其精要，便自己刊定为《要略》五篇，并上奏给高祖，高祖读后，称赞写得好。

这年秋天，高祖行幸云阳宫，得了重病。卫王宇文直乘机在京师举兵造反。高祖招来宇文宪，对他说："卫王造反，你知道吗？"宇文宪说："我开始不知道，现在奉诏才知道。宇文直若逆天犯顺。便是自取灭亡。"高祖说："你立即率前军出发，我随后就来。"宇文直不久便败走了。高祖到京师，宇文宪和赵王宇文招一起入宫拜谢。高祖说："管公、蔡公被杀，而周公为辅，人心不同，如人面不同一般。但惭愧见弟亲人自寻干戈，这是我美中的不足。"当初,宇文直内心十分忌惮宇文宪,宇文宪隐忍宽容了他,而且因为他是高祖的同母弟,对他礼敬有加。晋公宇文护被杀时,宇文直坚持连宇文宪也杀了。高祖说:"齐公的心迹我自己知道,不要再有什么怀疑。"及文宣皇后去世,宇文直又秘密上奏说:"宇文宪饮酒吃肉,和平日无异。"高祖说:"我和齐王非一母所生,都不是正妻之子。他特地为了我而支持我,你应感到惭愧,还论他的得失?你是亲太后的儿子,得到许多偏爱,只要管好自己就行,不要再说别人。"宇文直才不说了。

建德四年,高祖将要率军东攻北齐,只和内史王谊暗中谋划,别的人一概不知。后来因为几个弟弟的才略没有比得上宇文宪的,才将东伐之事告诉了宇文宪,宇文宪立即赞成其事。等大军即将出发,宇文宪上表高祖,请以私财助军费,说:"臣听说抓住进机、适合运会,兼并弱者,进攻愚昧者,这一切都要借助于权道。陛下继明作圣,宏大基业,思顺天心,用恢武略,方求天下一统,海内混一。窃以龙旗雷动,天网云布,刍粟粮饷,或须周给。过去边境未安,卜式愿上家财;江海不澄,卫兹请献私粟。臣虽不敏,不敢忘前人之景行。谨上金宝等十六件,稍稍助一下军资。"高祖不同意,而以宇文宪的奏表向公卿宣示,说:"人臣应当如此。朕看重的是他的心意,而不是真的需要他的财物。"下诏让宇文宪率军两万为前锋,进趋黎阳。高祖亲自率军围攻河阴,未能攻克。宇文宪军攻克武济,进围洛口,收其东西二城。因为高祖患了病,周军班师。这一年,初置上柱国官,而以宇文宪为之。

建德五年,周军大举东征,宇文宪率精锐骑兵两万又为前锋,守雀鼠谷。高祖亲自率军围攻晋州。宇文宪攻克了洪同、永安两座城,准备进一步进攻。齐军焚烧桥梁,据守险要,周军不能前进,遂屯驻在永安。齐主听说晋州被围,便率军十万,前来救援。此时,柱国、陈王宇文纯屯军于千里径,大将军、永昌公宇文椿屯驻鸡楼原,大将军宇文盛守汾水关,都受宇文宪节度指挥。宇文宪秘密对宇文椿说:"用兵作战是诡诈之道,去留不定,见机而作,不必遵守常规。你现在修筑营垒,不必支架帐幕,可以砍伐柏树搭成庵房,以示形势。使我军离去之后,敌军还以为我军仍在原地。"这时,齐主分军一万向千里径,又命齐军一部出汾水关,而自率大军和宇文椿对阵。宇文盛遣骑告急,宇文宪自率一千骑兵救援。齐军望见谷中尘土扬起,即相继撤退。宇文盛和柱国侯莫陈芮乘机率军涉过汾水追击,多有斩获。不久,宇文椿报告齐军攻势凶猛,宇文宪又回军援救。正好宇文椿奉高祖之令还军,率军乘夜撤退。齐军果然认为柏庵是周军帐幕,没想到周军已退,直到第二天才醒悟。

此时,高祖已离开晋州,留宇文宪率军殿后。齐主亲自率军来追,到达高梁桥。宇文宪率精骑两千,阻水为阵。齐领军段畅直进至桥边。宇文宪隔水招段畅和他谈话,说完以后,宇文宪问段畅:"你叫什么名字?"段畅说:"我是领军段畅,你是谁?"宇文宪说:"我是虞候大都督。"段畅说:"看你言谈,不是一般人。今日相见,何必隐瞒名位?"陈王宇文纯、梁公侯莫陈芮、内史王谊等都在宇文宪的旁边。段畅固问不止。宇文宪才说:"我是天子太弟齐王。"又指着陈王等,把他们的姓名、爵位都告诉了段畅。段畅听后,策马离去,宇文宪立即下令撤军,而齐军也立即追击,兵甲精锐。宇文宪和天府宇文忻各率一百精锐骑兵为殿后以拒之,杀齐军骁将贺兰豹子、山褥瑰等一百多人,齐军才退走。宇文宪率军渡过汾水,在玉璧赶上了高祖。

高祖又令宇文宪率军六万，还援晋州。宇文宪遂率军前进，扎营于涑水。齐主率军围攻晋州，昼夜不息。回来报告的间谍，有的说晋州已经被攻陷。宇文宪遣柱国越王宇文盛、大将军尉迟迥、开府宇文神举等率轻骑一万连夜进至晋州。宇文宪进军据蒙坑，为大军后援，知道晋州未被攻陷，便归还涑川。不久，高祖向东行进，驻扎在高显，宇文宪率所部先向晋州。第二天，诸军汇集，稍稍进逼城下。齐军也派出大军，在周军营南为阵。高祖命宇文宪骑马往观其阵，宇文宪回来说："敌人容易对付，请击败他们然后再吃饭。"高祖高兴地说："如果像你所说的，我就不担心了。"宇文宪退下后，内史柳虬私下对宇文宪说："敌军也不少，您怎么轻视他们呢？"宇文宪说："我受命为前锋，情兼家国。扫除敌寇，事同摧枯。商朝和周朝的事是你所知道的。敌兵虽众，又能奈我何！"一会儿，周军各路俱进，敌军立即崩溃。当天夜里，齐主逃走，宇文宪率轻骑追击。到达永安之后，高祖也率军赶到。齐军收集余众，又据守高壁和洛女砦。高祖命宇文宪进攻洛女砦，将其攻克。第二天，与大军在介休会合。

这时，齐主已还邺都，留其从兄安德王高延宗据守并州。高延宗乘机即位称帝，并出兵拒战。高祖率军进围度州，宇文宪进攻城西，将其攻克。高延宗逃走，被周军追击俘虏。以宇文宪之功，宇文宪的第二个儿子安城公宇文质被晋封为河间王，第三个儿子宇文寅被拜为大将军。高祖仍令宇文宪为前驱，率军向邺城进军。第二年，进克邺城。

齐任城王高湝、广宁王高孝珩等据守信都，有数万军队。高祖又诏宇文宪率军讨伐，并让被俘的齐主高纬亲笔写信给高湝说："朝廷待我很好，诸王也无恙。叔叔若释甲投降，也无不优待。"高湝不听。高祖便大开赏募，多出金帛，沙门求为战士的也有数千人。宇文宪军过赵州，高湝令两个间谍侦察形势，被周军巡逻骑兵抓获，遂交宇文宪。宇文宪将齐国的旧将领投降者全部集合起来，让间谍看，又对他们说："我争的是大的，不在你们这些小人物。现在放你们回去，你们要为我做事。"并写信给高湝说：

"山川相间，每使人劳，仲春戒节，纳履惟宜。承始届两河，仍图三魏，双方交战，想无亏德。昔在魏末季世，海内横流，我家太祖抚运乘时，大庇百姓。皇上嗣位，纪其文武隆业，兴稽山之会，总盟津之师。雷骇唐郊，则野无横阵；云腾晋水，则地无严城。袭伪之酋，既奔窜于草泽；窃号之长，亦委命于旌门。德义振于无垠，威风被于有截。彼朝宿将旧臣，良家戚里，俱升荣宠，皆享好爵。所以使临漳之下，效死争驱；营丘之前，奋身毕命。此岂唯人事？抑亦天时。你应访之道路，不须傍人道说。

我以不武，任总元戎，受命安边，路指幽、冀。列邑名藩，莫不屈膝；宣风导礼，皆荷来苏。足下为高氏令王，英风夙著，古今成败，备诸怀抱，岂不知一木不维大厦，三谏可以逃身吗！而且殷朝微子去商，侯服周代；项伯背楚，赐姓汉朝。去此而弗图，苟徇亡辙，家破身殒，为天下笑。又足下的间谍为我候骑所拘，军中情实，我已尽知。知你以弱卒琐甲，欲抗堂堂之师；萦带污城，冀保区区之命。战非上计，不待卜疑；守乃下策，或未相许。我已分勒诸军，分道并进，相望非远，凭轼式有期，兵交命使，乃古今通典，不俟终日，所望知几也。"

宇文宪进至信都，高湝阵于城南，宇文宪登上张耳的墓冢眺望齐军。一会儿，高湝所署领军尉相愿假装出来略阵，遂以其众投降。尉相原是高湝的心腹，他一投降，全军骇惧。高湝大怒，杀了尉相原的妻子和孩子。第二天，双方又战，遂大败高湝，俘斩三万人，擒获了高湝和高孝珩等。宇文宪对高湝说："任城王何苦至此？"高湝说："下官是神武皇帝（指高欢）之子，兄弟十五人，只有我还活着。逢上社稷颠覆，今日得死，无愧坟陵。"宇文宪壮之，下令放还其妻子，厚加资给。又问高孝珩，高孝珩布陈国难，声泪俱下，亢而不卑，宇文宪也为之肃然起敬。

宇文宪平素善谋划，多算略，尤其长于抚御，达于任使。打仗冲锋陷阵，身先士卒，部下感奋，都乐意听其指挥。齐人凤闻其声威，无不惧惮其勇略。及并州大捷，率军长驱敌境，刍牧不挠，百姓安堵，军中无私。

在此之前，稽胡刘没铎自称皇帝，又诏令宇文宪督赵王宇文招等率军讨平之，详情在《稽胡传》中。

宇文宪自以威名日重，暗中考虑屏迹退隐。等高祖想亲自率军出征突厥，宇文宪便推托有病在身，不想从征。高祖一听，变了脸色说："你若害怕出征，谁还听我调遣？"宇文宪紧张地说："臣奉陪銮驾，确实是出自本心，但身有疾病，不堪领兵作战。"高祖答应了。

不久，高祖去世，宣帝即位，因宇文宪位尊望重，对他非常忌惮。此时，高祖还未下葬，诸王都在内服丧。司卫长孙览总握军权辅政，而诸王心怀异志，奏令开府于智观察其动静。等高祖下葬完毕，诸王还第，宣帝又命于智在宇文宪家中等候宇文宪，于智借机告发宇文宪心怀异谋。宣帝派小冢宰宇文孝伯对宇文宪说："三公之位，应由亲贤担当。现在想以叔叔为太师，九叔为太傅，十一叔为太保，叔叔认为怎么样？"宇文宪说："臣才轻位重，惧怕满盈之理。三师之任，不是我敢承当的。而且太祖的勋臣应当担当此任。如果专用臣等兄弟，恐怕有违众议。"宇文孝伯返回去报告，不久又回来说："有诏令王晚上与诸王都到殿门汇集。"到晚上，只有宇文宪先被领了进去，宣帝先在别的房子里埋下伏兵，宇文宪一来，立即被抓了起来。宇文宪面色不改，镇定自若，固自陈说。宣帝让于智审问宇文宪，宇文宪双目如炬，直视于智。有人对宇文宪说："大王今日事已至此，何必多言？"宇文宪说："我位重属尊，一旦至此，死生有命，还想什么活着？但以老母在堂，恐怕她老人家伤心。"说着将笏板扔在地上。宣帝下令将宇文宪缢杀，时年仅三十五岁。之后，以于智为柱国，封齐国公。宣帝又杀了上大将军安邑公王兴、上开府独孤熊、开府豆卢绍等，因为他们和宇文宪私交很好。宣帝即杀害了宇文宪，又找不出恰当的理由，所以声称王兴等和宇文宪结谋，而将他们都杀害。当时的人知道他们冤枉，都说他们是伴宇文宪而死的。

宇文宪的生母达步干氏，是茹茹族人。建德三年，册封为齐国太妃。宇文宪对母亲非常孝顺，闻名于时。太妃原来患有风热病，经常发作，宇文宪衣不解带，扶侍左右。宇文宪在外东征西伐，每次心惊，其母必有疾病。派人回去参问，果然如宇文宪所虑。

宇文宪有六个儿子：宇文贵、宇文质、宇文寅、宇文贡、宇文乾禧、宇文乾洽。

宇文贵字乾福，小时非常聪敏，涉猎经史，尤其善于骑射。刚开始读《孝经》，便对人说："读了这一经，便足为立身之本。"天和四年，刚满十岁，封安定郡公，邑一千五百户。太祖宇文泰刚当丞相时，始封此郡，以后未曾封给别人，到这时封给宇文贵。十一岁时，跟从宇文宪在盐州打猎，一围之中，亲手射的野马和鹿有十五头。建德二年，册拜为齐国世子。四年，授车骑大将军、仪同三司。不久出为幽州刺史。宇文贵虽出自深宫，而留心治民之政。天性聪敏，过目不忘。一次在途中遇见两人，宇文贵对左右的人说："这两人是县党,为什么在这里行走?"左右的人不认识,宇文贵便说出了两人的姓名,莫不叹服。白兽烽被商人的火烧毁,烽帅接受了商人的贿赂而免治其罪。后来,这个烽帅随例前来参见,宇文贵问道:"商人烧坏了烽台,你为何私自释放他们?"烽帅大惊,随即服罪。宇文贵明察的本领就是如此。天和五年四月死,年仅十七岁。高祖宇文邕非常痛惜。

宇文质字乾祐,初封为安城郡公。后因宇文宪的功勋,晋封为河间郡王。宇文寅字乾礼,大将军、中坝公。宇文贡出后莒庄公。宇文乾禧为安城公;宇文乾洽为龙涸公。他们都和宇文宪同时被害。

达奚武传

【题解】

达奚武(504~570),字成兴,鲜卑拓跋部居住在代(今山西大同)的人。初为贺拔岳部下,后投靠宇文泰。在西魏与东魏战争中屡立战功,沙苑之战(537)中得到了东魏军情;河桥之战(538),杀东魏大将军高敖曹。以功进位大将军。后进军汉中四川,使梁萧循以南郑降。孝闵帝即位(557),拜柱国、大司寇。后历任大宗伯、太保、太傅等三公高官。达奚武是宇文泰手下一个有勇有谋的将领,对西魏北周的建立和巩固起了重要的作用。可参见《北史》卷六五本传。

【原文】

达奚武字成兴,代人也。祖眷,魏怀荒镇将。父长,汧城镇将。

武少倜傥,好驰射,为贺拔岳所知。岳征关右,引为别将,武遂委心事之。以战功拜羽林监、子都督。及岳为侯莫陈悦所害,武与赵贵收岳尸归平凉,同翊戴太祖。从平悦,除中散大夫、都督,封须昌县伯,邑三百户。魏孝武入关,授直寝,转大丞相府中兵参军。大统初,出为东秦州刺史,加散骑常侍,进爵为公。

齐神武与窦泰、高敖曹三道来侵,太祖欲并兵击窦泰,诸将多异议,唯武及苏绰与太祖意同,遂擒之。齐神武乃退。太祖进图弘农,遣武从两骑觇候动静,武与其候骑遇,即便交战,斩六级,获三人而反。齐神武趣沙苑,太祖复遣武觇之。武从三骑,皆衣敌人衣服。至日暮,去营百步,下马潜听,得其军号。因上马历营,若警夜者,有不如法者,往往挞之。具知敌之情状,以告太祖,太祖深嘉焉。遂从破之,除大都督,进爵高阳郡公,拜车骑大将军、仪同三司。

四年,太祖援洛阳,武率骑一千为前锋。至谷城,与李弼破莫多娄贷文。进至河桥,武又力战,斩其司徒高敖曹。迁侍中、骠骑大将军、开府仪同三司。出为北雍州刺史。复战邙山,时大军不利,齐神武乘胜进至陕。武率兵御之,乃退。久之,进位大将军。

十七年,诏武率兵三万,经略汉川。梁将杨贤以武兴降,梁深以白马降,武分兵守其城。梁州刺史、宜丰侯萧循固守南郑,武围之数旬,循乃请服,武为解围。会梁武陵王萧纪遣其将杨乾运等将兵万余人救循,循于是更据城不出。恐援军之至,表里受敌,乃简精骑三千，逆击乾运于白马，大破之。乾运退走。武乃陈蜀军俘级于城下。循知援军被破，乃降，率所部男女三万口入朝，自剑以北悉平。明年，武振旅还京师。朝议初欲以武为柱国，武谓人曰："我做柱国，不应在元子孝前。"固辞不受。以大将军出镇玉壁。武乃量地形胜，立乐昌、胡营、新城三防。齐将高苟子以千骑攻新城，武邀击之，悉虏其众。

孝闵帝践阼，拜柱国、大司寇。齐北豫州刺史司马消难举州来附，诏武与杨忠迎消难以归。武成初，转大宗伯，进封郑国公，邑万户。齐将斛律敦侵汾、绛，武以万骑御之，敦退。武筑柏壁城，留开府权严、薛羽生守之。

保定三年，迁太保。其年，大军东伐。随公杨忠引突厥自北道，武以三万骑自东道，期会晋阳。武至平阳，后期不进，而忠已还，武尚未知。齐将斛律明月遗武书曰："鸿鹤已翔于寥廓，罗者犹视于沮泽也。"武览书，乃班师。出为同州刺史。明年，从晋公护东伐。时尉迟迥围洛阳，为敌所败。武与齐王宪于邙山御之。至夜，收军。宪欲待明更战，武欲还，固争未决。武曰："洛阳军散，人情骇动。若不因夜速还，明日欲归不得。武在军旅久矣，备见形势。大王少年未经事，岂可将数营士众，一旦弃之乎。"宪从之，遂全军而返。天和三年，转太傅。

武贱时，奢侈好华饰。及居重位，不持威仪，行常单马，左右止一两人而已。外门不施戟，恒昼掩一扉。或谓武曰："公位冠群后，功名盖世，出入仪卫，须称具瞻，何轻率若是？"武曰："子之言，非吾心也。吾在布衣，岂望富贵，不可顿忘畴昔。且天下未平，国恩未报，安可过事威容乎。"言者惭而退。

武之在同州也，时属天旱，高祖敕武祀华岳，岳庙旧在山下，常所祷祈。武谓僚属曰："吾备位三公，不能燮理阴阳，遂使盛农之月，久绝甘雨，天子劳心，百姓惶惧。忝寄既重，忧责实深。不可同于众人，在常祀之所，必须登峰展诚，寻其灵奥。"岳既高峻，千仞壁立，岩路险绝，人迹罕通。武年逾六十，唯将数人，攀藤援枝，然后得上。于是稽首祈请，陈百姓恳诚。晚不得还，即于岳上藉草而宿。梦见一白衣人来，执武手曰："快辛苦，甚相嘉尚。"武遂惊觉，益用祇肃。至旦，云雾四起，俄而澍雨，远近沾洽。高祖闻之，玺书劳武曰："公年尊德重，弼谐朕躬。比以阴阳愆序，时雨不降，命公求祈，止言庙所。不谓公不惮危险，遂乃远陟高峰。但神道聪明，无幽不烛，感公至诚，甘泽斯应。闻之嘉赏，无忘于怀。今赐公杂彩百疋，公其善思嘉猷，匡朕不逮。念坐而论道之义，勿复更烦筋力也。"

武性贪吝，其为大司寇也，在库有万钉金带，当时宝之，武因入库，乃取以归。主者白晋公护，以武勋，不彰其过，因而赐之。时论深鄙焉。五年十月，薨，年六十七。赠太傅、十五州诸军事、同州刺史。谥曰桓。子震嗣。

【译文】

达奚武，字成兴，鲜卑族居住在代郡的人，祖父达奚眷，为北魏怀荒镇镇将，父亲达奚长，任沂城镇将。达奚武少年时放荡无拘束，爱好骑马射箭，被贺拔岳所看重。贺拔岳出征关右，引他为别将，达奚武也就全心全意侍奉他。因战功拜官羽林监、子都督。等到贺拔岳被侯莫陈悦所杀害，达奚武与赵贵收了贺拔岳尸体回到平凉，一起拥戴太祖宇文泰。随从他一起平定了侯莫陈悦，被任命为中散大夫、都督，封须昌县伯，食邑三百户。北魏孝武帝入关中，被任命为直寝，转任大丞相府中兵参军。西魏文帝大统初年，出任为东秦州刺史,加官散骑常侍,晋封为公爵。

北齐神武帝高欢与窦泰、高敖曹分兵三路来侵犯,太祖宇文泰打算集中兵力打击窦泰一路军,其他将领多不同意,只有达奚武与苏绰两人与宇文泰意见一致,结果擒获了窦泰,高欢退了兵。宇文泰进而想进攻弘农,派达奚武与两骑兵去伺察动静,达奚武与东魏的巡逻兵相遇,就互相交战,达奚武杀了六人,俘获了三人而归。高欢的军队进到沙苑,宇文泰又派达奚武去观察动静。达奚武带三个骑兵,都穿了敌人的衣服,到天色将晚时候来到离开营房约百步的地方,下马偷听,得知他们的军号口令,重新上马巡逻各营,好像是警夜的官兵,有不尊军法的人,往往责备敲打。由此完全了解了敌情。回来告诉宇文泰,宇文泰大大嘉奖了一番,于是随从宇文泰战败了敌人。授官做大都督,晋封为高阳郡公的爵位,授予车骑大将军、仪同三司。

大统四年,宇文泰率军支持洛阳的独孤信,达奚武率领一千骑兵为前锋。到了谷城。达奚武与李弼攻破东魏的莫多娄贷文。进到河桥,达奚武又拼力战斗,在阵上斩东魏司徒高敖曹。升迁为侍中、骠骑大将军、开府仪同三司。出任为北雍州刺史。又在邙山与东魏战斗,当时大军失利,东魏高欢乘胜进到陕,达奚武率兵抵御,将其击退。后来,晋封为大将军。

大统十七年,宇文泰命达奚武率领士兵三万,图谋经营和攻打汉中及四川。梁将领杨贤管辖的武兴投降,梁深管辖的白马也投降,达奚武分兵镇守这些城。梁州刺史、宜丰侯萧循固守南郑,达奚武包围了几十天,萧循请降,达奚武才解了围。刚好梁武陵王萧纪派遣其将杨乾运等率兵万余人来救萧循,萧循由此重又占据着城不出来。达奚武怕援军到达后,表里受敌,就选择三千名精锐骑兵,在白马截击杨乾运,大败了他,杨乾运兵退走。达奚武于是把梁军的战俘和首级放在城下,萧循知道援军已被击败,就投降了,率领他所管辖的三万男女归并西魏朝廷,从剑阁以北都平定了。第二年,达奚武的军队凯旋回到京城长安。朝廷上议论后最初想封他为柱国,达奚武对人说:“我作柱国,不应该在元子孝的前面。”坚持辞谢不受。于是任命为大将军出镇玉璧。达奚武到达后,丈量地形,建立乐昌、胡营、新城三个防御点,北齐将高苟子率领一千骑兵进攻新城,达奚武迎头痛击,把他的军队都俘获了。

北周孝闵帝即位,拜达奚武柱国、大司寇。北齐北豫州刺史司马消难以自己的州来降,朝廷下诏命达奚武与杨忠去迎降。明帝武成初年,转官为大宗伯,晋封为郑国公,食邑万户。北齐将斛律敦侵犯汾州、绛州,达奚武率领万余骑兵抵御,使斛律敦退兵。达奚武修筑柏壁城,留下开府权严、薛羽生守卫。

武帝保定三年,升官为太保。这一年,北周大军东伐北齐。隋公杨忠联合突厥从北道出发,达奚武率领三万骑兵从东道出发,预定在晋阳会合。达奚武军到达平阳,因迟到没进到晋阳,而杨忠已败退,达奚武还不知道。北齐将斛律明月送信给达奚武,信中说:“大鹤已经飞到天空中,而捉鹤人还注视着沼泽地。”达奚武见到书信,就班师回朝了。出任为同州刺史。次年,随从晋公宇文护东伐。当时尉迟迥进围洛阳,被北齐打败。达奚武与齐王宇文宪在邙山抵御北齐军。直到夜晚,才收兵。宇文宪打算第二天再作战,达奚武打算退兵,两人争执未决。达奚武说:“洛阳军败散,人心惊怕浮动。如果不趁天黑速回,到明天想要回去,也不可能。我在军队中已很久了,看到过许多场面。大王你少年很少经历事变,岂可以拿数营士兵放入虎口,一旦抛弃他们吗?"宇文宪同意,于是军队全部返回。武帝天和三年,转官太傅。

达奚武在早年就生活得较奢侈,爱好装饰。等到居高位,则不讲究威武的仪式,出外常单人骑马,左右只带一二人而已。外门不派兵站岗,只白天掩一扇门。有人对他说:"您老人家官位高于别人,功名显赫,出入应该有仪仗卫队,才算与地位相称,怎么可以如此马虎呢?"达奚武回答道:"你的话,不是我的心思呀。我早年还是布衣百姓的时候,哪里想望富贵?人不可以一下子忘掉过去,而且天下还未太平,国家的大恩未报答,哪里可以过分讲究威仪呀。"讲话的人惭愧地退走。

达奚武在同州时,正好大旱,周武帝命他祭祀西岳华山,庙宇以前在山下,常年有人祈祷。达奚武对部下说:"我位到三公,不能够调和阴阳,从而使在农忙季节,久不下雨,天子为此操劳费心,百姓则惶恐惧怕,我责任既重,罪责也深,不可以与一般人一样,在山下的庙中祭祀,必到山峰上去祈祷,以感动上天神灵,显示我的一片诚心。"山岳十分高峻,千仞峭壁,山路险恶,人迹稀少。达奚武已年过六十,只带领数人,攀藤援枝,艰难地爬上了山。于是叩头祈祷,陈述百姓的诚心和恳求。晚上不可能下山,就在山上的草堆里睡了一宿。睡后梦见一穿白衣的人来,拉着达奚武手说:"你辛苦了。我很佩服和赞赏你。"达奚武惊觉而醒,更加虔诚。到天亮,云雾四起,不久就下大雨了,远近都得到好处。周武帝听说此事后,专门下玺书慰劳达奚武说:"您年高德重,协助辅弼朕身。近日阴阳失调,时雨不降,命您老去祈求,只说是在庙宇。想不到您老不怕危险,爬到了山峰上。但天道神明,没有一处是看不到的,上天为您至诚所感动,终于应您请求下了甘雨。我听说后要对您嘉奖赏赐,不能忘记您的功劳。今赐您杂彩百匹,您应该常常思念好的建议,以匡正朕不足之处。您要思念三公坐而论道的道理,不要再做花费力气的事了。"

达奚武性格很贪婪,他任大司寇时,在库房中有万钉金带,当时人以为珍宝,达奚武进入库中,取回了家。管库的人向晋公宇文护报告,朝廷因为达奚武有功勋,不宣扬他的过错,因而就算赏赐给他。当时的议论对此事都很看不起他。天和五年十月,达奚武死,年龄六十七岁。朝廷下诏书赠官太傅、十五州诸军事、同州刺史。谥号为"桓"。儿子达奚震继承爵位。

赫连达传

【题解】

赫连达(?~573),字朔周,盛乐(今内蒙古和林格尔以北)人,赫连勃勃的后裔。他的曾祖父因避难改姓杜氏。赫连达小时跟随贺拔岳征战,待贺拔岳被害后,便率骑到夏州(今陕西靖边东北)迎请宇文泰主持军务,因此得到宇文泰的信任。他屡次参加大小战役,皆立下战功,历任都督、帅都督、大都督、骠骑大将军、大将军,同时屡次出任州、郡长官。西魏文帝大统(535~551)初,由朝廷下诏让他复姓赫连氏。他为官廉洁,在为维护双方关系而接受边境胡人赠送的羊后,他拒绝主管官员用官物回赠的提议,坚持用自己

【原文】

赫连达字朔周,盛乐人,勃勃之后也。曾祖库多汗,因避难改姓杜氏。

达性刚鲠,有胆力。少从贺拔岳征讨有功,拜都将,赐爵长广乡男,迁都督。及岳为侯莫陈悦所害,军中大扰。赵贵建议迎太祖,诸将犹豫未决。达曰:"宇文夏州昔为左丞,明略过人,一时之杰。今日之事,非此公不济。赵将军议是也。达请轻骑告哀,仍迎之。"诸将或欲南追贺拔胜,或云东告朝廷。达又曰:"此皆远水不救近火,何足道哉。"贵于是谋遂定,令达驰往。太祖见达恸哭,问故,达以实对。太祖遂以数百骑南赴平凉,引军向高平,令达率骑据弹筝峡。时百姓惶惧,奔散者多。有数村民,方扶老弱、驱畜牧,欲入山避难,军士争欲掠之。达曰:"远近民黎,多受制于贼,今若值便掠缚,何谓伐罪吊民!不知因而抚之,以示义师之德。"乃抚以恩信,民皆悦附,于是迭相晓语,咸复旧业。太祖闻而嘉之。悦平,加平东将军。太祖谓诸将曰:"当清水公遇祸之时,君等性命悬于贼手,虽欲来告,其路无从。杜朔周冒万死之难,远来见及,遂得共尽忠节,同雪仇耻。虽藉众人之力,实赖杜子之功。劳而不酬,何以劝善。"乃赐马二百匹。达固让,太祖弗许。魏孝武入关,褒叙勋义,以达首逆元帅,匡复秦、陇,进爵魏昌县伯,邑五百户。

从仪同李虎破曹泥,除镇南将军、金紫光禄大夫,加通直散骑常待,增邑并前一千户。从复弘农,战沙苑,皆有功。又增邑八百户,除白水郡守,转帅都督,加持节,除济州刺史。诏复姓赫连氏。以达勋望兼隆,乃除云州刺史,即本州也。进爵为公,拜大都督,寻授仪同三司。

从大将军达奚武攻汉中。梁宜丰侯萧循拒守积时,后乃送款。武问诸将进止之宜。开府贺兰愿德等以其食尽,欲急攻取之。达曰:"不战而获城,策之上者。无容利其子女,贪其财帛。穷兵极武,仁者不为。且观其士马犹强,城池尚固,攻之纵克,必将彼此俱损。如其困兽犹斗,则成败未可知。况行师之道,以全军为上。"武曰:"公言是也。"乃命将帅各申所见。于是开府杨宽并同达议,武遂受循降。师还,迁骠骑大将军、开府仪同三司,加侍中,进爵蓝田县公。

六官初建,授左遂伯。出为陇州刺史。保定初,迁大将军、夏州总管、三州五防诸军事。达虽非文吏,然性质直,尊奉法度,轻于鞭挞,而重慎死罪。性又廉俭,边境胡民或馈达以羊者,达欲招纳异类,报以缯帛。主司请用官物,达曰:"羊入我厨,物出官库,是欺上也。"命取私帛与之。识者嘉其仁恕焉。寻进爵乐川郡公。建德二年,进位柱国,薨。子迁嗣。周静帝大象中,位至大将军、蒲州刺史。

【译文】

赦连达字朔周,盛乐人,是赫连勃勃的后裔。他的曾祖父库多汗,因为避难而改姓杜氏。

赫连达性情刚强耿直,有胆力。他年轻时跟随贺拔岳征战有功,被任命为都将,赐爵长广乡男,又迁任都督。到贺拔岳被侯莫陈悦杀害后,军中惊扰不安。赵贵建议迎接宇文泰主持军务,诸将犹豫未决。赫连达说:"夏州刺史宇文泰先前担任行台左丞,谋略过人，是一时之杰。今天的事情，非此公不可。赵将军的建议是正确的。我请率轻骑去报告哀讯，并迎请他前来。"诸将中有的人想要向南追回贺拔胜，有的人想要向东报朝廷。赫连达又说："这些都是远水不救近火，没什么好说的。"赵贵于是把迎接宇文泰的计划定下来，命令赫连达立即赶往夏州。宇文泰见到赫连达痛哭，问他缘故，赫连达将情况如实讲出。宇文泰遂以数百名骑兵南赴平凉，率军向高平进发，命令赫连达率领骑兵占据弹筝峡。当时百姓惶惧不安，四散奔逃者很多。有数村的百姓，正扶老携幼，驱赶牲畜，想要入山避难。赫连达部下的军士想抢先劫掠他们。赫连达说："远近的黎民百姓，大多受制于贼，如今要是遇到就加以抢掠捆绑，怎么能称为吊民伐罪！不如因此来加以安抚百姓，以显示义军的恩德。"于是以恩德信义来加以安抚，百姓都乐于归附，此后百姓相互转告，都恢复旧业。宇文泰听说后颇为称赞。侯莫陈悦被平定后，加赫连达为平东将军。宇文泰对诸将说："当清水公（贺拔岳）遇害之时，你们的性命都控制在贼人手中，虽然想要来告诉我，但无路可通，杜朔周冒万死的危险，远道来向我报告，于是我们才能共尽忠节，同雪仇耻。虽然这是靠众人的力量，但他所起的作用十分关键。这样的功劳还不加以酬报，怎么能劝人行善。"于是赐给赫连达二百匹马。赫连达一再辞让，宇文泰不许。魏孝武帝入关后，褒赏勋劳，以赫连达首先迎请元帅，匡复秦、陇，给他晋爵为魏昌县伯，封邑有五百户。

　　赫连达跟随仪同李虎攻破曹泥，被任命为镇南将军、金紫光禄大夫，加通直散骑常侍，增加封邑，加上先前的共有一千户。他又跟随宇文泰收复弘农，参加沙苑之战，都立下战功，又增加封邑八百户，被任命为白水郡守，转任帅都督，加持节，为济州刺史。朝廷下诏命令他恢复姓赫连氏。以他的功勋与声望都高，任命为云州刺史，正是他家乡所在的州。给他晋爵为公，任命为大都督，不久，又授予他仪同三司。

　　他跟随大将军达奚武进攻汉中。梁宜丰侯萧循抵抗许多日子以后，才表示愿意投降。达奚武询问诸将应采取什么对策。开府贺兰愿德等以梁军粮食已尽，想要猛攻以消灭梁军。赫连达说："不战而取得城池，是最上策。不该贪图得到他们的子女，夺取他们的财帛。穷兵黩武，仁者是不这样做的。而且看他们的将士马匹还很强，城池也很坚固，即使能攻克，必然将是双方都损失巨大。如果他们困兽犹斗，则成败尚未可知。何况行军作战之道，以保全军力为上。"达奚武说："你说得很对。"就命令将帅各抒己见，于是开府杨宽等都同意赫连达的提议，达奚武遂接受萧循的投降。班师还朝后，赫连达升任骠骑大将军、开府仪同三司，加侍中，并进爵为蓝田县公。

　　初建六官制度时，赫连达被任命为左遂伯。后出任陇州刺史。周武帝保定初，迁任大将军、夏州总管、三州五防诸军事。赫连达虽然不是文官，然而性情质朴正直，尊奉朝廷法度，虽多施用鞭刑，而对判处死罪十分慎重。他性格又很廉洁俭朴，边境的胡民有人送羊给赫连达，他想要与胡人相结交，就以缯帛进行回报。主管官员请求使用官物，赫连达说："羊被送入我的厨房，而用官府仓库的东西去回报，是欺瞒上司。"命令取自己私人的缯帛给予胡人。有见识的人都很称赞他这种仁厚的行为。不久，他又被晋为乐川郡公。周武帝建德二年，他进位为柱国，同年去世。他的儿子赫连迁承袭爵位。周静帝大象中，赦连迁位至于大将军、蒲州刺史。

庾信传

【题解】

庾信（513~581），南北朝文学家。字子山，南阳新野（今属河南）人。与其父庾肩吾出入梁朝宫廷，深受宠幸。他们同徐摛、徐陵父子都是"宫体诗"的倡导者。梁元帝时，庾信出使西魏，被扣留长安。梁亡后，在西魏、北周为官，官到骠骑大将军、开府仪同三司。

庾信在梁朝时的诗作，绮艳轻靡，讲究形式和技巧，内容较为贫乏，未能跳出宫廷文学的圈子。暮年的作品，思想和内容上有了明显变化，多写身世之叹、乡关之恩，风格也随之一变，艺术造诣远远超过前期作品。庾信在辞赋、骈文方面的成就也很高，他讲究对仗和用典，《哀江南赋》是其代表作。后人辑有《庾子山集》。

【原文】

庾信字子山，南阳新野人也。祖易，齐徵士。父肩吾，梁散骑常侍、中书令。

信幼而俊迈，聪敏绝伦，博览群书，尤善《春秋左氏传》，身长八尺，腰带十围，容止颓然，有过人者。起家湘东国常侍，转安南府参军。时肩吾为梁太子中庶子，掌管记。东海徐摛为左卫率。摛子陵及信，立为抄撰学士。父子在东宫，出入禁闼，恩礼莫与比隆。既有盛才，文并绮艳，故世号为徐、庾体焉。当时后进，竞相模范。每有一文，京都莫不传诵。累迁尚书度支郎中、通直正员郎。出为郢州别驾。寻兼通直散骑常侍，聘于东魏。文章辞令，盛为邺下所称。还为东宫学士，领建康令。

侯景作乱，梁简文帝命信率宫中文武千余人，营于朱雀航。及景至，信以众先退。台城陷后，信奔于江陵。梁元帝承制，除御史中丞。及即位，转右卫将军，封武康县侯，加散骑常侍，来聘于我。属大军南讨，遂留长安。江陵平，拜使持节、抚军将军、右金紫光禄大夫、大都督，寻进车骑将军、仪同三司。

孝闵帝践阼，封临清县子，邑五百户，除司水下大夫。出为弘农郡守，迁骠骑大将军、开府仪同三司、司宪中大夫，进爵义城县侯。俄拜洛州刺史。信多识旧章，为政简静，吏民安之。时陈氏与朝廷通好，有北流寓之士，各许还其旧国，陈氏乃请王褒及信等十数人。高祖唯放王克、殷不害等，信及褒并留而不遣。寻徵为司宗中大夫。

世宗、高祖并雅好文学，信特蒙恩礼。至于赵、腾诸王，周旋款至，有若布衣之交。群公碑志，多相请托。唯王褒颇与信相埒，自余文人，莫有逮者。

信虽住望通显，常有乡关之思。及作《哀江南赋》以致意云。其辞曰：

粤以戊辰之年，建亥之月，大盗移国，金陵瓦解。余乃窜身荒谷，公私涂炭。华阳奔命，有去无归，中兴道消，穷于甲戌。三日哭于都亭，三年囚于别馆。天道周星，物极不反。傅燮之但悲身世，无所求生；袁安之每念王室，自然流涕。昔桓君山之志事，杜元凯之生平，并有著书，咸能自序。潘岳之文彩，始述家风；陆机之词赋，多陈世德。信年始二毛，即逢丧乱，藐是流离，至于暮齿。《燕歌》远别，悲不自胜，楚老相逢，泣将何及。畏南山之雨，忽践秦庭；让东海之，遂餐周粟。下亭漂泊，皋桥羁旅，楚歌非取乐之方，鲁酒无忘忧之用。追为此赋，聊以记言，不无危苦之辞，唯以悲哀为主。

日暮途远，人间何世。将军一去，大树飘零；壮士不远，寒风萧瑟。荆璧睨柱，受连城而见欺；载书横阶，捧珠盘而不定。钟仪君子，入就南冠之囚；季孙行人，留守西河之馆。申包胥之顿地，碎之以首；蔡威公之泪尽，加之以血。钓台移柳，非玉关之可望；华亭唳鹤，岂河桥之可闻。

孙策以天下为三分，众裁一旅；项羽用江东之子弟，人唯八千。遂乃分裂山河，宰割天下。岂有百万义师，一朝卷甲，芟夷斩伐，如草木焉。江、淮无涯岸之阻，亭壁无藩篱之固。头会箕敛者，合纵缔交；锄耰棘矜者，因利乘便。将非江表王气，应终三百年乎？是知并吞六合，不免轵道之灾；混一车书，无救平阳之祸。呜呼！山岳崩颓，既履危亡之运；春秋迭代，必有去故之悲。天意人事，可以凄怆伤心者矣。况复舟楫路穷，星汉非乘槎可上；风飙道阻，蓬莱无可到之期。穷者欲达其言，劳者须歌其事。陆士衡闻而抚掌，是所甘心；张平子见而陋之，固其宜矣。

我之掌庾承周，以世功而为族；经邦佐汉，用论道而当官。禀嵩、华之玉石，润河、洛之波澜。居负洛而重世，邑临河而晏安。逮永嘉之艰虞，始中原之乏主。民枕倚于墙壁，路交横于豺虎。值五马之南奔，适三星之东聚。彼凌江而建国，此播迁于吾祖。分南阳而赐田，袭东岳而胙土。诛茅宋玉之宅，穿径临江之府。水木交运，山川崩竭。家有直道，人多全节。训子见于纯深，事君彰于义烈。新野有生祠之庙，河南有胡书之碣。况乃少微真人，天山逸民。阶庭空谷，门巷蒲轮。移谈讲树，就简书筠。降生世德，载诞贞臣。文词高于甲观，模楷盛于漳滨。嗟有道而无凤，叹非时而有麟。既奸回之蠹匿，终不悦于仁人。

王子洛滨之岁，兰城射策之年，始含香于建礼，仍矫翼于崇贤。游洊雷之讲肆，齿明离之胄筵。既倾蠡而酌海，遂侧管以窥天。方塘水白，钓渚池圆。侍戎韬于武帐，听雅曲于文弦。乃解悬而通籍，遂崇文而会武。居笠榖而掌兵，出兰池而典午。论兵于江汉之君，拭圭于西河之主。

于时朝野欢娱，池台钟鼓。里为冠盖，门成邹鲁。连茂苑于海陵，跨横塘于江浦。东门则鞭石成桥，南极则铸铜为柱。树则园植万株，竹则家封千户。西赆浮玉，南琛没羽。吴歈越吟，荆艳楚舞。草木之藉春阳，鱼龙之得风雨。五十年中，江表无事。王歙为和亲之侯，班超为定远之使。马武无预于兵甲，冯唐不论于将帅。岂知山岳暗然，江湖潜沸。渔阳有闾左戍卒，离石有将兵都尉。

天子方删诗书，定礼乐。设重云之讲，开士林之学。谈劫烬之灰飞，辨常星之夜落。地平鱼齿，城危兽角。卧刁斗如于荥阳，绊龙媒于平乐。宰衡以干戈为儿戏，缙绅以清谈为庙略。乘渍水而胶船，驭奔驹以朽索。小人则将及水火，君子则方成猿鹤。敝箅不能救盐池之咸，阿胶不能止黄河之浊。既而鲂鱼颒尾，四郊多垒。殿狎江鸥，宫鸣野雉。湛卢去国，艅艎失水。见被发于伊川，知其时为戎矣。

彼奸逆之炽盛，久游魂而放命。大则有鲸有鲵，小则为枭为獍。负其牛羊之力，凶其水草之性。非玉烛之能调，岂璇玑之可正。值天下之无为，尚有欲于羁縻。饮其琉璃之酒，赏其虎豹之皮。见胡桐于大夏，识鸟卵于条支。豺牙密厉，虺毒潜吹。轻九鼎而欲始则王子召戎，奸臣介胄。既官政而离逖，遂师言而泄漏。望廷尉之逋囚，反淮南之穷寇，飞狄泉之苍鸟，起横江之困兽。地则石鼓鸣山，天则金精动宿。北阙龙吟，东陵麟斗，尔乃枭黠构扇，凭陵畿甸。拥狼望于黄图，填卢山于赤县。青袍如草，白马如练。天子履端废朝，单于长围高宴。两观当戟，千门受箭。白虹贯日，苍鹰击殿。竟遭夏台之祸，遂视尧城之变。官守无奔问之人，干戚非平戎之战。陶侃则空装米船，顾荣则虚摇羽扇。将军死绥，路绝重围。烽随星落，书逐鸢飞。遂乃韩分赵裂，鼓卧旗折。失群班马，迷轮乱辙。猛士婴城，谋臣卷舌。昆阳之战象走林，常山之阵蛇奔穴。五郡则兄弟相悲，三州则父子离别。

护军慷慨，忠能死节。三世为将，终于此灭。济阳忠壮，身参末将。兄弟三人，义声俱唱。主辱臣死，名存身丧。狄人归元，三军凄怆。尚书多算，守备是长。云梯可拒，地道能防。有齐将之闭壁，无燕师之卧墙。大事去矣，人之云亡。申子奋发，勇气咆勃。实总元戎，身先士卒。胄落鱼门，兵填马窟。屡犯通中，频遭刮骨。功业夭枉，身名埋没。或以隼翼鷃披，虎威狐假。沾渍锋镝，脂膏原野。兵弱虏强，城孤气寡。闻鹤唳而虚惊，听胡笳而泪下。据神亭而亡戟，临横江而弃马。崩于钜鹿之沙，碎于长平之瓦。于是桂林颠覆，长洲麋鹿。溃溃沸腾，茫茫惨黩。天地离阻，人神怨酷。晋郑靡依，鲁卫不睦。竞动天关，争回地轴。探雀毂而未饱，待熊蹯而讵熟。乃有车侧郭门，筋悬庙屋。鬼同曹社之谋，人有秦庭之哭。

余乃假刻玺于关塞，称使者之酬对。逢鄂坂之讥嫌，值趄门之征税。乘白马而不前，策青骡而转碍。吹落叶之扁舟，飘长帆于上游。彼锯牙而勾爪，又巡江而习流。排青龙之战舰，斗飞燕之船楼。张辽临于赤壁，王浚下于巴丘。乍风惊而射火，或箭重而回舟。未辨声于黄盖，已先沈于杜侯。落帆黄鹤之浦，藏船鹦鹉之洲。路已分于湘汉，星犹看于斗牛。若乃阴陵失路，钓台斜趣。望赤岸而沾衣，舣乌江而不度。雷池栅浦，鹊陵焚戍。旅舍无烟，巢禽失树。谓荆、衡之杞梓，庶江、汉之可恃。淮海维扬，三千余里。过漂渚而寄食，托芦中而度水。届于七泽，滨于十死。嗟天保之未定，见殷忧之方始。本不达于危行，又无情于禄仕。谬掌卫于中军，滥尸丞于御史。

信生世等于龙门，辞亲同于河洛。奉立身之遗训，受成书之顾托。昔三世而无惭，今七叶而始落。泣风雨于《梁山》，惟枯鱼之衔索。入欹斜之小径，掩蓬藋之荒扉。就汀洲之杜若，待芦苇之单衣。

于时西楚霸王，剑乃繁阳。鏖兵金匮，校战玉堂。苍鹰赤雀，铁轴牙樯。沈白马而誓众，负黄龙而渡湘。海潮迎舰，江萍送王。戎车屯于石城，戈船掩于淮、泗。诸侯则郑伯前驱，盟主则荀莹暮至。剖巢熏穴，奔魑走魅。埋长狄于驹门，斩蚩尤于中冀。然腹为灯，饮头为器。直虹贯垒，长星属地。昔之虎据龙盘，加以黄旗紫气，莫不随狐兔而窟穴，与风尘而殄瘁。

西瞻博望，北临玄圃。月榭风台，池平树古。倚弓于玉女窗扉，系马于凤凰楼柱。仁寿之镜徒悬，茂陵之书空聚。若夫立德立言，谟明寅亮。声超于系表，道高于河上。既不遇于浮丘，遂无言于师旷。指爱子而托人，知西陵而谁望。非无北阙之兵，犹有云台之仗。司徒之表里经纶，狐偃之惟王实勤。横雕戈而对霸主，执金鼓而问贼臣。平吴之功，壮于杜元凯;王室是赖,深于温太真。始则地名全节,终以山称枉人。南阳校书,去之已远。上蔡逐猎,知之何晚。镇北之负誉矜前,风飚憬然。水神遭箭,山灵见鞭。是以蛰熊伤马,浮蛟没船。才子并命,俱非百年。

中宗之夷凶静乱,大雪冤耻。去代邸而承基,迁唐郊而纂祀。反旧章于司隶,归馀风于正始。沉猜则方逞其俗,藏疾则自矜于己。天下之事没焉,诸侯之心摇矣。既而齐交北绝,秦患西起。况背关而怀楚,异端委而开吴。驱绿林之散卒,拒骊山之叛徒。营军梁溠,搜乘巴渝。问诸淫昏之鬼,求诸厌劾之巫。荆门遭廪延之戮,夏首滥逵泉之诛。蔑因亲于教爱,忍和乐于弯孤。慨无谋于肉食,非所望于《论都》。未深思于五难,先自擅于二端。登阳城而避险,卧底柱而求安。既言多于忌刻,实志勇于刑残。但坐观于时变,本无情于急难。地为黑子,城犹弹丸。其怨则黩,其盟则寒。岂冤禽之能塞海,非愚叟之可移山。况以沴气朝浮,妖精夜殒。赤鸟则三朝夹日,苍云则七重围轸。亡吴之岁既穷,入郢之年斯尽。

周含郑怒,楚结秦冤。有南风之不竞,值西邻之责言。俄而梯冲乱舞,冀马云屯。栈秦车于畅毂,沓汉鼓于雷门。下陈仓而连弩,度临晋而横船。虽复楚有七泽,人称三户。箭不丽于六麋,雷无惊于九虎。辞洞庭兮落木,去涔阳兮极浦。炽火兮焚旗,贞风兮害蛊。乃使玉轴扬灰,龙文斫柱。下江馀城,长林故营。徒思箝马之秣,未见烧牛之兵。章曼支以毂走,宫之奇以族行。河无冰而马度,关未晓而鸡鸣。忠臣解骨,君子吞声,章华望祭之所,云梦伪游之地。荒谷缢于莫敖,冶父囚乎群帅。硎阱折拉,鹰鹯批攒。冤霜夏零,愤泉秋沸。城崩札妇之哭,竹染湘妃之泪。

水毒秦泾,山高赵陉。十里五里,长亭短亭。饥随蛰燕,暗逐流萤。秦中水黑,关上泥青。于时瓦解冰泮,风飞电散。浑然千里,淄、渑一乱。雪暗如沙,冰横似岸。逢赴洛之陆机,见离家之王粲。莫不闻陇水而掩泣,向关山而长叹。况复君在交河,妾在清波。石望夫而逾远,山望子而逾多。才人之忆代郡,公主之去清河。树阳亭有离别之赋,临江王有愁思之歌。别有飘摇武威,羁序死而思归。李陵之双凫永去,苏武之一雁空飞。

昔江陵之中否,乃金陵之祸始。虽借人之外力,实萧墙之内起。拨乱之主忽焉,中兴之宗不祀。伯兮叔兮,同见戮于犹子。荆山鹊飞而玉碎,随岸蛇生而珠死。鬼火乱于平林,殇魂惊于新市。梁故丰徙,楚实秦亡。不有所废,其何以昌。有妫之后,遂育于姜。输我神器,居为让王。天地之大德曰生,圣人之大宝曰位。用无赖之子孙,举江东而全弃。惜天下之一家,遭东南之反气。以鹑首而赐秦,天何为而此醉!

且夫天道回旋,民生预焉。余烈祖于西晋,始流播于东川。洎余身而七叶,又遭时而北迁。提挈老幼,关河累年。死生契阔,不可问天。况复零落将尽,灵光巍然。日穷于纪,岁将复始。逼切危虑,端忧暮齿。践长乐之神皋,望宣平之贵里。渭水贯于天门,骊山回于地市。幕府大将军之爱客,丞相平津侯之待士。见钟鼎于金、张,闻弦歌于许、史。岂知灞陵夜猎,犹是故时将军;咸阳布衣,非独思归王子。

大象初,以疾去职,卒。隋文帝深悼之,赠本官,加荆淮二州刺史。子立嗣。

【译文】

庾信,字子山,南阳新野(今河南新野)人。祖父庾易是南朝齐代的隐士。父亲庾肩吾,任过南朝梁朝散骑常侍、中书令。

庾信少年时代就长得英俊出众,聪明绝伦。他博览群书,特别精通《春秋左氏传》,身高八尺,腰带长十围,容貌举止恭顺,有超过凡人之处。起初,他任湘东(今湖南衡阳)国常侍,后转任安南府参军。当时,庾肩吾任梁太子中庶子,主持管记的工作,东海(今江苏东海沭阳涟水以东、淮水以北地区)人徐摛任左卫率,徐摛的儿子徐陵和庾信一齐任抄撰学士。父子在太子的宫室里,出入于皇宫禁地,深受恩宠礼遇的荣耀,无人可以相比。他们都极具才华,文采显得绮丽华艳,因此世称为"徐庾体"。当时,后辈们都竞相模仿学习,他们每有一篇文章问世,便在京城广为传诵。后来,庾信升任为尚书度支郎中、通直正员郎,又出任郢州别驾。接着又兼任通直散骑常侍,出使东魏。他的诗文和应酬的言辞广泛地为邺下(今河北临漳县境)人士所赞许。从东魏回梁朝后,他又出任东宫学士、建康令。

侯景反叛作乱时,梁朝简文帝命令庾信率领宫中文武官员一千多人扎营于朱雀航(在今江苏南京镇淮桥东)。及至侯景兵到,他因敌军众多而先行撤退。台城(今南京玄武湖边)沦陷后,庾信逃到江陵(今属湖北)。梁元帝继承王位,授予他御史中丞之职。元帝登基时,转授右卫将军,并封他为武康县侯,又加授散骑常侍,奉命出使西魏。适值西魏大军进攻南朝,他便留在长安(今陕西西安)。江陵陷落后,他在西魏任使持节、抚军将军、右金紫光禄大夫、大都督。继之,又被引荐为车骑大将军、仪同三司。

孝闵帝即位后,封庾信为临清县子,赐给五百户的封地;授予司水下大夫。他还离京任弘农郡太守。又升迁为骠骑大将军、开府仪同三司、司宪中大夫,提升爵位为义城县侯。不久,任洛州(今河南洛阳)刺史。庾信精通以往的典章制度,为政简约沉静,下属官吏和百姓很安定。当时,陈朝和北周和好交往,羁留在对方国家的人士都被允许返回故国。陈朝便请王褒、庾信等十几个人回去。高祖只放走王克、殷不害等人。庾信和王褒俩都被留下而不遣返。接着,庾信被征召为司宗中大夫。

周世宗、高祖都很爱好文学,庾信特别蒙受恩宠礼遇。乃至赵王、腾王几位王侯,对他更是多所应酬,款待备至,犹如百姓间的平等交往。众多王公的碑铭文志,多半拜托他撰写。只有诗人王褒和他不相上下,其余的文人就没有比得上他的了。

西魏加彩文、武官吏陶俑

庾信虽然官位显达,名望显赫,但仍然经常怀有思乡的深情。于是,创作了《哀江南赋》表达自己的这种情绪。赋是这样写的:

戊辰年(548)十月,窃国大盗侯景反叛篡国,京城金陵沦陷,国家土崩瓦解。我于是逃窜于荒山野谷。朝廷与百姓都陷于泥潭炭火之中。从江陵奉命出使西魏,羁留北方,不得南归。复兴梁朝的希望在甲戌之年(554)便彻底破灭了。国家灭亡,我在长安亭舍遥哭了三天,在异国别馆被囚禁了三年。天理本如岁星运行一样周而复始,但梁朝销亡却不再复兴。我如同傅燮,只以悲叹身世而无处可以求生;又像袁安,每每思念先朝,自然而然地涕流满面。从前,桓谭有志于事业,杜预一生好运,两人都有著述,都在书中作序叙平生志向。潘岳的诗篇,最早叙述家族的风尚;陆机的辞赋,大多陈说祖先的功德。我从中年开始,便遭到丧国的变乱,遥远地离开故国,流落他邦,直到如今已届晚年。吟咏着《燕歌》远别家国,悲伤得无法忍受。遇到了故国遗老,哭泣又有什么用处?本来想隐居避害,却忽然奉命出使而失节于西魏,本以谦让自守,便又不能如伯夷、叔齐以身殉义。漂泊在路旁的亭舍,寄身于异邦的篱下。唱唱怀乡的悲歌,不是取乐的办法;喝喝乏味的薄酒,没起忘忧的效果。如今,追写这篇辞赋,姑且用来记述一朝兴亡之事,其中虽不乏个人危难悲苦的词句,但还是以国家的悲哀为重。

年老岁残,乡关路远,这混乱多变的世道成了什么世界?冯异将军一旦离去,那大树自然凋零;荆轲壮士一去不返,寒风更加凄凉。蔺相如手持和氏璧斜视庭柱,为换回赵国十五城直面秦王的欺凌,终于完璧归赵;毛遂登上石阶,逼使楚王订立盟约,而我出使魏国,手捧珠盘,却未能使梁朝和西魏结盟。钟仪是楚国的君子,被俘而成了头戴南方楚帽的囚徒;季孙为国的使臣,被晋人拘留在西河的使馆里。申包胥为救楚国向秦王叩头,把头叩破;蔡威公因亡国哭干了眼泪,泪尽泣血。钓台的移柳,不是漂泊玉门关的游子所能望得见的;华亭的鹤鸣,岂是遭河桥之难的人所能听得着?

孙策用以三分天下的士卒,起初只有五百;项羽起兵所带的江东子弟,也只有八千之众。他们就这样割据山河,主宰天下。哪有过百万义军一时丢盔弃甲,一败涂地,以致敌军滥杀百姓如同割草伐木?长江、淮河起不了普通河岸阻挡敌兵的作用,军营壁垒还不如一道篱笆的牢固坚实。征税敛赋的各州官吏乘乱纠集起来,缔结盟约;出身卑微的人趁机窃取了国柄。莫非金陵的天子气数历经三百年理当完结了?由此可知,秦虽打败六国,吞并了天下,仍不能避免于轵道(今陕西西安东北)投降之灾,西晋虽统一了国家,也挽救不了国君于平阳(今山西临汾)丧身之祸。鸣呼!大山崩塌,萧梁已走上灭亡的命运,改朝换代,必然会有典午(晋朝)前朝的哀伤。上天的意旨,朝代的更迭,足以使人感到凄凉悲怆,伤心不已。更何况行船到了航道的尽头,天河不是乘木筏可以上去的;暴风阻拦了仙境之路,蓬莱没有可以到达之日。不得志的人要做赋表达心头哀曲,困顿的人要咏唱所做之事。陆机听到我的吟咏会拍手取笑,这是我心甘情愿的;张衡看到这篇辞赋定要加以鄙辱,这本来就是理所当然的事。

我出身于周朝掌庾大夫的世家,因世代功勋而成为官族。辅佐汉室治理国家,凭学识而居官受职。秉承嵩山、华山玉石的灵气,浸润着黄河、河水的波澜。迁居新野,背倚洛阳古都重新处世。城邑面临晏水,倒也优雅、安静。及至永嘉(307~313)年间,国事艰难多舛,国家失去主心骨,百姓苟延在断壁残垣之间,虎豹犲狼横行于道路之上。适逢中原五大姓南迁,三星聚会在东南,晋元帝迁都金陵,重建国家。我的八世祖也徙居江陵。他受封为遂昌侯而得到赐予的田产,侍奉天子而得到赐封的土地。铲锄茅草,住上了宋玉旧宅,穿路寻径,定居于江陵。

又适逢水、木运数相交接,山崩水竭,国家衰亡。但庾家属守忠直道义,家人多半保持了气节。以淳其深挚训示子孙,以鲜明的仁义忠烈侍奉君王。在新野,有为活着的人所立的祠庙,在河南,有古字撰写的碑碣。况且家祖是在大夫之才,隐士遁于深山的贤能。居处置于空旷的幽谷中,门前小巷滚动着轮子裹着落草的车子,前来接他出山。他像古人一样倚着大树高谈阔论,下笔洋洋洒洒。家父则承受祖上的美德,秉承臣子的忠贞。文才辞采超过藏书馆的文士,成为士人典范的美名盛传于漳水之滨。叹徒有世道,凤鸟不至,恨生不逢时,麒麟见害。奸贼忤逆,暗中加害,终不能使这仁义之人悦服。

如太子晋游伊、洛时的年龄,我也在十五岁时高中射策甲科。起先,在建礼门任尚书郎,满含芒名,接着,在太子门为东宫学士,羽翼正矫健。游说于皇太子的讲舍,雄辩于帝胄的座席。既如以蠡测天高,池塘水色清纯,洲渚正宜垂钓。在帅帐中以兵戎韬略侍奉君王,在宫廷里听文人的琴弦奏出雅乐歌曲。于是,走出困境,为官作宦,继而又进崇文观为春宫兵马兼任文武大臣。前呼后拥立于战事上执掌重兵,兵出兰池宫已拜授司马。与湘东王谈论军机,在北魏王面前显露了玉石的纯清。

当时,朝廷和民间都欢欣娱乐,高台深池掸钟鸣鼓。里巷冠盖如云,门庭尽是邹鲁大儒。在海陵兴建了连绵的花苑,在江边筑起了横塘大堤。国家的东门有神人鞭子抽打过的石横桥,南端有金铜铸成的巨柱。蜀、江、江陵辟园遍植万株橘树,渭川人家有千亩竹林堪称千户侯。西方礼赠浮玉,南方进贡珍贵的"没羽"宝剑。吴国的曲子,越国的歌吟,荆州的美女,楚国的舞蹈。世人的欢乐有如草木遇上阳春,蛟龙适逢风雨。五十年中间,江南一带安平无事。有如王歙那样和亲的王侯,如班超那样安定远邦的使臣。没有马武这样的人物提起兴兵之事,没有冯唐这样的人物谈论将帅韬略。哪里知道山岳黯然失色,江湖沸扬汹涌。渔阳有造反的北镇戍兵,离石有拥兵自重的都尉。

天子梁武帝正在删改诗书,制定礼乐。开设重云殿讲坛,建立士林学馆。奢谈大劫焚烧灰烬飘飞的原因,阔论恒星在夜空中消逝的缘故。守地没有鲁齿山(今河南宝丰东南)可以凭借,城防没有猛兽之角可以倚恃。刁斗躺臣在荥阳(今属河南兵库里),龙驹被拘律在平乐馆时。掌政的朱异视兵戎士戈如同儿戏。王公大臣以清谈作为定国安邦之方。乘坐用胶粘合的船只,用腐烂的绳索驾驭奔驰的壮马。于是,小民陷于水火之中,君子成了猿猴水鹤。坏了的箅子不能阻止盐池的咸,阿胶不能改变黄河的浑混。于是,鲂鱼有病,其尾变赤,城郊四野,营垒无数。江鸥在殿堂上亲昵,野雉在宫廷中鸣叫,湛卢宝剑离开了故国,艎皇名船沉落在水中。看见有披发的人在伊水祭奠,知道升平不足百年又有了兵灾!

那奸逆侯景气焰嚣张,反叛之心由来已久。其罪行,大则蚕食诸国,凶如鲸、鲵;小则残灭己类,恶如枭、獍。任它牛羊一般的蛮力,肆虐它啃食水草的野性。这不是四季的和气所能调剂,也非北斗魁四星所能校正。乘天下尊奉释教无为而作乱,还有野心企图控制四方。天子却还请他痛饮精醇美酒,又赏给虎豹之皮。如同在大夏国(今阿富汗北部一带)见到了胡杨树,在条支(在今底格里斯、幼发拉底两河之间)见到了鸟蛋。奸逆的豺狼牙齿密而厉,毒蛇之气暗中吹出。竟轻狂地举起九鼎,还侧耳窥视京都,妄图篡国称事。

开始,临川王萧宏之子(萧正德)引贼兵进入帝城,奸臣成了披甲戴盔的统兵之将。他先被奸逆侯景立为天子执政,马上又被降为侍中。于是,他密修书信、图求授兵,但又为贼兵截得,天机泄漏。奸逆侯景是觊觎廷尉之职的逃亡之囚,盘踞淮南造反的败兵我,如从狄泉(在今河南洛阳)飞起的苍鸟,如从横江(在今安徽和县东南)挣脱的困兽。于是,地上石鼓鸣叫,震撼山岳,天上太白行空,星宿移动。朝廷群龙吟鸣,东陵(在今湖北广济东北及黄梅境内)麒麟相斗。贼兵凶残狡诈,横行滥杀,侵凌天子住处。如将匈奴的狼烟候望之地移入京畿版图,把北庭的卢山搬至中原大地。贼兵青袍犹如绿草,白马好像系绳。天子梁武帝正月不能上朝,奸逆筑长围置酒宴乐。宫前两座高台横遭刀兵攻击,宏伟的宫殿大门饱受箭矢射击。晕圈包围着太阳,苍鹰击拍着殿堂。天子竟然招致了被囚夏台(在今河南禹县南)的灾祸,也终于看到了被囚尧城的变故。为官有责却没有勤王的人,空有盾斧却不能平定贼兵。王琳无陶侃的机遇,只好自沉米船,羊鸦仁无顾荣的善战,不能挥摇羽扇破敌。将军败退,台城被围,通路断绝。烽火随着星辰下落而熄灭,诏书随着纸鸢被射而飞落。于是,韩国割据,赵国分裂,成鼓倒卧,牙旗折断。战马失群嘶鸣,败兵轮辙混乱。猛士倚城自守,谋臣瞠目结舌。昆阳(今河南叶县)的战斗如同大象奔逃山林,常山(在今山西浑源县)的战阵好像长蛇逃回洞穴。据有五郡的王子们相向悲泣,拥有三州强兵的儿子也只好与父王遥遥诀别。

护军将军慷慨勤王,忠贞不屈,战死阵前。他祖孙三代都为将领,却在此战中灭绝。济阳(在今河南兰孝)的忠勇壮士身为末将,他们兄弟三人开城出战而死,同唱了一曲忠义之歌。天子蒙受耻辱,臣子忠贞而死。身体虽亡,英名永存。贼兵感其忠勇,归还遗体,三军怆然悲泣。都官尚书羊侃足智多谋,善于筹策,多方守城御敌。抵御了贼兵云梯攻城,又以地道挖陷了敌人临城而筑的土山。直如有坚壁固守的齐国将军,但他不幸病卒,失去了可以防护燕昌城的燕国军队。随之,台城沦陷,大势已去,这就是人所说的国家灭亡了!柳仲礼精神振奋,怒勇冲天,统帅前军,身先士卒与奸逆交战。头盔掉在邴城门,青塘败北,兵士陷入了马窟,他身负创伤,中气每每受抑,屡遭刮骨疼痛。以后他又降贼,以致功业短暂夭亡,身名两失。有时,贼兵如鸷鸟披上隼翼,狐狸假借虎威,滥杀无忌,刀刃箭矢满沾血渍,脂膏涂地,横尸原野。我兵转弱,贼兵变强。义军绕宇孤城,士气低落,听到鹤叫而心惊胆寒,听到贼兵胡笳声响而伤心落泪。如太史慈在神亭(在今江苏丹阳)拒敌失掉手戟而被执,似孙策渡过横江击敌中箭弃马而还。如秦军崩溃于钜鹿(今河北平乡)的沙丘台,如赵军覆灭于长平。就这样,桂林(在今江苏南京北面)苑圃荒鞠倾覆,长洲(今江苏吴县西南)麋鹿漫游,溃溃然江河沸腾,茫茫然宇宙混浊。天地横遭分离阻隔,神与人都犯恨惨毒残酷。之后,诸王如晋国与郑国不能互相依存,鲁国与卫国互不和睦。其竞相杀戮震动了主边事的天官星,其争城夺地如同地轴回旋。梁武帝受饥困,如赵武灵王寻食雏鸟而难饱,又如楚成王求食熊掌,岂能得到?饿死后,被奸逆以轻车简葬于城门外。梁简文帝被杀,如齐王被抽筋,悬挂在庙屋上。人鬼同谋灭亡曹国。我因此逃奔江陵,乞求援救。

于是,我诈称传御旨而蒙混出关隘,假称使臣身份应付盘查。遭受了伍子胥过鄂坂时的讥讽嫌疑和关卡的征税。乘着疲惫的白马艰难跋涉,又改策青骡而辗转前行。扁舟像风中落叶一样漂荡,驾长风逆江而上。那贼兵张牙舞爪,沿江乘胜奔袭,摆开青龙大阵，驾驶飞燕楼船。义师则如合肥之战中的张辽一样勇猛陷阵，如率水军从巴丘下东南的王浚一样势不可挡。贼兵逆风烧火而自焚，又受箭伤而回船败退。还不如中箭落水的黄盖，却如溺死水中的杜侯。我收账于黄鹤矶（在今湖北武汉蛇山），藏船在鹦鹉洲（在今湖北武汉江中）。路已行至湘水和汉水境界，却仍抬头遥望吴地分野的斗星和牵牛星。我如项羽陷于阴陵沼泽（在今安徽定远西北），走投无路，在樊山钓台（在今湖北北武昌西北）上痛抒忧闷。远望赤岸涕泪沾衣。舟停乌江（在今安徽和县东北四十里）无心过渡。沿江望去，雷池（在今安徽望江南）成了筑栅的水浦，鹊陵成了焚后的军营。旅途中杳无人影，难以投宿，飞禽无树可以筑巢。我以为幸而荆州、衡阳有明君良才，江陵、汉水足以倚靠。从淮海扬州启程，溯江而上，走了三千余里。像韩信一样路过漂衣的小洲向漂母乞食，像伍员藏身芦苇，由渔夫渡江出逃。身临湖泊，十死一生。嗟叹还未报答皇恩，明白深忧还正当开始。本来够上不励行邦国之道，也无意任官食禄。梁元帝却让我错误地掌握右卫将军之职，不适当地充任御史中丞。

我类似生长于龙门（在今陕西韩城），与父亲诀别于黄河、洛水之间的司马迁，尊奉父亲立身扬名的遗训和著论传世的嘱托。过去，许多世代都无愧于公卿大名。如今，传到自己却开始衰落。思先父，风雨中泣颂曾子《梁山》之曲，只悲叹父母都衔索的枯鱼，都难久留于世。避猜忌，我绕进曲折不平的小路，躲藏于野草丛生的空门里。如屈原戴上汀州的香草，如诸葛恪穿芦苇做的单衣而待死。

此时，梁元帝驰檄讨贼，义军锐不可当，如西楚霸王剑抵城门。众兵激战于书库，校尉争斗于殿堂。苍鹰船，赤誓舟，铁船舫，牙帆柱，声威赫赫。义军歃血结成白马之盟，典龙负舟速下江东破贼。兵船迎海潮飞驰，江萍助王师成行。兵马军车进驻石头城（在今江苏南京），戈船水军乘潮涌入淮水、泗水。义军挺进，如诸侯有郑伯为前驱，盟主晋国的荀萦在傍晚抵达。攻入敌巢，如以火熏穴，贼犹如魑魅，四散窜逃。奸逆侯景被斩，如长狄被埋于驹门，蚩尤被斩于中冀。其腹被作为灯火点燃。其头被作为饮酒器具。至此，白虹贯于军营，流星坠入大地。过去虎踞龙盘，黄旗紫气的金陵帝都，任凭狐兔筑窟结穴，随着风尘而王气销尽。

向西观瞻博望苑，向北进入玄辅园。有吟赏风月的台榭，波平如镜的池塘，苍劲参天的古树。可在玉女窗扉下放下弓弩，在凤凰楼柱上系马逗留。仁寿殿前空自悬挂着铜镜，茂陵里的经书也白白放置。至于简文帝，功德主行，堪称不配，确乎明智贤能，谨敬谅直，藻辞深于言表，道行高于精通《老子经》的河上公。却不能如太子晋遇浮丘公而上嵩山，也不能像他那样先把后事告知师旷。只能像魏武临死那样，将爱子托付于人。哪知道他死后又有谁能探望他的西陵坟地？当时并非没有北阙的内应之兵，只是还有兵器精良的贼兵防守。司徒王僧辩表里都是济世经纶，如晋国的狐偃一心一意地勤王。敢于横执刻镂之戈向霸主挑战，手持金鞭斥责奸逆。平定吴地的功绩比杜元凯还壮伟。王室对他的依赖，比温太真还深重。开始，以保全气节而取地为名全节，最终，以死于柱人山的比干之名而著称。他功成被杀，如南阳宰文重，悔之不及，如上蔡游猎的李斯，知之已晚！曾镇守北方的邵陵王空负威名，兵败不前。其为人骄躁、暴虐，如秦始皇箭射水神，鞭击山灵。因此，神灵不佑，蛰熊啮伤坐骑，浮蛟翻倒兵船。梁武帝终如高阳氏，虽有八子效命，终因史弟猜忌，国破家亡，不能有百年基业。

中兴之主梁元帝平定了侯景的叛乱,洗雪了父兄百姓的冤耻。由湘东王砂接帝业,在江陵登基,如汉文帝被迎于代邸、帝尧在唐郊受禅。但却不能如光武帝任司隶时那样改变旧制,也不能恢复以往的正始之音。多猜忌而骄矜随意,嫉贤才而自以为是。国家大事因此完结,诸侯人心浮动。接着,与北齐绝交,遭西魏入侵之患。何况如西楚霸王离开关中想回楚地一样,他居江陵而不思返建邺;也不想如太伯以周礼开拓吴国那样,重返吴地。复用任约等侯景旧党去败自己的骨肉兄弟,如驱使绿林的散兵游勇去抗击在骊山(在今陕西临潼东南)造反的叛军。驻军于溠水,阅兵于巴渝。有事求问邪恶的鬼怪,乞灵于用迷信方法消灾除邪的巫术。杀武陵王于荆门(在今湖北宜都西北),如郑庄公追杀亲弟王廪延;使邵陵王死于夏首(在今湖北沙市东南),如咸季以弟害兄。无视骨肉之亲理当相受,残忍地以弯弓取代和乐。令人愤慨的是,当权者既无谋无略,又不能如天下所盼望的回旧都建邺。不能将立国之难深思熟虑,又自以为精通于文武二端。定都江陵,如登上阳城想逃避风险,倚卧砥柱想求得安宁。为人言谈多所猜忌,残忍更呈淫威。坐观时变,本性无情,不顾兄弟的急难。所拥有的狭小地方如同脸面上的黑闺,所据有的城池也只有弹丸一般大小。内外积怨甚深,兄弟之谊,国家之盟又都瓦解。冤禽精卫怎能填海,北山愚公哪能移山。何况灾象白天出现,妖气夜里降临,赤乌夹日而飞三日,青云围轸七重。元帝气数将尽,如同吴国灭亡的日子已经临近,兵入郢州的时间也已经到来。

如周和郑互相怨恨,秦和楚结下冤仇那样,梁元帝杀兄害弟,与梁王结怨隙,使西魏有机可乘。如南风不劲,楚师无功,西邻责问,嫁女不宜那样,梁朝必败了。继而,西魏入侵,云梯横冲乱舞在城头,冀马如云屯集,大小兵车咸陈,擂鼓响彻四方。如诸葛亮兵围陈仓使用连弩之箭,如韩信袭击安邑而横陈战船佯攻临晋。虽楚地有许多湖泊可以陷贼,三户人家就以亡秦,便如乐伯射麋只中其一,梁朝无力御敌。未能如光武帝摧九虎之军,雷震四海。此时,我已告别落叶纷纷的洞庭湖,离开了溽阳尽处的浦口,身在长安。烈火焚旗,其师必败,贞风吹送,君王受擒。于是,魏军烧栅,梁元帝焚烧书画,龙文宝剑折于石柱。

魏兵入侵下江,攻陷长林。可惜只白想着养肥可供上阵的战马,见不到可摆火牛阵的军队。见国家将倾覆,士大夫纷纷出走,如章曼支驾毂而逃,宫之奇率族出走,如光武帝骑马涉水渡河,太子丹学鸡鸣,天未亮逃出潼关。忠臣以身殉国,君子饮恨吞声。梁朝既败,魏兵肆意屠戮,章华、云梦诸地成了楚人祭亡、遭拎的所在。文武大臣不死则囚,如莫敖自缢于荒谷,群帅被办于冶父(在今湖北江陵东南),群儒被害于坑井。如鹰隼追逐乌鸦,冤气使夏日凝霜,怨恨使秋泉沸腾,杞妇哭夫,使城墙崩塌,湘妃血泪,染得竹纹斑斑。

江陵百姓被掳往西魏,历尽跋涉之苦。水土不服,山高路远,如泾水施毒,井径险峻。十里一长亭,五里一短亭,道路迢遥。饿了寻找冬天蛰藏的燕子充饥,天黑追随萤火的微光行路。路过秦中黑水河,关中青泥城。那时,骨肉分离,冰消瓦解,风飞电散。既沦为奴,不分贵贱贤愚,混合一起,千里流亡,如淄水、渑水水味不同却相混合。白雪纷扬如寒沙,冰柱横凝似玉岩,遇到被俘的人,如适被征往洛阳的陆机,远离家乡的王粲。无不听到陇水声而掩面哭泣,无不望见关山无边而哀叹。何况夫君在西城交河(在今新疆吐鲁番西北雅尔和屯),妻子在河南清波(在今河南新蔡县西南)。岩上望夫更是遥不可及,山上望子愈增愁苦。贵妇人受尽凌辱,宫中妃子在追思邯郸生活,清河公主被卖为奴。栩阳亭侯写下了抒发离愁别恨的辞赋,临江王吟哦排遣愁思的诗歌。尚还有像我这样的人,漂泊在武威(今属甘肃),寄居于金微(今新疆北部、蒙古境内的阿尔泰山),回归无望。班超活着表达尸骨还乡的愿望。如李陵笔下的双凫永远北飞,苏武空放了寄书的大雁。

以往西魏克江陵,成为陈朝受禅金陵之祸的发端。虽然是借助外人之力,实际上是内部潜在的祸害。平定侯景之乱的梁元帝遭受杀戮,这位启中兴之业的人无人祭祀。其长子、幼子同时被其侄子梁王萧詧所杀。乌鹊飞而荆山玉璧碎,大蛇生而随侯大珠死。臣民死伤无数。鬼火乱舞于平林(在今湖北京山东北)。梁朝的灭亡是因为从建邺迁都江陵,荆楚梁元帝的覆灭是因为西魏的入侵。梁朝不灭,西魏怎能昌盛,陈武帝哪能篡位?陈武帝这个有妫氏的后代,借助姜氏齐国而繁衍,篡夺梁朝的王位,受禅为帝。天地间最好的德行是使百姓安生,圣人最器重的是帝王的宝座。出现陈霸先这样的不肖子孙,江东大地全为他所占据。可惜萧梁一家的天下,被东南的叛逆所葬送。襄阳形胜之地为西魏所占有,梁朝的天下怎不灭亡!

那往复的天道,预示着民间的生生不息。我的八世祖烈烈有为,举家迁居江陵,到我历经七代,又碰到时局变幻而北迁长安。扶老携幼,寄居关中又经多年,生死艰辛,苍天也难以言喻。何况家世败落,家业将尽,尚有巍巍灵光,唯已独存。一年将尽,岁将复始。忧心如焚,年老更甚。走在长乐宫这神武城门,望着宣平里高贵府邸,渭水流贯天门,骊山蜿蜒在地市。幕府大将军对客人款待备至,丞相平津侯礼贤待士,得与贵戚交游,如在金氏、张氏府上观赏钟鼎古器,在许氏、史氏家中听奏弦歌。有谁知道,在灞陵(故址在今陕西西安东)夜猎的还是梁朝旧时的右卫将军,咸阳(在今陕西西安)百姓中盼望故乡的决非只有昔时梁朝的皇家贵胄!

大象初年,庾信因病离职,后病逝。隋文帝深切悼念他,赠予原来的官职,追认为荆州、淮州刺史。他的儿子庾立为继嗣。

宗懔传

【题解】

宗懔,字元懔,南阳涅阳(今河南省邓州市东北)人,世居江陵(今湖北省江陵市)。生于南朝齐永泰至中兴年间(公元498～502年),卒于北周保定年间(公元561～565年)。宗懔少年好学,乡里人都称他为"童子学士"。后官至荆州别驾。梁元帝萧绎于江陵即帝位后,任他为尚书郎,累升至吏部尚书。梁承圣三年(公元554年),江陵被西魏军攻陷,宗懔也被掳北去。他著有《荆楚岁时记》一卷,至隋为杜公瞻所注释,记述了荆楚之地的乡土风俗。原书久佚,今有明人辑本,仅存数十节。近人陈运溶又别有辑本,刻入《麓山精舍丛书》。

【原文】

宗懔字元懔，南阳涅阳人也。八世祖承，永嘉之乱，讨陈敏有功，封柴桑县侯，除宜都郡守。寻卒官，子孙因居江陵。父高之，梁山阴令。

懔少聪敏，好读书，昼夜不倦。语辄引古事，乡里呼为小儿学士。梁普通六年，举秀才，以不及二宫元会，例不对策。及梁元帝镇荆州，谓长史刘之遴曰："贵乡多士，为举一有意少年。"之遴以懔应命。即日引见，令兼记室。尝夕被召宿省，使制《龙川庙碑》，一夜便就，诘朝呈上。梁元帝叹美之。及移镇江州，以懔为刑狱参军，兼掌书记。历临汝、建成、广晋三县令。遭母忧去职。哭辄呕血，两旬之内，绝而复苏者三。每有群乌数千，集于庐舍，候哭而来，哭止而去。时论称之，以为孝感所致。

梁元帝重牧荆州，以懔为别驾、江陵令。及帝即位，擢为尚书侍郎。又手诏曰："昔扶柳开国，止曰故人，西乡胙土，本由宾客。况事涉勋庸，而无爵赏？尚书侍郎宗懔，亟有帷幄之谋，诚深股肱之寄。从我于迈，多历岁时。可封信安县侯，邑一千户。"累迁吏部郎中、五兵尚书、吏部尚书。初侯景平后，梁元帝议还建业，唯懔劝都渚宫，以其乡里在荆州故也。

及江陵平，与王褒等入关。太祖以懔名重南土，甚礼之。孝闵帝践阼，拜车骑大将军、仪同三司。世宗即位，又与王褒等在麟趾殿刊定群书。数蒙宴赐。保定中卒，年六十四。有集二十卷，行于世。

【译文】

宗懔，字元懔，本为南阳涅阳人。宗懔的八世祖宗承，因在西晋永嘉之乱时讨伐陈敏有功，被赐封为柴桑县侯，并任命为宜都郡守，但是不久即在任职期间去世了。从此以后，他的子孙后代也就在江陵定居了下来。宗懔的父亲宗高之，在南朝梁时做过山阴令。

宗懔少年时代就很聪明勤勉，喜爱读书，日夜苦读，从不知疲倦。他开口讲话就引经据典，乡里人都称他为童子学士。梁普通六年，宗懔被荐举应试秀才，因为赶不上皇帝和太子在元旦朝见群臣的仪式，所以考试全部被取消了。梁元帝萧绎在镇守荆州的时候，曾对长史刘之遴说："贵乡有很多品学兼优的饱学之士，请代为推举一位有作为的少年。"于是，刘之遴应命向萧绎推荐了宗懔。当天，刘之遴即将宗懔介绍给萧绎，萧绎让他兼作记室。曾经有一天的傍晚，宗懔被召留在官署，萧绎让他撰写《龙川庙碑》，宗懔只一夜就写成了，第二天早晨呈给萧绎。元帝萧绎十分叹服，赞美他的才能。到萧绎转而镇守江州的时候，宗懔被任命为刑狱参军，兼作掌书记。而后，他又先后担任了临汝、建成和广晋三县的县令。后来，他的母亲不幸去世，宗懔辞去官职，回家守丧。他悲痛欲绝，总是伤心地哭到吐血为止。两旬之内，宗懔哭死过去又苏醒过来，如此这般地反复了三次。当他悲泣痛苦的时候，总有数千只乌鸦落在他家的屋顶上，每次都是等到他哭泣的时候飞来，哭声停止后又飞走。当时的舆论都称颂此事，认为这是宗懔的孝心感动了上天的结果。

梁元帝萧绎重新统治荆州后，任宗懔为别驾、江陵令。到元帝即位称帝时，宗懔又被升为尚书侍郎。后来，梁元帝在亲手撰写的诏书中写道："昔日在扶柳之地创建国家的时候,受到封赏的人只有故旧朋友,西乡这片帝王用以赐封功臣、酬劳勋绩的土地,原本也由宾客来享用。何况事情涉及有功的人,怎么能反而不赐爵封赏呢?尚书侍郎宗懔,屡屡表现出其运筹帷幄的谋略,确实深有辅佐之才。他跟随我一直到老,经历了无数的岁月。可以封他为信安县侯,赐一千户的封地作为他的食邑。"此后,宗懔被连续晋升为吏部郎中、五兵尚书和吏部尚书。当年,侯景之乱被平定后,梁元帝与群臣商议返回建业。多数人都希望在那里定都,只有宗懔一人出面劝谏元帝定都渚宫,因为他的家乡在荆州的缘故。

到西魏军平破江陵之后,宗懔与王褒等人被虏,西入函谷关,到了西魏国都长安。太祖宇文泰因宗懔在南方享有盛名,给予他很高的礼遇。北周孝闵帝宇文觉废魏帝登基称帝后,封宗懔为车骑大将军、仪同三司。世宗明帝宇文毓即位,又令宗懔与王褒等人在麟趾殿刊定群书。他还多次蒙受世宗的宴请。北周保定年间,宗懔去世,享年六十四岁。他的著作曾被编定成集,共二十卷,流传于世。

姚僧垣传

【题解】

姚僧垣(公元499~583年),字法卫,吴兴武康(今浙江德清)人。南北朝北周医家。自幼博识见广。梁武帝时召入宫中面试,姚僧垣对答如流,武帝对他的出众才学甚感惊奇。中大通六年(公元534),姚僧垣初入仕途,出任临川嗣王国左常待,以后历任数职。大同九年(公元543),为殿中医师。不久又调任太医正。

梁武帝因发热欲服大黄,僧垣认为大黄系迅猛之药,皇帝年迈不宜使用,武帝未听从他的建议而使病情恶化成危急病症。梁元帝曾患心腹疾病,遂召诸多医生讨论治疗方药,众人一致认为圣上最为尊贵,不可轻易施用攻克之法,宜平和缓缓宣通。姚增垣说:"脉洪而实,这是有积食,必须用大黄,否则无法治愈。"元帝采纳他的意见,服下汤药后果然泻下积食而疾愈。梁元帝愈后甚为高兴,赐予重赏。他还先后治愈金州刺史伊娄穆腰部紧束沉重、两脚伸展不利之症;大将军、襄乐公贺兰隆的气疾与水肿病;大将军、乐乎公窦集的风疾。建德四年(公元575年),高祖挂帅讨伐北齐,在河阴患病,口不能言,眼睑下垂不能视物,一脚短缩,不能行走。姚僧垣用他精湛的医术,使高祖逐步康复。此后姚增垣倍受重用,治愈的病人数不胜数,故而声望颇高,远近闻名,以至边远外域的病人都来求医。姚僧垣曾著《集验方》十二卷,此书系姚氏将一生搜集的奇方验方,经临床反复验证后筛选整理编辑而成。它体现了姚僧垣的治疗经验。可惜此书现已佚失,部分佚文尚可在《外台秘要》《医心方》等医籍中见到。另外,他还撰写了《行记》三卷。姚僧垣的儿子姚最继承父业,亦以医药知名。

【原文】

姚僧垣字法卫,吴兴武康人,吴太常信之八世孙也。曾祖郢,宋员外散骑常侍、五城侯。父菩提，梁高平令。尝婴疾历年，乃留心医药。梁武帝性又好之，每召菩提讨论方术，言多会意，由是颇礼之。

僧垣幼通洽，居丧尽礼。年二十四，即传家业。梁武帝召入禁中，面加讨试。僧垣酬对无滞。梁武帝甚奇之。大通六年，解褐临川嗣王国左常侍。大同五年，除骠骑庐陵王府田曹参军。九年，还领殿中医师。时武陵王所生葛修华，宿患积时，方术莫效。梁武帝乃令僧垣视之。还，具说其状，并记增损时候。梁武帝叹曰："卿用意绵密，乃至于此，以此侯疾，何疾可逃。朕常以前代名人，多好此术，是以每恒留情，颇识治体。今闻卿说，益开人意。"十一年，转领太医正，加文德主帅、直阁将军。梁武帝尝因发热，欲服大黄。僧垣曰："大黄乃是快药。然至尊年高，不宜轻用。"帝弗从，遂至危笃。梁简文帝在东宫，甚礼之。四时伏腊，每有赏赐。太清元年，转镇西湘东王府中记室参军。僧垣少好文史，不留意于章句。时商略今古，则为学者所称。

及侯景围建业，僧垣乃弃妻子赴难。梁武帝嘉之，授戎昭将军、湘东王府记室参军。及宫城陷，百官逃散。僧垣假道归，至吴兴，谒郡守张嵊。嵊见僧垣流涕曰："吾过荷朝恩，今报之以死。君是此邦大族，又朝廷旧臣。今日得君，吾事辨矣。"俄而景兵大至，攻战累日，郡城遂陷。增垣窜避久之，乃被拘执。景将侯子鉴素闻其名，深相器遇，因此获免。及梁简文嗣位，僧垣还建业，以本官兼中书舍人。子鉴寻镇广陵，僧垣又随至江北。

梁元帝平侯景，召僧垣赴荆州，改授晋安王府咨议。其时虽克平大乱，而任用非才，朝政混淆，无复纲纪。僧垣每深忧之。谓故人曰："吾观此形势，祸败不久。今时上策，莫若近关。"闻者皆掩口窃笑。梁元帝尝有心腹疾，乃召诸医议治疗之方。咸谓至尊至贵，不可轻脱，宜用平药，可渐宣通。僧垣曰："脉洪而实，此有宿食。非用大黄，必无差理。"梁元帝从之，进汤讫，果下宿食，因而疾愈。梁元帝大喜。时初铸钱，一当十，乃赐钱十万，实百万也。

及大军克荆州，僧垣犹侍梁元帝，不离左右。为军人所止，方泣涕而去。寻而中山公护使人求僧垣。僧垣至其营。复为燕公于谨所召，大相礼接。太祖又遣使驰驿征僧垣，谨固留不遣。谓使人曰："吾年时衰暮，疹疾婴沉。今得此人，望与之偕老。"太祖以谨勋德隆重，乃止焉。明年，随谨至长安。武成元年，授小畿伯下大夫。

金州刺史伊娄穆以疾还京，请僧垣省疾。乃云："自腰至脐，似有三缚，两脚缓纵，不复自持。"僧垣为诊脉，处汤三剂。穆初服一剂，上缚即解；次服一剂，中缚复解；又服一剂，三缚悉除。而两脚疼痹，犹自挛弱。更为合散一剂，稍得屈申。僧垣曰："终待霜降，此患当愈。"及至九月，遂能起行。

大将军、襄乐公贺兰隆先有气疾，加以水肿，喘息奔急，坐卧不安。或有功其服决命大散者，其家疑未能决，乃问僧垣。僧垣曰："意谓此患不与大散相当。若欲自服，不烦赐问。"因而委去。其子殷勤拜请曰："多时抑屈，今日始来。竟不可治，意实未尽。"僧垣知其可差，即为处方，劝使急服。便即气通，更服一剂，诸患悉愈。

天和元年，加授车骑大将军、仪同三司。大将军、乐平公窦集暴感风疾，精神瞀乱，无所觉知。诸医先视者，皆云已不可救。僧垣后至，曰："困则困矣，终当不死。若专以见付，相为治之。"其家忻然，请受方术。僧垣为合汤散，所患即瘳。大将军永、世公叱伏列椿苦利积时，而不废朝谒。燕公谨尝问僧垣曰："乐平、永世俱有痼疾，若如仆意，永世差轻。"对曰:"夫患有深浅,时有克杀。乐平虽困,终当保全。永世虽轻,必不免死。"谨曰:"君言必死,当在何时?"对曰:"不出四月。"果如其言,谨叹异之。六年,迁遂伯中大夫。

建德三年,文宣太后寝疾,医巫杂说,各有异同。高祖御内殿,引僧垣同坐,曰:"太后患势不轻,诸医并云无虑。朕人子之情,可以意得。君臣之义,言在无隐。公为何如?"对曰:"臣无听声视色之妙,特以经事已多,准之常人,窃以忧惧。"帝泣曰:"公既决之矣,知复何言!"寻而太后崩。其后复因召见,帝问僧垣曰:"姚公为仪同几年?"对曰:"臣忝荷朝恩,于兹九载。"帝曰:"勤劳有日,朝命宜隆。"乃授骠骑大将军、开府仪同三司。又敕曰:"公年过县车,可停朝谒。若非别敕,不劳入见。"

四年,高祖亲戎东讨,至河阴遇疾。口不能言;睑垂覆目,不复瞻视;一足短缩,又不得行。僧垣以为诸藏俱病,不可并治。军中之要,莫先于语。乃处方进药,帝遂得言。次又治目,目疾便愈。末乃治足,足疾亦瘳。比至华州,帝已痊复。即除华州刺史,仍诏随入京,不令在镇。宣政元年,表请致仕,优诏许之。是岁,高祖行幸云阳,遂寝疾。乃诏僧垣赴行在所。内史柳昂私问曰:"至尊贬膳日久,脉候何如?"对曰:"天子上应天心,或当非愚所及。若凡庶如此,万无一全。"寻而帝崩。

宣帝初在东宫,常苦心痛。乃令僧垣治之,其疾即愈。帝甚悦。及即位,恩礼弥隆。常从容谓僧垣曰:"常闻先帝呼公为姚公,有之乎?"对曰:"臣曲荷殊私,实如圣旨。"帝曰:"此是尚齿之辞,非为贵爵之号。朕当为公建国开家,为子孙永业。"乃封长寿县公,邑一千户。册命之日,又赐以金带及衣服等。

大象二年,除太医下大夫。帝寻有疾,至于大渐。僧垣宿直侍。帝谓隋公曰:"今日性命,唯委此人。"僧垣知帝诊候危殆,必不全济。乃对曰:"臣荷恩既重,思在效力。但恐庸短不逮,敢不尽心。"帝颔之。及静帝嗣位,迁上开府仪同大将军。隋开皇初,进爵北绛郡公。三年卒,时年八十五。遗诫衣白帢入棺,朝服勿敛。灵上唯置香奁,每日设清水而已。赠本官,加荆、湖二州刺史。

僧垣医术高妙,为当世所推。前后效验,不可胜记。声誉既盛,远闻边服。至于诸蕃处域,咸请托之。僧垣乃搜采奇异,参校征效者,为《集验方》十二卷,又撰《行记》三卷,行于世。长子察在江南。

次子最,字士会,幼而聪敏,及长,博通经史,尤好著述。年十九,随僧垣入关。世宗盛聚学徒,校书于麟趾殿,最亦预为学士。俄授齐王宪府水曹参军,掌记室事。特为宪所礼接,赏赐隆厚。宣帝嗣位,宪以嫌疑被诛。隋文帝作相,追复官爵。最以陪游积岁,恩顾过隆,乃录宪功绩为传,送上史局。

最幼在江左,迄于入关,未习医术。天和中,齐王宪奏高祖,遣最习之。宪又谓最曰:"尔博学高才,何如王褒、庾信。王、庾名重两国,吾视之蔑如。接待资给,非尔家比也。尔宜深识此意,勿不存心。且天子有敕,弥须勉励。"最于是始受家业。十许年中,略尽其妙。每有人造请,效验甚多。隋文帝践极,除太子门大夫。以父忧去官,哀毁骨立。既免丧,袭爵北绛郡公,复为太子门大夫。

俄转蜀王秀友。秀镇益州,迁秀府司马。及平陈,察至。最自以非嫡,让封于察,隋文帝许之。秀后阴有异谋,隋文帝令公卿穷治其事。开府庆整、郝伟等并推过于秀。最独曰:"凡有不法,皆最所为,王实不知也。"榜讯数百,卒无异辞。最竟坐诛。时年六十

【译文】

姚僧垣,字法卫,吴兴武康人,系三国时期吴太常卿信的八世孙。曾祖父名郢,为刘宋朝之员外散骑常侍、五城侯。父亲菩提,任梁高平县令。他曾为疾病缠扰数年,遂留心医药。梁武帝性好医学,每每召菩提讨论医术,言语每多共识,由此梁武帝颇为尊敬他。

僧垣幼时博识见广,居家服丧尽守孝礼。二十四岁即继承家业。梁武帝召他入宫面试,僧垣对答流畅无误,梁武帝甚为惊奇。中大通六年(公元534年),他入仕任临川嗣王国左常侍。大同五年(公元539年),任骠骑庐陵王庙田曹参军。大同九年(公元543年),还(一作追)领授殿中医师。那时武陵王所生的葛修华患病很久,采用许多治法均不见效。梁武帝便命僧垣诊治。僧垣回来后,向皇上陈述患者的病状,对病情变化症状增减俱记忆清晰。梁武帝感叹说:“您用心细致缜密已经到这种程度,凭这种态度和医术诊治疾病,还有什么病可能逃脱掉呢? 我常因前代有名人士多好医术,所以每每留意医学,颇识一些治病的道理。今听您一番论说,更是开阔眼界。”十一年(公元545),姚僧垣调任太医正,并加官文德主帅、直阁将军。梁武帝曾因发热,欲服大黄。僧垣劝他:“大黄系迅猛之药,然您年事已高,不宜轻意使用。”武帝未从僧垣之见,导致病症加重而危。梁简文帝在东宫时,待姚僧垣甚为尊重,一年四季常予以赏赐。太清元年(公元547),调任镇西湘东王府中记室参军。僧垣青年时爱好文学历史,对章句学兴趣不大。他时常与人论古说今,便为当时学者所称道。

侯景围困建业时,姚僧垣丢下妻子儿女去赴国难。梁武帝因而嘉奖他,授任他戎昭将军、湘东王府记室参军。后来宫城失陷,众官员逃离失散。僧垣辗转回到吴兴,拜见吴兴太守张嵊。张嵊见僧垣流着泪说:“我承受朝廷的恩泽太多,现以死报答。您是此地大家族,又系朝廷旧臣。今日得以相见,我的事可以办了。”不一会儿侯景兵马均至,攻战数天,郡城陷落。僧垣逃窜躲避许久,最终才被拘捕。侯景将领侯子鉴久闻僧垣大名,对他深为器重,姚僧垣因此而释放。待梁简文帝继位,僧垣返回建业,继任原职并兼中书舍人。不久侯子鉴镇守广陵,姚僧垣又随他去了江北。

梁元帝平定侯景,召僧垣赴荆州,改授他为晋安王府咨议。当时大乱虽已平息,然用人不凭借才学,朝政混乱没有纲纪。僧垣深为忧虑,对旧友说:“我看这样的形势,灾祸很快就会出现。当今上策,不如闭关。”旁人听他的话无不私下取笑他。梁元帝患心腹疾病,遂召众医生商议治疗方案。大家齐言皇上最为尊贵,不可轻意施用攻脱之剂,宜以平和药物,渐渐宣通。僧垣谓:“脉洪而实,这是有积食,必须用大黄,否则无法治愈。”元帝顺从他的意见,服汤药后果然泻下宿食而病愈。梁元帝因此甚为欣喜,赏他银钱十万。当时刚开始铸钱,以一可以当十,所以十万实则百万。

当西魏军攻克荆州,姚僧垣仍不离左右侍奉梁元帝。为军人阻止,他才流着泪离去。不久中山公护派人寻求僧垣,僧垣来到他的兵营,又被燕公于谨召去,并受到隆重的接待。太祖也派遣使者四处征求僧垣,于谨坚持留住僧垣不放,对使者说:“我年纪衰老,重病缠身,今遇见此人,望能与他共度晚年。”太祖念谨功高德重,就作罢。次年,姚僧垣随从于谨到长安。武成元年(公元559),授官小畿伯下大夫。

金州刺史伊娄穆因病返回京城，请僧垣看病。他说："从腰至脐如有三道绳索缠束，两脚缓纵拘挛，不能自持。"僧垣为其诊脉，开汤药三剂。穆初服一剂，感觉上端束缚解除；再服一剂，中间束缚消失；又服一剂，三道束缚全无。但两脚疼痹，且屈伸无力。僧垣再予散药一剂，两脚稍能屈伸。僧垣说："最终要待霜降，此病将愈。"到九月，伊娄穆便能起步行走。

大将军、襄乐公贺兰隆先患气疾，复加水肿，喘息奔急，坐卧不安。有人劝他服决命大散，他的家人因有疑问未能决断，便询问僧垣。僧垣说："我认为此病与决命大散并不对症。如果你要自行服用，就必不麻烦来问我。"说完就要离去。贺兰隆的儿子殷勤拜请说："久闻您的大名，今日才来，疾病竟然已不可治。我们的歉意实在无法表达。"僧垣知道此病可以治好，即为其开处方，劝他尽快服用。服后气通疾除，再开一剂，所有不适全都消失。

天和元年（公元566），姚僧垣加授车骑大将军、仪同三司等官职。大将军、乐平公窦集忽然患风疾，精神错乱，对任何事情无所知觉。先为他治病的医生皆断言不可救治。僧垣后至说："困难是确实困难，但最终不至于死。如果专门让我治，我将为他治病。"他的家人欣然从命，请他予以施治。僧垣为他调制汤散，所患即瘥。大将军、永世公叱伏列椿苦于痢疾已很长时间，仍坚持上朝。燕公谨曾询问僧垣："乐平、永世二人均有难以治愈的疾病，依我看来，永世的病比较轻些。"僧垣回答："疾病有深浅，正气与邪气之间时常相克相杀。乐平公虽然病重，最终可以治愈。永世公所病虽轻，但必定不免一死。"谨又说："您预见他必死，将于何时！"僧垣答："不会超过四个月。"后果然如僧垣所说，谨感叹他医术非同一般。六年（公元571），僧垣升为遂伯中大夫。

建德三年（公元574），文宣太后卧病不起，医与巫对此说法不一。高祖在内殿召见僧垣，并与他同坐，对他说："太后的病势不轻，所有医生一致说不必忧虑。他们的情意我能体察。但君臣之间，应以言语毫无隐瞒为义。您认为如何？"增垣答："臣没有听声视色之高妙本领，仅仅以经历很多事情的经验来作为常人的准则，在下为太后担忧害怕。"皇帝流着泪说："您既然已经决断，我还说什么呢？"太后不久驾崩。此后皇帝再次召见僧垣，问他："姚公任仪同已有几年？"僧垣回答："臣愧承皇恩，在此已九年。"皇帝说："您已辛劳多时，朝廷宜授重任。"乃任他为骠骑大将军、开府仪同三司。又下诏书：您年事已高，可以不上朝进谒，若无特殊诏书，不必烦劳进见。

建德四年，高祖亲自挂帅东去讨伐北齐。在河阴患病，口不能言，睑垂目闭，不能视物，一脚缩短，不能行走。僧垣认为五脏均病，不可同时治疗。治理军队最要紧的事，莫过于语言，于是处方用药，皇帝得以开口说话；然后又治眼睛，眼疾消除；最后治脚，脚也痊愈。等到华州，皇帝已恢复健康。乃命姚僧垣为华州刺史，并仍命他随从进京，不就地镇守。宣政元年（公元578），姚僧垣上书请求辞去官职。皇帝从优待他，下诏准许。当年，高祖去云阳，卧病，乃诏僧垣赴云阳。内史柳昂私下问："高祖减食多日，脉象如何？"僧垣回答："高祖上应天意，或者说非我力所能及。如凡人百姓那样，无人不死。"高祖不久驾崩。

宣帝始在东宫，常苦于心痛，于是命僧垣予以治疗，其病很快痊愈。为此宣帝甚为快悦。待他继位，因感恩对僧垣礼仪更为隆重。常语气缓和地对增垣说："常听先帝称您为姚公,是这样吗?"僧垣答:"臣担当不起如此称呼,确实如圣上所说。"皇帝说:"此为尊尚老人之称,不是贵爵封号。我应为您开辟域地,建立家园,成为子孙永远相传的基业。"于是封他为长寿县公,封地一千户。下达册封命令之时,又赏赐他金带和衣服等物品。

大象二年(公元580),僧垣任太医下大夫。过不久皇帝生病,日渐加重。僧垣夜里也值班侍奉皇帝。皇上对隋公杨坚说:"我的生命现在只有委托他。"僧垣知道皇帝病情危险,不可能康复。就对他说:"我感受皇恩深重,想尽全力效劳。然而我恐怕能力有限,不敢不尽心而为。"皇帝点头称是。到静帝继位,僧垣升为上开府仪同大将军。隋朝开皇初期,他进爵为北绛郡公。三年后,姚僧垣去世,时年八十五岁。他留下遗言告诫着普通人之衣入棺,上朝衣服不装殓。灵前只放装香器皿,每天盛清水即可。姚僧垣卒后仍赐生前所任华州刺史,并加荆、湖二州刺史,合为三州刺史。

姚僧垣医技高超,为当时医界所推重,经他一生治愈的病人数不胜数。他名声很大,远至边疆也有所闻,以至边远外域有病者都来邀请他。姚僧垣搜集奇方异方经应用有效者,著为《集验方》十二卷。又著《行记》三卷,流行世间。他的长子名察,在江南。

次子最,字士会。幼时聪明机敏,成年后,博通经史,尤其爱好著书。十九岁跟姚僧垣入关。世宗皇帝广泛收聚有学识的门徒在麟趾殿校书。最也预备成为其中的学士,不久他被授任为齐王宪府水曹参军,掌管文翰。齐王宪待他格外器重,赏赐丰厚。宣帝继位,宪因嫌疑被杀。隋文帝作相的时候,追认恢复宪的官爵。最因陪伴他多年,他给予最的恩情、照顾亦异常深重,于是最将齐王宪的功绩撰写成传,上送史局。

最幼时在江南,直至入关未习医术。天和中,齐王宪上奏高祖,派遣最去学习医术。宪又对最说:"你博学才高,为何象王褒、庾信那样。王、庾二人虽于梁、周二朝名望很高,然而我轻视他们。论才资待人,他二人不及于你。你应深识这些,不可对此不留意。况且皇帝有诏书,更应勉励自己。"最由此继承家业。过十年左右,他的医术甚有长进,常常有人请他看病,治疗经验越来越多。隋文帝继位后,姚最任职太子门大夫。后因父丧辞去官职,由于悲哀过度,姚最身体甚为消瘦。丧期未满,皇帝免丧,令其承袭父亲北绛郡公爵位,重任太子门大夫。

此后不久姚最成为蜀王秀之友。秀镇守益州,升任他为秀府司马。待陈朝平定后,兄察至。最自认为非长子嫡传,将封位让于察。隋文帝准许之。后来蜀王秀暗中有谋反企图,隋文帝命公卿追究此事。当时开府庆整、郝伟等人一并将罪过推于秀,只有最说:"凡违法之事都是我干的,秀王其实不知道。"尽管笞打审问数百次,最至终未改变供词,最竟被定罪杀害。享年六十七岁。时人评论他为人重义。姚最著有《梁后略》十卷,流传于世。

赵文深传

【题解】

赵文深,字德本,南阳宛(今河南南阳市)人。官至赵兴郡守。擅长楷书、隶书,尤善于题写碑文榜联，当时称为第一。王褒归北，赵文深也曾学习王褒的书体，但无所成，仍以自家面目见称于世。他的书法，也被南朝人士所称赞。传世书迹有《西岳华山神庙碑》(存陕西华阴县岳庙)，隶书。

按："赵文深"当作"赵文渊"，《周书》避唐讳改。

【原文】

赵文深字德本，南阳宛人也。父遐，以医术进，仕魏为尚药典御。

文深少学楷隶，年十一，献书于魏帝。立义归朝，除大丞相府法曹参军。文深雅有钟、王之则，笔势可观。当时碑牓，唯文深及冀俊而已。大统十年，追论立义功，封白石县男，邑二百户。太祖以隶书纰缪，命文深与黎季明、沈遐等依《说文》及《字林》刊定六体，成一万馀言，行于世。

及平江陵之后，王褒入关，贵游等翕然并学褒书。文深之书，遂被遐弃。文深惭恨，形于言色。后知好尚难返，亦攻习褒书，然竟无所成，转被讥议，谓之学步邯郸焉。至于碑牓，馀人犹莫之逮。王褒亦每推先之。宫殿楼阁，皆其迹也。迁县伯下大夫，加仪同三司。世宗令至江陵书景福寺碑，汉南人士，亦以为工。梁主萧詧观而美之，赏遗甚厚。天和元年，露寝等初成，文深以题牓之功，增邑二百户，除赵兴郡守。文深虽外任，每须题牓，辄复追之。后以疾卒。

《西岳华山神庙碑》

【译文】

赵文深，字德本，是南阳郡宛县人。他的父亲赵遐，因擅长医道被朝廷任用，官至北魏的尚药典御。

赵文深少年时学楷书和隶书，他十一岁时，向北魏皇帝敬献他的书法作品。北周建国，赵文深归顺，任他为大丞相府法曹参军。赵文深的书法具有钟繇、王羲之的笔意，笔力斐然可观。当时的碑文匾额，只有赵文深和冀俊写得最好。大统十年，追论归顺的功劳，被封为白石县男的爵位，封地二百户。周太祖鉴于当时通行的隶书字体多有讹误，下令让赵文深、黎季明、沈遐等人依《说文解字》和《字林》为准，审定六种字体的字形，审定了一万多字，通行于世。

在北周平定了江陵以后，王褒从南朝入关归顺北周，高官贵族都去学习王褒的书法，赵文深的书艺，被远远扔在一边，为此赵文深惭愧而怨恨，常在言谈间表现出来。后来他知道这种风气很难扭转，也去学习王褒的书体，但没有成功，反而受到人们的讥讽，认为他是邯郸学步。但是书写碑文和匾额，其他人都赶不上赵文深，王褒也称赞他在自己之上。宫殿楼阁的额联，都是他书写的。勋爵晋升为白石县伯、下大夫，加仪同三司衔。世宗令他去江陵书写景福寺碑文,汉南地区读书人也认为写得好。梁主萧察看了以后,大加赞扬,给他的赏赐很厚丰。天和元年,露寝等行宫建成,赵文深因题写匾联有功,给增加二百封户,升为赵兴郡守。赵文深虽然在外地任官,每当遇上需要题写匾联,就把他召回来。后来生病去世。

褚该传

【题解】

褚该,字孝通。原籍河南阳翟(今河南禹县)人。其祖先于晋末迁居江南,南北朝北周医家。褚该自幼处事谨慎,为人宽厚,享誉乡里。尤其善于医药,见称于时。曾任梁武林王府参军。后仕周为东平将军、左银青光禄大夫等,并授任医正上士。自北周名医许奭去世,褚该渐渐为时人重视。然而与人交往应酬,尚逊于名医姚僧垣。褚该待人和善,从不自傲,倘有人请他看病或办事,他都尽力而为,所以颇受世人称道。子名士则,继承父业。

【原文】

褚该,字孝通,河南阳翟人也。晋末,迁居东左。祖长乐,齐竟陵王录事参军。父义昌,梁鄱阳王中记室。

该幼而谨厚,有誉乡曲。尤善医术,见称于时。仕梁,历武陵王府参军。随府西上。后与萧㧑同归国,授平东将军,左银青光禄大夫,转骠骑将军、右光禄大夫。武成元年,除医正上士。自许奭死后,该稍为时人所重,宾客迎侯,亚于姚僧垣。天和初,迁县伯下大夫。五年,进授车骑大将军、仪同三司。该性淹和,不自矜尚,但有请之者,皆为尽其艺术。时论称其长者焉。后以疾卒。子士则,亦传其家业。

【译文】

褚该,字孝通,河南阳翟人。晋朝末年,迁居江南。祖父名长乐,任南齐竟陵王录事参军。父亲名义昌,任梁朝鄱阳王中记室参军。

褚该幼时谨慎厚道,受到乡里人称赞。他尤其善于医术,在当时颇有名声。他在梁朝任武陵王府参军,并随王府西上。后与萧㧑同归周朝,授官平东将军、左银青光禄大夫。以后又调任骠骑将军、右光禄大夫。武成初年(公元559),授职医正上士。自从许奭死后,褚该渐渐被世人重视,但其宾客病友之来往,则亚于姚僧垣。天和初年(公元566),调任县伯下大夫。天和五年(公元570),又升职为车骑大将军、仪同三司。褚该性情特别温和,不骄不傲,只要有人邀请,都尽他的技艺出力。当时人们称他是一位严谨和善的人。后因病而卒。子名士则,继承他的医业。

【二十五史】

隋书

[唐] 魏徵 等 ⊙ 原著

导　读

　　《隋书》是唐代官修正史的代表作，是唐初所修五代史中较好的一部。全书共八十五卷，包括纪五卷，志三十卷，列传五十卷。记载了隋朝三十八年的历史。

　　《隋书》由魏征监修，参加执笔的有颜师古、孔颖达、许敬宗等人。唐太宗贞观十年（636年），完成了纪、传两部分。唐朝人把《隋书》和与它同时成书的梁、陈、北齐、北周四史合称"五代史"。"五代史"都没有志，贞观十五年（641年），于志宁、李淳风、韦安仁、李延寿等人奉命编写志，先后由令狐德棻、长孙无忌监修，历时十五年勒定，当时人称为"五代史志"。它成书时，梁、陈各书已经单行，于是就把它放进《隋书》。它虽然为"五代史"的合志，但内容却详于隋，略于梁、陈、齐、周。

　　唐朝初年编写的几部史书中，《隋书》是比较好的。志的作者大多数学有专长，熟悉自己所写的内容，又具有一定的修史技巧，所以志写得尤为成功。《食货志》系统地记录了南北朝后期的经济状况，有关"均田""租庸调""货币"等项记载，是研究隋唐经济史的重要史料。"隋律"是我国保留下来的较早的一部古代法典，研究中国法制史是离不开的，它便保存在《隋书·刑法志》中。李淳风写的《天文志》《律历志》，历来被人们推誉。《律历志》对魏晋以来声律度量的增损情况有详细的记述。《经籍志》则分门别类地登记了汉至隋的存世图书，在我国目录学史上占有重要的地位。

　　《隋书》叙事简洁，文笔严净。但也并非无瑕可指，如记载同一事件，有时前后不一，自相矛盾，就是一个显而易见的缺点。

高祖本纪

中华传世藏书

二十五史

隋书

一八四一

【题解】

隋文帝（高祖）杨坚（541~604 年），隋朝开国皇帝，弘农郡华阴（今陕西华阴东）人。其父杨忠为西魏十二大将军之一，后赐姓普六茹氏，北周时官至柱国大将军，封隋国公。

杨坚因父勋被授官散骑常侍、车骑大将军、仪同三司，封成纪县公。周武帝时进位大将军，袭爵隋国公。周宣帝时，杨坚以皇后之父身份官拜上柱国、大司马等官。静帝即位，年方八岁，内史上大夫郑译、御正大夫刘昉伪造遗诏，以杨坚声名显赫，众望所归，引他入宫辅政，总揽军政大权。为防备在外周室藩王作乱，杨坚借故将赵王招、陈王纯等五王召回长安。又分派韦孝宽、梁睿、王谊三人出兵平定了相州（今河南安阳）总管尉迟迥、勋州（今湖北安陆）总管司马消难、益州（今四川成都）总管王谦的叛乱。随后诛杀周室宗室，挟持皇帝，独揽朝政，于大定元年代周称帝，改国号为隋，改元开皇，是为隋文帝。

即位后，首先进行政制改革，废除周官，确立三省六部制的中央行政中枢制度，罢废各郡，改以州县两级体制，裁汰冗官，并规定地方官由中央任命。后来又规定六品以下官吏均由吏部选授，废除了自汉以来为士族豪门垄断的辟举制度。科举制的创立，为寒门地主提供了入仕的机会。鉴于前朝刑法苛严，又命高颍等人制订法律，在北魏、北齐刑律基础上参酌魏、晋、齐、梁旧律制度而成，后经苏威、牛弘删定，除死罪 81 条，流罪 154 条，徒杖等千余条，形成完备而宽简的《开皇律》。在经济上，重新颁布均田令，规定占田限额，推迟成丁年龄，缩短服役期限，并规定丁男五十免役收庸，减轻人民负担。又实行输籍法，大索貌阅，搜括户口。在实施政治、经济等各项措施并取得显著成效的同时，对突厥采取积极防御措施，促使其分化，从而全力经营统一大业。并于开皇九年攻占陈都，结束了自晋以来近三百年的南北分裂局面。此后又实行兵农合一，改革兵制，有利于社会经济的发展。

天性沉猜，不悦诗书，晚年奢费，苛酷任情。

【原文】

高祖文皇帝姓杨氏，讳坚，弘农郡华阴人也。汉太尉震八代孙铉，仕燕为北平太守。铉生元寿，后魏代为武川镇司马，子孙因家焉。元寿生太原太守惠嘏，嘏生平原太守烈，烈生宁远将军祯，祯生忠，忠即皇考也。皇考从周太祖起义关西，赐姓普六茹氏，位至柱国、大司空、隋国公。薨，赐太保，谥曰桓。

皇妣吕氏，以大统七年六月癸丑夜，生高祖于冯翊般若寺，紫气充庭。有尼来自河东，谓皇妣曰："此儿所从来甚异，不可于俗间处之。"尼将高祖舍于别馆，躬自抚养。皇妣尝抱高祖，忽见头上角出，遍体鳞起，皇妣大骇，坠高祖于地。尼自外入见曰："已惊我儿，致令晚得天下。"为人龙颜，额上有五柱入顶，目光外射，有文在手曰"王"，长上短下，沈深严重。初入太学，虽至亲昵不敢狎也。

年十四,京兆尹薛善辟为功曹。十五,以太祖勋授散骑常侍、车骑大将军、仪同三司,封成纪县公。十六,迁骠骑大将军,加开府。周太祖见而叹曰:"此儿风骨,不似代间人!"明帝即位,授右小宫伯,进封大兴郡公。帝尝遣善相者赵昭视之,昭诡对曰:"不过作柱国耳。"既而阴谓高祖曰:"公当为天下君,必大诛杀而后定,善记鄙言。"

武帝即位,迁左小宫伯。出为隋州刺史,进位大将军。后征还,遇皇妣寝疾三年,昼夜不离左右,代称纯孝。宇文护执政,尤忌高祖,屡将害焉,大将军侯伏寿等匡护得免。其后袭爵隋国公。武帝娉高祖长女为皇太子妃,益加礼重。齐王宪言于帝曰:"普六茹坚相貌非常,臣每见之,不觉自失。恐非人下,请早除之。"帝曰:"此止可为将耳。"内史王轨骤言于帝曰:"皇太子非社稷主,普六茹坚貌有反相。"帝不悦,曰:"必天命有在,将若之何?"高祖甚惧,深自晦匿。

杨坚

建德中,率水军三万,破齐师于河桥。明年,从帝平齐,进位柱国。与宇文宪破齐任城王高湝于冀州,除定州总管。先是,定州城西门久闭不行。齐文宣帝时,或请开之,以便行路。帝不许,曰:"当有圣人来启之。"及高祖至而开焉,莫不惊异。寻转亳州总管。宣帝即位,以后父征拜上柱国、大司马。大象初,迁大后丞、右司武,俄转大前疑。每巡幸,恒委居守。时帝为《刑经圣制》,其法深刻。高祖以法令滋章,非兴化之道,切谏,不纳。

高祖位望益隆,帝颇以为忌。帝有四幸姬,并为皇后,诸家争宠,数相毁潜。帝每愤怒谓后曰:"必族灭尔家。"因召高祖,命左右曰:"若色动,即杀之。"高祖既至,容色自若,乃止。

大象二年五月,以高祖为扬州总管,将发,暴有足疾,不果行。乙未,帝崩。时静帝幼冲,未能亲理政事。内史上大夫郑译、御正大夫刘昉以高祖皇后之父,众望所归,遂矫诏引高祖入总朝政,都督内外诸军事。周氏诸王在藩者,高祖悉恐其生变,称赵王招将嫁女子突厥为词以征之。丁未,发丧。庚戌,周帝拜高祖假黄钺、左大丞相,百官总己而听焉。以正阳宫为丞相府,以郑译为长史,刘昉为司马,具置僚佐。宣帝时,刑政苛酷,群心崩骇,莫有固志。至是,高祖大崇惠政,法令清简,躬履节俭,天下悦之。

六月,赵王招、陈王纯、越王盛、代王达、滕王逌并至于长安。相州总管尉迟迥自以重臣宿将,志不能平,遂举兵东夏。赵、魏之士,从者若流,旬日之间,众至十余万。又宇文胄以荥州,石愻以建州,席毗以沛郡,毗弟又罗以兖州,皆应于迥。迥遣子质于陈请援。高祖命上柱国、郧国公韦孝宽讨之。雍州牧毕王贤及赵、陈等五王,以天下之望归于高祖,因谋作乱。高祖执贤斩之,寝赵王等之罪,因诏五王剑履上殿,入朝不趋,用安其心。

七月，陈将陈纪、萧摩诃等寇广陵，吴州总管于顗转击破之。广陵人杜乔生聚众反，刺史元义讨平之。韦孝宽破尉迟迥于相州，传首阙下，余党悉平。初，迥之乱也，郧州总管司马消难据州响应，淮南州县多同之。命襄州总管王谊讨之，消难奔陈。荆、郢群蛮乘衅作乱，命亳州总管贺若谊讨平之。先是，上柱国王谦为益州总管，既见幼主在位，政由高祖，遂起巴、蜀之众，以匡复为辞。高祖方以东夏、山南为事，未遑致讨。谦进兵屯剑阁，陷始州。至是，乃命行军元帅、上柱国梁睿讨平之，传首阙下。巴、蜀阻险，人好为乱。于是更开平道，毁剑阁之路，立铭垂诫焉。五王阴谋滋甚，高祖赍酒肴以造赵王第，欲观所为。赵王伏甲以宴高祖，高祖几危，赖元胄以济，语在《胄传》。于是诛赵王招、越王盛。

九月，以世子勇为洛州总管、东京小冢宰。壬子，周帝诏曰：“假黄钺、使持节、左大丞相、都督内外诸军事、上柱国、大冢宰、隋国公坚，感山河之灵，应星辰之气，道高雅俗，德协幽显。释巾登仕，搢绅倾属，开物成务，朝野承风。受诏先皇，弼谐寡薄，合天地而生万物，顺阴阳而抚四夷。近者，内有艰虞，外闻妖寇，以鹰鹯之志，运帷帐之谋，行两观之诛，扫万里之外。遐迩清肃，实所赖焉。四海之广，百官之富，俱禀大训，咸餐至道。治定功成，栋梁斯托，神猷盛德，莫二于时。可授大丞相，罢左、右丞相之官，余如故。”

冬十月壬申，诏赠高祖曾祖烈为柱国、太保、都督徐兖等十州诸军事、徐州刺史、隋国公，谥曰康；祖祯为柱国、太傅、都督陕蒲等十三州诸军事、同州刺史、隋国公，谥曰献；考忠为上柱国、太师、大冢宰、都督冀定等十三州诸军事、雍州牧。诛陈王纯。癸酉，上柱国、郧国公韦孝宽卒。

十一月辛未，诛代王达、滕王逌。

十二月甲子，周帝诏曰：

天大地大，合其德者圣人；一阴一阳，调其气者上宰。所以降神载挺，陶铸群生，代苍苍之工，成巍巍之业。假黄钺、使持节、大丞相、都督内外诸军事、上柱国、大冢宰、隋国公，应百代之期，当千龄之运，家隆台鼎之盛，门有翊赞之勤。心同伊尹，必致尧舜，情类孔丘，宪章文武。爰初入仕，风流映世，公卿仰其轨物，搢绅谓为师表。入处禁闱，出居藩政，芳猷茂绩，问望弥远。往平东夏，人情未安。燕南赵北，实为天府，拥节杖旄，任当连率。柔之以德，导之以礼，畏之若神，仰之若日，芳风美迹，歌颂独存。淮海榛芜，多历年代，作镇南鄙，选众惟贤，威震殊俗，化行黔首。任掌钩陈，职司邦政，国之大事，朝寄更深，銮驾巡游，留台务广。周公陕西之任，仅可为伦，汉臣关内之重，未足相况。

及天崩地坼，先帝升遐，朕以眇年，奄经荼毒，亲受顾命，保义皇家。奸人乘隙，潜图宗社，无君之意已成，窃发之期有日。英规潜运，大略川回，匡国庇人，罪人斯得。两河遘乱，三魏称兵，半天之下，汹汹鼎沸。祖宗之基已危，生人之命将殆。安陆作衅，南通吴、越，蜂飞蚁聚，江、汉骚然。巴、蜀鸱张，翻将问鼎，秦途更阻，汉门重闭。画筹帷帐，建出师车，诸将禀其谋，壮士感其义，不违时日，咸得清荡。九功远被，七德允谐，百僚师师，四门穆穆。光景照临之地，风云去来之所，允武允文，幽明同德，骊山骊水，遐迩归心。使朕继踵上皇，无为以治，声高宇宙，道格天壤。伊尹辅殷，霍光佐汉，方之蔑如也。

昔营丘、曲阜，地多诸国，重耳、小白，锡用殊礼。萧何优赞拜之仪，番君越公侯之爵。姬、刘以降，代有令谟，宜崇典礼，宪章自昔。可授相国，总百揆，去都督内外诸军事、大冢宰之号，进公爵为王，以隋州之崇业，郧州之安陆、城阳，温州之宜人，应州之平靖、上明，顺州之淮南，士州之永川，昌州之广昌、安昌，申州之义阳、淮安，息州之新蔡、建安，豫州之汝南、临颍、广宁、初安，蔡州之蔡阳，郢州之汉东二十郡为隋国。剑履上殿，入朝不趋，赞拜不名，备九锡之礼，加玺绂、远游冠、相国印绿綖绶，位在诸侯王上。隋国置丞相已下，一依旧式。

高祖再让，不许，乃受王爵、十郡而已。诏进皇祖、考爵并为王，夫人为王妃。辛巳，司马消难以陈师寇江州，刺史成休宁击却之。

大定元年春二月壬子，令日已前赐姓，皆复其旧。是日，周帝诏曰："伊、周作辅，不辞殊礼之锡，桓、文为霸，允应异物之典，所以表格天之勋，彰不代之业。相国隋王，前加典策，式昭大礼，固守谦光，丝言未绊。宜申显命，一如往旨。王功必先人，赏存后己，退让为本，诚乖朕意。宜命百辟尽诣王宫，众心克感，必令允纳。如有表奏，勿复通闻。"癸丑，文武百官诣阁敦劝，高祖乃受。甲寅，策曰：

咨尔假黄钺、使持节、大丞相、都督内外诸军事、上柱国、大冢宰隋王：天覆地载，藉人事以财成，日往月来，由王道而盈昃。五气陶铸，万物流形。谁代上玄之工，斯则大圣而已。曰惟先正，翊亮皇朝。种德积善，载诞上相，精采不代，风骨异人。匡国济时，除凶拨乱，百神奉职，万国宅心。殷相以先知悟人，周辅乃弘道于代，方斯蔑如也。今将授王典礼，其敬听朕命：

朕以不德，早承丕绪，上灵降祸，夙遭愍凶。妖丑觊觎，密图社稷，宫省之内，疑虑惊心。公受命先皇，志在匡弼，辑谐内外，潜运机衡，奸人慑惮，谋用丕显，俾赘旒之危为太山之固。是公重造皇室，作霸之基也。伊我祖、考之代，任寄已深，入掌禁兵，外司藩政，文经武略，久播朝野。戎轩大举，长驱晋、魏，平阳震熊罴之势，冀部耀貔豹之威。初平东夏，人情未一，丛台之北，易水之南，西距井陉，东至沧海，比数千里，举袂如帷。委以连城，建旗杖节，教因其俗，刑用轻典，如泥从印，犹草随风。此又公之功也；吴、越不宾，多历年代，淮、海之外，时非国有。爰整其旅，出镇于亳，武以威物，文以怀远。群盗自奔，外户不闭，人黎慕义，襁负而归。自北之风，化行南国。此又公之功也；宣帝御宇，任重宗臣，入典八屯，外司九伐。禁卫勤巡警之务，治兵得搜狩之礼。此又公之功也；銮驾游幸，频委留台，文武注意，军国谘禀。万事咸理，反顾无忧。此又公之功也；朕在谅闇公实总己。磐石之宗，奸回者众，招引无赖，连结群小。往者国衰甫尔，已创阴谋，积恶数旬，昆吾方稔。泣诛罄甸，宗庙以宁。此又公之功也；尉迥猖狂，称兵邺邑，欲长戟而指北阙，强弩而围南斗，凭陵三魏之间，震惊九州之半，聚徒百万，悉成蛇豕，淇水、洹水，一饮而竭。人之死生，翻系凶竖，寿之长短，不由司命。公乃戒彼鹰扬，出车练卒，誓苍兕于河朔，建瓴水于山东。口授兵书，手画行阵，量敌制胜，指日克期。诸将遵其成旨，壮士感其大义，轻死忘生，转斗千里，旗鼓奋发，如火燎毛。玄黄变漳河之水，京观比爵台之峻。百城氛祲，一旦廓清。此又公之功也；青土连率，跨据东秦，藉负海之饶，倚连山之险，望三辅而将逐鹿，指六国而愿连鸡。风雨之兵，助鬼为虐。本根既拔，枝叶自殒，屈法申恩，示以大信。此又公之功也；申部残贼，充斥一隅，蝇飞蚁聚，攻州略地。播以玄泽，迷更知反，服而舍之，无费遗镞。此又公之功也；宇文胄亲则宗枝，外藩岩邑，影响邺贼，有同就燥。迫胁吏人，叛换城戍，偏师讨蠢，遂入网罗。束之武牢，有同图圄，事穷将军，如伏国刑。此又公之功也；檀让、席毗，拥众河外。陈、韩、梁、郑、宋、卫、邹、鲁，村落成枭獍之墟，人庶为豺狼之饵。强以陵弱，大则吞小，城有昼闭，巷无行人。授律出师，随机扫定，让既授首，毗亦枭悬。此又公之功也；司马消难与国亲姻，作镇安陆，性多嗜欲，意好贪聚。属城子女，劫掠靡余，部人货财，多少具罄。擅诛刺举之使，专杀仪台之臣。惧罪畏威，动而内怨怒。蚕食郡县，鸩毒华夷，闻有王师，自投南裔。帝唐崇山之罚，仅可方此，大汉流御之刑，是亦相匹。逋逃入薮，荆、郢用安。此又公之功也；王谦在蜀，翻为厉阶，闭剑阁之门，塞灵关之宇，自谓五丁复起，万夫莫向。分阃推毂，尝不逾时，风驰席卷，一举大定，擒斩凶恶，扫地无遗。此又公之功也；陈项因循伪业，自擅金陵，屡遣丑徒，越趄江北。公指麾藩镇，无不摧殄。方置文深之柱，非止尉佗之拜。此又公之功也。

公有济天下之勤，重之以明德，始于辟命，屈己登庸。素业清徽，声掩廊庙，雄规神略，气盖朝野。序百揆而穆四门，耻一匡之举九合。尊贤崇德，尚齿贵功，录旧旌善，兴亡继绝。宽猛相济，彝伦攸叙。郭睦帝亲，崇奖王室。星象不拆，阴阳自调，玄冥、祝融如奉太公之召，雨师、风伯似应成王之宰。祥风嘉气，触石摇林，瑞兽异禽，游园鸣阁。至功至德，可大可久，尽品物之和，究杳冥之极。

朕又闻之，昔者明王设官胙土，营丘四履，得征五侯，参墟宠章，异其礼物。故藩屏作固，垂拱责成，沈默岩廊，不下堂席。公道高往烈，赏薄前王。朕以眇身，托于兆人之上，求诸故实，甚用惧焉。往加大典，宪章在昔。谦以自牧，未应朝礼。日月不居，便已隔岁。时谈物议，其谓朕何！今进授相国总百揆，以申州之义阳等二十郡为隋国。今命使持节、太傅、上柱国、杞国公椿，大宗伯、大将军、金城公赵煚，授相国印绶。相国礼绝百辟，任总群官，旧职常典，宜与事革。昔尧臣太尉，舜佐司空，姬旦相周，霍光辅汉，不居藩国，唯在天朝。其以相国总百揆，去众号焉。上所假节、大丞相、大冢宰印绶。

又加九锡，其敬听朕后命。以公执律修德，慎狱恤刑，为其训范，人无异志，是用锡公大辂、戎辂各一，玄牡二驷。公勤心地利，所宝人天，崇本务农，公私殷阜，是用锡公衮冕之服，赤舄焉。公乐以移风，雅以变俗，遐迩胥悦，天地咸和，是用锡公轩悬之乐，六佾之舞。公仁风德教，覃及海隅，荒忽幽遐，回首内向，是用锡公朱户以居。发水镜人伦，铨衡庶职，能官流泳，遗贤必举，是用锡公纳陛以登。公执钧于内，正性率下，犯义无礼，罔不屏黜，是用锡公武贲之士三百人。公是用锡公铁钺各一。公威严夏日，精厉秋霜，猾夏必诛，顾眄天壤，扫清奸宄，折冲无外，是用锡公彤弓一、彤矢百，卢弓十、卢矢千。惟公孝通神明，肃恭祀典，尊严如在，情切幽明，是用锡公秬鬯一，珪瓒副焉。隋国置丞相以下，一遵旧式。往钦哉！其敬循往策，祗服大典，简恤尔庶功，对扬我太祖之休命。

于是建台置官。

丙辰，诏王冕十有二旒，建天子旌旗，出警入跸，乘金根车，驾六马，备五时副车，置旄头云罕，乐舞八佾，设钟虚宫悬。王妃为王后，长子为太子。前后三让，乃受。

俄而周帝以众望有归，乃下诏曰："元气肇辟，树之以君，有命不恒，所辅惟德。天心人事，选贤与能，尽四海而乐推，非一人而独有。周德将尽，妖孽递生，骨肉多虞，藩维构衅，影响同恶，过半区宇，或小或大，图帝图王，则我祖宗之业，不绝如线。相国隋王，叡圣自天，英华独秀，刑法与礼仪同运，文德共武功俱远，爱万物其如己，任兆庶以为忧。手运玑衡，躬命将士，芟夷奸宄，刷荡氛祲，化通冠带，威震幽遐。虞舜之大功二十，未足相比，姬发之合位三五，岂可足论。况木行已谢，火运既兴，河、洛出革命之符，星辰表代终之象。烟云改色，笙簧变音，狱讼咸归，讴歌尽至。且天地合德，日月贞明，故以称大为王，照临下土。朕虽寡昧，未达变通。幽显之情，皎然易识。今便祗顺天命，出逊别宫，禅位于隋，一依唐、虞、汉、魏故事。"高祖三让，不许。遣兼太傅、上柱国、杞国公椿奉册曰：

咨尔相国隋王：粤若上古之初，爰启清浊，降符授圣，为天下君。事上帝而理兆人，和百灵而利万物，非以区宇之富，未以宸极为尊。大庭、轩辕以前，骊连、赫胥之日，咸以无为无欲，不将不迎。邈哉！其详不可闻已。厥有载籍，遗文可观。圣莫逾于尧。美未过于舜。尧得太尉，已作运衡之篇，舜遇司空，便叙精华之竭。彼褰裳脱屣，贰宫设飨，百辟归禹，若帝之初。斯盖上则天时，不敢不授，下祗天命，不可不受。汤代于夏，武革于殷。干戈揖让，虽复异揆，应天顺人，其道靡异。自汉迄晋，有魏至周，天历逐狱讼之归，神鼎随讴歌之去。道高者称帝，录尽者不王，与夫文祖、神宗无以别也。

周德将尽，祸难频兴，宗戚奸回，咸将窃发。顾瞻宫阙，将图宗社，藩维连率，逆乱相寻。摇荡三方，不合如砺，蛇行鸟攫，投足无所。王受天明命，叡德在躬，救颓运之艰，匡坠地之业，拯大川之溺，扑燎原之火，除群凶于城社，廓妖氛于远服，至德合于造化，神用洽于天壤。八极九野，万方四裔，圆首方足，冈不乐推。往岁长星夜扫，经天昼见，八风比夏后之作，五纬同汉帝之聚，除旧之征，昭然在上。近者赤雀降祉，玄龟效灵，钟石变音，蛟鱼出穴，布新之贶，焕焉在下。九区归往，百灵协赞，人神属望，我不独知。仰祗皇灵，俯顺人愿，今敬以帝位禅于尔躬。天祚告穷，天禄永终。于戏！王宜允执厥和，仪刑典训，升圆丘而敬苍昊，御皇极而抚黔黎，副率土之心，恢无疆之祚，可不盛欤！

遣大宗伯、大将军、金城公赵煚奉皇帝玺绶，百官劝进。高祖乃受焉。

开皇元年二月甲子，上自相府常服入宫，备礼即皇帝位于临光殿。设坛于南郊，遣使柴燎告天。是日，告庙，大赦，改元。京师庆云见。易周氏官仪，依汉、魏之旧。以柱国、相国司马、渤海郡公高颎为尚书左仆射兼纳言，相国司录、沁源县公虞庆则为内史监兼吏部尚书，相国内郎、咸安县男李德林为内史令，上开府、汉安县公韦世康为礼部尚书，上开府、义宁县公元晖为都官尚书，开府、民部尚书、昌国县公元岩为兵部尚书，上仪同、司宗长孙毗为工部尚书，上仪同、司会杨尚希为度支尚书，上柱国、雍州牧、邘国公杨惠为左卫大将军。乙丑，追尊皇考为武元皇帝，庙号太祖，皇妣为元明皇后。遣八使巡省风俗。丙寅，修庙社。立王后独孤氏为皇后，王太子勇为皇太子。丁卯，以大将军、金城郡公赵煚为尚书右仆射，上开府、济阳侯伊娄彦恭为左武侯大将军。己巳，以周帝为介国公，邑五千户，为隋室宾。旌旗车服礼乐，一如其旧，上书不为表，答表不称诏。周氏诸王，尽降为公。辛未，以皇弟同安郡公爽为雍州牧。乙亥，封皇帝邵国公慧为滕王。同安公爽为卫王；皇子雁门公广为晋王，俊为秦王，秀为越王，谅为汉王。以上柱国、并州总管、申国公李穆为太师，上柱国、邓国公窦炽为太傅，上柱国、幽州总管、任国公于翼为太尉，观国公田仁恭为太子太师，武德郡公柳敏为太子太保，济南郡公孙恕为太子少傅，开府苏威为太子少保。丁丑，以晋王广为并州总管，以陈留郡公杨智积为蔡王，兴城郡公杨静为道王。戊寅，以官牛五千头分赐贫人。

三月辛巳，高平获赤雀，太原获苍乌，长安获白雀，各一。宣仁门槐树连理，众枝内附。壬午，白狼国献方物。甲申，太白昼见。乙酉，又昼见。以上柱国元景山为安州总管。丁亥，诏犬马器玩口味不得献上。戊子，弛山泽之禁。以上开府、当亭县公贺若弼为楚州总管，和州刺史、新义县公韩擒为庐州总管。己丑，鳌屋县献连理树，植之宫庭。辛卯，以上柱国、神武郡公窦毅为定州总管。戊戌，以太子少保苏威兼纳言、吏部尚书，余官如故。庚子，诏曰："自古帝王受终革代，建侯锡爵，多与运迁。朕应篆受图，君临海内，载怀沿革，事有不同。然则前帝后王，俱在兼济，立功立事，爵赏仍行。苟利于时，其致一揆，何谓物我之异，无计今后之殊。其前代品爵，悉可依旧。"丁未，梁主萧岿使其太宰萧岩、司空刘义来贺。

四月辛巳，大赦。壬午，太白、岁星昼见。戊戌，太常散乐并放为百姓，禁杂乐百戏。辛丑，陈散骑常侍韦鼎、兼通直散骑常侍王瑳来聘于周，至而上已受禅，致之介国。是月，发稽胡修筑长城，二旬而罢。

五月戊子，封邗国公杨雄为广平王，永康郡公杨弘为河间王。辛未，介国公麓，上举哀于朝堂，以其族人洛嗣焉。

六月癸未，诏以初受天命，赤雀降祥，五德相生，赤为火色。其郊及社庙，依服冕之仪，而朝会之服，旗帜牺牲，尽令尚赤。戎服以黄。

秋七月乙卯，上始服黄，百僚毕贺。庚午，靺鞨西长贡方物。

八月壬午，废东京官。突厥阿波可汗遣使贡方物。甲午，遣行军元帅乐安公元谐，击吐谷浑于青海，破而降之。

九月戊申，战亡之家，遣使赈给。庚午，陈将周罗睺攻陷胡墅，萧摩诃寇江北。辛未，以越王秀为益州总管，改封为蜀王。壬申，以上柱国、薛国公长孙览，上柱国、宋安公元景山，并为行军元帅，以伐陈，仍命尚书左仆射高颎节度诸军。突厥沙钵略可汗遣使贡方物。是月，行五铢钱。

冬十月乙酉，百济王扶余昌遣使来贺，授昌上开府、仪同三司、带方郡公。戊子，行新律。壬辰，行幸岐州。

十一月乙卯，以永昌郡公窦荣定为右武侯大将军。丁卯，遣兼散骑侍郎郑抚使于陈。己巳，有流星，声如陨墙，光烛于地。

十二月戊寅，以申州刺史尔朱敞为金州总管。甲申，以礼部尚书韦世康为吏部尚书。己丑，以柱国元衮为廓州总管，兴势郡公卫玄为淮州总管。庚子，至自岐州。壬寅，高丽王高阳遣使朝贡，授阳大将军、辽东郡公。太子太保柳敏卒。

二年春正月癸丑，幸上柱国王谊第。庚申，幸安成长公主第。陈宣帝殂，子叔宝立。辛酉，置河北道行台尚书省于并州，以晋王广为尚书令；置河南道行台尚书省于洛州，以秦王俊为尚书令；置西南道行台尚书省于益州，以蜀王秀为尚书令。戊辰，陈遣使请和，归我胡墅。辛未，高丽、百济并遣使贡方物。甲戌，诏举贤良。

二月己丑，诏高颎等班师。庚寅，以晋王广为左武卫大将军，秦王俊为右武卫大将军，余官并如故。辛卯，幸赵国公独孤陀第。庚子，京师雨土。

三月戊申，开渠，引杜阳水于三畤原。

四月丁丑，以宁州刺史窦荣定为左武侯大将军。庚寅，大将军韩僧寿破突厥于鸡头山，上柱国李充破突厥于河北山。

五月戊申，以上柱国、开府长孙平为度支尚书。己酉，旱，上亲省囚徒。其日大雨。己未，高宝宁寇平州，突厥入长城。庚申，以豫州刺史皇甫绩为都官尚书。壬戌，太尉、任国公于翼薨。甲子，改传国玺曰受命玺。

六月壬午，以太府卿苏孝慈为兵部尚书，雍州牧、卫王爽为原州总管。甲申，使使吊于陈国。乙酉，上柱国李充破突厥于马邑。戊子，以上柱国叱李长叉为兰州总管。辛卯，以上开府尔朱敞为徐州总管。

丙申，诏曰："朕祗奉上玄，君临万国，属生人之敝，处前代之官。常以为作之者劳，居之者逸，改创之事，心未遑也。而王公大臣陈谋献策，咸云羲、农以降，至于姬、刘，有当代而屡迁，无革命而不徙。曹、马之后，时见因循，乃末代之宴安，非往圣之宏义。此城从汉，凋残日久，屡为战场，旧经丧乱。今之宫室，事近权宜，又非谋筮从龟，瞻星揆日，不足建皇王之邑，合大众所聚。论变通之数，具幽显之情，同心固请，词情深切。然则京师百官之府，四海归向，非朕一人之所独有。苟利于物，其可违乎！且殷之五迁，恐人尽死，是则以吉凶之土，制长短之命。谋新去故，如农望秋，虽暂勤劳，其究安宅。今区宇宁一，阴阳顺序，安安以迁，勿怀胥怨。龙首山川原秀丽，卉物滋阜，卜食相土，宜建都邑，定鼎之基永固，无穷之业在斯。公私府宅，规模远近，营构资费，随事条奏。"仍诏左仆射高颍、将作大臣刘龙、钜鹿郡公贺娄子干、太府少卿高龙叉等创造新都。

秋八月癸巳，以左武侯大将军窦荣定为秦州总管。

十月癸酉，皇太子勇屯兵咸阳，以备胡。庚寅，上疾愈，享百僚于观德殿。赐钱帛，皆任其自取，尽力而出。辛卯，以营新都副监贺娄子干为工部尚书。

十一月丙午，高丽遣使献方物。

十二月辛未，上讲武于后园。甲戌，上柱国窦毅卒。丙子，名新都曰大兴城。乙酉，遣沁源公虞庆则屯弘化，备胡。突厥寇周槃，行军总管达奚长儒击之，为虏所败。丙戌，赐国子生经明者束帛。丁亥，亲录囚徒。

三年春正月庚子，将入新都，大赦天下。禁大刀长稍。癸亥，高丽遣使来朝。

二月己巳朔，日有蚀之。壬申，宴北道勋人。癸酉，陈遣兼散骑常侍贺彻、兼通直散骑常侍萧褒来聘。突厥寇边。甲戌，泾阳获毛龟。癸未，以左卫大将军李礼成为右武卫大将军。

三月丁未，上柱国、鲜虞县公谢庆恩卒。己酉，以上柱国达奚长儒为兰州总管。丙辰，雨，常服入新都。京师醴泉出。丁巳，诏购求遗书于天下。庚申，宴百僚，班赐各有差。癸亥，城榆关。

夏四月己巳，上柱国、建平郡公于义卒。庚午，吐谷浑寇临洮，洮州刺史皮子信死之。辛未，高丽遣使来朝。壬申，以尚书右仆射赵煚兼内史令。丁丑，以滕王瓒为雍州牧。己卯，卫王爽破突厥于白道。庚辰，行军总管阴寿破高宝宁于黄龙。甲申，旱，上亲祀雨师于国城之西南。丙戌，诏天下劝学行礼。以济北郡公梁远为汶州总管。己丑，陈郢州城主张子讥遣使请降，上以和好，不纳。辛卯，遣兼散骑常侍薛舒、兼通直散骑常侍王劭使于陈。癸巳，上亲雩。甲午，突厥遣使来朝。

五月癸卯，行军总管李晃破突厥于摩那渡口。甲辰，高丽遣使来朝。乙巳，梁太子萧琮来贺迁都。丁未，靺鞨贡方物。戊申，幽州总管阴寿卒。辛酉，有事于方泽。壬戌，行军元帅窦荣定破突厥及吐谷浑于凉州。丙寅，赦黄龙死罪已下。

六月庚午，以卫王爽子集为遂安郡王。戊寅，突厥遣使请和。庚辰，行军总管梁远破吐谷浑于尔汗山,斩其名王。壬申,以晋州刺史燕荣为青州总管。己丑,以河间王弘为宁州总管。乙未,幸安成长公主第。

秋七月辛丑,以豫州刺史周摇为幽州总管。壬戌,诏曰:"行仁蹈义,名教所先,厉俗敦风,宜见褒奖。往者,山东、河表,经此妖乱,孤城远守,多不自全。济阴太守杜猷身陷贼徒,命悬寇手。郡省事范台玫倾产营护,免其戮辱。眷言诚节,实有可嘉,宜超恒赏,用明沮劝。台玫可大都督、假湘州刺史。"丁卯,日有蚀之。

八月丁丑,靺鞨贡方物。己卯,以右武卫大将军李礼成为襄州总管。壬午,遣尚书左仆射高颎出宁州道,内史监虞庆则出原州道,并为行军元帅,以击胡。戊子,上有事于太社。

九月壬子,幸城东,观稼谷。癸丑,大赦天下。

冬十月甲戌,废河南道行台省,以秦王俊为秦州总管。

十一月己酉,发使巡省风俗,因下诏曰:"朕君临区宇,深思治术,欲使生人从化,以德代刑,求草莱之善,旌闾里之行。民间情伪,咸欲备闻。已诏使人,所在赈恤,扬镳分路,将遍四海,必令为朕耳目。如有文武才用,未为时知,宜以礼发遣,朕将铨擢。其有志节高妙,越等超伦,亦仰使人就加旌异,令一行一善奖劝于人。远近官司,遐迩风俗,巨细必纪,还日奏闻。庶使不出户庭,坐知万里。"庚辰,陈遣散骑常侍周坟、通直散骑常侍袁彦来聘。陈主知上之貌异世人,使彦画像持去。甲午,罢天下诸郡。

闰十二月乙卯,遣兼散骑常侍曹令则、通直散骑常侍魏澹使于陈。戊午,以上柱国窦荣定为右武卫大将军,刑部尚书苏威为民部尚书。

四年春正月甲子,日有蚀之。己巳,有事于太庙。辛未,有事于南郊。壬申,梁主萧岿来朝。甲戌,大射于北苑,十日而罢。壬午,齐州水。辛卯,渝州获兽似麇,一角同蹄。壬辰,班新历。

二月乙巳,上饯梁主于霸上。丁未,靺鞨贡方物。突厥苏尼部男女万余人来降。庚戌,幸陇州。突厥可汗阿史那玷率其属来降。

夏四月己亥,勅总管、刺史父母及子年十五已上,不得将之官。庚子,以吏部尚书虞庆则为尚书右仆射,瀛洲刺史杨尚希为兵部尚书,毛州刺史刘仁恩为刑部尚书。甲辰,以上柱国叱李长叉为信州总管。丁未,宴突厥、高丽、吐谷浑使者于大兴殿。丁巳,以上大将军贺娄子干为榆关总管。

五月癸酉,契丹主莫贺弗遣使请降,拜大将军。丙子,以柱国冯昱为汾州总管。乙酉,以汴州刺史吕仲泉为延州总管。

六月庚子,降囚徒,乙巳,以鸿胪卿乙弗寔为翼州总管,上柱国豆卢勣为夏州总管。壬子,开渠,自渭达河以通运漕。戊午,秦王俊来朝。

秋七月丙寅,陈遣兼散骑常侍谢泉、兼通直散骑常侍贺德基来聘。

八月甲午,遣十使巡省天下。戊戌,卫王爽来朝,是日,以秦王俊纳妃,宴百僚,颁赐各有差。壬寅,上柱国、太傅、邓国公窦炽薨。丁未,宴秦王官属,赐物各有差。壬子,享陈使。乙卯,陈将夏侯苗请降,上以通和,不纳。

九月甲子,幸襄国公主第。乙丑,幸霸水,观漕渠,赐督役者帛各有差。己巳,上亲录囚徒。庚午,契丹内附。甲戌,驾幸洛阳,关内饥也。癸未,太白昼见。

冬十一月壬戌,遣兼散骑常侍薛道衡、通直散骑常侍豆卢勋使于陈。癸亥,以榆关总管贺娄子干为云州总管。

五年春正月戊辰,诏行新礼。

三月戊午,以尚书左仆射高颎为左领军大将军,上柱国宇文忻为右领军大将军。

夏四月甲午,契丹主多弥遣使贡方物。壬寅,上柱国王谊谋反,伏诛。乙巳,诏征山东马荣伯等六儒。戊申,车驾至自洛阳。

五月甲申,诏置义仓。梁主萧岿殂,其太子琮嗣立。遣上大将军元契使于突厥阿波可汗。

秋七月庚申,陈遣兼散骑常侍王话、兼通直散骑常侍阮卓来聘。丁丑,以上柱国宇文庆为凉州总管。壬午,突厥沙钵略上表称臣。

八月丙戌,沙钵略可汗遣子库合真特勤来朝。甲辰,河南诸州水,遣民部尚书邳国公苏威赈给之。戊申,有流星数百,四散而下。己酉,幸栗园。

九月丁巳,至自栗园。乙丑,改鲍陂曰杜陂,霸水为滋水。陈将湛文彻寇和州,仪同三司费宝首获之。丙子,遣兼散骑常侍李若、兼通直散骑常侍崔君赡使于陈。

冬十月壬辰,以上柱国杨素信州总管,朔州总管叶万绪为徐州总督。十一月甲子,以上大将军源雄为朔州总管。丁卯,晋王广来朝。

十二月丁未,降囚徒。戊甲,以上柱国达奚长儒为夏州总管。

六年春正月甲子,党项羌内附。庚午,班历于突厥。辛未,以柱国韦洸为安州总管。壬申,遣民部尚书苏威巡省山东。

二月乙酉,山南荆、淅七州水,遣前工部尚书长孙毗赈恤之。丙戌,制刺史上佐每岁暮更入朝,上考课。丁亥,发丁男十一万修筑长城,二旬而罢。乙未,以上柱国崔弘度为襄州总管。庚子,大赦天下。

三月己未,洛阳男子高德上书,请上为太上皇,传位皇太子。上曰:"朕承天命,抚育苍生,日昃孜孜,犹恐不逮。岂学近代帝王,事不师古,传位于子,自求逸乐者哉!"癸亥,突厥沙钵略遣使贡方物。

夏四月己亥,陈遣兼散骑常侍周磻、兼通直散骑常侍江椿来聘。

秋七月辛亥,河南诸州水。乙丑,京师雨毛,如马鬣尾,长者二尺余,短者六七寸。

八月辛卯,关内七州旱,免其赋税。遣散骑常侍裴豪、兼通直散骑常侍刘颢聘于陈。戊申,上柱国、太师、申国公李穆薨。

闰月己酉,以河州刺史段文振为兰州总管。丁卯,皇太子镇洛阳。辛未,晋王广、秦王俊并来朝。丙子,上柱国、郕国公梁士彦,上柱国、杞国公宇文忻,柱国、舒国公刘昉,以谋反伏诛。上柱国、许国公宇文善坐事除名。

九月辛巳,上素服御射殿,诏百僚射,赐梁士彦三家资物。丙戌,上柱国、宋安郡公元景山卒。庚子,以上柱国李询为湿州总管。辛丑,诏大象已来死事之家,咸令赈恤。

冬十月己酉,以河北道行台尚书令、并州总管、晋王广为雍州牧,余官如故,兵部尚书杨尚希为礼部尚书。癸丑,置山南道行台尚书省于襄州,以秦王俊为尚书令。丙辰,以芳州刺史骆平难为叠州刺史,衡州总管周法尚为黄州总管。甲子,甘露降于华林园。

七年春正月癸巳,有事于太庙。乙未,制诸州岁贡三人。

二月丁巳，祀朝日于东郊。己巳，陈遣兼散骑常侍王亨、兼通直散骑常侍王慎来聘。壬申，车驾幸醴泉宫。是月，发丁男十万余修筑长城，二旬而罢。

夏四月己酉，幸晋王第。庚戌，于扬州开山阳渎，以通运漕。突厥沙钵略可汗卒，其子雍虞间嗣立，是为都蓝可汗。癸亥，颁青龙符于东方总管、刺史，西方以驺虞，南方以朱雀，北方以玄武。甲戌，遣兼散骑常侍杨同、兼通直散骑常侍崔儦使于陈。以民部尚书苏威为吏部尚书。

五月乙亥朔，日有蚀之。己卯，雨石于武安、滏阳间十余里。

秋七月己丑，卫王爽薨，上发丧于门外外省。

八月丙午，以怀州刺史源雄为朔州总管。庚申，梁主萧琮来朝。

九月乙酉，梁安平王萧岩掠于其国，以奔陈。辛卯，废梁国，曲赦江陵。以梁主萧琮为柱国，封莒国公。

冬十月庚申，行幸同州，以先帝所居，降囚徒。癸亥，幸蒲州。丙寅，宴父老，上极欢，曰："此间人物，衣服鲜丽，容止闲雅，良由仕宦之乡，陶染成俗也。"

十一月甲午，幸冯翊，亲祠故社。父老对诏失旨，上大怒，免其县官而去。戊戌，至自冯翊。

八年春正月乙亥，陈遣散骑常侍袁雅、兼通直散骑常侍周止水来聘。

二月庚子，镇星入东井。辛酉，陈人寇硖州。

三月辛未，上柱国、陇西郡公李询卒。壬申，以成州刺史姜须达为会州总管。甲戌，遣兼散骑常侍程尚贤、兼通直散骑常侍韦恽使于陈。戊寅，诏曰：

昔有苗不宾，唐尧薄伐，孙皓僭虐，晋武行诛。有陈窃据江表，逆天暴物。朕初受命，陈顼尚存，思欲教之以道，不以龚行为令，往来修睦，望其迁善。时日无几，鲸恶已闻。厚纳叛亡，侵犯城戍，勾吴、闽越，肆厥残忍。于时王师大举，将一车书，陈顼反地收兵，深怀震惧，责躬请约，俄而致殒。矜其丧祸，仍诏班师。

叔宝承风，因求继好，载伫克念，共敦行李。每见珪璋入朝，辒轩出使，何尝不殷勤晓喻，戒以惟新。而狼子之心，出而弥野，威侮五行，怠弃三正，诛剪骨肉，夷灭才良。据手掌之地，恣溪壑之险，劫夺间阎，资产俱竭，驱蹙内外，劳役弗已。征责女子，擅造宫室，日增月益，止足无期，帷薄嫔嫱，有逾万数。宝衣玉食，穷奢极侈，淫声乐饮，俾昼作夜。斩直言之客，灭无罪之家，剖人之肝，分人之血。欺天造恶，祭鬼求恩，歌忤衢路，酣醉宫闱。盛粉黛而执干戈，曳罗绮而呼警跸，跃马振策，从旦至昏，无所经营，驰走不息。负甲持仗，随逐徒行，追而不及，即加罪谴。自古昏乱，罕或能比。介士武夫，饥寒力役，筋髓罄于土木，性命俟于沟渠。君子潜逃，小人得志，家家隐杀戮，各各任聚敛。天灾地孽，物怪人妖，衣冠钳口，道路以目。倾心翘足，誓告于我，日月以冀，文奏相寻。重以背德违言，摇荡疆场，巴峡之下，海澨已西，江北、江南，为鬼为蜮。死陇穷发掘之酷，生居极攘夺之苦，抄掠人畜，断截樵苏，市井不立，农事废寝。历阳、广陵，窥觎相继，或谋图城邑，或劫剥吏人，昼伏夜游，鼠窜狗盗。彼则赢兵敝卒，来必就擒，此则重门设险，有劳藩捍。天之所覆，无非朕臣，每关听览，有怀伤恻。有梁之国，我南藩也，其君入朝，潜相招诱，不顾朕恩。士女深迫胁之悲，城府致空虚之叹。非直朕居人上，怀此无忘，既而百辟屡以为言，兆庶不堪其请，岂容对而不诛，忍而不救！

近日秋始,谋欲吊人。益部楼船,尽令东鹜,便有神龙数十,腾跃江流,引伐罪之师,向金陵之路,船住则龙止,船行则龙去,四日之内,三军皆睹,岂非苍旻爱人,幽明展事,降神先路,协赞军威! 以上天之灵,助裁定之力,便可出师授律,应机诛殄,在斯举也,永清吴、越。其将士粮仗,水陆资须,期会进止,一准别勅。

秋八月丁未,河北诸州饥,遣吏部尚书苏威赈恤之。

九月丁丑,宴南征诸将,颁赐各有差。癸巳,嘉州言龙见。

冬十月己亥,太白出西方。己未,置淮南行台省于寿春,以晋王广为尚书令。辛酉,陈遣兼散骑常侍王琬、兼通直散骑常侍许善心来聘,拘留不遣。甲子,将伐陈,有事于太庙。命晋王广、秦王俊、清河公杨素并为行军元帅,以伐陈。于是晋王广出六合,秦王俊出襄阳,清河公杨素出信州,荆州刺史刘仁恩出江陵,宜阳公王世积出蕲春,新义公韩擒虎出庐江,襄邑公贺若弼出吴州,落丛公燕荣出东海,合总管九十,兵五十一万八千,皆受晋王节度。东接沧海,西拒巴、蜀,旌旗舟楫,横亘数千里。曲赦陈国。有星孛于牵牛。

十一月丁卯,车驾饯师。诏购陈叔宝位上柱国、万户公。乙亥,行幸定城,陈师誓众。丙子,幸河东。

十二月庚子,至自河东。

九年春正月己巳,白虹夹日,辛未,贺若弼拔陈京口,韩擒虎拔陈南豫州。癸酉,以尚书右仆射虞庆则为右卫大将军。丙子,贺若弼败陈师于蒋山,获其将萧摩诃。韩擒虎进师入建邺,获其将任蛮奴,获陈主叔宝。陈国平,合州三十,郡一百,县四百。癸巳,遣使持节巡抚之。

二月乙未,废淮南行台省。丙申,制五百家为乡,正一人;百家为里,长一人。丁酉,以襄州总管韦世康为安州总管。

夏四月己亥,幸骊山,亲劳旋师。乙巳,三军凯入,献俘于太庙。拜晋王广为太尉。庚戌,上御广阳门,宴将士,颁赐各有差。辛亥,大赦天下。己未,以陈都官尚书孔范,散骑常侍王瑳、王仪,御史中丞沈观等,邪佞于其主,以致亡灭,皆投之边裔。辛酉,以信州总管杨素为荆州总管,吏部侍郎宇文𢎞为刑部尚书,宗正少卿杨异为工部尚书。壬戌,诏曰:

往以吴、越之野,群黎涂炭,干戈方用,积习未宁。今率土大同,含生遂性,太平之法,方可流行。凡我臣僚,澡身浴德,开通耳目,宜从兹始。丧乱已来,缅将十载。君无君德,臣失臣道,父有不慈,子有不孝,兄弟之情或薄,夫妇之义或违。长幼失序,尊卑错乱。朕为帝王,志存爱养,时有臻道,不敢宁息。内外职位,遐迩黎人,家家自修,人人克念,使不轨不法,荡然俱尽。兵可立威,不可不戢,刑可助化,不可专行。禁卫九重之余,镇守四方之外,戎旅军器,皆宜停罢。代路既夷,群方无事,武力之子,俱可学文,人间甲仗,悉皆除毁。有功之臣,降情文艺,家门子侄,各守一经,令海内翕然,高山仰止。京邑庠序,爰及州县,生徒受业,升进于朝,未有灼然明经高第。此则教训不笃,考课未精,明勒所由,隆兹儒训。官府从宦,丘园素士,心迹相表,宽弘为念,勿为局促,乖我皇猷。

朕君临区宇,于兹九载。开直言之路,披不讳之心,形于颜色,劳于兴寝。自顷逞艺论功,昌言乃众,推诚切谏,其事甚疏。公卿士庶,非所望也,各启至诚,匡兹不逮。见善必进,有才必举,无或嘿默,退有后言。颁告天下,感咸此意。

闰月甲子，以安州总管韦世康为信州总管。丁丑，颁木鱼符于总管、刺史，雌一雄一。己卯，以吏部尚书苏威为尚书右仆射。

六月乙丑，以荆州总管杨素为纳言。丁丑，以吏部侍郎卢恺为礼部尚书。

时朝野物议，咸愿登封。秋七月丙午，诏曰："岂可命一将军，除一小国，遝迩注意，便谓太平。以薄德而封名山，用虚言而干上帝，非朕攸闻。而今以后，言及封禅，宜即禁绝。"

八月壬戌，以广平王雄为司空。

冬十一月壬辰，考使定州刺史豆卢通等上表，请封禅，上不许。庚子，以右卫大将军虞庆则为右武侯大将军，右领军将军李安为右领军大将军。甲寅，降囚徒。

十二月甲子，诏曰："朕祗承天命，清荡万方。百王衰敝之后，兆庶浇浮之日，圣人遗训，扫地俱尽，制礼作乐，今也其时。朕情存古乐，深思雅道。郑、卫淫声，鱼龙杂戏，乐府之内，尽以除之。今欲更调律吕，改张琴瑟。且妙术精微，非因教习，工人代掌，止传槽粕，不足达神明之德，论天地之和。区域之间，奇才异艺，天知神授，何代无哉！盖晦迹于非时，俟昌言于所好，宜可搜访，速以奏闻，庶睹一艺之能，共就九成之业。"仍诏太常牛弘、通直散骑常侍许善心、秘书丞姚察、通直郎虞世基等议定作乐。己巳，以黄州总管周法尚为永州总管。

十年春正月乙未，以皇孙昭为河南王，楷为华阳王。

二月庚申，幸并州。

夏四月辛酉，至自并州。

五月乙未，诏曰："魏末丧乱，宇县瓜分，役车岁动，未遑休息。兵士军人，权置坊府，南征北伐，居处无定。家无完堵，地罕包桑，恒为流寓之人，竟无乡里之号。朕甚愍之。凡是军人，可悉属州县，垦田籍帐，一与民同。军府统领，宜依旧式。罢山东河南及北方缘边之地新置军府。"

六月辛酉，制人年五十，免役收庸。癸亥，以灵州总管王世积为荆州总管，浙州刺史元胄为灵州总管。

秋七月癸卯，以纳言杨素为内史令。庚戌，上亲录囚徒。辛亥，高丽辽东郡公高阳卒。壬子，吐谷浑遣使来朝。

八月壬申，遣柱国、襄阳郡公韦洸，上开府、东莱郡公王景，并持节巡抚岭南，百越皆服。

冬十月甲子，颁木鱼符于京师官五品已上。戊辰，以永州总管周法尚为桂州总管。

十一月辛卯，幸国学，颁赐各有差。丙午，契丹遣使朝贡。辛丑，有事于南郊。是月，婺州人汪文进、会稽人高智慧；苏州人沈玄恺皆举兵反，自称天子，署置百官。乐安蔡道人、蒋山李棱、饶州吴代华、永嘉沈孝彻、泉州王国庆、余杭杨宝英、交趾李春等皆自称大都督，攻陷州县。诏上柱国、内史令、越国公杨素讨平之。

十一年春正月丁酉，以平陈所得古器多为妖变，悉命毁之。辛丑，高丽遣使朝贡。丙午，皇太子妃元氏薨，上举哀于文思殿。

二月戊午，吐谷浑遣使贡方物。以大将军苏孝慈为工部尚书。丙子，以临颍令刘旷治术尤异，擢为莒州刺史。己卯，突厥遣使献七宝碗。辛巳晦，日有蚀之。

三月壬午，遣通事舍人若干洽使于吐谷浑。癸未，以幽州总管周摇为寿州总管，朔州总管吐万绪为夏州总管。

夏四月戊午，突厥雍虞闾可汗遣其特勤来朝。

五月甲子，高丽遣使贡方物。癸卯，诏百官悉诣朝堂上封事。乙巳，以右卫将军元旻为左卫大将军。

秋七月己丑，以柱国杜彦为洪州总管。

八月壬申，幸栗园。滕王瓚薨。乙亥，至自栗园。上柱国、沛国公郑译卒。

十二月丙辰，靺鞨遣使贡方物。

十二年春正月壬子，以苏州刺史皇甫绩为信州总管，宣州刺史席代雅为广州总管。

二月己巳，以蜀王秀为内史令，兼右领军太将军，汉王谅为雍州牧、右卫大将军。

夏四月辛卯，以寿州总管周摇为襄州总管。

五月辛亥，广州总管席代雅卒。

秋七月乙巳，尚书右仆射、邳国公苏威，礼部尚书、容城县侯卢恺，并坐事除名。壬戌，幸昆明池，其日还宫。己巳，有事于太庙。壬申晦，日有蚀之。

八月甲戌，制天下死罪，诸州不得便决，皆令大理覆治。乙亥，幸龙首池。癸巳，制宿卫者不得辄离所守。丁酉，上柱国、夏州总管、楚国公豆卢勣卒。戊戌，上亲录囚徒。

九月丁未，以工部尚书杨异为吴州总管。

冬十月丁丑，以遂安王集为卫王。壬午，有事于太庙。至太祖神主前，上流涕鸣咽，悲不自胜。

十一月辛亥，有事于南郊。壬子，宴百僚，颁赐各有差。己未，上柱国、新义郡公韩擒虎卒。庚申，以豫州刺史权武为潭州总管。甲子，百僚大射于武德殿。

十二月癸酉，突厥遣使来朝。乙酉，以上柱国、内史令杨素为尚书右仆射。己酉，吐谷浑、靺鞨并遣使贡方物。

十三年春正月乙巳，上柱国、郇国公韩建业卒。丙午，契丹、奚、霫室韦并遣使贡方物。壬子，亲祀感帝。己未，以信州总管韦世康为吏部尚书。壬戌，行幸岐州。

二月丙子，诏营仁寿宫。丁亥，至自岐州。戊子，宴考使于嘉则殿。己卯，立皇孙暕为豫章王。戊子，晋州刺史、南阳郡公贾悉达，隰州总管、抚宁郡公韩延等，以贿伏诛。己丑，制坐事去官者，配流一年。丁酉，制私家不得隐藏纬候图谶。

夏四月癸未，制战亡之家，给复一年。

五月癸亥，诏人间有撰集国史、臧否人物，皆令禁绝。

秋七月戊申，靺鞨遣使贡方物。壬子，左卫大将军、云州总管、钜鹿郡公贺娄子干卒。丁巳，幸昆明池。戊辰晦，日有蚀之。

九月丙辰，降囚徒。庚申，以邘国公杨纶为滕王。乙丑，以柱国杜彦为云州总管。

冬十月乙卯，上柱国、华阳郡公梁彦光卒。

十四年夏四月乙丑，诏曰："在昔圣人，作乐崇德，移风易俗，于斯为大。自晋氏播迁，兵戈不息，雅乐流散，年代已多，四方未一，无由辨正。赖上天鉴临，明神降福，拯兹涂炭，安息苍生，天下大同，归于治理，遗文旧物，皆为国有。比命所司，总令研究，正乐雅声，详考已讫，宜即施用，见行者停。人间音乐，流僻日久，弃其旧体，竞造繁声，浮宕不归，遂以成俗。宜加禁约,务存其本。"

五月辛酉,京师地震。关内诸州旱。

六月丁卯,诏省府州县,皆给公廨田,不得治生,与人争利。

秋七月乙未,以邳国公苏威为纳言。

八月辛未,关中大旱,人饥。上率户口就食于洛阳。

九月己未,以齐州刺史樊子盖为循州总管。丁巳,以基州刺史崔仲方为会州总管。

冬闰十月甲寅,诏曰:"齐、梁、陈往皆创业一方,绵历年代。既宗祀废绝,祭奠无主,兴言矜念,良以怆然。莒国公萧琮及高仁英、陈叔宝等,宜令以时修其祭祀。所须器物,有司给之。"乙卯,制外官九品已上,父母及子年十五已上,不得将之官。

十一月壬戌,制州县佐史,三年一代,不得重任。癸未,有星孛于角亢。

十二月乙未,东巡狩。

十五年春正月壬戌,车驾次齐州,亲问疾苦。丙寅,旅王符山。庚午,上以岁旱,祠太山,以谢愆咎。大赦天下。

二月丙辰,收天下兵器,敢有私造者,坐之。关中缘边,不在其例。丁巳,上柱国、蒋国公梁睿卒。三月己未,至自东巡狩。望祭五岳海渎。丁亥,幸仁寿宫。营州总管韦艺卒。

夏四月己丑朔,大赦天下。甲辰,以赵州刺史杨达为工部尚书。丁未,以开府仪同三司韦冲为营州总管。

五月癸酉,吐谷浑遣使朝贡。丁亥,制京官五品已上,佩铜鱼符。

六月戊子,诏凿底柱。庚寅,相州刺史豆卢通贡绫文布,命焚之于朝堂。乙未,林邑遣使来贡方物。辛丑,诏名山大川未在祀典者,悉祠之。

秋七月乙丑,晋王广献毛龟。甲戌,遣邳国公苏威巡省江南。戊寅,至自仁寿宫。辛巳,制九品已上官,以理去职者,听并执笏。

冬十月戊子,以吏部尚书韦世康为荆州总管。

十一月辛酉,幸温汤。乙丑,至自温汤。

十二月戊子,勅盗边粮一升已上皆斩,并籍没其家。己丑,诏文武官以四考交代。

十六年春正月丁亥,以皇孙裕为平原王,筠为安成王,嶷为安平王,恪为襄城王,该为高阳王,韶为建安王,奥为颍川王。

夏五月丁巳,以怀州刺史庞晃为夏州总管,蔡阳县公姚辩为灵州总管。

六月甲午,制工商不得进仕。并州大蝗。辛丑,诏九品已上妻,五品以上妾,夫亡不得改嫁。

秋八月丙戌,诏决死罪者,三奏而后行刑。

冬十月己丑,幸长春宫。

十一月壬子,至自长春宫。

十七年春二月癸未,太平公史万岁击西宁羌,平之。庚寅,幸仁寿宫。庚子,上柱国王世积讨桂州贼李光仕,平之。壬寅,河南王昭纳妃,宴群臣,颁赐各有差。

三月丙辰,诏曰:"分职设官,共理时务,班位高下,各有等差。若所在官人不相敬惮,多自宽纵,事难克举。诸有殿失,虽备科条,或据律乃轻,论情则重,不即决罪,无以惩肃。

其诸司论属官，若有愆犯，听于律外斟酌决杖。"辛酉，上亲录囚徒。癸亥，上柱国、彭国公刘昶以罪伏诛。庚午，遣治书侍御史柳彧、皇甫诞巡省河南、河北。

夏四月戊寅，颁新历。壬午，诏曰："周历告终，群凶作乱，衅起蕃服，毒被生人。朕受命上玄，廓清区宇，圣灵垂祐，文武同心。申明公穆、郧襄公孝宽、广平王雄、蒋国公睿、楚国公勋、齐国公勋、越国公素、鲁国公庆则、新宁公长叉、宜阳公世积、赵国公罗云、陇西公询、广业公景、真昌公振、沛国公译、项城公子相、钜鹿公子干等，登庸纳揆之时，草昧经纶之日，丹诚大节，心尽帝图，茂绩殊勋，力宣王府。宜弘其门绪，与国同休。其世子世孙未经州任者，宜量才升用，庶享荣位，世禄无穷。"

五月，宴百僚于玉女泉，颁赐各有差。己巳，蜀王秀来朝。高丽遣使贡方物。甲戌，以左卫将军独孤罗云为凉州总管。

闰月己卯，群鹿入殿门，驯扰侍卫之内。

秋七月丁丑，桂州人李代贤反，遣右武侯大将军虞庆则讨平之。丁亥，上柱国、并州总管秦王俊坐事免，以王就第。戊戌，突厥遣使贡方物。

八月丁卯，荆州总管、上庸郡公韦世康卒。

九月甲申，至自仁寿宫。庚寅，上谓侍臣曰："礼主于敬，皆当尽心。黍稷非馨，贵在祗肃。庙庭设乐，本以迎神，斋祭之日，触目多感。当此之际，何可为心！在路奏乐，礼未为允。群公卿士，宜更详之。"

冬十月丁未，颁铜兽符于骠骑、车骑府。戊申，道王静薨。庚午，诏曰："五帝异乐，三王殊礼，皆随事而有损益，因情而立节文。仰惟祭享宗庙，瞻敬如在，罔极之感，情深兹日。而礼毕升路，鼓吹发音，还入宫门，金石振响。斯则哀乐同日，心事相违，情所不安，理实未允。宜改兹往式，用弘礼教。自今已后，享庙日不须备鼓吹，殿庭勿设乐悬。"辛未，京师大索。

十一月丁亥，突厥遣使来朝。

十二月壬子，上柱国、右武侯大将军、鲁国公虞庆则以罪伏诛。

十八年春正月辛丑，诏曰："吴、越之人，往承弊俗，所在之处，私造大船，因相聚结，致有侵害。其江南诸州，人间有船长三丈已上，悉括入宫。"

二月甲辰，幸仁寿宫。乙巳，以汉王谅为行军元帅，水陆三十万伐高丽。

三月乙亥，以柱国杜彦为朔州总管。

夏四月癸卯，以蒋州刺史郭衍为洪州总管。

五月辛亥，诏畜猫鬼、蛊毒、厌魅、野道之家，投于四裔。

六月丙寅，下诏黜高丽王高元官爵。

秋七月壬申，诏以河南八州水，免其课役。丙子，诏京官五品已上，总管、刺史，以志行修谨、清平干济二科举人。

九月己丑，汉王谅师遇疾疫而旋，死者十八九。庚寅，敕舍客无公验者，坐及刺史、县令。辛卯，至自仁寿宫。

冬十一月甲戌，上亲录囚徒。癸未，有事于南郊。

十二月庚子，上柱国、夏州总管、任城郡公王景以罪伏诛。是月，自京师至仁寿宫，置行宫十有二所。

十九年春正月癸酉，大赦天下。戊寅，大射武德殿，宴赐百官。二月己亥，晋王广来朝。辛丑，以并州总管长史宇文㪍为朔州总管。甲寅，幸仁寿宫。

夏四月丁酉，突厥利可汗内附。达头可汗犯塞，遣行军总管史万岁击破之。

六月丁酉，以豫章王暕为内史令。

秋八月癸卯，上柱国、尚书左仆射、齐国公高颎坐事免。辛亥，上柱国、皖城郡公张威卒。甲寅，上柱国，城阳郡公李彻卒。

九月乙丑，以太常卿牛弘为吏部尚书。

冬十月甲午，以突厥利可汗为启人可汗，筑大利城处其部落。庚子，以朔州总管宇文㪍为代州总管。

十二月乙未，突厥都蓝可汗为部下所杀。丁丑，星陨于渤海。

二十年春正月辛酉朔，上在仁寿宫。突厥、高丽、契丹并遣使贡方物。癸亥，以代州总管宇文㪍为吴州总管。

二月己巳，以上柱国崔弘度为原州总管。丁丑，无云而雷。

三月辛卯，熙州人李英林反，遣行军总管张衡讨平之。

夏四月壬戌，突厥犯塞，以晋王广为行军元帅，击破之。乙亥，天有声如泻水，自南而北。

六月丁丑，秦王俊薨。

秋八月，老人星见。

九月丁未，至自仁寿宫。癸丑，吴州总管杨异卒。

冬十月己未，太白昼见。乙丑，皇太子勇及诸子并废为庶人。杀柱国、太平县公史万岁。己巳，杀左卫大将军、五原郡公元旻。

十一月戊子，天下地震，京师大风雪。以晋王广为皇太子。

十二月戊午，诏东宫官属不得称臣于皇太子。辛巳，诏曰："佛法深妙，道教虚融，咸降大慈，济度群品，凡在含识，皆蒙覆护。所以雕铸灵相，图写真形，率土瞻仰，用申诚敬。其五岳四镇，节宣云雨，江、河、淮、海，浸润区域，并生养万物，利益兆人，故建庙立祀，以时恭敬。敢有毁坏偷盗佛及天尊像、岳镇海渎神形者，以不道论。沙门坏佛像、道士坏天尊者，以恶逆论。"

仁寿元年春正月乙酉朔，大赦，改元。以尚书右仆射杨素为尚书左仆射，纳言苏威为尚书右仆射。丁酉，徙河南王昭为晋王。突厥寇恒安，遣柱国韩洪击之，官军败绩。以晋王昭为内史令。辛丑，诏曰："君子立身，虽云百行，唯诚与孝，最为其首。故投主殉节，自古称难，殒身王事，礼加二等。而代俗之徒，不达大义，至于致命戎旅，不入兆域。亏孝子之意，伤人臣之心，兴言念此，每深愍叹。且入庙祭祀，并不废缺，何止坟茔，独在其外。自今已后，战亡之徒，宜入墓域。"

二月乙卯朔，日有蚀之。辛巳，以上柱国独孤楷为原州总管。

三月壬辰，以豫章王暕为扬州总管。

夏四月，以淅州刺史苏孝慈为洪州总管。五月己丑，突厥男女九万口来降。壬辰，骤雨震雷，大风拔木，宜君湫水移于始平。

六月癸丑，洪州总管苏孝慈卒。乙卯，遣十六使巡省风俗。乙丑，诏曰："儒学之道，

训教生人，识父子君臣之义，知尊卑长幼之序，升之于朝，任之以职，故能赞理时务，弘益风范。朕抚临天下，思弘德教，延集学徒，崇建痒序，开进仕之路，佇贤之人。而国学青子，垂将千数，州县诸生，咸亦不少。徒有名录，空度岁时，未有德为代范，才任国用。良由设学之理，多而未精。今宜简省，明加奖励。"于是国子学唯留学生七十人，太学、四门及州县学并废。其日，颁舍利于诸州。

秋七月戊戌，改国子为太学。

九月癸未，以柱国杜彦为云州总管。

十一月己丑，有事于南郊。壬辰，以资州刺史卫玄为遂州总管。

二年春二月辛亥，以邢州刺史侯莫陈颖为桂州总管，宗正杨祀为荆州总管。

三月己亥，幸仁寿宫。壬寅，以齐州刺史张乔为潭州总管。

夏四月庚戌，岐、雍二州地震。

秋七月丙戌，诏内外官各举所知。戊子，以原州总管独孤楷为益州总管。

八月己巳，皇后独孤氏崩。

九月丙戌，至自仁寿宫。壬辰，河南、北诸州大水，遣工部尚书杨达赈恤之。乙未，上柱国、襄州总管、金水郡公周摇卒。陇西地震。

冬十月壬子，曲赦益州管内。癸丑，以工部尚书杨达为纳言。

闰月甲申，诏尚书左仆射杨素与诸术者刊定阴阳舛谬。己丑，诏曰："礼之为用，时义大矣。黄琮苍璧，降天地之神，粢盛牲食，展宗庙之敬，正父子君臣之序，明婚姻丧纪之节。故道德仁义，非礼不成，安上治人，莫善于礼。自区宇乱离，绵历年代，王道衰而变风作，微言绝而大义乖。与代推移，其弊日甚。至于四时郊祀之节文，五服麻葛之隆杀，是非异说，蹐驳殊涂。致使圣教凋讹，轻重无准。朕祗承天命，抚临生人，当洗涤之时，属干戈之代。克定祸乱，先运武功，删正彝典，日不暇给。今四海义安，五戎勿用，理宜弘风训俗，导德齐礼，缀往圣之旧章，兴先王之茂则。尚书左仆射、越国公杨素，尚书右仆射、邳国公苏威，吏部尚书、奇章公牛弘，内史侍郎薛道衡，秘书丞许善心，内史舍人虞世基，著作郎王劭，或任居端揆，博达古今，或器推令望，学综经史。委以裁缉，实允佥议。可并修订五礼。"壬寅，葬献皇后于太陵。

十二月癸巳，上柱国、益州总管蜀王秀废为庶人。交州人李佛子举兵反，遣行军总管刘方讨平之。

三年春二月己卯，原州总管、比阳县公庞晃卒。戊子，以大将军、蔡阳郡公姚辩为左武侯大将军。

夏五月癸卯，诏曰："哀哀父母，生我劬劳，欲报之德，昊天罔极。但风树不静，严敬莫追，霜露既降，感思空切。六月十三日，是朕生日，宜令海内为武元皇帝、元明皇后断屠。"

六月甲午，诏曰：

《礼》云："至亲以期断。"盖以四时之变易，万物之更始，故圣人象之。其有三年，加隆尔也。但家无二尊，母为厌降，是以父存丧母，还服于期者，服之正也。岂容期内而更小祥！然三年之丧而有小祥者，《礼》云："期祭，礼也。期而除丧，道也。"以是之故，虽未再期，而天地一变，不可不祭，不可不除，故有练焉，以存丧祭之本。然期丧有练，于理未安。虽云十一月而练，乃无所法象，非期非时，岂可除祭。而儒者徒拟三年之丧，立练禫之节，可谓苟存其变,而失其本,欲渐于夺,乃薄于丧。致使子则冠练去绖,黄里缥缘,绖则布葛在躬,粗服未改。岂非绖哀尚存,子情已夺,亲疏失伦,轻重颠倒!乃不顺人情,岂圣人之意也!故知先圣之礼废于人邪,三年之丧尚有不行之者,至于祥练之节,安能不坠者乎?

《礼》云:"父母之丧,无贵贱一也。"而大夫士之丧父母,乃贵贱异服。然则礼坏乐崩,由来渐矣。所以晏平仲之斩粗缞,其老谓之非礼,滕文公之服三年,其臣咸所不欲。盖由王道既衰,诸侯异政,将逾越于法度,恶礼制之害已,乃灭去篇籍,自制其宜。遂至骨肉之恩,轻重从俗,无易之道,隆杀任情。况孔子没而微言隐,秦灭学而经籍焚者乎!有汉之兴,虽求儒雅,人皆异说,义非一贯。又近代乱离,唯务兵革,其于典礼,时所未遑。夫礼不从天降,不从地出,乃人心而已者,谓情缘于恩也。故恩厚者其礼隆,情轻者其礼杀。圣人以是称情立文,别亲疏贵贱之节。自臣子道消,上下失序,莫大之恩,逐情而薄,莫重之礼,与时而杀。此乃服不称丧,容不称服,非所谓圣人缘恩表情,制礼之义也。

然丧与易也,宁在于戚,则礼之本也。礼有其余,未若于哀,则情之实也。今十一月而练者,非礼之本,非情之实。由是言之,父存丧母,不宜有练。但依礼十三月而祥,中月而禫。庶以合圣人之意,达孝子之心。

秋七月丁卯,诏曰:

日往月来,唯天所以运序,山镇川流,唯地所以宣气。运序则寒暑无差,宣气则云雨有作,故能成天地之大德,育万物而为功。况一人君于四海,睹物欲运,独见致治,不藉群才,未之有也。是以唐尧钦明,命羲、和以居岳,虞舜叡德,升元、凯而作相。伊尹鼎俎之媵,为殷之阿衡,吕望渔钓之夫,为周之尚父。此则鸣鹤在阴,其子必和,风云之从龙虎,贤哲之应圣明,君德不回,臣道以正,故能通天地之和,顺阴阳之序,岂不由元首而有股肱乎?

自王道衰,人风薄,居上莫能公道以御物,为下必蹑私法以希时。上下相蒙,君臣义失。义失则政乖,政乖则人困。盖同德之风难嗣,离德之轨易追,则任者不休,休者不任,则众口铄金,戮辱之祸不测。是以行歌避代,辞位灌园,卷而可怀,黜而无愠。放逐江湖之上,沈赴河海之流,所以自洁而不悔者也。至于闾阎秀异之士,乡曲博雅之儒,言足以佐时,行足以励俗,遗弃于草野,埋灭而无闻,岂胜道哉!所以览古而叹息者也。

方今区宇一家,烟火万里,百姓义安,四夷宾服,岂是人功,实乃天意。朕惟夙夜祇惧,将所以上嗣明灵,是以小心励己,日慎一日。以黎元在念,忧兆庶未康,以庶政为怀,虑一物失所。虽求傅岩,莫见幽人,徒想崆峒,未闻至道。唯恐商歌于长夜,抱关于夷门,远迹犬羊之间,屈身僮仆之伍。其令州县搜扬贤哲,皆取明知今古,通识治乱,究政教之本,达礼乐之源。不限多少,不得不举。限以三旬,咸令进路。征召将送,必须以礼。

八月壬申,上柱国、检校幽州总管、落丛郡公燕荣以罪伏诛。

九月壬戌,置常平官。甲子,以营州总管韦冲为民部尚书。

十二月癸酉,河南诸州水,遣纳言杨达赈恤之。

四年春正月丙辰,大赦。甲子,幸仁寿宫。乙丑,诏赏罚支度,事无巨细,并付皇太子。

夏四月乙卯,上不豫。

六月庚申,大赦天下。有星入月中,数日而退。长人见于雁门。

秋七月乙未，日青无光，八日乃复。乙亥，以大将军段文振为云州总管。甲辰，上以疾甚，卧于仁寿宫，与百僚辞诀，并握手歔欷。丁未，崩于大宝殿，时年六十四。遗诏曰：

嗟乎！自昔晋室播迁，天下丧乱，四海不一，以至周、齐，战争相寻，年将三百。故割疆土者非一所，称帝王者非一人，书轨不同，生人涂炭。上天降鉴，爰命于朕，用登大位，岂关人力！故得拨乱反正，偃武修文，天下大同，声教远被，此又是天意欲宁区夏。所以昧旦临朝，不敢逸豫，一日万机，留心亲览，晦明寒暑，不惮劬劳，匪曰朕躬，盖为百姓故也。王公卿士，每日阙庭，刺史以下，三时朝集，何尝不罄竭心府，诚敕殷勤。义乃君臣，情兼父子，庶藉百僚智力，万国欢心，欲令率土之人，永得安乐，不谓遘疾弥留，至于大渐。此乃人生常分，何足言及！但四海百姓，衣食不丰，教化政刑，犹未尽善，兴言念此，唯以留恨。朕今年逾六十，不复称夭，但筋力精神，一时劳竭。如此之事，本非为身，止欲安养百姓，所以致此。

人生子孙，谁不爱念，既为天下，事须割情。勇及秀等，并怀悖恶，既知无臣子之心，所以废黜。古人有言："知臣莫若于君，知子莫若于父。"若令勇、秀得志，共治家国，必当戮辱偏于公卿，酷毒流于人庶。今恶子孙已为百姓黜屏，好子孙足堪负荷大业。此虽朕家事，理不容隐。前对文武侍卫，具已论述。皇太子广，地居上嗣，仁孝著闻，以其行业，堪成朕志。但令内外群官，同心戮力，以此共治天下，朕虽瞑目，何所复恨。

但国家事大，不可限以常礼。既葬公除，行之自昔，今宜遵用，不劳改定。凶礼所须，才令周事。务从节俭，不得劳人。诸州总管、刺史已下，宜各率其职，不须奔赴。自古哲王，因人做法，前帝后帝，沿革随时。律令格式，或有不便于事者，宜依前敕修改，务当政要。呜呼，敬之哉！无坠朕命！

乙卯，发丧。河间杨柳四株无故黄落，既而花叶复生。

八月丁卯，梓宫至自仁寿宫。丙子，殡于大兴前殿。

冬十月己卯，合葬于太陵，同坟而异穴。

上性严重，有威容，外质木而内明敏，有大略。初，得政之始，群情不附，诸子幼弱，内有六王之谋，外致三方之乱。握强兵居重镇者，皆周之旧臣。上推以赤心，各展其用，不逾期月，克定三边，未及十年，平一四海。薄赋敛，轻刑罚，内修制度，外抚戎夷。每旦听朝，日昃忘倦，居处服玩，务存节俭，令行禁止，上下化之。开皇、仁寿之间，丈夫不衣绫绮，而无金玉之饰，常服率多布帛，装带不过以铜铁骨角而已。虽啬于财，至于赏赐有功，亦无所爱吝。乘舆四出，路逢上表者，则驻马亲自临问。或潜遣行人采听风俗，吏治得失，人间疾苦，无不留意。尝遇关中饥，遣左右视百姓所食。有得豆屑杂粮而奏之者，上流涕以示群臣，深自咎责，为之彻膳不御酒肉者殆将一期。及东拜太山，关中户口就食洛阳者，道路相属，上教斥候，不得辄有驱逼，男女参厕于仗卫之间。逢扶老携幼者，辄引马避之，慰勉而去。至艰险之处，见负担者，辄令左右扶助之。其有将士战没，必加优赏，仍令使者就家劳问。自强不息，朝夕孜孜，人庶殷繁，帑藏充实。是未能臻于至治，亦足称近代之良主。然天性沉猜，素无学术，好为小数，不达大体，故忠臣义士莫得尽心竭辞。其草创元勋及有功诸将，诛夷罪退，宿有存者。又不悦诗书，废除学校，唯妇言是用，废黜诸子。逮于暮年，持法尤峻，喜怒无常，过于杀戮。尝令左右送西域朝贡使出玉门关，其人所经之处，或受牧宰小物馈赠鹦鹉、鹿皮、马鞭之属，上闻而大怒。又诣武库，见署中荒稔不治,于是执武库令及诸受遗者,出开远门,亲自临决,死者数十人。又往往潜令人赂遗令史府史,有受者必死,无所宽贷。议者以此少之。

【译文】

高祖文皇帝姓杨,名坚,弘农郡华阴人。汉代太尉杨震的八世孙铉,在北燕任北平太守。铉生元寿,在北魏世代任武川镇司马,子孙后代就留居此地。元寿生太原太守惠嘏,嘏生平原太守烈,烈生宁远将军祯,祯生忠,杨忠就是高祖皇帝的父亲。杨忠跟随周太祖在关西起义,皇上赐姓为普六茹氏,官至柱国、大司空、隋国公。去世后,朝廷追赠太保,谥号为桓。

高祖母亲吕氏,大统七年六月癸丑夜间在冯翊郡的般若寺生下高祖,当时殿庭中充满了紫气。一位来自河东的尼姑对吕氏说:“这孩子生得与众不同,不能在世间抚养。”便把高祖安置在寺庙其他房中,由她亲自抚养。一次吕氏正抱着高祖,忽见他头上长角,通体长鳞,大为惊骇,失手把孩子掉在地上。尼姑从外面进来,见此情景说:“已经吓着我儿,将导致他晚得天下。”高祖生就一副帝王之貌,目光外射,手中有一“王”字,身材上长下短,深沉威严。初入太学时,即使是最亲近的人,也不敢不尊重他。

高祖十四岁时,京兆尹薛善征辟他任功曹参军。十五岁时,以父亲杨忠的功勋授任散骑常侍、车骑大将军、仪同三司,封爵为成纪县公。十六岁时,升任骠骑大将军,加开府。周太祖见到他后慨叹说:“从这孩子的品格、骨气来看,不像是世间之人!”明帝即位后,授官右小宫伯,进封大兴郡公。明帝曾派善于看相的赵昭去看高祖,赵昭看后欺骗明帝说:“不过是作柱国的材料。”随后私下对高祖说:“公应当成为天下人的君主,必须经历大诛杀才能平定天下,请好好记住我的话。”

武帝即位,升任左小宫伯。后来到地方上出任随州刺史,进位大将军。以后朝廷又召他入朝,正遇母亲卧病三年,他日夜不离母亲左右,以孝顺为人称道。宇文护执掌朝政,非常忌恨高祖,高祖几次险遭陷害,都是由于大将军侯伏侯(万)寿等人的救护才得以脱险。此后又继袭隋国公的爵位。武帝聘高祖长女为太子妃,对他更加尊敬。齐王宪对武帝说:“普六茹坚相貌非凡,我每次遇见他,都不禁茫然无措,恐怕不会屈居人下,请求您尽早除掉他。”武帝说:“他只能作将才。”内史王轨多次对皇上讲:“皇太子不是一国之主,普六茹坚倒有反叛之相。”皇上不高兴,说:“假若由天命决定了,将怎么办?”高祖非常恐惧,从此就深藏不露,韬晦隐迹。

建德年间,高祖亲率三万水军,在河桥大败齐军。第二年,跟随皇上平定北齐,升为柱国。和宇文宪在冀州打败齐国任城王高谐后,充任定州总管。在此之前,定州城西门长期关闭不开,齐文宣帝时曾有人请求开启此门,以便通行,皇上不同意,说:“应有圣人来开此门。”及高祖来到定州后,此门自动开启,人们无不惊异。不久又改任亳州总管。宣帝即位,高祖身为皇后之父被征召,拜官上柱国、大司马。大象初年,升任大后丞、右司武,不久又改官大前疑。皇上每次出外巡视,常由他留守京师。当时皇上制定了《刑经圣制》,非常苛刻、残酷。高祖认为法令滋彰不是兴教化的办法,所以恳切规劝,皇上却不采纳。

高祖地位、声望更加显赫,宣帝多有顾忌。皇上有四位宠姬,都是皇后,后家各自争宠,互相诋毁。宣帝每次愤愤地对杨皇后说:"我一定要族灭你家。"便召见高祖,事先对左右的人讲:"只要杨坚行色有变,就立刻杀死他。"高祖到来后,神色自若,皇上这才没杀他。

大象二年五月,任命高祖为扬州总管,即将启程赴任时,突然患了足疾,没有走成。乙未日,宣帝去世。当时静帝宇文衍年幼,不能亲理政事。内史上大夫郑译、御正大夫刘昉因高祖身为皇后之父,名声显赫,众望所归,便假造宣帝诏书,让高祖入朝掌理朝政,都督中外诸军事。高祖害怕在外的周氏诸王作乱,就以赵王招即将把女儿千金公主嫁给突厥为借口,召他们回朝。丁未日,发丧。庚戌日,静帝拜高祖假黄钺、左大丞相,总管文武百官事。以正阳宫为丞相府,郑译任长史,刘昉任司马,府中设置僚佐。宣帝统治时期,由于刑法苛严,民心恐惧不安。至此,高祖取代以宽仁怀柔之政,法令简明,并躬行节俭,天下百姓非常喜悦。

六月,被召回朝的赵王招、陈王纯、越王盛、代王达、滕王逌五人全部抵达长安。相州总管尉迟迥认为自己是朝廷位高望重的大臣和富有经验的老将,对高祖掌权心怀不服,便在相州举兵。赵、魏之地的士大夫,从者如流,十天的功夫就聚众十多万人。宇文胄、石悊、席毗(罗)和弟弟叉罗等人,分别从荥州、建州、沛郡、兖州等地举兵响应尉迟迥。尉迟迥把自己的儿子送到陈朝作人质,以求陈援助。高祖命令上柱国、郧国公韦孝宽出兵讨伐。雍州牧毕王贤和赵、陈等五位皇室藩王见高祖已拥有民心,便阴谋作乱。高祖将毕王抓来斩首,对赵王等人的罪行暂不宣布,以优礼对待,准其剑履上殿,入朝不趋,使他们安心。

七月,陈将陈纪、萧摩诃等人入侵广陵,吴州总管于颛回师击败了他们。广陵人杜乔生聚众谋反,刺史元义平定了叛乱。韦孝宽在相州打败尉迟迥,将其首级传送到京,一举平定其余党。当初,尉迟迥叛乱时,郧州总管司马消难举州响应,淮南也有很多州县响应。朝廷命襄州总管王谊前往征讨,司马消难逃往陈朝。荆州、郧州的少数民族蛮人也乘机作乱,朝廷命亳州总管贺若谊平定了叛乱。从前,上柱国王谦任益州总管,他见幼主在位,高祖秉政,就发动巴、蜀百姓,以挽救周室为名起兵。高祖当时正忙于关东、山南的平叛,没顾上征讨。王谦进兵屯守剑阁,攻陷始州。至此,才派行军元师、上柱国梁睿平定蜀乱,将王谦首级献给朝廷。巴蜀之地非常险要,这里的人常常叛乱。朝廷于是重新开辟平坦道路,捣毁剑阁之路,立石刻铭,以训诫后人。五王策划更紧,高祖带着酒食到赵王宅第去,打算观察他的所作所为。赵王事先埋伏下武装的士兵,宴请高祖,伺机杀他。高祖处境危险,幸亏有元胄相救,才得以免祸。此事记载在《元胄传》中。于是,朝廷将赵王招、越王盛处死。

九月,任命嫡长子杨勇为洛州总管、东京小冢宰。壬子日,周帝下诏说:"假黄钺、使持节、左大丞相、都督内外诸军事、上柱国、大冢宰、隋国公杨坚以其精诚感应神明,其思想超过雅俗,其德操协合天地。自从入仕为官以来,公卿士大夫都倾心依附,能通万物之志,成天下之务,使人事各得所宜,天下人接受教化。他曾受先帝遗诏辅佐我治理朝政,合谐天地,含育万物,顺应阴阳,抚慰四夷。近来朝廷内忧外患,杨坚以他勇猛无畏的志向、运筹帷幄的谋略,诛杀宗室叛逆,平定地方暴乱。现在远近清肃,实在都有赖于他。天下百姓、文武百官无不听从他的教诲,享受他的功德。杨坚治定功成,为国任重,其神谋与盛德皆举世无双。可授予大丞相，罢省左、右丞相官，其余官职依旧不变。"

冬季十月壬申日，皇上下诏追赠高祖曾祖父杨烈为柱国、太保、都督徐兖等十州诸军事、徐州刺史、隋国公，谥号康；祖父杨祯追赠柱国、太傅、都督陕蒲等十三州诸军事、同州刺史、隋国公，谥号为献；父亲杨忠追赠上柱国、太师、大冢宰、都督冀定等十三州诸军事、雍州牧。下令诛杀陈王纯。癸酉日，上柱国、郧国公韦孝宽去世。

十一(二)月辛未日，杀代王达、滕王逌。

十二月甲子日，周帝下诏称：

合天地之德者为圣人，调阴阳之气的是上宰。所以神灵降临，造就众生，以代天工，成就伟业。假黄钺、使持节、大丞相、都督内外诸军事、上柱国、大冢宰、隋国公杨坚，顺应时运，以三公之位、辅政之勤为其家族增添荣耀。心同伊尹，必致尧舜，情似孔丘，效法文武。刚刚入仕就风流盖世，公卿百姓仰慕他的治事准则，绅士都奉他为师表。他出入于宫廷、州郡之间，以精绝的谋划和丰功伟绩远近驰名。往日平定关东时，人心不安，燕南赵北，堪为天府。杨坚秉承朝命，担当统帅，他用仁政怀柔百姓，并用礼义加以引导，使他们像敬畏神灵、依赖阳光那样款服朝廷，他的美德和功绩一直为人们所称颂。淮海之地荒芜多年，杨坚坐镇南疆，任人唯贤，威震远夷，令其与民同化。他掌握宫中和全国政务，军国大事更仰仗他的辅弼。皇帝出巡时，留守事务全靠他处理。当年周公陕西之任仅可与之相比，而汉臣在关内的重任却不及他。

至天崩地裂，先帝升天，我以少年之躯蒙受苦难。杨坚亲受遗诏，保护皇室。奸邪之人乘机阴谋篡国，反叛之心已成，举事之日指待。杨坚英明决策，潜心运筹，谋略远大，匡救国家，保护民众，谋反之人都被缉拿归案。尉迟迥等人起兵叛乱，使半个国家都处于纷乱之中，致使祖宗创下的基业岌岌可危，黎民百姓几近丧命。司马消难在安陆为患，南通吴、越，响应者纷杂聚合，江汉地区处于骚乱状态。王谦在巴、蜀举兵，大有问鼎之势，国运将衰。杨坚运筹帷幄，出师征讨，各路将领都接受他的指挥。兵卒壮士无不感念其忠义，遂不误时限，一举平定叛乱。其功远播，其德合洽，百官端整，四方肃敬。普天之下，文治武功兼备，天地同德，山重水复，远近归心，使我得以继承帝位，无为而治，与天地同德。即使是伊尹辅殷、霍光佐汉，和杨坚的功劳相比也没什么了不起。

昔日营丘、曲阜之封地小国众多，晋文公重耳和齐桓公小白都受到特殊的礼遇，萧何朝拜享受优待之仪，吴芮授爵高于所有公侯。周、汉以后，各代都有良规，应尊崇典礼，效法古制。杨坚可授以相国之职，总领百官，免去都督内外诸军事和大冢宰之号，进爵位为王，以随州崇业郡，郧州安陆郡、城阳郡，温州宜人郡，应州平靖郡、上明郡，顺州淮南郡，士州永川郡，昌州广昌郡、安昌郡，申州义阳郡、淮安郡，息州新蔡郡、建安郡，豫州汝南郡、临颍郡、广宁郡、初安郡，蔡州蔡阳郡，郢州汉东郡等二十郡为隋国。允许他优礼进见，剑履上殿，入朝不趋，赞拜不名，可备九锡之礼，加玺绂、远游冠、相国印绿缤绶，地位在诸侯王之上。隋国所设丞相以下属官一切依旧。

高祖一再推让，皇上不允，便只接受了王的爵位和十郡封地。皇上下诏进封他的祖父、父亲为王，夫人为王妃。辛巳日，司马消难率领陈朝军队进寇江州，被刺史成休宁击退。

大定元年春季二月壬子日，皇上命令此日之前所赐姓氏，一律恢复旧姓。当天，周帝下诏说:"伊、周辅政,都不拒绝君主赐予的殊荣,桓、文称霸,也有特殊的赏赐,以表感通天帝之功,彰不世之业。相国隋王先前所加的策命,遵循了礼仪典制,但他恪守谦逊礼让之风,没有接受。令应重申,一如原诏。隋王立功争先,受赏居后,以退让为本,这实在有违我的旨意。应派公卿大臣全部前往隋王宫,以众心感化他,使他一定接受所赐。如再有退让的表奏,不要再通报我。"癸丑日,文武百官奉命前去敦促劝说,高祖这才接受。甲寅日,策书称:

假黄钺、使持节、大丞相、都督内外诸军事、上柱国、大冢宰隋王:天地覆载借人事以成功,古往今来,由王道盛衰孕育五行之气与天地万物,能代天工的只有大圣而已。乃有先哲,辅佐皇朝。积德行善,诞生首辅。隋王神采非凡,风骨异人,救国济世,除凶拨乱,使百神奉职,万国归心。伊尹靠先知先觉唤醒百姓,周公则弘扬大道,他们的才能都比不上杨坚。现将授以尊贵爵位,请敬听朕命:

朕操行不佳,早承帝业,上天降祸,父母早丧。奸邪者伺机图谋篡国,宫廷之内,忧虑不安。您接受先皇遗命,志在辅正,稳定内外,潜心策划,令奸邪震慑。谋用大明,使我转危为安,是您重建皇室,奠定霸业基础。您在我祖、父时已深得重用,入则掌握禁兵,出则治理州郡,文武兼治,朝野传颂。大兴问罪之师,长驱直入晋、魏,在平阳、冀州大展雄威。关东刚刚平定时,人心尚未统一。丛台以北,易水以南,西至井陉,东达沧海,绵延几千里,人数众多。您被委派治理重地,顺应民情,施以教化,法令宽简,百姓拥戴如泥从印,如草随风。这又是您的功劳;吴、越多年不服统治,淮海以外也时常失控。您整饬军旅,出镇亳州,武力与怀柔并施,郡盗自然逃散,境内秩序井然,民不闭户。百姓仰慕您的德行,背负幼子前来投奔,从此民风大变。这又是您的功劳;宣帝统治时,您身为皇室宗亲重臣,入掌屯卫,出主攻伐。任禁卫则勤巡警之务,出治兵则得搜狩之礼。这又是您的功劳;每次出巡,由您留守京师,文武之事、军国要务由您精心掌管,征询禀报。有您料理,令我无后顾之忧。这又是您的功劳;在我居丧期间,由您实际总领政事。皇室藩王中邪恶之人颇多,他们招集无赖,联合坏人。往日国势方衰,他们已开始阴谋活动,作恶数十天,如夏昆吾氏的罪恶已达到顶点。您忍痛诛剿,使国家得以安宁。这又是您的功劳;尉迟迥肆意妄行,在邺邑举兵,想直捣朝廷,蹂躏三魏,震惊半个国家。他聚众百万,贪残害人,吞并淇水、洹水一带。百姓生死全掌握在他手中。您训练勇士,准备兵车,誓雄兵于河朔,在山东形成高屋建瓴之势,锐不可当。您口授军令,指挥行阵,料敌制胜,限期克敌。各位将帅都遵行您的命令,壮士们感念您的大义,轻死忘生,转战千里,听从号令,奋力杀敌,打了大胜仗,谋叛的各城,一下子全部荡涤肃清。这又是您的功劳;关东郡守据守东土,倚靠东海的富饶,凭借重山险峻,企图逐鹿中原,互相抗衡。以患难共济的兵士来响应尉迟迥,助桀为虐。现在尉迟迥既已被除,响应者自然败亡。您施以仁政,不行诛罚,示以大信。这又是您的功劳;申州李惠占据本州,聚众屯兵,攻略州郡。您向他们传布天子恩泽,使之迷途知返,降服后又不加罪,不费一兵一箭。这又是您的功劳;宇文胄身为宗亲,驻守险要都邑荥州,响应邺城叛乱,同恶相济。胁迫官民,跋扈于城戍。朝廷以偏师讨伐,遂将叛贼收入法网,使其困守武牢,如入牢狱,走投无路,如伏国刑。这又是您的功劳;檀让、席毗(罗)拥兵河外,陈、韩、梁、郑、宋、卫、邹、鲁等地的大小村落都沦入忘恩负义的叛贼手中,百姓成为他们的饵食。他们以强欺弱,以大吞小,导致城门白天关闭,街巷中没有行人。您指挥出兵,见机行事,扫平叛军,檀让被俘,席毗(罗)也被斩杀,传首示众。这又是您的功劳;司马消难身为皇上岳父,坐镇安陆,性情贪婪,贪图钱财。他辖治下的百姓无不遭受劫掠,财产尽遭侵吞,又肆意杀害朝廷大臣和监察使者。由于惧怕朝廷治罪,慑于朝廷的威权,所以常常产生内怨。他们蚕食郡县,毒害各族人民,闻听朝廷出兵征伐,便南投陈朝。唐尧时所行崇山之罚,与汉代流徙戍边之刑,可与此相比。他们逃入山林湖泽后,荆、郢之地从此得以安宁。这又是您的功劳;王谦在蜀挑起祸端,阻断剑阁之路,壅塞灵关之地,自称五丁复出,万夫不当。您调遣将帅,发兵征讨,未逾时限,风驰席卷,一举平叛,擒获斩杀凶邪之人,横扫无遗。这又是您的功劳;陈顼因袭伪业,自据金陵,屡次派遣凶险之徒筹备于江北。您指挥地方军队,无不摧毁、歼灭。可比马援建立铜柱,非只赵佗拜行南海尉事。这又是您的功劳。

您有拯救天下之劳,看重完美的德操。建国之初,屈己受命,操行美洁,声震朝廷,神机妙略,气盖朝野。统领百官,安定四方,匡合天下。尊重贤才、德行、崇重资历、功勋,表彰旧故、亲友,兴亡继绝,宽严相济,常伦有序,厚爱皇亲,崇奖王室。致使星象不乱,阴阳自调,风调雨顺,祥风嘉气在山林间环绕,瑞兽异禽在庭园鸣唱嬉戏。您功德远大,极尽众物之和、高远之极。

我又听说,昔日明王设官赐地,以营丘封地得征五侯,恩宠晋侯,礼物与众不同。所以藩国稳固,无为而治,天下太平。您的道德高于以往的功臣,我赏赐给您的却少于以往帝王。我以微小身躯,成为众人之主,谨慎效法旧事,前番所加的大典,也是前朝旧制。您谦虚自守,没有接受朝廷的封赐。日月不息,已经隔年,朝野议论,让我怎么办!现进授相国总领百官,以申州义阳等二十郡为隋国。命令使持节、太傅、上柱国、杞国公宇文椿,大宗伯、大将军、金城公赵煚,授相国印绶。相国隋王礼绝公卿,总领百官,旧职常典应随着事情改变。过去尧爵为太尉,舜以禹为司空,姬旦作周相,霍光辅佐汉帝,都不居地方,只在朝中治事。现以相国之职总领百官庶政,免去其他官号,请上交所持之节及大丞相、大冢宰的印绶。

又加九锡之命,请敬听我如下之命:因您执法修德,用刑宽简、谨慎,一切依法则行事,使百姓不生叛变之心。所以赐给大辂、戎辂各一乘,四匹黑公马车两套;您关心地利,注重人事天时,以农为本,令公私殷盛。所以赐以衮冕礼服,配以赤舄;您移风易俗,远近百姓欢愉,天地协和。所以赐予三面悬挂的乐器和六列三十六人规格的乐舞;您政风宽仁,以德施教,声名波及海角天涯,远近百姓都归心依附。所以赐予朱红所漆之门;您明鉴人物,执掌铨选,使有才者入仕之途畅达,世间遗贤尽被举荐。所以赐您纳陛以登;您主持公道,公正待人,遇有触犯礼仪者,无不罢黜。所以赐以武贲之士三百人;您(有缺文)所以赐斧钺各一副;您威风凛凛,声势逼人,对骚扰中原的人,必诛无疑。环视天地,扫清奸邪,拒敌千里。所以赐您红弓一具,红箭百发,黑弓十具,黑箭千发;只有您孝通神明,恭敬祀典,敬神犹如神在,情合天地。所以赐给秬鬯一樽,配以珪瓒。隋国所置丞相以下官一切依旧。望尊奉帝命!敬遵旧策,仅守大典,对您功绩的大加顾惜,是为了传扬我太祖美善的诏命。

于是建立官署,设置百官。

丙辰日,周帝命杨坚头戴天子之冕,设立天子旌旗,出入戒严,乘坐金根车,六马驾车，置备五时副车、旄头云旗，以及兵器、乐舞都依照皇帝的规格设置。王妃独孤氏立为王后，嫡长子杨勇立为太子。杨坚三次辞让后才接受了。

不久，周帝见杨坚已赢得民心，便下诏说："开天辟地，树立君主。天命不能长久，只有以德相辅。无论天帝之心还是人间之事，都在于选择贤能，令天下百姓拥戴归心，而不能一人独揽。周室之德将尽，妖孽相继而生，骨肉之亲多遭忧患，地方藩守挑起祸端，一时响应者颇多，超过半个国家。他们不论势力大小，都企图篡夺王权，令我祖宗基业，面临危机。相国隋王，聪明通达，神采独秀，刑法与礼义并施，文德与武功兼用，爱万物如爱己，为民担忧。出谋划策，亲率将士，扫除叛逆，荡涤凶气，华夷同风，威震远方。功德无量，即使是虞舜、姬发也无法与之比拟。而且木行已衰，火运正兴。一切受命于天的祥瑞征兆都已显现，且百姓之讴歌，天地合德，日月明朗，所以应该称大号以统治天下。我虽然愚昧寡闻，不懂变通，但天下人的心思是显而易见的。现谨顺应天命，退位迁居别馆，禅位于隋，一切都依照唐虞、汉魏旧制。"高祖又多次推辞，皇上不允。派太傅、上柱国、杞国公宇文椿捧册称：

相国隋王：上古之初，天地开辟，上天降符给圣人，让他成为天下君主。君主恭奉上天而统治百姓，百神和睦，万物受益，而不是凭借疆土之广，以帝位为尊。大庭氏、黄帝以前，骊连、赫胥之时，都以无为无欲为本，没有送往迎来，这些距今都非常遥远了，详情不得而知，只有通过书籍来了解了。没有人比尧更圣明，比舜更美好，尧得舜已打算让他主持天下，舜得禹也决定禅让于他。等到授受之际，别宫设宴，以百官归于禹，一切皆如尧之禅舜。这是在上者遵守天时，不敢不授；在下者秉承天命，不可不受。汤代夏、武周替殷，无论是大动干戈，还是让贤退位，虽然治政者不同，却都是应天顺民，道理是一样的。自汉到晋、魏以至于周，帝位随人心所向而变更，道德高尚者称帝，运数已尽者不能为王，这与舜、禹的禅让没有区别。

周德将尽，祸患频仍，宗戚中的狡诈之人都图谋举事，企图夺权篡国，藩镇连兵，相继为乱。他们独霸三方，制造动乱，虐害人民，使其无立足之地。隋王受命于天，智慧高明，救国于水火，除剿元凶，廓清境内，他的大德合于天地，四方百姓无不拥戴。往年一切除旧之征已显现于天上，现在又有迎新之兆出现于地面，人神都寄望于您，不只我一个人知道。应上承天命，下顺民意。现在我恭敬地将帝位让给您，上天赐予我的福禄已尽。唉！王应该执掌权柄，垂范朝野，升圆丘敬告苍天，登皇位抚育百姓，以符民心，使国统恢宏，难道这不是盛事吗！

派大宗伯、大将军、金城公赵煚捧皂帝玺绂，文武百官劝高祖接受帝位，高祖这才同意。

开皇元年二月甲子日，高祖身着便服从相府进入皇宫，准备礼仪在临光殿即位，在南郊设置祭坛，派人燎柴告天。当天，告于祖先之庙，又颁布大赦令，更改年号。京师出现庆云。高祖改变北周六官，恢复汉、魏旧制。任命柱国、相国府司马、渤海郡公高颎为尚书左仆射兼纳言，相国府司录参军、沁源县公虞庆则为内史监兼吏部尚书，相国府内郎、咸安县男李德林为内史令，上开府、汉安县公韦世康为礼部尚书，上开府、义宁县公元晖为都官尚书，开府、民部尚书、昌国县公元岩为兵部尚书，上仪同、司宗长孙毗为工部尚书，上仪同、司会杨尚希为度支尚书，上柱国、雍州牧、邢国公杨惠为左卫大将军。乙丑日，追尊皇父杨忠为武元皇帝，庙号称太祖，追尊皇母吕氏为元明皇后。派遣八名使者到地方上巡察民情。丙寅日，修建宗庙社稷。立王后独孤氏为皇后，王太子杨勇为皇太子。丁卯日，任命大将军、金城郡公赵煚为尚书右仆射，上开府、济阳侯伊娄彦恭为左武侯大将军。己巳日，封周帝为介国公，封邑五千户，为隋室宾客。旌旗、车服、礼乐一切如旧。向隋主的上书不称表，隋帝答表不称诏。北周宗室诸王一律降爵为公。辛未日，任命皇上弟弟同安郡公杨爽为雍州牧。乙亥日，皇帝弟弟邵国公杨慧封爵为滕王，同安公杨爽封爵为卫王；封皇上之子雁门公杨广为晋王，杨俊为秦王，杨秀为越王，杨谅为汉王。任命上柱国、并州总管、申国公李穆为太师，上柱国、邓国公窦炽为太傅，上柱国、幽州总管、任国公于翼为太尉，观国公田仁恭为太子太师，武德郡公柳敏为太子太保，济南郡公孙恕为太子少傅，开府苏威为太子少保。丁丑日，任命晋王厂为并州总管，陈留郡公杨智积为蔡王，兴城郡公杨静为道王。戊寅日，将官府的五千头牛分赐给贫穷百姓。

三月辛巳日，高平、太原、长安等地各获祥鸟一只。宣仁门的槐树树干连生，枝桠内附。壬午日，白狼国向朝廷纳贡。甲申日，太白金星白天出现，乙酉日，再次出现。任命上柱国元景山为安州总管。丁亥日，下诏凡玩赏动物、器物和饮食不许进献。戊子日，放宽对山林川泽采伐的限制。任命上开府、当亭县公贺若弼为楚州总管，和州刺史、新义县公韩擒(虎)为庐州总管。己丑日，盩厔县进献连生树，种植在宫廷内。辛卯日，任命上柱国、神武郡公窦毅为定州总管。戊戌日，任命太子少保苏威兼任纳言、吏部尚书，其余官职依旧不变。庚子日，隋文帝下诏说："自古帝王改朝换代之际，封侯赐爵，大多根据时势行事。我接受天命，统治天下，深知事物发展变化，不能因循不改。但五帝三王都兼顾前朝之人，对建立功业者仍旧封爵赏赐。只要能对时局有利，其趋向是一致的，什么叫前朝我朝的差异，也不要计较古今的不同。前朝所有品爵，一律照旧。"丁未日，梁主萧岿派遣太宰萧岩、司空刘义前来恭贺隋帝即位。

四月辛乙日，颁布大赦令。壬午日，太白金星、木星在白昼出现。戊戌日，将隶属于太常寺的民间乐工释放出来，恢复其平民百姓身份。禁止民间乐舞杂技表演。辛丑日，陈朝散骑常侍韦鼎和兼任通直散骑常侍的王瑳来访周帝，抵达后皇上已接受帝位，便让他们去周帝的封国介国。当月，调发稽胡修筑长城，干了二十天才结束。

五月戊子(午)日，封邘国公杨雄为广平王，永康郡公杨弘为河间王。辛未日，介国公周帝去世，皇上在朝堂上悼念，让其族人宇文洛继袭介国公的爵位。

六月癸未日，皇上下诏称由于初受天命时赤雀降祥，五行相生，赤色是火的颜色。所以郊庙社稷依照服冕之仪，朝会所穿礼服服色以及旗帜、供祭祀用的牲畜的颜色一律为红色。战眼为黄色。

秋季七月乙卯日，皇上开始身穿黄袍，在朝百官一致庆贺。庚午日，靺鞨酋长来进贡方物。

八月壬午日，废省东京官。突厥阿波可汗派使前来贡方物。甲午日，朝廷命行军元帅乐安公元谐在青海讨击吐谷浑，元谐击败并降服了他们。

九月戊申，朝廷派出使臣救济在作战中阵亡者的家属。庚午日，陈朝将领周罗睺攻陷胡墅，萧摩诃入寇江北。辛未日，任命越王杨秀为益州总管，改封蜀王。壬申日，任命上柱国、薛国公长孙览和上柱国、宋安公元景山，同为行军元帅，讨伐陈朝，又命尚书左仆射高颎统领各路兵马。突厥沙钵略可汗派使来纳贡。当月,颁行五铢钱。

冬季十月乙酉日,百济王扶余昌派使来恭贺皇上即位,高祖授予扶余昌上开府、仪同三司、带方郡公的官号。戊子日,颁行新法律。壬辰日,皇上前往岐州。

十一月乙卯日,任命永昌(富)郡公窦荣定为右武侯大将军。丁卯日,派遣兼任散骑侍郎的郑扐出使陈朝。已已日,有流星经过,声音宏大,如墙壁倒塌,光焰照地。

十二月戊寅日,任命申州刺史尔朱敞为金州总管。甲申日,任命礼部尚书韦世康为吏部尚书。已丑日,任命柱国元衮为廓州总管,兴势郡公卫玄为淮州总管。庚子日,从岐州回到京师。壬寅日,高丽王高阳遣使来纳贡,皇上任命高阳为大将军、辽东郡公。太子太保柳敏去世。

开皇二年春季正月癸丑日,高祖到上柱国王谊的宅第。庚申日,又到安成长公主的家。陈宣帝去世,其子陈叔宝继立。辛酉日,隋朝在并州设置河北道行台尚书省,任命晋王广为尚书令;在洛州设置河南道行台尚书省,任命秦王俊为尚书令;在益州设置西南道行台尚书省,任命蜀王秀为尚书令。戊辰日,陈朝派使请求媾和,归还侵占的胡墅。辛未日,高丽、百济国都派使者来进贡。甲戌日,下诏举荐贤良。

二月己丑日,命令高颎等班师回朝。庚寅日,任命晋王杨广为左武卫大将军,秦王杨俊为右武卫大将军,其余官职依旧。辛卯日,高祖光临赵国公独孤陀的宅第。庚子日,京师从天降土。

三月戊申日,开通渠道,引杜阳水入三畤原。

四月丁丑日,任命宁州刺史窦荣定为左武侯大将军。庚寅日,大将军韩僧寿和上柱国李充,分别在鸡头山和河北山击败突厥军队。

五月戊申日,任命上柱国、开府长孙平为度支尚书。己酉日,因大旱,皇上亲自视察在押的囚徒。当日,天降大雨。己未日,高宝宁进犯平州,突厥入长城。庚申日,任命豫州刺史皇甫绩为都官尚书。壬戌日,太尉、任国公于翼去世。甲子日,改传国玺为受命玺。

六月壬午,任命太府卿苏孝慈为兵部尚书,雍州牧、卫王杨爽为原州总管。甲申日,派使臣前往陈朝吊祭陈宣帝。乙酉日,上柱国李充在马邑击败突厥。戊子日,任命上柱国叱李长叉为兰州总管。辛卯日,任命上开府尔朱敞为徐州总管。

丙申日,下诏说:"朕仅奉上天之命,统治天下,正值百姓疲敝困苦,所以就定居在前代帝王的宫殿中。我常认为营作者辛劳,居住者安逸,所以,有关入建营造之事,一直不在考虑之内。但是,王公大臣们都提议认为自伏羲、神农到周姬、汉刘各朝,有一朝屡次迁都的,却没有改朝换代都不迁移的例子。魏、晋以后,时有因循不改的,那是末代皇帝的安逸,而不是往昔圣主的大义。现在所居的长安城从汉代修成至今,凋敝残破日久,多次沦为战场,几经丧乱。现在的宫室,只是权宜之计,又没有卜筮、测量,不足以建帝王之宫,聚合百姓。百官阐述变通之术和天地之情,齐心恳请,情深意切。但是京师是百官之府、天下归心的地方,不是我一人能独占的,如果对民有利,岂能违背!况且殷代五次迁都,担心人们死尽,土地的吉凶可限定国祚的长短。去旧图新,就像农夫指望秋收一样,虽然一时劳苦,最终可以安居。现在境内统一安宁,阴阳有序,应安然迁都,不让百姓怀怨。龙首山川原秀丽,无论是草木物产丰盛,还是卜筮、测量都适宜建都,国基稳固,则功业无穷。京师之中公私府宅的规模大小、地点远近、营建耗资等事宜，都请随事逐条上奏。"又令左仆射高颍、将作大臣刘龙、钜鹿郡公贺娄子干、太府少卿高龙叉等人创建新都。

秋季八月癸巳日，任命左武侯大将军窦荣定为秦州总管。

十月癸酉日，皇太子杨勇率兵屯守咸阳，防备胡人进犯。庚寅日，皇上病愈，在观德殿设宴款待百官。赏赐钱帛，让他们自取所需，每人尽力负钱帛而出。辛卯日，任命营造新都副监贺娄子干为工部尚书。

十一月丙午日，高丽派使来献土产。

十二月辛未日，皇上在后园讲习武事。甲戌日，上柱国窦毅去世。丙子日，命名新都为大兴城。乙酉日，派遣沁源公虞庆则屯兵弘化郡，防备胡人。突厥入寇周槃，行军总管达奚长儒出击，却被突厥打败。丙戌日，对国子学生徒中能明习经书的人，赐以束帛。丁亥日，皇上亲自审核囚犯的罪状。

开皇三年春季正月庚子日，即将迁入新都，所以大赦天下有罪之人。禁止使用大刀长矛。癸亥日，高丽派使臣来朝见皇上。

二月己巳朔日，有日食。壬申日，宴请北方作战有功的人。癸酉日，陈朝派兼任散骑常侍的贺彻和兼任通直散骑常侍的萧褒来聘。突厥进犯边境。甲戌日，泾阳捕获了毛龟。癸未日，任命左卫大将军李礼成为右武卫大将军。

三月丁未日，上柱国、鲜虞县公谢庆恩去世。己酉日，任命上柱国达奚长儒为兰州总管。丙辰日，下雨，皇上身着便服迁入新都。京师涌出甘美的泉水。丁巳日，下诏在全国重金收买散失的典籍。庚申日，宴请百官，赏赐不等。癸亥日，在榆关修筑城池。

夏季四月己巳日，上柱国、建平郡公于义去世。庚午日，吐谷浑入寇临洮郡，洮州刺史皮子信丧命。辛未日，高丽派使前来朝拜。壬申日，任命尚书右仆射赵煚兼任内史令。丁丑日，任命滕王瓒为雍州牧。己卯日，卫王杨爽在白道击败突厥兵。庚辰日，行军总管阴寿在黄龙击败高宝宁。甲申日，天旱，皇上亲自在都城西南祭祀雨师求雨。丙戌日，下诏鼓励天下人勤学、行礼。任命济北郡公梁远为汶州总管。己丑日，陈朝郢州城主张子讥派使请求归降隋朝，皇上为了与陈和好，遂不纳降。辛卯日，派遣兼任散骑常侍的薛舒和兼任通直散骑常侍的王劭出使陈朝。癸巳日，皇上亲自参加祈雨的祭祀。甲午日，突厥派使臣来朝见。

五月癸卯日，行军总管李晃在摩那渡口击败突厥。甲辰日，高丽派使来朝。乙巳日，梁朝太子萧琮来庆贺高祖迁都。丁未日，靺鞨前来进献土产。戊申日，幽州总管阴寿去世。辛酉日，有事在方泽祭地。壬戌日，行军元帅窦荣定在凉州击败突厥和吐谷浑。丙寅日，赦免黄龙获死罪以下的犯人。

六月庚午日，封卫王杨爽之子杨集为遂安郡王。戊寅日，突厥派使来请求和好。庚辰日，行军总管梁远在尔汗山击败吐谷浑，将其名王斩首。壬申日，任命晋州刺史燕荣为青州总管。己丑日，任命河间王杨弘为宁州总管。乙未日，高祖亲临安成长公主府第。

秋季七月辛丑日，任命豫州刺史周摇为幽州总管。壬戌日，下诏说："实行仁义，教化先行。对于敦行风化的人应予以奖励。过去，山东、河北州郡经过叛乱的洗劫，孤城远守，大多人能保全自身。济阴太守杜献身陷贼手，生死攸关。郡省事范台玖倾其家产相救,才使其免于一死。回想他的真诚节操,确实可嘉,应破格赏赐,以表明朝廷的奖励和反对。台玖可充任大都督,假湘州刺史。"丁卯日,有日食。

八月丁丑日,靺鞨来进贡。己卯日,任命右武卫大将军李礼成为襄州总管。壬午日,派遣尚书左仆射高颎和内史监虞庆则分别从宁州道、原州道出发,二人同为行军元帅,以讨伐胡人。戊子日,皇上在太社祭祀。

九月壬子日,高祖到城东视察农作物长势。癸丑日,大赦天下有罪之人。

冬季十月甲戌日,废省河南道行台省,任命秦王杨俊为秦州总管。

十一月己酉日,派遣使臣到各地巡察民情,因此下诏称:"我统治天下,深思治国之策,想让百姓顺从归化,以德政代替刑罚,搜求未出仕的贤才,表彰民间善行。所有民间情况的真伪,一律禀报于我。我已命令使臣,出使目的是赈济体恤百姓,分为各路巡视,将遍及全国各地,务必成为我的耳目,如果有人文武兼备,尚未为人所知,应依礼发遣,我将予以提拔。如有志节高妙、卓越超群者,也靠使臣就地加以表彰,使每一善行都对人有奖励劝导作用。把远近官府和民间风俗大小事情,一概记录下来,待还朝时向我奏报,使我足不出户,便能坐知天下之事。"庚辰日,陈朝派散骑常侍周坟、通直散骑常侍袁彦来访。陈后主知道高祖的长相与众不同,命令袁彦为高祖画像后带回陈廷。甲午日,撤销全国郡级政区。

闰月十二月乙卯日,派遣兼任散骑常侍曹令则、通直散骑侍魏澹出使陈朝。戊午日,任命上柱国窦荣定为右武卫大将军,刑部尚书苏威为民部尚书。

开皇四年春季正月甲子日,在日食。己巳日,于太庙告祭。辛未日,又在南郊祭祀。壬申日,梁主萧岿来朝见高祖。甲戌日,在北苑为祭祀而举行射礼,十天后结束。壬午日,齐州发水。辛卯日,渝州捕获像麋鹿一样的异兽,独角同蹄。壬辰日,颁行新历法。

二月乙巳日,皇上在霸上为梁主饯行。丁未日,靺鞨进献土产。突厥苏尼部男女上万人来归附朝廷。庚戌日,高祖亲巡陇州。突厥阿史那玷可汗率众前来归降。

夏季四月乙亥日,敕令总管、刺史的父母和十五岁以上的儿子,不得随行赴任。庚子日,任命吏部尚书虞庆则为尚书右仆射,瀛州刺史杨尚希为兵部尚书,毛州刺史刘仁恩为刑部尚书。甲辰日,任命上柱国叱李长叉为信州总管。丁未日,在大兴殿宴请突厥、高丽、吐谷浑的使臣。丁巳日,任命上大将军贺子干为榆关总管。

五月癸酉日,契丹国主莫贺弗遣使请求归附,被拜为大将军。丙子日,任命柱国冯昱为汾州总管。乙酉日,任命汴州刺史吕仲泉为延州总管。

六月庚子日,降低对囚徒的处罚。乙巳日,任命鸿胪寺卿乙弗寔为冀州总管,上柱国豆卢勣为夏州总管。壬子日,开凿水渠,从渭水到黄河,沟通运粮水道。戊午日,秦王杨俊来朝。

秋季七月丙寅日,陈朝派遣兼任散骑常侍的谢泉、兼任通直散骑常侍的贺德基来访。

八月甲午日,派遣十名使臣巡省各地。戊戌日,卫王杨爽来朝。当日,因秦王杨俊纳妃,宴请百官,赏赐不等。壬寅日,上柱国、太傅、邓国公窦炽去世。丁未日,宴请秦王府官,赏赐不等。壬子日,宴请陈朝使臣。乙卯日,陈朝将领夏侯苗请求归降隋朝,皇上为了和陈通好,没有接纳。

九月甲子日,皇上亲至襄国公主宅第。乙丑日,亲临霸水,视察漕渠,对负责修渠的官吏给予不同的赏赐。己巳日,皇上亲自审核在押犯人的罪状。庚午日,契丹归附朝廷。甲戌日,皇上因为关内饥荒而前往洛阳。癸未日,太白星在白天出现。

冬季十一月壬戌日,派遣兼任散骑常侍的薛道衡和通直散骑常侍豆卢勋出使陈朝。癸亥日,任命榆关总管贺娄子干为云州总管。

开皇五年春季正月戊辰日,下诏令颁行新礼。

三月戊午日,任命尚书左仆射高颍为左领军大将军,上柱国宇文忻为右领军大将军。

夏季四月甲午日,契丹国主多弥派使纳贡。壬寅日,上柱国王谊谋反,被杀。乙巳日,下诏征召山东人马荣伯等六位大儒。戊申日,皇上从洛阳返回长安。

五月甲申日,下诏令各地设置义仓,以备荒年。梁主萧岿去世,太子萧琮继立。朝廷命上大将军元契出使面见突厥阿波可汗。

秋季七月庚申日,陈朝派兼任散骑常侍的王话和兼任通直散骑常侍的阮卓来访。丁丑日,任命上柱国宇文庆为凉州总管。壬午日,突厥沙钵略上表向隋主称臣。

八月丙戌日,沙钵略可汗派遣其子库合真特勤来朝见。甲辰日,河南各州发生水灾,派遣民部尚书邳国公苏威赈济灾民。戊申日,有数百颗流星陨落,四散而下。己酉日,皇上到栗园去。

九月丁巳日,从栗园归来。乙丑日,将鲍陂改名为杜陂,霸水改称滋水。陈将湛文彻进犯和州,被仪同三司费宝首俘获。丙子日,派遣兼任散骑常侍的李若和兼任通直散骑常侍的崔君赡出使陈朝。

冬季十月壬辰日,任命上柱国杨素为信州总管,朔州总管吐万绪为徐州总管。

十一月甲子日,任命上大将军源雄为朔州总管。丁卯日,晋王杨广来朝。

十二月丁未日,降低对囚徒的处罚。戊申日,任命上柱国达奚长儒为夏州总管。

开皇六年春季正月甲子日,党项羌人归附朝廷。庚午日,在突厥颁行隋朝历法。辛未日,任命柱国韦洸为安州总管。壬申日,派遣民部尚书苏威巡视山东。

二月乙酉日,山南荆州、淅州等七州发生水灾,派遣前任工部尚书长孙毗前往赈济、体恤灾民。丙戌日,规定刺史、上佐每年年末交替入朝,上报本州官吏考课情况。丁亥日,征发十一万丁男修筑长城,工期为二十天。乙未日,任命上柱国崔弘度为襄州总管。庚子日,大赦天下罪人。

三月己未日,洛阳男子高德上疏,请求高祖为太上皇,传帝位给太子。高祖说:"我受天命抚育百姓,每日工作到很晚,孜孜不倦,还唯恐不及。岂能效法近代帝王,而不学习古代圣主,把帝位传给儿子,自求安逸享乐!"癸亥日,突厥沙钵略可汗派使来贡献。

夏季四月己亥日,陈朝派遣兼任散骑常侍的周磻和兼任通直散骑常侍的江椿来访。

秋季七月辛亥日,河南各州发生水灾。乙丑日,京师长安从天降毛,如马的鬃尾毛,长则二尺多,短则六七寸。

八月辛卯日,关内七州大旱,下诏免除其赋税。派散骑常侍裴豪、兼任通直散骑常侍的刘颙出访陈朝。戊申日,上柱国、太师、申国公李穆去世。

闰八月己酉日,任命河州刺史段文振为兰州总管。丁卯日,皇太子出镇洛阳。辛未日,晋王杨广、秦王杨俊一同来朝。丙子日,上柱国、郧国公梁士彦,上柱国、杞国公宇文忻和柱国、舒国公刘昉三人因谋反被杀。上柱国、许国公宇文善因事获罪被除名。

九月辛巳日，皇上素装到射殿，命令百官行射礼，赏赐梁士彦等三家物资。丙戌日，上柱国、宋安郡公元景山去世。庚子日，任命上柱国李询为隰州总管。辛丑日，下诏令官府赈济、抚恤自大象元年以来为国死难者的家人。

冬季十月己酉日，任命河北道行台尚书令，并州总管、晋王杨广为雍州牧，其他官职依旧，任命兵部尚书杨尚希为礼部尚书。癸丑日，在襄州设置山南道行台尚书省，任命秦王杨俊为尚书令。丙辰日，任命芳州刺史骆平难为叠州刺史，衡州总管周法尚为黄州总管。甲子日，华林园降甘露。

开皇七年春季正月癸巳日，皇上在太庙祭祀。乙未日，规定各州每年举荐三人。

二月丁巳日，在东郊朝日。己巳日，陈朝派兼任散骑常侍的王亨和兼任通直散骑常侍的王慎来访。壬申日，皇上亲赴醴泉宫。当月，征发丁男十万人修筑长城，为期二十天。

夏季四月己酉日，皇上亲临晋王杨广宅第。庚戌日，在扬州开凿山阳渎，沟通漕运水道。突厥沙钵略可汗去世，其子雍虞闾继立，这就是都蓝可汗。癸亥日，分别以青龙符、白虎符、朱雀符、玄武符颁发给东、西、南、北各方总管、刺史。甲戌日，派遣兼任散骑常侍杨同、兼任通直散骑常侍崔儦出使陈朝。任命民部尚书苏威为吏部尚书。

五月乙亥朔日，有日食。己卯日，在武安到滏阳的十多里之间从天降石。

秋季七月己丑日，卫王杨爽去世，皇上在门下外省发丧。

八月丙午日，任命怀州刺史源雄为朔州总管。庚申日，梁主萧琮来朝。

九月乙酉日，梁国安平王萧岩在国内劫掠后投奔陈朝。辛卯日，高祖废除梁国，特赦江陵。任命梁主萧琮为柱国，封爵为莒国公。

冬季十月庚申日，皇上巡视同州，因该州为先帝所居，遂降低对囚徒的处罚。癸亥日，皇上亲赴蒲州。丙寅日，设宴招待蒲州父老，皇上非常高兴，说："这里的人衣着艳丽，仪态举止娴雅，的确是仕官之乡陶冶而成的。"

十一月甲午日，皇上巡幸冯翊，亲自祭社。有父老对答不合旨意的，皇上大怒，罢免县官后离去。戊戌日，从冯翊回到京师。

开皇八年春季正月乙亥日，陈朝派散骑常侍袁雅和兼任通直散骑常侍的周止水来访。

二月庚子日，土星进入东井星。辛酉日，陈朝派兵入寇硖州。

三月辛未日，上柱国、陇西郡公李询去世。壬申日，任命成州刺史姜须达为会州总管。甲戌日，派遣兼任散骑常侍的程尚贤和兼任通直散骑常侍的韦恽出使陈朝。戊寅日，高祖颁布诏书说：

过去有苗部落不肯臣服，唐尧便加以讨伐，孙皓过于残暴，晋武帝便兴师问罪。陈朝窃据江表，违背天意，残害众生。我刚受天命即位时，陈顼还在，本打算对他们晓以道理，而不采取讨伐的手段，所以遣使往来通好，指望他能改邪归正。但时间不长，又闻听他的罪行，如厚纳叛逃之人，侵犯边地城戍，勾吴、闽越肆意为虐。当时大举兴兵，准备讨平陈廷，统一天下，陈顼收兵回撤，深怀恐惧，自责请和，不久身亡。我怜悯其国正值丧期，便下令班师还朝。

陈叔宝继位后，因他请求继续和好，所以我停止征伐，互通使节。对彼此往来的使臣，我何尝没有热情周到地教诲，劝诫要改弦更张。但他却是狼子野心，不可驯服。无视正道，诛除骨肉之亲和贤才良臣。仗着所占的巴掌大的地盘和险要地势，劫掠豪夺，使百姓资产耗尽，征发驱使，劳役不止，以至征调女子，营造宫室，日增月益，无休无止，宫中女官，超过万数。珍贵精美的衣食，穷极奢侈，沉湎于淫靡的歌声和宴饮，夜以继日。诛杀直言进谏之臣，泯灭无辜的家族，残酷之极。欺骗上苍，肆意为虐，祭鬼求恩，在大道上欢歌舞蹈，在宫廷内畅饮酣醉。使浓妆艳抹的女子手执干戈，拖着长长的罗绮衣裳，传呼警跸，而陈叔宝自己则快马加鞭，毫无目的地奔驰，从早到晚不息。全副武装的士兵，徒步紧紧跟随，追赶不及便遭到处罚。从古至今没有再比他更昏乱的了。兵士们忍饥受冻，从事各种劳作，在土木营建和开沟挖渠中耗尽力气乃至生命。于是，君子潜逃，小人得志，家家隐藏杀戮之心，人人

陈叔宝

任意聚敛财富。灾祸横行，士大夫慑于暴政，敢怒而不敢言。人们倾心翘足，企盼归附，有关的奏书连续不断，再加上陈廷背信弃义，骚扰我边境城池，西至巴峡，东到海滨，江南江北无不遭受蹂躏，死者有掘墓之刑，生者遭劫掠之苦，人畜柴草被抄，农商之业渐废。历阳、广陵之人相继窥视中原，阴有异图，有的图谋攻城略地，有的劫掠百官民众，昼伏夜出，鼠窃狗偷。就陈而言，瘦弱士兵，来者必擒；对我而言，重兵把守，捍卫国境。何况普天之下都是我的臣民，所见所闻令我心中悲伤。梁国是我南方的属地，其君主入朝觐见，陈廷便暗中引诱，无视我的恩泽。梁国的人民遭驱迫迁徙，城镇州府沦为废墟。不仅我位居人主，不能忘怀这些事，而且百官和民众多次请求，岂能不诛讨逆贼，忍心让百姓受难而不拯救呢！

近日秋季伊始，打算吊民伐罪。益部所有楼船，一律调往东部，一时数十条神龙，在江流中奔腾跳跃，引导伐罪之师，指向金陵，船停则龙止，船行则龙去，四天之内，三军将士都有目共睹，这难道不是苍天怜爱众生，天地发挥作用，降神引路，协赞军威！有上天的威灵，助平陈之力，便可出师，随机诛剿，在此一举，使吴、越永获安宁。出征将士所需的粮饷兵器、水陆所需及出兵期限等，依照另颁敕文行事。

秋季八月丁未日，河北各州发生饥荒，高祖派吏部尚书苏威负责救济灾民。

九月丁丑日，设宴款待准备南征的将帅，分别予以不等的赏赐。癸巳日，嘉州报告说有龙显现。

冬季十月巳亥日，金星出现在西方。己未日，在寿春设置淮南行台省，任命晋王杨广为尚书令。辛酉日，陈朝派兼任散骑常侍的王琬、兼任通直散骑常侍的许善心来访，遂被拘留，不许返回。甲子日，因即将伐陈，有事祭于太庙。任命晋王杨广、秦王杨俊、清河公杨素均为行军元帅，以征讨陈朝。于是，晋王杨广、秦王杨俊、清河公杨素、荆州刺史刘仁恩、宜阳公王世积、新义公韩擒虎、襄邑公贺若弼、落丛公燕荣分别从六合、襄阳、信州、江

陵、蕲春、庐江、吴州、东海等地出兵，共有九十名总管，五十一万八千兵卒，都归晋王指挥。东至沧海，西到巴、蜀，旌旗舟船连绵几千里。特赦陈国。有彗星见于牵牛星附近。

十一月丁卯日，高祖为即将出发的将士饯行。高祖悬重赏捉拿陈叔宝，凡捕获陈叔宝的人，朝廷授以上柱国、万户公。乙亥日，皇帝亲临定城，列阵誓师。丙子日，高祖视察河东。

十二月庚子日，高祖自河东返回。

开皇九年春季正月己巳日，白虹贯日。辛未日，贺若弼、韩擒虎分别攻克陈朝京口、南豫州。癸酉日，任命尚书右仆射虞庆则为右卫大将军。丙子日，贺若弼在蒋山大败陈朝军队，捕获陈将萧摩诃。韩擒虎进军攻入建邺，俘获将领任蛮奴，生擒后主陈叔宝。陈国平定了，共有三(四)十州、一百郡、四百县并入隋朝版图。癸巳日，高祖遣使持节前往安抚归降的臣民。

二月乙未日，罢废淮南行台省。丙申日，规定每五百家为一乡，设乡正一人；每百家为一里，设里长一人。丁酉日，任命襄州总管韦世康为安州总管。

夏季四月己亥日，高祖至骊山，亲自慰劳凯旋的军队。乙巳日，平陈的军队胜利还师，在太庙献俘。拜晋王杨广为太尉。庚戌日，皇上在广阳门设宴招待将士，分别给予不同等级的赏赐。辛亥日，大赦天下有罪之人。己未日，因陈朝都官尚书孔范、散骑常侍王瑳、王仪、御史中丞沈观等人，邪恶不正，巧言谄媚，导致国家的败亡，一律流放边疆。辛酉日，任命信州总管杨素为荆州总管，吏部侍郎宇文弼为刑部尚书，宗正少卿杨异为工部尚书。壬戌日，高祖颁布诏书说：

以往吴越之地，百姓灾难困苦，经历战争洗劫，人民长期不得安宁。现在国家统一，生灵遂性，太平之法，方能流行。凡属我的臣民，从今以后，应修养德性，增广见闻。自丧乱以来，已近十年，君无君德，臣失臣道，父亲不慈，儿子不孝，兄弟之情淡薄，夫妻之义相违，长幼失序，尊卑错乱。我身为帝王，志在爱护、教诲民众，使成为有道之世，不敢片刻偷安。凡内外官吏，远近百姓，应家家自修，人人自省，使一切不合法度的行为，荡然无存。军队可以树立威严，却不能不有所收敛，刑罚有助于教化，但却不能专行。除警卫、镇守以外，其他一切军队、兵器都应停废。现在世道既平，四境没有战事，行伍之人都应学文，世间的铠甲兵器一律销毁。有功的武臣，应把心思放在文艺上，家族中的子侄辈应各通一经，令海内祥和，仰慕德行。京师乃至州县的学校中，生徒经学习而仕进的人中，没有突出的明经高等人才。原因是教诲不深，考课不精，现明示所以致此之由，要致力于儒学教育。无论在朝之官，还是在野之士，都能直抒胸臆，以宽宏为念，不要居心狭隘，违背我的谋划。

我自登基以来，至今已有九年，广开直言之路，表明没有忌讳之心，为此不辞辛劳。近来关于显露文才、评论功绩等直言很多，但真正推诚切谏的议论却很少。这不是所望于公卿百官和平民百姓的，你们应各说真话，弥补我的不足。凡是有善行和良才的人，一定要举荐，不要沉默不表，留待下面议论。应把这些意思颁告天下，让所有人都知道。

闰月甲子日，任命安州总管韦世康为信州总管。丁丑日，颁给总管、刺史木鱼符，雌雄各一。己卯日，任命吏部尚书苏威为尚书右仆射。

六月乙丑日，任命荆州总管杨素为纳言。丁丑日，任命吏部侍郎卢恺为礼部尚书。

当时朝野议论纷纷，都希望高祖封禅泰山。为此，秋季七月丙午日，高祖下诏说："岂能因任命一位将军，除剿一个小国，引起远近注意，就称作太平。用这样微薄之德封名山，以虚妄之言冒犯上天，非我所闻。自今以后，再有论及封禅之事的，都应马上禁止。"

八月壬戌日，任命广平王杨雄为司空。

冬季十一月壬辰日，考使定州刺史豆卢通等人上表请求封禅，高祖不允。庚子日，任命右卫大将军虞庆则为右武侯大将军，右领军将军李安为右领军大将军。甲寅日，降低对囚犯的处罚。

十二月甲子日，下诏说："我秉承天命，统一天下。处于百世衰敝之后、风俗浮薄之时，圣人的遗训，荡然无存。所以，制礼作乐是当务之急。我崇尚正统的古音雅道，至于郑、卫淫声，以及鱼龙杂戏，乐府之中一律禁止。现在想重新改定雅乐，作乐之术精妙细微，不是光靠教习便能掌握，而乐工世代相传的多是糟粕，不足以传扬神明之德和天地之和。国内技艺超群的奇才，哪朝哪代没有呢！大都是在不适宜的时期晦迹隐名，等到盛世时敢放言高论，应加以搜访，尽快禀报，希望能一睹他们的技能，共同议定雅乐。"随后命令太常寺长官牛弘、通直散骑常侍许善心、秘书丞姚察、通直郎虞世基等人议定作乐。己巳日，任命黄州总管周法尚为永州总管。

开皇十年春季正月乙未日，封皇孙杨昭为河南王，杨楷为华阳王。

二月庚申日，高祖视察并州。

夏季四月辛酉日，从并州返回长安。

五月乙未日，高祖颁诏称："自从魏末兵兴，死丧祸乱，疆土瓜分，连年不断的兵役征发，令百姓无暇休息。兵士军人，都隶属于临时设置的坊府，南征北伐，没有固定的居处。士卒家园破败，土地荒废，成了长久流徙不定的人，竟然没有乡里的名籍，我非常怜悯他们。从此以后，凡是军人，都可以归属州县，垦田和籍账，与百姓相同。各军府统领办法，仍依旧不改。罢省山东、河南和北方沿边之地新设立的军府。"

六月辛酉日，规定：丁男年满五十岁，就可以免除征役，而以收庸代替。癸亥日，任命灵州总管王世积为荆州总管，浙州刺史元胄为灵州总管。

秋季七月癸卯日，任命纳言杨素为内史令。庚戌日，高祖亲自审核囚犯的罪状。辛亥日，高丽辽东郡公高阳去世。壬子日，吐谷浑派使者来朝见皇上。

八月壬申日，委派柱国、襄阳郡公韦洸和上开府、东莱郡公王景并持节巡查慰抚岭南地区，当地的百越人都归附于朝廷。

冬季十月甲子日，颁给在京五品以上官吏木鱼符。戊辰日，任命永州总管周法尚为桂州总管。

十一月辛卯日，高祖亲临国学，对在学的生徒、学官分别给予不同等级的赏赐。丙午日，契丹国派使朝贡。辛丑日，有事在南郊举行祭祀。当月，婺州人汪文进、会稽人高智慧、苏州人沈玄侩都举兵反叛，自称天子，设置属官。乐安的蔡道人、蒋山的李棱、饶州的吴代华、永嘉的沈孝澈、泉州的王国庆、余杭的杨宝英、交趾的李春等人都自称大都督，攻陷州县。高祖命令上柱国、内史令、赵国公杨素出兵讨平叛乱者。

开皇十一年春季正月丁酉日，因平陈时获得的古器多有灾异，下令全部毁掉。辛丑日，高丽国派使前来纳贡。丙午日，皇太子妃元氏去世，高祖在文思殿举行悼念仪式。

二月戊午日,吐谷浑派使进贡。任命大将军苏孝慈为工部尚书。丙子日,因临颍县令刘旷政绩卓著,提升为莒州刺史。己卯日,突厥派使进献七宝碗。辛巳晦日,有日食。

三月壬午日,派遣通事舍人若干出使吐谷浑。癸未日,任命幽州总管周摇为寿州总管,朔州总管吐万绪为夏州总管。

夏季四月戊午日,突厥雍虞闾可汗派特勤来朝见。

五月甲子日,高丽派使臣来进贡。癸卯日,命令文武百官都到朝堂讨论封禅之事。乙巳日,任命右卫将军元旻为左卫大将军。

秋季七月己丑日,任命柱国杜彦为洪州总管。

八月壬申日,高祖亲临栗园。滕王杨瓒去世。乙亥日,从栗园返回京师。上柱国、沛国公郑译去世。

十二月丙辰日,靺鞨派使臣前来进献特产。

开皇十二年春季正月壬子日,任命苏州刺史皇甫绩为信州总管,宣州刺史席代雅为广州总管。

二月己巳日,任命蜀王杨秀为内史令,兼任右领军大将军,汉王杨谅为雍州牧、右卫大将军。

夏季四月辛卯日,任命寿州总管周摇为襄州总管。

五月辛亥日,广州总管席代雅去世。

秋季七月乙巳日,尚书右仆射、邳国公苏威和礼部尚书、容城县侯卢恺因事获罪除名。壬戌日,高祖到昆明池,当日还宫。己巳日,有事在太庙祭祀。壬申晦日,有日食。

八月甲戌日,规定:全国犯死罪者,各州不许随意处决,都必须由大理寺审核。乙亥日,高祖到龙首池。癸巳日,规定:担任警卫的人不得擅离职守。丁酉日,上柱国、夏州总管、楚国公豆卢勣去世。戊戌日,皇上亲自审查囚犯的罪状。

九月丁未日,任命工部尚书杨异为吴州总管。

冬季十月丁丑日,遂安王杨集改封卫王。壬午日,有事在太庙举行祭祀。在太祖的灵位前,高祖呜咽流泪,不胜其悲。

十一月辛亥日,有事在南郊举行祭典。壬子日,皇上设宴招待群臣,赏赐不等。己未日,上柱国、新义郡公韩擒虎去世。庚申日,任命豫州刺史权武为潭州总管。甲子日,群臣在武德殿举行大射礼。

十二月癸酉日,突厥派使臣前来朝拜。乙酉日,任命上柱国,内史令杨素为尚书右仆射。己酉日,吐谷浑、靺鞨并派使贡献特产。

开皇十三年春季正月乙巳日,上柱国、郇国公韩建业去世。丙午日,契丹、奚、霫室韦都派使臣来进贡。壬子日,高祖亲自主持祭祀,以感激上天。己未日,任命信州总管韦世康为吏部尚书。壬戌日,高祖视察岐州。

二月丙子日,下诏营建仁寿宫。丁亥日,高祖自岐州返回长安。戊子日,在嘉则殿设宴招待考使。己卯日,册立皇孙杨暕为豫章王。戊子日,晋州刺史、南阳郡公贾悉达、隰州总管、抚宁郡公韩延等人,因贿赂被杀。己丑日,规定:因事获罪免官者,被发配到边地一年。丁酉日,又规定,私人家中不许隐藏以神学迷信附会儒家经典的纬谶一类的书籍。

夏季四月癸未日,规定:凡阵亡的家庭,免除一年徭役。

五月癸亥日，颁布诏布规定，世间如有撰集国史、品评人物的一律禁止杜绝。

秋季七月戊申日，靺鞨派使臣进献特产。壬子日，左卫大将军、云州总管、钜鹿郡公贺娄子干去世。丁巳日，皇上前往昆明池。戊辰晦日，有日食。

九月丙辰日，降低对囚犯的处罚。庚申日，邵国公杨纶封为滕王。乙丑日，任命柱国杜彦为云州总管。

冬季十月乙卯日，上柱国、华阳郡公梁彦光去世。

开皇十四年夏季四月乙丑日，高祖下诏说："以往的圣人，把作乐崇德、移风易俗视为大事。自从东晋流离迁徙，战争不断，雅乐流散，年代久远，国家又不能统一，所以无从辩证。幸赖上天明鉴，神灵赐福，拯救灾难的百姓，使百姓安居乐业，国家统一，治理前代遗留的礼乐典章制度，皆为国有。先前让有关部门进行全面的研究，雅乐正声已详考完毕，应该立即施用，目前实行的一律停废。民间的音乐，流荡邪僻的人，放弃原来的体制，竞相制造繁缛之声，浮荡而不返于正，遂成风俗。应严加限制，禁止流行，以正本清源，恢复其本来面貌。"

五月辛酉日，京师长安发生地震。关内各州发生旱灾。

六月丁卯日，命令所有的省府州县，一律给公廨田，官吏不得经营生计，与百姓争利。

秋季七月乙未日，任命邠国公苏威为纳言。

八月辛未日，关中地区大旱，百姓饥饿。高祖亲自率领饥民往洛阳过活。

九月己未日，任命齐州刺史樊子盖为循州总管。丁巳日，任命基州刺史崔仲方为会州总管。

冬季闰十月甲寅日，下诏说："齐、梁、陈以往都在南方创业，年代久远，致使宗祀废绝、祭奠无主，人们议论或怜惜之情，都很感伤。所以，对营国公萧琮、高仁英、陈叔宝等人，都应按时祭祀。祭祀中需要的器物，由主管部门供应。"乙卯日，规定九品以上的地方官，不得携带父母和十五岁以上之子赴任。

十一月壬戌日，规定州县佐吏每三年一任，不能连任。癸未日，有彗星入角、亢星。

十二月乙未日，高祖到东方视察和狩猎。

开皇十五年春季正月壬戌日，高祖到达齐州，亲自询问百姓疾苦。丙寅日，行至王符山。庚午日，高祖因当年旱情严重，在太山举行祭典，向上天谢罪。大赦天下有罪的人。

二月丙辰日，收缴天下兵器，敢有私自制造者，一律依法治罪。关中缘边地区例外。丁巳日，上柱国、蒋国公梁睿去世。三月己未日，高祖从东巡回到长安。祭祀五岳海渎。丁亥日，高祖亲临仁寿宫。营州总管韦艺去世。

夏季四月己丑朔日，大赦天下有罪的人。申辰日，任命赵州刺史杨达为工部尚书。丁未日，任命开府仪同三司韦冲为营州总管。

五月癸酉日，吐谷浑派使来朝贡。丁亥日，规定五品以上的京官，佩带铜鱼符。

六月戊子日，下令开凿底柱山。庚寅日，相州刺史豆卢通进献有彩文的细布，高祖命人在朝堂焚烧。乙未日，林邑派使臣来进贡。辛丑日，下令不在礼仪制度祭祀之内的名山大川，今后都要祭祀。

秋季七月乙丑日，晋王杨广进献毛龟。甲戌日，派邠国公苏威巡查江南。戊寅日，从仁寿宫返回。辛巳日，规定，九品以上官因正常原因离任的允许执笏。

冬季十月戊子日,任命吏部尚书韦世康为荆州总管。

十一月辛酉日,高祖前往温汤。乙丑日,从温汤返回宫中。

十二月戊子日,宣布有盗窃边塞粮一升以上的一律问斩,家中财产全部抄没充公,家口沦为奴婢。己酉日,命文武百官四年一任。

开皇十六年春季正月丁亥日,册封皇孙杨裕为平原王,杨筠为安成王,杨嶷为安平王,杨恪为襄城王,杨该为高阳王,杨韶为建安王,杨煚为颖川王。

夏季五月丁巳日,任命怀川刺史庞晃为夏州总管,蔡阳县公姚辩为灵州总管。

六月甲午日,规定工商之家不得入仕为官。并州发生严重的蝗灾。辛丑日,命令九品以上官的妻子,五品以上官的妾,在丈夫去世后不准改嫁。

秋季八月丙戌日,命令所有判处死刑的人,都要经三奏之后再行刑,以示人命慎重。

冬季十月己丑日,高祖亲临长春宫。

十一月壬子日,从长春宫归来。

开皇十七年春季二月癸未日,太平公史万岁讨平西宁羌人。庚寅日,高祖到仁寿宫。庚子日,上柱国王世积讨平桂州贼李光世。壬寅日,河南王杨昭纳妃,宴请群臣,赏赐不等。

三月丙辰日,高祖颁诏说:"设置文武百官,以共同执掌国家要务,官位有高下不同等级。如果上、下级官之间不相敬惮,自行宽纵,就难以成事。诸如殿廷失礼一事,虽有法令条规约束,有的依律则轻,论情则重,如不马上处罚,便无以惩戒以肃朝纲。此后,上级官论定属官罪过时,允许在法律以外酌情判以杖刑。"辛酉日,皇上亲自审查囚犯的定罪情况。癸亥日,上柱国、彭国公刘昶因罪被处决。庚午日,派治书侍御史柳彧、皇甫诞巡视河南、河北。

夏季四月戊寅日,颁布新历法。壬午日,高祖下诏说:"周氏天下告终,群凶作乱,祸起地方强藩,殃及黎民百姓。我受命于天,统一天下,圣灵保佑,文武同心。申明公李穆、郧襄公韦孝宽、广平王杨雄、蒋国公梁睿、楚国公豆卢勣、齐国公高颎、越国公杨素、鲁国公虞庆则、新宁公叱李长叉、宜阳公王世积、赵国公独孤罗云、陇西公李询、广业公景、真昌公振、沛国公郑译、项城公王子相、钜鹿公贺娄子干等人,为创建帝国基业忠心耿耿,全心为国,建立卓著的功勋。应光大其家门世系,与国同休。其世子世孙中有未经州官的,应量才擢用,使其享受荣宠之位,世代禄位无穷。"

五月,在玉女泉设宴招待百官,分别给予不同等级的赏赐。己巳日,蜀王杨秀来朝。高丽国派使臣来进贡。甲戌日,任命左卫将军独孤罗云为凉州总管。

闰月己卯日,有鹿群闯入殿门,驯扰于侍卫之内。

秋季七月丁丑日,桂州人李代贤造反,高祖派右武侯大将军虞庆则出兵平定了叛乱。丁亥日,上柱国、并州总管秦王杨俊因事获罪被罢免,以王的身份返家。戊戌日,突厥派使来贡献特产。

八月丁卯日,荆州总督、上庸郡公韦世康去世。

九月甲申日,从仁寿宫归来。庚寅日,皇上对侍臣说:"礼以敬为主,应当尽心竭力,祭品不一定芳香,贵在恭敬。庙庭中设乐,本来是为了迎神,斋祭之日,目光所及,多有感触。值此之际,在路奏乐,于礼欠妥,望公卿百官再加审慎。"

冬季十月丁未日，给骠骑、车骑府颁发铜兽(虎)符。戊申日，道王杨静去世。庚午日，高祖下诏称："三皇五帝时礼乐各有不同，都视具体情况而有所改变。窃思祭祀宗庙好像先帝就在眼前，昊天罔极之感，此日最深。而礼毕升车，则有鼓吹之乐，还入宫门，又有金石之声。这样哀乐同时，心和事矛盾，使人心情不安，在道理上也有失允当。应改革旧制，以弘扬礼教。从今以后，祭庙日不必再置备鼓吹之乐，殿庭中也不得设悬乐。"辛未日，京师大检查。

十一月丁亥日，突厥派使来朝。

十二月壬子日，上柱国、右武侯大将军、鲁国公虞庆则因罪被杀。

开皇十八年春季正月辛丑日，颁布诏书："吴、越之人，往日因袭弊习，在当地私自建造大船，互相聚众勾结，构成危害。此后江南各州，有如三丈以上长的船只，一律搜括没官。"

二月甲辰日，高祖亲临仁寿宫。乙巳日，委任汉王杨谅为行军元帅，调发水陆三十万人马讨伐高丽。

三月乙亥日，任命柱国杜彦为朔州总管。

夏季四月癸卯日，任命蒋州刺史郭衍为洪州总管。

五月辛亥日，下令凡畜养害人之物，以毒害人，或用迷信的方法祈祷鬼神诅咒害人的人家，一律发配到四方极远的边地去。

六月丙寅日，下诏罢免高丽王高元的官爵。

秋季七月壬申日，下诏因河南八州水灾发生，特免除当地百姓赋役。丙子日，命令在京五品以上官和地方官总管、刺史，以志行修谨、清平干济两科荐举人才。

九月己丑日，汉王杨谅的军队因染上疾病瘟疫被迫回师，士卒病死达十之八九。庚寅日，下令凡收留没有官府证明的旅客住宿者，连同刺史、县令一道治罪。辛卯日，高祖从仁寿宫返回。

冬季十一月甲戌日，皇上亲自过问囚犯的判处。癸未日，有事在南郊告祭。

十二月庚子日，上柱国、夏州总管、任城郡公王景因罪被杀。此月，高祖从京师到仁寿宫，沿途设置十二处行宫。

开皇十九年春季正月癸酉日，大赦天下罪人。戊寅日，在武德殿行射礼，宴请、赏赐百官。二月乙亥日，晋王杨广来朝。辛丑日，任命并州总管长史宇文㲉为朔州总管。甲寅日，高祖到达仁寿宫。

夏季四月丁酉日，突厥利可汗归附朝廷。达头可汗侵犯边塞，高祖派行军总管史万岁出兵击败他。

六月丁酉日，任命豫章王杨暕为内史令。

秋季八月癸卯日，上柱国、尚书左仆射、齐国公高颎因事获罪免官。辛亥日，上柱国、皖城郡公张威去世。甲寅日，上柱国、城阳郡公李彻去世。

九月乙丑日，任命太常卿牛弘为吏部尚书。

冬季十月甲午日，册封突厥利可汗为启人可汗，修建大利城以安置突厥部落。庚子日，任命朔州总管宇文㲉为代州总管。

十二月乙未日，突厥都蓝可汗被部下所杀。丁丑日，有流星陨落于渤海。

开皇二十年春季正月辛酉朔日,皇上在仁寿宫。突厥、高丽、契丹都派使臣来进贡。癸亥日,任命代州总管宇文弢为吴州总管。

二月己巳日,任命上柱国崔弘度为原州总管。丁丑日,天上无云而响雷。

三月辛卯日,熙州人李英林造反,皇上派行军总管张衡前往镇压了叛乱。

夏季四日壬戌日,突厥进犯边境,皇上任命晋王杨广为行军元帅,击败来犯者。乙亥日,天上有如同泄水的声响,从南到北。

六月丁丑日,秦王杨俊去世。

秋季八月,南极星显现。

九月丁未日,从仁寿宫归来。癸丑日,吴州总管杨异去世。

冬季十月己未日,太白金星在白天显现。乙丑日,皇太子杨勇和他的儿子们一道被废为庶人。将柱国、太平县公史万岁斩首。己巳日,又杀死左卫大将军、五原郡公元旻。

十一月戊子日,天下地震,长安有大风雪。立晋王杨广为皇太子。

十二月戊午日,命令东宫官不许向皇太子称臣。辛巳日,颁诏说:"佛法深奥精妙,道教虚无缥缈,都能普降慈爱,济度众生。人们都蒙受其庇护。所以人们才雕铸或绘画神佛形象,供举国瞻仰,以表达真诚的敬意。五岳四镇依时宣散云雨,江、河、淮海,润泽土地,以生养万物,有益于百姓,所以建造庙宇,祭祀神灵,按时敬奉。如果有人胆敢毁坏、偷盗佛道神像或岳镇海渎神位,依十恶之'不道'条论处。僧人、道士如毁坏神像,以'恶逆'条论罪。"

仁寿元年春季正月乙酉朔日,大赦天下罪人,改年号。任命尚书右仆射杨素为尚书左仆射,纳言苏威为尚书右仆射。丁酉日,河南王杨昭改封晋王。突厥进犯恒安,调柱国韩洪讨伐,官军大败。任命晋王杨昭为内史令。辛丑日,高祖下诏称:"君子修身,虽说有多方面的品行,但只有忠诚和孝顺是最首要的。所以投奔明主,为主人殉节。为节义而死,自古以为难能可贵,为君王死难,礼遇增加二等。可是世俗之徒,不明大义,致使为国战死的却不能在坟地安葬。既亏孝子之意,又伤人臣之心,每念及此,无不深深怜悯叹息。何况入庙祭祀,并不废缺,为何唯独战士死亡,不许葬于坟地。从今以后,战亡之人,都应葬入坟地。"

二月乙卯朔日,有日食。辛巳日,任命上柱国独孤楷为原州总管。

三月壬辰日,任命豫章王杨暕为扬州总管。

夏季四月,任命淅州刺史苏孝慈为洪州总管。

五月己丑日,突厥男女九万人前来归降。壬辰日,天降骤雨,雷声震天,大风将树木连根拔起,宜君积水向始平宣泄。

六月癸丑日,洪州总管苏孝慈去世。乙卯日,皇上派十六名使臣到各地巡视,访察民情。乙丑日,颁诏说:"儒学之道,教育民众,使其明白父子君臣之义、尊卑长幼之序,所以入仕为官,能帮助治理朝政,推广教化。我执政以来,考虑弘扬德教,遂广召学生,崇建学校,开拓入仕之途,安置贤良杰出之人。然而进入国学的官宦子弟,将近千人,州县的学生数量也不算少,却空占学籍,虚度时光,没有人以德操为世人楷模,或以才能堪为国用。这是由于设学原则,人多而未能精选。现在应该精简,明加奖励。"于是国子学只留学生七十人,太学、四门学和州县学均废。当日,给各州颁发舍利。

秋季七月戊戌日,改国子学为太学。

九月癸未日,任命柱国杜彦为云州总管。

十一月己丑日,在南郊祭天。壬辰日,任命资州刺史卫玄为遂州总管。

仁寿二年春季二月辛亥日,任命邢州刺史侯莫陈颖为桂州总管,宗正杨祀为荆州总管。

三月己亥日,皇上到仁寿宫。壬寅日,任命齐州刺史张乔为潭州总管。

夏季四月庚戌日,岐州、雍州发生地震。

秋季七月丙戌日,命令内外官吏各举所知。戊子日,任命原州总管独孤楷为益州总管。

八月己巳日,皇后独孤氏去世。

九月丙戌日,从仁寿宫回来。壬辰日,河南、河北各州发大水,皇上派工部尚书杨达赈恤灾民。乙未日,上柱国、襄州总管、金水郡公周摇去世。陇西发生地震。

冬季十月壬子日,特赦益州管辖内所有罪人。癸丑,任命工部尚书杨达为纳言。

闰月甲申日,命令尚书左仆射杨素和精通天文历法之士,订正阴阳的错误。己丑日,下诏说:"礼的运用意义重大,用黄琮祭地、苍璧祭天,使天地之神降福,陈列牺牲祭品,以展示对宗庙的尊敬,正父子君臣之序,明婚姻丧事之节。所以,道德仁义,没有礼不成,上安下治,莫过于实行礼制。自从天下动荡,祸患连年不断,致使先王所行正道沦丧,风气大变,精微之言断绝而正道乖违,随着年代的推移,这种弊端日趋严重。至于四时祭祀的节制或修饰以及五服麻葛的轻与重,各说不一,纷繁杂乱,致使圣教衰败错讹,轻重标准无凭。我敬承天命,统治民众,正值动荡不安,战争频仍之际,平定祸乱,只有先用武功,删定常典却无暇顾及。现在天下太平,战争结束,理应整饬风化,用道德和礼义引导百姓,补缀和复兴先代圣主的典章制度。尚书左仆射、越国公杨素,尚书右仆射、邳国公苏威,吏部尚书、奇章公牛弘,内史侍郎薛道衡,秘书丞许善心,内史舍人虞世基,著作郎王劭等人,有的位居宰职,博通古今,有的众望所归,学综经史。委托他们裁定编次,确实符合众议。可以一同修订五礼(吉、嘉、宾、军、凶礼)。"壬寅日,将献皇后安葬在太陵。

十二月癸巳日,上柱国、益州总管蜀王杨秀被废为庶人。交州人李佛子举兵造反,高祖派行军总管刘方讨伐并平定了叛乱。

仁寿三年春季二月己卯日,原州总管、比阳县公庞晃去世。戊子日,任命大将军、蔡阳郡公姚辩为左武侯大将军。

夏季五月癸卯日,下诏说:"每当念及父母生育我的辛劳时,便悲伤不已。想要报答的恩德之大,犹如昊天广袤无穷。只是父母不得我的奉养而先逝,无可挽回,空自哀痛。六月十三日是我的生日,应该让全国百姓为纪念我的父母武元皇帝、元明皇后,而严禁宰杀牲畜。"

六月甲午日,下诏说:

《礼记》说:"为最亲近的人服丧期是一年。"这大概是圣人用来象征四时的变化和万物重新开始。至于有服三年的,则是加重了丧礼。只是家无二尊,母亲的丧礼就要轻些,所以父在母亡,服一年丧,这是服丧的正道。岂能容许期丧中更有"小祥"!然而三年之丧而有小祥的,据《礼记》记载:"期祭是礼,周年后除丧服,是道。"因此,虽没看到第二个期年，但天地一变，不能不祭，不能不除，所以才有小祥之祭，以存丧祭之本。但期丧有小祥不合适。虽说死后十一月而练，却无所取法，既不是周年，也非适当之时机，怎么能除去丧礼之服呢。可儒者却只仿照三年之丧，而建练（周年后祭）禫、（两周年后祭）等除服祭礼，可称得上是只存其变，而失其本，原打算逐渐抑情，却于丧礼反倒菲薄了。致使死者之子在练冠上除去麻带，黄里红边，有经则布葛在身，粗服不改。这难道不是经哀尚存，子情已失，亲疏失序，轻重颠倒！如此不顺人情，怎能是圣人之意呢！由此可知，先圣所制的丧礼废弃于人们的错讹，三年之丧尚有不实行的，至于祥练等礼节，怎么能不废弃呢？

《礼记》记载："居父母之丧的礼仪，没有身份贵贱之分。"而士大夫们居父母之丧，却分贵贱有等以及不合礼制的丧服。可见礼坏乐崩，由来已久。所以晏婴服斩衰礼，其家中管事者称之为非礼，滕文公服三年丧，文武百官都不情愿。这大都是由于先王所行正道衰微，诸侯各行其政，将超越法度，讨厌礼制对自己的妨害，遂除去典籍，随意行事。致使对父母之恩，轻重从俗，对先王所创不得更易的正道，随意增损。更何况孔子去世后遂使精微言论隐而不发，秦朝泯灭儒学把经籍付之一炬呢！汉朝兴起后，虽广求儒雅之士，但众说纷杂，莫衷一是。再加上近年祸患灾难不断，只注意征战讨伐，对于典礼却无暇顾及。而礼不从天降，不从地出，在于人们内心，即所谓情缘于恩。所以恩厚则礼盛，情轻则礼薄。圣人以此酌情制定礼节，以区别亲疏贵贱。自从君臣上下秩序沦丧，遂造成莫大之恩因情而薄，莫重之礼因时而减。这样便使丧服不符合丧制，仪容不配合丧服，这不是圣人因恩表情、制定礼仪的原则。

然而，就丧礼而言，与其仪文周到，宁可悲哀，这才是丧礼的本质。至于其他的都不如悲哀更重要，即所谓感情真实。现在所行的十一月而练的丧礼，既不是礼的本义，也不是真诚的感情。由此而言，父在母亡的不应再有练祭。只能依照丧礼十三月而祥，十五月而禫。以符合圣人的本意，表达孝子的心意。

秋季七月丁卯日，高祖又下诏说：

上天通过日往月来把握四时依序正常运行，大地借助山镇川流来疏通阴阳之气。四时依序则寒暑无差，气候疏通则云雨有节，所以才能维持天地自然的规律，哺育万物。何况一人统治天下，单靠自己的所见所闻就想治理好国家，而不依靠众人的才能，这是不可能的。所以唐尧明智，让羲、和位居高官，虞舜高明，升元、凯作相。伊尹以厨师的身份作了殷汤的辅佐，吕望以钓鱼之夫成了周武王的尚父。所以有明主在上，下必有贤臣，龙虎从风云，贤臣应明主。君德不邪，臣道遂正，所以能通天地之和，顺阴阳之序的，岂非因英明君主，而有贤良辅臣吗？

自从先王所行正道渐衰，民情也渐失淳厚，君主不能以公正之道统治民众，臣下必然遵循私家之法以迎合当时。上下蒙蔽，君臣之道丧失，由此则治政衰败，百姓困乏。同心之风难袭，离德之轨易随，造成任者不善，善者不任，人言可畏，随时都有可能遭受不测的杀身之祸。所以有人漫步歌吟，逃避世务，或辞去官职，在家种菜，或罢官不悔，或藏身退隐，湮没于江湖河海之中，洁身自好而不懊悔。至于民间杰出的博雅之士，言论足以辅佐朝政，行为足以勉励世人，却被遗弃于民间，不为人知，这类事真是说不胜说！所以看这些古事而令人叹息。

现在国家统一,人烟万里,百姓安定,四夷归顺,这难道是人力所致,实在是天意所为。这只是昼夜忧虑,如何来继承先代圣主完美的德行,因此谨慎自勉,日慎一日。以百姓为念,以政事为怀,担心有丝毫的差失。虽然寻访傅岩,却没有发现隐士,徒想崆峒,却没有听到高明的治国之道。唯恐自荐无路,辞尊居卑,远迹犬羊之间,屈身僮仆之伍。现命州县长官搜访荐举贤人,一律录取那些明晓古今、通识治乱之道的人,以寻求政教礼乐的本源。人数不限,不得不举,限期三旬,都使入仕,征召和送行必须依礼行事。

八月壬申日,上柱国、检校幽州总管、落丛郡公燕荣因罪被杀。

九月壬戌日,设置常平官。甲子日,任命营州总管韦冲为民部尚书。

十二月癸酉日,河南各州发生水灾,高祖派纳言杨达救济灾民。

仁寿四年春季正月丙辰日,大赦天下。甲子日,亲赴仁寿宫。乙丑日,下令凡属赏罚和财政支出等事务,不论大小,都交付皇太子办理。

夏季四月乙卯日,皇上生病。

六月庚申(午)日,大赦天下。有星辰行入月中,几天才退。在雁门出现长人。

秋季七月乙未日,太阳暗淡无光,八天后才恢复。己亥日,任命大将军段文振为云州总管。甲辰日,高祖因病重,躺卧在仁寿宫内,和百官诀别,君臣握手抽咽。丁未日,在大宝殿去世,时年六十四。高祖在遗诏中说:

唉!自从晋室流离迁徙,天下祸乱,四海不一,直至周、齐,战火连绵不断,将近三百年。多处割土裂疆,多人称王称霸,各行其政,百姓困苦不堪。上天降灵,授命于我,因登皇位,这难道只因人力而成!声威和教化远播四海,这又是天意要安定天下的缘故。所以黎明临朝,不敢享受安乐,日理万机,事必躬亲,不论昼夜寒暑,不辞辛劳,不是为我自己,全是为百姓的缘故。王公百官,每日上朝,刺史以下,三季朝集,何尝不竭尽心力,殷切嘱咐。既有君臣之义,又兼父子之情。希望依仗百官的才智,使全国欢心,想让天下百姓永得安乐,没想到久病不愈,乃至濒危。这些属人之常情,何足挂齿!只是天下百姓衣食不够丰厚,教化政刑还有不完善之处,每念及此,引为遗憾。我今年已逾六十,不能称为夭亡,只是筋骨精神,一时劳竭。造成的原因,本非为己,只是为了安养百姓。

人生养子孙,谁不怜爱惦念,既然以天下为重,就必须忍痛割爱,杨勇、杨秀等人,想背叛朝廷,既然知道他们已丧失臣子之心,所以才将他们废黜为庶人。古人有言:"知臣莫如君,知子莫若父。"假使让杨勇、杨秀等人得逞,统治天下,必然会残酷杀戮公卿、百姓。现在这些人我已替百姓废黜掉,剩下的好子孙足以担当大任。这虽是我的家事,理不容隐,先前已向文武侍卫阐明。皇太子杨广,身居太子之位,以仁义孝顺闻名,以他的操行事业,能够成就我的志向。我只希望内外群臣,同心协力,共同治理天下,我虽闭目,还有什么遗憾呢。

只是国家事大,不能局限于常礼。将我下葬以后,文武百官因身负重任,而因公除服,像平时一样,这一制度应当遵循,不必改定。凶礼所需,只使足以办丧事即可,务必节俭,不得劳烦百姓。各州总管、刺史以下官,应各守其职,不守奔赴朝廷。自古以来智慧卓越的君主,都是因人做法,前后帝王因时制宜,或沿袭,或变革。律令格式中如有不便于执行的,应按照前敕予以修改,务使适应政事需要。唉,你们要恭敬从事,不要辜负我的嘱托!

乙卯日，将死事通告天下。河间有四株杨柳无故枯黄落叶，不久又重生花叶。

八月丁卯日，灵枢从仁寿宫运回。丙子日，停放在大兴前殿。

冬季十月己卯，与皇后合葬在太陵，同坟异穴。

皇上为人严肃，仪容庄重，表面看质朴无华，内心聪明敏捷，有大谋略。在执政之初，群情不附，诸子年幼势弱，内有六王谋反，外有三方叛乱。控制强兵、驻守重镇的都是北周的旧臣。皇上推心置腹，以诚相待，使其各自发挥才干，不出一月，便平定了三边之乱，不足十年，就统一了天下。轻徭薄赋，刑罚宽简，对内整饬各项制度，对外镇抚各少数民族。每早听朝，直到太阳西斜，不知疲倦，居处服节和玩赏的物品，必从节俭，有令即行，有禁则止，上下同化。开皇、仁寿之间，成年男子不穿精美花纹的丝织服装，也没有金玉的饰物，常服大多是布帛做成的，腰带也不过以铜铁骨角装饰。虽然节省钱财，但对于赏赐有功之人，也无所吝惜。出外巡游时，途中遇到上表的人，便停下马来亲自问。有时秘密派遣使者到各地采集风俗，地方官治政的得失，人间的疾苦，无不留意。曾经遇到关中饥荒，就派左右侍臣视察百姓吃的东西。有人将百姓充饥的豆屑杂糠进献给皇上，高祖流着眼泪给群臣看，并深深自责，为此将近一年降减膳食，不进酒肉。等到太山封禅时，途中关中百姓迁往粮食较多的洛阳生活的人接连不断。皇上命令负责侦察的卫士不许随便驱逐威胁，使男女百姓夹杂在仪仗侍卫之中。遇上扶老携幼的，皇上便牵马避开，慰问勉励后才离去。走到艰难之处，见有担挑东西的人，就马上让身边人扶助。对阵亡的将士，必加优待赏赐，又派使臣到家中慰问。高祖自强不息，朝夕孜孜不倦，使百姓殷繁，府库充实。虽未能达到最完善的统治，也足以称得上近代良主。但是生性沉着猜忌，向来不好学问，好弄小权术，不通大体，所以忠臣义士不能尽心极言。对建国元勋和有功将领，诛杀贬退，很少能有幸存的。又不喜好诗书，废除学校，只听信妇人之言，废黜诸子。等到晚年，执法尤其严峻，喜怒无常，杀戮过多。曾让身边侍臣把西域朝贡使者送出玉门关，所经途中，有人接受地方官馈赠的鹦鹉、麋皮、马鞭之类的物品，皇上听后大怒。又亲临武库署，见署内荒废不整治，于是将武库令和接受馈赠者拘捕，押解出开远门，亲自监斩，处死的人达几十人。又常常偷偷派人贿赂令史府史，凡接受者一律处死，无所宽恕。议论者因此而贬低他。

炀帝本纪

【题解】

隋炀帝(569～618)名杨广，一名杨英，是隋文帝杨坚的次子。母亲是独孤文献皇后。开皇元年立为晋王，授武卫大将军衔。杨广少时好学，性格深沉，善于伪装，颇受文帝和献后宠爱。他用阴谋手段陷害其兄杨勇，终于得到了太子地位。公元604年，文帝去世，杨广登上皇帝宝座。

杨广一生穷奢极欲。对内大兴徭役，营建东都，修筑西苑，筑长城、修驰道，耗资巨万，用工无算，使百姓疲于奔命；对外穷兵黩武，三次远征高丽，士兵死伤战场，百姓颠沛运输路上，赋税繁重，民不聊生；终于激发了无数大大小小的农民起义，埋葬了隋朝。大业十二年（616），炀帝南巡江都，十四年（618）被禁军首领宇文化及杀死在宫中。

【原文】

炀皇帝讳广，一名英，小字阿㜎，高祖第二子也。母曰文献独孤皇后。上美姿仪，少敏慧，高祖及后于诸子中特所钟爱。在周，以高祖勋，封雁门郡公。

开皇元年，立为晋王，拜柱国、并州总管，时年十三。寻授武卫大将军，进位上柱国、河北道行台尚书令，大将军如故。高祖令项城公韶、安道公李彻辅导之。上好学，善属文，沉深严重，朝野属望。高祖密令善相者来和遍视诸子，和曰："晋王眉上双骨隆起，贵不可言。"既而高祖幸上所居第，见乐器弦多断绝，又有尘埃，若不用者，以为不好声妓，善之。上尤自矫饰，当时

隋炀帝杨广

称为仁孝。尝观猎遇雨，左右进油衣，上曰："士卒皆沾湿，我独衣此乎！"乃令持去。

六年，转淮南道行台尚书令。其年，征拜雍州牧、内史令。八年冬，大举伐陈，以上为行军元帅。及陈平，执陈湘州刺史施文庆、散骑常侍沈客卿、市令阳慧朗、刑法监徐析、尚书都令史暨慧，以其邪佞，有害于民，斩之右阙下，以谢三吴。于是封府库，资财无所取，天下称贤。进位太尉，赐辂车、乘马，衮冕之服，玄珪、白璧各一。复拜并州总管，俄而江南高智慧等相聚作乱，徙上为扬州总管，镇江都，每岁一朝。高祖之祠太山也，领武侯大将军。明年，归藩。后数载，突厥寇边，复为行军元帅，出灵武，无虏而还。

及太子勇废，立上为皇太子。是月，当受册。高祖曰："吾以大兴公成帝业。"令上出舍大兴县。其夜，烈风大雪，地震山崩，民舍多坏，压死者百余口。

仁寿初，奉诏巡抚东南。是后高祖每避暑仁寿宫，恒令上监国。

四年七月，高祖崩，上即皇帝位于仁寿宫。八月，奉梓宫还京师。并州总管汉王谅举兵反，诏尚书左仆射杨素讨平之。九月乙巳，以备身将军崔彭为左领军大将军。十一月乙未，幸洛阳。丙申，发丁男数十万掘堑，自龙门东接长平、汲都，抵临清关，度河，至浚仪、襄城，达于上洛，以置关防。癸丑，诏曰：

乾道变化，阴阳所以消息，沿创不同。生灵所以顺叙。若使天意不变，施化何以成四时，人事不易，为政何以厘万姓！《易》不云乎："通其变，使民不倦"；"变则通，通则久。""有德则可久，有功则可大。"朕又闻之，安安而能迁，民用丕变。是故姬邑两周，如武王之意，殷人五徙，成汤后之业。若不因人顺天，功业见乎变，爱人治国者可不谓欤！

然洛邑自古之都，王畿之内，天地之所合，阴阳之所和。控以三河，固以四塞，水陆通，贡赋等。故汉祖曰："吾行天下多矣，唯见洛阳。"自古皇王，何尝不留意，所不都者盖

有由焉。或以九州未一，或以困其府库，作洛之制所以未暇也。我有隋之始，便欲创兹怀、洛，日复一日，越暨于今。念兹在兹，兴言感哽！

朕肃膺宝历，纂临万邦，遵而不失，心奉先志。今者汉王谅悖逆，毒被山东，遂使州县或沦非所。此由关河悬远，兵不赴急，加以并州移户复在河南。周迁殷人，意在于此。况复南服遐远，东夏殷大，因机顺动，今也其时。群司百辟，佥谐厥议。但成周墟堉，弗堪葺宇。今可于伊、洛营建东京，便即设官分职，以为民极也。

夫宫室之制本以便生，上栋下宇，足避风露，高台广厦，岂曰适形。故《传》云："俭，德之共；侈，恶之大。"宣尼有云："与其不逊也，宁俭。"岂谓瑶台琼室方为宫殿者乎，土阶采椽而非帝王者乎？是知非天下以奉一人，乃一人以主天下也。民惟国本，本固邦宁，百姓足，孰与不足！今所营构，务以节俭，无令雕墙峻宇复起于当今，欲使卑宫菲食将贻于后世。有司明为条格，称朕意焉。

十二月乙丑，以右武卫将军来护儿为右骁卫大将军。戊辰，以柱国李景为右武卫大将军。以右卫率周罗睺为右武侯大将军。

大业元年春正月壬辰朔，大赦，改元。立妃萧氏为皇后。改豫州为溱州，洛州为豫州。废诸州总管府。丙申，立晋王昭为皇太子。丁酉，以上柱国宇文述为左卫大将军，上柱国郭衍为左武卫大将军，延寿公于仲文为右卫大将军。己亥，以豫章王暕为豫州牧。戊申，发八使巡省风俗。下诏曰：

昔者哲王之治天下也，其在爱民乎？既富而教，家给人足，故能风淳俗厚，远至迩安。治定功成，率由斯道。朕嗣膺宝历，抚育黎献，夙夜战兢，若临川谷。虽则聿遵先绪，弗敢失坠，永言政术，多有缺然。况以四海之远，兆民之众，未获亲临，问其疾苦。每虑幽仄莫举，冤屈不申，一物失所，乃伤和气，万方有罪，责在朕躬，所以寤寐增叹，而夕惕载怀者也。

今既布政惟始，宜存宽大。可分遣使人，巡省方俗，宣扬风化，荐拔淹滞，申达幽枉。孝悌力田，给以优复。鳏寡孤独不能自存者，量加振济。义夫节妇，旌表门闾。高年之老，加其版授，并依别条，赐以粟帛。笃疾之徒，给侍丁者，虽有侍养之名，曾无赒赡之实，明加检校，使得存养。若有名行显著，操履修洁，及学业才能，一艺可取，咸宜访采，将身入朝。所在州县，以礼发遣。其有蠹政害人，不便于时者，使还之日，具录奏闻。

己酉，以吴州总管宇文弼为刑部尚书。

二月己卯，以尚书左仆射杨素为尚书令。

三月丁未，诏尚书令杨素、纳言杨达、将作大匠宇文恺营建东京，徙豫州郭下居人以实之。戊申，诏曰："听采舆颂，谋及庶民，故能审政刑之得失。是知昧旦思治，欲使幽枉必达，彝伦有章。而牧宰任称朝委，苟为微幸以求考课，虚立殿最，不存治实，纲纪于是弗理，冤屈所以莫申。关河重阻，无由自达。朕故建立东京，躬亲存问。今将巡历淮海，观省风俗，眷求谠言，徒繁词翰，而乡校之内，阒尔无闻。惕然夕惕，用忘兴寝。其民下有知州县官人政治苛刻，侵害百姓，背公徇私，不便于民者，宜听诣朝堂封奏，庶乎四聪以达，天下无冤。"又于皂涧营显仁宫，采海内奇禽异兽草木之类，以实园苑。徙天下富商大贾数万家于东京。辛亥，发河南诸郡男女百余万，开通济渠，自西苑引谷、洛水达于河，自板渚引河通于淮。庚申，遣黄门侍郎王弘、上仪同于士澄往江南采木，造龙舟、凤艒、黄龙、赤舰、楼船等数万艘。

夏四月癸亥，大将军刘方击林邑，破之。

五月庚戌，民部尚书乂丰侯韦冲卒。

六月甲子，荧惑入太微。

秋七月丁酉，制战亡之家给复十年。丙午，滕王纶、卫王集并夺爵徙边。

闰七月甲子，以尚书令杨素为太子太师，安德王雄为太子太傅，河间王弘为太子太保。丙子，诏曰：

君民建国，教学为先，移风易俗，必自兹始。而言绝义乖，多历年代，进德修业，其道浸微。汉采坑焚之余，不绝如线，晋承板荡之运，扫地将尽。自时厥后，军国多虞，虽复黉宇时建，示同爱礼，函丈或陈，殆为虚器。遂使纡青拖紫，非以学优，制锦操刀，类多墙面。上陵下替，纲维靡立，雅缺道消，实由于此。

朕纂承洪绪，思弘大训，将欲尊师重道，用阐厥繇，讲信修睦，敦奖名教。方今宇宙平一，文轨攸同，十步之内，必有芳草，四海之中，岂无奇秀！诸在家及见入学者，若有笃志好古，耽悦典坟，学行优敏，堪膺时务，所在采访，具以名闻，即当随其器能，擢以不次。若研精经术，未愿进仕者，可依其艺业深浅，门荫高卑，虽未升朝，并量准给禄。庶夫恂恂善诱，不日成器，济济盈朝，何远之有！其国子等学，亦宜申明旧制，教习生徒，具为课试之法，以尽砥励之道。

八月壬寅，上御龙丹，幸江都。以左武卫大将军郭衍为前军，右武卫大将军李景为后军。文武官五品已上给楼船，九品已上给黄蔑。舳舻相接，二百余里。

冬十月己丑，赦江淮已南。扬州给复五年，旧总管内给复三年。十一月己未，以大将军崔仲方为礼部尚书。

二年春正月辛酉，东京成，赐监督者各有差。以大理卿梁毗为刑部尚书。丁卯，遣十使并省州县。

二月丙戌，诏尚书令杨素、吏部尚书牛弘、大将军宇文恺、内史侍郎虞世基、礼部侍郎许善心制定舆服。始备辇路及五时副车。上常服，皮弁十有二琪，文官弁服，佩玉，五品已上给犊车、通幰，三公亲王加油络，武官平巾帻，袴褶，三品已上给瓟槊。下至胥吏，服色皆有差。非庶人不得戎服。戊戌，置都尉官。

三月庚午，车驾发江都。先是，太府少卿何稠、太府丞云定兴盛修仪仗，于是课州县送羽毛。百姓求捕之，网罗被水陆，禽兽有堪氄毦之用者，殆无遗类。至是而成。

夏四月庚戌，上自伊阙，陈法驾，备千乘万骑，入于东京。辛亥，上御端门，大赦，免天下今年租税。癸丑，以冀州刺史杨文思为民部尚书。

五月甲寅，金紫光禄大夫、兵部尚书李通坐事免。乙卯，诏曰："旌表先哲，式存飨祀，所以优礼贤能，显彰遗爱。朕永鉴前修，尚想名德，何尝不兴叹九原，属怀千载。其自古已来贤人君子，有能树声立德、佐世匡时、博利殊功、有益于人者，并宜营立祠宇，以时致祭。坟垄之处，不得侵践。有司量为条式，称朕意焉。"

六月壬子，以尚书令、太子太师杨素为司徒。进封豫章王暕为齐王。

秋七月癸丑，以卫尉卿卫玄为工部尚书。庚申，制百官不得计考增级，必有德行功能，灼然显著者，擢之。壬戌，擢藩邸旧臣鲜于罗等二十七人官爵有差。甲戌，皇太子昭薨。乙亥，上柱国、司徒、楚国公杨素死。

八月辛卯，封皇孙倓为燕王，侗为越王，侑为代王。

九月乙丑，立秦孝王俊子浩为秦王。

冬十月戊子，以灵州刺史段文振为兵部尚书。

十二月庚寅，诏曰："前代帝王，因时创业，君民建国，礼尊南面。而历运推移，年世永久，丘垄残毁，樵牧相趋，茔兆堙芜，封树莫辨。兴言沦灭，有怆于怀。自古已来帝王陵墓，可给随近十户，蠲其杂役，以供守视。"

三年春正月癸亥，敕并州逆党已流配而逃亡者，所获之处，即宜斩决。丙子，长星竟天，出于东壁，二旬而止。是月，武阳郡上言，河水清。

二月己丑，彗星见于奎，扫文昌，历大陵、五车、北河，入太微，扫帝坐，前后百余日而止。

三月辛亥，车驾还京师。壬子，以大将军姚辩为左屯卫将军。癸丑，遣羽骑尉朱宽使于流求国。乙卯，河间王弘薨。

夏四月庚辰，诏曰："古者帝王观风问俗，皆所以忧勤兆庶，安集遐荒。自蕃夷内附，未遑亲抚，山东经乱，须加存恤。今欲安辑河北，巡省赵、魏。所司依式。"甲申，颁律令，大赦天下，关内给复三年。壬辰，改州为郡。改度量权衡，并依古式。改上柱国已下官为大夫。甲午，诏曰：

天下之重，非独治所安，帝王之功，岂一士之略。自古明君哲后，立政经邦，何尝不选贤与能，收采幽滞。周称多士，汉号得人，常想前风，载怀钦仁。朕负扆夙兴，冕旒待旦，引领岩谷，置以周行，冀与群才共康庶绩。而汇茅寂寞，投竿罕至，岂美璞韬采，未值良工，将介石在怀，确乎难拔？永鉴前哲，怃然兴叹！凡厥在位，譬诸股肱，若济巨川，义同舟楫。岂得保兹宠禄，晦尔所知，优游卒岁，甚非谓也。祁大夫之举善，良史以为至公，臧文仲之蔽贤，尼父讥其窃位。求诸往古，非无褒贬，宜思进善，用匡寡薄。

夫孝悌有闻，人伦之本，德行敦厚，立身之基。或节义可称，或操履清洁，所以激贪厉俗，有益风化。强毅正直，执宪不挠，学业优敏，文才美秀，并为廊庙之用，实乃瑚琏之资。才堪将略，则拔之以御侮，膂力骁壮，则任之以爪牙。爰及一艺可取，亦宜采录，众善毕举，与时无弃。以此求治，庶几非远。文武有职事者，五品已上，宜依令十科举人。有一于此，不必求备。朕当待以不次，随才升擢。其见任九品已上官者，不在举送之限。

丙申，车驾北巡狩。丁酉，以刑部尚书宇文㲀为礼部尚书。戊戌，敕百司不得践暴禾稼，其有须开为路者，有司计地所收，即以近仓酬赐，务以优厚。己亥，次赤岸泽。以太牢祭故太师李穆墓。

五月丁巳，突厥启民可汗遣子拓特勤来朝。戊午，发河北十余郡丁男凿太行山，达于并州，以通驰道。丙寅，启民可汗遣其兄子毗黎伽特勤来朝。辛未，启民可汗遣使请自入塞，奉迎舆驾。上不许。癸酉，有星孛于文昌上将，星皆动摇。

六月辛巳，猎于连谷。丁亥，诏曰：

聿追孝飨，德莫至焉，崇建寝庙，礼之大者。然则质文异代，损益殊时，学灭坑焚，经典散逸，宪章湮坠，庙堂制度，师说不同。所以世数多少，莫能是正，连室异宫，亦无准定。

朕获奉祖宗，钦承景业，永惟严配，思隆大典。于是询谋在位，博访儒术。咸以为高祖文皇帝受天明命,奄有区夏,拯群飞于四海,革凋敝于百王,恤狱缓刑,生灵皆遂其性,轻徭薄赋,比屋各安其业。恢夷宇宙,混壹车书。东渐西被,无思不服,南征北怨,俱荷来苏。驾鼋乘风,历代所弗至,辫发左衽,声教所罕及,莫不厥角关塞,顿颡阙庭。译靡绝时,书无虚月,韬戈偃武,天下晏如。嘉瑞休征,表里祗福,猗欤伟欤,无得而名者也。

朕又闻及,德厚者流光,治辨者礼缛。是以周之文、武,汉之高、光,其典章特立,谥号斯重,岂非缘情称述,即崇显之义乎?高祖文皇帝宜别建庙宇,以彰巍巍之德,仍遵月祭,用表蒸蒸之怀。有司以时创造,务合典制。又名位既殊,礼亦异等。天子七庙,事著前经,诸侯二昭,义有差降,故其以多为贵。王者之礼,今可依用,贻厥后昆。

戊子,次榆林郡。丁酉,启民可汗来朝。己亥,吐谷浑、高昌并遣使贡方物。甲辰,上御北楼,观渔于河,以宴百僚。

秋七月辛亥,启民可汗上表请变服,袭冠带。诏启民赞拜不名,位在诸侯王上。甲寅,上于郡城东御大帐,其下备仪卫,建旌旗,宴启民及其部落三千五百人,奏百戏之乐。赐启民及其部落各有差。丙子,杀光禄大夫贺若弼、礼部尚书宇文弨、太常卿高颎。尚书左仆射苏威坐事免。发丁男百余万筑长城,西距榆林,东至紫河,一旬而罢,死者十五六。

八月壬午,车驾发榆林。乙酉,启民饰庐清道,以候乘舆。帝幸其帐,启民奉觞上寿,宴赐极厚。上谓高丽使者曰:"归语尔王,当早来朝见。不然者,吾与启民巡彼土矣。"皇后亦幸义城公主帐。己丑,启民可汗归蕃。癸巳,入楼烦关。壬寅,次太原。诏营晋阳宫。九月己未,次济源。幸御史大夫张衡宅,宴享极欢。己巳,至于东都。壬申,以齐王暕为河南尹、开府仪同三司。癸酉,以民部尚书杨文思为纳言。

四年春正月乙巳,诏发河北诸郡男女百余万开永济渠,引沁水南达于河,北通涿郡。庚戌,百僚大射于允武殿。丁卯,赐城内居民米各十石。壬申,以太府卿元寿为内史令,鸿胪卿杨玄感为礼部尚书。癸酉,以工部尚书卫玄为右侯卫大将军,大理卿长孙炽为民部尚书。

二月己卯,遣司朝谒者崔毅使突厥处罗,致汗血马。

三月辛酉,以将作大匠宇文恺为工部尚书。壬戌,百济、倭、赤土、迦罗舍国并遣使贡方物。乙丑,车驾幸五原,因出塞巡长城。丙寅,遣屯田主事常骏使赤土,致罗刹。

夏四月丙午,以离石之汾源、临泉,雁门之秀容,为楼烦郡。起汾阳宫。癸丑,以河内太守张定和为左屯卫大将军。乙卯,诏曰:"突厥意利珍豆启民可汗率领部落,保附关塞,遵奉朝化,思改戎俗,频入谒觐,屡有陈请。以毡墙毳幕,事穷荒陋,上栋下宇,愿同比屋。诚心恳切,朕之所重。宜于万寿戍置城造屋,其帷帐床褥已上,随事量给,务从优厚,称朕意焉。"

五月壬申,蜀郡获三足乌,张掖获玄狐,各一。

秋七月辛巳,发丁男二十余万筑长城,自榆谷而东。乙未,左翊卫大将军宇文述破吐谷浑于曼头、赤水。

八月辛酉,亲祠恒岳,河北道郡守毕集。大赦天下。车驾所经郡县,免一年租调。

九月辛未,征天下鹰师悉集东京,至者万余人。戊寅,彗星出于五车,扫文昌,至房而灭。辛巳,诏免长城役者一年租赋。

冬十月丙午,诏曰:"先师尼父,圣德在躬,诞发天纵之姿,宪章文、武之道。命世膺期，蕴兹素王，而颓山之叹，忽逾于千祀，盛德之美，不存于百代。永惟懿范，宜有优崇。可立孔子后为绍圣侯。有司求其苗裔，录以申上。"辛亥，诏曰："昔周王下车，首封唐、虞之胤，汉帝承历，亦命殷、周之后。皆所以褒立先代，宪章在昔。朕嗣膺景业，傍求雅训，有一弘益，钦若令典。以为周兼夏、殷，文质大备，汉有天下，车书混一，魏、晋沿袭，风流未远。并宜立后，以存继绝之义。有司可求其胄绪列闻。"乙卯，颁新式于天下。

五年春正月丙子，改东京为东都。癸未，诏天下均田。戊子，上自东都还京师。己丑，制民间铁叉、搭钩、攒刀之类，皆禁绝之。太守每岁密上属官景迹。

二月戊戌，次于阌乡。诏祭古帝王陵及开皇功臣墓。庚子，制魏、周官不得为荫。辛丑，赤土国遣使贡方。戊申，车驾至京师。丙辰，宴耆旧四百人于武德殿，颁赐各有差。己未，上御崇德殿之西院，愀然不怡，顾谓左右曰："此先帝之所居，实用增感，情所未安，宜于此院之西别营一殿。"壬戌，制父母听随子之官。

三月己巳，车驾西巡河右。庚午，有司言，武功男子史永遵与从父昆弟同居。上嘉之，赐物一百段，米二百石，表其门间。乙亥，幸扶风旧宅。

夏四月己亥，大猎于陇西。壬寅，高昌、吐谷浑、伊吾并遣使来朝。乙巳，次狄道，党项羌来贡方物。癸亥，出临津关，渡黄河，至西平，陈兵讲武。

五月乙亥，上大猎于拔延山，长围周亘二千里，庚辰，入长宁谷。壬午，度星岭。甲申，宴群臣于金山之上。丙戌，梁浩亹，御马度而桥坏，斩朝散大夫黄亘及督役者九人。吐谷浑王率众保覆袁川，帝分命内史元寿南屯金山，兵部尚书段文振北屯雪山，太仆卿杨义臣，东屯琵琶峡，将军张寿西屯泥岭，四面围之。浑主伏允以数十骑遁出，遣其名王诈称伏允，保车我真山。壬辰，诏右屯卫大将军张定和往捕之。定和挺身挑战，为贼所杀。亚将柳武建击破之，斩首数百级。甲午，其仙头王被围穷蹙，率男女十余万口来降。

六月丁酉，遣左光禄大夫梁默、右翊卫将军李琼等追浑主，皆遇贼死之。癸卯，经大斗拔谷，山路隘险，鱼贯而出。风霰晦冥，与从官相失，士卒冻死者大半。丙午，次张掖。辛亥，诏诸郡学业该通、才艺优洽，膂力骁壮、超绝等伦，在官勤奋、堪理政事，立性正直、不避强御四科举人。壬子，高昌王麴伯雅来朝，伊吾吐屯设等献西域数千里之地。上大悦。癸丑，置西海、河源、鄯善、且末等四郡。丙辰，上御观风行殿，盛陈文物，奏九部乐，设鱼龙曼延，宴高昌王、吐屯设于殿上，以宠异之。其蛮夷陪列者三十余国。戊午，大赦天下。开皇已来流配，悉放还乡，晋阳逆党，不在此例。陇右诸郡，给复一年，行经之所，给复二年。

秋七月丁卯，置马牧于清海渚中，以求龙种，无效而止。

九月癸未，车驾入长安。

冬十月癸亥，诏曰："优德尚齿，载之典训，尊事乞言，义彰胶序。鬻熊为师，取非筋力，方叔元老，克壮其犹。朕永言稽古，用求至治，是以庞眉黄发，更令收叙，务简秩优，无亏药膳，庶等卧治，伫其弘益。今岁耆者赴集者，可于近郡处置，年七十以上，疾患沉滞，不堪居职，即给赐帛，送还本郡；其官至七品已上者，量给廪，以终厥身。"

十一月丙子，车驾幸东都。

六年春正月癸亥朔，旦，有盗数十人，皆素冠练衣，焚香持华，自称弥勒佛，入自建国门。监门者皆稽首。既而夺卫士仗，将为乱。齐王暕遇而斩之。于是都下大索，与相连坐者千余家。丁丑,角抵大戏于端门街,天下奇伎异艺毕集,终月而罢。帝数微服往观之。己丑,倭国遣使贡方物。

二月乙巳,武贲郎将陈棱、朝请大夫张镇州击流求,破之,献俘万七千口,颁赐百官。乙卯,诏曰:"夫帝图草创,王业艰难,咸仗股肱,协同心德,用能拯厥颓运,克膺大宝,然后畴庸茂赏,开国承家,誓以山河,传之不朽。近代丧乱,四海未一,茅土妄假,名实相乖,历兹永久,莫能惩革。皇运之初,百度伊始,犹循旧贯,未暇改作,今天下交泰,文轨攸同,宜率遵先典,永垂大训。自今已后,唯有功勋乃得赐封,仍令子孙承袭。"丙辰,改封安德王雄为观王,河间王子庆为郇王。庚申,征魏、齐、周、陈乐人,悉配太常。三月癸玄,幸江都宫。甲子,以鸿胪卿史祥为左骁卫大将军。

夏四月丁未,宴江淮已南父老,颁赐各有差。

六月辛卯,室韦、赤土并遣使贡方物。壬辰,雁门贼帅尉文通聚众三千,保于莫壁谷。遣鹰扬杨伯泉击破之。甲寅,制江都太守秩同京尹。

冬十月壬申,刑部尚书梁毗卒。壬子,民部尚书、银青光禄大夫长孙炽卒。

十二月乙未,左光禄大夫、吏部尚书牛弘卒。辛酉,朱崖人王万昌举兵作乱,遣陇西太守韩洪讨平之。

七年春正月壬寅,左武卫大将军、光禄大夫、真定侯郭衍卒。

二月己未,上升钓台,临扬子津,大宴百僚,颁赐各有差。庚申,百济遣使朝贡。乙亥,上自江都御龙舟入通济渠,遂幸于涿郡。壬午,诏曰:"武有七德,先之以安民。政有六本,兴之以教义。高丽高元,亏失藩礼,将欲问罪辽左,恢宣胜略。虽怀伐国,仍事省方。今往涿郡,巡抚民俗。其河北诸郡及山西、山东年九十已上者,版授太守;八十者,授县令。"

三月丁亥,右光禄大夫、左屯卫大将军姚辩卒。

夏四月庚午,至涿郡之临朔宫。

五月戊子,以武威太守樊子盖为民部尚书。

秋,大水,山东、河南漂没三十余郡,民相卖为奴婢。

冬十月乙卯,底柱山崩,偃河逆流数十里。戊午,以东平太守吐万绪为左屯卫大将军。

十二月己未,西面突厥处罗多利可汗来朝。上大悦,接以殊礼。于时辽东战士及馈运者填咽于道,昼夜不绝,苦役者始为群盗。甲子,敕都尉、鹰扬与郡县相知追捕,随获斩决之。

八年春正月辛巳,大军集于涿郡。以兵部尚书段文振为左侯卫大将军。壬午,下诏曰:

天地大德,降繁霜于秋令,圣哲至仁,著甲兵于刑典。故知造化之有肃杀,义在无私,帝王之用干戈,盖非获已。版泉、丹浦,莫匪龚行,取乱覆昏,咸由顺动。况乎甘野誓师,夏开承大禹之业,商郊问罪,周发成文王之志。

永鉴前载,属当朕躬。

粤我有随,诞膺灵命,兼三才而建极,一六合而为家。提封所渐,细柳、盘桃之外,声教爰暨,紫舌、黄枝之域。远至迩安,罔不和会,功成治定,于是乎在。而高丽小丑,迷昏不恭,崇聚勃、碣之间,荐食辽、猋之境。虽复汉、魏诛戮,巢窟暂倾,乱离多阻,种落还集。萃川薮于往代,播实繁以迄今,眷彼华壤,翦为夷类。历年永久,恶稔既盈,天道祸淫,亡征已兆。乱常败德,非可胜图,掩匿怀奸,唯日不足。移告之严,未尝面受,朝觐之礼,莫肯躬亲。诱纳亡叛,不知纪极,充斥边垂,亟劳烽侯,关柝以之不静,生人为之废业。在昔薄伐,已漏天网,既缓前擒之戮,未即后服之诛,曾不怀恩,翻为长恶,乃兼契丹之党,虏刘海戍,习鞨之服,侵轶辽西。又青丘之表,咸修职贡,碧海之滨,同禀正朔,逐复夺攘琛赆,遏绝往来,虐及弗辜,诚而遇祸。辚轩奉使,爰暨海东,旌节所次,途经藩境,而拥塞道路,拒绝王人,无事君之心,岂为臣之礼!此而可忍,孰不可容!且法令苛酷,赋敛烦重,强臣豪族,咸执国钧,朋党比周,以之成俗,贿货如市,冤枉莫申。重以仍岁灾凶,比屋饥馑,兵戈不息,徭役无期,力竭转输,身填沟壑。百姓愁苦,爰谁适从?境内哀惶,不胜其弊。回首面内,各怀性命之图,黄发稚齿,咸兴酷毒之叹。省俗观风,爰届幽朔,吊人问罪,无俟再驾。于是亲总六师,用申九伐,拯厥阽危,协从天意,殄兹逋秽,克嗣先谟。

今宜授律启行,分麾届路,掩勃澥而雷震,历夫余以电扫。比戈按甲,誓旅而后行,三令五申,必胜而后战。左第一军可镂方道,第二军可长岑道,第三军可海冥道,第四军可盖马道,第五军可建安道,第六军可南苏道,第七军可辽东道,第八军可玄菟道,第九军可扶余道,第十军可朝鲜道,第十一军可沃沮道,第十二军可乐浪道。右第一军可黏蝉道,第二军可含资道,第三军可浑弥道,第四军可临屯道,第五军可候城道,第六军可提奚道,第七军可踏顿道,第八军可肃慎道,第九军可碣石道,第十军可东暆道,第十一军可带方道,第十二军可襄平道。凡此众军,先奉庙略,骆驿引途,总集平壤。莫非如豹如貔之勇,百战百胜之雄,顾眄则山岳倾颓,叱咤则风云腾郁,心德攸同,爪牙斯在。朕躬驭元戎,为其节度,涉辽而东,循海之右,解倒悬于遐裔,问疾苦于遗黎。莫外轻赍游阙,随机赴响,卷甲衔枚,出其不意。又沧海道军舟舻千里,高帆电逝,巨舰云飞,横断浿江,迳造平壤,岛屿之望斯绝,坎井之路已穷。其余被发左衽之人,控弦待发,微、卢、彭、濮之旅,不谋同辞。杖顺临逆,人百其勇,以此众战,势等摧枯。

然则王者之师,义存止杀,圣人之教,必也胜残。天罚有罪,本在元恶,人之多僻,胁从罔治。若高元泥首辕门,自归司寇,即宜解缚焚榇,弘之以恩。其余臣人归朝奉顺,咸加慰抚,各安生业,随才任用,无隔夷夏。营垒所次,务在整肃,刍荛有禁,秋毫勿犯,布以恩宥,喻以祸福。若其同恶相济,抗拒官军,国有常刑,俾无遗类。明加晓示,称朕意焉。

总一百一十三万三千八百,号二百万,其馈运者倍之。癸未,第一军发,终四十日,引师乃尽,旌旗亘千里。近古出师之盛,未之有也。乙未,以右侯卫大将军卫玄为刑部尚书。甲辰,内史令元寿卒。

二月甲寅,诏曰:"朕观风燕裔,问罪辽滨。文武协力,爪牙思奋,莫不执锐勤王,舍家从役,罕蓄仓廪之资,兼损播殖之务。朕所以夕惕愀然,虑其匮乏。虽复素饱之众,情在忘私,悦使之人,宜从其厚。诸行从一品以下,伙飞募人以上家口,郡县宜数存问。若有粮食乏少,皆宜赈给;或虽有田畴,贫弱不能自耕种,可于多丁富室劝课相助。使夫居者有敛积之丰,行役无顾后之虑。"壬戌,司空、京兆尹、光禄大夫观王雄薨。

三月辛卯,兵部尚书、左侯卫大将军段文振卒。癸巳,上御师。甲午,临戎于辽水桥。戊戌,大军为贼所拒,不果济。右屯卫大将军、左光禄大夫麦铁杖,武贲郎将钱士雄、孟金叉等,皆死之。甲午,车驾渡辽。大战于东岸,击贼破之,进围辽东。乙未,大顿,见二大鸟,高丈余,皜身朱足,游泳自若。上异之,命工图写,并立铭颂。

五月壬午,纳言杨达卒。

于时诸将各奉旨,不敢赴机。既而高丽各城守,攻之不下。

六月己未,幸辽东,责怒诸将。止城西数里,御六合城。

七月壬寅,宇文述等败绩于萨水,右屯卫将军辛世雄死之。九军并陷,将帅奔还亡者二千余骑。癸卯,班师。

九月庚辰,上至东都。己丑,诏曰:"军国异容,文武殊用,匡危拯难,则霸德攸兴,化人成俗,则王道期贵。时方拨乱,屠贩可以登朝,世属隆平,经术然后升仕。丰都爱肇,儒服无预于周行,建武之朝,功臣不参于吏职。自三方未一,四海交争,不遑文教,唯尚武功。设官分职,罕以才授,班朝治人,乃由勋叙,莫非拔足行阵,出自勇夫,敦学之道,既所不习,政事之方,故亦无取。是非暗于在己,威福专于下吏,贪冒货贿,不知纪级,蠹政害民,实由于此。自今已后,诸授勋官者,并不得回授文武职事,庶遵彼更张,取类于调瑟,求诸名制,不伤于美锦。若吏部辄拟用者,御史即宜纠弹。"

冬十月甲寅,工部尚书宇文恺卒。

十一月己卯,以宗女华容公主嫁于高昌王。辛巳,光禄大夫韩寿卒。甲申,败将宇文述、于仲文等并除名为民,斩尚书右丞刘士龙以谢天下。是岁,大旱,疫,人多死。山东尤甚。密诏江、淮南诸郡阅视民间童女,姿资端丽者,每岁贡之。

九年春正月丁丑,征天下兵,募民为骁果,集于涿郡。壬午,贼帅杜彦冰、王润等陷平原郡,大掠而去。辛卯,置折冲、果毅、武勇、雄武等郎将官,以领骁果。乙未,平原李德逸聚众数万,称"阿舅贼",劫掠山东。灵武白榆妄,称"奴贼",劫掠牧马,北连突厥,陇右多被其患。遣将军范贵讨之,连年不能克。戊戌,大赦。己亥,遣代王侑、刑部尚书卫玄镇京师。辛丑,以骁骑将军李浑为右骁卫大将军。

二月己未,济北人韩进洛聚众数万为群盗。壬午,复宇文述等官爵。又征兵讨高丽。

三月丙子,济阴人孟海公起兵为盗,众至数万。丁丑,发丁男十万城大兴。戊寅,幸辽东。以越王侗、民部尚书樊子盖留守东都。庚子,北海人郭方预聚徒为盗,自号卢公,众至三万,攻陷郡城,大掠而去。

夏四月庚午,车驾渡辽。壬申,遣宇文述、杨义臣趣平壤。

五月丁丑,荧惑入南斗。己卯,济北人甄宝车聚众万余,寇掠城邑。

六月乙巳,礼部尚书杨玄感反于黎阳。丙辰,玄感逼东都。河南赞务裴弘策拒之,反为贼所败。戊辰,兵部侍郎斛斯政奔于高丽。庚午,上班师。高丽犯后军,敕右武卫大将军李景为后拒。遣左翊卫大将军宇文述、左侯卫将军屈突通等驰传发兵,以讨玄感。

秋七月己卯,令所在发人城县府驿。癸未,余杭人刘元进举兵反,众至数万。

八月壬寅,左翊卫大将军宇文述等破杨玄感于阌乡,斩之。余党悉平。癸卯,吴人朱燮、晋陵人管崇拥众十万余,自称将军,寇江左。甲辰,制骁果之家蠲免赋税。丁未,诏郡县城去道过五里已上者,徙就之。戊申,制盗贼籍没其家。乙卯,贼帅陈瑱等众三万,攻陷信安郡。辛酉,司农卿、光禄大夫、葛国公赵元淑以罪伏诛。

九月己卯,济阴人吴海流、东海人彭孝才并举兵为盗,众数万。庚辰,贼帅梁慧尚率众四万,陷苍梧郡。甲午,车驾次上谷,以供费不给,上大怒,免太守虞荷等官。丁酉,东阳人李三儿、向但子举兵作乱,众至万余。

闰月己巳,幸博陵。庚午,上谓侍臣曰:"朕昔从先朝周旋于此,年甫八岁,日月不居,倏经三纪,追惟平昔,不可复希!"言未卒,流涕呜咽,侍卫者皆泣下沾襟。

冬十月丁丑,贼帅吕明星率众数千围东郡,武贲郎将费青奴击斩之。乙酉,诏曰:"博陵昔为定州,地居冲要,先皇历试所基,王化斯远,故以道冠《豳风》,义高姚邑。朕巡抚氓庶,爰届兹邦,瞻望郊廛,缅怀敬止,思所以宣播德泽,覆被下人,崇纪显号,式光令绪。可改博陵为高阳郡。赦境内死罪已下。给复一年。"于是召高祖时故吏,皆量材授职。壬辰,以纳言苏威为开府仪同三司。朱燮、管崇推刘元进为天子。遣将军吐万绪、鱼俱罗讨之,连年不能克。齐人孟让、王薄等众十余万,据长白山,攻剽诸郡,清河贼张金称众数万,渤海贼帅格谦自号燕王,孙宣雅自称齐王,众各十万,山东苦之。丁亥,以右侯卫将军郭荣为右侯卫大将军。

十一月己酉,右侯卫将军冯孝慈讨张金称于清河,反为所败,孝慈死之。

十二月甲申,车裂玄感弟朝请大夫积善及党与十余人,仍焚而扬之。丁亥,扶风人向海明举兵作乱,称皇帝,建元白乌。遣太仆卿杨义臣击破之。

十年春正月甲寅,以宗女为信义公主,嫁于突厥曷娑那可汗。

二月辛未,诏百僚议伐高丽,数日无敢言者。戊子,诏曰:"竭力王役,致身戎事,咸由徇义,莫匪勤诚,委命草泽,弃骸原野,兴言念之,每怀愍恻。往年出车问罪,将届辽滨,庙算胜略,具有进止。而谅昏凶,罔识成败,高颍愎很,本无智谋,临三军犹儿戏,视人命如草芥,不遵成规,坐贻挠退,遂令死亡者众,不及埋藏。今宜遣使人分道收葬,设祭于辽西郡,立道场一所。恩加泉壤,庶弭穷魂之冤,泽及枯骨,用弘仁者之惠。"辛卯,诏曰:

黄帝五十二战,成汤二十七征,方乃德施诸侯,令行天下。卢芳小盗,汉祖尚且亲戎,隗嚣余烬,光武犹自登陇,岂不欲除暴止戈,劳而后逸者哉!

朕纂成宝业,君临天下,日月所照,风雨所沾,孰非我臣,独隔声教。蕞尔高丽,僻居荒表,鸱张狼噬,侮慢不恭,抄窃我边陲,侵轶我城镇。是以去岁出军,问罪辽、碣,殪长蛇于玄菟,戮封豕于襄平。扶余众军,风驰电逝,追奔逐北,行径逾浿水,沧海舟楫,冲贼腹心,焚其城郭,污其宫室。高元伏锧泥首,送款军门,寻请入朝,归罪司寇。朕以许其改过,乃诏班师。而长恶靡悛,宴安鸩毒,此而可忍,孰不可容!便可分命六师,百道俱进。朕当亲执武节,临御诸军,秣马丸都,观兵辽水,顺天诛于海外,救穷民于倒悬,征伐以正之,明德以诛之,止除元恶,余无所问。若有识存亡之分,悟安危之机,翻然北首,自求多福;必其同恶相济,抗拒王师,若火燎原,刑兹无赦。有司便宜宣布,咸使知闻。

丁酉,扶风人唐弼举兵反,众十万,推李弘为天子,自称唐王。

三月壬子,行幸涿郡。癸亥,次临渝宫,亲御戎服,祃祭黄帝,斩叛军者以衅鼓。

夏四月辛未,彭城贼张大彪聚众数万,保悬薄山为盗。遣榆林太守董纯击破,斩之。甲午,车驾次北平。

五月庚子,诏举郡孝悌廉洁各十人,壬寅,贼帅采世谟陷琅邪郡。庚申,延安人刘迦论举兵反,自称皇王,建元大世。

六月辛未,贼帅郑文雅、林宝护等众三万,陷建安郡,太守杨景祥死之。

秋七月癸丑，车驾次怀远镇。乙卯，曹国遣使贡方物。甲子，高丽遣使请降，囚送斛斯政，上大悦。

八月己巳，班师。庚午，右卫大将军、左光禄大夫郑荣卒。

冬十月丁卯，上至东都。己丑，还京师。

十一月丙申，支解斛斯政于金光门外。乙巳，有事于南郊。己酉，贼帅司马长安破长平郡。乙卯，离石胡刘苗王举兵反，自称天子，以其弟六儿为永安王，众至数万。将军潘长文讨之，不能克。是月，贼帅王德仁拥众数万，保林虑山为盗。

十二月壬申，上如东都。其日，大赦天下。戊子，入东都。庚寅，贼帅孟让众十余万，据都梁宫。遣江都郡丞王世充击破之，尽虏其众。

十一年春正月甲午朔，大宴百僚。突厥、新罗、靺鞨、毕大辞、诃咄、传越、乌那曷、波腊、吐火罗、俱虑建、忽论、靺鞨、诃多、沛汗、龟兹、疏勒、于阗、安国、曹国、何国、穆国、毕、衣密、失范延、伽折、契丹等国并遣使朝贡。戊戌，武贲郎将高建毗破贼帅颜宣政于齐郡，虏男女数千口。乙卯，大会蛮夷，设鱼龙曼延之乐，颁赐各有差。

二月戊辰，贼帅扬仲绪率众万余，攻北平，滑公李景破斩之。庚午，诏曰："设险守国，著自前经，重门御暴，事彰往策，所以宅土宁邦，禁邪固本。而近代战争，居人散逸，田畴无伍，郛郭不修，遂使游惰实繁，寇歎未息。今天下平一，海内晏如，宜令人悉城居，田随近给，使强弱相容，力役兼济，穿窬无所厝其奸宄，萑蒲不得聚其逋逃。有司具为事条，务令得所。"丙子，上谷人王须拔反，自称漫天王，国号燕，贼帅魏刁儿自称历山飞，众各十余万，北连突厥，南寇赵。

五月丁酉，杀右骁卫大将军、光禄大夫、郧公李浑，将作监、光禄大夫李敏，并族灭其家。癸卯，贼帅司马长安破西河郡。己酉，幸太原，避暑汾阳宫。

秋七月己亥，淮南人张起绪举兵为盗，众至三万。辛丑，光禄大夫、右御卫大将军张寿卒。

八月乙丑，巡北塞。戊辰，突厥始毕可汗率骑数十万，谋袭乘舆，义成公主遣使告变。壬申，车驾驰幸雁门。癸酉，突厥围城，官军频战不利。上大惧，欲率精骑溃围而出，民部尚书樊子盖固谏乃止。齐王暕以后军保于崞县。甲申，诏天下诸郡募兵，于是守令各来赴难。

九月甲辰，突厥解围而去。丁未，曲赦太原、雁门郡死罪已下。

冬十月壬戌，上至于东都。丁亥，彭城人魏骐骥聚众万余为盗，寇鲁郡。壬申，贼帅卢明月聚众十余万，寇陈、汝间。东海贼帅李子通拥众度淮，自号楚王，建元明政，寇江都。

十一月乙卯，贼帅王须拔破高阳郡。

十二月戊寅，有大流星如斛，坠明月营，破其冲军。庚辰，诏民部尚书樊子盖发关中兵，讨绛郡贼敬盘陀、柴保昌等，经年不能克。谯郡人朱粲拥众数十万，寇荆襄，僭称楚帝，建元昌达。汉南诸郡多为所陷焉。

十二年春正月甲午，雁门人翟松柏起兵于灵丘，众至数万，转攻傍县。

二月己未，真腊国遣使贡方物。甲子夜，有二大鸟似雕，飞入大业殿，止于御幄，至明而去。癸亥，东海贼卢公暹率众万余，保于苍山。

夏四月丁巳，显阳门灾。癸亥，魏刁儿所部将甄翟儿复号历山飞，众十万，转寇太原。将军潘长文讨之，反为所败，长文死之。

五月丙戌朔，日有蚀之，既。癸巳，大流星陨于吴郡，为石。壬午，上于景华宫征求萤火，得数斛，夜出游山，放之，光遍岩谷。

秋七月壬戌，民部尚书、光禄大夫济北公樊子盖卒。甲子，幸江都宫，以越王侗、光禄大夫段达、太府卿元文都、检校民部尚书韦津、右武卫将军皇甫无逸、右司郎卢楚等总留后事。奉信郎崔民象以盗贼充斥，于建国门上表，谏不宜巡幸。上大怒，先解其颐，乃斩之。戊辰，冯翊人孙华自号总管，举兵为盗。高凉通守洗珤彻举兵作乱，岭南溪洞多应之。己巳，荧惑守羽林，月余乃退。车驾次汜水，奉信郎王爱仁以盗贼日盛，谏上请还西京。上怒，斩之而行。

八月乙巳，贼帅赵万海众数十万，自恒山寇高阳。壬子，有大流星如斗，出王良阁道，声如陨墙。癸丑，大流星如瓮，出羽林。

九月丁酉，东海人杜扬州、沈觅敌等作乱，众至数万。右御卫将军陈棱击破之。戊午，有二枉矢出北斗魁，委曲蛇形，注于南斗。壬戌，安定人荔非世雄杀临泾令，举兵作乱，自号将军。

冬十月己丑，开府仪同三司、左翊卫大将军、光禄大夫、许公宇文述薨。

十二月癸未，鄱阳贼操天成举兵反，自号元兴王，建元始兴，攻陷豫章郡。乙酉，以右翊卫大将军来护为开府仪同三司、行左翊卫大将军。壬辰，鄱阳人林士弘自称皇帝，国号楚，建元太平，攻陷九江、庐陵郡。唐公破甄翟儿于西河，虏男女数千口。

十三年春正月壬子，齐郡贼杜伏威率众渡淮，攻陷历阳郡。丙辰，勃海贼窦建德设坛于河间之乐寿，自称长乐王，建元丁丑。辛巳，贼帅徐圆朗众数千，破东平郡。弘化人刘企成聚众万余人为盗，傍郡苦之。

二月壬午，朔方人梁师都杀郡丞唐世宗，据郡反，自称大丞相。遣银青光禄大夫张世隆击之，反为所败。戊子，贼师王子英破上谷郡。己丑，马邑校尉刘武周杀太守王仁恭，举兵作乱，北连突厥，自称定杨可汗。庚寅，贼帅李密、翟让等陷兴洛仓。越王侗遣武贲郎将刘长恭、光禄少卿房崱击之，反为所败，死者十五六。庚子，李密自号魏公，称元年，开仓以振群盗，众至数十万，河南诸郡相继皆陷焉。壬寅，刘武周破武贲郎将王智辩于桑乾镇，智辩死之。

三月戊午，庐江人张子路举兵反。遣右御卫将军陈棱讨平之。丁丑，贼帅李通德众十万，寇庐江，左屯卫将军张镇州击破之。

夏四月癸未，金城校尉薛举率众反，自称西秦霸王，建元秦兴，攻陷陇右诸郡。己丑，贼帅孟让，夜入东都外郭，烧丰都市而去。癸巳，李密陷迴洛东仓。丁酉，贼帅房宪伯陷汝阴郡。是月，光禄大夫裴仁基、淮阳太守赵佗等并以众叛归李密。

五月辛酉，夜有流星如瓮，坠于江都。甲子，唐公起义师于太原。丙寅，突厥数千寇太原，唐公击破之。

秋七月壬子，荧惑守积尸。丙辰，武赋人李轨举兵反，攻陷河西诸郡，自称凉王，建元安乐。

八月辛巳，唐公破武牙郎将宋老生于霍邑，斩之。

九月己丑，帝括江都人女寡妇，以配从兵。是月，武阳郡丞元宝藏以郡叛归李密，与贼帅李文相攻陷黎阳仓。彗星见于营室。

冬十月丁亥，太原杨世洛聚众万余人，寇掠城邑。丙申，罗令萧铣以县反，鄱阳人董景珍以郡反，迎铣于罗县，号为梁王，攻陷旁郡。戊戌，武贲郎将高毗，败济北郡贼甄宝车于嶱山。

十一月丙辰，唐公入京师。辛酉，遥尊帝为太上皇，立代王侑为帝，改元义宁。上起宫丹阳，将逊于江左。有乌鹊来巢幄帐，驱不能止。荧惑犯太微。有石自江浮入于扬子。日光四散如流血。上甚恶之。

二年三月，右屯卫将军宇文化及，武贲郎将司马德戡、元礼，监门直阁裴虔通，将作少监宇文智及，武勇郎将赵行枢，鹰扬郎将孟景，内史舍人元敏、符玺郎李覆、牛方裕，千牛左右李孝本、弟孝质，直长许弘仁、薛世良，城门郎唐奉义，医正张恺等，以骁果作乱，入犯宫闱。上崩于温室，时年五十。萧后令宫人撤床箦为棺以埋之。化及发后，右御卫将军陈棱奉梓宫于成象殿，葬吴公台下。发敛之始，容貌若生，众咸异之。大唐平江南之后，改葬雷塘。

初，上自以藩王，次不当立，每矫情饰行，以钓虚名，阴有夺宗之计。时高祖雅信文献皇后，而性忌妾媵。皇太子勇内多嬖幸，以此失爱。帝后庭有子，皆不育之，示无私宠，取媚于后。大臣用事者，倾心与交。中使至第，无贵贱，皆曲承颜色，申以厚礼。婢仆往来者，无不称其仁孝。又常私入宫掖，密谋于献后，杨素等因机构扇，遂成废立。自高祖大渐，暨谅暗之中，烝淫无度，山陵始就，即事巡游，以天下承平日久，士马全盛，慨然慕秦皇、汉武之事。乃盛治宫室，穷极侈靡，招募行人，分使绝域。诸蕃王者，厚加礼赐，有不恭命，以兵击之。盛兴屯田于玉门、柳城之外。课天下富室，益市武马，匹直十余万，富强坐是冻馁者十家而九。帝性多诡谲，所幸之处，不欲人知。每之一所，辄数道置顿，四海珍馐殊味，水陆必备焉，求市者无远不至。郡县官人，竞为献食，丰厚者进擢，疏俭者获罪。奸使侵渔，内外虚竭，头会箕敛，人不聊生。于是军国多务，日不暇给，帝方骄怠，恶闻政事，冤屈不治，奏请罕决。又猜忌臣下，无所专任，朝臣有不合意者，必构其罪而族灭之。故高颎、贺若弼先皇心膂，参谋帷幄，张衡、李金才藩邸惟旧，绩著经纶，或恶其直道，或忿其正议，求其无形之罪，加以刎颈之诛。其余事君尽礼，謇謇匪躬，无辜无罪，横受夷戮者，不可胜纪。政刑弛紊，贿货公行，莫敢正言，道路以目。六军不息，百役繁兴，行者不归，居者失业。人饥相食，邑落为墟，上不之恤也。东西游幸，靡有定居，每以供费不给，逆收数年之赋。所至唯与后宫流连耽湎，惟日不足，招迎姥媪，朝夕共肆丑言，又引少年，令与宫人秽乱，不轨不逊，以为娱乐。区宇之内，盗贼蜂起，劫掠从官，屠陷城邑，近臣互相掩蔽，隐贼数不以实对。或有言贼多者，辄大被诘责，各求苟免，上下相蒙，每出师徒，败亡相继。战士尽力，必不加赏，百姓无辜，咸受屠戮。黎庶愤怨，天下土崩，至于就擒而犹未之寤也。

【译文】

隋炀帝名杨广，又名杨英，小名叫阿麼，是隋高祖的第二个儿子。母亲是文献独孤皇后。杨广容貌俊美，小时聪明伶俐，在众多儿子中高祖和皇后特别喜爱他。北周时，因为开皇元年,杨广被立为晋王,任命为柱国、并州总管,那时他才十三岁。不久又授予武卫大将军头衔,后来晋升为上柱国、河北道行台尚书令,仍保留大将军衔。高祖让项城公王韶、安道公李彻辅佐教导杨广。杨广好学,擅长写文章,含蓄深沉,朝野都对他寄予厚望。高祖秘密命令会相面的人来和给所有的儿子相面,来和说:"晋王眼眉上双骨突起,高贵极了。"不久,高祖到杨广住宅来,看见乐器的弦多数都断了,上面又落满灰尘,似乎长期不用,认为杨广不喜欢歌舞女伎,很赞赏他。杨广尤其善于弄虚作假,装得道貌岸然,时人都说他仁义孝顺。他曾参观狩猎,遇上大雨,左右侍臣进献油衣遮雨,他说:"士兵都淋湿了,我能单独穿这个吗!"竟让侍臣拿走。

开皇六年,杨广转任淮南道行台尚书令。这一年,高祖征召杨广回京,拜为雍州牧、内史令。开皇八年冬天,大规模兴兵攻打陈国,杨广为行军元帅。平定陈国之后,活捉了陈国湘州刺史施文庆、散骑常侍沈客卿、市令阳慧朗、刑法监徐析、尚书都令史暨慧,因为他们奸邪诡媚,害国害民,在宫中右阙之下斩首示众,以此向三吴民众谢罪。杨广查封府库,秋毫无犯,天下人都称赞他贤明。他晋升为太尉,高祖赏赐给他辂车、四匹马、礼帽礼服、黑珪白璧各一块又拜炎并州总管。不久江南商智慧等聚众造反,高祖调杨广为扬州总管,镇守江都,每年朝见一次。高祖祭泰山的时候,杨广随任武侯大将军,第二年回到封地。过了几年,突厥侵犯边境,杨广又出任行军元帅,从灵武出兵,没有遇上敌人,回来了。

到太子勇被废黜后,杨广被立为皇太子。这一月应当接受册命。高祖说:"我以大兴公的身份成就帝业。"于是让杨广离开京城,住到大兴县去。当夜,狂风大雪,地震山崩,百姓的住宅多数被破坏,压死了一百余人。

仁寿初年,杨广奉诏书巡视安抚东南地区。此后,高祖每到仁寿宫避暑,总是让杨广主持国政。

仁寿四年七月,高祖去世,杨广在仁寿宫即皇帝位。八月,扶高祖灵柩回京师。并州总管汉王杨谅起兵谋反,命尚书左仆射要素讨伐平定了他。九月乙巳日,任命备身将军崔彭为左领军大将军。十一月乙未日,炀帝驾临洛阳。丙申日,征发数十万男壮丁掘濠,从龙门向东连接长平、汲郡,达临清关,过黄河到浚仪、襄城,抵达上洛,沿途设置关口防御。癸丑日,下诏书说:

天道变化,阴阳才能消长;制度不同,百姓才能和顺。如果天的意志不变,所施行的教化怎么形成春、夏、秋、冬?人事如果不变,所施行的政治怎么能区别万姓?《易》不是说过吗:"通过其变化,使民众不疲倦。""变化就能通达,通达就能长久。""有德就能长久,有功就能长壮大。"我又听说,安定天下而能迁都,百姓的财用就能有大的变化。因此,姬氏经营两周都城,合乎武王的心意;殷人五次迁徙,成就商汤的事业。如果不下合民意上顺天时,在变动中形成功业,那么,爱民治国的人能不说话吗?

而洛阳自古便是都城,周围千里之内,是天地交合之处,阴阳调和的地方。三河环绕,四塞巩固,水陆通达,贡赋均等。所以汉高祖说:"我走遍天下,经过的地方可以说很多了,只有洛阳最好。"自古帝王,谁不留心洛阳,之所以不建都于此,都有原因。有的是因为九州尚未统一,有的是因为财政匮乏,无力创建洛阳城。我隋朝建立之始,便想创建这怀、洛城邑,一天一天迁延到今天。朝思暮想,无非此事,说起来不胜感慨。

我恭敬地接受皇位,统治万国,继承先帝意志,遵守而不敢遗忘。如今汉王杨谅叛乱,淆山以东地区遭受毒害,州县沦丧。这就是因为关河阻隔,路途遥远,军队不能赶赴应急,加上并州移民又在河南无法协助。周代把殷人迁往东方,用意就在于此。况且,南方地区遥远,东方地区富庶广大,因势利导,顺时而动,现在正是时候。众官府和百官,都拥护这项协议。但是,成周宫殿废墟,无法修葺,于今可在伊、洛地区营建东京,就地设官府、分职务,树立万民的法则。

宫室的规模制度原本是为了便于生活,上有正梁,下有屋檐,就足以遮蔽风雨、雾露,高楼大厦,难道能够说是合适的形制?所以《传》说:"节俭,是德行的总汇;奢侈,是罪恶的大端。"孔子说:"与其不恭敬,不如节俭。"难道只有瑶台琼楼才是宫殿?而土墙草屋就不是帝王的住宅了?由此可知,不是用天下财物供奉一人,而是由一人主治天下。民是国家的根本,根本牢固则国家安宁,百姓富足,谁还不富足!现在营建伊洛,务必节俭,不要让雕画的墙壁、崇高的楼房又在今天建起,想让低选择宫殿简陋饭食遗传于后世。有关部门清楚地制定出条例,以便合乎我的心意!

十二月乙丑日,任命右武卫将军来护儿为右骁卫大将军。戊辰日,任命柱国李景炎为右武卫大将军,右卫率同罗睺为右武侯大将军。

大业元年春正月壬辰初一,大赦天下,改年号。立妃子萧氏为皇后。把豫州改名溱州,洛州改名为豫州,废除各州总管府。丙申日,立晋王杨昭为皇太子。丁酉日,任命上柱国宇文述为左卫大将军,上柱国郭衍为左武卫大将军,延寿公于仲文为右卫大将军。己亥日,任命豫章王杨暕为豫州牧。戊申日,派遣八名使臣巡察各地风俗。下诏书说:

从前圣王治时天下,关键在于爱民。先让人民富足然后进行教化,家给人足,所以能风俗淳厚,远方来朝,近地安宁。治理成功,都是循此途径。我继承皇位,抚育黎民。虽然遵守先帝功业,不敢有所闪失,但谈到政治措施,多有缺陷。况且,以四海之遥远,黎民之众多,我不能亲自前往,询问民间疾苦。每每想到,民间隐藏的贤人不能举荐,百姓的冤屈不能申诉,一件事情处置不当,就会伤害和顺的祥气,万方有罪,责任都在我身上。所以我昼夜叹息,早晚挂心。

现在是施政初期,应该宽大。可分头派遣使者,巡察各方风俗,宣扬教化,推荐被埋没的人才,申诉深藏的冤屈。对孝顺父母努力耕种的人,给以优待,免除租赋。鳏寡孤独不能养活自己的人,酌情给予救济。对义士、烈女,赐匾额表彰其门间。对年高的老人,加官晋爵,并且依据别的条例,赏赐粟米布帛。有残疾的人,供给服侍的壮丁,虽然有侍养的名义,并无赡养的实效,应公开检查核实,使他们得到奉养。名声显赫、品德高尚、操行廉洁以及有学问才能通一经的人,都应该采访到,推荐到朝廷中。所在州县官府,要根据礼仪发送。官员中有政治腐败残害人民妨碍农时的,使者回朝之日,详细记录上奏。

己酉日,任命吴州总管宇文㳿为刑部尚书。

二月己卯日,任命尚书左仆射杨素为尚书令。

三月丁未日,命令尚书令杨素、纳言杨达、将作大匠宇文恺营建东京,迁移豫州城郊居民充实东京。戊申日,诏书说:"由于听取并采纳公众的意见,政事和平民商议,所以才能清楚政治和刑罚的得失。由此可知,我早晚思虑治国,想使隐藏的冤屈上达朝廷,治国常道得以发扬。但州牧县宰等官职俱是朝廷委任，如果不认真进行考核，空定下优秀、劣等的虚名，不问治理的实际情形，纲纪就会紊乱，冤屈也就不能申诉。地方和朝廷有重重关河阻隔，百姓的意见无法自行上述。我因此建立东京，亲自过问民情。现在我将巡视淮海，观察了解各地风土人情，征求正直的意见，但呈上来的只是繁琐的辞章，乡校中议论朝政的话，听不到。我恐惧警惕，废寝忘餐。民众有知道州县官吏为政刻薄、侵害百姓、徇私枉法、刁难民众的，应该听任他们到朝廷申奏，希望能做到广开四方视听，使天下无冤屈。"又在阜涧营建显仁宫，采集海内珍禽奇兽名花异草，充实宫中花园兽苑。迁徙数百家富商大贾到东京。辛亥日，调发黄河以南各郡百余万男女开凿通济渠，从西苑引谷水、洛水抵达黄河，从板渚引黄河水通达淮河。庚申日，派黄门侍郎王弘、上信同于士澄到江南去采集木材，建造了数万艘龙舟、凤舸、黄龙、赤舰、楼船等。

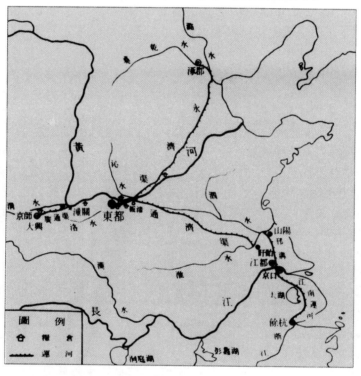

隋运河图

夏四月癸亥日，大将军刘方进攻林邑，攻克了。

五月庚戌日，民部尚书义丰侯韦冲去世。

六月甲子日，火星进入太微星区。

秋七月丁酉日，规定战死的家庭名除十年赋税徭役。丙午日，滕王杨纶、卫王杨集都被剥夺爵位，迁往边境。

闰七月甲子日，任命尚书令杨素为太子太师，安德王杨雄为太子太傅，河间王杨弘为太子太保。丙子日，下诏书说：

治理民众建立国家，应以教学为首要事务，移风易俗，必定由此开始。但圣人的言论断绝，大义遭违背。岁月流逝，虽然努力增进道德进修学业，而治国之道逐渐衰微。汉承秦焚书之后，广集经书，学术不绝如缕，而晋遭社会动乱，学术几乎扫地而尽。从此以后，国家军政忧患甚多，虽然不时兴建学舍，表示喜爱礼义，但老师虽在，却形同虚设。以至于为密电为宦的，并非学习优秀者；撰写文章的，多是不学无术之人。上行下效，纲纪无法确立。文化缺少，大道消亡，实在都是这个原因。

我继承皇位，想弘扬教育，尊敬师长，重视道义，发扬此道，讲究信用，谋求亲善，嘉奖礼教。如今天下统一，车同轨、书同文，十步以内一定有优秀人物，四海之中怎能没有奇才！无论是在家中还是入学的，如果有专门学习古代礼义、埋头经典、品学兼优、能处理政务的人，当地政府应加采访，详细列出名单报上，立即根据其才能越级提拔。如果精通经书而不愿做官，可根据其学业深浅，门第高下，虽然不上朝为官，也酌情给予俸禄。只要循循善诱，他们不日即可成器，不远的将来，朝廷就能人才济济。国子监等学堂，也应讲明旧制度，教育学生，详细规定考试方法，以达到磨炼、培育人才的目的。

八月壬寅日，炀帝乘龙舟到达江都。让左武卫大将军郭省做前军统领，右武卫大将军李景做后军统领。文武百官五品以上的，供给楼船，九品以上的供给黄蒇。船只首尾相接，绵延二百余里。

冬十月己丑日，赦免江淮以南的罪人。扬州地区免除五年赋税徭役，旧扬州总管地区免除三年的赋税徭役。十一月己未日，任命大将军崔仲方为礼部尚书。

大业二年春正月辛酉日，东京建成，分别等级赏赐监督工程的人。任命大理卿梁毗为刑部尚书。丁卯日，派遣十名使臣裁减合并州县。

二月丙戌日，命令尚书令杨素、吏部尚书牛弘、大将军宇文恺、内史侍郎虞世基、礼部侍郎许善心制定车服制度。天子的车驾以及春、夏、季夏、秋、冬五个季节的天子侍从车才开始完备。皇帝的常礼服，皮帽子，上面饰有十二块琪玉；文官穿弁服，佩带玉；五品以上文官供给犊牛、挂障幔，三公亲王车上加挂丝络；武官戴平头巾，穿袴褶，三品以上武官供给飑槊仪仗；往下直至胥吏，服饰各有差等。平民不能穿军服。戊戌日，设置都尉官。

三月庚午日，炀帝车驾从江都出发。事前，太府少卿何稠、太府丞云定兴大肆准备仪仗，规定各州县送羽毛。百姓寻捕禽兽，水陆遍设网罗，能够提供羽毛装饰的禽兽，几乎一网打尽。到此时，仪仗制成。

夏四月庚戌日，炀帝从伊阙陈列车马，千军万马进入东京。辛亥日，炀帝到端门，大赦天下，免天下百姓当年租税。癸丑日，任命冀州刺史杨文思为民部尚书。

五月甲寅日，金紫光禄大夫、兵部尚书李通因为犯法而被免职。乙卯日，诏书说："表彰先贤，保存祭祀，是为了优待礼遇贤人，明显地表示对他们的敬爱。我永远借鉴前代的事业思念先贤的功德，无时无刻不感叹九州土地上的贤哲，千载怀念。自古以来的圣贤君子，凡是能树立名声建立功德，辅佐朝政挽救时弊、获巨大利益、有特殊功劳，对人民有益的人，都应该营造祠庙，按时祭祀。他们的坟墓，不许侵犯践踏。有关官府酌情订立条例，以符合我的心意。"

六月壬子，任命尚书令、太子太师杨素为司徒。进封豫章王杨暕为齐王。

秋七月癸丑日，任命卫尉卿卫玄为工部尚书。庚申日，规定百官不能累计考绩升级，一定要德行、功劳、才能明显优秀的人才能提拔。壬戌日，提拔晋王府的旧臣鲜于罗等二十七人,授予不同等级的官爵。甲戌日,皇太子杨昭去世。乙亥日,上柱国、司徒、楚国公杨素去世。

八月辛卯日,封皇孙杨倓为燕王,封杨桐为越王,封杨侑为代王。

九月乙丑日,立秦孝王杨俊的儿子杨浩为秦王。

冬十月戊子,任命灵州刺史段文振为兵部尚书。

十二月庚寅日,诏书说:"前代帝王借时势创立基业,治理人民,建立邦国,南面而坐,受群臣礼拜。但随着岁月推移,世代久远,帝王的坟茔遭到毁坏,砍柴放牧者竞相光顾,坟墓荒芜废弃,坟堆和标志都分辨不出。谈到这种沦丧,不胜感慨。自古以来帝王的陵墓,可免除附近十户人家的杂役,让他们守护看视。"

大业三年春正月癸亥日,命令对并州叛党已逮捕发配而逃亡的,一旦捉到,就地斩首。丙子日,满天出现长星,出自东壁星,二十天后停止。这一月,武阳郡上奏,黄河水清。

二月己丑日,彗星出现于奎宿,扫过文昌星,经过大陵、五车、北河等星,进入太微星区,扫过帝座星,前后历时一百余天才停止。

三月辛亥日,炀帝车驾回到京师。壬子日,任命大将军姚辩为左屯卫将军。癸丑日,派遣羽骑尉朱宽出使琉球国。己卯日,河间王杨弘去世。

夏四月庚辰日,诏书说:"古代帝王观察访问民间风俗,都是因为忧虑百姓,安抚边远地区。自从蛮夷归附,没来得及亲自安抚,崤山以东历经战乱,也须加以抚恤。现在想安定黄河以北,巡视赵、魏地区。有关官可依惯例安排。"甲申日,颁布法令,大赦天下,关内人民免除三年赋税徭役。壬辰日,把州改为郡。改变度量衡制度,完全按照古代的标准。把上柱国以下的官改为大夫。甲午日,诏书说:

天下的重大,不是一人专制就能安定的;帝王的功德,也并非一人的谋略所能完成。自古以来圣明的,推行政事,经略邦国,何尝不是选举贤才,收罗隐士。周朝号称多士,汉代号称得人,我常常思念前代风范,肃然起敬。我早起南面而坐,头戴皇冠等待天明,遥望山谷隐士,希望他们出任朝官,以便和众多贤人共同治国。然而,贤人很少进用,招贤很少有人来,难道是美好的璞玉未碰到优秀的工匠,就想怀藏珍宝,难以选拔?在鉴于前代圣贤,不胜感慨。皇帝在位,贤臣就像大腿和胳膊,左右辅佐;又像渡河,贤臣就像船和桨。岂能保守俸禄,隐瞒自己知道的情况,悠哉游哉地度日。那就太没意思了。祁奚大夫推举贤人,史学家认为非常公正,藏文仲埋没贤人,孔子讥笑他窃取职位。借鉴古代,并不是没有表扬和批评,所以应该进用贤人,以辅助我能力的不足。

孝顺父母友爱兄弟,是人道的根本;品行忠诚厚道,是立身的基础。或是节烈忠义值得称赞,或者是品行操守高尚廉洁,都能用来遏止贪欲净化风俗,有助于社会风气的改进。刚强正直,执法不屈,学业优秀,方思敏捷,都可为朝廷所用,实为栋梁之材。才能可任将帅的,就提拔他去抵御外侮;体壮力大的,就委他去做士卒。至于有一技之长的,也应该录用!务使贤人全部举荐,无所遗弃。用这种办法治国,大约就离天下太平不远了。凡有文武官职者,五品以上的,都应该依照法令推举十科的人才。只要有一科才能就行,不必求全责备。我会越级提拔,根据才能任用。现在已经担任九品以上官职的,不在举荐范围之中。

丙申日,炀帝车驾往北方巡行。丁酉日,任命刑部尚书宇文敞为礼部尚书。戊戌日,命令各级官府不准摧毁庄稼,必须开农田为道路时,有关官府要根据土地的收成,用附近的粮仓赏赐粮食,务必优厚。己亥日,驻扎赤岸泽。用太牢祭祀原太师李穆的坟墓。

五月丁巳日,突厥启民可汗派儿子拓特勤来朝拜。戊午日,调发黄河以北十余郡的男丁开凿太行山,直达并州,以便通驰道。丙寅日,启民可汗派遣侄子毗黎特勤来朝拜。辛未日,启民可汗派遣使臣琰请求允许他亲自进边塞迎接炀帝车驾。炀帝不准。癸酉日,有彗星进入文昌上将星,星都动摇了。

六月辛巳日,在连谷找猎。丁亥日,诏书说:

孝敬祭礼祖先,德行最高;兴建寝庙,礼仪最大。然而,不同时代的制度,有的华丽,有的质朴,有的多,有的少。秦代焚书坑儒后学术湮灭,经典散佚,法令消失,关于庙堂的制度,传说不一。应立多少代祖先,无人能说正确;祖先庙是连室而居还是各自分立,也没有定准。

我得以奉祀祖宗,敬承大业,常想严格配享制度,使祭祀盛典更加隆重。于是咨询官员,访问儒师,都认为高祖文皇帝接受天命,拥有天下,拯救四海黎民,革除百代弊病,缓用刑罚,百姓都自由发展,减轻徭役赋税,民众都安居乐业。统一天下,车同轨道,书同文字,东西扩展,无处不归附,南北征讨,解除百姓疾苦。乘风驾鸟,历代没到的地方都到了,各种各样的少数民族,教化从未施行到的人,也都来边塞、朝廷叩头礼拜。翻译无时不在进行,书信月月都有,收起武器,天下太平。吉祥的预兆、福瑞的标志所在多有,其伟大雄壮难以言表。

我又听说,品德淳厚的人福泽流传后世;治国不表明的人礼仪繁缛。因此,周朝的文王、武王,汉代的高祖、光武帝,法令制度非常健全,谥号特别尊贵,难道这不是根据实际情况加以称赞,也就是合乎道义地推崇和表彰吗?高祖文皇帝应该另外兴建庙宇,以便表彰他崇高的德行,仍然按规定每月祭祀,以表示对他的怀念。有关官府按时兴建,务必合乎规定。此外,名分不同,礼仪也不一样。天子有七代祖庙,前代经典已经著名,诸侯有二昭二穆庙,从道理上讲比天子要低,所以庙宇是以多为贵。王者的礼仪,现在可以依照使用,以便留存后世。

戊子日,驻扎榆林郡。丁酉日,启民可汗来朝拜。己亥日,吐谷浑、高昌都派遣使臣贡献地方特产。甲辰日,炀帝到在北楼,到黄河去看捕鱼,宴请百官。

秋七月辛亥日,启民可汗上书请求改变服装,戴帽子,束腰带。命令启民可汗朝拜时不用报名了,地位在诸侯王之上。甲寅日,炀帝在郡城东设大帐,全部仪仗护卫,树立旌旗,宴请启民可汗及其部落三千五百人,演奏百戏。按不同级别赏赐启民及其部落。丙子日,杀死光禄大夫贺若弼、礼部尚书宇文敞、太常卿高颖。尚书右仆射苏威因犯罪被免职。征发百余万男丁修筑长城,西到榆林,东到紫河,十天修完,死去的男丁占十分之五六。

八月壬午日,炀帝车驾从榆树启程。乙酉日,启民可汗修饰庐舍清扫道路,迎接车驾。炀帝到启民帐中,启民举杯祝寿,炀帝的宴请和赏赐都极丰厚。炀帝对高丽使臣说:"回去告诉你们国王,应早早前来朝见。不然的话,我和启民可汗将到你们国土巡察。"皇后也到义城公主帐中。己丑日,启民可汗回国。癸巳日,炀帝进入楼烦关。壬寅日,驻扎太原。下令营建晋阳宫。九月己未日，驻扎济源。到御史大夫张衡家中，饮酒吃饭极尽欢乐。己巳日，到达东都。壬申日，任命齐王暕为河南尹、开府仪同三司。癸酉日，任命民部尚书杨文思为纳言。

大业四年春正月乙巳日，下诏书征发黄河以北各郡百余万男女开凿永济渠，引沁水向南到达黄河，向北通到涿郡。庚戌日，文武百官在允武殿举行射礼。丁卯日，赏赐京城内居民每人十石米。壬申日，任命太府卿元寿为内史令，鸿胪卿杨玄感为礼部尚书。癸酉日，任命工部尚书卫玄为右侯卫大将军，大理卿长孙炽为民部尚书。

二月己卯日，派遣司朝谒者崔毅出使突厥处罗，招致汗血马。

三月辛酉日，任命将作大匠宇文恺炎工部尚书。壬戌日，百济、倭、赤土、迦罗舍等国一齐派遣使臣贡献土产。乙丑日，炀帝车驾到五原，趁机出边塞巡视长城。丙寅日，派遣屯田主事常骏出使赤土，招到罗刹。

夏四月丙午日，把离石的汾源、临泉二县、雁门的秀容县，划为楼烦郡。兴建汾阳宫。癸丑日，任命河内太守张定和为左屯卫大将军。乙卯日，诏书说："突厥意利珍豆启民可汗率领部落归附我朝，保护关塞，遵奉我朝礼仪，想改变戎狄习俗，频繁地入朝谒见礼拜，多次陈述请求。因为毡墙羽帐，极其简陋，愿意建造有梁有檐的房屋。心决恳切，我很重视。应该在万寿戍建造城墙房屋，根据情况供给帷帐床被等物品，待遇务必优厚，以合乎我的心意。"

五月壬申日，蜀郡捕获一只三脚乌鸦，张掖郡捕获一只黑狐狸。

秋七月辛巳日，征发二十余万男丁修筑长城，自榆谷向东延伸。乙未日，左翊卫大将军宇文述在曼头、赤水大破吐谷浑军。

八月辛酉日，炀帝亲自到恒岳祭祀，河北道的郡守全部到场。大赦天下。车驾经过的郡肥县，免除一年的租赋。

九月辛未日，征集全国的鹰师到东京集中，来了一万多人。戊寅日，彗星从五车星流出，扫过文昌星，到房星消失。辛巳日，下诏书对修长城的役夫免征一年租税。

冬十月丙午日，诏书说："先师孔子，道德圣明，发扬天赋英姿，效法文武之道。治理国家，承受天命，孕育了这位素王，而圣人去世时的悲叹，很快就超过千年，崇高的德行，并没保存一百代。常常思念，他美好的风范应该加以推崇。可立孔子后代为绍圣侯。有关官府寻求其嫡系后裔，把名字报上来。"辛亥日，诏书说："从前，周王即位，首先封唐尧虞舜的后代，汉高祖即位，也赐给殷周的后裔名号，这都是为了表彰先代，效法古圣贤。我继承帝位，寻求文雅的教诲，凡有大益处的，都敬遵如法令。周代兼有夏、殷两朝传统，文质都具备，汉代拥有天下，统一车轫文字，魏晋沿袭汉朝，遗风仍在。这些朝代都应立其后裔，以便保存绝世的大义。有关官府应该寻求其后代，开列姓名上报。"乙卯日，向天下颁布新的度量衡规格。

大业五年春正月丙子日，把东京改为东都。癸未日，下诏书在全国实行均田制。戊子日，炀帝从东都回到京师。乙丑日，规定民间禁止收藏铁叉、搭钩、刀矛之类。太守每年都秘密奏报其属官的行踪。

二月戊戌日，炀帝驻扎阌乡。命令祭祀古代帝王陵墓以及开皇年间功臣坟墓。庚子日，规定北魏、北周官吏的子孙不能因父辈功勋而赏赐官爵。辛丑日，赤土国派遣使臣贡献土产。戊申日，车驾到达京师。丙辰日，在武德殿宴请四百名故旧老人，按不同等级进行赏赐。己未日，炀帝到崇德殿西院，心中很不高兴，回头对左右说："这是先帝居住的地方，确实增添伤感，心中不安，应该在此院的西边另外建造一殿。"壬戌日，规定听任父母跟随儿子到任职官府去。

三月己巳日，炀帝车驾向西巡视黄河右边。庚午日，有关官吏说，武功男子史永遵和叔父堂兄弟等住在一起。炀帝很赞赏他。赐给一百段布帛、二百石米，表彰他的门第。乙亥日，炀帝到扶风旧居去。

夏四月己亥日，在陇西大举狩猎。壬寅日，高昌、吐谷浑、伊吾都派遣使臣来朝见。乙巳日，驻扎狄道，党项羌来贡献土产。癸亥日，由临津关出发，渡过黄河，到达西平，排兵布阵演习军事。

五月乙亥日，炀帝在拔延山大举围猎，狩猎圈周围绵延两千里。庚辰日，进入长宁谷。壬午日，渡过星岭。甲申日，在金山上宴请群臣。丙戌日，在浩亹架桥，炀帝马过桥后桥坏了，朝散大夫黄亘及监督工程的九人被斩首。吐谷浑王率众屯守覆袁川，炀帝分别派内史元寿从南边驻扎金山，兵部尚书段文振从北边驻扎雪山，太仆卿义臣从东边驻扎琵琶峡，将军张寿从西边驻扎泥岭，四面包围住。吐谷浑王优允率数十名骑兵逃走，派他的名王假称优允，屯守车我真山。壬辰日，命右屯卫大将军张定和前往追捕。定和挺身出战，被吐谷浑杀死。副将柳武建击败吐谷浑军，杀死数百人。甲午日，吐谷浑被围走投无路，仙头王率十余万口男女来投降。

六月丁酉日，派左光禄大夫梁默、右翊卫将军李琼等追击吐谷浑王，二人都战死。癸卯日，炀帝经过大斗拔谷，山路险要狭隘，大军鱼贯而出。风雪交加，天气阴暗，炀帝和随从官员走散，士兵冻死大半。丙午日，驻扎张掖。辛亥日，命令诸郡推举贤才，分四科：学业贯通，才能优异；身强力壮武艺高超；任职勤奋善理政务；秉性正直不畏强暴。壬子日，高昌王麴伯雅来朝拜，伊吾吐屯设等献上西域数千里土地，炀帝十分高兴。癸丑日，设置西海、河源、鄯善、且末等四郡。丙辰日，炀帝到观风行殿，大量陈列文物，演奏九部乐，表演幻术魔法，在殿上宴请高昌王、吐屯设，表示特别优待。有三十余国少数民族使臣陪席。戊午日，大赦天下，开皇元年以来流放发配的罪人，全部放回故乡，但晋阳叛党不在内。陇西各郡，免除一年赋税徭役，炀帝车驾经过的地方，免除两年赋税徭役。

秋七月丁卯日，在青海渚中放牧马，以此寻求优良的龙种马，没取得成效，停止了。

九月癸亥，炀帝车驾进入长安。

冬十月癸亥，诏书说："优待推崇年老德高者，典籍中都有记载，尊敬顾问，表彰学校。鬻熊做周文王师，并非因为力气大，方叔是元老，计谋深沉。我常说要考察古代，寻求达到天下大治的途径。因此，对年老的人，重新起用，事情要少，待遇要优厚，不要缺了药和饭，希望能睡卧床上，治理好百姓，收到大的效益。今年集合起来的老人，可在附近州郡安置，七十岁以上有疾病行动不便，不能任职的，赏赐布帛送回本郡。官职在七品以上的，酌情给予俸禄，一直到死。"

十一月丙子日，炀帝车驾到东都。

大业六年春正月癸亥日初一，清晨有数十名强盗，白衣白帽，烧着香手里拿着花，自称是弥勒佛，从建国门进来。守门人都跪下叩头。不一会他们夺下卫士的武器，企图谋反。齐王暕遇上,杀死了他们。于是京城大肆搜索,牵连犯罪的有一千余家。丁丑日,在端门街上演角抵大戏,天下的奇异伎艺全部集中于此,演了一个月才停止。炀帝多次穿便服前往观看。己丑日,倭国派遣使臣贡献土产。

二月乙巳,武贲郎将陈棱、朝请大夫张镇州进攻琉球,打败了他们。献上俘虏一万七千口,炀帝赏赐百官。乙卯日,诏书说:"国家草创时期,王业艰难,全仗大臣辅佐,同心协力,才能拯救衰败的国运,荣登皇位,然后酬报功劳、赏赐功臣,开国建家,以山河宣誓,传山河于万代。近代以来天下动乱,四海未能统一,土地随便封赐,名实不符,很长时期未能改革。我朝开国之初,诸事都刚开始,还遵循旧规矩,来不及改制。现在天下太平,文字、车轨都已统一,应该遵奉先朝旧典,把先圣的教训永远流传后代。从此以后,只有功劳的人才能有赐封,其子孙可以继承封爵。"丙辰日,安德王杨雄改封为观王,河间王之子杨庆改封为郇王。庚申日,征集魏、齐、周、陈等地尔人,全部分配给太常。三月癸亥日,炀帝到江都宫。甲子日,任命鸿胪卯史祥为左骁卫大将军。

夏四月丁未日,宴请江淮以南的父老,分等级进行赏赐。

六月辛卯日,室韦、赤土都派遣使臣贡献土产。壬辰日,雁门盗贼头目尉文通聚集三千人马,驻守莫壁谷。派鹰扬杨伯泉打败了他。甲丙日,规定江都太守官秩和京尹相同。

冬十月壬申,刑部尚书梁毗去世。壬子日,民部尚书、银青光禄大夫长孙炽去世。

十二月己未,左光禄大夫、吏部尚书牛弘去世。辛酉,朱崖人王万昌兴兵作乱,派陇西太守韩洪平定了他。

大业七年春正月壬寅日,左武卫大将军、光禄大夫、真定侯郭衍去世。

二月己未日,炀帝登上钓台,面对扬子津,大宴百官,分不同等级进行赏赐。庚申日,百济派遣使臣朝拜进贡。乙亥日,炀帝从江都乘上龙舟进入通济渠,到达涿郡。壬午日,诏书说:"军事有七德,首称是安定百姓。政治有六本,应以教育振兴。高丽国高元,有失藩国礼仪,我将赴辽东问罪,宣扬宏图大略。虽然想讨伐敌国,仍然要巡礼四方。现在到涿郡,巡视民间风俗,黄河以北各郡以及太行山以西、以东地区,年九十以上的人授太守衔,八十的人授县令衔。"

三月丁亥日,右光禄大夫、左屯卫大将军姚辩去世。

夏四月庚午,炀帝到涿郡的临朔宫。

五月戊子,任命武威太守樊子盖为民部尚书。

秋天,发生大水灾,太行山东及黄河以南淹没了三十余郡,民众都卖身为奴婢。

冬十月乙卯,底柱山崩溃,堵住黄河水向上倒流数十里。戊午日,任命东平太守吐万绪为左屯卫大将军。

十二月乙未日,西面突厥处罗多利可汗前来朝拜,炀帝十分高兴,用特殊礼仪接见。那时,辽东的战士以及运送给养的人,挤满道路,昼夜不断,苦于服役的人开始聚众为盗。甲子日,命令都尉、鹰扬和郡县相互联系追捕盗贼,随捕获随处决。

大业八年春正月辛巳日,大军在涿郡集中。任命兵部尚书段文振为左侯卫大将军。壬午日,下诏书说:

天地德行极大,却在秋天降下严霜;圣贤十分仁爱,却在刑法上著有杀伐。由此可知,天地造化有杀气,道理在于大公无私;帝王使用武器,乃是出于不得已。版泉、丹浦之战，无非是替天行道，勘定昏乱，应天顺人。何况在甘地野外誓师，夏启继承了大禹的事业，在商城郊外兴兵问罪，周武王完成文王的志向。永远借鉴前代，是我的职责。

从我隋朝接受天命以来，兼具天、地、人三才而建立中正的准则，统一天下而成为一家。封地扩展到细柳、盘桃以外，教化达到了紫舌、黄枝地区。远人来朝，近人安定，无人不团结和睦，大功告成，治理成功就在于此。然而高丽这跳梁小丑，迷乱狂妄，团聚在渤海、碣石之间，侵犯辽东、狝猇土地。虽经汉、魏两代诛伐，巢穴暂时捣毁，但战乱频仍，道路阻隔，他们的部落又聚集起来。他们在前代汇聚山川草泽，而在现代结成恶果。想那华夏土地，竟全是蛮夷。年代久远，恶贯满盈，天道惩罚淫乱，他们的败亡已显露征兆。他们破坏道德伦常，难以谋取，收藏奸徒，唯恐不足。送去的庄严书信，他们从不当面接受，朝见的礼仪，他们从不亲自参加。招降纳叛，不知法纪，聚集在边境，使瞭望的烽燧极端疲劳，边关巡夜木梆为此不得安静，边民无法耕种。古代的征伐，他们是漏网之鱼。既未遭前代俘虏，又没受到后代诛杀，他们从不感谢，反而更加作恶，兼并契丹党徒，劫掠海边，改穿鞅鞯服装，侵犯辽西，又青丘之外，都按时朝贡，碧海之边，都接受我朝治理，而他们却夺取宝物，断绝往来，无辜的人受害，诚实的人遭祸。使臣奉使前往海东，沿路停留，途径藩国土地，而他们堵塞道路，拒绝王使，没有侍奉君王的忠心，哪有做臣的礼节！是可忍，孰不可忍。而且，他们法令严酷，赋税繁重，强臣和豪族执掌国政，结党营私，朋比为奸，形成风气，贿赂公行，冤屈不伸。再加上连年灾荒，户户饥饿，战乱不止，徭役没有期限，百姓输送给养竭尽全力，死尸填满沟壑。百姓忧愁悲苦，又能听从谁？境内一片哀叹，不胜凋敝。回头观看境内，人人都担心生命不保，老人孩子，无不感叹残酷毒烈。我观察风俗来到幽州，悲悯百姓兴师问罪，不须等待再次动身了。于是亲统六军，进行制裁违犯王命的九伐之征，拯救危机，顺从天意，消灭这些丑类，继承先代的谋略。

现在应该传令动身，兵分数路，以雷霆之势占领勃澥，以闪电之速横扫夫余。整装振戈，誓师之后动身，三令五申，有必胜把握之后再战。左第一军当镂方道，第二军当长岑道，第三军当海冥道，第四军当盖马道，第五军当建安道，第六军当南苏道，第七军当辽东道，第八军当玄菟道，第九军当扶余道，第十军当朝鲜道，第十一军当沃沮道，第十二军当乐浪道。右第一军当黏蝉道，第二军当含资道，第三军当浑弥道，右第四军当临屯道，第五军当候城道，第六军当提奚道，第七军当踏顿道，第八军当肃慎道，第九军当碣石道，第十军当东暆道，第十一军当带方道，第十二军当襄平道。所有这些军队，先接受朝廷谋略，再络绎前往，在平壤集合，战士无不像豾、象貔一样勇猛，有百战百胜之雄风，回头一看就使山岳倒塌，开口一呼就使风云郁聚，同心同德，猛士俱在。我亲自统率士兵，节制军队，向东走过辽地，沿海右岸前行，解除远方百姓的疾苦，询问海外黎民的苦难。另外有轻装游击部队，随机应变，人捲甲马衔枚，出其不意，袭击敌人。还有海路大军，舟船千里，帆船疾驰，巨舰云飞，横断坝江，径至平壤，岛屿绝望，废井无路。其他随军异族士兵，手持弓矢等待出发，各种异民族军队，不用协商，众口一词。顺天行军，面对叛逆，人人勇气百倍，用这样的军队作战，势必如摧枯拉朽一般。

然而，王者的军队，照理不行杀戮，圣人的教化，一定要改造恶人。上天惩罚罪人，只惩办首恶，至于为奸邪的众人，胁从不问。如果高元用泥涂首辕门请罪，自行到司法部投案，就应该解开绳索，焚烧棺木，宽大处理以表示恩惠。其余的臣民如能归顺我朝，一律加以安抚,各自照旧生产,根据其才能录用为官,不问是蛮夷还是华夏。军营驻扎,一定要整齐严肃,不准放牧、砍柴,要做到秋毫无犯。对高丽百姓要施加恩惠,晓以利害。如果他们共同作恶,抗拒官兵,国家有一定的刑法,斩草除根。希望明白告知,合乎我的心意。

总计一百一十三万三千八百兵马,号称二百万,运送给养的人多一倍。癸未日,第一军出发,四十天以后,所有的军队才都走光,旌旗绵延千里。近代出兵,没有像此次这样盛大的。乙未日,任命右兵卫大将军卫玄为刑部尚书。甲辰日,内史令元寿去世。

二月甲寅日,诏书说:"我到燕地边境观察风俗,到辽东海滨兴师问罪。文臣武将协力同心,战士努力,无不手执武器为君王尽力,舍家从军,以致粮食很少积蓄,耕种受到损失。我因此朝夕忧虑,担心他们穷困。虽然饱食的兵众,理应公而忘私,但对踊跃服役之人,应该待遇优厚。随行人员中,从一品以下至伙飞骑士、招募士以上的人家,郡县都应该经常慰问。如果缺乏粮食,就应救济;有人虽有土地但无劳力不能耕种,可以劝说或者规定劳力多的富家帮助。让住家者有积蓄,行役者无后顾之忧。"壬戌日,司空、京兆尹、光禄大夫观王杨雄去世。

三月辛卯日,兵部尚书、左侯卫大将军段文振去世。癸巳日,炀帝亲临大军。甲午日,率军到辽水桥。戊戌日,大军遇到贼兵阻挡,不能渡河。右屯卫大将军、左光禄大夫麦铁杖、武贲郎将钱士雄、孟金叉等,都战死。甲午日,车驾渡过辽水,在东岸大战,击败贼兵,进而包围辽东。乙未日,大军驻屯,看见两只大鸟,一丈多大,白身红足,自由翱翔。炀帝十分惊奇,让画师画下来,并且写文章赞颂。

五月壬午日,纳言杨达去世。

那时,各将领都接到圣旨,遇事必须奏报,故不敢出战。不久,高丽各城都固守,攻不下来。

六月己未日,炀帝到辽东,愤怒地责备各将领。车驾在城西数里停止,到达六合城。

七月壬寅日,宇文述等在萨水战败,右屯卫将军辛世雄战死。九路军队都战败,将帅逃回来的只有两千多人。癸卯日,班师回朝。

九月庚辰日,炀帝到东都。己丑日,诏书说:"军事和政治内容不同,文臣和武将用途各异,拯救危难,则霸道兴起,教化民俗,则王道贵显。在平定战乱的时代,屠夫可以做官,太平盛世,则须学习经术才能升职。在丰都开创之始,周朝官员中没有儒生,在建武朝廷之中,则有军功的不能担任官职。自从国家分裂为三,四海交争,顾不上教化,只崇尚武功。设置官职,很少根据才能委任,朝中官员,都是因有功而录用的,无一不是从部队中选拔的。出身勇士,教学的内容从未学习,执政的方法也一无可取。自己是非不明,属下吏员就作威作福,贪污腐化贿赂公行,无法无天,腐蚀政府,残害人民,原因都在于此。从此以后,因功授爵的,不得同时委任文武官职,希望改弦更张,就像调瑟一样,让从政者不是实习生,以便不伤害国政。如果吏部擅自任用,御史就应该弹劾纠察。"

冬十月甲寅日,工部尚书宇文恺去世。

十一月己卯日,皇族女儿华容公主嫁给高昌王。辛巳日,光禄大夫韩寿去世。甲申日,败将宇文述、于仲文等人被削职为民,把尚书右丞刘士龙斩首以向天下谢罪。这一年大旱,又发生瘟疫、死人很多,崤山以东地区尤其厉害。秘密命令长江、淮河以南各郡查看民间童女，有容貌美丽的，每年进贡。

大业九年春正月丁丑日，征集天下士兵，招募民众做骁果骑士，在涿郡集合。壬午日，盗贼头目杜彦冰、王润等攻陷平原郡，大肆抢劫而去。辛卯日，设置折冲、果毅、武勇、雄武等郎将官，统领骁果骑士。乙未日，平原李德逸聚集数万人，被称为"阿舅贼"，抢劫崤山以东地区。灵武白榆妄，被称为"奴贼"抢劫牧马，向北勾结突厥，陇右地区大都遭其祸害。派遣将军前往讨伐，几年不能平定。戊戌日，大赦天下。己亥日，派代王杨侑、刑部尚书卫玄镇守京师。辛丑日，任命右骁骑将军李浑为右骁卫大将军。

二月己未日，济北人韩进洛聚集数万人作强盗。壬午日，恢复宇文述等人官职。又征兵讨伐高丽。

三月丙子日，济阳人孟海公起兵作强盗，人数达到数万。丁丑日，征发十万男丁修建大兴城。戊寅日，炀帝到辽东。让越王杨侗、民部尚书樊子益留守东都。庚子日，北海人郭方预聚众作强盗，自称卢公，人数达三万，攻下郡城，大肆抢劫而去。

夏四月庚午日，炀帝车驾渡过辽水。壬申日，派遣宇文述、杨义臣到平壤。

五月丁丑日，火星进入南斗星。己卯日，济北人甄宝车聚集一万余人，抢掠城镇村落。

六月乙巳日，礼部尚书杨玄感在黎阳造反。丙辰日，杨玄感进逼东都。河南赞务裴弘策率兵抵御，反而被贼兵击败。戊辰日，兵部侍郎斛斯政逃奔高丽。庚午日，炀帝班师回国。高丽侵犯断后部队，炀帝命令右武卫大将军李景断后抵御。派遣左翊卫大将军宇文述、左侯卫将军屈突通等乘驿车调发军队，讨伐杨玄感。

秋七月己卯日，命令所在地方征发民夫，修筑县城、府城、驿站。癸未日，余杭人刘元进举兵谋反，人数达数万。

八月壬寅日，左翊卫大将军宇文述等在阌乡击败杨玄感，杀死了他。玄感余党全部被平定。癸卯日，吴地人朱燮、晋陵人管崇聚集十万余人，自称将军，抢掠江南。甲辰日，规定骁果骑士家庭免除赋税徭役。丁未日，命令郡县城离开道路超过五里的，都迁往道旁。戊申日，规定凡盗贼其家庭财产没收入官。乙卯日，盗贼头目陈瑱等率三万余人攻下信安郡。辛酉日，司农卿、光禄大夫、葛国公赵元淑因犯罪被诛杀。

九月己卯日，济阴人吴海流、东海人彭孝才一齐起兵作盗贼，人数达数万。庚辰日，盗贼头目梁慧尚率四万人攻下苍梧郡。甲午日，炀帝车驾驻扎上谷，由于供应不足，炀帝大怒，罢免太守虞荷等人的官职。丁酉日，东阳人李三儿、向但子兴兵作乱，人数达一万余。

闰月己巳，炀帝到博陵。庚午日，炀帝对侍从官员说："我从前跟随先帝在此地盘桓，年刚八岁，日月如梭，不觉已经三十年，追忆往昔生活，一去不复返了。"话未说完，呜咽流泪，侍卫人员都哭了，眼泪沾湿衣裳。

冬十月丁丑日，盗贼头目吕明星率数千人包围东郡。武贲郎将费青奴迎击，杀死了他。乙酉日，诏书说："博陵从前是定州，地处交通要道，是先皇出任官职的基地，皇统教化源远流长，所以道高于周之豳风，义高于舜之姚邑。我巡视黎民，来到此地，瞻望城乡，缅怀先人，充满敬意，就想传播宣扬先人的福泽恩德，广泛地施给下层人民。应取一崇高的名号，以发扬光大先人的功业，可把博陵改为高阳郡。赦免境内死罪以下囚犯。百姓免除一年赋税徭役。"于是招来高祖时候的旧官吏,根据其才能授予官职。壬辰日,任命纳言苏威为开府仪同三司。朱燮、管崇推出刘元进当皇帝。派将军吐万绪、鱼俱罗讨伐,接连几年不能平定。齐地人孟让、王薄等十余万人占据长白山,攻打抢劫各郡。清河盗贼张金称等数万人,渤海盗贼头目格谦自称燕王,孙宣雅自称齐王,人数各有十万,崤山以东地区都受到骚扰。丁亥日,任命右侯卫将军郭荣为右侯卫大将军。

十一月己酉,右侯卫将军冯孝慈在清河讨伐张金称,反被张军打败,孝慈战死。

十二月甲申日,把杨玄感弟弟朝请大夫积善以及党徒十余人车裂,尸体焚烧后随风扬散。丁亥日,扶风人向海明起兵谋反,自称皇帝,年号为白乌。派遣太仆卿杨义臣前往攻打,平定了他。

大业十年春正月甲寅日,把一皇族女封为信义公主,嫁给突厥曷婆那可汗。

二月辛未日,命令百官商议讨伐高丽,接连几天没人敢发言。戊子日,诏书说:"战士尽力为国服役,献身战争,都是因为深明大义,忠诚勤劳,丧命于草莽,弃尸于原野,想起这些,心中充满悲伤。往年兴师问罪,将到辽海之滨,计谋深远,进退都有安排。但是杨谅凶恶昏聩,不懂军事,高颍固执偏狭,有勇无谋,率领三军犹如儿戏,视人命如草芥,不遵守定好的计谋,招致失败,使战士大批死亡,来不及埋藏。现在应派人分头收葬,在辽西郡建一所道场,祭祀亡灵。让恩德施于九泉之下,消除穷鬼的冤屈,恩泽加于枯骨之上,以弘扬仁者的恩德。"辛卯日,诏书说:

黄帝进行五十二次战斗,商汤进行二十七次征伐,然后才恩德遍施诸侯,号令行于天下。卢芳不过一名小盗,汉高祖还亲自征战;隗嚣不过是复燃的死灰,光武帝还亲自赴陇西讨伐;难道不是想铲除强暴制止战乱,先劳苦而后安逸吗!

我登上皇位,治理天下,日月照到的地方,风雨淋到的地方,谁不是我的臣民?谁又能独不接受教化?高丽小丑,居住在偏远荒僻地区,气焰嚣张,态度傲慢,抢掠我边境,侵略我城镇。因此去年出动大军,到辽东、碣石问罪,在玄菟杀死长蛇,在襄平屠戮封豕。扶余各路兵马,风驰电掣,追奔逐北,越过踰浿水。大海舟船,直捣贼人心脏,焚烧其城池,毁坏其宫殿。高元用泥涂首,伏在刀下,到军营前请罪,接着又请求进京朝见,到司法部门投案。我准许他改过,就下令班师回朝。不料他竟怙恶不悛,真是贪图安逸反遭毒害,是可忍,孰不可忍!可命令六军,后分百路,一齐进发。我应亲自出征,监领各军,在丸都喂马,在辽水观兵,顺应天意在海外诛杀凶顽,拯救苦难的穷苦百姓。用征伐来匡救时弊,用明德来诛杀坏人,只除首恶,胁从不问。如果有人认识生死的区别,明白安危的关键,幡然悔悟,自然能够获得福泽;如果一定要共同作恶,抗拒我朝大军,那就像烈火燎原,格杀无赦。有关官府要趁便宣布此意,让人人都知道。

丁酉日,扶风人唐弼起兵谋反,人数有十万,推李弘做皇帝,自称唐王。

三月壬子日,炀帝到涿郡。癸亥日,住在临渝宫,炀帝身穿军服,对黄帝进行祃祭,杀死叛逃军人衅鼓。

夏四月辛未日,鼓城贼人张大彪聚集数万人,屯守悬薄山为强盗。派遣榆林太守董纯去攻打,杀死了他。甲午日,车驾驻扎北平。

五月庚子日,命令各郡推举孝悌、廉洁的人各十名。壬寅日,盗贼头目宋世谟攻下琅邪郡。庚申日,延安人刘迦论起兵谋反,自称皇王,年号是大世。

六月辛未日，盗贼头目郑文雅、林宝护等三万人，攻下建安郡。太守杨景祥战死。

秋七月癸丑日，炀帝车驾驻扎怀远镇。乙卯日，曹国派遣使臣贡献土产。甲子日，高丽派遣使臣请求投降，把斛斯政囚禁送来，炀帝十分高兴。

八月己巳日，班师回朝。庚午日，右卫大将军、左光禄大夫郑荣去世。

冬十月丁卯日，炀帝到东都。己丑日，回到京城。

十一月丙申日，在金光门外肢解了斛斯政。乙巳日，在南郊祭祀。己酉日，盗贼头目司马长安攻破长平郡。乙卯日，离石胡刘苗王起兵谋反，自称天子，让他弟弟六儿做永安王，人数达数万。将军潘长文前往讨伐，不能战胜。这月，盗贼头目王德仁聚集数万人驻守林虑山做强盗。

十二月壬申日，炀帝去东都。这一天，大赦天下。戊子日，进入东都。庚寅日，盗贼头目孟让率十余万人占据都梁宫。派遣江都郡丞王世充打败了他，把他的部众全部俘虏了。

大业十一年春正月甲午日初一，设盛大宴席宴请百官。突厥、新罗、靺鞨、毕大辞、诃咄、传越、乌那曷、波腊、吐火罗、俱虑建、忽论、靺鞨诃多、沛汗、龟兹、疏勒、于阗、安国、曹国、何国、穆国、毕、衣密、失范延、伽折、契丹等国都派遣使臣朝见进贡。戊戌日，武贲郎将高建毗在齐郡打败盗贼头目颜宣政，俘虏数千名男女。乙卯日，大会蛮夷各国，表演幻术戏乐，按不同等级进行赏赐。

二月戊辰日，盗贼头目杨仲绪率一万余人攻打北平，滑公李景击败并斩杀了他。庚午日，诏书说："设置险关保卫国家，前代经典早有著录；牢固防守抵御强暴，事情将载入史册流传后世。这样做的目的在于安邦定国，禁止奸邪，巩固根基。但近年的战争，居民流散，田地荒芜，城廓破坏，使游手好闲的人增加，而盗匪骚扰不停。现在天下平定，海内安乐，应该让人全部住进城中，就近拨给土地，使得强弱互相包容，徭役相互援助，小偷无法行窃，强盗无法聚集。有关官府详细开列条目，务必让百姓各得其所。"丙子日，上谷人王须拔造反，自称漫天王，国号为燕；盗贼头目魏刁儿自称历山飞，人数都达到十余万，向北勾结突厥，向南侵略赵地。

五月丁酉日，杀死右骁卫大将军、光禄大夫、郇公李浑，将作监、光禄大夫李敏，并且灭掉二人家族。癸卯日，盗贼头目司马长安攻下西河郡。乙酉日，炀帝到太原，在汾阳宫避暑。

秋七月己亥日，淮南人张起绪起兵谋反，人数达三万。辛丑日，光禄大夫、右御卫大将军张寿去世。

八月乙丑日，炀帝巡视北部边塞。戊辰日，突厥始毕可汗计划率领数十万骑兵袭击炀帝车驾，义成公主派使者告知。壬申日，车驾奔到雁门。癸酉日，突厥包围雁门城，官军屡战屡败。炀帝十分恐惧，想率领精兵突围出城，民部尚书樊子盖坚决劝阻，没突围。齐王暕率后军守崞县。甲申日，命令全国各郡招募军队，于是各郡太守、县令纷纷前来救驾。

九月甲辰日，突厥解围回去。丁未日，因特殊情况赦免太原、雁门郡死罪以下囚徒。

冬十月壬戌日，炀帝到东都。丁卯日，鼓城人魏骐骥聚集一万余人作强盗，侵犯鲁郡。壬申日，盗贼头目卢明月聚集十余万人侵犯陈、汝地区。东海盗贼头目李子通率部众渡过淮河,自称楚王,年号为明政,侵犯江都。

十一月乙卯日,盗贼头目王须拔攻下高阳郡。

十二月戊寅日,一颗象斛一样大的流星坠落在卢明月军营,砸破他的冲车。庚辰日,命令民部尚书樊子盖征发关中士兵,讨伐绛郡盗贼敬盘陀、柴保昌等,打了一年也没能平定。谯郡人朱粲率数十万部众侵犯荆襄,妄称楚帝,年号为昌达。汉南各郡大多被他攻下。

大业十二年春正月甲午日,雁门人翟松柏在灵丘起兵,人数达到数万,辗转进攻附近县城。

二月己未日,真腊国派遣使臣贡献土产。甲子日夜晚,有两只像老骥的大鸟飞进大业殿,落在炀帝的帷账上,到天明才飞去。癸亥日,东海盗贼卢公暹率万余部众,屯守苍山。

夏四月丁巳,显阳门发生火灾。癸亥日,魏刁儿部将甄翟儿又自称历山飞,部众达十万,辗转进攻太原。将军潘长文讨伐,反被打败,长文战死。

五月丙戌日初一,发生日食,日食现象很快过去了。癸巳日,大流星坠落到吴郡,成了石头。壬午日,炀帝在景华宫征求萤火虫,获得好几斛,夜晚到山上游玩,放出萤火虫,满山谷都照亮了。

秋七月壬戌,民部尚书、光禄大夫济北公樊子盖去世。甲子日,炀帝到江都宫,让越王侗、光禄大夫段达、太府卿元文都、检校民部尚书韦津、右武卫将军皇甫无逸、右司郎卢楚等留守总管政事。信奉郎崔民象因盗贼充斥,在建国门上奏章,劝谏说外出巡视不合适。炀帝大怒,先卸下他的面颊,然后杀死他。戊辰日,冯翊人孙华自称总管,起兵谋反。高凉通守洗瑶彻兴兵作乱,岭南各溪洞多数响应。己巳日,火星守在羽林星旁,一月多才消失。炀帝车驾驻扎汜水,信奉郎王爱仁因为盗贼一天天厉害,劝谏炀帝回西京。炀帝生气,杀死他,然后继续走。

八月乙巳日,贼帅赵万海率数十万部众,从恒山进犯高阳。壬子日,一颗像斗一样大的流星,从王良星阁道星中出来,声音大的象墙壁倒塌。癸丑日,象瓮一样大的流星从羽林星出来。

九月丁酉日,东海人杜扬州、沈觅敌等谋反,人数达数万。右御卫将军陈棱击败他们。戊午日,有两颗枉矢星,从北斗星魁星中出来,弯弯曲曲地流入南斗星。壬戌日,安定人荔非世雄杀死临泾县令,起兵谋反,自称将军。

冬十月己丑,开府仪同三司、左翊卫大将军、光禄大夫、许公宇文述去世。

十二月癸未,鄱阳盗贼操天成起兵造反,自称元兴王,年与为始兴,攻下豫章郡。乙酉日,任命右翊卫大将军来护儿为开府仪同三司、行左翊卫大将军。鄱阳人林士弘自称皇帝,国号称楚,年号为太平,攻下九江、庐陵郡。唐公李渊在西河打败甄翟儿,俘虏数千名男女。

大业十三年春正月壬子日,齐郡盗贼头目杜伏威率领部众渡过淮河,攻下历阳郡。丙辰日,渤海盗贼窦建德在河间乐寿地方设坛,自称长乐王,年号为丁丑。辛巳日,盗贼头目徐圆郎率数千部众攻下东平郡。弘化人刘企成聚集一万余人作强盗,附近郡县都受他的害。

二月壬午日，朔方人梁师都杀死郡丞唐世宗，占领朔方郡谋反，自称大丞相。派银青光禄大夫张世隆攻打，反而被他打败。戊子日，盗贼头目王子英攻下上谷郡。己丑日，马邑校尉刘武周杀死太守王仁恭，兴兵谋反，向北勾结突厥，自称定阳可汗。庚寅日，盗贼头目李密、翟让等攻下兴洛仓。越王侗派遣武贲郎将刘长恭、光禄少卿房崱攻打，反被他们打败，士兵战死十分之五六。庚子日，李密自称魏公，改年号，称元年，打开粮仓赈济众盗贼，人数达到数十万，黄河以南各郡相继失陷。壬寅日，刘武周在桑乾镇打败武贲郎将王智辩，王智辩战死。

三月戊午日，庐江人张子路起兵谋反，派右御卫将军陈棱讨伐平定了他。丁丑日，盗贼头目李通德率十万部众进犯庐江，左屯卫将军张镇州打败了他。

夏四月癸未日，金城校尉薛举率部众谋反，自称西秦霸王，年号为秦兴，攻下陇右各郡。己丑日，盗贼头目孟让夜晚进入东都外城，烧毁丰都市然后离去。癸巳日，李密攻下回洛东仓。丁酉日，盗贼头目房宪伯攻下汝阴郡。这月，光禄大夫裴仁基、淮阳太守赵佗等都率众背叛，投奔李密。

五月辛酉日，夜晚有流星象瓮一样大，坠落在江都。甲子日，唐公在太原起义。丙寅日，数千名突厥人侵犯太原，唐公打败了他们。

秋七月壬子日，火星守在积尸星旁。丙辰日，武威人李轨起兵谋反，攻下河西各郡，自称凉王，年号是安乐。

八月辛巳日，唐公在霍邑打败武牙郎将宋老生，杀死了他。

九月己丑日，炀帝搜括江都少女和寡妇，匹配给随军士兵。这月，武阳郡丞元宝藏率全郡造反，投奔李密，和盗贼头目李文相一起攻下黎阳仓。彗星在营室星出现。

冬十月丁亥日，太原杨世洛聚集一万多人，抢劫城乡。丙申日，罗县县令萧铣率全县谋反，鄱阳人董景珍率全郡谋反，董到罗县迎接萧铣，号称梁王，攻下邻近的郡。戊戌日，武贲郎将高毗在嵫山打败济北郡盗贼甄宝车。

十一月丙辰日，唐公进入京师。辛酉日，把炀帝遥尊为太上皇，立代王侑为皇帝，改年号为义宁。炀帝在丹阳兴建宫室，想在江南退位。有黑喜鹊来帷账上居住，赶不走。火星侵入太微星。有石头从长江漂流到扬子津。太阳光四散，就像流血一样，炀帝十分厌恶。

义宁二年三月，右屯卫将军于文化及，武贲郎将司马德戡、元礼，监门直阁裴虔通，将作少监宇文智及，武勇郎将赵行枢，鹰扬郎将孟京，内史舍人元敏，符玺郎李覆、牛方裕，千牛左右李孝本及其弟李质，直长许弘仁、薛世良，城门郎唐奉义，医正张恺等人，率骁果骑士造反，进入宫廷。炀帝在温室去世，享年五十岁。萧后命宫女撤去床席作棺材，埋葬了炀帝。宇文化及发掘出来，右御卫将军陈棱从成象殿护送灵柩，埋葬在吴公台下。开棺入殓时，炀帝面容就像活人一样，大家都很惊奇，大唐平定江南以后，改葬炀帝到雷塘。

最初，炀帝因为是诸侯王，按继承顺序不应做皇帝，所以常常虚情假意装正经，沽名钓誉，阴谋夺取皇位。那时高祖十分信任文献皇后，而生性忌恨妃妾。皇太子杨勇内宫有很多宠爱的妾，因此高祖不喜欢他。炀帝时对妾生的儿子，一概不抚养，表示不宠爱妾，以此讨好文献皇后。对掌权的大臣，炀帝全力交往。宫中使臣到炀帝家，不论地位高低，炀帝都竭力讨好，厚礼相待。宫中奴仆往来炀帝家中的，无不称赞炀帝仁义孝顺。炀帝又常常私自进入宫中，和文献皇后密谋策划，杨素等人趁机煽动，终于废除太子杨勇，立炀帝为太子。从高祖病危至去世，在居丧期中炀帝就纵情淫乐，高祖陵墓一修成，炀帝更四处巡游。因天下长期安定，兵马强盛，炀帝赞叹羡慕秦始皇、汉武帝的功业，就大量地兴建宫殿，极端豪华，招募使者，出使到偏远国家。异族国家来朝见的，都送给很厚的礼，有不恭敬听命的，就派兵攻打。在玉门、柳城以外，大规模屯田。向天下富户征取钱财，大量购置军马，每匹马价值十余万，富户因此十家有九家破产。炀帝生性诡诈，所到的地方，不想让人知道。每去一个地方，总是要在几条路上设置安歇地点，准备山珍海味、水陆珍品，为购买这些东西，多远的地方都去到了。郡县的官吏，竞相进献食物，进献丰富的提拔，进献贫乏的有罪。贪官污吏鱼肉百姓，朝廷和地方国库空虚，按人头向百姓征税，弄得民不聊生。那时国家军事、政治事务繁忙，从早到晚忙不过来，而炀帝骄傲懒惰，不愿过问政务，百姓冤屈得不到申诉，奏报的事情很少得到裁决。炀帝又猜疑臣子，用人不专，朝廷大臣有不合心意的，一定罗织罪名诛灭九族。高颎、贺若弼是先皇的心腹，为先皇运筹帷幄，张衡、李金才是炀帝做诸侯王时的旧臣，满腹经纶，有的因为正直而遭炀帝厌恶，有的因为发表正确的意见而激怒炀帝，都被加上莫须有的罪名，加以诛杀。其余的人，侍奉君王尽力符合礼仪、正直勤恳、没有罪过而横遭杀害的，数不胜数。政治紊乱，贿赂公行，无人敢发表正确的意见，人们在路上用目光表示不满。军队连年作战，各种劳役频繁征调，服役的人不能回家，留在家里的人失去工作。饥荒严重，以至于人吃人，村庄变成废墟。而炀帝并不体恤民情，东西游玩，没有固定的居住地，常常因为供给不足，提前提收取数年的赋税。每到一地，只是沉湎于和后宫妃姜淫乐，从早到晚犹觉不足。招进一些老年妇女，早晚说一些淫秽的话，又引进少年，命令他们和宫女发生关系，违法乱纪，以此取乐。全国盗贼风起云涌，抢劫官府，攻打城乡，屠杀百姓。朝廷大臣隐瞒欺骗，不据实奏报盗贼的人数。有人说盗贼很多，总要被大加训斥，于是各自求得平安。上下欺骗。出兵作战，不断地吃败仗，士兵死的死逃的逃。尽力作战的士兵，得不到奖赏，无罪的百姓，都受到屠杀。黎民百姓愤恨抱怨，天下土崩瓦解，以至于被人逮捕之后还不明白是什么原因。

史官评论说：炀帝早在幼年时就有好的名声，向南平定吴郡、会稽，向北打败匈奴，在弟兄们中，他最有功劳。于是他假装正派，施展奸计，博得献后的欢心，高祖也改变了看法，正值天下变乱，他就做了太子，继承皇位，登上皇帝宝座。隋朝国土开拓超过三代，威名远振八方，匈奴单于叩头称臣，越裳国通过重重翻译前来朝贡。货币源源流入京城府库，粮食堆积边塞至于腐烂。炀帝依仗国力富强，一心满足其贪婪的欲望，认为商、周制度狭小，崇尚秦、汉的宏伟规模。恃才傲物，憎恨美德，内藏奸诈，外表端庄，用华丽的衣服掩饰其诡诈，用罢免谏官来掩盖其罪过。荒淫无度，法律增多，礼义、廉耻的教化根绝，酷刑超过断耳、截鼻、宫劓、和大辟，诛杀同胞兄弟，屠戮忠臣良将，受赏的不是功臣，被杀的没有罪过。屡屡因激怒而发兵，不停地兴建土木工程，多次出兵朔方，三次御驾亲征到辽东，旌旗排列万里，赋税多如牛毛，奸猾官吏鱼肉百姓，人民难以忍受。炀帝又急忙命令用残暴的条例骚扰，用严刑峻法威逼，用雄兵甲士管理，由此全国骚动，民不聊生。不久，杨玄感发动黎阳叛乱，匈奴包围雁门，炀帝远离中原，到扬州、吴越地区去。奸盗乘机恃强凌弱，关河闭塞不通，皇帝车驾一去不回。再加上军队出征、灾害饥荒，百姓在逃

亡道路上颠沛流离，十有八九死在沟中。于是人民相聚起义，多如牛毛，大的占领几个州郡，小的则聚集千百人，攻打城镇，抢劫乡村，血流成河，杀人如麻。百姓用死人骨头烧火，交换亲生儿子当饭吃。茫茫大地，都成了豢养麋鹿的牧场，哀哀百姓，都充当了野兽的食物。四面八方万里路途书信不断，还说是小偷小盗，不值得担心，上下相互欺瞒，不肯考虑如何平乱，姑且张开蜉蝣的翅膀，漫漫长夜寻欢作乐。土崩瓦解，恶贯满盈，普天之下都是仇人，左右臣民都是敌国。炀帝却始终不醒悟，就像望夷宫前的秦二世一样，以帝王之尊竟死于一人之手。亿万民众没有一个感恩的人，九州太守没有来救护帝王的军队。兄弟子女一同被诛杀，尸骨抛弃无人掩埋，国家覆亡，宗族灭绝。从有历史记载到现在，宇宙崩溃，生灵涂炭，丧命灭国，没有像隋炀帝这样厉害的。《书》说："开降灾害，还可以逃避；自己造成的灾害，无法逃脱。"《传》说："吉凶都是由人造成的，祸难并不随便降临。"又说："战争就像火，不能灭掉，就会烧死自己。"看一下隋朝的灭亡，这些话确实是有根据的。

文献独孤皇后传

【题解】

独孤氏（552~602年），隋文帝杨坚的皇后。父亲独孤信，周大司马。独孤氏起初贤良有识。劝文帝受禅，协助朝政，不因私情废法等事件都显示出她的才能。传中也批评了她性情妒忌，暗地杀死宠妃的残忍行为。

【原文】

文献独孤皇后，河南洛阳人，周大司马、河内公信之女也。信见高祖有奇表，故以后妻焉，时年十四。高祖与后相得，誓无异生之子。后初亦柔顺恭孝，不失妇道。后姊为周明帝后，长女为周宣帝后，贵戚之盛，莫与为比，而后每谦卑自守，世以为贤。及周宣帝崩，高祖居禁中，总百揆，后使人谓高祖曰："大事已然，骑兽之势，必不得下，勉之！"高祖受禅，立为皇后。

突厥尝与中国交市，有明珠一箧，价值八百万，幽州总管阴寿白后市之。后曰："非我所须也。当今戎狄屡寇，将士罢劳，未若以八百万分赏有功者。"百僚闻而毕贺。高祖甚宠惮之。上每临朝，后辄与上方辇而进，至阁乃止。使宦官伺上，政有所失，随则匡谏，多所弘益。候上退朝，而同返燕寝，相顾欣然。后早失二亲，常怀感慕，见公卿有父母者，每为致礼焉。有司奏以《周礼》百官之妻，命于王后，宪章在昔，请依古制。后曰："以妇人与政，或从此渐，不可开其源也。"不许。后每谓诸公主曰："周家公主，类无妇德，失礼于舅姑，离薄人骨肉，此不顺事，尔等当诫之。"大都督崔长仁，后之中外兄弟也，犯法当斩。高祖以后之故，欲免其罪。后曰："国家之事，焉可顾私！"长仁竟坐死。后异母弟陀，以猫鬼巫蛊，呪诅于后，坐当死。后三日不食，为之请命曰："陀若蠹政害民者，妾不敢言。今坐为妾身，敢请其命。"陀于是减死一等。后每与上言及政事，往往意合，宫中称为二圣。

后颇仁爱，每闻大理决囚，未尝不流涕。然性尤妒忌，后宫莫敢进御。尉迟迥女孙有美色，先在宫中。上于仁寿宫见而悦之，因此得幸。后伺上听朝，阴杀之。上由是大怒，单骑从苑中而出，不由径路，入山谷间二十余里。高颎、杨素等追及上，扣马苦谏。上太息曰："吾贵为天子，则不得自由！"高颎曰："陛下岂以一妇人而轻天下！"上意少解，驻马良久，中夜方始还宫。后俟上于阁内。及上至，后流涕拜谢，颎、素等和解之。上置酒极欢，后自此意颇衰折。初，后以高颎是父之家客，甚见亲礼。至是，闻颎谓己为一妇人，因此衔恨。又以颎夫人死，其妾生男，益不善之，渐加潜毁，上亦每事唯后言是用。后见诸王及朝士有妾孕者，必劝上斥之。时皇太子多内宠，妃元氏暴薨，后意太子爱妾云氏害之。由是讽上黜高颎，竟废太子立晋王广，皆后之谋也。

仁寿二年八月甲子，月晕四重，己巳，太白犯轩辕。其夜，后崩于永安宫，时年五十。葬于太陵。其后，宣华夫人陈氏、容华夫人蔡氏俱有宠，上颇惑之，由是发疾。及危笃，谓侍者曰："使皇后在，吾不及此"云。

独孤皇后

【译文】

文献皇后姓独孤，河南洛阳人，是北周大司马、河内公独孤信的女儿。独孤信看到高祖杨坚长得相貌奇特，因此把皇后嫁给他作妻，这时皇后才十四岁。高祖和皇后相互情投意合，发誓不要别人生的孩子。皇后当初的性情，也很温柔，为人恭敬孝顺，遵守妇道。当时皇后的姐姐做了北周明帝皇后，大女儿又做了北周宣帝皇后，皇亲国戚的尊荣显贵，没有人能够与她相比，可是皇后还是能守住自己的节操，保持着谦逊卑下的风度，社会上都认为她是个贤德的人。到了北周宣帝死后，高祖在皇宫中掌握了朝政，皇后派人对高祖说道："国家的事态已经是这样的结果了，就如同骑在虎背上，一定无法下来，你要尽力而为！"高祖杨坚接受禅让，做了隋文帝以后，把她立为皇后。

北方的突厥曾经和中国做互市贸易，有一箱明珠，价值八百万，幽州总管阴寿把这事禀告皇后，劝她买下那箱明珠。皇后说："那不是我需要用的。现在，北方的戎狄一再地侵犯我国疆域，作战的将士们疲惫劳碌，不如拿这八百万分赏给作战有功的将士。"所有的官员们听说这件事以后，都对皇后的行为表示庆贺。高祖非常宠爱皇后，又畏惧她。文帝每次去上朝处理国事的时候，皇后都要把自己乘坐的车，和文帝乘坐的车并列着，一同前往，直到阁门才止步。皇后还派宦官注意文帝的事情，政治上有了过失的地方，就及时规劝匡正文帝，对他有很多补益。等到望见文帝退朝回来了，皇后又和文帝一道返回他们居住的寝宫中，相互看着，心里非常愉快。皇后因为自己早年丧失了父母，经常怀念自己的亲人，而爱慕着家族的情谊，看到公侯贵族中那些有父母的人们，常常让他们代向他们的父母行礼问候。有关官署的负责官员上奏：按照《周礼》，百官的妻子品级，要由皇后来任命，这个制度在以前就订立下了，请求依照古代的旧例去做。皇后说："让妇人参预管理国家的事情，或许就是由这里而逐渐发展出来的，我不能开这个头。"没有答应。皇后经常对各位公主说："北周的公主，大多丧失妇德，对舅姑不以礼相待，挑拨离间宗室之间的情谊，这样不孝顺的行为，你们应当把她们当作借鉴。"大都督崔长仁，是皇后的表兄弟，做了犯法的事，应当判死刑。高祖因为他是皇后亲戚的缘故，打算免除他的死罪。皇后对高祖说："关系到国家的事情，怎么可以顾念私情！"崔长仁终于被定罪，处死了。皇后有个同父异母的兄弟叫独孤陀，因为用猫鬼巫术诅咒皇后，犯了法，应当被判处死罪。皇后为此三日不肯吃东西，为了保全独孤陀的性命，向文帝乞求道："独孤陀如果做了损害国家、危害人民的事情，我不敢替他求情。现在，他犯罪是因为我的缘故，我才敢乞求免除他的死罪。"独孤陀减轻为比死罪轻一等的刑罚。皇后每逢与文帝谈到国家的政务，她的想法和主张，常常符合文帝的心意，皇宫中的人们称颂他们是二位圣人。

　　皇后为人非常仁慈，每次听到大理寺处决囚犯，她都要掉眼泪。可是她的性情好妒忌，后宫中的妃嫔们，没有谁敢与文帝共寝。尉迟迥的孙女长得十分美丽，原来住在宫中。一次文帝在仁寿宫见到了她，非常喜欢，她因此得到文帝的宠爱。皇后就乘文帝上朝听政的机会暗地里把她杀了。文帝知道这件事后，大发脾气，一个人骑着马从宫苑中跑出去，不择道路，跑进山谷中二十多里。高颎、杨素等人骑着马，追赶到文帝面前，牵住他的马再三规劝，请他回宫去。文帝长长叹息了一声，说道："我作为高贵的天子，竟然不能得到自由！"高颎说："陛下，您难道就因为一个妇人而轻弃天下吗！"文帝的怒气稍稍地消了一些，停住马在山谷中站立了很长时间，半夜才刚返回宫中。皇后在阁内等候着文帝。等到文帝回来时，皇后流着眼泪，跪在地上向他谢罪。在高颎、杨素等人的劝说下，文帝和皇后才重归于好。文帝设置了酒宴，喝得非常高兴。皇后从这件事以后，心中受到很大的打击。当初，皇后因为高颎是她父亲家的宾客，对他非常亲近有礼。这时，听说高颎在文帝面前称自己是一个妇人，由此怀恨在心。又因为高颎的妻子死了以后，他的妾为他生了个男孩，更不喜欢他。逐渐对他加以诋毁，诬陷高颎。文帝也是所有的事情完全按照皇后说的去办。皇后只要看到诸王和朝中官员们中，谁的妾怀了身孕，就必定劝说文帝废黜他们。当时，皇太子杨勇内宫中宠幸的女人很多，太子妃元氏突然死去了，皇后认为是被皇太子的爱妾云氏所害。于是，暗中劝说文帝，罢免了高颎，最终废掉皇太子杨勇，而立了晋王杨广，这些事情，都是出自皇后的计谋。

　　隋朝的仁寿二年八月甲子那天，环绕月亮周围的光气有四圈，己巳那天，金星的星光冲犯了轩辕星。这天夜里，皇后在永安宫去世，当时五十岁。埋葬在太陵。在她以后，宣华夫人陈氏、容华夫人蔡氏都受到文帝的宠爱，文帝被她们迷惑得很深，由此得了疾病。到病重垂危的时候，文帝对在身边服侍他的人说道："如果皇后还在的话，我不会到了这样的地步啊。"

宣华夫人陈氏传

【题解】

陈氏(约577～606年),陈宣帝陈顼的女儿,陈朝灭亡后,被掳入隋宫中,后来作了隋文帝的妃子,为杨广继位出了不少力。隋文帝死后,她又被迫委身炀帝杨广,不久死去。陈氏是著名的美人,杨广与她的关系曾是唐宋小说中的重要题材。

【原文】

宣华夫人陈氏,陈宣帝之女也。性聪慧,姿貌无双。及陈灭,配掖庭,后选入宫为嫔。时独孤皇后性妒,后宫罕得进御,唯陈氏有宠。晋王广之在藩也,阴有夺宗之计,规为内助,每致礼焉。进金蛇、金驼等物,以取媚于陈氏。皇太子废立之际,颇有力焉。及文献皇后崩,进位为贵人,专房擅宠,主断内事,六宫莫与为比。及上大渐,遗诏拜为宣华夫人。

陈宣帝

初,上寝疾于仁寿宫也,夫人与皇太子同侍疾。平旦出更衣,为太子所逼,夫人拒之得免,归于上所。上怪其神色有异,问其故。夫人泫然曰:"太子无礼。"上恚曰:"畜生何足付大事,独孤诚误我!"意谓献皇后也。因呼兵部尚书柳述、黄门侍郎元严曰:"召我儿!"述等将呼太子,上曰:"勇也。"述、严出阁为敕书讫,示左仆射杨素。素以其事白太子,太子遣张衡入寝殿,遂令夫人及后宫同侍疾者,并出就别室。俄闻上崩,而未发丧也。

夫人与诸后宫相顾曰："事变矣！"皆色动股慄。晡后，太子遣使者赍金合子，帖纸于际，亲署封字，以赐夫人。夫人见之惶惧，以为鸩毒，不敢发。使者促之，于是乃发，见合中有同心结数枚。诸宫人咸悦，相谓曰："得免死矣！"陈氏恚而却坐，不肯致谢。诸宫人共逼之，乃拜使者。其夜，太子烝焉。

及炀帝嗣位之后，出居仙都宫。寻召入，岁余而终，时年二十九。帝深悼之，为制《神伤赋》。

【译文】

宣华夫人姓陈，是南朝陈宣帝陈顼的女儿。禀性聪慧，姿态和容貌举世无双。到了陈朝被隋文帝灭掉以后，她被发配在掖庭，后来被选入宫中做隋文帝的嫔妃。当时，因为独孤皇后性情妒忌，后宫中的妃嫔们，很少有人能接近文帝，只有陈氏受到文帝的宠爱。晋王杨广在他的封国，暗中策划夺取皇太子地位的办法，谋求让陈氏在宫中相助，常常向她表现礼敬。进献金蛇、金驼等珍奇宝物，来讨取她的欢心。后来，皇太子杨勇被废掉，而立了晋王杨广的时候，陈氏果真出了不小的力气。到了文献皇后去世以后，陈氏被晋封为贵人，她独自占有和享受着文帝的宠爱。掌握决断内宫的一切事情，后宫中的妃嫔们，没有谁可与她的地位相比。到了文帝病重的时候，遗留下诏书，封她为宣华夫人。

当初，文帝因患病卧床，住在仁寿宫内，夫人和皇太子杨广都住在那里服侍文帝。一天清晨，夫人从文帝寝殿中出来，去上厕所，被太子杨广逼迫，要奸污她。夫人极力抵抗，才脱出身来，回到文帝的寝殿中。文帝见她的神色反常，忙询问她出了什么事。夫人流着眼泪对文帝说："太子对我无礼。"文帝听后，大怒说："杨广这个畜生，哪里值得交给他关系国家命运的大事，独孤实在是害了我呀！"心中指的是文献皇后。于是，呼唤兵部尚书柳述、黄门侍郎元严进殿，对他们说："我要召见我的儿子！"柳述等人将要叫太子杨广，文帝又说："是杨勇。"柳述、元严走出阁门，按照文帝的旨意，拟写完敕书后，又把敕给左仆射杨素看了。杨素很快把这件事禀告皇太子杨广。于是，太子派了他手下的张衡到文帝的寝殿去，便命令夫人和那些在文帝身边服侍的妃嫔们，都从寝殿中出去，到另外的房里去。不一会儿，就听说文帝去世了，可是却没有把这事公布。夫人和各位妃嫔们，相互看着说："事态发生变化了！"她们全都惊恐得变了脸色，害怕得腿直发抖。晚饭后，皇太子派来了一个使者。那人手里捧着一个金盒子，盒盖的四周贴着封纸，上面有皇太子亲笔写的封字，把它赐给夫人。夫人看见金盒子，非常惊慌和恐惧，以为那里面装的是毒酒，不敢打开。使者催促她，于是才打开盒子，看到那里面放着几枚同心结。在场的各位宫人们见后，都很高兴，对夫人说："可以不死了。"陈氏大怒，退回去坐下，不肯表示谢意。周围的那些宫人们一起逼迫她，夫人不得已，只好跪下谢了使者。这天夜里，太子杨广奸污了她。

到了隋炀帝杨广即位以后，夫人从原来住的宫中搬出去，自己住在了仙都宫。不久，又被炀帝召入宫中。一年多以后，就去世了。当时夫人二十九岁。炀帝十分悲伤，为了悼念她，而写了那篇《神伤赋》。

炀帝萧皇后传

【题解】

萧氏，生卒年不详，是梁明帝萧岿的女儿，隋炀帝杨广的皇后。萧氏柔顺有才识，能看到隋炀帝的残暴无道，但却不能匡正，只能随遇而安，最后被劫掠，直至没入突厥，唐代才得回国。她的经历反映了封建社会中妇女的命运。

【原文】

炀帝萧皇后，梁明帝岿之女也。江南风俗，二月生子者不举。后以二月生，由是季父岌收而养之。未几，岌夫妻俱死，转养舅氏张轲家。然轲甚贫窭，后躬亲劳苦。炀帝为晋王时，高祖将为王选妃于梁，遍占诸女，诸女皆不吉。岿迎后于舅氏，令使者占之，曰："吉。"于是遂策为王妃。

后性婉顺，有智识，好学解属文，颇知占候。高祖大善之，帝甚宠敬焉。及帝嗣位，诏曰："朕祗承丕绪，宪章在昔，爰建长秋，用承缮荐。妃萧氏，凤禀成训，妇道克修，宜正位轩闱，式弘柔教，可立为皇后。"

帝每游幸，后未尝不随从。时后见帝失德，心知不可，不敢厝言，因为《述志赋》以自寄。其词曰：

承积善之余庆，备箕帚于皇庭。恐修名之不立，将负累于先灵。乃夙夜而匪懈，实寅惧于玄冥。虽自强而不息，亮愚曚之所滞。思竭节于天衢，才追心而弗逮。实庸薄之多幸，荷隆宠之嘉惠。赖天高而地厚，属王道之升平。均二仪之覆载，与日月而齐明。乃春生而夏长，等品物而同荣。愿立志于恭俭，私自兢于诚盈。孰有念于知足，苟无希于滥名，惟至德之弘深，情不迩于声色。感怀旧之余恩，求故剑于宸极。叨不世之殊盼，谬非才而奉职。何宠禄之逾分，抚胸襟而未识。虽沐浴于恩光，内惭惶而累息。顾微躬之寡昧，思令淑之良难。实不遑于启处，将何情而自安！若临深而履薄，心战栗其如寒。

夫居高而必危，虑处满而防溢。知恣夸之非道，乃慑生于冲谧。嗟宠辱之易惊，尚无为而抱一。履谦光而守志，且愿安乎容膝。珠帘玉箔之奇，金屋瑶台之美，虽时俗之崇丽，盖吾人之所鄙。愧绤绤之不工，岂丝竹之喧耳。知道德之可尊，明善恶之由己。荡嚣烦之俗虑，乃伏膺于经史。综箴诫以训心，观女图而作轨。遵古贤之令范，冀福禄之能绥。时循躬而三省，觉今是而昨非。嗤黄老之损思，信为善之可归。慕周姒之遗风，美虞妃之圣则。仰先哲之高才，贵至人之休德。质非薄而难踪，心恬愉而去惑。乃平生之耿介，实礼仪之所遵。虽生知之不敏，庶积行以成仁。惧达人之盖寡，谓何求而自陈。诚素志之难写，同绝笔于获麟。

及帝幸江都，臣下离贰，有宫人白后曰："外闻人人欲反。"后曰："任汝奏之。"宫人言于帝，帝大怒曰："非所宜言！"遂斩之。后人复白后曰："宿卫者往往偶语谋反。"后曰："天下事一朝至此，势已然，无可救也。何用言之，徒令帝忧烦耳。"自是无复言者。

及宇文氏之乱，随军至聊城。化及败，没于窦建德。突厥处罗可汗遣使迎后于洺州，建德不敢留，遂入于虏庭大唐贞观四年，破灭突厥，乃以礼致之，归于京师。

【译文】

炀帝萧皇后，是梁朝明帝萧岿的女儿。按照当时长江以南地区的风俗，凡是在二月出生的孩子，不能由父母家里养育。皇后因为出生在二月里，所以由她的叔父萧岌家里收留和抚养她。没过多久，萧岌夫妇二人都去世了，皇后就转由她的舅舅张轲家里抚养。因为张轲家里十分贫穷，皇后就亲自辛勤劳作。炀帝在做晋王的时候，高祖打算替他在梁朝选妃子，让人占卜厂梁明帝的各个女儿，然而这些女儿都被认为不吉利。梁明帝萧岿派人把皇后从舅舅张轲家里接回来，命令使者为她占卜，占卜的人看过后，说："吉利。"高祖就把她封为晋王妃。

皇后的性情很温顺，聪明又有见识。爱好文学，又懂得做文章，能够观察天象变化预测吉凶。高祖十分喜欢她。炀帝也非常地宠爱和敬重她。到了隋炀帝杨广即位以后，下诏书说："我承袭了前人留下的大业，有关的典章制度，在从前已被制订，在宫闱中建立皇后的名位，用来承续祖先的祭祀。我的妃子萧氏，一向受到良好的教育，能够按照妇女的道德规范进行修养，应该处在宫闱的正位，使妇女的教化发扬光大，可以立为皇后。"

炀帝每次出游各地，皇后总是跟随在她身边。当时皇后眼看着炀帝越来越荒淫暴虐，失去了德行，心中明白，这样下去，社稷难保，可是又不敢在他面前直言规劝，因此作了篇《述志赋》，用来寄托自己的心意。词中写道：

接受前人积累善行的恩泽，我以帝王之妻的身份侍奉皇庭。恐怕盛美的名誉不能建立，将使先王的神灵蒙受罪名。于是昼夜不敢松懈，心中惧怕上天的威灵。虽然努力自求上进决不停息，让愚昧阻滞的思想豁然贯通。想在这皇宫中竭尽自己全部的节操，只是才能远远达不到心灵的内衷。实在是平庸渺小又那么的幸运，接受皇帝无比宠爱的美好恩惠。仰赖着如天地般深厚的恩情，享受先王之道的盛世太平。让天覆地载的恩泽广为布施，万物共享日月的灿烂光明。于是生灵在春天有了生机，在夏季得以成长，世间万物一齐繁荣。我愿意立下恭敬节俭的志向，自己内心时时警惕，防止发生贪求富贵的事情。心中常常想着告诫自己知道满足，对于不实际的名望不会去追求。至高无上的帝王德行博大精深，不沉溺于声色。感激您怀念旧人的余恩，在帝王的地位上仍寻求过去的情人。蒙受到世上无双的特殊看顾，使没有才能的我错误地承担了皇后的职责。为什么给我的恩宠和俸禄超过了按名分所应有的，我扪心自问也找不到答案。虽然沐浴在恩惠的光芒中，但心中惭愧惶恐，喘息不一。回顾自己的愚昧无德，想到成为完美善良的人实在困难。确实没有时间安居闲处，将怎么样才能使自己心安。就好像面临深渊、足履薄冰，心中战栗，直打冷战。

处在高高的地方，一定会有危难祸害。想到水积满了，一定要防止它溢出来。知道放纵奢侈是无道的，才应在淡泊宁静中保养身心。叹息宠爱和羞辱都容易使人惊恐，提倡不做什么追求，保守住天然的本性。躬行谦逊礼让的风度，矢志不渝，只希望在可以容下膝盖的小家中安居乐业。奇异的珠帘玉帛，华美的金屋瑶台，虽然世俗崇尚它们的华丽，可是我却鄙视它们。世人为粗布的不够工巧而羞愧，难道只是丝竹乐器的喧闹声而已。懂得了道德的准则可以遵守，明白了行善或是作恶都由自己决定。荡涤喧嚣烦躁的世俗意念，才能把经史书籍的说解牢记在心。综合先人的规劝告诫来训练自己的意志。观看女子的图经作为操守的法则。遵循古代先贤好的模范，希望福禄能安稳地传续。时常追思自己的行为，三省吾身，感到现在正确而过去不对。嗤笑黄老的学说损害了古人的思想，信奉做善事就可到达美好的境界。仰慕周姒遗留下来的风尚，赞美虞妃圣明的准则。敬仰古代贤人的高尚才智，重视道德修养极好的人那种美德。本质微薄浅陋不易去追随，心中恬静愉快就能去除疑惑。平生做事光明正大，实在是遵守礼仪的结果。虽然天生的本质不够聪明敏捷，也希望积累善行变成仁人。害怕达天知命的人太少了，恐怕别人认为我有什么谋求才这样表白自己。平素的志向实在是难以写尽，和孔子听到捕获麒麟时一样放下了笔。

到了隋炀帝去江都的时候，朝中官吏有了反叛的念头。有宫人禀告皇后说："外面传说许多人都想反叛。"皇后说："随便你对皇帝讲这些事。"宫人向皇帝进言，炀帝听后大怒，说："这不是你该讲的。"于是把那个宫人杀了。后来，有人又对皇后禀告："宫中宿卫的官兵们，常常在私下里相互议论，说的都是关于反叛的事情。"皇后说："天下的事情，一个早晨就到了这步田地，已是大势所趋，没有办法挽救了。还有什么必要向皇帝进言，只是白白让皇帝忧愁烦恼罢了。"此后，再也没有人对皇后说这样的事了。

到了宇文氏叛乱的时候，皇后跟随军队到了聊城。后来宇文化及被打败，皇后落入窦建德手中。突厥的处罗可汗派使者到洺州迎接皇后，窦建德不敢挽留，于是皇后被带往突厥的住地。到了唐朝的贞观四年，唐朝派军队大败突厥，就用优厚的礼仪接待了皇后，让她返回京师居住。

高颎传

【题解】

高颎（？~607），字昭玄，又名敏，自称渤海蓚（今河北景县）人，隋朝名相。

周武帝时，袭爵武阳县伯，官拜内史上士、下大夫，以平齐功，拜开府。杨坚辅政后，以高颎精明强干，有器量，通兵事，足智多谋，引为相府司录。相州总管尉迟迥举兵谋反，高颎自请监军，平乱后以功进位柱国，改封义宁县公，迁相府司马。建隋以后，官拜尚书左仆射兼纳言，进封渤海郡公。高颎位居相职，竭诚尽忠，辅佐文帝，经他举荐的苏威、杨素、贺若弼、韩擒虎等人都成为一代名臣。他率军征伐突厥，监督新都建设，修订刑律，制定征伐陈朝的宏伟战略，并在出兵时任元帅长史。在经济上参与制定了税收登记的新标准和货币改革，奏行输籍法，令州县官每年依照朝廷所定式样检查户口，保证了国家的编户和赋税征收的稳定。在隋朝国家统一和制定隋朝政策，加强中央集权统治中，高颎发挥了重要作用，成为开皇朝不可多得的襄赞大臣。因遭晋王、汉王等人猜疑和进谗，渐被文帝和独孤皇后疏忌，后被诬告免官。炀帝即位后起用为太常卿，因对政事多有非议，以诽谤朝政罪被杀。

高颎，字昭玄，一名敏，自云渤海蓨人也。父宾，背齐归周，大司马独孤信引为僚佐，赐姓独孤氏。及信被诛，妻子徙蜀。文献皇后以宾父之故吏，每往来其家。宾后官至都州刺史。及颎贵，赠礼部尚书、渤海公。

颎少明敏，有器局，略涉书史，尤善词令。初，孩孺时，家有柳树，高百许尺，亭亭如盖。里中父老曰："此家当出贵人。"年十七，周齐王宪引为记室。武帝时，袭爵武阳县伯，除内史上士，寻迁下大夫。以平齐功，拜开府。寻从越王盛击隰州叛胡，平之。

高颎

高祖得政，素知颎强明，又习兵事，多计略，意欲引之入府。遣邗国公杨惠谕意，颎承旨欣然曰："愿受驱驰。纵令公事不成，颎亦不辞灭族。"于是为相府司录。时长史郑译、司马刘昉并以奢纵被疏，高祖弥属意于颎，委以心膂。尉迥之起兵也，遣子惇率步骑八万，进屯武陟。高祖令韦孝宽击之，军至河阳，莫敢先进。高祖以诸将不一，令崔仲方监之，仲方辞父在山东。时颎又见刘昉、郑译并无去意，遂自请行，深合上旨，遂遣颎。颎受命便发，遣人辞母，云忠孝不可两兼，歔欷就路。至军，为桥于沁水，贼于上流纵火筏，颎预为土狗以御之。既渡，焚桥而战，大破之。遂至邺下，与迥交战，仍共宇文忻、李询等设策，因平尉迥。军还，侍宴于卧内，上撤御帷以赐之。进位柱国，改封义宁县公，迁相府司马，任寄益隆。

高祖受禅，拜尚书左仆射，兼纳言，进封渤海郡公，朝臣莫与为比，上每呼为独孤而不名也。颎深避权势，上表逊位，让于苏威。上欲成其美，听解仆射。数日，上曰："苏威高蹈前朝，颎能推举。吾闻进贤受上赏，宁可令去官！"于是命颎复位。俄拜左卫大将军，本官如故。时突厥屡为寇患，诏颎镇遏缘边。及还，赐马百余匹，牛羊千计。领新都大监，制度多出于颎。颎每坐朝堂北槐树下以听事，其树不依行列，有司将伐之，上特命勿去，以示后人，其见重如此。又拜左领军大将军，余官如故。母忧去职，二旬起令视事。颎流涕辞让，优诏不许。

开皇二年，长孙览、元景山等伐陈，令颎节度诸军。会陈宣帝薨，颎以礼不伐丧，奏请班师。萧岩之叛也，诏颎绥集江、汉，甚得人和。上尝问颎取陈之策，颎曰："江北地寒，田收差晚，江南土热，水田早熟。量彼收获之际，微征士马，声言掩袭。彼必屯兵御守，足得废其农时。彼既聚兵，我便解甲，再三若此，贼以为常。后更集兵，彼必不信，犹豫之顷，我乃济师，登陆而战，兵气益倍。又江南土薄，舍多竹茅，所有储积，皆非地窖。密遣行人，因风纵火，待彼修立，复更烧之。不出数年，自可财力俱尽。"上行其策，由是陈人益敝。九年，晋王广大举伐陈，以颎为元帅长史，三军谘禀，皆取断于颎。及陈平，晋王欲纳陈主宠姬张丽华。颎曰："武王灭殷，戮妲己。今平陈国，不宜取丽华。"乃命斩之，王甚不悦。及军还，以功加授上柱国，进爵齐国公，赐物九千段，定食千乘县千五百户。上因劳之曰："公伐陈后，人言公反，朕已斩之。君臣道合，非青蝇所间也。"颎又逊位，诏曰："公识鉴通远，器略优深。出参戎律，廓清淮海，入司禁旅，实委心腹。自朕受命，常典机衡，竭诚陈力，心迹俱尽。此则天降良辅，翊赞朕躬。幸无词费也。"其优奖如此。

是后右卫将军庞晃及将军卢贲等，前后短颎于上。上怒之，皆被疏黜。因谓颎曰："独孤公犹镜也，每被磨莹，皎然益明。"未几，尚书都事姜晔、楚州行参军李君才并奏称水旱不调，罪由高颎，请废黜之。二人俱得罪而去，亲礼逾密。上幸并州，留颎居守。及上还京，赐缣五千匹，复赐行宫一所，以为庄舍。其夫人贺拔氏寝疾，中使顾问，络绎不绝。上亲幸其第，赐钱百万，绢万匹，复赐以千里马。上尝从容命颎与贺若弼言及平陈事，颎曰："贺若弼先献十策，后于蒋山苦战破贼。臣文吏耳，焉敢与大将军论功！"帝大笑，时论嘉其有让。寻以其子表仁取太子勇女，前后赏赐不可胜计。时荧惑入太微，犯左执法。术者刘晖私言于颎曰："天文不利宰相，可修德以禳之。"颎不自安，以晖言奏之。上厚加赏慰。突厥犯塞，以颎为元帅，击贼破之。又出白道，进图入碛，遣使请兵。近臣缘此言颎欲反，上未有所答，颎亦破贼而还。

时太子勇失爱于上，潜有废立之意。谓颎曰："晋王妃有神凭之，言王必有天下，若之何？"颎长跪曰："长幼有序，其可废乎！"上默然而止。独孤皇后知颎不可夺，阴欲去之。初，夫人卒，后言于上曰："高仆射老矣，而丧夫人，陛下何能不为之娶！"上以后言谓颎，颎流涕谢曰："臣今已老，退朝之后，唯斋居读佛经而已。虽陛下垂哀之深，至于纳室，非臣所愿。"上乃止。至是，颎爱妾产男，上闻之极欢，后甚不悦。上问其故，后曰："陛下当复信高颎邪？始陛下欲为颎娶，颎心存爱妾，面欺陛下。今其诈已见，陛下安得信之！"上由是疏颎。会议伐辽东，颎固谏不可。上不从，以颎为元帅长史，从汉王征辽东。遇霖潦疾疫，不利而还。后言于上曰："颎初不欲行，陛下强遣之，妾固知其无功矣。"又上以汉王年少，专委军于颎。颎以任寄隆重，每怀至公，无自疑之意。谅所言多不用，甚衔之。及还，谅泣言于后曰："儿幸免高颎所杀。"上闻之，弥不平。俄而上柱国王世积以罪诛，当推核之际，乃有宫禁中事，云于颎处得之。上欲成颎之罪，闻此大惊。时上柱国贺若弼、吴州总管宇文㢸、刑部尚书薛胄、民部尚书斛律孝卿、兵部尚书柳述等明颎无罪，上逾怒，皆以之属吏。自是朝臣莫敢言者。颎竟坐免，以公就第。

未几，上幸秦王俊第，召颎侍宴。颎歔欷悲不自胜，独孤皇后亦对之泣，左右皆流涕。上谓颎曰："朕不负公，公自负也。"因谓侍臣曰："我于高颎胜儿子，虽或不见，常似目前。自其解落，瞑然忘之，如本无高颎。不可以身要君，自云第一也。"

顷之，颎国令上颎阴事，称："其子表仁谓颎曰：'司马仲达初托疾不朝，遂有天下。公今遇此，焉知非福！'"于是上大怒，因颎于内史省而鞫之。宪司复奏颎他事，云："沙门真觉尝谓颎云：'明年国有大丧。'尼令晖复云：'十七、十八年，皇帝有大厄。十九年不可过。'"上闻而益怒，顾谓群臣曰："帝王岂可力求。孔子以大圣之才，做法垂世，宁不欲大位邪？天命不可耳。颎与子言，自比晋帝，此何心乎？"有司请斩颎。上曰："去年杀虞庆则，今兹斩王世积，如更诛，天下其谓我何？"于是除名为民。颎初为仆射，其母诫之曰："汝富贵已极，但有一斫头耳，尔宜慎之！"颎由是常恐祸变。及此，颎欢然无恨色，以为得免于祸。

炀帝即位，拜为太常。时诏收周、齐故乐人及天下散乐。颎奏曰："此乐久废。今若征之,恐无识之徒弃本逐末,递相教习。"帝不悦。帝时侈靡,声色滋甚,又起长城之役。颎甚病之,谓太常丞李懿曰:"周天元以好乐而亡,殷鉴不遥,安可复尔!"时帝遇启民可汗恩礼过厚,颎谓太府卿何稠曰:"此虏颇知中国虚实、山川险易,恐为后患。"复谓观王雄曰:"近来朝廷殊无纲纪。"有人奏之,帝以为谤讪朝政,于是下诏诛之,诸子徙边。

颎有文武大略,明达世务。及蒙任寄之后,竭诚尽节,进引贞良,以天下为己任。苏威、杨素、贺若弼、韩擒等,皆颎所推荐,各尽其用,为一代名臣。自余立功立事者,不可胜数。当朝执政将二十年,朝野推服,物无异议。治致升平,颎之力也,论者以为真宰相。及其被诛,天下莫不伤惜,至今称冤不已。所有奇策密谋及损益时政,颎皆削稿,世无知者。

其子盛道,官至莒州刺史,徙柳城而卒。次弘德,封应国公,晋王府记室。次表仁,封渤海郡公,徙蜀郡。

【译文】

高颎,字昭玄,又名敏,自称是渤海蓨人。父亲高宾,背叛北齐投奔北周,大司马独孤信召引他作僚佐,赐姓独孤氏。等到独孤信被杀,妻儿迁往蜀郡。文献皇后因为高宾曾是其父旧时的属吏。所以常常往来于他家。高宾后来官职做到了都州刺史。等后来高颎显赫之后,又追赠礼部尚书、渤海公。

高颎幼年聪明敏慧,有才识度量。大致阅览了有关的经史典籍,尤其善于应对言词。当初,高颎还是孩子时,家中有棵柳树,高达百余尺,耸立的样子犹如车盖,乡里的父老说:"这家应当出现贵人。"十七岁时,北周齐王宪召引他作了记室参军。武帝时期,高颎继袭武阳县伯的爵位,授职内史上士,不久升任下大夫。因平齐之功,拜开府。不久跟随越王盛讨伐隰州叛胡,平定了叛乱。

高祖杨坚当政时,一向了解高颎的精明强干,以及熟谙军事,足智多谋,想把他引入相府做幕僚。就派邘国公杨惠向高颎说明他的心意,高颎得知高祖意图后欣然应允,说:"情愿为你尽力效命。纵使公事业不成,我高颎甘愿受杀身灭族之祸也在所不辞。"于是任命他为相府司录参军。当时相府长史郑译、司马刘昉都因奢侈放纵被疏远,高祖更加信任高颎,把他视为心腹。尉迟迥起兵叛乱,派其子尉迟惇率领步兵、骑兵共八万人,进驻武陟。高祖命令韦孝宽前去讨击,军队行进到河阳,不敢先进。高祖因各位将领不能统一,派崔仲方监督,仲方借口父亲在山东而不想前往。当时高颎又见刘昉、郑译也都没有前往的意思,就自己请求出行,非常符合皇上心意,遂派高颎监军。高颎接受命令后即刻动身,派人向母亲告辞,表示忠孝不能两全,遂落泪悲叹上了路。到达军中后,就在沁水上建造桥梁。叛军在河的上游放火栰,高颎事先制造了堵水的土袋来对付,这种土袋前尖后宽,前高后低,状如蹲坐的狗。等过河后,便焚毁桥梁与叛军交战,大破尉迟迥的军队。于是,进军邺下,和尉迟迥交锋。高颎又和宇文忻、李询等人筹划对策,于是平定了尉迟迥的叛乱。官军班师回朝,高颎在高祖寝室中陪宴,高祖撤下帷帐赐给高颎。高颎进位柱国,改封义宁县公,升任相府司马,更受皇上信赖。

高祖受禅登基后,拜高颎为尚书左仆射,兼任纳言,进封渤海郡公,在朝百官没人能比,皇上每次招呼他,只叫他的独孤姓,而不唤他的名字,高颎极力躲避权柄势力,上表请求辞去官位，让给苏威。高祖想成全他的美意，允许他卸任仆射之职。几天后，高祖说："苏威在前朝隐居不出，高颎能推举他做官。我听说进荐贤能之人理应受到嘉奖，岂能让他离任！"遂让高颎官复原职。不久，拜任左卫大将军，原官职不变。当时，突厥多次侵犯边境骚扰边民，高祖派高颎驻守边境。待高颎还朝后，皇上赐给他一百多匹马，还有数以千计的牛羊，作为对他戍边有功的奖赏。高颎又兼领新都大监，营造中的法则、规定大多出自高颎之手。他每次都坐在朝堂北面的槐树下受理辞章、处理政事，因此树不依行列，主管部门想伐掉它。高祖特意命令不要伐树，昭示后人，由此可见他对高颎的敬重程度。不久又拜任左领军大将军，其他官职依旧不改。后因母亲去世而解职，二十天后又命他返职办公，高颎流泪推辞，高祖优诏不允。

开皇二年，长孙、元景山等人出兵伐陈，高祖命令高颎总辖各路兵马。适逢陈宣帝去世，高颎认为依照礼仪对方在服丧期内不能讨伐，遂上奏请求回师。萧岩叛乱时，高祖命高颎安抚和召集江汉民众，高颎的所作所为深得人心。高祖曾向高颎询问攻取陈朝的策略，高颎回答："江北之地寒冷，田中作物收获较晚，江南气候水土炎热，水田早熟。我们可以估计在陈收获的时候，稍稍征集兵马，声称要出兵袭击陈朝，他们必定会屯兵防御，这足以让他荒废农时。等到陈朝集结好兵力后，我方便解甲收兵，这样屡次三番地重复，他们必定会习以为常。待他们习惯后再聚集兵马出击时，他们一定不信，在犹豫不定之际，我军就能渡江登陆而战，士气会加倍增长。此外，江面土薄，房舍多以竹子茅草搭成，所有的积蓄也都没用地窖储藏。我们可以秘密地派人因风纵火，将其烧毁，待他们修葺后再烧。不出几年，自会使他们财力耗尽。"皇上用了他的计谋后，陈人从此更加衰败。开皇九年，晋王杨广大举伐陈，任命高颎为元帅长史，军队中所有事务的征询禀报，都由高颎决断。平定陈朝以后，晋王广想娶陈后主的宠姬张丽华，高颎说："当年武王灭殷，将妲己杀死。现在平定陈国，也不应娶丽华。"遂命人将其斩首，晋王大为不快。待还师返朝后，高颎因功加授上柱国，晋爵为齐国公，赐物九千段，定食千乘县封户一千五百户。皇上于是慰劳他说："公伐陈以后，有人说公谋反，我已将其斩首。我们君臣之道和谐，不是由进谗的佞人所能离间的。"高颎又请求退职，皇上下诏说："公远见卓识，气度优异而谋略深远。出则检阅军令，肃清淮海，入则执掌禁旅，实为腹心之任。自从我受天命登位以来，高颎常主管机要，竭心尽力，无论是居心还是行事都不遗余力。这是上天降下的良辅，辅佐我治理朝政。希望公不要再为辞职费口舌了。"可见皇上对他的优待和褒奖。

此后右卫将军庞晃和将军卢贲等人，前后几次在皇上面前说高颎的坏话。高祖大怒，庞晃、卢贲等都遭贬黜。皇上遂对高颎说："独孤公犹如一面镜子，每被摩擦一次，就更加洁白光亮。"没过多久，尚书都事姜晔、楚州行参军李君才都上书说水旱不调是高颎的罪责，请求皇上废黜他的相职，二人也都获罪而去，皇上与高颎关系更加亲密。皇上巡幸并州时，委托高颎留守京师。待皇上还京后，赏赐他细绢五千匹，又把一所行宫赐给他作庄舍。高颎的夫人贺拔氏卧病后，皇上派出问病的宦官往来于道，络绎不绝。皇上还亲临高颎的府第，赏赐他铜钱百万，绢万匹，又赐以千里马。高祖曾从容地让高颎和贺若弼讨论平陈的事，高颎说："贺若弼先前献上十项计策，之后又在蒋山苦战打败陈军。我身为文臣，岂敢和大将军评论军功！"皇上大笑，当时舆论也都称赞他谦让的美德。不久又因其子表仁娶皇太子杨勇之女，高祖前后赏赐他的又不可胜数。当时火星入太微星，冲犯左执法星。精通术数的刘晖私下对他说："这些天体运行的现象对宰相不利,可以靠完善德行来消灾免祸。"高颎心中不安,将刘晖的话上奏给高祖,皇上对他厚加赏赐、宽慰。突厥进犯边境,皇上任命高颎为元帅,将其击败。高颎又出兵白道,谋划入碛,遂派使请求朝廷增兵。皇上身边的侍臣中有人因此说高颎要谋反,皇上未做答复,而高颎也破贼而回。

当时太子杨勇失宠于皇上,高祖暗中有了废旧立新的心思,就对高颎说:"晋王妃有神凭依,说晋王必能拥有天下,怎么办?"高颎庄重地直身而跪,对皇上说:"长幼有序,岂能废长!"高祖默不作声,遂停止了废立举动。独孤皇后深知高颎志不可夺,暗地里想除掉他。起初,高颎夫人过世,皇后对高祖说:"高仆射年事已高,而丧夫人,陛下怎能不替他再娶呢!"高祖把皇后的话告诉了高颎,高颎流泪致谢,说:"臣现已年迈,退朝以后,只在书房中读佛经而已。尽管陛下哀怜之深,至于纳妻之事则非我所愿。"高祖这才作罢。至此,高颎的爱妾生下男孩,皇上得知后极为欢喜,皇后却颇为不悦。皇上问其缘故,皇后说:"陛下还应相信高颎吗?当初陛下要为他娶妻,高颎心中只有爱妾,所以欺骗陛下说他不愿再娶。现在他的谎言已经揭穿,陛下怎能再信任他!"高祖从此便疏远高颎。适逢商讨伐辽东之事,高颎坚决规劝不要兴兵,高祖不听,任命高颎为元帅长史,跟随汉王杨谅出征辽东。遇上大雨成灾,兵士疾病流行,官军不利而回。皇后对高祖说:"高颎起初就不愿出兵,陛下强行派他去,我就知道他不会得胜回来。"此外,皇上因为汉王年轻,军事要务专门委任高颎处理。高颎见皇上器重自己,所以心中总想用最公正的态度行事,全无半点疑心。杨谅因为自己所说的大多不被采纳,心中忌恨高颎。等到从辽东回朝后,杨谅哭着对皇后说:"儿子侥幸没被高颎杀死。"皇上闻听后,心中更加愤愤不平。不久上柱国王世积因罪被杀,正当推鞫审核之际,却有宫中之事,说是从高颎处得到的。皇上想构织高颎的罪行,闻听此事后大为惊骇。当时,上柱国贺若弼、吴州总管宇文弼、刑部尚书薛胄、民部尚书斛律孝卿、兵部尚书柳述等人都作证说高颎无罪,皇上更怒,把他们都交给主管官吏处理。从此,文武百官没人再敢进言。高颎最终获罪免官,以国公的身份返家。

没过多久,高祖到秦王杨俊府第,召高颎陪宴。高颎哭泣抽噎,悲不自胜,独孤皇后也相对而哭,左右侍臣都随之落泪。高祖对高颎说:"我没有亏待了你,是你背弃了自己。"遂对身边的侍臣们讲:"我对高颎胜过对自己的儿子,虽然有时见不到他,却常感到他就在眼前。自从他解职后,我闭目后就忘记他,就像原本没有高颎一样。不能以身要君,自称第一啊。"

不久,高颎的国令上奏高颎的秘事,说:"高颎的儿子表仁对他说:'司马仲达当年称病不肯朝见皇上,于是拥有了天下。您现在也遇到这种情况,怎么能知道这不是福气呢!'"于是高祖大怒,将高颎囚禁在内史省审问。宪司又奏报了高颎的其他事,说:"僧人真觉曾对高颎说:'明年国家将有大丧事。'尼姑令晖也说:'十七、十八年皇帝有大难。过不去十九年。'"皇上听说后更加气愤,回头对群臣们讲:"帝王怎能是靠争取得来的,孔子以大圣之才,制定法则流传于世,他难道不想登上帝位吗?只是命中注定不成罢了。高颎和他儿子的谈论,把自己比作晋帝,是何居心?"主管部门请求将高颎斩首。高祖说:"去年杀了虞庆则,今年斩了王世积,若再杀高颎,天下人会怎么说我?"高颎于是被除名为平民。高颎初任仆射时，他的母亲就告诫他说："你现在已经富贵之极，只差砍头了，你应慎重从事！"高颎从此常担心招致祸患。等到获罪以后，高颎很高兴，全无不满的表情，他认为经历此事就能幸免于祸了。

隋炀帝即位后，高颎官拜太常。皇上当时下令聚集北周、北齐两朝的乐人，以及全国民间乐舞。高颎上奏说："此乐久已废弃。现在如果征集，恐怕无知之徒会弃本逐末，更相教习。"皇上不快。炀帝当时奢侈过度，更加喜好声色，又兴役修建长城。高颎深为忧患，对太常丞李懿说："周朝因好乐而亡国，殷鉴不远，岂能再这样！"当时炀帝对启民可汗恩遇礼节太厚，高颎对太府卿何稠说："这个突厥人对中原的虚实、山川险易都非常熟悉，恐怕要成为今后的祸患。"又对观王杨雄说："近来朝廷非常缺乏法纪。"有人把他的话报告了皇上，皇上以为他诽谤朝政，就下令将他处死，所有儿子都迁往边地。

高颎有文武谋略，明晓世事。在深受皇上器重之后，竭尽忠心，举荐招引贤才，以天下为己任。苏威、杨素、贺若弼、韩擒虎等人，都是由高颎推荐为官的，各尽其才，成为一代名臣。至于其他经他引荐后为国建功立业的就不可胜数了。在朝执政将近二十年，朝野无不推崇佩服，没人有相反意见。国家治理得精密周到，歌舞升平，这是高颎的功劳，所以人们公认他是真正的宰相。等到他被杀之后，天下百姓无不悲伤痛惜，至今称冤不止。而当时所有奇策密谋以及对政策的增减改动，高颎上奏后都将草稿毁掉，以示缜密，因此世间无人知道。

高颎之子盛道，官职做到莒州刺史，迁往柳城后去世。次子弘德，封爵为应国公，曾担任晋王杨广的记室参军。次子表仁，封爵为渤海郡公，后徙居蜀郡。

杨勇传

【题解】

杨勇，隋文帝长子，初立为太子。勇好学能干，早年每参政事，多得文帝采用。后因百官朝拜，遂致文帝生疑，继因帝后杨素百般离间，杨广（后为炀帝）使记，终被废黜。文帝死，被杨广矫诏赐死，终为杨广所篡，构成隋代暴政之始。

【原文】

房陵王勇字睍地伐，高祖长子也。周世以太祖军功，封博平侯。及高祖辅政，立为世子，拜大将军、左司卫，封长宁郡公。出为洛州总管、东京小冢宰，总统旧齐之地。后征还京师，进位上柱国、大司马，领内史御正，诸禁卫皆属焉。高祖受禅，立为皇太子，军国政事及尚书奏死罪已下，皆令勇参决之。上以山东民多流冗，遣使按检，又欲徙民北实边塞。勇上书谏曰："窃以导俗当渐，非可顿革，恋土怀旧，民之本情，波迸流离，盖不获已。有齐之末，主暗时昏。周平东夏，继以威虐，民不堪命，致有逃亡，非厌家乡，愿为羁旅。加以去年三方逆乱，赖陛下仁圣，区宇肃清，锋刃虽屏，疮痍未复。若假以数岁，沐浴皇风，逃窜之徒，自然归本。虽北夷猖獗，尝犯边烽，今城镇峻峙，所在严固，何待迁配，以致劳扰。臣以庸虚，谬当储贰，寸诚管见，辄以尘闻。"上览而嘉之，遂寝其事。是后时政不便，多所损益，上每纳之。上尝从容谓群臣曰："前世皇王，溺于嬖幸，废立之所由生。朕傍无姬侍，五子同母，可谓真兄弟也。岂若前代多诸内宠，孽子忿诤，为亡国之道邪！"

勇颇好学，解属辞赋，性宽仁和厚，率意任情，无矫饰之行。引明克让、姚察、陆开明等为之宾友。勇尝文饰蜀铠，上见而不悦，恐致奢侈之渐，因而诫之曰："我闻天道无亲，唯德是与。历观前代帝王，未有奢华而得长久者。汝当储后，若不上称天心，下合人意，何以承宗庙之重，居兆民之上？吾昔日衣服，各留一物，时复看之，以自警戒。今以刀子赐汝，宜识我心。"

其后经冬至，百官朝勇，勇张乐受贺。高祖知之，问朝臣曰："近闻至节，内外百官相率朝东宫，是何礼也？"太常少卿辛亶对曰："于东宫是贺，不得言朝。"高祖曰："改节称贺，正可三数十人，逐情各去。何因有司征召，一时普集，太子法服设乐以待之？东宫如此，殊乖礼制。"于是下诏曰："礼有等差，君臣不杂。爰自近代，圣教渐亏，俯仰逐情，因循成俗。皇太子虽居上嗣，义兼臣子，而诸方岳牧，正冬朝贺，任土作贡，别上东宫。事非典则，宜悉停断。"自此恩宠始衰，渐生疑阻。

时高祖令选宗卫侍官，以入上台宿卫。高颎奏称，若尽取强者，恐东宫宿卫太劣。高祖作色曰："我有时行动，宿卫须得雄毅。太子毓德东宫，左右何须强武？此极敝法，甚非我意。如我商量，恒于交番之日，分向东宫上下，围伍不别，岂非好事？我熟见前代，公不须仍踵旧风。"盖疑高颎男尚勇女，形于此言，以防之也。

勇多内宠，昭训云氏尤称嬖幸，礼匹于嫡。勇妃元氏无宠，尝遇心疾，二日而薨。献皇后意有他故，甚责望勇。自是云昭训专擅内政，后弥不平，颇遣人伺察，求勇罪过。晋王知之，弥自矫饰，姬妾但备员数，唯共萧妃居处。皇后由是薄勇，愈称晋王德行。其后晋王来朝，车马侍从，皆为俭素，敬接朝臣，礼极卑屈，声名籍甚，冠于诸王。临还扬州，入内辞皇后，因进言曰："臣镇守有限，方违颜色，臣子之恋，实结于心。一辞阶闼，无由侍奉，拜见之期，杳然未日。"因哽咽流涕，伏不能兴。皇后亦曰："汝在方镇，我又年老，今者之别，有切常离。"又泫然泣下，相对歔欷。王曰："臣性识愚下，常守平生昆弟之意，不知何罪，失爱东宫，恒蓄盛怒，欲加屠陷。每恐谗潜生于机杼，鸩毒遇于杯勺，是用勤忧积念，惧履危亡。"皇后忿然曰："睍地伐渐不可耐，我为伊索得元家女，望隆基业，竟不闻作夫妻，专宠阿云，使有如许豚犬。前新妇本无病痛，忽尔暴亡，遣人投药，致此夭逝。事已如是，我亦不能穷治，何因复于汝处发如此意？我在尚尔，我死后，当鱼肉汝乎？每思东宫竟无正嫡，至尊千秋万岁之后，遣汝等兄弟向阿云儿前再拜问讯，此是几许大苦痛邪！"晋王又拜，呜咽不能止，皇后亦悲不自胜。

此别之后，知皇后意移，始构夺宗之计。因引张衡定策，遣襄公宇文述深交杨约，令喻旨于越国公素，具言皇后此语。素瞿然曰："但不知皇后如何？必如所言，吾又何为者！"后数日，素入侍宴，微称晋王孝悌恭俭，有类至尊，用此揣皇后意。皇后泣曰："公言是也。我儿大孝顺，每闻至尊及我遣内使到，必迎于境首。言及违离，未尝不泣。又其新妇亦大可怜，我使婢去，常与之同寝共食。岂若睍地伐共阿云相对而坐，终日酣宴，昵近小人，疑阻骨肉。我所以益怜阿㦬者，常恐暗地杀之。"素既知意，因盛言太子不才。皇后遂遗素金。始有废立之意。

勇颇知其谋,忧惧,计无所出。闻新丰人王辅贤能占候,召而问之。辅贤曰:"白虹贯东宫门,太白袭月,皇太子废退之象也。"以铜铁五兵造诸厌胜。又于后园之内作庶人村,屋宇卑陋,太子时于中寝息,布衣草褥,冀以当之。高祖知其不安,在仁寿宫,使杨素观勇。素至东宫,偃息未入,勇束带待之,故久不进,以激怒勇。勇衔之,形于言色。素还,言勇怨望,恐有他变,愿深防察。高祖闻素谮毁,甚疑之。皇后又遣人伺觇东宫,纤介事皆闻奏,因加媒蘖,构成其罪。高祖惑于邪议,遂疏忌勇。乃于玄武门达至德门量置候人,以伺动静,皆随事奏闻。又东宫宿卫之人,侍官已上,名籍悉令属诸卫府,有健儿者,咸屏去之。晋王又令段达私于东宫幸臣姬威,遗以财货,令取太子消息,密告杨素。于是内外喧谤,过失日闻。段达胁姬威曰:"东宫罪过,主上皆知之矣,已奉密诏,定当废立。君能告之,则大富贵。"威遂许诺。

九月壬子,车驾至自仁寿宫,翌日,御大兴殿,谓侍臣曰:"我新还京师,应开怀欢乐,不知何意,翻邑然愁苦?"吏部尚书牛弘对曰:"由臣等不称职,故至尊忧劳。"高祖既数闻谗谮,疑朝臣皆具委,故有斯问,冀闻太子之愆。弘为此对,大乖本旨。高祖因作色谓东宫官属曰:"仁寿宫去此不远,而令我每还京师,严备仗卫,如入敌国。我为患利,不脱衣卧。昨夜欲得近厕,故在后房,恐有警急,还移就前殿。岂非尔辈欲坏我国家邪?"于是执唐令则等数人,付所司讯鞫。令杨素陈东宫事状,以告近臣。素显言之曰:"臣奉敕向京,令皇太子检校刘居士余党。太子奉诏,乃作色奋厉,骨肉飞腾,语臣云:'居士党尽伏法,遣我何处穷讨?尔作右仆射,委寄不轻,自检校之,何关我事?'又云:'若大事不遂,我先被诛。今作天子,竟乃令我不如诸弟。一事以上,不得自由。'因长叹回视云:'我大觉身妨。'高祖曰:

此儿不堪承嗣久矣。皇后恒劝我废之,我以布素时生,复是长子,望其渐改,隐忍至今。勇昔从南兖州来。语卫王云:"阿娘不与我一好妇女,亦是可恨。"因指皇后侍儿曰:"是皆我物。"此言几许异事。其妇初亡,即以斗帐安余老姬。新妇初亡,我深疑使马嗣明药杀。我曾责之,便怼曰:"会杀元孝矩。"此欲害我而迁怒耳。

初,长宁诞育,朕与皇后共抱养之,自怀彼此,连遣来索。且云定兴女,在外私合而生,想此由来,何必是其体胤!昔晋太子取屠家女,其儿即好屠割。今悦非类,便乱宗社。又刘金駏,谄佞人也,呼定兴作亲家翁,定兴愚人,受其此语。我前解金駏者,为其此事。勇尝引曹妙达共定兴女同谶,妙达在外说云:"我今得劝妃酒。"直以其诸子偏庶,畏人不服,故逆纵之,欲收天下之望耳。我虽德惭尧、舜,终不以万姓付不肖子也。我恒畏其加害,如防大敌,今欲废之,以安天下。

左卫大将军、五原公元旻谏曰:"废立大事,天子无二言,诏旨若行,后悔无及。谗言罔极,惟陛下察之。"旻辞直争强,声色俱厉,上不答。

是时姬威又抗表告太子非法。高祖谓威曰:"太子事迹,宜皆尽言。"威对曰:"皇太子由来共臣语,唯意在骄奢,欲得从樊川以至于散关,总规为苑。兼云:'昔汉武帝将起上林苑,东方朔谏之,赐朔黄金百斤,几许可笑。我实无金辄赐此等。若有谏者,正当斩之,不过杀百许人,自然永息。'前苏孝慈解左卫率,皇太子奋髯扬肘曰:'大丈夫会当有一日,终不忘之,决当快意。'又宫内所须,尚书多执法不与,便怒曰:'仆射以下,吾会戮一二人,使知慢我之祸。'又于苑内筑一小城,春夏秋冬,作役不辍,营起亭殿,朝造夕改。每云:'至尊嗔我多侧庶,高纬、陈叔宝岂是孽子乎?'尝令师姥卜吉凶,语臣曰:'至尊忌在十八年,此期促矣。'"高祖泫然曰:"谁非父母生,乃至于此!我有旧使妇女,令看东宫,奏我云:'勿令广平王至皇太子处。东宫憎妇,亦广平教之。'元赞亦知其阴恶,劝我于左藏之东,加置两队。初平陈后,宫人好者悉配春坊,如闻不知厌足,于外更有求访。朕近览《齐书》,见高欢纵其儿子,不胜忿愤,安可效尤邪!"于是勇及诸子皆被禁锢,部分收其党与。杨素舞文巧诋,锻炼以成其狱。勇由是遂败。

居数日,有司承素意,奏言左卫元旻身备宿卫,常曲事于勇,情存附托。在仁寿宫,裴弘将勇书于朝堂与旻,题封云勿令人见。高祖曰:"朕在仁寿宫,有纤小事,东宫必知,疾于驿马。怪之甚久,岂非此徒耶?"遣武士执旻及弘付法治其罪。

先是,勇尝从仁寿宫参起居还,途中见一枯槐,根干盘错,大且五六围,顾左右曰:"此堪作何器用?"或对曰:"古槐尤堪取火。"于时卫士皆佩火燧,勇因令匠者造数千枚,欲以分赐左右。至是,获于库。又药藏局贮艾数斛,亦搜得之。大将为怪,以问姬威。威曰:"太子此意别有所在。比令长宁王已下,诣仁寿宫还,每尝急行,一宿便至。恒饲马千匹,云径往捉城门,自然饿死。"素以威言诘勇,勇不服曰:"窃闻公家马数万匹,勇忝备位太子,有马千匹,乃是反乎?"素又发泄东宫服玩,似加雕饰者,悉陈之于庭,以示文武群官,为太子之罪。高祖遣将诸物示勇,以诮诘之。皇后又责之罪。高祖使使责问勇,勇不服。太史令袁充进曰:"臣观天文,皇太子当废。"上曰:"玄象久见矣,群臣无敢言者。"

于是使人召勇。勇见使者,惊曰:"得无杀我耶?"高祖戎服陈兵,御武德殿,集百官,立于东面,诸亲立于西面,引勇及诸子列于殿庭。命薛道衡宣废勇之诏曰:

"太子之位,实为国本,苟非其人,不可虚立。自古储副,或有不才,长恶不悛,仍令守器,皆由情溺宠爱,失于至理,致使宗社倾亡,苍生涂地。由此言之,天下安危,系乎上嗣,大业传世,岂不重哉!皇太子勇,地则居长,情所钟爱,初登大位,即建春宫,冀德业日新,隆兹负荷。而性识庸暗,仁孝无闻,昵近小人,委任奸佞,前后愆衅,难以具纪。但百姓者,天之百姓,朕恭天命,属当安育,虽欲爱子,实畏上灵,岂敢以不肖之子,而乱天下。勇及其男女为王、公主者,并可废为庶人。顾惟兆庶,事不获已,兴言及此,良深愧叹!"令薛道衡谓勇曰:"尔之罪恶,人神所弃,欲求不废,其可得耶?"勇再拜而言曰:"臣合尸之都市,为将来鉴诫,幸蒙哀怜,得全性命。"言毕,泣下流襟,既而舞蹈而去。左右莫不悯默。又下诏曰:

自古以来,朝危国乱,皆邪臣佞媚,凶党煽惑,致使祸及宗社,毒流兆庶。若不标明典宪,何以肃清天下!左卫大将军、五原郡公元旻,任掌兵卫,委以心膂,陪侍左右,恩宠隆渥;乃包藏奸伏,离间君亲,崇长厉阶,最为魁首。太子左庶子唐令则,策名储贰,位长宫僚,谄曲取容,音技自进,躬执乐器,亲教内人,赞成骄侈,导引非法。太子家令邹文腾,专行左道,偏被亲昵,心腹委付,巨细关知,占问国家,希觊灾祸。左卫率司马夏侯福,内事谄谀,外作威势,凌侮上下,亵渎宫闱。典膳监元淹,谬陈爱憎,开示怨隙,妄起讪谤,潜行离阻,进引妖巫,营事厌祷。前吏部侍郎萧子宝,往居省阁,旧非宫臣,禀性浮躁,用怀轻险,进画奸谋,要射荣利,经营间构,开造祸端。前主玺下士何竦,假托玄象,妄说妖怪,志图祸乱,心在速发,兼制奇器异服,皆竦规摹,增长骄奢,糜费百姓。凡此七人,为害乃甚,并处斩,妻妾子孙皆悉没官。

车骑将军阎毗、东郡公崔君绰、游骑尉沈福宝、瀛洲民章仇太翼等四人，所为之事，皆是悖恶，论其状迹，罪合极刑。但朕情存好生，未能尽戮，可并特免死，各决杖一百，身及妻子资财田宅，悉可没官。副将作大匠高龙义，豫追番丁，辄配东宫使役，营造亭舍，进入春坊。率更令晋文建，通直散骑侍郎、判司农少卿事元衡，料度之外，私自出给，虚破丁功，擅割园地。并处尽。

于是集群官于广阳门外，宣诏以戮之。广平王雄答诏曰："至尊为百姓割骨肉之恩，废黜无德，实为大庆，天下幸甚！"乃移勇于内史省，立晋王广为皇太子，仍以勇付之，复囚于东宫。赐杨素物三千段，元胄、杨约并千段，杨难敌五百段，皆鞫勇之功赏也。

时文林郎杨孝政上书谏曰："皇太子为小人所误，宜加训诲，不宜废黜。"上怒，挞其胸。寻而贝州长史裴肃表称："庶人罪黜已久，当克己自新，请封一小国。"高祖知勇之黜也，不允天下之情，乃征肃入朝，具陈废立之意。

时勇自以废非其罪，频请见上，面申冤屈。而皇太子来遏之，不得闻奏。勇于是升树大叫，声闻于上，冀得引见。素因奏言："勇情志昏乱，为癫鬼所著，不可复收。"上以为然，卒不得见。素诬陷经营，构成其罪，类皆如此。

高祖寝疾于仁寿宫，征皇太子入侍医药。而奸乱宫闱，事闻于高祖。高祖抵床曰："枉费我儿！"因遣追勇。未及发使，高祖暴崩，秘不发丧。遽收柳述、元岩系于大理狱，伪为高祖敕书，赐庶人死。追封房陵王，不为立嗣。

勇有十男：云昭训生长宁王俨、平原王裕、安城王筠，高良娣生安平王嶷、襄城王恪，王良媛生高阳王该、建安王韶，成姬生颍川王煚，后宫生孝实、孝范。

长宁王俨，勇长子也。诞乳之初，以报高祖，高祖曰："此即皇太孙，何乃生不得地？"云定兴奏曰："天生龙种，所以因云而出。"时人以为敏对。六岁，封长宁郡王。勇败，亦坐废黜。上表乞宿卫，辞情哀切，高祖览而悯焉。杨素进曰："伏愿圣心同于螫手，不宜复留意。"炀帝践极，俨常从行，卒于道，实鸩之也。诸弟分徙岭外，仍敕在所皆杀焉。

【译文】

房陵王杨勇，字睍地伐，高祖杨坚的长子。北周之时，杨勇以太祖立下军功，被封为博平侯。及高祖杨坚辅政，杨勇被立为世子，拜大将军、左司卫，封为长宁郡公。后出为洛州总管，东京小冢宰，总统原来属于北齐统治的地区。后被征还京师，进位为上柱国、大司马，领内史御正，京师各禁卫军都属杨勇统领。高祖杨坚取代北周即皇帝位之后，杨勇被立为皇太子，国家军政事务和尚书台所奏的死罪以下各案件，都令杨勇参加处断。杨坚以山东地区民众多流亡不在原籍，派遣使者按察检验，又想迁徙民户到北方边境，以充实边防。杨勇向杨坚上书，劝谏说："臣私下认为引导民俗应当渐进，而不能骤然使其改革更新。贪恋家土，怀念旧居，原是民之本情；四处奔散流亡，本来是他们不得已的事情。北齐末年时，君主昏昧，时政暴虐。北周平定山东之后，又继之以威虐严酷，民不堪命，以致百姓流亡。然百姓不是厌弃家乡，甘心情愿在外边流浪。加上去年尉迟炯、司马消难等三方作乱，赖陛下神圣仁智，得以平定叛乱，肃清海内。如今战争虽然停止，但疮伤未曾恢复。如果给以数年的时间，使天下得以沐浴皇风，在外流亡之民，自然会归本业农，回到家乡。北方的突厥人虽然猖獗，曾经屡次犯我边境，现在我北方边境城镇城高池深,防守严固,用不着迁徙百姓,以致百姓劳顿骚扰。臣平庸无知,不够为储君太子的资格,但愿陈寸诚管见,请陛下留意体察。"高祖杨坚见了杨勇的奏章,十分欣赏,便听从了劝谏,不再提遣使按察、徙民实边的事。以后,只要当时政治有不便于民的地方,杨勇便多所损益,分条上奏,杨坚每每采纳他的意见。杨坚曾从容地对群臣们说:"前代的皇帝君王,多溺于嬖臣亲幸,因此而生出许多废立太子储君之事。我身旁没有姬恃宠妾,五个儿子都是一母所生,可说是真正的亲兄弟,哪里像前代那样内宠众多,孽子奋争,导致内乱,为亡国之道呢?"

杨勇颇为好学,懂得赋诗写文章,性格宽仁和厚,又率意任情,真实自然,不矫揉造作,不做虚假违心之事。引用明克让、姚察、陆开明等人为自己的宾客朋友。一次,杨勇在自己穿的蜀地所产的铠甲上加以文饰,杨坚见了很不高兴,恐怕他由此而开奢侈之端,因而训诫他说:"我听说天道无亲,只帮助那些有德之人。历观前代帝王,从无奢侈豪华而能长治久安的。你是皇太子,国家未来的君主,如果不能上称天心,下合人意,何以承担社稷宗庙的重任而居于万民之上?我过去所穿的衣服,各样都留着一件,时常拿出来看,以此警诫自己。现在把刀子赐给你,你要理解我的良苦用心。"

其后,在过冬至节时,朝中百官去朝见杨勇,向杨勇祝贺节日,杨勇命演出乐舞,接受朝贺。高祖杨坚知道后,问朝臣说:"近日我听说过冬至节时,朝中内外百官,相率到东宫朝见,这是什么礼节呢?"太常少卿辛亶回答说:"到东宫去是贺,不能说是朝。"杨坚说:"改节称贺,正可三数十人,各自因自己的情况去拜贺就是了。何至通过官府征召下令,一时毕集,太子身穿法服,设乐以待?东宫太子这样做,殊为不合礼制。"于是杨坚下诏说:"礼仪各有等级差别,君臣不得相杂。自近代以来,圣人之教逐渐败坏,人们俯仰逐情,因循成俗,不思悔改。皇太子虽然身居上嗣,却义兼臣子。而各地行政长官,正冬朝贺,任土作贡,别上东宫。此事不合于典则,应当全部停止。"从此之后,杨坚对杨勇的宠爱信任开始衰退,怀疑和不信却渐渐增加。

不久,高祖杨坚诏令选择宗卫侍官,以入皇宫执行宿卫任务。宰相高颎上奏说,如果将身强力壮者都选调走,恐怕东宫太子那里的宿卫力量太差。杨坚听了大怒,变了脸色说:"我有时有所行动,宿卫必须雄毅强大。太子在东宫甚有令德,左右何须强武之人?这个法令非常不好,不合我意。如果和我商量,使宿卫轮番宿卫,分向东宫上下,团伍不别,这岂不是好事?前代之事我见得多了,你不必仍是因袭前代旧风。"大概杨坚因高颎的儿子娶了杨勇的女儿而怀疑高颎说这种话是有所褊心,故形于此言,以加防范。

杨勇有许多宠爱的妻妾,其中诏训云氏尤其受到杨勇的宠爱,所用礼仪规格和杨勇的正妻差不多。杨勇的妃子元氏不受宠爱,一次得了心疾,过了二天就死了。杨勇的母亲文献皇后认为其中另有缘故,对杨勇非常不满。元氏死后,云诏训在太子宫中专擅内政,文献皇后更加不满,曾派人暗中伺察,以寻找杨勇所犯的罪过。晋王杨广知道这些事情以后,更加有意地装饰自己的行为,姬妾只按照规定备足员数而已,平时只和正妻萧妃在一起。文献皇后受到蒙蔽,由此而讨厌杨勇,更加称赞晋王杨广的品德行为。后来晋王入朝,车马侍从都非常节俭朴素,与朝臣交往时非常恭敬有礼,近子卑躬屈膝,由此受到人们的夸赞,名声大起,冠于诸王。在要归还扬州时,晋王到宫内向文献皇后辞行,乘机进言说:"臣因镇守地方,行动有限制,所以不能够经常见您。而儿臣却经常想念您。

一旦辞离帝京，无法侍奉您，以后拜见之期，就不知到何时了。"说着还流泪痛哭，伏在地上不能起来。文献皇后也说："你在方镇之任，我又老了，今日分别，与平常的分别可不一样。"说着也泪流满面，母子相对哭泣。晋王乘机又说："臣天性识见愚钝，常恪守兄弟相亲相爱之理，却不知犯了何罪而得罪了东宫太子，太子常满怀愤怒，想加害于我。我常常害怕谗谮之言生于宫中，而酒杯饭菜之中又遇毒害，因此勤奋忧惧，怕生不测之祸。"文献皇后愤然说："睍地伐越来越不像话了。我为他娶了元氏之女，指望他兴隆杨氏基业，他却不将元氏当妻子看，专宠云氏，将元氏看得猪狗不如。以前元氏本来没什么病，却突然死去，定是他遣人下毒，使元氏夭折。事已至此，我也不能穷治其罪，为什么他又想主意害你？我在世尚且如此，我死之后，还不把你当鱼肉一般？我常想，东宫太子竟然没有正妻。皇上千秋万岁以后，你们兄弟几人还得向阿云这个小儿面前再拜问讯，俯首听命，这是多么让人难以忍受！"晋王听了，又拜伏在地，哭泣不已，文献皇后也悲痛不能自胜。

晋王在这次和文献皇后分别之后，知道皇后的心思有了转移，才开始谋划夺取皇位继承权。晋王引用张衡定下计策，派褒公宇文述和杨约深相结交，让杨约向越国公杨素传达旨意，说了文献皇后所说的话。杨素听了，瞿然说："我只是不知道皇后的意思怎么样。若一定像你所说的，我还会反对吗？"几天以后，杨素入宫侍宴，言谈之间，向皇后称道晋王孝悌恭俭，很像高祖杨坚，借机揣摩文献皇后的心意。文献皇后听了杨素之言，哭着说："你说得对，我的儿子非常孝顺，每次听说皇上和我派的内使到来，必然在辖境边上迎接。谈到离别，没有不哭的。他的媳妇也很讨人喜欢，我派的使婢去，经常和她同寝共食。哪里像睍地伐和阿云相对而坐，终日酣宴，亲昵小人，疑阻骨肉之亲。我所以可怜阿㦬(指晋王)，是怕他暗中被人杀害。"杨素知道皇后的心意之后，便大肆攻击太子无才无德。皇后听后，便送给了杨素一些金子，从此始有废掉太子而立晋王为太子之意。

杨勇多少知道了一些风声，担忧恐惧，不知该怎么办才好。听说新丰人王辅贤能占候预知未来，便召王辅贤来占候。王辅贤说："白虹直贯东宫门，太白星袭月，这是皇太子废退之象。"杨勇急忙以铜、铁等五兵为厌胜之物，又在后园内作庶人村，村中屋宇卑陋，太子时常在里边睡觉休息，用的是布衣草褥，希冀以此当之。杨坚知道杨勇不安，在仁寿宫中，派杨素去察视杨勇的动静。杨素到东宫之后，杨勇整好衣装等待见他。杨素却故意迟迟不入，以激怒杨勇。杨勇久等不见人来，心中愤恨，形于言色。杨素回来后，说杨勇心中怨望，恐怕有其他变故，请高祖深加提防。杨坚听了杨素所进谗言，心中十分疑惑。皇后又派人察视东宫，事无大小，尽皆奏闻，还添油加醋，以构成杨勇的罪过，杨坚为邪议谗言所惑，便疏远防范杨勇，还在皇宫的玄武门到至德门之间设置候人，以伺动静，有事立即上奏。又把东宫宿之人自侍官以上，其名籍都令属诸卫府管辖，其中的壮健者全都屏除掉。晋王又令段达和东宫幸臣姬威私相交好，送给姬威许多钱财，让姬威搜罗太子的消息，将其密告杨素。于是，宫内宫外相互喧谤，狼狈为奸，杨勇的"过失"也愈来愈多。段达威胁姬威说："东宫太子所犯罪过，皇上都已知道，我们已接到密诏，定当废立。你若能告发太子，必能获得大富贵。"姬威遂答应了。

九月壬子日，高祖杨坚车驾自仁寿宫至于皇宫。第二天，杨坚到大兴殿，对侍臣们说："我新还京师，本应开怀欢乐，不知为何，你们却满脸愁苦。"吏部尚书牛弘回答说："因为臣等不称，所所使至尊忧心劳苦。"杨坚既已多次听到谗言，怀疑朝臣们都委质于太子，所以才这样问，以期得到太子犯罪的证据。牛弘这样回答，实在不合其意。因此，杨坚脸上变了颜色，对东宫官属说："仁寿宫离此不远，而令我每次归还京师，不得不严加戒备，加入敌国，连夜里睡觉都不敢脱衣服。昨夜我想移得离厕所近一些，所以在后房之中。恐有警急，还来移就前殿。这难道不是你们想坏我国家吗？"于是杨坚下令逮捕唐令则等几人，付有司审讯。又令杨素具阵东宫事状，以告近臣。杨素公开说："臣奉诏到京师，以令皇太子检校刘居士等人的余党。太子奉诏之后，满脸怒气，杀气腾腾，对臣说：'刘居士之党已都伏法，让我到何处去穷加追讨？你身为右仆射，职高任重，自己去追究就是，关我何事？'又说：'若大事不成，我先被杀。如今本要做天子，却竟让我连弟弟们都比不上。一件事情都不能自由处置。'说着长叹而回顾说：'我觉得我太不自同了。'"杨坚说：

"此儿早已不堪承嗣，皇后总劝我废掉他。我因为他是我为布衣平民时所生，又是长子，指望他能慢慢改正，故隐忍至今。杨勇昔日从南兖州来，对卫王说：'阿嬢不把一个美女让给我，也是可恨。'还指着皇后的侍儿说：'她们将来都是我的。'这话就该问罪。他的妻子刚死，便以斗帐要余老姬。娶的新妇刚死，我怀疑是他派马嗣明毒死的，我曾责问他，他回答说：'会杀元孝矩。'这是他想害我而迁怒于别人。

当初，长宁王出生时，朕和皇后共同抱养。他自怀彼此之分，连加派人来索要。而且云定兴之女（阿云）是在外私合而生，想其由来，哪里是他的后代！过去晋国太子娶屠家之女，其儿即喜欢屠割之事。现在，倘若人非其类，便会混乱宗庙社稷。另外，刘金驹是个谄佞之人，呼云定兴为亲家翁。云定兴是个愚人，居然答应。我以前将刘金驹解职，就是为了此事。杨勇曾经引曹妙达和云定兴之女一同饮宴，曹妙达在外面张扬说："今天我向妃子劝了酒。'这是以其诸子都是偏庶所生，怕别人不服，所以纵进大言，以收天下之望。我虽比不上尧、舜之德，但终不以天下万姓交付给不肖之子。我也总是怕他加害于我，如防大敌。现在我想废掉杨勇，以安天下。"

左卫大将军、五原公元旻劝谏说："废立是件大事，天子无二言。诏旨若行，后悔必来不及。谗言没有边际，唯在陛下明察。"元旻据理力争，声色俱后，杨坚不予回答。

这时，姬威又上表告发太子之罪。杨坚对姬威说："太子的事，你应言无不尽。"姬威回答说："皇太子和臣讲话时，从来都是意在骄奢，想把从樊川到散关的土地都划为苑囿。又说：'过去汉武帝将起上林苑，东方朔谏之，武帝赐东方朔黄金百斤，甚是可笑。我实在没有金子赐给这等人。如果有劝谏者，杀了就是，不过杀百十人，自然再也无人来谏了。'以前苏孝慈解去左卫率之职，皇太子奋髯扬手说：'大丈夫会当有一天，终不念忘之，必当快意我心。'又宫内所需物品，尚书多执法不给，太子便发怒说：'仆射以下，我杀一两个人，让他们知道怠慢我的祸害。'又在苑内筑一小城，春夏秋冬兴作不停，营起亭殿，朝造夕改。经常说：'至尊怪罪我多娶妾庶，高纬、陈叔宝难道是侧庶所生吗？'又曾令师姥卜吉凶，对臣说：'至尊忌日在十八年，这个日期已不远了。'"杨坚听后，含着泪说："谁不是父母所生，乃至于此！我有一个过去差使的妇女，令她顾看东宫，回奏我说：'不要让广平王到皇太子处去，太子憎恶妻子，也是广平王教的。'元赞也知道他的阴恶之事，劝我在左藏之东，加置两队宿卫。刚刚平定陈朝之后，宫人美好者都配给春坊，却听说他不知餍足，又派人在外求访。朕近日读《齐书》，见高欢放纵儿子，不胜愤怒，怎么能效尤他呢？"于是，杨勇和他的儿子们都被禁锢看管，并派人抓捕其党与。而杨素舞文诋巧，肆意诬陷以成其狱。杨勇因此遂败。

过了几天，有司秉承杨素之意，上奏言左卫元旻身备宿卫，常曲节事于杨勇，情存附托。在仁寿宫中，裴弘将杨勇的书信在朝堂上递与元旻，上面题着勿令人见数字。杨坚说："朕在仁寿宫，有一点小事，东宫必知，比驿马还快。我久已感到奇怪，难道竟是他干的？"派武士逮捕了元旻和牛弘，交有司治罪。

在此之前，杨勇曾从仁寿宫参问杨坚起居后还，在途中见到一株枯槐，根干蟠错，粗有五六围，对左右的人说："这棵树能做何用？"有人回答说："古槐还能用来取火。"当时卫士们都带有火燧，杨勇因此令匠人用这株古槐造了几千枚，想分发给卫士们。至是，放在库中被查获。又药藏局存放有几斛艾，此时也被搜出。人们大为奇怪，去问姬威。姬威说："太子别有意图，令长宁王以下诸仁寿宫还，总是急速行进，一宿便至。又总是养马数千匹，说直接往捉城门，皇上自然饿死。"杨素以姬威之言责问杨勇，杨勇不服说："窃闻公家有几万匹马。我身为太子，有马千匹，这便是造反吗？"杨素又将东宫中的衣服用物全部搜出，凡有一点装饰的，都陈列在庭中，以示文武群官，为太子之罪。杨坚派人带上这些东西去责问杨勇，皇后也派人责问。杨坚派使者责问杨勇，杨勇不服。太史令袁充进言说："臣观天文，皇太子应当废退。"杨坚说："天象出现很久了，只是群臣没有敢说的。"

于是派人召杨勇。杨勇见了使者，吃惊地说："不会是要杀我吧？"杨坚身着戎服，排列兵杖，御武德殿，召集百官立于东西，各位皇亲们立于西面，引杨勇及其诸子列于殿庭。命薛道衡宣读废杨勇之诏说：

"太子之位，实为国家之本。如果不是合适的人选，不可以虚立。自古以来，太子或有不才之人，长恶不悛。而仍令其守国家大器，都是因情溺宠爱，失于至理，致使国家倾亡，苍生涂地。由此说来，天下的安危，系于皇位继承人。大业的传世，岂不重要！皇太子杨勇，身为长子，情所钟爱，初登大位，即建春宫而立为太子，本指望其德业日新，兴隆国运。不料却性识平庸暗昧，不闻仁孝，却昵近小人，委任奸佞，前后过失，难以具纪。但百姓者乃上天之百姓。朕恭敬天命，理当安育百姓，虽然想爱护己子，但实畏于上天之灵，怎敢以不肖之子而乱天下？杨勇及其儿子、女儿为王、为公主者，都可废为庶人。顾念亿万百姓，不得已而为此，兴言及此，深感惭愧！"令薛道衡对杨勇说："你的罪恶，人神所共弃，欲求不废，那怎么可能？"杨勇再拜伏地，说："臣本当死在都市街头，以为将来鉴戒，幸蒙哀怜，得以保全性命。"说完，泪水打湿了衣裳，然后踉跄而去。左右之人，莫不怜悯沉默。杨坚又下诏说：

"自古以来，朝廷倾危，国家混乱，都是邪臣佞媚，凶党扇惑，致使祸及宗社，毒流百姓。若不标明典宪纲纪，何以肃清天下！左卫大将军、五原郡公元旻，任掌兵卫，委以心膂，陪侍左右，恩宠隆渥，他却包藏祸心，离间君亲，崇长厉阶，最为魁首。太子左庶子唐令则，策名储贰，为官僚之长，却谄曲取容，音技自进，躬执乐器，亲教内人，赞成骄侈，导引非法。太子家令邹文腾，专行左道，偏被亲昵，委以心腹，臣细皆知，却占问国家之事，希企灾祸发生。左卫率司马夏候福，内事谄谀，外作威势，凌侮上下，亵渎宫闱。典膳监元淹，谬陈爱憎，开示怨隙，妄起讪谤，潜行离阻，进引妖巫，营事厌祷。前吏部侍郎萧子宝，往居省阁，旧非宫臣，禀性浮躁，用怀轻险，进画奸谋，以要荣利，经营间构，开造祸端。前主玺下士何竦，假托玄象，妄说妖怪，志图祸乱，心在速发，兼制奇器异服，皆何竦所规摹,增长骄奢,糜费百姓。这七个人,为害最甚,并处斩刑,妻妾子孙皆藉没为官奴。

　　车骑将军阎毗、东郡公崔君绰、游骑尉沈福宝、瀛洲民章仇太翼等人,所作之事,都是悖恶之行。论其状迹,都该处以极刑。但朕情存好生,不打算全部都杀,可以特免一死,每人决杖一右,本人及妻子资财田宅,都藉没入宫。副将作大匠高龙义、豫调番丁,总是配给东宫役使,营造亭舍,进入春坊。率更令晋文建,通直散骑侍郎、判司农少卿元衡,料度之外,私自出给,虚破丁功,擅割园地。都要严惩。"

　　于是,杨坚汇集群官于广阳门外,宣读诏书,将元旻等人处斩。广平王杨雄答诏书说:"至尊为了天下百姓,割骨肉之恩,废黜无德,实为大庆之事,天下幸甚。"之后,将杨勇移交内史省,立晋王杨广为太子,然后把杨勇交给杨广处置,又将杨勇囚禁在东宫之中。赐杨素布帛三千段,元胄、杨约二人一千段,杨难敌五百段。这都是他们鞫讯杨勇所得的功赏。

　　这时,文林郎杨孝敬上书劝谏杨坚说:"皇太子为小人所误,应该加以训诲,不应当废黜。"杨坚大怒,打了杨孝敬的胸脯。不久,贝州长史裴肃上表说:"庶人(指杨勇)废黜已久,应当克己自新,请封他一个小国。"杨坚知道废黜杨勇不合于天下之情,便征裴肃入朝,向裴肃详细谈了废立的经过。

　　这时,杨勇自己因为无罪而被废,多次请求见杨坚,当面申诉冤屈。但杨广从中阻遏,使杨勇不得见杨坚。杨勇无奈,爬到树上大叫,希望杨坚听到,得以见面。杨素却乘机上奏说:"杨勇情志昏乱,为癫鬼著身,不可救治。"杨坚信以为真,始终未见杨勇。杨素诬陷经营,构成其罪,大都如此。

　　杨坚在仁寿宫病重,征皇太子杨广入侍医药,而杨广乘机奸乱宫闱,事为杨坚所知。杨坚抵床而后悔说:"枉废我儿!"因而派人去追还杨勇。还未来得及派使者,杨坚突然死去。杨广秘不发丧,并派人逮捕柳述、元岩等人,关在大理狱。又伪造杨坚诏书,赐杨勇自杀。杨勇死后,追封为房陵王,不为立嗣。

　　杨勇有十个儿子:云昭训生长宁王杨俨、平原王杨裕、安城王杨筠;高良娣生安平王杨嶷、襄城王杨恪;王良媛生高阳王杨该、建安王杨韶;成姬生颍川王杨煚,后宫生杨孝实、杨孝范。

　　长宁王杨俨是杨勇的长子。刚出生时,以报高祖杨坚,杨坚说:"此即皇太孙,何乃生不得地?"云定兴上奏说:"天生龙种,所以因云而出。"时人以为敏对。六岁时,被封为长宁郡王。杨勇败,杨俨也被废黜。杨俨上表乞求备宿卫,辞情哀切,杨坚读后,心中怜悯。杨素进言说:"伏愿圣心同螫手一样,丢掉之后,不应再留意。"隋炀帝即位后,杨俨常从炀帝巡行,在途中死去,实际上是被炀帝使人毒害而死。杨俨的弟弟们都被徙到岭外,但炀帝仍不放过他们,命地方官将他们全都杀害。

杨素传

【题解】

杨素（548～606年），字处道，弘农华阴人，先仕北朝，自魏至周。因灭齐有功，周武时袭父爵。后深结杨坚，素为其谋固定策献计，并率命荡平江南，讨伐天下，备受文帝宠信。入隋后，权重势众，大修宫宇，废立太子，搜刮钱财，平定叛乱，谋攀功大，但终因贪鄙妄为，虽貌得炀帝之喜，实亦为其所斥，封赏有加，权势日削。其所做所为，多为世所鄙。虽得善终，不为人称。

【原文】

杨素字处道，弘农华阴人也。祖暄，魏辅国将军、谏议大夫。父敷，周汾州刺史，没於齐。素少落拓，有大志，不拘小节，世人多未之知，唯从叔祖魏尚书仆射宽深异之，每谓子孙曰："处道当逸群绝伦，非常之器，非汝曹所逮也。"后与安定牛弘同志好学，研精不倦，多所通涉。善属文，工草隶，颇留意於风角。美须髯，有英杰之表。周大冢宰宇文护引为中外记室，后转礼曹，加大都督。武帝亲总万机，素以其父守节陷齐，未蒙朝命，上表申理。帝不许，至於再三。帝大怒，命左右斩之。素乃大言曰："臣事无道天子，死其分也。"帝壮其言，由是赠敷为大将军，谥曰忠壮。拜素为车骑大将军、仪同三司，渐见礼遇。帝命素为诏书，下笔立成，词义兼美。帝嘉之，雇谓素曰："善自勉之，勿忧不富贵。"素应声答曰："臣但恐富贵来逼臣，臣无心图富贵。"

杨素

及平齐之役，素请率父麾下先驱。帝从之，赐以竹策，曰："朕方欲大相驱策，故用此物赐卿。"从齐王宪与齐人战於河阴，以功封清河县子，邑五百户。其年授司城大夫。明年，复从宪拔晋州。宪屯兵鸡栖原，齐主以大军至，宪惧而宵遁，为齐兵所蹑，众多败散。素与骁将十馀人尽力苦战，宪仅而获免。其后每战有功。及齐平，加上开府，改封成安县公，邑千五百户，赐以粟帛、奴婢、杂畜。从王轨破陈将吴明彻於吕梁，治东楚州事。封弟慎为义安侯。陈将樊毅筑城於泗口，素击走之，夷毅所筑。

宣帝即位，袭父爵临贞县公，以弟约为安成公。寻从韦孝宽徇淮南，素别下盱眙、钟离。

及高祖为丞相，素深自结纳，高祖甚器之，以素为汴州刺史。行至洛阳，会尉迥作乱，荥州刺史宇文胄据武牢以应迥，素不得进。高祖拜素大将军，发河内兵击胄，破之。迁徐州总管，进位柱国，封清河郡公，邑二千户。以弟岳为临贞公。高祖受禅，加上柱国。开皇四年，拜御史大夫。其妻郑氏性悍，素忿之曰："我若作天子，卿定不堪为皇后。"郑氏奏之，由是坐免。

上方图江表，先是，素数进取陈之计，未几，拜信州总管，赐钱百万、锦千段、马二百匹而遣之。素居永安，造大舰，名曰五牙，上起楼五层，高百余尺，左右前後置六拍竿，并高五十尺，容战士八百人，旗帜加於上。次曰黄龙，置兵百人。自馀平乘、舴艋等各有差。及大举伐陈，以素为行军元帅，引舟师趣三硖。军至流头滩，陈将戚欣，以青龙百馀艘、屯兵数千人守狼尾滩，以遏军路。其地险峭，诸将患之。素曰："胜负大计，在此一举。若昼日下船，彼则见我，滩流迅激，制不由人，则吾失其便。"乃以夜掩之。素亲率黄龙数千艘，衔枚而下，遣开府王长袭引步卒从南岸击欣别栅，令大将军刘仁恩率甲骑趣白沙北岸，迟明而至，击之，欣败走。悉虏其众，劳而遣之，秋毫不犯，陈人大悦。素率水军东下，舟舻被江，旌甲曜日。素坐平乘大船，容貌雄伟，陈人望之惧曰："清河公即江神也。"陈南康内史吕仲肃屯岐亭，正据江峡，於北岸凿岩，缀铁锁三条，横截上流，以遏战船。素与仁恩登陆俱发，先攻其栅。仲肃军夜溃，素徐去其锁。仲肃复据荆门之延洲。素遣巴蜒卒千人，乘五牙四艘，以柏樯碎贼十馀舰，遂大破之，俘甲士二千馀人，仲肃仅以身免。陈主遣其信州刺史顾觉，镇安蜀城，荆州刺史陈纪镇公安，皆惧而退走。巴陵以东，无敢守者。湘州刺史、岳阳王陈叔慎遣使请降。素下至汉口，与秦孝王会。及还，拜荆州总管，晋爵郢国公，邑三千户，真食长寿县千户。以其子玄感为仪同，玄奖为清河郡公。赐物万段，粟万石，加以金宝，又赐陈主妹及女妓十四人。素言於上曰："里名胜母，曾子不入，逆人王谊，前封於郢，臣不愿与之同。"於是改封越国公。寻拜纳言。岁馀，转内史令。

俄而江南人李棱等聚众为乱，大者数万，小者数千，共相影响，杀害长吏。以素为行军总管，帅众讨之。贼朱莫问自称南徐州刺史，以盛兵据京口。素率舟师入自杨子津，进击破之。晋陵顾世兴自称太守，与其都督鲍迁等复来拒战。素逆击破之，执迁，虏三千馀人。进击无锡贼帅叶略，又平之。吴郡沈玄恮、沈杰等以兵围苏州，刺史皇甫绩频战不利。素率众援之，玄恮势迫，走投南沙贼帅陆孟孙。素击孟孙於松江，大破之，生擒孟孙、玄恮。黟、歙贼帅沈雪、沈能据栅自固，又攻拔之。浙江贼帅高智慧自号东扬州刺史，船舰千艘，屯据要害，兵甚劲。素击之，自旦至申，苦战而破。智慧逃入海，素蹑之，从馀姚泛海趣永嘉。智慧来拒战，素击走之，擒获数千人。贼帅汪文进自称天子，据东阳，署其徒蔡道人为司空，守乐安。进讨，悉平之。又破永嘉贼帅沈孝彻。於是步道向天台，指临海郡，逐捕遗逸寇。前後百馀战，智慧遁守闽越。

上以素久劳於外，诏令驰传入朝。加子玄感官为上开府，赐綵物三千段。素以馀贼未殄，恐为后患，又自请行。乃下诏曰："朕忧劳百姓，日旰忘食，一物失所，情深纳隍。江外狂狡，妄构妖逆，虽经殄除，民未安堵。犹有贼首凶魁，逃亡山洞，恐其聚结，重扰苍生。内史令、上柱国、越国公素，识达古今，经谋长远，比曾推毂，旧著威名，宜任以大兵，总为元帅。宣布朝风，振扬威武，擒剪叛亡，慰劳黎庶，军民事务，一以委之。"素复乘传至会稽。先是，泉州人王国庆，南安豪族也，杀刺史刘弘，据州为乱，诸亡贼皆归之。自以海路艰阻，非北人所习，不设备伍。素汎海掩至，国庆遑遽，弃州而走，馀党散入海岛，或守溪洞。素分遣诸将，水陆追捕。乃密令人谓国庆曰："尔之罪状，计不容诛。唯有斩送智慧，可以塞责。"国庆於是执送智慧，斩於泉州。自馀支党，悉来降附，江南大定。上遣左领军将军独孤陀至浚仪迎劳。比到京师，问者日至。拜素子玄奖为仪同，赐黄金四十斤，加银瓶，实以金钱，缣三千段，马二百匹，羊二千口，公田百顷，宅一区。代苏威为尚书右仆射，与高颎专掌朝政。

素性疏而辩，高下在心，朝臣之内，颇推高颎，敬牛弘，厚接薛道衡，视苏威蔑如也。自馀朝贵，多被陵轹。其才艺风调，优於高颎，至於推诚体国，处物平当，有宰相识度，不如疏远矣。

寻令素监营仁寿宫，素遂夷山堙谷，督役严急，作者多死，宫侧时闻鬼哭之声。及宫成，上令高颎前视，奏称颇伤绮丽，大损人丁，高祖不悦。素忧惧，计无所出，即於北门启独孤皇后曰："帝王法有离宫别馆，今天下太平，造此一宫，何足损费！"后以此理谕上，上意乃解。於是赐钱百万，锦绢三千段。

十八年，突厥达头可汗犯塞，以素为灵州道行军总管，出塞讨之，赐物二千段，黄金百斤。先是，诸将与虏战，每虑胡骑奔突，皆以戎车步骑相参，舆鹿角为方阵，骑在其内。素谓人曰："此乃自固之道，非取胜之方也。"於是悉除旧法，令诸军为骑阵。达头闻之大喜，曰："此天赐我也。"因下马仰天而拜，率精骑十馀万而至。素奋击，大破之，达头被重创而遁，杀伤不可胜计，群虏号哭而去。优诏褒扬，赐缣两万匹，及万钉宝带。加子玄感位大将军，玄奖、玄纵、绩善并上仪同。

素多权略，乘机赴敌，应变无方，然大抵驭戎严整，有犯军令者，立斩之，无所宽贷。每将临寇，辄求人过失而斩之，多者百馀人，少不下十数。流血盈前，言笑自若。及其对阵，先令一二百人赴敌，陷阵则已，如不能陷阵而还者，无问多少，悉斩之。又令三二百人复进，还如向法。将士股慄，有必死之心，由是战无不胜，称为名将。素时贵幸，言无不从，其从素征伐者，微功必录，至於他将，虽有大功，多为文吏所谴却。故素虽严忍，士亦以此愿从焉。

二十年，晋王广为灵朔道行军元帅，素为长史。王卑躬以交素。及为太子，素之谋也。

仁寿初，代高颎为尚书左仆射，赐良马百匹，牝马二百匹，奴婢百口。其年，以素为行军元帅，出云州击突厥，连破之。突厥退走，率骑追蹑，至夜而及之。将复战，恐贼越逸，令其骑稍后。於是亲将两骑，并降突厥二人，与虏并行，不之觉也。候其顿舍未定，趣后骑掩击，大破之。自是突厥远遁，碛南无复虏庭。以功进子玄感位为柱国，玄纵为淮南郡公。赏物两万段。

及献皇后崩，山陵制度，多出於素。上善之，下诏曰：

君为元首，臣则股肱，共治万姓，义同一体。上柱国、尚书左仆射、仁寿宫大监、越国公素，志度恢弘，机鉴明远，怀佐时之略，包经国之才。王业初基，霸图肇建，策名委质，受脤出师，擒剪凶魁，克平虢、郑。频承庙算，扬旌江表，每禀戎律，长驱塞阴，南指而吴、越肃清，北临而獯、猃摧服。自居端揆，参赞机衡，当朝正色，直言无隐。论文则辞藻纵横，语武则权奇间出，既文且武，唯朕所命，任使之处，夙夜无怠。

献皇后奄离六宫，远日云及，茔兆安厝，委素经营。然葬事依礼，唯卜泉石，至如吉凶，不由於此。素义存奉上，情深体国，欲使幽明俱泰，宝祚无穷。以为阴阳之书，圣人所作，祸福之理，特须审慎。用遍历川原，亲自占择，纤介不善，即更寻求，志图元吉，孜孜不已。心力备尽，人灵协赞，遂得神皇福壤，营建山陵。论素此心，事极诚孝，岂与夫平戎定寇，比其功业？非唯廊庙之器，实是社稷之臣，若不加褒赏，何以申兹劝励？可别封一子义康郡公，邑万户，子子孙孙，承袭不绝。馀如故。

并赐田三十顷，绢万段，米万石，金钵一，实以金，银钵一，实以珠，并绫锦五百段。

时素贵宠日隆，其弟约、从父文思、弟文纪，及族父异，并尚书列卿。诸子无汗马之劳，位至柱国、刺史。家僮数千，后庭妓妾曳绮罗者以千数。第宅华侈，制拟宫禁。有鲍亨者，善属文，殷胄者，工草隶，并江南士人，因高智慧没为家奴。亲戚故吏，布列清显，素之贵盛，近古未闻。炀帝初为太子，忌蜀王秀，与素谋之，构成其罪，后竟废黜。朝臣有违忤者，虽至诚体国，如贺若弼、史万岁、李纲、柳彧等，素皆阴中之。若有附会及亲戚，虽无才用，必加进擢。朝廷靡然，莫不畏附。唯兵部尚书柳述，以帝婿之重，数於上前面折素。大理卿梁毗，抗表上言，素作威作福。上渐疏忌之，后因出敕曰："仆射国之宰辅，不可躬亲细务，但三五日一度向省，评论大事。"外示优崇，实夺之权也。终仁寿之末，不复通判省事。上赐王公以下射，素箭为第一。上手以外国所献金精盘，价值钜万，以赐之。四年，从幸仁寿宫，宴赐重叠。

及上不豫，素与兵部尚书柳述、黄门侍郎元岩等入阁侍疾。时皇太子入居大宝殿，虑上有不讳，须豫防拟，乃手自为书，封出问素。素录出事状以报太子。宫人误送上所，上览而大恚。所宠陈贵人，又言太子无礼。上遂发怒，欲召庶人勇。太子谋之於素，素矫诏追东宫兵士帖上台宿卫，门禁出入，并取宇文述、郭衍节度，又令张衡侍疾。上以此日崩，由是颇有异论。

汉王谅反，遣茄茹天保来据蒲州，烧断河桥。又遣王聃子率数万人并力拒守。素将轻骑五千袭之，潜於渭口宵济，迟明击之，天保败走，聃于惧而以城降。有诏徵还。初，素将行也，计日破贼，皆如所量。帝於是以素为并州道行军总管、河北安抚大使，率众数万讨谅。时晋、绛、吕三州并为谅城守，素各以两千人縻之而去。谅遣赵子开拥众十馀万，策绝径路，屯据高壁，布阵五十里。素令诸将以兵临之，自引奇兵潜入霍山，缘崖谷而进，直指其营，一战破之，杀伤数万。谅所署介州刺史梁修罗屯介休，闻素至，惧，弃城而走。进至清源，去并州三十里，谅率其将王世宗、赵子开、萧摩诃等，众且十万，来拒战。又击破之，擒萧摩诃。谅退保并州，素进兵围之，谅穷蹙而降，馀党悉平。帝遣素弟修武公约赍手诏劳素曰：

我有隋之御天下也，于今二十有四年，虽复外夷侵叛，而内难不作，修文偃武，四海晏然。朕以不天，衔恤在疚，号天叩地，无所逮及。朕本以藩王，谬膺储两，复以庸虚，纂承鸿业。天下者，先皇之天下也，所以战战兢兢，弗敢失坠，况复神器之重，生民之大哉！

贼谅苞藏祸心，自幼而长，羊质兽心，假托名誉，不奉国讳，先图叛逆，违君父之命，成莫大之罪。诳惑良善，委任奸回，称兵内侮，毒流百姓。私假署置，擅相谋戮，小加大，少凌长，民怨神怒，众叛亲离，为恶不同，同归於乱。朕寡兄弟，犹未忍及言，是故开关门而待寇，戢干戈而不发，朕闻之，天生蒸民，为之置君，仰惟先旨，每以子民为念，朕岂得枕伏苦庐，颠而不救也！大义减亲，《春秋》高义，周旦以诛二叔，汉启乃戮七藩，义在兹乎？事不获已，是以授公戎律，问罪太原。且逆子贼臣，何代不有，岂意今者，近出家国。所叹荼毒甫尔，便及此事。由朕不能和兄弟，不能安苍生，德泽未弘，兵戈先动，贼乱者止一人，涂炭者乃众庶。非唯寅畏天威，亦乃孤负付嘱，薄德厚耻愧乎天下。

公乃先朝功臣，勋庸克茂。至如皇基草创，百物惟始，便匹马归朝，诚识兼至。汴部、郑州，风卷秋箨，荆南、塞北，若火燎原，早建殊勋，夙著诚节。及献替朝端，具瞻惟允，爰弼朕躬，以济时难。昔周勃、霍光，何以加也！贼乃窃据蒲州，关梁断绝，公以少击众，指期平殄。高壁据险，抗拒官军，公以深谋，出其不意。雾廓云除，冰消瓦解，长驱北迈，直趣巢窟。晋阳之南，蚁徒数万，谅不量力，犹欲举斧。公以棱威外讨，发愤於内，忘身殉义，亲当矢石。兵刃暂交，鱼溃鸟散，僵尸蔽野，积甲若山。谅遂守穷城，以拒铁钺。公董率骁勇，四面攻围，使其欲战不敢，求走无路，智力俱尽，面缚军门。斩将搴旗，伐叛柔服，元恶既除，东复清晏，嘉庸茂绩，於是乎在。昔武安平赵，淮阴定齐，岂若公远而不劳，速而克捷者也。朕殷忧谅闇，不得亲御六军，未能问道於上庠，遂使勌劳於行阵。言念於此，无忘寝食。公乃建累世之元勋，执一心之确志。古人有言曰："疾风知劲草，世乱有诚臣。"公得之矣。乃铭之常鼎，岂止书勋竹帛哉！功绩克谐，哽叹无已。稍冷，公如宜。军旅务殷，殊当劳虑，故遣公弟，指宣往怀。迷塞不次。

素上表陈谢曰：

臣自惟虚薄，志不及远，州郡之职，敢惮勌劳，卿相之荣，无阶觊望。然时逢昌运，王业惟始，虽涓流赴海，诚心屡竭，轻尘集岳，功力盖微。徒以南阳里闬，丰、沛子弟，高位重爵，荣显一时。遂复入处朝端，出总戎律，受文武之任，预帷幄之谋。岂臣才能，实由恩泽。欲报之德，义极昊天。伏惟陛下照重离之明，养继天之德，牧臣於疏远，照臣以光晖，南服降枉道之书，春宫奉肃成之旨。然草木无识，尚荣枯候时，况臣有心，实自效无路。昼夜回徨，寝食惭惕，常惧朝露奄至，虚负圣慈。

贼谅包藏祸心，有自来矣，因幸国哀，便肆凶逆，兴兵晋、代，摇荡山东。陛下拔臣於凡流，授臣以戎律，蒙心膂之寄，禀平乱之规。萧王赤心，人皆以死，汉皇大度，天下争归，妖寇廓清，岂臣之力！曲蒙使臣弟约赍诏书问劳，高旨峻笔，有若天临，洪恩大泽，便同海运。悲欣惭惧，五情振越，虽百殒微躯，无以一报。

其月还京师，因从驾幸洛阳，以素领营东京大监。以平谅之功，拜其子万石、仁行、姪玄挺，皆仪同三司，赍物五万段，绮罗千匹，谅之妓妾二十人。大业元年，迁尚书令，赐东京甲第一区，物二千段。寻拜太子太师，馀官如故。前后赏锡，不可胜计。明年，拜司徒，改封楚公，真食二千五百户。其年，卒官。谥曰景武，赠光禄大夫、太尉公、弘农、河东、绛郡、临汾、文城、河内、汲郡、长平、上党、西河十郡太守。给辒车，班剑四十人，前後部羽葆鼓吹，粟麦五千石，物五千段。鸿胪监护丧事。帝又下诏曰："夫铭功彝器，纪德丰碑，所以垂名迹於不朽，树风声於没世。故楚、景武公素，茂绩元勋，勌劳王室，竭尽诚节，协赞朕躬。故以道迈三杰，功参十乱。未臻遐寿，遽戢清徽。春秋递代，方绵岁祀，式播彤篆，用图勋德，可立碑宰隧，以彰盛美。"素尝以五言诗七百字赠番州刺史薛道衡，词气宏拔，风韵秀上，亦为一时盛作。未几而卒，道衡叹曰："人之将死，其言也善，岂若是乎！"有集十卷。

素虽有建立之策，及平杨谅功，然特为帝所猜忌，外示殊礼，内情甚薄。太史言隋分野有大丧，因改封於楚。楚与隋同分，欲以此厌当之。素寝疾之日，帝每令名医诊候，赐以上药。然密问医人，恒恐不死。素又自知名位已极，不肯服药，亦不将慎，每语弟约曰：

"我岂须更活耶?"素负冒财货,营求产业,东、西二京,居宅侈丽,朝毁夕复,营缮无已,爰及诸方都会处,邸店、水硙并利田宅以千百数,时议以此鄙之。子玄感嗣。诸子皆坐玄感诛死。

【译文】

杨素,字处道,弘农郡华阴人。祖父杨暄,北魏辅国将军、谏议大夫。父杨敷,北周的汾州刺史,陷没于齐。杨素少年时放荡不羁,有大志,不拘小节,当时的人都不了解他,只有他的从叔祖魏尚书仆射杨宽很以为不凡,常对子孙说:"处道必然超群绝伦。他是非凡之器,不是你辈所能比得上的。"后来,杨素与安定郡人牛弘志同道合,全很好学,精研不倦,广泛涉猎。他善于写文章,擅长草隶,很留意于风角占验之术。他胡须很漂亮,有英杰的仪表。周朝的大冢宰宇文护提拔他为中外记室,后来转官礼曹,加大都督衔。周武帝亲自综理万机。杨素认为父亲坚守节操,陷没于北齐,还未受朝廷恩命,便上表申诉。周武帝不答应,杨素再三上表请求。武帝大怒,命左右把他斩了。杨素高声道:"我侍奉无道的天子,死也是应该的。"武帝觉得他说得很壮烈,因此封赠杨敷为大将军,谥"忠壮"。拜杨素为车骑大将军、仪同三司,渐渐受到礼遇。武帝命杨素写诏书,下笔立成,文辞义理都很优美。武帝表示嘉许,看着杨素道:"好自为之,不要愁不会富贵的。"杨素应声答道:"我只怕富贵来逼近我,我无心图谋富贵。"

及至发动平灭北齐的战役,杨素要求率领父亲的旧部为先锋。武帝应允了他,赐给他竹策,说:"朕正想要重用你,所以把此物赐给你。"杨素跟随齐王宇文宪,与北齐人战于河阴,以功封清河县子,食邑五百户。这年授勋为司城大夫。第二年,他又跟随齐王宇文宪攻拔晋州。宇文宪屯兵鸡栖原,北齐后主率大军赶到,宇文宪惊惧而趁夜逃跑,为北齐兵追击,兵众败散甚多。杨素与骁将十余人奋力苦战,宇文宪勉强脱身。此后杨素每战都有功绩。及至平灭北齐,加官上开府,改封成安县公,食邑一千五百户,赐以粟帛、奴婢和各种牲畜。杨素跟随王轨击破陈朝将领吴明彻于吕梁,掌治东楚州事。封其弟杨慎为义安侯。陈将樊毅筑城于泗口,杨素击跑了他,把他所筑的城全部夷平。

周宣帝即位,杨素袭父爵为临贞县公,其弟杨约为安成公。不久,他跟随韦孝宽征略淮南,杨素独自取得盱眙、钟离。

及至后来的隋文帝杨坚担任丞相,杨素深自结交。杨坚很器重他,任命他为汴州刺史。杨素上任,行至洛阳,正赶上尉迟迥起兵反杨坚,荥州刺史宇文胄据守虎牢以响应尉迟迥,杨素不能前行。杨坚拜杨素为大将军,征发河内兵马攻击宇文胄,破之。迁官徐州总管,晋升柱国,封清河郡公,食邑二千户。以其弟杨岳为临贞公。杨坚接受周帝禅让,加杨素为上柱国。隋文帝开皇四年,拜为御史大夫。其妻郑氏性情凶悍,杨素忿然道:"我如果做了天子,你一定做不了皇后!"郑氏把这话上告朝廷,杨素因此而被免职。

隋文帝正图谋夺取江南,早先,杨素屡次进献攻取陈国之计,所以未过多久,就又任命他为信州总管,赐钱百万、锦千段、马二百匹,让他赴任。杨素居住在永安,建造大战舰,名叫五牙,舰上起楼五层,高百馀尺,左右前后设置六只拍杆,全都高五十尺,可容纳战士八百人,旗帜加于其上。其次的战舰名叫黄龙,可容兵百人。其余平乘船、舴艋船各有差等。及至大举伐陈,任命杨素为行军元帅,率领舰队趋往三峡。军队行至流头滩,陈将戚欣以青龙舰百余艘、屯兵数千人扼守狼尾滩,以遏断要路。其地险峭,诸将都很忧虑。杨素道:"胜负大计,在此一举。如果我们白天让战舰顺流而下,他们就会发现,滩流湍急,舰船不能由人控制,那么我们就失去了主动性。"于是便趁夜进攻。杨素亲自率领黄龙舰数千艘,衔枚而下,派遣开府王长袭率领步兵从南岸攻击戚欣另外的营寨,命令大将军刘仁恩率领甲骑直趋白沙北岸,在拂晓时赶到,发起攻击,戚欣败走。敌军全部被俘虏,抚慰而遣散,秋毫不犯,陈国的百姓很是喜悦。杨素率水军东下,舟船遮满江面,旌旗甲胄光辉耀日。杨素坐于平乘大船之上,容貌雄伟,陈国人望见,恐惧地说:"清河公就是江神呀!"陈国的南康内史吕仲肃屯守岐亭,正扼据三峡,在北岸开凿岩壁,缀上铁链三条,横截江面,以遏阻战舰。杨素与刘仁恩登陆并进,先攻敌人营寨。吕仲肃的军队在夜间崩溃。杨素从容地解除铁链。吕仲肃又据守荆门的延洲。杨素派巴蜓士卒千人,乘五牙舰四艘,用拍竿击碎敌舰十余艘,于是大破敌军,俘虏甲士二千余人,吕仲肃仅仅逃了条活命。陈后主派遣他的信州刺史顾觉,镇守安蜀城,荆州刺史陈纪镇守公安,都惊惧而退逃。巴陵以东,没有敢拒守的城池。湘州刺史、岳阳王陈叔慎派使者请求投降。杨素沿江而下至汉口,与秦孝王杨俊会合。及至还朝,拜官为荆州总管,进爵郢国公,食邑三千户,真食长寿县千户。又以其子杨玄感为仪同,杨玄奖为清河郡公。赐帛万段,粟万石,另加以金宝,还赐给他陈后主的妹妹及女妓十四人。杨素上言于文帝说:"闾里的名字叫胜母,曾子就不肯进入。叛贼王谊,以前曾封于郢,我不愿与他相同。"于是改封为越国公。不久拜官为纳言。过了一年多,转官为内史令。

不久,江南人李棱等聚众为乱,大者数万人,小者数千人,互相响应,杀害地方长官。命杨素为行军总管,帅从征讨。贼寇朱莫问自称南徐州刺史,以重兵据守京口。杨素率舰队自杨子津入江,进击破之。晋陵人顾世兴自称太守,与他的都督鲍迁等又来拒战。杨素迎击,破之,活捉鲍迁,俘虏三千余人。进击无锡贼帅叶略,又平之。吴郡人沈玄恰、沈杰等率兵包围苏州,苏州刺史皇甫绩屡战不利。杨素率众增援,沈玄恰形势迫急,奔投南沙贼帅陆孟孙。杨素攻击陆孟孙与松江,大破之,生擒陆孟孙、沈玄恰。黟县、歙县一带的贼帅沈雪、沈能据寨固守,杨素又攻之。浙江贼帅高智慧自称东扬州刺史,舰船千艘,屯居要害,兵力甚为强劲。杨素进击,从早晨打到黄昏,苦战而破。高智慧逃入海中,杨素追击,从余姚漂海趋永嘉。高智慧前来拒战,杨素击逃之,擒获数千人。贼帅汪文进自称天子,盘踞东阳,署任其党蔡道人为司空,屯守乐安。杨素进讨,全部荡平。又击破永嘉贼帅沈孝彻。于是他由陆路往天台,直指临海郡,逐捕逃逸的贼寇。前后百余战,高智慧逃守闽越。

隋文帝因杨素长期劳苦在外,诏令乘驿马入朝。其子杨玄感加官为上开府,赐缲物三千段。杨素认为余贼未全部殄灭,恐为后患,又要求亲自出征。文帝于是下诏道:"朕为百姓忧劳,日旰忘食,有一人不得其所,就好像是自己把他推进沟中。江南的狂狡之徒,妄构妖逆,虽经殄除,百姓尚未安措,犹有贼首凶魁,逃亡山洞,恐怕他们重新聚结,再次扰乱苍生。内史令、上柱国、越国公杨素,识达古今,深谋远虑,前曾出师,已著威名,宜委任以大兵,总为元帅。宣布朝廷教化,振扬威武,擒灭叛亡,慰劳黎民,军民事务,全部委任之。"杨素又乘驿车至会稽。在先,泉州人王国庆,是南安的豪族。他杀死刺史刘弘,据州叛乱,诸路败逃的贼寇都投奔他。他自以为海路艰阻,为北方人所不熟习,所以不设防兵。杨素泛海骤至，王国庆惶遽万分，弃州而逃，余党散入海岛，或者困守溪洞。杨素分别派遣诸将，水陆追捕。他还悄悄派人对王国庆说："你的罪状，算起来不仅受诛而已。唯有斩送高智慧，可以用来赎罪。"于是王国废擒送高智慧，斩首于泉州。其余小股贼党，全来降服，江南完全平定。隋文帝派遣左领军将军独孤陀，至浚仪迎接慰劳。及至京师，每天都有使者慰问。拜杨素之子杨玄奖为仪同，赐黄金四十斤，加银瓶，装满了金钱，缣帛三千段，马二百匹，羊二千口，公田百顷，宅第一区。代替苏威为尚书右仆射，与高颍同掌朝政。

杨素性格粗疏而能言善辩，对人的评价心中都有高低之分。朝臣之内，他很推重高颍，尊敬牛弘，厚待薛道衡，而对苏威很轻视。其余朝廷显贵，大多被他所陵轹。他的才艺风调，胜于高颍，至于赤诚报国，处事平允，有宰相的见识和气度，就比高颍差远了。

不久，命杨素监造仁寿宫。杨素便夷山填谷，课督工程严厉苛急，劳工死了很多，宫侧时常能听到鬼哭之声。及至宫殿竣工，文帝命高颍前往验视。高颍奏称过于绮丽，损失人丁太多，文帝很不高兴。杨素忧惧，束手无策，就到北门启奏独孤皇后道："帝王理当有离宫别馆。如今天下太平，建造这一座宫殿，也算不上什么浪费！"皇后便用这话来开导文帝，文帝才解除了不满。于是赐杨素钱百万，锦绢三千段。

开皇十八年，突厥达头可汗侵犯边塞。以杨素为灵州道行军总管，出塞征讨，赐物二千段，黄金百斤。起先，诸将与敌房交战，常顾虑敌骑奔突，都用战车与步兵、骑兵相掺杂，车载鹿角为方阵，而骑兵在阵内。杨素对人说："这是保全自己的办法，不是取胜之术。"于是全部捐弃旧法，命诸军为骑兵之阵。达头听说后大喜，道："这是上天赐给我的良机呀！"于是下马仰天而拜，率领精锐骑兵十余万而至。杨素奋力攻击，大破敌军。达头受重伤而逃，杀伤不可胜计，群房号哭而去。文帝优诏褒奖，赐缣帛两万匹，以及万钉宝带。加其子杨玄感勋位大将军，玄奖、玄纵、绩善全为上仪同。

杨素多有权谋，乘机赴敌，应变灵活，然而控驭军队严厉，有违犯军令者，立刻斩首，从不宽恕。每次将要与敌人作战，先寻求人的过失而斩之，多者百余人，少也不下十来人，流血积满面前，他还是谈笑自若。及至与敌对阵，先命令一二百人赴敌，陷入敌阵则罢，如不能陷入敌阵而还者，不问多少人，一律斩首。又命三二百人再次冲锋，还照上述办法处理。将士战栗，都有必死之心，因此战无不胜，称为名将。杨素当时正受贵宠，言无不从，那些跟随杨素征伐的，有些微功劳必被登录；至于其他将领，虽有大功，也多被文职官吏所遣责去除所以杨素虽然严酷残忍，战士们也因此愿意相从。

开皇二十年，晋王杨广为灵朔道行军元帅，杨素为其长史。晋王降低身份以交结杨素。及至晋王被立为太子，全是杨素的计谋。

隋文帝仁寿初年，杨素代替高颍为尚书左仆射，赐良马百匹，牝马二百匹，奴婢百人。这一年，以杨素为行军元帅，由云州出塞攻击突厥，接连击破。突厥退逃，杨素率骑兵追击，到夜间才追到。准备再战，但恐怕敌军逃窜，于是命所率骑兵稍靠后，自己亲率两名骑士和投降的两个突厥人，与敌房并行，敌房竟然没有发觉。等到敌房停下宿营，趁他们还未安定，急令后面的骑兵掩击，大破敌军。从此突厥远遁，大漠之南不再有突厥的王庭。因功进其子杨玄感勋位为柱国，玄纵封淮南郡公。赏物两万段。

及至独孤皇后驾崩，其陵墓制度，多由杨素所定。文帝表示嘉许，下诏道：

君主是元首，臣子则为股肱，共同统治万姓，在道理上犹同一体。上柱国、尚书左仆射、仁寿宫大监、越国公杨素，气度恢宏，智虑明远，身怀佐治当世之谋略，包含经理国政之才能。王业刚打基础，霸图开始建立，入仕为臣，受命出征，擒剪凶魁，克平虢、郑。屡受朝廷谋略，扬旌于江南，每禀军旅律令，长驱于塞北。南指而吴越肃清，北临而匈奴摧服。自居相位，参赞枢机，当朝正色，直言无隐。论文则词藻纵横，语武则奇谋时出。既文且武，唯朕所命，委任之处，夙夜不怠。

献皇后奄忽辞离六宫，卜葬之日即将到来，陵墓安置，委任杨素经营。然而丧葬之事，依照古礼仅占卜墓地的泉石，至于吉凶，不由于此。杨素义存于奉事君上，情深而体恤国家，欲使幽明两界俱都亨泰，使国祚永世无穷。他认为阴阳地理之书，是圣人所作，理关祸福，特须审慎。便遍历川原，亲自占选茔地，有丝毫不善，即另外寻求，志求吉祥，孜孜不倦。心力俱尽，人神协助，遂得福地，营建山陵。论起杨素此心，极为诚孝，岂平戎定寇可比其功业？非唯廊庙之器，实是社稷之臣，如不加褒赏，何以申明劝励？可别封其一子为义康郡公，食邑万户，子子孙孙，承袭不绝。其余如故。

同时还赐田三十顷，绢万段，米万石，金钵一只，装满金子，银钵一只，装满珍珠，并绫锦五百段。

当时杨素受到的宠幸日见隆盛，他弟弟杨约，从父杨文思，文思之弟文纪，以及族父杨异，并为尚书、列卿。几个儿子没有汗马之劳，也位至柱国、刺史。家僮数千人，后房妓妾身穿绮罗者数以千计。宅第华丽奢侈，制度可比拟皇宫。有个叫鲍亨的，善写文章，还有个叫殷胄的，擅于草隶，都是江南士人，因高智慧牵连而沦为杨素家奴。亲戚和旧日属吏，都列居清显之职。杨素的显贵荣盛，近代未闻。隋炀帝刚立为太子，忌恨蜀王杨秀，与杨素策划，构成其罪，后来竟然被废黜。朝臣有忤犯他的，虽然是至诚体国，如贺若弼、史万岁、李纲、柳彧等人，杨素都阴谋陷害他们。如果有人附和或者是亲戚，虽然毫无才能，也必加以擢拔。朝廷诸臣靡然而倒，无不畏附。只有兵部尚书柳述，凭借皇帝女婿之威重，屡次在文帝跟前当面反对杨素。大理卿梁毗，抗表上言，指斥杨素作威作福。文帝渐渐疏远疑忌他，后来便降下敕令道："仆射，是国家的宰辅，不可躬亲细杂事务，只需三五日到尚书省一次，评论大事。"外表示以优崇，实际上是夺掉他的权力。直到仁寿末年，杨素不再通掌尚书省事务。文帝赐王公以下射箭，杨素的射箭为第一。文帝亲手把外国所献的金精盘，价值巨万，赐给杨素。仁寿四年，跟随文帝临幸仁寿宫，宴席上赏赐倍多。

及至文帝生病，杨素与兵部尚书柳述、黄门侍郎元岩等入阁侍奉。当时皇太子入居大宝殿，担忧皇上会病故，必须预先防备，便亲手写信，封好送给杨素探问。杨素把文帝病情写好来报告太子。宫人错把此信送到文帝处，文帝读后大恨。他宠幸的陈贵人，又说太子对她有无礼举动。文帝于是大怒，想召回已废为庶人的故太子杨勇。太子与杨素策划，杨素假传诏命调东宫卫士移近皇上居处宿卫，禁止宫门随意出入，并调取宇文述、郭衍掌管；又命张衡入宫侍候文帝病体。文帝就在这天驾崩了，对文帝的死因，由此便颇有各种猜测。

汉王杨谅造反，派茹茹天保前来占据蒲州，烧断黄河桥梁，又派王聃子率领数万人力拒守。杨素率轻骑五千袭击，悄悄在渭口乘夜偷渡，将明时出击，茹茹天保败逃，王聃子惧怕而举城投降。炀帝下诏征杨素还朝。开始，杨素将出发，算准破敌的具体时间，结果正如所料。炀帝于是便任命杨素为并州道行军总管、河北安抚大使，率兵数万征讨汉王杨谅。当时晋州、绛州、吕州三州都为杨谅守城，杨素各派两千人牵制三州，便继续前进。杨谅派遣赵子开拥兵十余万，断绝路径，屯据于高壁，布阵五十里。杨素命诸将率兵正面对垒，自己带领奇兵悄悄进入霍山，沿崖谷而进，直指敌营，一战击破，杀伤数万。杨谅所委任的介州刺史梁修罗屯驻介休，听说杨素来到，恐惧得弃城而逃。杨素进军至清源，距并州三十里。杨谅率领其部将王世宗、赵子开、萧摩诃等，兵众将近十万，前来拒战。杨素又击破之，生擒萧摩诃。杨谅退保并州，杨素进兵包围。杨谅困迫无策而投降，其余党羽也都被平定。炀帝派遣杨素的弟弟杨约携带亲手写的诏书慰劳杨素，道：

我大隋统驭天下，于今已有二十四年，虽然外国夷狄屡次侵叛，但从未发生内乱，修文偃武，四海安然。朕以父皇去世，痛苦在心，号天叩地，也无能追及。朕本以藩王，被命为太子储君，又以平庸无能之才，继承大业。天下者，先皇之天下也，所以朕战战兢兢，不敢让它失去，何况还有宗庙之重和百姓之大呢！

叛贼杨谅包藏祸心，从幼至长，羊形兽心，伪托名誉，不守国丧，先图叛逆，违背君父之命，构成莫大之罪。煽惑良善，委任奸回，兴兵内乱，毒害百姓。私署官职，擅自杀戮，以小加大，以少凌长，民怨神怒，众叛亲离，所为罪恶虽有多种，但种种同归于作乱。朕兄弟不多，还未忍心下令征讨，所以开关门而待寇，止干戈而不发，朕听说过，上天生养黎民，为他们设置君主。朕仰承先帝意旨，常以抚养百姓为念，岂能只顾自己守护，眼看着百姓倒悬而不救呢！大义灭亲，是《春秋》的大义，周公旦诛管叔、蔡叔，汉景帝戮灭吴、楚七国，其道理就在于此！事不得已，所以授公以大兵，问罪于太原。逆子贼臣，哪一代没有，但谁能想到，会近出于自己的家国。所可叹者，刚刚遭受丧父的痛苦，就遇到这种事。这都是由于朕不能和睦兄弟，不能安济苍生，德尚未普施，兵戈先已兴动，作乱者虽只一人，涂炭者却是万民。朕不仅畏惧天命，而且觉得辜负了先帝的托嘱。德薄而耻重，使我有愧于天下。

公乃先朝旧臣，功勋卓茂。早在皇朝草创，百废待兴的时候，便匹马归服朝廷，忠诚和识度都胜人一筹。扫灭北齐的汴州、郑州，如秋风之卷落叶；平定荆南和塞北，似烈火之燎原，很早就建立了殊勋，显示了忠诚。及至在朝献可替否，更是为众人所瞻仰，接着又辅弼寡人，以济时艰。古昔的周勃、霍光，哪里能与公相比！叛贼窃据蒲州，断绝关隘桥梁，公以少击众，克期荡平。叛贼在高壁凭据险阻，抗拒官军，公以高深莫测之谋，出其不意。云开雾散，冰消瓦解，长驱北进，直捣贼窟。晋阳之南，蚁附之众数万，杨谅不自量力，尚想举起螳臂。公以棱严之威讨伐，发愤于内，舍生取义，亲当矢石。兵刃方交，鱼溃鸟散，僵尸遍野，积甲若山。杨谅于是困守穷城，以拒斧钺之诛。公督率骁勇，四面攻围，使其欲战不敢，欲逃无路，智力俱尽，面缚投降于军门。斩将搴旗，计伐叛逆而怀柔安顺，元凶既已除掉，华夏得以清平，丰功伟绩，正在于此，古昔时武安君陈余平定赵地，淮阴侯韩信平定三齐，哪里比得上公的远行而不劳，速战而克捷呢！朕忧心于居丧期间，不得亲率六军，由于未能请教方略于廊庙，遂使公勋劳于行阵。每念及此，寝食难忘。公乃建立累世之元功，执着一心之忠志。古人有言："疾风知劲草，世乱有诚臣。"公正应了此言。公的勋劳应铭刻于钟鼎岂止书写于竹帛史册而已。大功告成，哽咽叹息不已。稍待一时，公可随宜。军旅之间，庶务殷繁，颇费思虑，所以派遣公的弟弟，宣极朕的怀念。心思迷乱，言语无次。

杨素上表陈谢道：

臣自知德薄才疏，所以志向并不高远，州郡之职，哪敢辞其劬劳，至于卿相之荣，从来无由觊望。然而时逢昌盛之运，王业开创，臣虽然如涓流之赴大海，屡竭赤诚之心，但不过如轻尘之落泰山，功劳实在卑微。臣只不过凭借是皇上的乡旧故里，才高位重爵，显赫一时，于是又入处朝廷，出掌戎伍，受文武之委任，预帷幄之运筹。岂是臣有才能，实由陛下思泽。欲想报答的恩德，其大如昊天，臣思陛下烛照重黎、离朱之明察，涵育继承昊天之仁德，牧臣于边运，照臣以光辉。臣在南疆，蒙降绕道投送之信，陛下在春宫，曾奉讲学论遭之旨。然则草木无知，尚且等待时节而荣枯；何况微臣有心，实感报效思之无路。昼夜彷徨，寝食惭惧，常恐一旦丧命，辜负圣上的慈心。

叛贼杨谅包藏祸心，来由久远，因乘国丧，便逞凶逆，兴兵于晋、代之间，动摇太行以东。陛下拔擢臣于凡庸之流，授委臣以兵戎大任，蒙受陛下心腹臂膀之寄托，秉承平定叛乱之规划。萧王刘秀赤心待人，人皆以死相许，汉王刘邦恢宏大度，天下争相归顺，扫清妖寇，岂是微臣之力！蒙陛下派遣臣弟杨约赍送诏书慰劳，旨深笔峻，有如天降，恩泽浩渺，便同海运。悲喜惭惧，各种情感一时腾起，虽然是微躯百死，也不足以一报。

这月，杨素返还京师，于是随从圣驾游幸洛阳，任命杨素为营造东京的大监。以平灭杨谅之功，封其子杨万石、杨仁行，侄儿杨玄挺，皆为仪同三司，赏赐物五万段，绮罗千匹，杨谅的妓妾二十人。大业元年，迁官尚书令，赐东京上等宅第一处，物二千段。不久又封太子太师，其余官职如故，前后赏赐，不可胜计。明年，拜官司徒，改封楚国公，真食二千五百户租税。这一年，他死于任上。谥号为景武，赠官光禄大夫、太尉公、弘农、河东、绛郡、临汾、文城、河内、汲郡、长平、上党、西河十郡的太守。赐给送丧的栯榎车，班剑四十人，前后部鼓吹仪仗，粟麦五千石，物五千段，由鸿胪寺监护丧事。炀帝又下诏道："在钟鼎上铭刻功勋，在丰碑上记载德业，为的是垂名声事业于不朽，树讽诵赞美于身后。故楚景武公杨素，丰功伟绩，劬劳于王室，竭尽忠诚，辅佐朕躬。所以他的道义超越了汉初的三杰，功绩可比肩于周武王的'十乱'，未至高寿，突然逝世。春秋递代，岁礼正长，雕篆金石，以彰勋德。可立碑于墓道，以表彰盛美。"杨素曾经以五言诗七百字赠番州刺史薛道衡，词气宏迈，风韵秀挺，为一时名作。时间不久他就死了，薛道衡叹道："人之将死，其言也善。难道真是这样吗！"有文集十卷。

杨素虽然有拥立炀帝的策谋和平定杨谅的功劳，但特别为炀帝所猜忌，外表示以殊礼，内情很是淡薄。太史说隋的分野要有大丧事，炀帝便改封杨素于楚，因为楚与隋在同一分野，想以杨素来厌禳灾祸。杨素病重之时，炀帝常令名医来诊断，赐以上等的药物。但又悄悄询问医生，总是唯恐杨素不死。杨素也自知名望地位已至巅峰，便不肯服药，也不慎重调养，常对他弟弟杨约说："我难道还需要活着吗？"杨素贪冒财货，营求产业，东、西二京的宅第极为奢侈华丽，早晨拆晚上建，营造修缮无停日，居宅遍及诸方的大都会，旅店、水碾和肥田美宅数以千百计，当时人的舆论对此很是鄙薄。其子杨玄感嗣位。他的所有儿子都因杨玄感造反而被诛死。

韩擒虎传

【题解】

韩擒虎(538~592),字子通,隋河南东垣(今河南新安东)人。北周时以军功,拜都督、新安太守,袭爵新义郡公。多次击败陈朝军队进攻。隋初,任庐州总管与贺若弼共伐陈,他先入建康,擒获陈主陈叔宝。回京师后,与贺若弼争功,隋文帝加以调和。进位上柱国,别封寿光县公,凉州总管,御备胡寇。韩擒虎主要功绩是灭南朝陈,统一了全国。

【原文】

韩擒虎字子通,河南东垣人也,后家新安。父雄,以武烈知名,仕周,官至大将军、洛、虞等八州刺史。擒少慷慨,以胆略见称,容貌魁岸,有雄杰之表。性又好书,经史百家皆略知大旨。周太祖见而异之,令与诸子游集。后以军功,拜都督、新安太守,稍迁仪同三司,袭爵新义郡公。武帝伐齐,齐将独孤永业守金墉城,擒说下之。进平范阳,加上仪同,拜永州刺史。陈人逼光州,擒以行军总管击破之。又从宇文忻平合州。高祖作相,迁和州刺史。陈将甄庆、任蛮奴、萧摩诃等共为声援,频寇江北,前后入界。擒屡挫其锋,陈人夺气。

韩擒虎

开皇初,高祖潜有吞并江南之志,以擒有文武才用,夙著声名,于是拜为庐州总管,委以平陈之任,甚为敌人所惮。及大举伐陈,以擒为先锋。擒率五百人宵济,袭采石,守者皆醉,擒遂取之。进攻姑熟,半日而拔,次于新林。江南父老素闻其威信,来谒军门,昼夜不绝。陈人大骇,其将樊巡、鲁世真、田瑞等相继降之。晋王广上状,高祖闻而大悦,宴赐群臣。晋王遣行军总管杜彦与擒合军,步骑两万。陈叔宝遣领军蔡征守朱雀航,闻擒将至,众惧而溃。任蛮奴为贺若弼所败,弃军降于擒。擒以精骑五百,直入朱雀门。陈人欲战,蛮奴扬之曰:"老夫尚降,诸君何事!"众皆散走,遂平金陵,执陈主叔宝。时贺若弼亦有功。乃下诏于晋王曰:"此二公者,深谋大略,东南逋寇,朕本委之,静地恤民,悉如朕意。九州不一,已数百年,以名臣之功,成太平之业,天下盛事,何用过此!闻以欣然,实深庆快。平定江表,二人之力也。"赐物万段。又下优诏于擒、弼曰:"中国威于万里,宣朝化于一隅,使东南之民俱出汤火,数百年寇旬日廓清,专是公之功也。高名塞于宇宙,盛业光于天壤,逖听前古,罕闻其匹。班师凯入,诚知非远,相思之甚,寸阴若岁。"

及至京,弼与擒争功于上前,弼曰:"臣在蒋山死战,破其锐卒,擒其骁将,震扬威武,遂平陈国。韩擒略不交阵，岂臣之比！"擒曰："本奉明旨，令臣与弼同时合势，以取伪都。弼乃敢先期，逢贼遂战，致令将士伤死甚多。臣以轻骑五百，兵不血刃，直取金陵，降任蛮奴，执陈叔宝，据其府库，倾其巢穴。弼至夕，方扣北掖门，臣启关而纳之。斯乃求罪不暇，安得与臣相比！"上曰："二将俱合上勋。"于是进位上柱国，赐物八千段。有司劾擒放纵士卒，淫污陈宫，坐此不加爵邑。

先是，江东有歌谣曰："黄斑青骢马，发自寿阳涘，来时冬气末，去日春风始。"皆不知所谓。擒本名豹，平陈之际，又乘青骢马，往反时节与歌相应，至是方悟。其后突厥来朝，上谓之曰："汝闻江南有陈国天子乎？"对曰："闻之。"上命左右引突厥诣擒前，曰："此是执得陈国天子者。"擒厉然顾之，突厥惶恐，不敢仰视，其有威容如此。别封寿光县公，食邑千户。以行军总管屯金城，御备胡寇，即拜凉州总管。

俄征还京，上宴之内殿，恩礼殊厚。无何，其邻母见擒门下仪卫甚盛，有同王者，母异而问之。其中人曰："我来迎王。"忽然不见。又有人疾笃，忽惊走至擒家曰："我欲谒王。"左右问曰："何王也？"答曰："阎罗王。"擒子弟欲挞之，擒止之曰："生为上柱国，死作阎罗王，斯亦足矣。"因寝疾，数日竟卒，时年五十五。子世谔嗣。

【译文】

韩擒虎，字子通，河南垣人，后来家住新安。父韩雄，因有武艺忠烈而知名，在北周，任官至大将军，洛、虞等八州刺史。韩擒虎少年时激昂振奋，以胆大有谋略被人所称赞，容貌端正身材魁梧，有男子汉气概。又爱好读书，经史百家等书都略知其大意。周太祖宇文泰见到他后感到与众不同，命他与儿子们交游。后来因为军功拜都督、新安太守，不久升为仪同三司，承袭父的封爵为新义郡公。周武帝伐齐，齐将独孤永业守洛阳金墉城，韩擒虎说服他投降。进而平定范阳，加官上仪同，拜永州刺史。陈朝军队逼近光州，韩擒虎作为行军总管击败了他们。又随从宇文忻平定合州。高祖杨坚做宰相时，升官为和州刺史。陈朝将领甄庆、任蛮奴、萧摩诃相互呼应声援，多次进犯长江以北地区，先后侵入边界。韩擒虎屡次出击，挫了他们的锋芒，陈朝的军队丧失了锐气。

隋开皇年间初期，高祖暗有并吞江南陈朝的打算，因韩擒虎有文武才干，早有名声，于是拜为庐州总部管，委任他以平定陈朝的重任，很为敌人所害怕。等到大举伐陈，任命韩擒虎为先锋。于是他率领五百士兵在夜晚渡过长江，袭击采石，陈朝守卫士兵都喝醉睡了，韩擒虎就攻取了采石。然后进攻姑熟，半天就攻下了，进驻到了新林。江南的父老一向听说他威名，纷纷前来军门拜见，昼夜不断。陈朝军队十分害怕，他们的将领樊巡、鲁世真，田瑞等相继来投降。晋王杨广把这状况上报，高祖知道后十分高兴，设宴赏赐群臣庆贺。晋王派行军总管杜彦与韩擒虎联合，共有步兵骑兵两万。陈朝皇帝陈叔宝派领军蔡征守朱雀航，大家听说韩擒虎快来到，都害怕而溃散。任蛮奴被贺若弼打败，弃军向韩擒虎投降。韩擒虎带五百名精锐骑兵，直接冲入朱雀门。陈朝军队打算抵抗，任蛮奴挥挥手说："老夫尚且投降，诸君何必再抵抗！"于是大家都一哄而散，平定了金陵，擒获了陈主陈叔宝。当时贺若弼也有功，高祖下诏给晋王说："这两个人，都有深谋大略，平定东南的逃寇，朕把这任务委托给他们，结果占领土地抚恤百姓，都很合朕的心意。全国九州不统一，已经有数百年，用名臣的功劳，来成就天下太平的事业，这是值得庆贺的大事，还有什么能超过它呢！朕听到消息后很是欣慰，实在值得庆贺和快乐。平定江南，是这两人努力的结果呀。"赐给织物万段。又下表扬的诏书给韩擒虎、贺若弼说："把国家的威力伸展到万里之外，把朝廷的教化宣扬到边境一角，使东南地区的百姓摆脱水深火热的境遇，使数百年的贼寇在几十天中清除，这完全是您等的功劳。你们的高大的名声充满在宇宙间，伟大的业绩光耀于天地中，从古以来，很少听到能与你们相比的。凯旋回师的日子，知道已经不远，但想念你们的殷切程度，过一寸光阴就好像要过一年。"

等两人回到了京城，贺若弼与韩擒虎就在皇帝面前争功劳，贺若弼说："臣在蒋山死战，打败他们的精兵，抓获他们的猛将，威武无比震惊敌人，才平定了陈国。韩擒虎很少上阵作战，岂能和臣相比！"韩擒虎说："本来遵照英明的旨意，命令臣与贺若弼同时合力进攻，以取伪国都城。而贺若弼竟敢先到，逢到贼里就战斗，以致使将领士兵伤亡很多。臣用五百名轻装骑兵，没有经过流血，直接攻取金陵，使任蛮奴投降，抓获了陈叔宝，占据他们的府第仓库，捣毁他们的巢穴。贺若弼到傍晚，方才来敲北掖门，臣通知守关人开门才让他们进来。他是讲自己罪过还来不及，哪里能和臣相比！"皇帝说："两位将军都可以算上等功勋。"于是进韩擒虎为上柱国，赐给织物八千段。有关衙门弹劾韩擒虎放纵士兵，淫污陈朝宫女，由此他不加封爵和食邑。

早先，江南有歌谣说："黄斑青骢马，发自寿阳边，来时冬气末，去日春风始。"大家都不知道什么意思。韩擒虎本名豹，在平陈之际，又骑青骢马，往返的时节也正与歌谣中所说的相合，到这时大家才领悟到歌谣所说的含意。后来突厥来朝贡，皇帝对他们使者说："你听说江南有个陈国天子吗？"使者答："听说。"上命令左右侍从把突厥使者引到韩擒虎面前，说："这位就是抓获陈国天子的人。"韩擒虎很严厉地盯着使者看，突厥使者恐慌，不敢直视，他的威严就是这样。另封他寿光县公，食邑一千户。又以行军总管屯兵在金城，防御胡族的进攻，拜官为凉州总管。

不久征召他回京城，皇帝在内殿宴请，对他感情真切，礼遇优厚。没有多少时候，他的邻居老大娘看到韩擒虎门前仪仗队很煊赫，如同王家的，老大娘惊异地询问。其中有人说："我来迎接王。"忽然什么都不见了。又有一人病很重，忽然仓皇失措地走到韩擒虎家说："我想拜见王。"左右侍从问："什么王？"答道："阎罗王。"韩擒虎的子弟要打他，韩擒虎制止，说："生为上柱国，死做阎罗王，这也就满足了。"因此生病，数天后竟然去世，当时年龄五十五岁。儿子韩世谔继承爵位。

贺若弼传

【题解】

贺若弼(544~609)，字辅伯，隋河南洛阳(今属河南)人。北周时，与韦孝宽一起伐陈，拜寿州刺史。隋初为吴州总管。开皇九年(589)，大举伐陈，任行军总管，大军过江，未被陈发觉，过江后军令严肃，击败陈军抵抗，进入建康。因灭陈功，晋爵宋国公，官至右武侯大将军。后对杨素任右仆射有怨言。炀帝时，因议论朝政，被杀。《北史》卷六八本

传载有他的《御授平陈七策》;《资治通鉴》卷一七九开皇二十年载有隋文帝批评他："公有三太猛:嫉妒心太猛,自是、非人心太猛,无上心太猛。"可参考。

【原文】

贺若弼字辅伯,河南洛阳人也。父敦,以武烈知名,仕周为金州总管,宇文护忌而害之。临刑,呼弼谓之曰:"吾必欲平江南,然此心不果,汝当成吾志;且吾以舌死,汝不可不思。"因引锥刺弼舌出血,诫以慎口。弼少慷慨,有大志,骁勇便弓马,解属文,博涉书记,有重名于当世。周齐王宪闻而敬之,引为记室。未几,封当亭县公,迁小内史。周武帝时,上柱国乌丸轨言于帝曰:"太子非帝王器,臣亦尝与贺若弼论之。"帝呼弼问之,弼知太子不可动摇,恐祸及己,诡对曰:"皇太子德业日新,未睹其阙。"帝默然。弼既退,轨让其背己,弼曰:"君不密则失臣,臣不密则失身,所以不敢轻议也。"及宣帝嗣位,轨竟见诛,弼乃获免。寻与韦孝宽伐陈,攻拔数十城,弼计居多。拜寿州刺史,改封襄邑县公。高祖为丞相,尉迥作乱邺城。恐弼为变,遣长孙平驰驿代之。

高祖受禅,阴有并江南之志,访可任者。高颎曰:"朝臣之内,文武才干,无若贺若弼者。"高祖曰:"公得之矣。"于是拜弼为吴州总管,委以平陈之事,弼忻然以为己任。与寿州总管源雄并为重镇。弼遗雄诗曰:"交河骠骑幕,合浦伏波营,勿使骐骥上,无我二人名。"献取陈十策,上称善,赐以宝刀。

开皇九年,大举伐陈,以弼为行军总管。将渡江,酾酒而呪曰:"弼亲承庙略,远振国威,伐罪吊民,除凶翦暴。上天长江,鉴其若此。如使福善祸淫,大军利涉;如事有乖违,得葬江鱼腹中,死且不恨。"先是,弼请缘江防人每交代之际,必集历阳。于是大列旗帜,营幕被野。陈人以为大兵至,悉发国中士马。既知防人交代,其众复散。后以为常,不复设备。及此,弼以大军济江,陈人弗之觉也。袭陈南徐州,拔之,执其刺史黄恪。军令严肃,秋毫不犯,有军士于民间沽酒者,弼立斩之。进屯蒋山之白土冈,陈将鲁广达、周智安、任蛮奴、田瑞、樊毅、孔范、萧摩诃等以劲兵拒战。田瑞先犯弼军,弼击走之。鲁广达等相继递进,弼军屡却。弼揣知其骄,士卒且惰,于是督厉将士,殊死战,遂大破之。麾下开府员明擒摩诃至,弼命左右牵斩之。摩诃颜色自若,弼释而礼之。从北掖门而入。时韩擒已执陈叔宝,弼至,呼叔宝视之。叔宝惶惧流汗,股慄再拜。弼谓之曰:"小国之君,当大国卿,拜,礼也。入朝不失作归命侯,无劳恐惧。"

既而弼恚恨不获叔宝,功在韩擒之后,于是与擒相诟,挺刃而出。上闻弼有功,大悦,下诏褒扬,晋王以弼先期决战,违军命,于是以弼属吏。上驿召之,及见,迎劳曰:"克定三吴,公之功也。"命登御坐,赐物八千段,加位上柱国,进爵宋国公,真食襄邑三千户,加以宝剑、宝带、金瓮、金盘各一,并雉尾扇、曲盖,杂采二千段,女乐二部,又赐陈叔宝妹为妾。拜右领军大将军,寻转右武侯大将军。

弼时贵盛,位望隆重,其兄隆为武都郡公,弟东为万荣郡公,并刺史、列将。弼家珍玩不可胜计,婢妾曳绮罗者数百,时人荣之。弼自谓功名出朝臣之右,每以宰相自许。既而杨素为右仆射,弼仍为将军,甚不平,形于言色,由是免官,弼怨望愈甚。后数年,下弼狱,上谓之曰:"我以高颎、杨素为宰相,汝每倡言,云此二人惟堪啗饭耳,是何意也?"弼曰:"颎,臣之故人,素,臣之舅子,臣并知其为人,诚有此语。"公卿奏弼怨望,罪当死。上惜其功,于是除名为民。岁余,复其爵位。上亦忌之,不复任使,然每宴赐,遇之甚厚。开皇十九年,上幸仁寿宫,宴王公,诏弼为五言诗,词意愤怨,帝览而容之。尝遇突厥入朝,上赐之射,突厥一发中的。上曰:"非贺若弼无能当此。"于是命弼。弼再拜祝曰:"臣若赤诚奉国者,当一发破的。如其不然,发不中也。"既射,一发而中。上大悦,顾谓突厥曰:"此人,天赐我也!"

炀帝之在东宫,尝谓弼曰:"杨素、韩擒、史万岁三人,俱称良将,优劣何如?"弼曰:"杨素是猛将,非谋将;韩擒是斗将,非领将;史万岁是骑将,非大将。"太子曰:"然则大将谁也?"弼拜曰:"唯殿下所择。"弼意自许为大将。及炀帝嗣位,尤被疏忌。大业三年,从驾北巡,至榆林。帝时为大帐,其下可坐数千人,召突厥启民可汗飨之。弼以为大侈,与高颎、宇文敳等私议得失,为人所奏,竟坐诛,时年六十四,妻子为官奴婢,群从徙边。

子怀亮,慷慨有父风,以柱国世子拜仪同三司。坐弼为奴,俄亦诛死。

【译文】

贺若弼,字辅伯,河南洛阳人,父亲贺若敦,因有武艺忠烈而闻名,在周任官为金州总管,遭宇文护妒忌而杀害。临刑时,叫贺若弼来对他说:"我一定要平定江南,但这志向没有实现,你一定要完成我的遗志;而且我是因舌头说话而死,你不可不引以为训。"接着用锥刺贺若弼舌头直到出血,警诫他讲话要谨慎。贺若弼少年时精神振奋,情绪激昂,有大志,勇敢而善于弯弓骑马,会写文章,博览群书,在当时很有名声。周齐王宇文宪闻名而很敬重他,引他为记室。不久以后,被封当亭县公,升为小内史。周武帝时,上柱国乌丸轨对皇帝说:"太子不具有做帝王的才能,臣也曾与贺若弼谈论过。"皇帝叫贺若弼来问,贺若弼知道太子地位不可动摇,恐怕祸难落到自己头上,就讲假话说:"皇太子道德学问日有提高,没有看到他的缺点。"皇帝沉默不言。贺若弼回来后,乌丸轨责备他背叛自己,贺若弼说:"君主的口不密则失信臣下,臣下的口不密则生命难保,所以不敢轻易议论。"等到宣帝即帝位,乌丸轨最终被杀,而贺若弼则避免了杀身之祸。不久与韦孝宽一起征伐陈朝,攻克数十城,其中多数是贺若弼的计谋。拜官寿州刺史,改封襄邑县公。高祖杨坚为丞相,尉迟迥在邺城作乱,恐怕贺若弼有变化,派长孙平骑驿马去取代他。

高祖称帝,暗有并吞江南的打算,寻找可以担负此重大任务的人。高颎说:"朝廷的大臣当中,从文武才干来说,没有一个比得上贺若弼的人。"高祖说:"您算说对了。"于是任命贺若弼为吴州总管,委任他平定陈朝的大事。贺若弼很高兴地把这件事作为自己的任务。与寿州总管源雄同任官于重镇。贺若弼送诗给源雄说:"交河是骠骑将军的帐幕,合浦是伏波将军的军营,勿使在骐骥阁上,没有我二人的名字。"他献上攻取陈朝的十项计策,皇帝认为很好,赐给他宝刀。

开皇九年,大举征伐陈朝,任命贺若弼为行军总管。即将渡江,他用酒洒地祝愿说:"贺若弼亲受皇帝庙算谋略,远处去宣扬国家威望,征伐有罪的人,救民于水火之中,除去凶恶暴虐的罪犯。上天和长江,你们明鉴这一切。如果你们想使善人得到福气,坏人得到灾难,那么大军就能顺利渡江;如果事情与这相反,那么我们就在长江葬身鱼腹之中,死也不恨。"早先,贺若弼请求沿江防守的士兵每在交接的时候,必定要集中在历阳。于是每次在历阳树立了许多旗帜,军营帐幕漫山遍野。陈朝人以为大兵来攻,征发了全国大部分士兵马匹来防御。过后知道是隋驻防的士兵交替,他们许多征集的士兵也就散走了。后来多次这样,以为是平常的事,就不再布置兵力来防备了。到此,贺若弼率领大军渡江时,陈朝人竟根本没有察觉。贺若弼袭击陈的南徐州,攻克了,抓获它的刺史黄恪。隋军军令严肃,秋毫无犯,有的士兵在民间沽买酒喝,贺若弼立即斩首。他进军驻屯蒋山的白土冈,陈朝将领鲁广达、周智安、任蛮奴、田瑞、樊毅、孔范、萧摩诃等率领强劲士兵抵抗。田瑞先攻贺若弼军,贺若弼把他打跑了。鲁广达等军相继进攻,贺若弼军屡屡败退,贺若弼估计他们士兵已经骄傲,而且疲劳,就严厉督促将士们殊死战斗,于是大败陈军。麾下开府员明擒获萧摩诃,贺若弼命令左右拉出去斩首。萧摩诃神色自若,贺若弼释放了他,并以礼相待。从北掖门进入陈朝皇宫。当时韩擒虎已经捉到了陈叔宝,贺若弼到来,叫陈叔宝来被他看看。陈叔宝惶恐害怕,汗流浃背,浑身发抖不断叩头。贺若弼对他说:"小国的国君,面对大国的大臣,应该下拜,这是礼节。进入我朝后仍不失做一个归命侯,不必恐惧。"

过后贺若弼怨恨没有抓得陈叔宝,功劳在韩擒虎之后,于是与韩擒虎相争吵,刀也拔出来了。皇帝听说贺若弼有功,大为高兴,下诏褒奖表扬。晋王杨广因贺若弼在预定攻敌时间之前出军决战,违反军命,于是把贺若弼交付有关官吏,皇帝派驿马召他回来,相见后,欢迎慰劳他说:"攻克安定三吴地区,是您的功劳。"命他登上御座,赐给织物八千段,加官位上柱国,进封爵宋国公,真食襄邑封户三千户,加赐有宝剑、宝带、金瓮、金盘各一件。还有雉尾扇、略曲的伞、杂色丝织品二千段,女鼓吹乐队二部,又赐他陈叔宝的妹妹为妾。拜官右领军大将军,不久转为右武侯大将军。

贺若弼当时正尊贵得势,地位和名望都很高。他的哥哥贺若隆为武都郡公,弟弟贺若东为万荣郡公,都是刺史、列将。贺若弼家里珍奇玩物不可胜数,婢姜穿绮罗的有数百人,当时人认为这是很荣耀的。贺若弼自己认为功劳和名声比朝廷里的大臣都高,常常认为自己应该当宰相。后来杨素担任了右仆射,贺若弼仍然是个将军,心中很不平,表现在言论和脸色上,因此被免官,贺若弼埋怨和愤恨更加厉害。数年后,贺若弼下到了监狱,皇帝对他说:"我任命高颎、杨素为宰相,你每每议论,说这两个人只会吃饭,是什么意思呀?"贺若弼说:"高颎是臣的老朋友,杨素是臣的表兄弟,臣都知道他们的为人,故而有这些话。"公卿大臣上奏说贺若弼对朝廷怨恨不满,他的罪应当处死。皇帝珍惜他过去有功,于是除去官名成为平民。一年多后,又恢复了他的爵位。皇帝也对他有所顾忌,不再重用他,然而每次宴会赏赐,对待他总是很优厚。开皇十九年,皇帝到仁寿宫,宴请王公,诏命贺若弼做五言诗,词句和意思都表现出愤愤不平和怨恨,皇帝看了后也宽容了他。有一次遇到突厥人入朝,皇帝赏赐他们射箭,突厥人一箭就中的。皇帝说:"非贺若弼不能与他们相比。"于是命贺若弼射。贺若弼再拜祈祷说:"臣如果是赤心忠诚于国家的,就应当一发破的。如果不是那样的人,发箭就不中。"结果射箭后,一发而中的。皇帝十分高兴,回头对突厥人说:"这个人,是天赐我的呀!"

隋炀帝在东宫当太子时,曾对贺若弼说:"杨素、韩擒虎、史万岁三人,都可称良将,但优劣如何呢?"贺若弼说:"杨素是猛将,不是有谋略的将;韩擒虎是善斗的将,不是领导的将;史万岁是善骑的将,不是大将。"太子说:"那么大将是谁呢?"贺若弼下拜说:"由您殿下来选择。"贺若弼的意思是认为自己可以当大将。等隋炀帝即位后,他尤其被疏远和忌用。大业三年，随从皇帝到北方巡行，到榆林。皇帝当时用大帐篷，下面可以坐数千人，召突厥启民可汗来参加宴会。贺若弼以为太奢侈，与高颎、宇文弨等在私下议论得失，被人上奏揭发，最后因此而被杀，时年六十四岁。妻子没为官奴婢，下面人发配到边境。

儿子贺若怀亮，像父亲那样很有气概，因是柱国的长子拜仪同三司。因贺若弼的事而罚为奴，不久也被杀。

刘行本传

【题解】

刘行本，先出仕梁，后归北周。为人有学识，北周典章制度，多出其手。入隋，所为谏议大夫，又迁黄门侍郎。治政严明敢忤皇帝，正直敢谏。去世后，百姓念之，皇帝深悼。

【原文】

刘行本，沛人也。父瑰，仕梁，历职清显。行本起家武陵国常侍。遇萧修以梁州北附，遂与叔父璠同归于周，寓居京兆之新丰。每以诵读为事，精力忘疲，虽衣食乏绝，晏如也。性刚烈，有不可夺之志。周大冢宰宇文护引为中外府记室。武帝亲总万机，转御正中士，兼领起居注，累迁掌朝下大夫。周代故事，天子临轩，掌朝典笔砚，持至御坐，则承御大夫取以进之。及行本为掌朝，将进笔於帝，承御复欲取之。行本抗声谓承御曰："笔不可得。"帝惊视问之，行本言於帝曰："臣闻设官分试，各有司存。臣既不得佩承御刀，承御亦焉得取臣笔。"帝曰："然。"因今二司各行所职。及宣帝嗣位，多失德，行本切谏忤旨，出为河内太守。

高祖为丞相，尉迥作乱，进攻怀州。行本率吏民拒之，拜仪同，赐爵文安县子。及践阼，征拜谏议大夫，检校治书侍御史。未几，迁黄门侍郎。上尝怒一郎，於殿前笞之。行本进曰："此人素清，其过又小，愿陛下少宽假之。"上不顾。行本於是正当上前曰："陛下不以臣不肖，署臣左右。臣言若是，陛下安得不听？臣言若非，当致之於理，以明国法，岂得轻臣而不顾也！臣所言非私。"因置笏於地而退，上敛容谢之，遂原所笞者。

于时天下大同，四夷内附，行本以党项羌密迩封域，最为后服，上表劾其使者曰："臣闻南蛮遵校尉之统，西域仰都护之威。比见西羌鼠窃狗盗，不父不子，无君无臣，异类殊方，於斯为下。不悟羁縻之惠，讵知含养之恩，狼戾为心，独乖正朔。使人近至，请付推科。"上奇其志焉。雍州别驾元肇言於上曰："有一州吏，受人馈钱三百文，依律合杖一百。然臣下车之始，与其为约。此吏故违，请加徒一年。"行本驳之曰："律令之行，并发明诏，与民约束。今肇乃敢重其教命，轻忽宪章。欲申己言之必行，忘朝廷之大信，亏法取威，非人臣之礼。"上嘉之，赐绢百匹。

在职数年，拜太子左庶子，领治书如故。皇太子虚襟敬惮。时唐令则亦为左庶子，太子昵狎之，每令以弦歌教内人。行本责之曰："庶子当匡太子以正道，何有嬖昵房帷之间哉！"令则甚惭而不能改。时沛国刘臻、平原明克让、魏郡陆爽并以文学为太子所亲，行本怒其不能调护，每谓三人曰："卿等正解读书耳。"时左卫率长史夏侯福为太子所昵，尝於阁内与太子戏，福大笑，声闻於外。行本时在阁下闻之，待其出，行本数之曰："殿下宽容，赐汝颜色。汝何物小人，敢为亵慢！"因付执法者治之。数日，太子为福致请，乃释之。太子尝得良马，令福乘而观之，太子甚悦，因欲令行本复乘之。行本不从，正色而进曰："至尊置臣於庶子之位者，欲令辅导殿下以正道，非为殿下作弄臣也。"太子惭而止。复以本官领大兴令，权贵惮其方直，无敢至门者。由是请托路绝，法令清简，吏民怀之。未几，卒官，上甚伤惜之。及太子废，上曰："嗟乎！若使刘行本在，勇当不及於此。"无子。

【译文】

刘行本，沛县人。父亲刘瑰，在梁国做官，历任高贵显赫之职。刘行本一出家门就任武陵国常侍。遇到萧修以梁州投奔北朝，刘行本遂与叔父刘璠一块投归北周，居住在京兆的新丰县。常以背诵读书为事，聚精会神乐而忘记了疲劳，虽然穿衣吃饭都有缺乏的时候，但干扰不了他读书，仍是一如既往。性情刚烈，有股不可改变的意志。周大冢宰宇文护推荐他任中外府记室。周武帝亲理朝政后，刘行本转为御正中士，兼领起居注，连续升迁为掌朝下大夫。周朝原来的典章规定，天子不坐正殿而到殿前时，掌朝大夫主管笔砚，拿到御坐前，则由承御大夫取过来送进去。到刘行本为掌朝，将要送笔给皇帝，承御又要取过去。行本大声对承御说："笔不能给你。"皇帝吃惊看着他而发问，行本回答说："臣听说设立官位分明职掌，各有主管的事。臣既不能佩戴承御的刀，承御怎么能拿臣的笔。"皇帝说："对。"因此下令两部门各执行其职责。到周宣帝继承皇位后，做了很多荒唐谬误的事，刘行本直言极谏惹恼了周宣帝，被外放为河内太守。

杨坚出任北周丞相，尉迟迥举兵造反，进攻怀州。行本率领官吏百姓抵抗住了他的进攻，因功拜仪同，赐爵文安县子。到杨坚登上皇帝宝座，征拜刘行本为谏议大夫，代理治书侍御史。不久，迁黄门侍郎。皇帝曾向一郎官发怒，在殿前笞打他。刘行本劝谏说："这个人向来高洁，其过失又很小，望陛下稍加宽容。"皇帝不理睬。于是行本就站到皇帝面前说："陛下不认为臣不正派，把臣发署左右。臣说的如果对，陛下怎能够不听？臣说的如果错了，应当交给法官，以申明国法，岂能轻视臣而不理睬！臣所说的并非是私事。"随着把朝笏放在地上而退下去了，皇帝马上郑重其事地向他道歉，也原谅了所笞打的郎官。

当时正是天下太平盛世，四周的少数民族纷纷内附，刘行本因党项羌离疆界很近，但最后归附，上表弹劾其使者说："臣听说南方少数民族遵从校尉的统领，西域各族仰承都护的权威力。近来见到西羌这样的小偷小盗，不父不子，无君无臣，种类不同居于异域他乡，于此为下。不明白维系联络的恩惠，岂能知道保养的恩德，贪暴凶残为心，单独违背朝廷。使者最近来到，请付推科。"皇帝特别欣赏他的心意了。雍州别驾元肇告诉皇帝说："有一个州吏，接受别人馈赠三百文钱，按法律应当杖责一百。因我刚到那里的时候，与其约定。这个州吏故意违背，请加徒刑一年。"刘行本批驳元肇说："律令的执行，都发布了诏书，和百姓作了规约。现在肇竟敢只重视他的命令，轻视国家法规。要申明自己的言语一定实行，而忘记朝廷的大信，破坏国法而取个人权威，这不是人臣的准则。"皇帝赞美了他，赐给绢百匹。

在职几年后,拜太子左庶子,领治书侍御史依然如故。皇太子对刘行本虚心恭畏。当时唐令则也担任左庶子,太子特别亲近他,经常让他用瑟伴奏、歌咏诵读教练太子宫中的女伎艺人和妻妾。刘行本责备他说:"庶子应当辅导太子以正道,为什么又溺爱于内室当中呢!"唐令则听了十分惭愧但又不能改正。当时,沛国刘臻、平原明克让、魏郡陆爽都因文学被皇太子所亲近。刘行本生气他们不能调理保护,常说三人:"你们只知道读书罢了。"当时左卫率长史夏侯福被太子所溺爱,曾经在阁中和太子游戏打闹,夏侯福大笑,笑声在外边都能听到。刘行本正在阁下听到,待夏侯福出来,刘行本责备他说:"殿下宽容,给你好脸色。你是什么小人,竟敢轻慢!"因此交给执法的人处治。过了几天,皇太子为夏侯福求情,才释放出来。太子曾得到一匹好马,让夏侯福骑乘而观看。太子十分高兴,因此要刘行本再骑一次。刘行本不骑,严肃地劝谏说:"皇帝把臣放在庶子这个位子上,是要让我辅导殿下以正道,并不是给殿下作亲近狎玩的人。"皇太子听了惭愧而止。后来又以本官兼任大兴县令,权贵惧怕刘行本的正直,没有敢到其门的人。因此请托办事的路断绝了,法令清简,官吏百姓都怀念他。不久,死于官任上,皇帝十分悼念哀伤他。到太子被废,皇帝说:"哎!如果刘行本在,杨勇当然不会到这地步。"没有儿子。

赵绰传

【题解】

赵绰,河东人,所仕北周,随杨坚入隋,授官大理丞。处法平允,后不断迁官,屡谏屡从,评论时政得失,得赏赐无数。这在隋代是不多见的。

【原文】

赵绰,河东人也,性质直刚毅。在周,初为天官府史,以恭谨恪勤,擢授夏官府下士。稍以明干见知。累转内史中士。父艰去职,哀毁骨立,世称其孝。既免丧,又为掌教中士。高祖为丞相,知其清正,引为录事参军。寻迁掌朝大夫,从行军总管是云晖击叛蛮,以功拜仪同,赐物千段。

高祖受禅,授大理丞,处法平允,考绩连最,转大理正。寻迁尚书都官侍郎,未几转刑部侍郎。治梁士彦等狱,赐物三百段、奴婢十口、马二十匹。每有奏谳,正色侃然,上嘉之,渐见亲重。上以盗贼不禁,将重其法。绰进谏曰:"陛下行尧、舜之道,多存宽宥。况律者天下之大信,其可失乎!"上忻然纳之,因谓绰曰:"若更有闻见,宜数陈之也。"迁大理少卿。故陈将萧摩诃,其子世略在江南作乱,摩诃当从坐。上曰:"世略年未二十,亦何能为!以其名将之子,为人所逼耳。"因赦摩诃。绰固谏不可,上不能夺,欲绰去而赦之,固命绰退食。绰曰:"臣奏狱未决,不敢退朝。"上曰:"大理,其为朕特赦摩诃也。"因命左右释之。刑部侍郎辛亶,尝衣绯裈,俗云利於官,上以为厌蛊,将斩之。绰曰:"据法不当死,臣不敢奉诏。"上怒甚,谓绰曰:"卿惜辛亶而不自惜也?"命左仆射高熲将绰斩之,绰曰:"陛下宁可杀臣,不得杀辛亶。"至朝堂,解衣当斩,上使人谓绰曰:"竟何如?"对曰:"执法一心，不敢惜死。"上拂衣而入，良久乃释之。明日，谢绰，劳勉之，赐物三百段。时上禁行恶钱，有二人在市，以恶钱易好者，武侯执以闻，上令悉斩之。绰进谏曰："此人坐当杖，杀之非法。"上曰："不关卿事。"绰曰："陛下不以臣愚暗，署在法司，欲妄杀人，岂得不关臣事！"上曰："撼大木不动者，当退。"对曰："臣望感天心，何论动木！"上复曰："啜羹者，热则置之。天子之威，欲相挫耶？"绰拜而益前，诃之不肯退。上遂入。治书侍御史柳彧复上奏切谏，上乃止。上以绰有诚直之心，每引入阁中，或遇上与皇后同榻，即呼绰坐，评论得失。前后赏赐万计。其后进位开府，赠其父为蔡州刺史。

时河东薛胄为大理卿，俱名平恕。然胄断狱以情，而绰守法，俱为称职。上每谓绰曰："朕於卿无所爱惜，但卿骨相不当贵耳。"仁寿中卒官，时年六十三。上为之流涕，中使吊祭，鸿胪监护丧事。有二子：元方、元袭。

【译文】

赵绰，河东人，性格正直坚定。在北周，开始为天官府史，因恭谨勤恳，提拔为夏官府下士。逐渐以精明强干为人所知，多次迁转为内史中士。因父丧离职，哀伤过度，人极消瘦，世人称赞其孝敬。守丧期满除服，又为掌教中士。杨坚为丞相，了解赵绰为官清廉正直，推荐为录事参军。不久迁掌朝大夫，随从行军总管是云晖平定反叛的蛮人，因功拜为仪同，赏赐给物品千段。

杨坚接受北周皇帝禅位，建立隋朝，授赵绰为大理丞，处法平允，考察成绩连续名排第一，转为大理正。很快升迁为尚书都官侍郎，不久转刑部侍郎。处理梁士彦等案件，赐给物品三百段、奴婢十口、马二十四。每当向皇帝送上需议罪的案件时，表情端庄严肃又刚直，皇帝赞美他，逐渐更为亲近器重。皇帝因盗贼不能禁止，准备加重其法。赵绰进谏说："陛下推行尧、舜的王道，多存宽容饶恕。况且法律是天下的大信，这是能失掉的吗？"皇帝很高兴地采纳了赵绰的劝谏，并告诉赵绰说："如果还有见解，应多次陈述说明。"迁大理少卿。原南朝陈国将军萧摩诃，他的儿子萧世略在江南造反作乱，萧摩诃应当因牵连而定罪。皇帝说："世略年纪还不到二十岁，能干什么事！因他是名将的儿子，被人所逼迫而已。"因此赦免萧摩诃。赵绰坚决劝谏不可赦免，皇帝不能做定夺，想等赵绰走了而赦免萧摩诃，坚决命赵绰退下去吃饭。赵绰说："臣所奏上的案件未做决断，不敢退朝。"皇帝只得说："大理，那为朕特赦摩诃。"因命左右释放了萧摩诃。刑部侍郎辛亹，曾经穿过红裤子，世俗的说法是有利于做官，皇帝认为这是厌胜巫蛊邪术，将要斩杀辛亹。赵绰说："依据法律不应当判死刑，臣不敢按诏书办理。"皇帝大怒，告诉赵绰说："卿爱惜辛亹难道不爱惜自己吗？"命令左仆射高颎把赵绰斩首，赵绰说："陛下宁可杀臣，也不能杀辛亹。"到朝堂，脱去朝衣判罪斩首，皇帝派人问赵绰说："究竟怎样办？"赵绰说："执法一心，不敢惜死。"皇帝气得拂衣就到里面去了，过了很长时间才释放赵绰。明天，皇帝向赵绰道歉，又慰问鼓励他，赐给物品三百段。当时，皇帝严格禁止恶钱流行，有两个人在市肆，用恶钱换好钱，武侯抓住了向上报告，皇帝命令全都杀掉。赵绰上奏劝谏说："这人定罪应当受杖刑，杀掉非法。"皇帝说："这事和你无关。"赵绰说："陛下不因为臣下愚昧无知，安置在法司，要胡乱杀人，岂能和臣无关。"皇帝说："摇撼大树不动的，应当退去。"赵绰说："臣希望感动天心，别说摇树了！"皇帝又说："喝汤时，太热就放在一边，天子的威严,要相凌辱吗?"赵绰拜而向前,大声斥责也不肯退。皇帝遂到宫中去。治书侍御史柳或又上疏直言极谏,皇帝才停止了。皇帝因赵绰有忠诚正直的胸怀,经常引入阁中,有时碰上皇帝和皇后坐在一起,即招呼赵绰坐下,评论政治得失。前前后后赏赐的物品上万。后来进位开府,追赠其父亲为蔡州刺史。

当时河东薛胄任大理卿,和赵绰都以公正宽恕著名。然而薛胄判断案件用感情,而赵绰遵守法律,都是称职的。皇帝经常告诉赵绰:"朕于卿是无所珍惜的,只是卿的骨相不当荣华富贵罢了。"仁寿年间中,死于官任上,时年六十三岁,皇帝为赵绰的去世痛哭流涕,派宦官吊唁祭祀,鸿胪官监护丧事。赵绰有两个儿子:元方、元袭。

裴矩传

【题解】

裴矩(公元?~627年),原名世矩,因避唐太宗李世民讳而去掉"世"字。字弘大,河东闻喜(今山西闻喜县东)人。曾任职北齐,齐亡后入周。北周末年,杨坚执政时被召用。隋王朝建立,先后任过民部侍郎、内史侍郎、黄门侍郎等职。宇文化及篡隋,以裴矩为尚书右仆射,加光禄大夫,封蔡国公,任河北道安抚大使。建德失败,归于唐,授左庶子,转詹事、民部尚书。贞观元年(公元627年)逝世。

裴矩一生最重要的活动是为隋炀帝经营西域,并因而在中国边疆和域外地理方面做出了很大贡献。隋炀帝命裴矩到甘州主管关市。大业元年到九年(公元605~613),他至少四次来往于甘州、凉州(今甘肃武威)、沙州(令甘肃敦煌),大力招徕胡商,并引导西域商队前住长安、洛阳等地直接进行贸易。在与西域各族商人发生密切联系的同时,他尽力搜集西域各邦国的山川险要、君长娃氏、风土物产和人情习俗等资料,除用文字记录下来以外,又绘成彩图,撰写成《西域图记》三卷。书中记载了四十四个国家的情况。可惜原书已佚失。

【原文】

裴矩字弘大,河东闻喜人也。祖他,魏都官尚书。父讷之,齐太子舍人。矩襁褓而孤,及长好学,颇爱文藻,有智数。世父让之谓矩曰:"观汝神识,足成才士,欲求官达,当资干世之务。"矩始留情世事。齐北平王贞为司州牧,辟为兵曹从事,转高平王文学。及齐亡,不得调。高祖为定州总管,召补记室,甚亲敬之。以母忧去职。

高祖作相,遣使者驰召之,参相府记室事。及受禅,迁给事郎,奏舍人事。伐陈之役,领元帅记室。既破丹阳,晋王广令矩与高颎收陈图籍。明年奉诏巡抚岭南,未行而高智慧、汪文进等相聚作乱,吴、越道闭,上难遣矩行。矩请速进,上许之。行至南康,得兵数千人。时俚帅王仲宣逼广州,遣其所部将周师举围东衡州。矩与大将军鹿愿赴之,贼立九棚,屯大庾岭,共为声援。矩进击破之,贼惧,释东衡州,据原长岭。又击破之,遂斩师举,进军自南海援广州。仲宣惧而溃散。矩所绥集者二十余州,又承制署其渠帅为刺史、县令。及还报,上大悦,命升殿劳苦之。顾谓高颎、杨素曰:"韦洸将两万兵,不能早度岭。朕每患其兵少。裴矩以三千敝卒,径至南康。有臣若此,朕亦何忧!"以功拜开府,赐爵闻喜县公,赍物二千段。除民部侍郎,寻迁内史侍郎。

时突厥强盛,都兰可汗妻大义公主,即宇文氏之女也,由是数为边患。后因公主与从胡私通,长孙晟先发其事,矩请出使说都兰,显戮宇文氏。上从之。竟如其言,公主见杀。后都兰与突利可汗构难,屡犯亭障。诏太平公史万岁为行军总管,出定襄道,以矩为行军长史,破达头可汗于塞外,万岁被诛,功竟不录。上以启民可汗初附?令矩抚慰之,还为尚书左丞。其年,文献皇后崩,太常旧无仪注,矩与牛弘据《齐礼》参定之。转吏部侍郎,名为称职。

炀帝即位,营建东都,矩职修府省,九旬而就。时西域诸蕃,多至张掖,与中国交市。帝令矩掌其事。矩知帝方勤远略,诸商胡至者,矩诱令言其国俗山川险易,撰《西域图记》三卷,入朝奏之。其序曰:

"臣闻禹定九州,导河不逾积石,秦兼六国,设防止及临洮。故知西胡杂种,僻居遐裔,礼教之所不及,书典之所罕传。自汉氏兴基,开拓河右,始称名号者,有三十六国,其后分立,乃五十五王。仍置校尉、都护,以存招抚。然叛服不恒,屡经征战。后汉之世,频废此官。虽大宛以来,略知户数,而诸国山川未有名目。至如姓氏风土,服章物产,全无纂录,世所弗闻。复以春秋递谢,年代久远,兼并诛讨,互有兴亡。或地是故邦,改从今号,或人非旧类,因袭昔名。兼复部民交错,封疆移改,戎狄音殊,事难穷验。于阗之北,葱岭以东,考于前史,三十余国。其后更相屠灭,仅有十存。自余沦没,扫地俱尽,空有丘墟,不可记识。

皇上膺天育物,无隔华夷,率土黔黎,莫不慕化。风行所及,日入以来,职贡皆通,无远不至。臣既因抚纳,监知关市,寻讨书传,访采胡人,或有所疑,即详众口。依其本国服饰仪形,王及庶人,各显容止,即丹青模写,为《西域图记》共成三卷,合四十四国。仍别造地图,穷其要害。从西顷以去,北海之南,纵横所亘,将两万里。谅由富商大贾,周游经涉,故诸国之事罔不遍知。复有幽荒远地,卒访难晓,不可凭虚,是以致阙。而二汉相踵,西域为传,户民数十,即称国王,徒有名号,乃乖其实。今者所编,皆余千户,利尽西海,多产珍异。其山居之属,非有国名,及部落小者,多亦不载。

发自敦煌,至于西海,凡为三道,各有襟带。北道从伊吾,经蒲类海、铁勒部、突厥可汗庭,度北流河水,至拂林国,达于西海。其中道从高昌、焉耆、龟兹、疏勒,度葱岭,又经钹汗,苏对沙那国、康国、曹国、何国、大、小安国、穆国,至波斯,达于西海。其南道从鄯善,于阗、朱俱波、喝般陀,度葱岭,又经护密、吐火罗、挹怛、忛延、漕国,至北婆罗门,达于西海。其三道诸国,亦各自有路,南北交通。其东女国、南婆罗门国等,并随其所往,诸处得达。故知伊吾、高昌、鄯善,并西域之门户也。总凑敦煌,是其咽喉之地。

以国家威德,将士骁雄,汎濛汜而扬旌,越昆仑而跃马,易如反掌,何往不至!但突厥、吐浑分领羌胡之国,为其拥遏,故朝贡不通。今并因商人密送诚款,引领翘首,愿为臣妾。圣情含养,泽及普天,服而抚之,务存安辑。故皇华遣使,弗动兵车,诸蕃既从,浑、厥可灭。混一戎夏,其在兹乎!不有所记,无以表威化之远也。

帝大悦,赐物五百段。每日引矩至御坐,亲问西方之事。矩盛言胡中多诸宝物,吐谷浑易可并吞。帝由是甘心,将通西域,四夷经略,咸以委之。

转民部侍郎,未视事,迁黄门侍郎。帝复令矩往张掖,引致西蕃,至者十余国。大业三年,帝有事于恒岳,咸来助祭。帝将巡河右,复令矩往敦煌。矩遣使说高昌王麴伯雅及伊吾吐屯设等,啖以厚利导使入朝。及帝西巡,次燕支山,高昌王、伊吾设等,及西蕃胡二十七国,谒于道左。皆令佩金玉,被锦罽,焚香奏乐,歌舞喧噪。复令武威、张掖士女盛饰纵观,骑乘填咽,周亘数十里,以示中国之盛。帝见而大悦。竟破吐谷浑,拓地数千里,并遣兵戍之。每岁委输巨亿万计,诸蕃慑惧,朝贡相续。帝谓矩有绥怀之略,进位银青光禄大夫。其冬,帝至东都,矩以蛮夷朝贡者多,讽帝令都下大戏。征四方奇技异艺,陈于端门街,衣锦绮、珥金翠者,以十数万。又勒百官及民士女列坐棚阁而纵观焉。皆被服鲜丽,终月乃罢。又令三市店肆皆设帷帐,盛列酒食,遣掌蕃率蛮夷与民贸易,所至之处,悉令邀延就坐,醉饱而散。蛮夷嗟叹,谓中国为神仙。帝称其至诚,顾谓宇文述、牛弘曰:"裴矩大识朕意,凡所陈奏,皆朕之成算。未发之顷,距辄以闻。自非奉国用心,孰能若是!"

帝遣将军薛世雄城伊吾,令矩共往经略。矩讽谕西域诸国曰:"天子为蕃人交易悬远,所以城伊吾耳。"咸以为然,不复来竞。及还,赐钱四十万。矩又白状,令反间射匮,潜攻处罗。后处罗为射匮所迫,竟随使者入朝。帝大悦,赐矩以貂裘及西域珍器。

从帝巡于塞北,幸启民帐。时高丽遣使先通于突厥,启民不敢隐,引之见帝。矩因奏状曰:"高丽之地,本孤竹国也。周代以之封于箕子,汉世分为三郡,晋氏亦统辽东。今乃不臣,别为外域,故先帝疾焉,欲征之久矣。但以杨谅不肖,师出无功。当陛下之时,安得不事,使此冠带之境,仍为蛮貊之乡乎?今其使者朝于突厥,亲见启民,合国从化,必惧皇灵之远畅,虑后伏之先亡。胁令入朝,当可致也。"帝曰:"如何?"矩曰:"请面诏其使,放还本国,遣语其王,令速朝见。不然者,当率突厥,即日诛之。"帝纳焉。高元不用命,始建征辽之策。王师临辽,以本官领武贲郎将。明年,复从至辽东。兵部侍郎斛斯政亡入高丽,帝令矩兼掌兵事。以前后渡辽之役,进位右光禄大夫。于时皇纲不振,人皆变节,左翊卫大将军宇文述、内史侍郎虞世基等用事,文武多以贿闻。唯矩守常,无贼秽之响,以是为世所称。

还至涿郡,帝以杨玄感初平,令矩安集陇右。因之会宁,存问曷萨那部落,遣阙达度设寇吐谷浑,频有虏获,部落致富。还而奏状,帝大赏之。后从师至怀远镇,诏护北蕃军事。矩以始毕可汗部众渐盛,献策分其势,将以宗女嫁其弟叱吉设,拜为南面可汗。叱吉不敢受,始毕闻而渐怨。矩又言于帝曰:"突厥本淳易可离间,但由其内多有群胡,尽皆桀黠,教导之耳。臣闻史蜀胡悉尤多奸计,幸于始毕,请诱杀之。帝曰:"善。"矩因遣人告胡悉曰:"天子大出珍物,今在马邑,欲共蕃内多作交关。若前来者,即得好物。"胡悉贪而信之,不告始毕,率其部落,尽驱六畜,星驰争进,冀先互市。矩伏兵马邑下,诱而斩之。诏报始毕曰:"史蜀胡悉忽领部落走来至此,云背可汗,请我容纳。突厥既是我臣,彼有背叛,我当共杀。今已斩之,故令往报。"始毕亦知其状,由是不朝。十一年,帝北巡狩,始毕率骑数十万,围帝于雁门。诏令矩与虞世基每宿朝堂,以待顾问。及围解,从至东都。属射匮可汗遣其犹子,率西蕃诸胡朝贡,诏矩宴接之。

寻从幸江都宫。时四方盗贼蜂起,郡县上奏者不可胜计。矩言之,帝怒,遣矩诣京师接候蕃客，以疾不行。及义兵入关，帝令虞世基就宅问矩方略。矩曰："太原有变，京畿不静，遥为处分，恐失事机。唯愿銮舆早还，方可平定。"矩复起视事。俄而骁卫大将军屈突通败问至，矩以闻，帝失色。矩素勤谨，未尝忤物，又见天下方乱，恐为身祸，其待遇人，多过其所望，故虽至厮役，皆得其欢心。时从驾骁果数有逃散、帝忧之，以问矩。矩答曰："方今车驾留此，已经二年。骁果之徒，尽无家口，人无匹合，则不能久安。臣请听兵士于此纳室。帝大喜曰："公定多智，此奇计也。"因今矩检校为将士等娶妻。矩召江都境内寡妇及未嫁女，皆集宫监，又召将帅及兵等恣其所娶。因听自首，先有奸通妇女及尼、女冠等，并即配之。由是骁果等悦，咸相谓曰："裴公之惠也。"

宇文化及之乱，矩晨起将朝，至坊门，遇逆党数人，控矩马诣孟景所。贼皆曰："不关裴黄门。"既而化及从百余骑至，矩迎拜，化及慰谕之。令矩参定仪注，推秦王子浩为帝，以矩为侍内，随化及至河北。及僭帝位，以矩为尚书右仆射，加光禄大夫，封蔡国公，为河北道安抚大使。

及宇文氏败，为窦建德所获，以矩隋代旧臣，遇之甚厚。复以为吏部尚书，寻转尚书右仆射，专掌选事。建德起自群盗，未有节文，矩为制定朝仪。旬月之间，宪章颇备，拟于王者。建德大悦，每谘访焉。及建德渡河讨孟海公，矩与曹旦等于洺州留守。建德败于武牢，群帅未知所属，曹旦长史李公淹、大唐使人魏征等说旦及齐善行令归顺。旦等从之，乃令矩与征、公淹领旦及八玺，举山东之地归于大唐。授左庶子，转詹事、民部尚书。

【译文】

裴矩字弘大，河东闻喜地方人。祖父叫裴他，北魏的都官尚书。父亲叫裴讷之，为北齐太子舍人。裴矩婴儿时期就失去了父亲，长大后喜欢读书学习，颇爱好文章辞藻，有谋略。伯父裴让之对他说："看你的气质才识，足以成为一个有学问的人。想要做官发达，当凭借为世用的事业。"裴矩从此开始留心于世事。北齐北平王贞做司州牧时，征召裴矩为兵曹从事，后转为高平王幕下为文学之官。直到北齐灭亡，没有得到过迁转。杨坚任定州总管，将他招致来补为记室，颇为亲敬。因母亲逝世而离职回乡守孝。

杨坚做北周丞相，派使者急驰征召裴矩，参与相府记室的工作。杨坚登帝位建立隋朝后，迁升裴矩为给事郎，进掌舍人工作。南伐陈朝时，领衔元帅记室。攻下丹阳后，晋王杨广派裴矩和高颎去没收陈的地图和户籍。明年，奉炀帝命令巡视安抚岭南地区，未及成行而高智慧、汪文进等联合作乱，吴、越的道路不通，炀帝难以遣裴矩动身。裴矩却请求让自己急速前去，炀帝同意。走到南康，召得士兵数千人。当时，俚人首领王仲宣逼攻广州，派部将周师举围攻东衡州。裴矩与大将军鹿愿赴援。敌军建立了九个棚营，屯驻大庾岭，互为声援。裴矩派兵进击攻破，敌方惧怕，放弃东衡州而据守原长岭。裴矩又进击攻破，遂斩杀了周师举，从南海进军援助广州。王仲宣的军队因害怕而溃散。裴矩安抚收服了二十多个州，并继承过去制度署派俚人乱军首领为刺史、县令。返师回报，炀帝非常高兴，召裴矩上殿，亲自慰问辛劳，又看着高颎、杨素说："韦洸率两万兵，不能及时过南岭，我时常担忧他的兵少。而裴矩能以三千弱兵，直达南康。有这样的臣子，我还有什么可忧虑的！"因裴矩有功，拜为开府，赐爵位闻喜县公，赏赐物品二千段；授官民部侍郎，不久迁升内史侍郎。

当时，突厥强盛，都兰河汗的妻子大义公主，就是宇文氏家族女儿，因而屡为边患。后因公主与侍从的胡人私通，长孙晟先揭发这件事，裴矩奏请出使说服都兰可汗，把宇文氏明正典刑，处决示众。炀帝听从了他的建议。结果果如裴矩所言，公主被杀。后来，都兰与突利可汗联合发难，屡犯边境要塞。炀帝下诏命太平公万岁为行军总管，出兵定襄道，以裴矩为行军长史，大败达头可汗于塞外。史万岁阵亡，其军功竟没有叙录。炀帝以启民可汗归附不久，令裴矩去进行抚慰。返京后晋升为尚书左丞。同年，文献皇后去世，太常过去没有有关葬礼制度，裴矩和牛弘就根据《齐礼》进行制定了一套礼制。转为吏部侍郎，被公认称职。

炀帝登位，营建东都，裴矩正任职修府省，九十天完成了营建工程。当时西域诸国，大多到张掖与中国做买卖。炀帝命裴矩负责掌管这件事。裴矩知道炀帝正企望远略边境，凡来往的西域各国商人，裴矩都诱使他们谈论其国家的民风习俗、山川险易等，撰写成《西域图记》三卷，呈奏给炀帝。书"序"说：

我听说夏禹定九州，疏导黄河，没有逾越积石；秦灭六国，修建堤岸，终点只到临洮。所以知道西胡杂种，居处僻远，礼仪教化不易达到，文字书籍也很少流传。自汉朝建国，开拓黄河以西地区，开始称名号的有三十六个国家，以后分立，乃有五十五王。汉朝设置校尉、都护来招抚。然而叛服不常，屡次发兵征讨。后汉时，校尉、都护等官时存时废。虽然大宛招致后，略知人口户数，但各国山川名称都不知道。至于姓氏风土，服饰物产全都没有记载，世上也无人听说。加之年复一年地过去，年代久远，兼并征战，互有兴亡。或地方是原来国家的，而已改成了现今的国号；或已不是归人掌权，但仍袭用了过去的名号。加之各部落民众交错而居，国界移改，语言不一样，许多事情难以弄得准确，于阗的北面，葱岭以东，考证以前史书记载，有三十余国。其后由于相互攻伐屠杀，仅剩下十来个国家，其余的都沦没了。扫地俱尽，空留丘墟，无法记录识别了。

皇上受天命，育万物，不会华夷，都看作自己的子民，所以四海之内的百姓无不敬慕归化。仁化之风所及，近年来，职方贡物按时敬纳，僻远的地方也到来不缺。我因为做抚纳工作，又监督管理关市，搜集文献，采访胡人，或有怀疑不明白的地方，随时从人们口中弄清楚。依照各国的服饰仪容，王和一般百姓不同的形貌举止，用图画摹绘出来，撰写成《西域图记》共三卷，合计四十四个国家。又另绘地图，极尽其要害。从西顷过去，北海之南，纵横亘贯近两万里。料想由于富商大贾周游经历过，所以各国情况没有什么不知道。再有一些僻远地方，难以访问了解，不可凭空虚构，因而暂缺。二汉相承所撰写的《西域传》，只要有户民数十，就称之为国王，徒有名号，与事实不符。现今编入书中的国家，都有千户以上，利益尽于西海，多出产奇珍异物。山居地区，没有国名，以及部落小人少的，也多不予记载。

从敦煌出发，到达西海，有三条道路，各有其山川地势险要。北道从伊吾，经蒲类海、铁勒部、突厥可汗庭、渡北流河水，到拂林国，达于西海。其中道，从高昌、焉耆、龟兹、疏勒，越过葱岭，又经铍汗，苏对沙那国，康国、曹国、何国、大、小安国、穆国，到波斯，达于西海。其南道，从鄯善、于阗、朱俱波、喝般陀，越过葱岭，又经护密、吐火罗、挹怛、忛延、漕国，到北婆罗门，达于西海。三道的各个国家，南北交通也各自有道路。像东女国、南婆罗门国等，想要到那里去都能通达。伊吾、高昌、鄯善是西域的门户。敦煌则是枢纽咽喉之地。

凭国家的威德，将士的骁雄，扬旌旗于蒙汜之水上，跃骏马而过昆仑山，易如反掌。何往而不至！不过，突厥、吐浑分别雄踞于羌胡之地，成为障碍，所以朝贡不通。现在西蕃诸国通过商人来秘密表示诚服，殷切希望能作为附从。圣上的恩情雨露，泽及普天之下，应施行收服人心的安抚政策。所以，皇上只要派遣使者，不必动用士兵战车，西蕃各国就会臣服，浑、厥即可攻灭。统一戎夏，就在于此举！不有所记述，无以表示威化之远大。

炀帝非常高兴，赏赐物品五百段。每天请裴矩来到御座前，亲自询问有关西域的情形。裴矩盛赞西域有各种宝物，说吐谷浑容易吞并。炀帝于是全心全意地把通西域，筹划统治四夷的事情都委托交给了裴矩。

转为民部侍郎，还没有到任，就改任黄门侍郎。炀帝再次派裴矩去张掖，招引西蕃。受招而来的有十几个国家。大业三年，炀帝祭祀恒山，这些国家都参加了助祭。炀帝将巡视河西地区，再次派裴矩去敦煌。裴矩派使者说服高昌王麴伯雅和伊吾吐屯设等，诱以厚利，引他们入朝晋见。炀帝西巡到燕支山、高昌王、伊吾设和西蕃胡二十七个国家，人们都晋见于道路东侧。令晋见的人佩带金玉饰物，穿着华丽的锦缎服装，焚香奏乐，载歌载舞，热闹非常。又令武威、张掖的男男女女盛装来观看。交通要道都被人群和乘骑所堵塞，四周亘贯数十里，以表示中国的强盛。炀帝见了很是高兴。最终攻破吐谷浑，开拓边地数千里并派兵戍守。每年输往钱粮以巨亿计。诸蕃畏惧，相继对隋朝纳贡。炀帝因裴矩有安抚怀远的方略，进官为银青光禄大夫。这年冬天，炀帝到东都洛阳，裴矩因蛮夷来朝贡的很多，暗示炀帝下令京城举行大规模歌舞杂技表演。征召各地的技艺奇异，在端门街演出。穿锦绮衣服、插戴金银珠翠首饰游观的人有十数万。又强迫百官和男女百姓，顺次序坐在戏棚里观看，一个个穿着华丽。热闹了一个月才停止。又下令许多街道上店铺设置帐幕，陈列出丰富的酒食，派掌管蕃人事务的官员率领蛮夷与市民做买卖，所到的地方，全都邀请他们就座，直到喝醉吃饱而去。蛮夷羡慕惊叹，说中国是神仙之国。炀帝认为他们出于至诚，对宇文述、牛弘说：“裴矩非常了解我的心意，凡他有所陈言建议，都是我想到的。而我还没有说出口时，裴矩却提出来了。如果不是一心为国，怎能做到这样呢！”

炀帝派遣将军薛世雄去伊吾筑城屯兵，令裴矩一同前往治理。裴矩暗示西域诸国说：“天子因为蕃人做买卖去中原太远，所以来伊吾筑一城市。”各国都认为所说极是，不再来争逐。回到京城，炀帝又赐钱四十万，裴矩向炀帝汇报情况，提出反间射匮，暗地攻打处罗的计谋。后来处罗为射匮所迫，终于随使者入朝晋见。炀帝非常高兴，赏赐裴矩貂皮衣和西域的珍宝器物。

随从炀帝巡视塞北，曾到临启民可汗的驻扎地。当时高丽派遣使者与突厥先有往来，启民不敢隐瞒，把使者引来见炀帝。裴矩因而上言说：“高丽地方，本是孤竹国。周代把它封给箕子，汉代分为三郡，晋朝也统领有辽东。现今却不臣服，独立于外，所以先帝憎恶它，长久以来就想出兵攻打了。只因杨谅无能，师出无功。陛下现正在位，怎能不完成此事，而让这块文明国土，仍陷于蛮荒落后吗？现在它的使者来朝见突厥，亲会启民，全国归顺，必然害怕皇上威灵显赫远大，考虑到后降服而先亡。胁迫使其入朝归顺，是可以做到的。"炀帝问:"怎么做?"裴矩说:"请亲自诏见其使臣,放回国,他会传话给国王,令其赶快入朝晋见。否则,就要率同突厥,立即征伐诛杀。"炀帝采纳了他的意见。高元不听从命令,于是筹划征辽计策。隋军到达了,用原来官员率领武贲郎将。明年,再次随军到辽东。兵部侍郎斛斯政逃亡到高丽,炀帝命裴矩兼掌握军事。以其前后两次参加渡辽的军事行动,进官为右光禄大夫。其时朝廷法纪松弛,人们变得没有操行,左翊卫大将军宇文述、内史侍郎虞世基等揽权用事,文武官员多以贪污受贿闻名。只有裴矩仍坚持廉洁清白,没有贪赃枉法的坏名声,因而为世人所称赞。

回到涿郡,炀帝因杨玄感刚被平定,命裴矩去稳定陇西的边塞要地。因而到了会宁,慰问曷萨那部落,派阙达度设袭击吐谷浑,掳掠物资很多,部落富裕了起来。回朝向炀帝汇报情况。炀帝大为赞赏。后来随军队到怀远镇,诏命他总领北蕃的军事。裴矩因始毕可汗部众渐渐强盛,献计分割其势力,准备把隋朝宗室之子嫁给他的弟弟叱吉设,并拜为南面可汗。叱吉设不敢接受。始毕知道后,渐渐对隋朝产生怨恨。裴矩又对炀帝说:"突厥本来淳朴容易离间,但由于它里面有不少胡族人,既桀骜又狡黠,教坏了始毕。我听说史蜀胡悉奸计特别多,得到始毕宠幸,必须把他诱杀掉。"炀帝:"好。"裴矩就派人告诉胡悉说:"天子拿出大量珍贵物品,现在马邑,想用之为和各蕃国交通往来。假如谁前来,就可得到好物品。"胡悉贪而相信了。不告诉始毕,就率自己部落,驱赶着牲畜,星夜奔驰前进,希望能争先与隋朝互做买卖。裴矩伏兵马邑下,诱而斩杀了他。炀帝下诏通知始毕说:"史蜀胡悉忽然率领部落来到这里,说他已背叛可汗,请求我方收留。突厥既然是我的臣下,他有背叛行为,我们当共同杀掉他。现在已杀了他,特命人告知。"始毕也知道实际情况,因此不再称臣朝见。大业十一年,炀帝到北方巡视,始皆率骑兵数十万,围炀帝于雁门。下诏命裴矩和虞世基每晚住宿朝堂,以备随时顾问。围困解除,随从到东都。嘱咐射匮可汗遣派侄子率西蕃诸胡来朝贡,炀帝诏命裴矩设宴招待。

不久,随从炀帝驾幸江都宫。这时,四方盗贼纷纷而起,郡县向朝廷告急的文书不胜统计。裴矩反映情况,炀帝大怒,派裴矩到京城去接待蕃客,因有病未能启程。到义兵攻入关,炀帝命虞世基去裴矩家中请教方略,裴矩说:"太原发生变故,京城不得安宁,远距离做决定处理,恐怕会丧失成就事功的机会。希望皇上早回京师,才能够平定。"裴矩重新出来管理政务。忽然骁卫大将军屈突通被打败的消息传到,裴矩禀告,炀帝惊慌变色。裴矩素来勤恳谨慎,从没有触犯人。观天下已大乱,恐身受祸害,对待别人总是尽量满足其愿望,虽然下至仆役,也设法求得他们的欢心。当时护从皇帝的士兵骁果多有逃散的,炀帝很担心,问裴矩怎么办?裴矩回答说:"当前皇上留在这里(指江都),已经两年。骁果们都没有家室,人没有配偶,就不能长久安心下来。我请求能让士兵在这里娶妻。"炀帝高兴地说:"你真是多聪明才智!这是一个非常好的计谋。"就命裴矩查核负责给将士们娶妻。裴矩命人招徕都境内的寡妇和未出嫁的姑娘,由宫监集中,又招将帅和士兵等来听任所取。并听犯罪者自行陈说罪行,先有奸通妇女和尼姑、女道士的,也立即配给。因此骁果们非常高兴,互相赞说:"这是裴公的恩惠。"

宇文化及作乱,裴矩晨起将进朝,走到街巷棚门处,遇到几个叛乱者,拉着裴矩的马去见孟景。叛乱者都说:"不关裴黄门的事。"不久,宇文化及带着百余骑士来到,裴矩迎接拜见,化及用好话慰解他。命裴矩制定礼仪制度,推举秦王的儿子杨浩为皇帝。任用裴矩为侍内,随宇文化及到河北。宇文化及篡帝位后,以裴矩为尚书右仆射,加光禄大夫,封蔡国公,为河北道安抚大使。

宇文化及失败,被窦建德掳获,因裴矩是隋朝的旧臣,待他很好。重新让他出任吏部尚书,接着转任尚书右仆射,专门掌管铨选职官的事务。窦建德起自群盗,缺少法度礼乐制度,裴矩为他制定帝王临朝的礼仪。一个月内,典章制度即颇具规模,可与王者相比。建德非常高兴,常去拜访并向他请教。窦建德渡黄河讨伐孟海公,裴矩和曹旦等留守洺州。建德军败于武牢,部下许多将领不知投向谁人。曹旦的长史李公淹、大唐使者魏征等,说服曹旦和齐善行归顺。曹旦等听从了。于是让裴矩与魏征、李公淹领着曹旦以及八个皇帝使用的印玺,举山东之地归降于大唐。授官左庶子,后转升詹事、民部尚书。

何稠传

【题解】

何稠(约543~约622),字桂林。祖先本是西域人,因经商到今四川省,并定居于郫县。人们称其家族为"西州大贾"。南梁承圣三年(554),何稠十多岁时,西魏攻陷梁的江陵,杀梁元帝。何稠跟随叔父何妥北上到长安。后来在北周做官,先任御饰下士,后补为参军,兼负责管理细作署。在隋朝他做过御府监、太府丞太府卿兼管少府监,多年来一直掌管皇室的舆服羽仪、兵器甲杖和玩好器物等的制造,以及宫室、陵庙等土木营建。

何稠生性机巧,富有才智,用心精细周密。隋文帝在位时,波斯国进献了一件织造华丽的金𦈡锦袍。文帝命他仿制一件,仿制品比原件还精美。到隋代,制造琉璃的方法中原地区久已失传,何稠用绿瓷为代用品,与真琉璃没有什么差别。据现在考古学资料,已出土隋代的十三件琉璃器皿中,除一件为蓝色的以外,其余十二件都是绿色的,与史书上的记载大致相应。大业八年(公元612)年,隋炀帝攻打高丽,命何稠在辽水上造桥,工程两天就完成。他又曾设计制造"行殿"和"六合城"一夜之间,就在前线合成了一座周围八里、高十仞的大城。城的四角有阙楼,四面有观楼,城上布列甲士,树仪仗伏旌旗。第二天早晨,高丽人见了,非常惊奇,以为有神人相助。隋末,宇文化及杀炀帝,任命何稠为工部尚书。窦建德打败宇文化及,也任命他为工部尚书。窦建德失败后,何稠入唐朝,任将作少匠。

【原文】

何稠字桂林,国子祭酒妥之兄子也。父通,善斫玉。稠性绝巧,有智思,用意精微。年十余岁,遇江陵陷,随妥入长安。仕周御饰下士。及高祖为丞相,召补参军,兼掌细作署。

开皇初,授都督,累迁御府监,历太府丞。稠博览古图,多识旧物。波斯尝献金绵锦袍,组织殊丽,上命稠为之。稠锦既成,逾所献者,上甚悦。时中国久绝琉璃之作,匠人无敢厝意,稠以绿瓷为之,与真不异。寻加员外散骑侍郎。

开皇末,桂州俚李光仕聚众为乱,诏稠招募讨之,师次衡岭,遣使者谕其渠帅洞主莫崇解兵降款。桂州长史王文同锁崇以诣稠所。稠诈宣言曰:"州县不能绥养,致边民扰叛,非崇之罪也。"乃命释之,引崇共坐,并从者四人,为设酒食而遣之,崇大悦,归洞不设备。稠至五更,掩入其洞,悉发俚兵,以临余贼。象州逆帅杜条辽、罗州逆帅庞靖等相继降款。分遣建州开府梁昵讨叛夷罗寿,罗州刺史冯暄讨贼帅李大檀,并平之,传首军门。承制署首领为州县官而还,众皆悦服。有钦州刺史宁猛力,帅众迎军。初,猛力倔强山洞,欲图为逆,至是惶惧,请身入朝。稠以其疾笃,因示无猜贰,遂放还州,与之约曰:"八九月间,可诣京师相见。"稠还奏状,上意不怿。其年十月,猛力卒,上谓稠曰:"汝前不将猛力来,今竟死矣。"稠曰:"猛力共臣为约,假令身死,当遣子入侍。越人性直,其子必来。"初,猛力临终,诫其子长真曰:"我与大使为约,不可失信于国士。汝葬我讫,即宜上路。"长真如言入朝,上大悦曰:"何稠著信蛮夷,乃至于此。"以勋授开府。

仁寿初,文献皇后崩,与宇文恺参典山陵制度。稠性少言,善候上旨,由是渐见亲昵。及上疾笃,谓稠曰:"汝既曾葬皇后,今我方死,宜好安置。属此何益,但不能忘怀耳。魂其有知,当相见于地下。"上因揽太子颈谓曰:"何稠用心,我付以后事,动静当共平章。"

大业初,炀帝将幸扬州,谓稠曰:"今天下大定,朕承洪业,服章文物,阙略犹多。卿可讨阅图籍,营造舆服羽仪,送至江都也。"其日,拜太府少卿。稠于是营黄麾三万六千人仗,及车舆辇辂、皇后卤薄、百官仪服,依期而就,送于江都。所役工十万余人,用金银钱物钜亿计。帝使兵部侍郎明雅、选部郎薛迈等勾核之,数年方竟,毫厘无舛。稠参会今古,多所改创。魏、晋以来,皮弁有缨而无笄导。稠曰:"此古田猎之服也。今服以入朝,宜变其制。"故弁施象牙笄导,自稠始也。又从省之服,初无佩绶。稠曰:"此乃晦朔小朝之服。安有人臣谒帝而去印绶,兼无佩玉之节乎?乃加兽头小绶及佩一只,旧制,五辂于辕上起箱,天子与参乘同在箱内。稠曰:"君臣同所,过为相逼。"乃广为盘舆,别构栏楯,侍臣立于其中。于内复起须弥平坐,天子独居其上,自余麾幢文物,增损极多。帝复令稠造戎车万乘,钩陈八百连,帝善之,以稠守太府卿。

后三岁,兼领少府监。辽东之役,摄右屯卫将军,领御营弩手三万人。时工部尚书宇文恺造辽水桥不成,师不得济,右屯卫大将军麹铁杖因而遇害。帝遣稠造桥,二日而就。初,稠制行殿及六合城,至是,帝于辽左与贼相对,夜中施之。其城周迥八里,城及女垣合高十仞,上布甲士,立仗建旗,四隅置阙,面别一观,观下三门,迟明而毕。高丽望见,谓若神功。是岁,加金紫光禄大夫。明年,摄左屯卫将军,从至辽左。

十二年,加右光禄大夫,从幸江都。遇宇文化及作乱,以为工部尚书。化及败,陷于窦建德,建德复以为工部尚书、舒国公。建德败,归于大唐,授将作少匠,卒。

【译文】

何稠字桂林,国子祭酒何妥兄长的儿子。父亲何通,善雕斫玉石。何稠非常聪明,富才智,善思考,用心精密周详。十几岁时候,适逢江陵被攻陷,跟随何妥北上到长安。任北周的御饰下士。杨坚为北周丞相时,召补他为参军,兼管细作署。

隋开皇初,被授为都督,连续迁升为御府监,做过太府丞。何稠博览古代图籍,多识古代器物。波斯曾向隋廷敬献一件金绵锦袍,织造很华丽。文帝命何稠仿制,仿制成的一件,质量和华丽都超过了波斯进贡来的。文帝很高兴。当时在中原地区制作琉璃的方法久已失传,匠人没有一个勇于着意解决这一问题。何稠试用绿瓷来制作,与真的无异。接着加官为员外散骑侍郎。

开皇末年,桂州俚人李光仕率部众起义,朝廷派何稠招募士兵去讨伐。军队到达衡岭,派使者去劝谕其首领,洞主莫崇撤兵投降。桂州长史王文同锁拿了莫崇来见何稠。何稠假装说:"州县长官不能好好安抚,致使边民骚扰叛乱。这不是莫崇的错误。"于是命人释缚,拉他共坐,并随从的四人,专设酒宴招待,然后遣送他们回去。莫崇很高兴,回洞寨后毫不设防。到五更天,何稠率人偷袭入洞寨。又派出全部俚兵去攻打余下的叛乱者。象州叛军首领杜条辽、罗州叛军首领庞靖等相继投降。分别派遣建州开府梁昵讨伐叛乱夷人罗寿,罗州刺史冯暄征讨叛乱首领李大檀。叛乱皆平定,并传首军营之门。又按过去的办法置派部族首领为州县官员而还军,众人心悦诚服。有钦州刺史宁猛力,师部众投降。开始,猛力崛起于边寨山洞,企图叛乱,到这时也惶惶不安,请求入朝为质表示归顺。何稠因他病势沉重,为表示对他信任无疑,就放回州,与他相约:"八、九月间,可到京师相见。"何稠返京汇报了情况,文帝有点不高兴。当年十月,猛力死,文帝对何稠说:"你上次不把猛力带回京来,现在竟死了。"何稠说:"猛力与我共同定了约言,假如他死了,就派他的儿子来为人质。越人性格直爽守约,他的儿子一定会来的。"起初,猛力临死前,告诫他的儿子长真说:"我和大使臣有约,不可失信于他。你把我埋葬后,就立即动身。"长真果然如何稠所说的入朝晋见。文帝很高兴,说:"何稠在蛮夷人当中的威信竟如此高!"因功勋而授开府。

仁寿初,文献皇后驾崩。何稠和宇文恺一起参与制定陵寝制度。何稠生性内向少言语,而善于对上察言观色,因此日益受宠信。文帝病势沉重时对何稠说:"你曾主持过皇后的葬礼,现在我快死了,要好好加以安置。这样嘱咐的好处是使你不会忘记。如灵魂真有知,我们将相见于地下。"文帝就此揽过太子的颈项说:"何稠是用心思的人,我托付后事给他,希望你以后做什么事情要与他筹商。"

大业初,隋炀帝将幸临扬州,对何稠说:"现今天下安定,我继承了大业,服饰礼乐典章制度,缺少不健全的还多。你可以检阅图书典籍,制造车乘衣冠章服和羽毛装饰的旌旗仪仗,送到江都去。"当天就授任何稠太府少卿。何稠组织人制作了皇帝仪仗用的黄色旌旗三万六千,以及天子所乘的车舆、皇后的仪仗队、百官的服饰,按期完成,送到江都。所使役的人工达十多万,用的金银钱物以巨亿计算。炀帝派兵部侍郎明雅,选部郎薛迈等考核验收,几年才完成,丝毫没有差错。何稠参考综合古今,有许多改革创新。自魏晋以来,武官的皮冠用结冠的带子,而没有插定皮冠的笄导。何稠说:"这是古代田猎时穿的服装。现在是入朝参见用,应改变旧有制度。"所以,在冠上使用象牙制的笄导,是始自何稠。又如随从皇帝省察的大臣所著服饰,起初没有佩带的丝带。何稠说:"这是初一和十五小朝时穿的服饰。那有臣下谒见皇帝而不佩带印绶,同时又不佩带玉饰的礼节?"于是加上兽头小绶和玉佩一只。按照旧制,五辂(古统治者使用的五种车子)在车辕上方设置车箱,天子和陪乘的人同坐箱内。何稠说:"君臣同在一处,过于狭窄。"于是就把车箱扩大,另外加设竖立栏杆,让侍臣站在其中,在车箱里再设有须弥山式的平坐,使天子独个坐于其上。其他仪仗、旌旗、服饰、礼乐制度,增损改革的极多,炀帝又令何稠制造战车万乘,后宫居室八百连(四里为连)。深称炀帝心意,升他为太府卿。

三年后,兼管少府监。在辽东战役中,他代理右屯卫将军,率领御营弓弩手三万人。由于当时工部尚书宇文恺造水桥没有成功,军队无法渡过,右屯卫大将军麹铁杖因而遇害身亡。炀帝派遣何稠造桥,三天而成。以前何稠制造过"行殿"和"六合城",现在的情况是炀帝在辽水东成与敌人相对,只能夜间施工。这座城周围八里,城和女墙合高十仞,上面布满穿戴盔甲的士兵,并遍插仪仗旌旗,城的四角建有阙楼,四面则建有观楼,观楼下面开有三个门。到早晨完成,高丽人看见了,说是神功建成的。当年,加官为金紫光禄大夫。第二年,代理左屯卫将军,随从到辽东。

大业十三年,加官右光禄大夫,隋炀帝临幸江都。遇宇文化及作乱,用为工部尚书。宇文化及失败,陷于窦建德,建德再次任他为工部尚书、舒国公。建德失败,归降于唐朝,授任将作少匠,逝世。

宇文恺传

【题解】

宇文恺(555~612),字安乐。出身武将世家,但他却非常好学,博览群书,多才多艺,尤其擅长建筑。隋代的著名建筑工程,他大多参与了规划和督造。

隋文帝登位后,要营建宗庙,授宇文恺为营宗庙副使,负责这件事。宗庙建成后,宇文恺被增封为甄山县公。开皇二年,营建新都大兴城(今陕西西安),文帝又命恺为新都副监。总领大纲,规模计划都出自宇文恺。为便于漕运,开皇四年令宇文恺率领水工凿渠,引渭水通黄河,自大兴城东到潼关三百余里,叫作"广通渠"。开皇十三年,隋文帝要在岐州(今陕西凤翔)兴建仁寿宫,经右仆射杨素推荐,宇文恺被任命为检校将作大匠,以后又被任为仁寿宫监、将作少匠。在杨素主持下,仁寿宫建造得异常华丽,成为隋文帝喜欢临幸的别宫。

隋炀帝即位后,命宇文恺负责营建东都——洛阳,并因建筑得壮丽,而被擢升工部尚书。他著有《东都图记》《明堂图议》《释疑》等书,都已失传。宇文恺一生设计和督造的工程中,以两都的营建和广通渠的开凿影响最大。

【原文】

宇文恺字安乐,杞国公忻之弟也。在周,以功臣子,年三岁,赐爵双泉伯,七岁,进封安平郡公,邑二千户。恺少有器局。家世武将,诸兄并以弓马自达,恺独好学,博览书记,解属文,多伎艺,号为名父公子。初为千牛,累迁御正中大夫、仪同三司。

高祖为丞相,加上开府中大夫。及践阼,诛宇文氏,恺初亦在杀中,以其与周本别,兄忻有功于国,使人驰赦之,仅而得免。后拜营宗庙副监、太子左庶子。庙成,别封甄山县公,邑千户。及迁都,上以恺有巧思,诏领营新都副监。高颖虽总大纲,凡所规划,皆出于恺。后决渭水达河,以通运漕,诏恺总督其事。后拜莱州刺史,甚有能名。兄忻被诛,除名于家,久不得调。会朝廷以鲁班故道久绝不行,令恺修复之。既而上建仁寿宫,访可任者,右仆射杨素言恺有巧思,上然之,于是检校将作大匠。岁余,拜仁寿宫监,授仪同三司,寻为将作少监。文献皇后崩,恺与杨素营山陵事,上善之,复爵安平郡公,邑千户。

炀帝即位,迁都洛阳,以恺为营东都副监,寻迁将作大匠。恺揣帝心在宏侈,于是东京制度穷极壮丽。帝大悦之,进位开府,拜工部尚书。及长城之役,诏恺规度之。时帝北巡,欲夸戎狄,令恺为大帐,其下坐数千人。帝大悦,赐物千段。又造观风行殿,上容侍卫者数百人,离合为之,下施轮轴,推移倏忽,有若神功。戎狄见之,莫不惊骇。帝弥悦焉,前后赏赉不可胜纪。

自永嘉之乱,明堂废绝,隋有天下,将复古制,议者纷然,皆不能决,博考群籍,奏《明堂议表》。帝可其奏。会辽东之役,事不果行。

以渡辽之功,进位金紫光禄大夫。其年卒官,时年五十八。帝甚惜之,谥曰康。撰《东都图记》二十卷、《明堂图议》二卷、《释疑》一卷,见行于世。子儒童,游骑尉。少子温,起部承分郎。

【译文】

宇文恺,杞国公宇文忻的弟弟。在北周政权时,因为是功臣的儿子,年龄仅有三岁时,就被赐爵位双泉伯。七岁时,升封安平郡公,授二千户封地。宇文恺少年时就很有才识和度量。其家庭世代武将,诸兄弟都是以弓马而闻名显达的。他独好学,博览群书,善写文章。又擅长工艺,人们称他为"名父公子"。起初,官职为千牛,以后累次迁升做过御正中大夫、仪同三司等官职。

杨坚做北周丞相时,加封宇文恺上开府中大夫。后来,杨坚称帝建立隋王朝,诛杀政敌宇文氏家族。起初宇文恺本列在诛杀名单中,后因他不是北周宇文氏政权的宗族,其兄宇文忻有功于隋王朝的建立,所以被赦免死。以后被任命为营宗庙副监和太子左庶子。宗庙建成,别封甄山县公,授予千户封地。隋文帝迁都长安,因宇文恺有巧思,下诏任他为营新都副监。虽然高颎是正职负责,但所有规模计划都出自宇文恺。后隋政府决定引渭水通黄河,以便漕运关东的粮食到京师,下诏宇文恺负责此事。后被任莱州刺史,以才干见称。兄长宇文忻被杀,受牵连被罢官在家,很长时间没有被调用。直到朝廷因鲁班故道断绝久不通行,才起用他去修复。接着隋文帝要修建仁寿宫,寻问可以负责这项工程的人。右仆射杨素就推荐宇文恺,说他有巧思。文帝同意了,任他为检校将作大匠。过了一年多,被授仁寿宫监、仪同三司,接着任将作少监。文献皇后去世,宇文恺和杨素负责营造陵墓。文帝很满意,恢复了他的安平郡公爵位和千户封地。

隋炀帝即位,要把都城迁到洛阳去,任宇文恺为营东都副监,接着迁升将作大匠。宇文恺揣炀帝的心意在于宏大奢侈。所以,东都的建制极尽壮丽。炀帝大喜,拜他为工部尚书,参朝与进政。及至修筑长城的工程开始,炀帝又诏命宇文恺负责规划度量。当时炀帝去北方巡视,想夸功示威于少数民族,命宇文恺制造大帐幕,帐下可以容纳几千人。大得炀帝欢心,赏赐物千段。又制造观风行殿,殿上能容纳侍卫数百人,可以拆卸和拼合,行殿下面装有轮轴,能迅速行移动,好像有种超自然的神力在推动。戎狄等部族人看到了,都惊怕骇异非常。炀帝更加高兴,前前后后给宇文恺的赏赐多得无数可计。

自"永嘉之乱"以来,明堂破坏湮没,隋政权建立后,准备恢复古代的制度,可是朝臣们议论纷纷,难于统一意见。宇文恺广征博引古代有关各种经典著作,写出一篇上奏文章《明堂议表》。炀帝赞同他提出的建议和规划。正好发生辽东的战事,建造明堂的事就被搁下来未能施工。

由于在辽东战役中建立了功劳,宇文恺被晋封为金紫光禄大夫。就在当年,死于官位,年五十八岁。炀帝非常惋惜,谥号为康。著有《东都图记》二十卷、《明堂图议》二卷、《释疑》一卷,现传留于世。儿子儒童官游骑尉。小儿子温,被叙用为承分郎。

李密传

【题解】

李密(582~618),隋末瓦岗军首领。字玄邃,一字法主。其先世为辽东襄平(今辽宁辽阳市北)人,后迁居京兆长安(今属陕西)。祖、父皆仕周,父宽为名将,位至柱国、蒲山郡公。开皇年间,袭父爵为蒲山公。好交游,与杨玄感尤为友善。大业九年(613),杨玄感在黎阳起兵反隋,李密应邀参加,成为谋主。不久玄感兵败,李密潜入关中活动,后被捕,在押解途中逃脱。大业十二年(616),参加以翟让为首的瓦岗起义军,辅佐翟让联合附近各部义军,并设计击杀隋将张须陀,攻克荥阳等地。大业十三年(617),率兵袭兴洛仓,开仓赈民,远近响应,聚众数十万。被翟让等推为主,称魏公,改元永平。他大量起用隋降官降将,并杀害翟让,对瓦岗军起了严重的破坏作用。永平二年(618)东击宇文化及时,又派人赴洛阳朝见隋越王杨侗,受封官爵。后与王世充交战失败,入关降唐,拜光禄卿,封邢国公。不久,又举兵反唐,事败被杀。

李密作为农民起义军的首领,曾率瓦岗军予隋军以重创,在反隋斗争中起过重要作用。他后来重用降将,杀害翟让,使这支强大的反隋武装逐渐瓦解,自己也死于非命。

【原文】

李密字法主,真乡公衍之从孙也。祖耀,周邢国公。父宽,骁勇善战,干略过人,自周及隋,数经将领,至柱国、蒲山郡公,号为名将。密多筹算,才兼文武,志气雄远,常以济物为己任。开皇中,袭父爵蒲山公,乃散家产,赒赡亲故,养客礼贤,无所爱吝。与杨玄感为刎颈之交。后更折节,下帷耽学,尤好兵书,诵皆在口。师事国子助教包恺,受《史记》《汉书》,励精忘倦,恺门徒皆出其下。大业初,授亲卫大都督,非其所好,称疾而归。

及杨玄感在黎阳,有逆谋,阴遣家僮至京师召密,令与弟玄挺等同赴黎阳。玄感举兵而密至,玄感大喜,以为谋主。玄感谋计于密,密曰:"愚有三计,惟公所择。今天子出征,远在辽外,地去幽州,悬隔千里。南有巨海之限,北有胡戎之患,中间一道,理极艰危。今公拥兵,出其不意,长驱入蓟,直扼其喉。前有高丽,退无归路,不过旬月,赍粮必尽。举麾一召,其众自降,不战而擒,此计之上也。又关中四塞,天府之国,有卫文升,不足为意。今宜率众,经城勿攻,轻赍鼓行,务早西入。天子虽还,失其襟带,据险临之,故当必克,万全之势,此计之中也。若随近逐便,先向东都,唐祎告之,理当固守。引兵攻战,必延岁月,胜负殊未可知,此计之下也。"玄感曰:"不然。公之下计乃上策矣。今百官家口并在东都,若不取之,安能动物?且经城不拔,何以示威?"密计遂不行。

玄感既至东都,皆捷,自谓天下响应,功在朝夕。及获韦福嗣,又委以腹心,是以军旅之事,不专归密。福嗣既非同谋,因战被执,每设筹画,皆持两端。后使作檄文,福嗣固辞不肯。密揣知其情,因谓玄感曰:"福嗣元非同盟,实怀观望。明公初起大事,而奸人在侧,听其是非,必为所误矣。请斩谢众,方可安辑。"玄感曰:"何至於此!"密知言之不用,退谓所亲曰:"楚公好反而不欲胜,如何?吾属今为虏矣!"后玄感将西入,福嗣竟亡归东都。

李密

时李子雄劝玄感速称尊号,玄感以问於密。密曰:"昔陈胜自欲称王,张耳谏而被外,魏武将求九锡,荀彧止而见疏。今者密欲正言,还恐追踪二子,阿谀顺意,又非密之本图。何者?兵起已来,虽复频捷,至於郡县,未有从者。东都守御尚强,天下救兵益至,公当身先士众,早定关中。乃欲急自尊崇,何示不广也!"玄感笑而止。

及宇文述、来护儿等军且至,玄感谓密曰:"计将安出?"密曰:"元弘嗣统强兵于陇右,今可扬言其反,遣使迎公,因此入关,可得给众。"玄感遂以密谋,号令其众,因引西入。至陕县,欲围弘农宫,密谏之曰:"公今诈众入西,军事在速,况乃追兵将至,安可稽留!若前不得据关,退无所守,大众一散,何以自全?"玄感不从,遂图之,三日攻不能拔,方引而西。至于阌乡,追兵遂及。

玄感败,密间行入关,与玄感从叔询相随,匿於冯翊询妻之舍。寻为邻人所告,遂捕获囚於京兆狱。是时炀帝在高阳,与其党俱送帝所。在途谓其徒曰:"吾等之命,同于朝露,若至高阳,必为菹醢。今道中犹可为计,安得行就鼎镬,不规逃避也?"众咸然之。其徒多有金,密令出示使者曰:"吾等死日,此金并留付公,幸用相瘗。其馀即皆报德。"使者利其金,遂相然许。及出关外,防禁渐弛,密请通市酒食,每宴饮喧哗竟夕,使者不以为意。行次邯郸,夜宿村中,密等七人皆穿墙而遁,与王仲伯亡抵平原贼帅郝孝德。孝德不甚礼之,备遭饥馑,至削树皮而食。仲伯潜归天水,密诣淮阳,舍於村中,变姓名称刘智远,聚徒教授。经数月,密郁郁不得志,为五言诗曰:"金凤荡初节,玉露凋晚林。此夕穷途士,空轸郁陶心。眺听良多感,慷慨独沾襟。沾襟何所为?怅然怀古意。秦俗犹未平,汉道复何冀!樊哙市井徒,萧何刀笔吏。一朝时运合,万古传名器。寄言世上雄,虚生真可愧。"诗成而泣下数行。时人有怪之者,以告太守赵他。县捕之,密乃亡去,抵其妹夫雍丘令丘君明。后君明从子怀义以告,帝乃捕密,密得遁去,君明竟坐死。

会东郡贼帅翟让聚党万馀人,密归之。其中有知密是玄感亡将,潜劝让害之。密大惧，乃因王伯当以策干让。让遣说诸小贼，所至辄降下，让始敬焉，召与计事。密谓让曰："今兵众既多，粮无所出，若旷日持久，则人马困敝，大敌一临，死亡无日。未若直趣荥阳，休兵馆谷，待士马肥充，然可与人争利。"让从之，於是破金堤关，掠荥阳诸县，城堡多下之。荥阳太守郇王庆及通守张须陀以兵讨让。让数为须陀所败，闻其来，大惧，将远避之。密曰："须陀勇而无谋，兵又骤胜，既骄且狠，可一战而擒。公但列阵以待，保为公破之。"让不得已，勒兵将战，密分兵千馀人於林木设伏。让与战不利，军稍却，密发伏自后掩之，须陀众溃。与让合击，大破之，遂斩须陀於阵。让於是令密建牙，别统所部。

密复说让曰："昏主蒙尘，播荡吴、越，蝟毛竞起，海内饥荒。明公以英桀之才，而统骁雄之旅，宜当廓清天下，诛剪群凶，岂可求食草间，常为小盗而已！今东都士庶，中外离心，留守诸官，政令不一。明公亲率大众，直掩兴洛仓，发粟以赈穷乏，远近孰不归附！百万之众，一朝可集，先发制人，此机不可失也。"让曰："仆起陇亩之间，望不至此。必如所图，请君先发，仆领诸军，便为后殿。得仓之日，当别议之。"密与让领精兵七千人，以大业十三年春，出阳城，北逾方山，自罗口袭兴洛口仓，破之。开仓恣民所取，老弱襁负，道路不绝。

越王侗武贲郎将刘长恭率步骑两万五千讨密，密一战破之，长恭仅以身免。让於是推密为主。密城洛口周迴四十里以居之。房彦藻说下豫州，东都大惧。让上密号为魏公。密初辞不受，诸将等固请，乃从之。设坛场，即位，称元年，置官属以房彦藻为左长史，邴元真右长史，杨德方左司马，郑德韬右司马。拜让司徒，封东郡公。其将帅封拜各有差。长白山贼孟让掠东都，烧丰都市而归。密攻下巩县，获县长柴孝和，拜为护军。武贲郎将裴仁基以武牢归密，因遣仁基与孟让率兵两万余人袭回洛仓，破之，烧天津桥，遂纵兵大掠。东都出兵乘之，仁基等大败，仅以身免。密复亲率兵三万逼东都，将军段达、武贲郎将高毗、刘长恭等出兵七万拒之，战於故都，官军败走，密复下回洛仓而据之。俄而德韬、德方俱死，复以郑颋为左司马，郑虔象为右司马。

柴孝和说密曰："秦地阻山带河，西楚背之而亡，汉高都之而霸。如愚意者，令仁基守回洛，翟让守洛口，明公亲简精锐，西袭长安，百姓孰不郊迎，必当有征无战。既克京邑，业固兵强，方更长驱崤、函，扫荡京、洛，传檄指挥，天下可定。但今英雄竞起，实恐他人我先，一朝失之，噬脐何及！"密曰："君之所图，仆亦思之久矣，诚为上策。但昏主尚在，从兵犹众，我之所部，并山东人，既见未下洛阳，何肯相随西入！诸将出於群盗，留之各竞雌雄。若然者，殆将败矣。"孝和曰："诚如公言，非所及也。大军既未可西出，请间行观隙。"密从之。孝和与数十骑至陕县，山贼归之者万馀人。密时兵锋甚锐，每入苑，与官军连战。会密为流矢所中，卧於营内，后数日，东都出兵击之，密众大溃，弃回洛仓，归洛口。孝和之众闻密退，各分散而去。孝和轻骑归密。

帝遣王世充率江、淮劲卒五万来讨密，密逆拒之，战不利。柴孝和溺死於洛水，密甚伤。世充营于洛西，与密相拒百余日。武阳郡丞元宝藏、黎阳贼帅李文相、洹水贼帅张升、清河贼帅赵君德、平原贼帅郝孝德并归於密，共袭破黎阳仓据之。周法明举江、黄之地以附密，齐郡贼帅徐圆朗、任城大侠徐师仁、淮阳太守赵他等前后款附，以千百数。

翟让所部王儒信劝让为大冢宰，总统众务，以夺密权。让兄宽复谓让曰："天子止可自作，安得与人？汝若不能作，我当为之。"密闻其言，有图让之计。会世充列阵而至，让出拒之，为世充所击退者数百步。密与单雄信等率精锐赴之，世充败走。让欲乘胜进破其营，会日暮，密固止之。明日，让与数百人至密所，欲为宴乐。密具馔以待之，其所将左右，各分令就食。诸门并设备，让不之觉也。密引让入坐，有好弓，出示让，遂令让射。让引满将发，密遣壮士蔡建自后斩之，殒於床下。遂杀其兄宽及王儒信，并其从者亦有死焉。让所部将徐世勣，为乱兵所斫中，重创，密遽止之，仅而得免。单雄信等皆叩头求哀，密并释而慰谕之。於是率左右数百人诣让本营。王伯当、邴元真、单雄信等入营，告以杀让之意，众无敢动者。乃令徐世勣、单雄信、王伯当分统其众。

未几，世充夜袭仓城，密逆拒破之，斩武贲郎将费青奴。世充复移营洛北，南对巩县，其后遂於洛水造浮桥，悉众以击密。密与千骑拒之，不利而退。世充因薄其城下，密简锐卒数百人，分为三队出击之。官军稍却，自相陷溺，死者数万人，武贲郎将杨威、王辩、霍世举、刘长恭、梁德重、董智通等诸将率皆没于阵。世充仅而获免，不敢还东都，遂走河阳。其夜雨雪尺余，众随之者，死亡殆尽。密於是修金塘故城居之，众三十余万。复来攻上春门，留守韦津出拒战，密击败之，执津於阵。其党劝密即尊号，密不许。及义师围东都，密出军争之，交绥而退。

俄而宇文化及杀逆，率众自江都北指黎阳，兵十余万。密乃自率步骑两万拒之。会越王侗称尊号，遣使者授密太尉、尚书令、东南道大行台、行军元帅、魏国公，令先平化及，然后入朝辅政，密遣使报谢焉。化及与密相遇，密知其军少食，利在急战，故不与交锋，又遏其归路，使不得西。密遣徐世勣守仓城，化及攻之，不能下。密与化及隔水而语，密数之曰："卿本匈奴皂隶破野头耳，父兄子弟并受隋室厚恩，富贵累世，至妻公主，光荣隆显，举朝莫二。荷国士之遇者，当须国士报之，岂容主上失德，不能死谏，反因众叛，躬行杀虐，诛及子孙，傍立支庶，擅自尊崇，欲规篡夺，污辱妃后，枉害无辜？不追诸葛瞻之忠诚，乃为霍禹之恶逆。天地所不容，人神所莫祐，拥逼良善，将欲何之！今若速来归我，尚可得全后嗣。"化及默然，俯视良久，乃瞋目大言曰："共你论相杀事，何须作书语邪？"密谓从者曰："化及庸懦如此，忽欲图为帝王，斯乃赵高、圣公之流，吾当折杖驱之耳。"化及盛修攻具，以逼黎阳仓城，密领轻骑五百驰赴之，仓城兵又出相应，焚其攻具，经夜火不灭。

密知化及粮且尽，因伪与和，以敝其众。化及不之悟，大喜，恣其兵食，冀密馈之。会密下有人获罪，亡投化及，具言密情。化及大怒，其食又尽，乃渡永济渠，与密战于童山之下，自辰达酉。密为流矢所中，顿於汲县。化及掠汲郡，北趣魏县，其将陈智略、张童仁等所部兵归于密者，前后相继。初，化及以辎重留於东郡，遣其所署刑部尚书王轨守之。至是，轨举郡降密，以轨为滑州总管。密引兵而西，遣记室参军李俭朝於东都，执杀炀帝人于弘达以献越王侗。侗以俭为司农少卿，使之反命，召密入朝。密至温县，闻世充已杀元文都、卢楚等，乃归金塘。

世充既得擅权，乃厚赐将士，缮治器械，人心渐锐。然密兵少衣，世充乏食，乃请交易。密初难之，邴元真等各求私利，递来劝密，密遂许焉。初，东都绝粮，人归密者，日有数百。至此，得食，而降人益少，密方悔而止。密虽据仓，无府库，兵数战不获赏，又厚抚初附之兵，於是众心渐怨，时遣邴元真守兴洛仓。元真起自微贱，性又贪鄙，宇文温疾之，每谓密曰："不杀元真，公难未已。"密不答，而元真知之，阴谋叛密。扬庆闻而告密，密固疑焉。会世充悉众来决战，密留王伯当守金塘，自引精兵就偃师，北阻邙山以待之。世充军至,令数百骑渡御河,密遣裴行俨率众逆之。会日暮,暂交而退,行俨、孙长乐、程咬金等骁将十数人皆遇重创,密甚恶之。世充夜潜济师,诘朝而阵,密方觉之,狼狈出战,于是败绩,与万余人驰向洛口。世充夜围偃师。守将郑颋为其部下所翻,以城降世充。密将入洛口仓城,元真已遣人潜引世充矣。密阴知之而不发其事,因与众谋,待世充之兵半济洛水,然后击之。及世充军至,密候骑不时觉,比将出战。世充军悉已济矣。密自度不能支,引骑而遁。元真竟以城降於世充。

密众渐离,将如黎阳。人或谓密曰:"杀翟让之际,徐世勣几至於死。今创犹未复,其心安可保乎?"密乃止。时王伯当弃金墉,保河阳,密以轻骑自武牢渡河以归之,谓伯当曰:"兵败矣!久苦诸君,我今自刎,请以谢众。"众皆泣,莫能仰视。密复曰:"诸君幸不相弃,当共归关中。密身虽愧无功,诸君必保富贵。"其府掾柳燮对曰:"昔盆子归汉,尚食均输,明公与长安宗族有畴昔之遇,虽不陪起义,然而阻东都,断隋归路,使唐国不战而据京师,此亦公之功也。"众咸曰:"然。"密遂归大唐,封邢国公,拜光禄卿。

【译文】

李密字法主,是真乡公李衍的侄孙。祖父名耀,仕北周封邢国公。父亲李宽,勇猛善战,办事的才能和谋略都超过一般人,从北周至隋,屡次担任将领职务,官爵升至柱国、蒲山郡公,号称名将。李密长于谋划,文武双全,志向和气量雄伟而远大,经常以助人为己任。开皇年间,继承父亲的蒲山公爵位,于是分散家产,救济亲戚朋友,收养门客,礼遇贤才,从不吝惜资财。与杨玄感结为生死之交。后来改变平日志向,强自克制,闭门苦读,专心研习,尤其喜好兵书,常在口中诵读。拜国子助教包恺为师,听他讲授《史记》《汉书》,学习时精神振奋,忘记疲倦,包恺的其他弟子,水平都在李密之下。大业初年,皇帝授予他亲卫大都督的官职,这不是他所喜欢的工作,于是托病辞官归家。

待到杨玄感在黎阳时,有背叛隋的打算,暗中派家童到京城约请李密,叫他同弟弟玄挺等一道赴黎阳。杨玄感起兵时,李密来到,玄感十分高兴,把他当做主谋的人。玄感向李密求计,李密说:"我有三条计策,请您选择。现在天子率军出征,远在辽水之外,那地方距离幽州,远隔千里。那里南面有大海相阻隔,北边有胡戎的祸害,仅中间有一条道路,按理说是极其艰难危险的。如今您拥有重兵,可出其不意,长驱直入蓟州,径直掐住咽喉要道。他前面有敌国高丽,后退又无归路,不出十天一月,他们携带的粮食必定耗尽。那时只要举起战旗一召唤,他的部下会自动前来投降,不用打仗就能擒敌,这是上策。再说关中地区四面险要,是天府之国,尽管有卫文升在那儿,但不必在意。现在应当率领部众,经过城镇切勿攻打,轻装行进,务必早日西入关中。天子即使还都,也已失去了险要屏障,我们占据险阻然后对付他,必能战胜,真可谓万全的态势,这是中策。倘若随近就便,先出兵东都,唐祎一报告皇帝,他们势必坚守。领兵去进攻作战,必定拖延年月。谁胜谁负,很难预料,这是下策。"玄感听后却说:"不然。您的下策,才是上策呢。如今众官员的家属全在东都,如不攻取它,怎能震动众人?而且经过城镇却不占领,怎能显示我军威风?"李密的计策终于未能实行。

杨玄感到达东都后,连战皆胜,自认为天下百姓都响应他,事业成功就在早晚之间了。到他俘获韦福嗣后,又委以心腹重任,因此军队征战的事,不再由李密专管。福嗣既非共同谋划造反的人，而是因战败被俘获的，每当要确定作战计时，他总是欲进又退，迟疑不决。后来叫他写讨隋檄文，福嗣坚决推辞不肯执笔。李密摸透了他的心思，就对玄感说："福嗣原本不是同盟者，确实抱着观望态度。您刚刚兴起大事业，而奸邪之人就混在身边，如果听任他判别是非，必定被他耽误了。我请求您杀了他来向大家道歉，我军才能安定和睦。"杨玄感说："哪至于严重到这种地步！"李密知道自己的意见不会被采用，回营后对其亲信说："楚公爱造反却不想取得胜利，拿他怎么办？我等现在快成为俘虏了！"后来杨玄感将向西进兵，福嗣终于逃归东都。

那时李子雄劝玄感尽快自称帝王，玄感以此事征求李密的意见。李密说："从前陈胜自己想称王，张耳劝阻他而遭见外，魏武帝要求汉献帝给他九种器物以示尊礼，荀彧制止他而被疏远。现在我李密想直言，还怕步二人之后尘，如果阿谀奉承，顺着您的心意说话，那又不是我原本的想法。为什么呢？自从我们起兵以来，虽然多次告捷，但到各郡县后，没有人追随我们。如今东都的防御还很强固，天下救援之兵不断来到，您应身先士卒，率领部队早日平定关中。现在却想急忙称王，怎么显得见识这么不广呢！"玄感听后笑笑，停止了称王的举动。

待到隋将宇文述、来护儿等人的军队快要来攻打时，玄感对李密说："您有什么计策？"李密说："元弘嗣统率着强大的部队驻扎在陇西，现在可故意宣扬他要造反，派使者来迎接您，借此入关，就能够哄骗部下。"玄感就用李密的计谋，向部下发布命令，乘机率领他们向西进军。行至陕县，玄感想围弘农宫，李密劝他说："您现在蒙骗众人向西进兵，军事活动贵在神速，况且追兵即将赶到，怎么能在此滞留！如果向前不能占据潼关，后退又无处据守，大伙一涣散，您用什么办法保全自己？"玄感不听从，于是派兵包围弘农宫，攻打了三天也不能占领，才领兵西进。刚到阌乡，追兵就赶来了。

玄感被打败，李密秘密地进入潼关，同玄感堂叔杨询一道，藏在冯翊杨询妻子家中。不久被邻居告发，官府就逮捕了他们，关押在京兆府的监狱里。此时隋炀帝在高阳，官府就把李密及其同伙全部送往皇帝所在的地方。李密在押解途中对他们同伙说："我们的生命，就像是早晨的露水，如果解至高阳，必被剁成肉酱。如今在路上还可以想想办法，怎么能去下汤锅送死，而不想办法逃避呢？"大家都认为他说得对。同伙中有人带了很多钱，李密让拿出来给解差看，并对他说："我们死的那天，这笔钱全部留给您，希望用来给我们埋尸，余下的就用来报答您的恩德。"差官被他们的金钱所诱惑，就答应了。等到出潼关后，对犯人们的防范逐渐松弛，李密请求允许犯人们购买酒肉食品，常常整夜宴饮喧哗，差官也并不在意。当走到邯郸时，晚上住在村庄中，李密等七人都凿通墙壁逃跑了，李密同王仲伯一道逃到平原贼帅郝孝德那里。孝德对他们不大尊敬，两人全都忍饥挨饿，竟至剥树皮来吃。仲伯偷偷回到天水，李密则去了淮阳，住在村舍中，改姓换名称作刘智远，聚集门徒，教授功课。过了几个月，李密感到愁闷不得志，写了一首五言诗说："初秋时节金风吹荡，玉露凋伤夜幕下的树林。晚间，我这无路可走的人啊，一颗忧郁的心在空自悲鸣。远眺近听颇多感叹，慷慨悲歌禁不住泪湿衣襟。泪湿衣襟为的是什么？怅惘迷茫产生了怀古之意。秦人的习俗尚未平治，汉室勃兴之路怎可希冀！樊哙仅是市井俗人，萧何原为刀笔小吏。一旦时来运合，万古留传名号宝器。寄语世上英雄，虚度一生真可愧惜。"诗写成后流下了几行眼泪。当时有人觉得他很奇怪，就把他的情况报告给太守赵他。县吏就来捕捉他，李密只得逃走，到他的妹夫雍丘县令丘君明处藏身。后来君明的侄子怀义又告发他，皇帝下令逮捕李密，李密得机会逃走了，君明竟株连犯罪被处死。

　　恰巧东郡贼帅翟让聚集同伙万余人起事，李密去归附他。翟让部下有人知道李密是杨玄感手下的逃亡的将领，暗中劝翟让杀了他。李密十分恐惧，于是借助王伯当的关系以献策来谋求翟让的信任。翟让派他去劝说诸小贼，李密所到之处贼都降服，翟让开始敬重他了，招来共商大事。李密对翟让说："现在我们兵士已很多，但粮食没有地方供给，如果旷日持久，就会人马困危衰败，大敌一来，随时都会败亡。不如直趋荥阳，在那里休整部队，让大家住好吃好，待兵士强健、马匹肥壮、物资充足后，才可与别人争夺利益。"翟让听从了他的意见，于是攻破金堤关，掠夺荥阳各县，城堡多被攻下。荥阳太守郇王杨庆及通守张须陀派兵讨伐翟让。翟让曾多次被须陀打败，一听说他率兵来交战，就十分恐惧，准备远走避开他。李密说："须陀虽勇猛却没有谋略，他的部队又多次打胜仗，士兵们既骄狂又凶狠，我们可以打一仗就擒获他们。您只管排列阵势等待敌人，我保证为您打败他们。"翟让迫不得已，才率领士兵准备打仗。李密分兵千余人在树林里设下埋伏。翟让与敌交战失利，军队慢慢地退却，李密命伏兵从敌军后面袭击它，须陀的部队溃散。李密与翟让前后夹击，使敌军惨败，就在阵前斩杀了张须陀。翟让因此令李密在军前树立将旗，单独统率他所带领的部队。

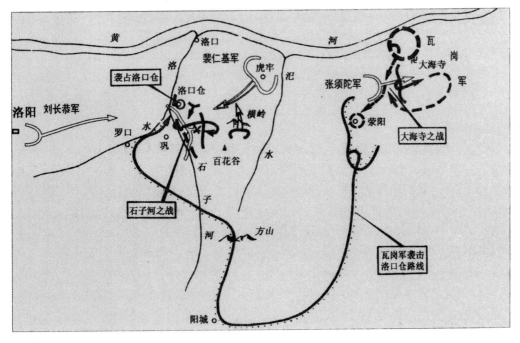

瓦岗军与隋军大海寺、石子河之战示意图

　　李密又劝翟让说："昏君失位，流亡吴、越，反隋力量多如猬毛，竞相而起，海内饥荒，民不聊生。明公您凭借英武杰出的才能，率领勇猛雄壮的军队，理应澄清天下，诛除群凶，岂能在草莽荒野求食，长久地当个小强盗而已！如今东都的士人与庶民，朝廷内外，离心离德，留守的众官员，政令也不统一。您若亲自率领大部队，径直袭击兴洛仓，分发粮食赈济穷困百姓，远近的人们谁不来归附！百万人的队伍，一个早晨就可以集齐。先发制人，这个机会不可失去啊。"翟让说："我兴起于田野之间，不曾有此愿望。一定要实行您的计划的话，那就请您先出发，我率领各部，就作为您的后续增援部队。夺得仓库那天，应另议处理办法。"李密与翟让率领精兵七千人，在大业十三年春天，从阳城出发，向北越过方山，从罗口袭击兴洛口仓，攻占了它。打开粮仓，任凭百姓取粮，年老体弱及背孩子的人都来领粮，道路上往来不断。

越王杨侗的虎贲郎将刘长恭率领步兵、骑兵二万五千人来讨伐李密，李密一次战斗就打败了官军，长恭只独自脱身。翟让于是推举李密为首领。李密在洛口筑城居住，城周长四十里。经房彦藻游说拿下了豫州，东都十分震恐。翟让为李密进献尊号，称"魏公"。李密先推辞不受，经众将领一再请求，才依从了他们。设立朝会、祭祀用的高台，就魏公位，称永平元年，设置属官，任命房彦藻为左长史，邴元真为右长史，杨德方为左司马，郑德韬为右司马。授予翟让司徒，封为东郡公。其他将帅封官授职各有差别。长白山贼孟让劫掠东都，烧毁丰都市后归去。李密攻占巩县，抓获县长柴孝和，授予护军之职。武贲郎将裴仁基献虎牢关归附李密，于是派仁基与孟让率领两万余士兵袭击回洛仓，攻克了它，烧毁天津桥，放纵士兵大肆抢掠。东都出兵进攻他们，仁基等大败，仅只身逃脱。李密又亲自率兵三万逼近东都，将军段达、武贲郎将高毗、刘长恭等出兵七万抵抗，双方在汉洛阳故城交战，官军败走，李密再次攻占回洛仓。不久德韬、德方都死了，又任命郑颋为左司马、郑虔象为右司马。

柴孝和劝李密说："秦地山势险要，又有黄河环绕，西楚霸王背弃它而导致灭亡，汉高祖在此建都而成就霸业。依我的愚见，应令仁基驻守回洛，翟让驻守洛口，明公您亲自选拔精锐部队，向西进袭长安，百姓谁不到郊外迎接，必定是有征讨而无战斗。攻克京城之后，基业牢固兵力强大，然后再长驱崤、函，扫荡东都洛阳，下达檄文指挥调遣，天下就可以平定。但是如今英雄争相起兵，实在害怕他人抢在我们前面，一旦失去机会，那就后悔无及了！"李密说："您所谋划的事，我也考虑很久了，的确是上策。但是昏君还在，跟随他的士兵还很多，我们率领的部队，全是崤山以东的人，既然看到洛阳尚未攻下，怎么肯跟随我向西进军！众将领都出自群盗，留下他们将互争高低。如果是这样的话，恐怕将要失败了。"孝和说："确实像您说的那样，您考虑问题周密，不是我所能赶上的。大军既然不宜向西出击，请允许我秘密西行去窥测那里的可乘之机。"李密听从了他的意见。孝和带领几十个骑兵到达陕县，万余名山贼归附了他。当时李密军队的锋芒甚为锐利，常常进入禁苑，与官军连番作战。适逢李密被流矢射中，躺在军营里养伤，过了几天，东都出兵攻击他，李密的部众大败，放弃了回洛仓，回到洛口。孝和的部众听说李密败退，各自四散离去。孝和一人骑马回到李密这儿。

炀帝派王世充率领江、淮强壮士兵五万人来讨伐李密，李密迎战，抵抗官军，但战斗不顺利。柴孝和在洛水淹死，李密深感哀伤。王世充在洛西安营扎寨，与李密相互对抗百余日。武阳郡丞元宝藏、黎阳贼帅李文相、洹水贼帅张升、清河贼帅赵君德、平原贼帅郝孝德一起旧附李密，共同袭击占领了黎阳仓。周法明献上江州、黄州地区投靠李密，齐郡贼帅除圆朗、任城大侠徐师仁、淮阳太守赵他等人先后诚心归附，人数以千百计。

翟让部属王儒信劝翟让做大冢宰，总管各项事务，来解夺李密的权力。翟让的哥哥翟宽又对翟让说："天子只可以自己做，怎能让给别人？你若不能做，我来做天子。"李密听说了他们的谈话后，产生了谋取翟让的计划。适逢王世充列阵来攻打，翟让出兵抵抗，被王世充击退几百步。李密与单雄信等率领精锐部队出击，王世充战败逃走。翟让想乘胜追击，攻占其营垒，此时天色已晚，李密坚决制止了他。第二天，翟让与数百人一起到李密驻地，想宴饮作乐。李密准备好美食款待他，他带来的随行人员，各令分开吃饭。各门都暗中做了准备，翟让没有觉察。李密领翟让入座，他有一把好弓，拿出来给翟让看，于是叫翟让试射。正当翟让拉满弓将发射时，李密派壮士蔡建从背后杀了他，倒在床下。随后杀了翟让的哥哥翟宽及王儒信，连随行人员也有被杀死的。翟让部将徐世勣被乱兵砍中，受了重伤，李密发现后急忙制止士兵，才得以免死。单雄信等都叩头请求怜悯，李密全放了他们，并用好话慰解。于是率领左右亲信数百人到翟让本部营房。王伯当、邴元真、单雄信等人进入营房后，告诉大家诛杀翟让的缘故，众人没有敢动作的。于是命令徐世勣、单雄信、王伯当分别统领翟让的部队。

不久，王世充夜袭仓城，李密率部迎击，打败了他，斩杀武贲郎将费青奴。王世充又把军营迁移到洛北，南面对着巩县，以后就在洛水造浮桥，调动他的全部人马来进攻李密。李密率领一千骑兵抵抗，失利后退回。王世充趁势迫近城下，李密挑选精锐士兵数百人，分为三队出击。官军逐渐后撤，自相拥挤践踏，坠入河中，死亡的达数万人。武贲郎将杨威、王辩、霍世举、刘长恭、梁德重、董智通等诸将领全都死在战场。王世充仅得脱身，不敢回东都，就逃奔河阳。那天夜里下大雪，积雪一尺多深，跟随他逃跑的人，几乎死光了。李密于是整修金墉旧城据守，聚众三十余万。又率部攻打上春门，东都留守韦津出门抵御，李密打败了他，在阵前活捉韦津。同伙劝李密即位称帝，李密不答应。待李渊义军围困东都时，李密出兵争夺，最后双方军队各自撤退。

不久宇文化及杀炀帝叛隋，率领部众从江都北上直指黎阳，拥兵十余万。李密就亲率步兵、骑兵两万人去抵抗他。恰巧越王杨侗继位称帝，派使臣授予李密太尉、尚书令、东南道大行台、行军元帅、魏国公等职，命令他先平定化及，然后入朝辅助治理政务，李密派使者答谢。宇文化及与李密的部队遭遇，李密探知宇文化及的军队缺少食品，速战速决对他有利，所以不同他交锋，又阻拦他的退路，使其不能西进。李密派徐世勣守仓城，化及攻打它，却不能攻下。李密与化及隔河对话，李密责备他说："你家原本不过是匈奴的奴隶破野头罢了，父兄子弟都蒙受隋朝的深重恩惠，世世代代富贵荣华，以至娶公主为妻，你所得到的光荣和隆盛显赫的地位，整个朝廷没有第二个。享受国士待遇的人，就应当以国士的身份来报答朝廷，怎么能容许在皇上违失帝德时，却不能以死相谏，反而趁大家反叛之机，亲手虐杀皇上，连其子孙也一并诛戮，从皇室旁支中扶立庶出子弟，擅权独尊，阴谋篡夺皇位，污辱帝妃皇后，冤枉残害无罪的人？你不追效诸葛瞻的忠诚，却做霍禹所干的一类叛逆恶行。天地不能宽容你，人神不会保佑你。裹胁威迫好人，你打算向何处去！如今若迅速来归附我，还可以保全你的后代。"化及默然不语，低头俯视了很久，才怒目圆睁大声喊道："我同你只讲相互砍杀交战的事，何须引经据典，咬文嚼字？"李密对随从人员说："化及如此庸俗怯懦，忽然想当帝王，这是赵高、圣公一类人物，我应当折木为杖驱赶他。"化及大修攻城器具，借以逼近黎阳仓城，李密率领五百轻骑兵驱马进击化及，仓城的守兵又出来接应，焚烧化及的攻城器具，大火彻夜不灭。

李密得知化及的粮食将用完了，于是假装同他讲和，来蒙蔽他的部众。化及不明白其中奥秘，还十分高兴，任凭其士兵敞开儿吃饭，他期望李密送给他食物。正巧李密部下有人犯了罪，投奔化及，把李密的实情全告诉了他。化及大怒，他的军粮又用光了，就渡过永济渠，同李密在童山下交战，从早晨一直战斗到傍晚。李密被流矢射中，在汲县停宿休整。化及劫掠汲郡，然后向北趋赴魏县。这时他的将领陈智略、张童仁等所带领的士兵，一个接一个地纷纷归附李密。当初，化及把辎重留在东郡，派他委任的刑部尚书王轨守护。到这时，王轨以全郡投降李密，李密任命他为滑州总管。李密领兵西进，派记室参军李俭去东都朝拜，抓住了杀死炀帝的人于弘达献给越王杨侗。杨侗任命李俭为司农少卿，让他回去复命，召李密入朝。李密到达温县，听说王世充已杀了元文都、卢楚等人，于是回到金墉。

王世充既已独揽大权，于是给将士丰厚的赏赐，整修兵器战具，人心又逐渐坚定。然而李密的士兵缺少衣服，世充缺少粮食，就请求交换。开始时李密拒斥了他，邴元真等人为求各自的私利，轮流来劝李密，李密终于答应了。原先，东都粮食断绝，来归附李密的人，每天有好几百。到现在，得到了粮食，来归降的人日益稀少，李密才悔悟而停止交换。李密虽然占据粮仓，但无府库，士兵屡次参战而得不到奖赏，而李密又对刚归附的士兵厚加抚恤，因此部众逐渐滋生埋怨情绪。当时派遣邴元真守兴洛仓。元真出身于微贱之家，性格又贪婪庸俗，宇文温很厌恶他，常对李密说："不杀元真，您的灾难就不会止息。"李密不答话，而元真知道了这事，就暗中策划背叛李密。扬庆听说后告诉李密，而李密仍持怀疑态度。正巧王世充率全部人马来决战，李密留王伯当守金墉，亲自率领精兵开赴偃师，北倚山邙险阻以等候敌人。世充军队来到后，命令数百名骑兵渡御河，李密派裴行俨率部众迎击。正当日暮，双方短暂交战后撤退，行俨、孙长乐、程咬金等十余名猛将皆负重伤，李密很厌恶这事。世充夜间悄悄地率部渡过了河，次日早晨摆好了阵势，李密这才发觉，只好在窘迫中仓促出战，结果大败，与万余人骑马奔向洛口。世充夜间包围偃师，守将郑颋被部下推翻，献城投降世充。李密将要进入洛口仓城，元真已派人偷偷地领王世充的部队去了。李密暗中知道这事但不予揭发，于是同大家谋划，等王世充的兵士渡洛水渡过一半时，然后袭击它。当世充的部队来到时，李密的巡逻侦察骑兵没及时发觉，等到要出战时，世充的部队已全部渡过了河。李密自己揣度不能支撑，就领着骑兵逃走了。邴元真终于献仓城投降了王世充。

李密的部众逐渐离去，他打算去黎阳。有人对他说："杀翟让的时候，徐世勣几乎被打死。直到今天创伤还未痊愈，他的心怎能保证不变呢？"李密于是停止了黎阳之行。当时王伯当放弃了金墉，驻守河阳，李密率轻骑兵从武牢渡过黄河去归附他，对伯当说："军队打败了，长时间地劳苦了诸君，我现在自刭，向大家谢罪。"大伙都哭泣，不能抬头仰视。李密又说："荣幸地蒙诸君不忍抛弃我，应当一道归附关中。我李密虽惭愧无功，诸君必能保全富贵。"他的府掾柳燮回答说："从前刘盆子归附汉朝后，还能享受租赋，明公您与长安的皇帝同宗有过去的遇合，虽不曾随他起义，然而阻击东都，截断隋军归路，使唐国不战而据有京都，这也是您的功劳啊。"大家都说："对！"李密就归附了大唐。被封为邢国公,拜授光禄卿。

厍狄士文传

【题解】

以下从厍狄士文到王文同七篇传记,都选自《隋书·酷吏列传》。

隋文帝统一南北,整个社会秩序并没有发生太大动荡,依然维持着相当的安定。隋文帝本人也为安定重新一统的国家做出了许多努力,节俭、减税、轻刑是几方面的重要内容。和秦朝一样,隋朝也仅仅二世而亡,原因在于继承者炀帝是一个昏暴之君,贪酷之吏更多地滋生也就是一种必然现象,不过《隋书》记载得并不完全,许多人物和细节都只能依靠唐人的杂史、笔记来补充。

《隋书》所记酷吏,从史官的主观上说,对这批人无疑都十分厌恶,在序文中明确表示"与人之恩,心非好善;加人之罪,事非疾恶。其所笞辱,多在无辜,察其所灾,豺狼之不若也。"不过观其实际,情况仍然有所差别。像王文同的种种做法,已经接近虐待狂的心理变态;元弘嗣则以酷虐而邀功取媚;燕荣的个人品质最为恶劣;至于厍狄士文、田式等执法不避权贵,连儿子、女婿也不能幸免,这多少又是值得肯定和借鉴之处了。

【原文】

厍狄士文,代人也。祖干,齐左丞相,父敬,武卫将军,肆州刺史。士文性孤直,虽邻里至亲莫与通狎。少读书。在齐,袭封章武郡王,官至领军将军。周武帝平齐,山东衣冠多迎周师,唯士文闭门自守。帝奇之,授开府仪同三司、随州刺史。

高祖受禅,加上开府,封湖陂县子,寻拜贝州刺史。性清苦,不受公料,家无余财。其子常敢官厨饼,士文枷之于狱累日,杖之一百,步送还京。僮隶无敢出门。所买盐菜,必于外境。凡有出入,皆封署其门,亲旧绝迹,庆吊不通。法令严肃,吏人股战,道不拾遗。有细过,必深文陷害。尝入朝,遇上置酒高会,赐公卿入左藏,任取多少,人皆极重,士文独口衔绢一匹,两手各持一匹。上问其故,士文曰:"臣口手俱满,余无所须。"上异之,别加赏物,劳而遣之。

士文至州,发摘奸隐,长吏尺布升粟之赃,无所宽贷。得千余人而奏之,上悉配防岭南,亲戚相送,哭泣之声遍於州境。至岭南,遇瘴疠死者十八九,于是父母妻子唯哭士文。士文闻之,令人捕捉,树捶盈前,而哭者弥甚。有京兆韦焜为贝州司马,河东赵达为清河令,二人并苛刻,唯长史有惠政。时人为之语曰:"刺史罗刹政,司马蝮蛇瞋。长史含笑判,清河生吃人。"上闻而叹曰:"士文之暴,过於猛兽。"竟坐免。

未几,以为雍州长史,士文谓人曰:"我向法深,不能窥候要贵,必死此官矣。"及下车,执法严正,不避贵戚,宾客莫敢至门,人多怨望。士文从父妹为齐氏嫔,有色,齐灭之后,赐薛国公长孙览为妾。览妻郑氏性妒,谮之於文献后,后令览离绝。士文耻之,不与相见。后应,州刺史唐君明居母忧,娉以为妻,由是士文、君明并为御史所劾。士文性刚,在狱数日,愤恚而死。家无余财,有子三人,朝夕不继,亲友无内之者。

【译文】

库狄士文,代地人。祖父库狄干,是北齐的左丞相;父亲库狄敬,官至武卫将军、肆州刺史。库狄士文性格孤僻耿直,即使是邻居和至亲也没有人和他来往亲近的。在北齐袭封章武郡王,官至领军将军。北周武帝平定北齐,山东地区的士族大多出来迎接北周军队,唯独库狄士文关起门来我行我素。北周武帝感到惊奇,任命他为开府仪同三司、随州刺史。

隋文帝接受禅让建立隋朝,升授库狄士文为上开府,封湖陂县子,不久又任命为贝州刺史。库狄士文生性清白刻苦,不接受规定俸禄以外的供应,家里没有剩余的钱财。他的儿子常常吃公家厨房中的面食,库狄士文就把儿子枷锁在监狱中好多天,打了一百杖,把他徒步押送回京。家里僮仆都不敢走出大门。所购买的盐和蔬菜,都是在辖境以外买来的。凡是出门进门,都在门上贴封条,亲戚故旧绝迹不来,喜事和丧事也互不来往。法令严肃,部下的官吏吓得两腿颤抖,路不拾遗。凡是别人小有过失,一定要千方百计引用法令加以陷害。一次上朝,碰上隋文帝设宴大会群臣,赏赐公卿大臣进入贮藏钱帛的左边库藏,随他们拿取财物绢帛。别人都重重地拿一大捆,唯独库狄士文只是嘴里咬一匹绢,两手又各拿一匹。隋文帝问他为什么,他回答说:"臣的嘴里手里都满了,没有别的需要。"隋文帝感到惊异,另外加赐物品,加以慰劳而把他派往贝州。

库狄士文到了贝州,揭发隐藏的奸人,地方官接受一尺布一升粟的贿赂,也不加以宽免。逮捕了这一类人有一千多个,上奏隋文帝,统统发配岭南戍守。发配的时候,亲戚前来送行,哭泣的声音遍及全州境内。他们到达岭南以后,又遇上瘴疠气疫病,死去的有十分之八九,于是死者的父母妻儿都哭骂库狄士文。库狄士文听说这一情况,就让人抓捕,被鞭打的人塞满堂前,可是哭骂的人却越来越厉害。当时有京北人韦焜任贝州司马,河东人赵达任清河县令,这两个人对百姓都凶恶刻薄,唯独长史能够爱护百姓。当时人把这些人编成民谣说:"刺史治民如同恶鬼,司马发怒好像蝮蛇。长史带着笑容判案,清河县令活活地吃人。"隋文帝听到了叹息说:"库狄士文的凶暴,超过猛虎。"终于为此而免官。

没有多久,任命他为雍州刺史。库狄士文对别人说:"我素来执法认真严厉,不能观测逢迎权贵们的心意,这回就必定死在任上了。"

等到接任以后,执法严正,不避皇亲权贵,宾客没有人敢上门,人们对他心怀不满的很多。库狄士文的堂妹是北齐宫中的妃嫔,容貌美丽,北齐亡国以后,被赐给薛国公长孙览做妾。长孙览的妻子郑氏性情嫉妒,在独孤皇后面前说坏话,独孤皇后命令长孙览和库狄氏断绝关系。库狄士文以此心中耿耿,不和长孙览见面。后来应州刺史唐君明在为母亲服丧期间,聘库狄氏为妻子,因此库狄士文和唐君明都被御史弹劾。库狄士文性格刚强,在监狱中囚禁了几天,愤怒而死。死后家里没有多余的财产,有三个儿子,穷得连饭都吃不上,亲戚朋友中竟然没有接纳他们的人。

田式传

【题解】

田式,字显标,性情刚烈勇猛,武艺高强,尤擅长拳术,18 岁即担任都督之职。为官威猛,治理百姓崇尚严酷,稍有不符合己意的人或事,不管是自己的亲戚还是仆人,一律严刑对待,甚至不惜枉杀人命。后因刻毒暴虐,为隋文帝所责罚。

【原文】

田式,字显标,冯翊下邽人也。祖安兴,父长乐,仕魏,俱为本郡太守。式性刚果,多武艺,拳勇绝人。周明帝时,年十八,授都督,领乡兵。后数载,拜渭南太守,政尚严猛,吏人重足而立,无敢违法者。迁本郡太守,亲故屏迹,请托不行。武帝闻而善之,进位仪同三司,赐爵信都县公,擢拜延州刺史。从帝平齐,以功加上开府,徙为建州刺史,改封梁泉县公。

高祖总百揆,尉迥作乱邺城,从韦孝宽击之。以功拜大将军,进爵武山郡公。及受禅,拜襄州总管,专以立威为务。每视事于外,必盛气以待其下,官属股栗,无敢仰视。有犯禁者,虽至亲昵,无所容贷。其女婿京兆杜宁,自长安省之,式诫宁无出外。宁久之不得还,窃上北楼,以畅羁思。式知之,笞宁五十。其所爱奴,尝诣式白事,有虫上其衣衿,挥袖拂去之。式以为慢己,立棒杀之。或僚吏奸赃,部内劫盗者,无问轻重,悉禁地牢中,寝处粪秽,令其苦毒,自非身死,终不得出。每赦书到州,式未暇读,先召狱卒,杀重囚,然后宣示百姓。其刻暴如此。由是为上所谴,除名为百姓。式渐恚不食,妻子至其所,辄怒,唯侍僮二人给使左右。从家中索椒,欲以自杀。家人不与。阴遣所侍僮诣市买毒药,妻子又夺而弃之。式恚卧。其子信时为仪同,至式前流涕曰:“大人既是朝廷旧臣,又无大过。比见公卿卿放辱者多矣,旋复升用,大人何能久乎?乃至於此!”式欻然而起,抽刀斫信。信遽走避之,刃中於阈。上知之,以式为罪己之深,复其官爵。寻拜广州总管,卒官。

【译文】

田式,字显标,冯翊郡下邽人。祖父田安兴,父亲田长乐,在北魏做官,都曾做过本郡的太守。田式的性情刚强果断,武艺高强,拳术没有人可比。周明帝的时候,田式十八岁,被任命为都督,率领本乡的乡兵。过了几年,被任命为渭南太守,治理百姓崇尚严厉威猛,部下的官吏对他很害怕,在他面前脚挨脚站着,没有敢违犯法纪的。迁调为本郡太守,亲戚故旧绝迹不上门,说人情一类事根本行不通。周武帝听到了加以称赞,晋升他为仪同三司,封他为信都县公,升为延州刺史。跟随武帝平定北齐,因功加封为上开府,迁调为建州刺史,改封为梁泉县公。

隋文帝总管北周政权,尉迟迥在邺城起兵作乱,田式跟随韦孝宽攻打尉迟迥。因功封为大将军，晋升爵位为武山郡公。等到隋文帝接受禅让称帝，又任命田式为襄州总管，在任时专心致志于建立自己的威权。每次在外办理政事，必定盛气凌人对待下面的人，他的属下官员两腿打战，没有人敢抬起头来看他。有违犯禁令的，虽然是最亲近的人，也决不宽容饶恕。他的女婿京兆人杜宁，从长安前去襄州探望他。田式告诫杜宁不要外出。杜宁住了很久不能回家，就私自登上襄州城楼，以疏解羁留在外的愁思。田式知道了这件事，把杜宁打了五十竹板。田式有一个宠爱的奴仆，一次到田式那里有事禀告，有条虫子爬上他的衣襟，就挥起袖子把虫子拂去。田式认为这个奴仆对自己轻慢无礼，立即命令把他用棒子打死。如果有所属官吏作恶贪赃，衙门里的人抢劫偷盗的，不问情节轻重，全部囚禁在地下室牢狱里，睡在粪便污秽之中，让他们经历痛苦荼毒，除非死去，总是不能离开这座牢狱。每次朝廷有赦免令到达州里，田式还来不及开读，就先把狱官招来，让他先杀死罪行严重囚犯，然后才把赦书在百姓中间宣布。他的刻毒暴虐就是这样。因为这样，田式被文帝所责罚，免官除名成为普通百姓。田式惭愧愤恨不吃东西，妻子儿子到他那里去，就发怒，只有家僮两个人在他左右伺候。田式从家里索取椒，想以此自杀。家里人不给。他又私下派遣伺候他的家僮到集市上买毒药，妻子儿子又夺走扔了。田式愤恨躺下不起床。他的儿子田信当时官居仪同，来到他面前流着眼泪说："大人您既然是朝廷的旧臣，又没有什么大的过错。近来看到公卿被放逐的多了，不久就重新升用，大人您哪里能长久免官呢？就至于这样吗？"田式一下子站起来，抽出刀子向田信砍去。田信逃跑躲开，刀子砍在门槛上。隋文帝听说这些事，以为田式认罪深刻，就恢复了他的官爵。不久任命他为广州总管，死在任上。

燕荣传

【题解】

燕荣，字贵公，隋代著名酷吏，主要活动于隋文帝时期，性情严厉残暴，心狠手辣，对地方上作威作福的豪门大族，给予酷烈打击，对犯人更是严刑拷打。不仅如此，即使对自己的下属，只要稍不如己意，便横加责难，残酷迫害。在他的残暴管制下，他所管辖的地盘上，倒也落得个平静无事，最终因暴虐凶残、贪赃污秽，而被隋文帝赐死。

【原文】

燕荣，字贵公，华阴弘农人也。父偘，周大将军。荣性刚严，有武艺，仕周为内侍上士。从武帝伐齐，以功授开府仪同三司，封高邑县公。

高祖受禅，进位大将军，封落丛郡公，拜晋州刺史。从河间王弘击突厥，以功拜上柱国，迁青州总管。荣在州，选绝有力者为伍伯，吏人过之者，必加诘问，辄楚挞之，创多见骨。奸盗屏迹，境内肃然。他州县人行经其界者，畏若寇雠，不敢休息。上甚善之。后因入朝观，特加劳勉。荣以母老，请每岁入朝，上许之。及辞，上赐宴于内殿，诏王公作诗以饯之。伐陈之役，以为行军总管，率水军自东莱傍海入太湖，取吴郡。既破丹阳，吴人共立萧瓛为主,阻兵於晋陵,为宇文述所败,退保包山,荣率精甲五千蹑之。瓛败走,为荣所执,晋陵、会稽悉平。检校扬州总管,寻征为右武候将军。突厥寇边,以为行军总管,屯幽州。母忧去职。明年,起为幽州总管。

荣性严酷,有威容,长史见者,莫不惶惧自失。范阳卢氏,代为著姓,荣皆署为吏卒以屈辱之。鞭笞左右,动至千数,流血盈前,饮噉自若。尝按部,道次见丛荆,堪为笞棰,命取之,辄以试人。人或自陈无咎,荣曰:"后若有罪,当免尔。"及后犯细过,将树之,人曰:"前日被杖,使君许有罪宥之。"荣曰:"无过尚尔,况有过邪!"榜捶如旧。荣每巡省管内,闻官人及百姓妻女有美色,辄舍其室而淫之,贪暴放纵日甚。是时元弘嗣被除为幽州长史,惧为荣所辱,固辞。上知之,敕荣曰:"弘嗣杖十已上罪,皆须奏闻。"荣忿曰:"竖子何敢弄我!"於是遣弘嗣监纳仓粟,飏得一糠一粃,辄罚之。每笞虽不满十,然一日之中,或至三数。如是历年,怨隙日构,荣遂收付狱,禁绝其粮。弘嗣饥馁,抽衣絮,杂水咽之。其妻诣阙称冤。上遣考功侍郎刘士龙驰驿鞫问,奏荣虐毒非虚,又赃秽狼籍,遂征还京师,赐死。先是,荣家寝室无故有蛆数斛,从地坎出。未几,荣死於蛆虫之处。有子询。

【译文】

燕荣,字贵公,华阴郡弘农人。父亲燕偘,是北周的大将军。燕荣性刚强严厉,有武艺,在北周做官做到内侍上士。跟从北周武帝征伐北齐,由于建有功劳被任命为开府仪同三司,封为高邑县公。

隋文帝接受禅让称帝,晋升燕荣为大将军,封为落丛郡公,任命为晋州刺史。跟随河间王杨弘攻打突厥,由于建有功劳被任命为上柱国,迁为青州总管。燕荣在青州的时候,选拔力气很大的人充当掌刑衙役,官吏到他那里,一定要查察询问,而且常常加以责打,打到皮开肉烂见到骨头。所以坏人盗贼绝迹,州境之内平静无事。别的州县的人经过青州地界的,害怕燕荣就像害怕仇人一样。隋文帝对他很称赏。后来因为燕荣到长安朝见,特别加以慰劳勉励。燕荣因为母亲年老,请求每年来长安朝见顺便问候母亲,隋文帝同意了。等到辞行的时候,隋文帝在内殿赐宴,下诏命令王公大臣作诗为燕荣送行。攻打陈朝的战役中,任命燕荣为行军总管,率领水军从东莱沿着海岸南下进入太湖,攻取吴郡。攻破丹阳以后,吴地人共同推举萧瓛为国主,在晋陵阻挡大军,萧瓛被宇文述打败,退军据守仓山,燕荣率领精锐甲兵五千人紧随追赶。萧瓛败逃,被燕荣所擒获,晋陵、会稽一带全部平定。朝廷任命葛荣检校扬州总管,不久征召入朝任命右武候将军。突厥侵犯边境,任命燕荣为行营总管,屯兵幽州。由于为母亲服丧离职。第二年,起复为幽州总管。

燕荣性情严厉残暴,容貌威严,官员们去觐见的,无不惶恐害怕举止失措。范阳卢氏,世世代代都是大族,燕荣让卢姓族人充当小吏士卒以压抑侮辱他们。鞭打左右随从,动不动就是上千下,被鞭打的人血流满地,燕荣喝酒吃东西像平时一样。有一次出去巡视,在路上见到荆棘一丛,可以用作鞭打的工具,就用来试着鞭打人。有人自己陈述辩解说没有犯罪,燕荣说:"今后如果有罪,可以饶恕你。"等以后这个人犯了小过失,又要打他,这个人说:"前些天被打,使君您曾经答应有罪可以饶恕我。"葛荣说:"没有罪过还那么责打,何况有罪过!"又像从前那样打了一顿。燕荣每次巡视幽州境内,听说官吏百姓的妻子女儿有长得美丽的，就住在那家把这些女子奸污，贪酷暴虐放纵任意，一天比一天厉害。当时元弘嗣被任命为幽州长史，害怕被燕荣所侮辱，坚决推辞。隋文帝了解这一情况，下敕书给燕荣说："元弘嗣如果犯下鞭打十下以上的罪过，都需要上奏让我知道。"燕荣愤怒地说："元弘嗣这小子怎么敢戏弄我！"于是就派元弘嗣监管百姓缴纳粮食，如果在粮食里发现一点米糠一颗秕子，就加以处罚。每次鞭打虽然不到十下，但一天里边有时要打好几次。像这样过了一年，怨恨一天天积累，燕荣就把元弘嗣逮捕下狱，禁止给他食物。元弘嗣饿得受不了，抽出衣服里的棉絮，和着水吞咽下去。他的妻子进京控告。隋文帝派遣考功郎刘士龙按驿站赶去审问，审问后上奏说燕荣暴虐凶恶并非虚假，而且贪赃污秽声名狼藉，于是就把他召回京师，赐他自杀。在这以前，燕荣家里卧室中无缘无故出现了几斛蛆，从地里涨出来。没过多久，燕荣就死在出现蛆的地方。有一个儿子，名叫燕询。

赵仲卿传

【题解】

赵仲卿为隋代典型酷吏，主要活动于隋文帝时期。赵仲卿主要是一位武将，作战勇猛顽强，多次立下赫赫战功。担任地方官职时，所作所为残酷暴虐，法令严厉猛烈，当时人都很畏惧他，称其为"老虎"。在他的严酷管制下，地方上比较太平，因此深得隋文帝的宠幸，多次受到财物赏赐，死后亦很荣耀，这也是他不同于燕荣的地方。

【原文】

赵仲卿，天水陇西人也。父刚，周大将军。仲卿性粗暴，有膂力，周齐王宪甚礼之。从击齐，攻临秦、统戎、威远、伏龙、张壁等五城，尽平之。又击齐将段孝先於姚襄城，苦战连日，破之。以功授大都督，寻典宿卫。平齐之役，以功迁上仪同，兼赵郡太守。入为畿伯中大夫。王谦作乱，仲卿使在利州，即与总管豆卢勣发兵拒守，为谦所攻。仲卿督兵出战，前后一十七阵。及谦平，进位大将军，封长垣县公，邑千户。高祖受禅，进爵河北郡公。

开皇三年，突厥犯塞，以行军总管从河间王弘出贺兰山。仲卿别道俱进，无虏而还。复镇平凉。寻拜石州刺史。法令严猛，纤微之失，无所容舍，鞭笞长吏，辄至二百，官人战慄，无敢违犯，盗贼屏息，皆称其能。迁兖州刺史，未之官，拜朔州总管。于时塞北盛兴屯田，仲卿总统之。微有不理者，仲卿辄召主掌，挞其胸背，或解衣倒曳於荆棘中。时人谓之猛兽。事多克济，由是收获岁广，边戍无馈运之忧。

会突厥启民可汗求婚於国，上许之。仲卿因是间其骨肉，遂相攻击，十七年，启民窘迫，与隋使长孙晟投通汉镇。仲卿率骑千余驰援之，达头不敢遇。潜遣人诱致启民所部，至者两万余家。其年，从高颖指白道以击达头。仲卿率兵三千为前锋，至族蠡山，与虏相逼，交战七日，大破之。追奔至乞伏泊，复破之，虏千余口，杂畜万计。突厥悉众而至，仲卿为方阵,四面拒战。经五日,会高颎大兵至,合击之,虏乃败走。追度白道,逾秦山七百余里。时突厥降者万余家,上命仲卿处之恒安。以功进位上柱国,赐物三千段。朝廷虑达头掩袭启民,令仲卿屯兵二万以备之,代州总管韩洪、永康公李药王、蔚州刺史刘隆等,将步骑一万镇恒安。达头骑十万来寇,韩洪军大败,仲卿自乐宁镇邀击,斩首虏千余级。明年,督役筑金河、定襄二城,以居启民。时有表言仲卿酷暴者,上令御史王伟按之,并实,惜其功不罪也。因劳之曰:"知公清正,为下所恶。"赐物五百段。仲卿益恣,由是免官。

仁寿中,检校司农卿。蜀王秀之得罪,奉诏往益州穷按之。秀宾客经过之处,仲卿必深文致法,州县长吏坐者太半。上以为能,赏婢奴五十口、黄金二百两、米粟五千石,奇宝杂物称是。

炀帝嗣位,判兵部、工部二曹尚书事。其年,卒,时年六十四。谥曰肃。赠物五百段。子弘嗣。

【译文】

赵仲卿,天水郡陇西人。父亲赵刚,北周时官至大将军。赵仲卿性情粗暴,四肢发达有力,北周齐王宇文宪对他很看重优待。跟随攻打北齐,攻打临秦、统戎、威远、伏龙、张壁等五城,全部攻克平定。又在姚襄城攻击齐将领段孝先,苦战了好多天,把他打败。因为建立功劳被任命为大都督,不久统领禁卫军。平定北齐的战役,因为建立功劳升迁为上仪同,兼任赵郡太守。又征召入朝廷任命为畿伯中大夫。王谦起兵作乱,赵仲卿正好出使在利州,就和利州总管豆卢勋发兵抵御守卫,被王谦所攻击。赵仲卿督率兵士出战,前后打了十七仗。等到王谦平定,进封赵仲卿为大将军,封为长垣县公,食邑一千户。隋文帝接受禅让称帝,进封赵仲卿的爵位为河北郡公。

开皇三年,突厥侵犯边境,任命赵仲卿为行军总管跟随河间王杨弘出兵贺兰山。仲卿从另一条道路分头并进,没有碰上敌人而返回。任命他镇守平凉。不久又任命为石州刺史。法令严厉猛烈,哪怕是一点小小的过失,也不肯容忍放过。鞭打长史,总是要打到二百下,官吏百姓吓得发抖,没有人敢违犯他的禁令,盗贼屏住气不敢出声,上上下下都称赞赵仲卿能干。迁调为兖州刺史,没有到任,又被任命为朔州总管。在当时,塞北盛兴屯田的制度,朝廷命令赵仲卿作为总管。只要稍有治理不善,就把主管人员找来,打他的前胸后背。或者解开他的衣服在荆棘中倒着拖过去。当时人把赵仲卿叫作猛虎。所管理的屯田事务大多能成功,因此,收获的粮食每年增多,边境戍所没有运送粮食的忧虑。

当时突厥的启民可汗向隋朝求婚,文帝答应了。赵仲卿因此而离间突厥可汗家族成员的关系,他们就自相攻击。开皇十七年,走投无路,就和隋朝使臣长孙晟投奔通汉镇。赵仲卿率领一千多骑兵飞驰前往救援,启民可汗的对手达头不敢进逼,偷偷派人引诱启民可汗的部下归附他,前去归附的有两万多家。这一年,赵仲卿跟随高颎领兵直趋白道以攻击达头。赵仲卿率领三千士卒为前锋,到达族蠡山,和敌人遭遇,交战了七天,大破突厥军。又领兵追击到乞伏泊,再次打败敌人,俘虏了一千多人,各种牲畜数以万计。突厥倾其全部兵力来到,赵仲卿排开方形军阵,四面抵御敌人。经过了五天,正好高颎的大军抵达,合兵攻击敌人,敌人这才败逃。赵仲卿等追过白道,越过秦山七百多里。当时突厥人投降的有一万多家,隋文帝命令赵仲卿把他们安置在恒安。赵仲卿因为建立功劳封上柱国,赏赐财物三千段。朝廷又担心达头偷袭启民,命令赵仲卿驻兵二万人以作防备,代州总管韩洪、永康公李药王、蔚州刺史刘隆等率领步兵、骑兵一万人镇守恒安。达头率领骑兵十万人前来入侵,韩洪的军队被打得大败,赵仲卿从乐宁镇中途袭击,斩杀敌人一千多人。下一年,赵仲卿督率民工建筑金河、定襄两座城,让启民居住在这里。当时有表奏说赵仲卿残酷暴虐,隋文帝命令御史王伟审查,结果全部属实,但由于爱惜他的功劳而没有加罪。于是慰劳他说:"知道您清廉正直,为下面的人所讨厌。"赏赐财物五百段。赵仲卿由此而更加任意妄为,被免官。

仁寿年间,又被任命为检校司农卿。蜀王杨秀得罪的时候,赵仲卿奉诏命到益州穷加查究。只要是杨秀的宾客经过的地方,州县地方官牵连犯罪的就有一大半。隋文帝认为赵仲卿能干,赏赐给他奴婢五十人、黄金二百两、大米小米五千石,珍宝杂物等等和上述的赏赐相当。

炀帝即位,任命赵仲卿判兵部、工部二曹尚书事。这一年去世,谥号为肃。赏赐财物五百段。他的儿子赵弘嗣继承爵位。

崔弘度传

【题解】

崔弘度,字摩诃衍。身材高大威猛,力气惊人,多次立下战功。同时性情严厉残酷,对犯人斩杀无情,对下属也严厉峻急,动不动就鞭刑拷打,因此长安人都对他又恨又怕,有民谣唱道:"宁可喝下三升醋,不要遇见崔弘度。"由于立有战功,加上他的一个妹妹和一个女儿都曾身为王妃,所以崔弘度一度曾十分显贵。

【原文】

崔弘度,字摩诃衍,博陵安平人也。祖楷魏司空;父说,周敷州刺史。弘度膂力绝人,仪貌魁岸,须面甚伟。性严酷。年十七,周大冢宰宇文护引为亲信。寻授都督,累转大都督。时护子中山公训为蒲州刺史,令弘度从焉。尝与训登楼,至上层,去地四五丈,俯临之,训曰:"可畏也。"弘度曰:"此何足畏!"欻然掷下,至地无损伤。训以其拳捷,大奇之。后以战勋,授仪同,从武帝灭齐,进位上开府,邺县公,赐物三千段、粟麦三千石、奴婢百口、杂畜千计。寻从汝南公宇文神举破卢昌期於范阳。

宣帝嗣位,从郧国公韦孝宽经略淮南。弘度与化政公宇文忻、司水贺娄子干至肥口,陈将潘琛率兵数千来拒战,隔水而阵。忻遣弘度谕以祸福,琛至夕而遁。进攻寿阳,降陈守将吴文立,弘度功最。以前后勋,进位上大将军,袭父爵安平县公。

及尉迥作乱,以弘度为行军总管,从韦孝宽讨之。弘度募长安骁雄数百人为别队,所当无不披靡。弘度妹先适迥子为妻,及破邺城,迥窘迫升楼,弘度直上龙尾追之。迥弯弓将射弘度,弘度脱兜鍪谓迥曰:"相识不?今日各图国事,不得顾私。以亲戚之情,谨遏乱兵,不许侵辱。事势如此,早为身计,何所待也?"迥掷弓于地,骂大丞相极口而自杀。弘度顾其弟弘升曰:"汝可取迥头。"弘升遂斩之。进位上柱国。时行军总管例封国公,弘度不时杀迥,致纵恶言。由是降爵一等,为武乡郡公。

开皇初,突厥入寇,弘度以行军总管出原州以拒之。虏退,弘度进屯灵武,月余而还。拜华州刺史。纳其妹为秦孝王妃。寻迁襄州总管。弘度素贵,御下严急,动行捶罚,吏人慑气,闻其声,莫不战慄。所在之处,令行禁止,盗贼屏迹。梁王萧琮来朝,上以弘度为江陵总管,镇荆州。弘度未至,而琮叔父岩拥居人以叛,弘度追之不及;陈人惮弘度,亦不敢窥荆州。平陈之役,以行军总管从秦孝王出襄阳道。及陈平,赐物五千段。高智慧等作乱,复以行军总管出泉门道,隶于杨素。弘度与素,品同而年长,素每屈下之。一旦隶素,意甚不平,素言多不用。素亦优容之。及还,检校原州事,仍领行军总管以备胡,无虏而还,上甚礼之。复以其弟弘升女为河南王妃。

仁寿中,检校太府卿。自以一门二妃,无所降下,每诫其僚吏曰:"人当诚恕,无得欺诳。"皆曰:"诺。"后尝食鳖,侍者八九人,弘度一一问之曰:"鳖美乎?"人惧之,皆云:"鳖美。"弘度大骂曰:"佣奴何敢诳我? 汝初未食鳖,安知其美?"俱杖八十。官属百工见之者,莫不流汗,无敢欺隐。时有屈突盖为武候骠骑,亦严刻,长安为之语曰:"宁饮三升酢,不见崔弘度。宁茹三升艾,不逢屈突盖。"然弘度理家如官,子弟斑白,动行捶楚,闺门整肃,为当时所称。未几,秦王妃以罪诛,河南王妃复被废黜。弘度忧恚,谢病于家,诸弟乃与之别居,弥不得志。

炀帝即位,河南王为太子,帝将复立崔妃,遣中使就第宣旨。使者诣弘升家,弘度不之知也。使者返,帝曰:"弘度有何言?"使者曰:"弘度称有疾不起。"帝默然,其事竟寝。弘度忧愤,未几,卒。

【译文】

崔弘度,字摩诃衍,博陵郡安平人。祖父崔楷,在北魏官至司空。父亲崔说,在北周官至敷州刺史。崔弘度的力气无人能比,容貌魁梧,胡须十分壮观。性情严厉残酷。十七岁,北周大冢宰宇文护把他用为亲信。不久就被任命为都督,逐渐升至大都督。当时宇文护的儿子中山公宇文训担任蒲州刺史,让崔弘度跟着赴任。崔弘度曾经和宇文训一起登楼,到了顶层,离开地面四五丈,往下看去,宇文训说:"很让人害怕。"崔弘度说:"这哪里够得上害怕!"一下子往下跳,落地没有损伤。宇文训由于他勇武迅捷,十分惊异。后来由于建有战功,被任命为仪同,跟随北周武帝扫灭北齐,进封上开府,邺县公,赏赐财物三千段、小米麦子三千石、奴婢一百人、各种牲畜数以千计。不久跟从汝南公宇文神举在范阳攻击打败了卢昌期。

北周宣帝即位,崔弘度跟从郧国公韦孝宽规划治理淮南。崔弘度和化政公宇文忻、司水贺娄子干赶到肥口,陈朝将领潘琛领兵几千人前来抵御,隔着水排开阵势。宇文忻派崔弘度用祸福的道理开导潘琛,潘琛到夜里就偷偷逃跑了。进而攻击寿阳,迫使陈朝守将吴文立投降,崔弘度的功劳最大。由于前前后后建立的功勋,晋升官位为上大将军,承袭父亲的安平县公爵位。

等到尉迟迥作乱,任命崔弘度为行军总管,跟从韦孝宽前去讨伐。崔弘度招募长安骁勇雄壮的几百人单独编为一队，抵挡他们的敌军，没有不被打得大败的。崔弘度的妹妹先是嫁给尉迟迥的儿子做妻子，等到攻破邺城，尉迟迥走投无路逃到城楼上，崔弘度一直追赶到登上城墙的弯道上。尉迟迥弯弓搭箭准备向崔弘度射去，崔弘度脱下头盔，对尉迟迥说："认识我吗？今天是各人都为国家大事打算，不能顾念私人关系。不过看在亲戚的情分上，我尽力制止乱兵，让他们不准对你有所侵犯侮辱。事情的大势已经这样，你应该早点自己打算，还等待什么呢？"尉迟迥把弓撇在地上，口口声声骂着大丞相杨坚而自杀了。崔弘度回头看着他兄弟崔弘升说："你可以割下尉迟迥的脑袋。"崔弘升就照办了。因为这次战功进官位为上柱国。当时担任行军总管的照例要封为国公，崔弘度没有及时杀死尉迟迥，以致有人说坏话。因此而降一等，封爵为武乡郡公。

隋文帝开皇初年，突厥入侵。崔弘度担任行军总管出兵原州抵御突厥。突厥人撤退，崔弘度进军屯驻在灵武，过了一个多月才返回。任命为华州刺史。把他的妹妹进献给秦孝王杨俊为王妃。不久迁为襄州总管。崔弘度素来显贵，对待下属严厉峻急，动不动就要鞭打，属下的下官恐惧，听到他的声音，无不怕得发抖。所在的地方，有令即行，有禁即止，盗贼都躲藏不敢出来。梁王萧琮到长安朝觐，隋文帝任命崔弘度为江陵总管，镇守荆州。崔弘度还没有到达荆州，萧琮的叔父萧岩聚集当地居民反隋奔陈，崔弘度追赶没有赶上；陈朝人害怕崔弘度，也不敢窥伺荆州。平定陈朝的战役，任命崔弘度为行军总管跟从秦孝王杨俊出兵襄阳道。等到陈朝平定，赐给崔弘度财物五千段。高智慧等人作乱，再次被任命为行军总管出兵泉门道，隶属杨素指挥。崔弘度和杨素品级相同而年长于杨素，杨素常常屈从居于其下，现在崔弘度隶属杨素指挥，心里感到很不满意，对杨素的话常常不执行，杨素也加以优待容忍。等到返回朝廷，任命分检校原来的襄州事务，仍然兼领行军总管以防备胡人，由于胡人没有入侵，返回朝廷，隋文帝对他颇加优礼。又把他兄弟弘升的女儿嫁给河南王杨昭为王妃。

隋文帝仁寿年间，崔弘度检校太府卿。他自以为一家中有了两个王妃，没有人再比自己高贵。常常告诫属下的官吏说："做人应当诚实宽容，不能欺骗别人。"官吏们都回答说："是。"后来有一次吃甲鱼，旁边伺候的有八九个人，崔弘度逐一问他们说："甲鱼的味道好吗？"伺候的人怕他，都说："甲鱼的味道好。"崔弘度大骂说："你们这些奴才为什么敢欺骗我！你们本来没有吃过甲鱼，哪里知道它味道好？"统统杖责八十下。属下官吏和工匠见到他的，没有不身上冒汗，不敢欺骗隐瞒。当时有一个屈突盖官居候骠骑，性情也严厉苛刻，长安人为他们传出一首民谣说："宁可喝下三升醋，不要遇见崔弘度。宁可吞吃三升艾，不要碰上屈突盖。"然而崔弘度治家也像做官，子弟哪怕头发花白了，动不动还是要责打，闺门之内严整肃穆，为当时所称道。没有多久，秦孝王杨俊的王妃有罪被赐死，河南王杨昭的王妃又被废黜。崔弘度忧愁愤怒，称病家居，各位兄弟和他另立门户过日子，崔弘度更加不得志。

隋炀帝即位，立河南王杨昭为太子，炀帝将重新立崔氏为太子妃，派宫中使者到崔家宣布旨意。使者到了崔弘升家，崔弘度并不知道。使回宫，炀帝问："崔弘度有什么话？"使者说："崔弘度说有病，不会痊愈了。"炀帝没有说话，这件事情就搁下不办了。崔弘度忧愁愤恨，没过多久就去世了。

元弘嗣传

【题解】

元弘嗣在隋代的酷吏中,是非常有代表性的一位,而且其生平很有特色。他曾经在另一位酷吏燕荣的手下当差,倍受燕荣的残酷折磨,也正是因为他的控告,燕荣才被隋文帝赐死,可等到他代替燕荣治理幽州政务时,其暴虐凶残的程度,比燕荣有过之而无不及。对犯人、下属、劳役民工的残暴行为,简直凶残已极,无以复加。

【原文】

元弘嗣,河南洛阳人也。祖刚,魏渔阳王;父经,周渔阳郡公。弘嗣少袭爵,十八为左亲卫。开皇九年,从晋王平陈,以功授上仪同。十四年,除观州总官长史,在州专以严峻任事,吏人多怨之。二十年,转幽州总官长史。于时燕荣为总管。肆虐于弘嗣,每被笞辱。弘嗣心不伏,荣遂禁弘嗣于狱,将杀之。及荣诛死,弘嗣为政,酷又甚之。每推鞫囚徒,多以酢灌鼻,或枨弋其下窍,无敢隐情,奸为民息。

仁寿末,授木工监,修营东都。大业初,炀帝潜有取辽东之意,遣弘嗣往东莱海口监造船。诸州役丁苦其捶楚,官人督役,昼夜立于水中,略不敢息,自腰以下,无不生蛆,死者十三四。寻迁黄门侍郎,转殿内少监。辽东之役,进位金紫光禄大夫。明年,帝复征辽东,会奴贼寇陇右,诏弘嗣击之。

及玄感作乱,逼东都,弘嗣屯兵安定。或告之谋应玄感者,代王侑遣使执之,送行在所。以无反形当释,帝疑不解,除名,徙日南,道死,时年四十九。有子仁观。

【译文】

元弘嗣,河南郡洛阳人。祖父元刚,北魏时被封为渔阳王;父亲元经,北周时被封为渔阳郡公。元弘嗣少年时代承袭爵位,十八岁担任左亲卫。开皇九年,跟从晋王杨广平定陈朝,由于建立功劳被命为上仪同。十四年,被任命为观州总管长史,在州中处理事务专用严刑峻法,官吏百姓怨恨他的人很多。二十年,调转为幽州总管长史。当时燕荣担任总管,对元弘嗣横施暴虐,元弘嗣常常被鞭打侮辱。元弘嗣心中不服,燕荣就把他囚禁在狱中,将要杀死他。等到燕荣被诛赐死,元弘嗣管理幽州政务,其残酷又比燕荣更加厉害。每次审问犯人,常常用醋灌鼻子,或者用木棍子塞进下体,因此没有人敢于隐瞒情况,坏人不敢出大气。

仁寿末年,被任命为木工监,修理经营东都洛阳。大业初年,隋炀帝私下里有攻取辽东的意思,派元弘嗣前去东莱海口监督修造战船。各州的劳役民工为他的鞭打所苦,官吏又在那里监督劳动,所以白天黑夜站在水里,一点不敢休息,从腰部以下,无不腐烂生蛆,死去的有十分之三四。不久升迁为黄门侍郎,转殿内少监。隋炀帝征讨辽东这一役,元弘嗣被进封官位为金紫光禄大夫。第二年,炀帝再次征讨辽东,刚好碰上灵武郡的"奴

贼"造反,进攻陇西一带,炀帝下诏令元弘嗣前去攻讨。

等到杨玄感作乱造反,逼近东都洛阳,元弘嗣驻兵在安定。有人告发他阴谋响应杨玄感,代王杨侑派使者逮捕了他,送到炀帝在辽东的行宫。由于查不到元弘嗣的造反证据,应当无罪释放,但炀帝的怀疑没有解除,把他从官籍中除名,流放日南,在路上死去,年四十九岁。有一个儿子,名仁观。

王文同传

【题解】

王文同,隋炀帝时代著名酷吏,其拷打处治犯人的手法,往往骇人所闻,凶残酷烈至极。此人崇尚暴虐,滥杀无辜。同时,他也是隋代酷吏中,不仅没有什么政绩,而且又被老百姓所最痛恨的,因此,他死后,其尸体上的肉都被仇人们一片片地生吃光了。

【原文】

王文同,京兆频阳人也。性明辩,有干用。开皇中,以军功拜仪同,寻授桂州司马。炀帝嗣位,征为光禄少卿,以忤旨,出为恒山郡丞。有一人豪猾,每持长吏长短,前后守令咸惮之。文同下车,闻其名,召而数之。因令左右刿木为大橛,埋之于庭,出尺余,四角各埋小橛。令其人踣心于大橛上,缚四支于小橛;以棒殴其背,应时溃烂。郡中大骇,吏人相视慑气。

及帝征辽东,令文同巡察河北诸郡。文同见沙门斋戒菜食者,以为妖妄,皆收系狱。比至河间,召诸郡官人,小有迟违者,辄皆覆面于地而棰杀之。求沙门相聚讲论,及长老共为佛会者数百人,文同以为聚结惑众,尽斩之。又悉裸僧尼,验有淫状非童男女者数千人,复将杀之。郡中士女号哭于路,诸郡惊骇,各奏其事。帝闻而大怒,遣使者达奚善意驰锁之,斩于河间,以谢百姓。雠人剖其棺,脔其肉而噉之,斯须咸尽。

【译文】

王文同,京兆郡频阳人。生性聪明,能言善辩,精明能办事。隋文帝开皇年间,由于军功被任命仪同,不久又任为桂州司马。炀帝即位以后,征召入京为光禄少卿,由于和炀帝的心意违背而被外放为恒山郡丞。郡中有一个豪强奸猾的人,手里常常捏着地方官的把柄,历来的郡守县都怕他。王文同刚一到任,听到他的名声,就招来数说他的罪行。于是命令左右随从削刿木头做成一个大橛子,埋在前面庭院里,露出一尺多在地上,四边各埋上一个小木橛。让这个人心口趴在大木橛上,把他的四肢捆绑在小木橛上,用棒子殴打他的背部,立即就溃烂了。全郡人大惊,官吏们互相看着不敢出气。

等到炀帝征讨辽东,命令王文同巡察河北各郡。王文同见到和尚守戒吃蔬的,认为这是故作妖异骗人,把他们都逮捕下狱。不久到了河间,召集各郡的官吏,稍稍有迟疑的,就都把他们按在地上面朝下把他们打死。找到和尚们聚会讲经论道和长老一起做法事的几百个人，王文同认为这是集结迷惑民众，把他们全都杀了。又把和尚尼姑的衣服全部脱掉，查验出有淫秽模样不是童男处女的有几千人，又准备把他们杀掉。郡中的男男女女在路上号哭，其他郡都为之惊恐，各把这件事上奏。炀帝听到之后大怒，派使者达奚善意骑快马把王文同锁拿，就在河间把他杀了，以向百姓表示歉意。仇人们劈开他的棺木，一片片割下尸体上的肉生吃，一下子就吃完了。

刘焯传

【题解】

刘焯（542~608），字士元，信都昌亭（今河北省冀州市一带）人。曾任太学博士等职。隋朝初年，隋文帝宠信的张宾修订《开皇历》，仍循古制，并仗势压制刘孝孙、刘焯等人使用定朔法的主张，诬陷他们诋毁天历，惑乱视听，致使刘焯被斥罢官，贬为庶民。此后他悠闲散居于家中，以教书著述为生。隋文帝仁寿四年（公元604年），刘焯在研究数学和天文学的基础上，写成《历书》十卷，这就是历史上著名的《皇极历》。但其中内容与员外散骑侍郎领太史令张胄玄修订的新历颇不相同，因而遭到张胄玄及隋炀帝宠臣太史令袁充的排斥，致使这部历法终于未能得以颁行。《皇极历》有着多方面的革新，其中最主要的是为了解决日、月不均匀运动问题而创立等间距二次内插法公式，推算日月食所在位置，交食的始终时刻，食分大小，以及应食不食，不应食而食等，这些方面都是过去的历法所没有的。此外，推算五星也均精密于前历，所用岁差的数值也有较大的改进。他并创有定朔法、定气法和躔衰法（即日行盈缩之差），采用定气的方法来计算日行度数和交令时刻，均为后世所师法。著有《稽极历书》十卷，《历书》十卷及《五经述议》等，已佚。清人辑有《尚书刘氏义疏》一卷。

【原文】

刘焯字士元，信都昌亭人也。父洽，郡功曹。焯犀额龟背，望高视远，聪敏沈深，弱不好弄。少与河间刘炫结盟为友，同受《诗》于同郡刘轨思，受《左传》于广平郭懋当，问《礼》于阜城熊安生，皆不卒业而去。武强交津桥刘智海家素多坟籍，焯与炫就之读书，向经十载，虽衣食不继，晏如也。遂以儒学知名，为州博士。刺史赵煚引为从事，举秀才，射策甲科。与著作郎王劭同修国史，兼参议律历，仍直门下省，以待顾问。俄除员外将军。后与诸儒于秘书省考定群言，因假还乡里，县令韦之业引为功曹。寻复入京，与左仆射杨素、吏部尚书牛弘、国子祭酒苏威、国子祭酒元善、博士萧该、何妥、太学博士房晖远、崔崇德、晋王文学崔赜等于国子共论古今滞义，前贤所不通者。每升座，论难锋起，皆不能屈，杨素等莫不服其精博。六年，运洛阳《石经》至京师，文字磨灭，莫能知者，奉教与刘炫等考定。

后因国子释奠，与炫二人论义，深挫诸儒，咸怀妬恨，遂为飞章所谤，除名为民。于是优游乡里，专以教授著述为务，孜孜不倦。贾、马、王、郑所传章句，多所是非。《九章算

术》《周髀算经》《七曜历书》十余部,推步日月之
经,量度山海之术,莫不核其根本,穷其秘奥。著
《稽极》十卷,《历书》十卷《五经述议》,并行于世。
刘炫聪明博学,名亚于焯,故时人称二刘焉。天下
名儒后进,质疑受业,不远千里而至者,不可胜数。
论者以为数百年已来,博学通儒,无能出其右者。
然怀抱不旷,又啬于财,不行束修者,未尝有所教
诲,时人以此少之。废太子勇闻而召之,未及进谒,
诏令事蜀王,非其好也,久之不至。王闻而大怒,遣
人枷送于蜀,配之军防。其后典校书籍。王以罪
废,焯又与诸儒修订礼律,除云骑尉。

刘焯

炀帝即位,迁太学博士,俄以疾去职。数年,复
被征以待顾问,因上所著《历书》,与太史令张胄玄
多不同,被驳不用。大业六年卒,时年六十七。刘炫为之请谥,朝廷不许。

【译文】

刘焯,字士元,信都昌亭人。父亲刘洽,官拜郡功曹。刘焯生就一副尖而隆起的前
额,颇似犀牛,背驼似龟,但目力极佳,可以看得很高很远。他天资聪明,思维敏捷,性格
稳重深沉,体弱而不喜玩耍。少年时代,他与河间人刘炫结盟为友,一起跟随同郡的刘轨
思学习《诗经》,同时又向广平人郭懋当学习《左传》,向阜城人熊安生求教《周礼》《仪礼》
和《礼记》。由于三位老师的学识不能满足他们的求知欲望,因此都未能等到结束学业就
离开了。武强交津桥人刘智海一向喜爱搜求古代典籍,家中藏书宏富,刘焯与刘炫于是
来到他那里读书,埋头于经典整整十年。尽管艰苦的求学生活常使得穿衣吃饭都无法接
济,但他们都感到安详和平静。经过努力,刘焯终于以深通儒家学说而闻名,作了州博
士。刺史赵煚推荐刘焯任从事,并荐举他应试秀才,通过了射策甲科的考试。此后,刘焯
与著作郎王劭共同编纂国史,同时参加议定乐律和历法,并且仍然在门下省内值班,以备
君主顾视问讯。不久,刘焯被封为员外将军。后来又与其他儒者在秘书省共同考核审定
群臣的言论。在休假回乡期间,刘焯被县令韦之业推荐,作了功曹。旋即重返京城,他与
左仆射杨素、吏部尚书牛弘、国子寺祭酒苏威、国子寺祭酒元善、博士萧该、何妥、太学博
士房晖远、崔崇德、晋王文学崔赜等人,在国子寺共同研究古今的疑难问题,这些问题都
是过去的贤达之士所不能解决的。每次讨论时,当刘焯刚一就座,辩论诘问之声顿时响
起,势头之猛难以阻挡,但即使如此,竟没有一个人能把他驳倒,杨素等人无不叹服钦佩
他精辟的议论和广博的学识。隋文帝开皇六年,洛阳石经被运到京城长安,由于石经历
久经年,上面的文字多磨泐不清,已没有人能够辨识了。刘焯奉隋文帝之命,与刘炫等人
对其进行考证和校定。

后来,刘焯在国子寺参加释奠告师礼的时候,曾与刘炫讨论礼仪,两人的谈话使在场
的儒者深受屈辱。这些人都对他俩满怀嫉恨,于是编造匿名诬告信,大肆诽谤,致使刘焯
被罢官去职,废为庶民。卸官之后,刘焯悠闲自得地回到家乡,专以教书著述为生,孜孜

不倦。他对贾逵、马融、王肃和郑玄所遗留的对儒家经典的解释多有匡正，评定是非，对于《九章算术》《周髀算经》《七曜历书》等十几部著作，凡涉及推算日月运行的规律，度量山种地理的方法，无不详细考查核实它的来源，彻底揭示它的奥秘。刘焯著有《稽极》十卷、《历书》十卷和《五经述议》，都流行于世。刘焯的朋友刘炫也很聪明，他知识广博，名气稍次于刘焯，因此与刘焯一起被当时人并称为二刘。天下有名的儒者和年轻学生，为了向刘焯求教疑难问题或接受指导，不远千里而来的人多得不可胜数。当时有人评论说，几百年以来，凡学识渊博，精通儒学的人，没有能够超过他的。然而刘焯心胸狭窄，且贪图财利，十分吝啬，不向他致送见面薄礼的人就根本得不到他的教诲，当时的人都因此而看不起他。当杨勇被废黜太子贬为庶民后，听说刘焯并要召见他，但他还未来得及拜见杨勇，文帝即下令让他侍奉蜀王杨秀，刘焯并不喜欢这样做，所以很久没有到任，蜀王得知后大为恼怒，派人将刘焯套上枷锁，送到蜀地，流放到边关充军。后来，刘焯又被任用掌管校勘图书典籍。蜀王杨秀获罪被废后，刘焯又与其他儒者一起编修考定礼制乐律，官拜云骑尉。

隋炀帝即位后，刘焯被升为太学博士，不久即因病辞官。几年后又重新被征召，以备君主顾视问讯。他曾写过一部《历书》，因其中的很多见解与太史令张胄玄不同，所以被胄玄排斥，未能颁行。大业六年，刘焯去世，享年六十七岁。后来刘炫为他向朝廷请求赐予谥号，但未能得到同意。

刘炫传

【题解】

刘炫（546～613），字光伯，河间景城（今河北省献县东北）人。他通晓儒学及天文历算，少年时代即与刘焯并称"二刘"。刘炫从小有神功，他眼睛明亮、视日而眼不花，口、眼、耳、双手同时进行五种不同的活动，竟无差错。刘炫初为北周户曹从事，隋朝建立后，他奉敕与著作郎王劭等人共同撰修国史，同时还参与修订天文律历及《五礼》，因授旅骑尉。隋炀帝在位时，封他为太学博士，不久即回归河间。后来，他被弟子们延入参加了抗隋起义军。起义军兵败，刘炫重新投奔县城时却被拒之城外，于寒夜中冻馁而死。弟子们追谥为宣德先生。他曾伪造《连山易》《鲁史记》等古佚书，另著有《春秋攻昧》《尚书述议》《五经正名》《算术》等百卷之众，多已亡佚。清人马国翰《玉函山房辑佚书》有所辑录。

【原文】

刘炫字光伯，河间景城人也。少以聪敏见称，与信都刘焯闭户读书，十年不出。炫眸子精明，视日不眩，强记默识，莫与为俦。左画方，右画圆，口诵，目数，耳听，五事同举，无有遗失。周武帝平齐，瀛洲刺史宇文亢引为户曹从事。后刺史李绘署礼曹从事，以吏干知名。岁余，奉敕与著作郎王劭同修国史。俄直门下省，以待顾问。又与诸术者修天文律历，兼于内史省考定群言，内史令博陵李德林甚礼之。炫虽遍直三省，竟不得官，为县司责其赋役。兹自陈于内史，内史送诣吏部，吏部尚书韦世康问其所能。炫自为状曰："《周礼》《礼记》《毛诗》《尚书》《公羊》《左传》《孝经》《论语》孔、郑、王、何、服、杜等注，凡十三家，虽义有精粗，并堪讲授。《周易》《仪礼》《谷梁》，用功差少。史子文集，嘉言美事，咸诵于心。天文律历，穷核微妙。至于公私文翰，未尝假手。"吏部竟不详试，然在朝知名之士十余人，保明炫所陈不谬，于是除殿内将军。

时牛弘奏请购求天下遗逸之书，炫遂伪造书百余卷，题为《连山易》《鲁史记》等，录上送官，取赏而去。后有人讼之，经赦免死，坐除名，归于家，以教授为务。太子勇闻而召之，既至京师，敕令事蜀王秀，迁延不往。蜀王大怒，枷送益州。既而配为帐内，每使执杖为门卫。俄而释之，典校书史。炫因拟屈原《卜居》，为《筮涂》以自寄。

及蜀王废，与诸儒修订《五礼》，授旅骑尉。吏部尚书牛弘建议，以为礼诸侯绝傍期，大夫降一等。今之上柱国，虽不同古诸侯，比大夫可也。官在第二品，宜降傍亲一等。议者多以为然。炫驳之曰："古之仕者，宗一人而已，庶子不得进。由是先王重适，其宗子有分禄之义。族人与宗子虽疏远，犹服缌三月，良由受其恩也。今之仕者，位以才升，不限适庶，与古既异，何降之有。今之贵者，多忽近亲，若或降之，民德之疏，自此始矣。"遂寝其事。

开皇二十年，废国子四门及州县学，唯置太学博士二人，学生七十二人。炫上表言学校不宜废，情理甚切，高祖不纳。开皇之末，国家殷盛，朝野皆以辽东为意。炫以为辽东不可伐，作《抚夷论》以讽焉，当时莫有悟者。及大业之季，三征不克，炫言方验。

炀帝即位，牛弘引炫修律令。高祖之世，以刀笔吏类多小人，年久长奸，势使然也。又以风俗凌迟，妇人无节。于是立格，州县佐史，三年而代之，九品妻无得再醮。炫著论以为不可，弘竟从之。诸郡置学官，及流外给廪，皆发自于炫。弘尝从容问炫曰："案《周礼》士多而府史少，今令史百倍于前，判官减则不济，其故何也？"炫对曰："古人委任责成，岁终考其殿最，案不重校，文不繁悉，府史之任，掌要目而已。今之文簿，恒虑覆治，锻炼若其不密，万里追证百年旧案，故谚云'老吏抱案死'。古今不同，若此之相悬也，事繁政弊，职此之由。"弘又问："魏、齐之时，令史从容而已，今则不遑宁舍，其事何由？"炫对曰："齐氏立州不过数十，三府行台，递相统领，文书行下，不过十条。今州三百，其繁一也。往者州唯置纲纪，郡置守丞，县唯令而已。其所具僚，则长官自辟，受诏赴任，每州不过数十。今则不然，大小之官，悉由吏部，纤介之迹，皆属考功，其繁二也。省官不如省事，省事不如清心。官事不省而望从容，其可得乎？"弘甚善其言而不能用。纳言杨达举炫博学有文章，射策高第，除太学博士。岁余，以品卑去任，还至长平，奉敕追诣行在所。或言其无行，帝遂罢之，归于河间。

于时群盗蜂起，谷食踊贵，经籍道息，教授不行。炫与妻子相去百里，声问断绝，郁郁不得志，乃自为赞曰：

通人司马相如、扬子云、马季长、郑康成等，皆自叙风徽，传芳来叶。余岂敢仰均先达，贻笑从昆，徒以日迫桑榆，大命将近，故友飘零，门徒雨散，溘死朝露，埋魂朔野，亲故莫照其心，后人不见其迹，殆及余喘，薄言胸臆，贻及行迈，传示州里，使夫将来俊哲知余鄙志耳。

余从绾发以来,迄于白首,婴孩为慈亲所恕,棰楚未尝加,从学为明师所矜,榎楚弗之及。暨乎敦叙邦族,交结等夷,重物轻身,先人后己。昔在幼弱,乐参长者,爰及耆艾,数接后生。学则服而不厌,诲则劳而不倦,幽情寡适,心事方违。内省生平,顾循终始,其大幸有四,其深恨有一。性本愚蔽,家业贫窭,为父兄所饶,厕缙绅之末,遂得博览典诰,窥涉今古,小善著于丘园,虚名闻于邦国,其幸一也。隐显人间,沈浮世俗,数忝徒劳之职,久执城旦之书,名不挂于白简,事不染于丹笔,立身立行,惭恶实多,启手启足,庶几可免,其幸二也。以此庸虚,屡动神眷,以此卑贱,每升天府,齐镳骥骤,比翼鹓鸿,整缃素于凤池,记言动于麟阁,参谒宰辅,造请群公,厚礼殊恩,增荣改价,其幸三也。昼漏方尽,大蜡已嗟,退反初服,归骸故里,玩文史以怡神,阅鱼鸟以散虑,观省野物,登临园沼,缓步代车,无罪为贵,其幸四也。仰休明之盛世,慨道教之凌迟,蹈先儒之逸轨,伤群言之芜秽,驰骛坟典,厘改僻谬,修撰始毕,图事适成,天违人愿,途不我与。世路未夷,学校尽废,道不备于当时,业不传于身后,衔恨泉壤,实在兹乎?其深恨一也。

时在郡城,粮饷断绝,其门人多随盗贼,哀炫穷乏,诣郡城下索炫,郡官乃出炫与之。炫为贼所将,过城下堡。未几,贼为官军所破,炫饥饿无所依,复投县城。长吏意炫与贼相知,恐为后变,遂闭门不纳。是时夜冰寒,因此冻馁而死。时年六十八。其后门人谥曰宣德先生。

炫性躁竞,颇俳谐,多自矜伐,好轻侮当世,为执政所丑,由是官涂不遂。著《论语述议》十卷,《春秋攻昧》十卷,《五经正名》十二卷,《孝经述议》五卷,《春秋述议》四十卷,《尚书述议》二十卷,《毛诗述议》四十卷,《注诗序》一卷,《算术》一卷,并行于世。

【译文】

刘炫,字光伯,河间景城人。他少年时代即以聪明勤勉著称,与信都人刘焯一起闭门读书,整整十年,足不出户。刘炫眼睛明亮,双眼直视太阳,竟不会昏黑发花,他记忆力强,对所见所闻心领神会,在这方面当时没有人能与他相比。他左手画方,右手画圆,口中诵读,眼睛数数,耳朵听音,五件事同时进行,竟没有一点遗漏和错误。北周武帝宇文邕平灭北齐后,瀛洲刺史宇文亢荐举他任户曹从事。后来,刺史李绘命他代理礼曹从事,于是刘炫以办事干练而知名于世。一年多以后,在隋朝开皇年间,刘炫奉隋文帝杨坚之命,与著作郎王邵同修国史。不久,他奉命在门下省内值班,以备君主顾视问询。同时,他还奉诏与其他通晓天文历数的学者共同修订天文、乐律和历法,并兼在内史省参与考核审定群臣的言论,由于他才能出众,内史令、博陵人李德林对他甚相礼待,格外尊敬。刘炫虽然先后在中书省、门下省和尚书省工作,但最后终究没有获得任何官爵,而只是帮助各县掌管征收田租和征调劳役的事务而已。当时,他向内史省陈述了自己的想法,内史省将他的陈述转送到了吏部,吏部尚书韦世康这才询问刘炫究竟有些什么才能。于是,刘炫自己写成状子,状文说:"凡古人为《周礼》《礼记》《毛诗》《尚书》《春秋公羊传》《春秋左氏传》《孝经》《论语》所做的注释,如孔安国、郑玄、王肃、何休、服虔、杜预,共十三家,虽然对每个人所做的注释的义理的理解有精有粗,但都能讲习教授。对于《周易》《仪礼》《春秋谷梁传》,用功则稍差一些。除经典之外的史传、诸子、诗文,以及各种善言美事,都已熟记于心。对于天文征验,乐律历法,可以做彻底的核查和精确的推算。至于公文私笺,从来就没有让人帮助代写过。"吏部对刘炫的陈述并没有认真对待,竟然未做详细地考核,然而,在朝的十多名知名人士,都担保证明刘炫所言与事实相符,于是他被授官作了殿内将军。

当时,大臣牛弘上奏隋文帝,请求朝廷在全国搜购征求古代遗留下来的和已经散失的书籍,刘炫于是伪造古书,共百余卷之多,题名为《连山易》《鲁史记》等,抄好后送呈官府,领赏而去。后来有人发现了伪书,状告刘炫,刘炫虽经赦放而免于死罪,但由于犯事却被官府除名,他回到家乡,以教书授业为生。太子杨勇听说刘炫后要召见他。刘炫回到京城后,隋文帝下令让他侍奉蜀王杨秀,他拖延着迟迟没有前往。蜀王得知此事大为恼怒,命人将他戴上枷锁,遣送到益州。到达益州后,杨秀命他安排在军幕中充当将佐,并常常令他手执杖棍作为门卫。不久,刘炫得到释免,杨秀让他掌管校勘史籍。当时,刘炫仿照屈原的《卜居》,作成一篇《筮涂》,聊以寄托自己的心意。

蜀王杨秀因罪被废为庶民后,刘炫开始了与儒者们一同修订《五礼》,并授官旅骑尉。当时,吏部尚书牛弘提出建议,认为要礼待诸侯,废除庶亲之礼,大夫之礼要降低一级。今天的上柱国,其地位虽不同于古代的诸侯,但与大夫还是可以相比的。其官秩为二品,最好按照庶亲礼制的标准降低一级。对于这些建议,当时讨论礼制的人多认为可行。刘炫则反驳道:"古代入仕做官的人,只有宗族中的嫡长子一人而已,庶子是不能加官晋爵的。由于这个原因,古代先王才重视嫡系亲族,在宗族中,只有嫡长子才有分享爵禄的资格。宗族中的成员与嫡长子的关系虽然疏远,但嫡长子一旦丧亡,族人还是要穿三个月的丧服,这实在是由于家族成员蒙受了嫡长子的恩典。如今做官的人,要根据其才能而晋升职位,而不受嫡亲和庶亲的限制,这一点与古代的情况已有不同,哪有降级的道理。今天所见的那些地位高贵的人,已经很少有近亲了,如果再降低他们的礼制,那么,老百姓之间的关系变得疏远和淡漠,就要从此开始了。"于是,此事就这样平息了。

隋开皇二十年,朝廷将隶属国子监的京城四门学校和各州县的学校统统废除了,只留置太学,设太学博士二人,学生七十二人。刘炫于是上表隋文帝,声称废除学校的做法是不合适的。所论情感非常真挚,道理非常中肯,但高祖文帝并未采纳。开皇末年,国家财力已很富足,于是朝野人士都图谋进取辽东。刘炫认为,辽东不可以征伐,并作《抚夷论》,用来含蓄地劝告人们,但在当时竟没有人能够领悟它的意义。直到隋炀帝大业末年,隋军先后三次征伐辽东都未能取胜,刘炫的话才得以验证。

隋炀帝杨广即位后,牛弘推荐刘炫修订法律条文。在高祖杨坚统治的时代,充任主办文案一类的官吏多是小人,他们长期为人为事奸猾邪恶,违抗干扰君命,当时的形势迫使他们不得不这样做。另外,当时世风衰败,妇人不守节操。于是根据这种情况,订立制度,州县长官的属吏三年一换,九品官的妻子不许再嫁。刘炫著文论争,认为这种做法不可行,最后牛弘竟然听从了。从各州设置学官,直到为九品以下的小官吏按时发放银子和粮食等补给,这些事情都是由刘炫首先提议开创的。牛弘曾从容地问刘炫:"根据《周礼》的记载看,当时贤能之士很多,而管理财货文书出纳的小吏却很少,如今朝廷中掌管文书的令史比过去多出百倍。地方上佐政的判官虽经大大裁减,仍无济于事,这到底是什么原因呢?"刘炫回答道:"古人委任官吏,都要督责他必须完成任务,年终要考核政绩,案卷不需要重新校理,公文也不必了解得太多,官府中办事小吏的任务,只是掌握和了解主要的纲目而已。而今天的公文案卷,经常要考虑着重新整理,经过斟酌锤炼后如果认为不够严密,还要回首查证百年之前的旧案,所以谚语说:'年老的官吏都是怀抱着案卷死去的。'古今的区别,就如同这些事一样,相差太大了,事务繁多是政治之弊,目前形成的这种局面,正是由于这个原因。"牛弘又问刘炫:"魏、齐统治的时代,掌管文书的令史整天都很安逸舒缓,办事不慌不忙,而在今天,事情多得简直让人都来不及休息,这到底是什么原因呢?"刘炫答道:"齐国设立的州不过几十个,分别由太尉、司徒、司空及中央政府在各州设立的机构依次统领管辖。文书传达下去,只不过十条而已。而如今全国设置的州有三百个之多,这是第一件繁杂的事情。过去在各州只设立负责文书簿籍、掌管印鉴的主簿,各郡只设立辅助守令的守丞,各县只设县令。对于地方政府中需配备的官员,则由各地方长官自己征召,至于接受皇帝的诏令而赴任做官的,每州只不过几十名。今天则不同,无论大官小官,一律都由吏部委任,一点细微的小事,也都属于考核功绩的内容,这是第二件繁杂的事情。精减官吏不如精减事务,精减事务不如人们心地恬静,无忧无虑。不精减官吏,不精减事务,而指望着人人都能安逸舒缓,怎么可能实现得了呢?"牛弘对刘炫的话非常赞同,但是却无法照此实行。后来纳言杨达举荐刘炫,因他博学洽识,文章出色,经射策考核,刘炫成绩优秀,于是被封为太学博士。一年多以后,刘炫因所授官阶低微,离任去职,回到了长平。后来他奉杨坚的旨令,追到了文帝出行所在的地方。当时有人对杨坚说,刘炫品行不端,文帝于是打消了继续任用他的念头,刘炫就这样回到了家乡河间。

当时各地的盗贼蜂拥而起,纷纷起义,致使粮价飞涨,价格昂贵,人们再也不诵文读书了,教师们也不再教学授业了。刘炫与妻子身居两地,相去百里,音讯断绝,因此他郁郁寡欢,很不得志,于是自己撰写了一篇赞文,赞文说:

学识渊博的人如司马相如、扬子云、马季长、郑康成等,都撰写叙述自己生平风范的文章,所以流芳百世。我怎么敢向往着能像前辈贤者一样让世人永记,令后人耻笑。只因我日近黄昏,寿命将终,老朋友都已飘失零落,弟子们也都离我而去,一旦我伴着清晨的露水突然死去,把尸魂埋葬在北方的原野之中,亲朋故友连我的心意都无法了解,后辈来人连我的踪迹也无法查寻,希望在我还能苟延残喘的时候,略抒心意,把它留给来人,让州里中的百姓看看,使将来的俊逸贤达之士能够了解我的心志。

我从小到老,自头发长到可以盘髻直到乌发变白,作为婴孩,总是被慈祥的亲人所宽恕,从未挨过木棒和荆杖的责罚,作为学生,总是得到高明之师的爱悯,从未受到刑具的笞罚,直至能够以宽厚的态度对待人民和亲人,平等地与同辈人结交往来,重物轻身,先人后己。过去在幼小的时候,总能给长者带来欢乐,后来年纪大了,也经常能够接近后辈。作为学生学习新知,能服从老师的教诲,从不感到厌烦,作为师长教诲别人,能辛勤传授,从不感到疲倦,深远高雅的感情很少去满足他,心中渴望的事情总是未能去实现。反省自己的一生,回顾从小到老走过的道路,有四件事值得大大庆幸,有一件事令人深深遗恨。我生性本来很愚笨迟钝,家业贫寒,由于受到父辈兄长的惠益,才勉强跻身于士大夫的行列,于是得以遍览典谟诰文,涉猎学习古今之事,使自己小小的善行能在隐居之地闻名,使自己的名声能在邦国传扬,这是第一件幸事。我在人世间时而隐居,时而从政,与世俗随波逐流,屡屡愧居那些空费心力的职位,长期执掌刑罚事务,自己的名字从未见于御史弹劾官吏的白简,自己的事迹也从未用记录罪人名册的红笔书写过,树立自己的品德修养,树立自己的行为准则,在这些方面还有很多令人惭愧的地方,看看我的心,看看我的脚,名誉与身体已可以保全,将能善终,差不多是可以免于灾祸和刑戮的了,这是第二件幸事。以我浅陋的才能和学识,却屡屡感动了神灵,以我卑贱的地位,却常常能登临祖庙,赤骥、绿耳、良驹骏马并首而驰,鹑鸟、鸿雁,朝官班行比翼齐飞,我在中书省整理书籍卷帙,于麒麟阁记述功臣言行,遇事可以参谒宰相和三公,前往请教百官,享受到了圣上赐予的极大的礼遇和恩典,使我增荣添贵,地位和资望都得到了改变,这是第三件幸事。我的生命就像计算白天时间的刻漏一样快要终尽了,我年事已高,只有徒自悲叹,于是辞官退职,重新穿上入仕前的衣服,回到了家乡,玩读文学历史以怡乐精神,观赏游鱼飞鸟以排遣忧虑,出门饱览自然景物,登临园辅沼池种植瓜蔬,缓步代车,平和无祸,以此为大吉,这是第四件幸事。我企盼着美好盛世的来临,对道德教育的衰败深为感慨,我努力继承先辈儒者的足迹,对群臣言论的芜秽甚感悲伤,为了广泛地传扬古代典籍,努力纠正偏失和谬误,我刚刚完成了对法令的修订与撰写,结束了对未来工作的计划和安排,但是上天违背人们的愿望,不给我任何行动的机会。社会动荡不宁,学校都已废弃,学术不能在今天得以丰富和完善,事业不能留传给子孙后代。难道真的就要因为这些事情使我身死黄泉都会心怀悔恨吗？这是我深深遗恨的一件事。

当时刘炫在郡城中居住,由于城中粮尽,他的弟子多投奔了起义的盗贼,刘炫因生活穷困,食品匮乏,弟子们都很可怜他,所以来到城下索要刘炫,郡官于是将刘炫放出城,交给了他们。盗贼带着刘炫,攻陷了一座又一座城堡。不久,起义军被朝廷的军队打败,刘炫饥饿难耐,无依无靠,于是重新投奔到了县城。城中首领觉得刘炫与盗贼相互串通,唯恐日后生变,于是紧闭城门,将刘炫拒之城外。当时季节已晚,夜晚冰寒风冽,刘炫就这样饥寒交迫而死,时年六十八岁。后来,他的弟子们为他追加了谥号,称为宣德先生。

刘炫生性急于与人比高下,争胜负,但又颇为诙谐滑稽,他经常表现得自尊自大,喜欢轻视蔑骂当时社会的人与事,所以深受当权者的排挤,而仕途很不顺利。刘炫一生著有《论语述议》十卷,《春秋攻昧》十卷,《五经正名》十二卷,《孝经述议》五卷,《春秋述议》四十卷,《尚书述议》二十卷,《毛诗述议》四十卷,《注诗序》一卷,《算术》一卷,并行于世。

李士谦传

【题解】

作为隐士,一般不是纯粹因为隐居而出名,大多不是因秉性独特,就是以才识能干。李士谦就是一位品行端正、贤明智识之士,尤其在济贫救苦方面多为世所称。他的不仕,却为社会带来了更大的利益。这在隐者中也是不多见的。

【原文】

李士谦字子约，赵郡平棘人也。髫龀丧父，事母以孝闻。母曾呕吐，疑为中毒，因跪而尝之。伯父魏岐州刺史瑒，深所嗟尚，每称曰："此儿吾家之颜子也。"年十二，魏广平王赞辟开府参军事。后丁母忧，居丧骨立。有姊适宋氏，不胜哀而死。士谦服阕，舍宅为伽蓝，脱身而出。诣学请业，研精不倦，遂博览群籍，兼善天文术数。齐吏部尚书辛术召署员外郎。赵郡王叡举德行，皆称疾不就，和士开亦重其名，将讽朝廷，擢为国子祭酒。士谦知而固辞，得免。隋有天下，毕志不仕。

自以少孤，未尝饮酒食肉，口无杀害之言。至于亲宾来萃，辄陈樽俎，对之危坐，终日不倦。李氏宗党豪盛，每至春秋二社，必高会极欢，无不沉醉喧乱。尝集士谦所，盛馔盈前，而先为设黍，谓群从曰："孔子称黍为五谷之长，荀卿亦云食先黍稷，古人所尚，容可违乎？"少长肃然，不敢驰惰，退而相谓曰："既见君子，方觉吾徒之不德也。"士谦闻而自责曰："何乃为人所疏，顿至于此！"家富于财，躬处节俭，每以振施为务。州里有丧事不办者，士谦辄奔走赴之，随乏供济。有兄弟分财不均，至相阋讼，士谦闻而出财，补其少者，令与多者相埒。兄弟愧惧，更相推让，卒为善士。有牛犯其田者，士谦牵置凉处饲之，过于本主。望见盗刈其禾黍者，默而避之。其家僮尝执盗粟者，士谦慰谕之曰："穷困所致，义无相责。"遽令放之。其奴尝与乡人董震因醉角力，震扼其喉，毙于手下。震惶惧请罪，士谦谓之曰："卿本无杀心，何为相谢！然可远去，无为吏之所拘。"性宽厚，皆此类也。

其后出粟数千石，以贷乡人，值年谷不登，债家无以偿，皆来致谢。士谦曰："吾家余粟，本图振赡，岂求利哉！"于是悉召债家，为设酒食，对之燔契，曰："债了矣，幸勿为念也。"各令罢去。明年大熟，债家争来偿谦，谦拒之，一无所受。他年又大饥，多有死者，士谦罄竭家资，为之糜粥，赖以全活者将万计。收埋骸骨，所见无遗。至春，又出粮种，分给贫乏。赵郡农民德之，抚其子孙曰："此乃李参军遗惠也。"或谓士谦曰："子多阴德。"士谦曰："所谓阴德者何？犹耳鸣，己独闻之，人无知者。今吾所作，吾子皆知，何阴德之有！"

士谦善谈玄理，尝有一客在座，不信佛家应报之义，以为外典无闻焉。士谦喻之曰："积善余庆，积恶余殃，高门待封，扫墓望丧，岂非休咎之应邪？佛经云轮转五道，无复穷已，此则贾谊所言，千变万化，未始有极，忽然为人之谓也。佛道未东，而贤者已知其然矣。至若鲧为黄熊，杜宇为鶗鴂，褒君为龙，牛哀为兽，君子为鹄，小人为猿，彭生为豕，如意为犬，黄母为鼋，宣武为鳖，邓艾为牛，徐伯为鱼，铃下为乌，书生为蛇，羊祜前身，李氏之子，此非佛家变受异形之谓邪？"客曰："邢子才云，岂有松柏后身化为樗栎，仆以为然。"士谦曰："此不类之谈也。变化皆由心而作，木岂有一心乎？"客又问三教优劣，士谦曰："佛，日也；道，月也；儒，五星也。"客亦不能难而止。

士谦平生时为咏怀诗，辄毁弃其本，不以示人。又尝论刑罚，遗文不具，其略曰："帝王制法，沿革不同，自可损益，无为顿改。今之赃重者死，是酷而不惩也。语曰：'人不畏死，不可以死恐之。'愚谓此罪宜从肉刑，刖其一趾，再犯者断其右腕。流刑刖去右手三指，又犯者下其腕。小盗宜黥，又犯则落其所用三指，又不悛下其腕，无不止也。无赖之人，窜之边裔，职为乱阶，适所以召戎矣，非求治之道也。博弈淫游，盗之萌也，禁而不止，黥之则可。"有识者颇以为得治体。

开皇八年，终于家，时年六十六。赵郡士女闻之，莫不流涕曰："我曹不死，而令李参军死乎！"会葬者万余人。乡人李景伯等以士谦道著丘园，条其行状，诣尚书省请先生之谥，事寝不行，遂相与树碑于墓。

其妻范阳卢氏，亦有妇德，及夫终后，所有赗赠，一无所受，谓州里父老曰："参军平生好施，今虽殒殁，安可夺其志哉！"于是散粟五百石以赈穷乏。

【译文】

李士谦，字子约，赵郡平棘人。幼年丧父，以事母孝顺出名。有一次母亲呕吐，他怀疑是食物中毒，所以跪在地下尝呕吐物。伯父李玚任魏朝岐州刺史，深为赞赏李士谦的行为，每每称赞说："这孩子是我家的颜回啊！"十二岁时，魏朝广平王赞提拔他任开府参军事，后来为母亲守灵，瘦得皮包骨头。有一个姐姐嫁给了宋氏，因为母亲去世，不胜悲哀而死去。士谦为母亲服丧完毕，献出住宅作为佛寺，自己只身离家。到学馆去请求受业，研究钻研不知疲倦。于是得以博览群书，兼通天文、术数。齐朝吏部尚书辛术召他出任员外郎，赵郡王叡推选他为德行，都借口有病没有就任。和士开也很看重他的大名，将要告诉朝廷，提拔他为国子祭酒。士谦知道了，坚决推辞，得以免去。隋朝拥有天下后，立志不再做官。

因认为幼年丧父，不曾喝酒吃肉，嘴里也不说有关杀生的话。至于亲戚朋友来聚会，总是安排美酒佳肴，自己则面对着它们正襟危坐，一整天也不疲倦。李氏宗族官高人多，每到春秋二季祭祀的时候，一定设宴聚会，极尽欢乐，没有不醉酒喧哗的。曾经在士谦的住处集会，丰盛的食物摆在面前，然而他却先安排上小米，对跟在后面的人说："孔子称这种小米是五谷之长，荀卿也说吃东西应先吃谷物，古人所遵从的，哪里可以违背呢？"说得在座的老少都很肃然，再也不敢放纵懒惰，退下来后都认为："看见了君子以后，才觉得我们这些人是没有德行的。"士谦听说后自己谴责自己说："为什么被人疏远，真是笨到这个程度。"家里很有钱，但自己的生活非常节俭，经常赈济、施舍别人，州里有死了人家里无法安葬的，士谦总是赶快奔赴那儿，按照丧事的需要供给财钱。有时兄弟分家产没有分平均，两人打上官司，士谦听说后拿出自己的钱，补给那个分得少的，让他和分得多的一样多。兄弟二人都很惭愧，互相推让，最后成了行善之人。有一头牛践踏了他的农田，他把牛牵到阴凉处喂它，比牛的主人照顾得还好。老远地望见有个小偷在偷割他的庄稼，一句话不说反而避开了。他家里的仆人曾经捉拿偷庄稼的人，士谦安慰开导他说："这人是因为穷困逼的，不应该责怪他。"于是命令放了他。他的仆人和同乡人董震因为喝醉了酒发生斗殴，董震扼住了他的喉咙，那个仆人死在了他的手下。董震很害怕，到士谦这儿来请罪，士谦对他说："您本来没有杀人之心，为什么要来道歉呢？然而您应该跑得远远的，不要被那些当官的捉住。"他性格宽厚，做事都像这样。

那以后又拿出小米数千石，借给乡里人，正好碰到年辰歉收，借债人没有办法偿还，都跑来道歉。士谦说："那些是我家多余的谷物，本来就是想救济大家的，哪里是想得到利钱呢？"于是召来了全部的借债人，为他们摆酒设宴，面对他们烧掉了借据，说："债务不存在了，请你们不要老想着还债了。"让他们都回去了。第二年庄稼大丰收，借债的人们争着来还士谦的谷物，士谦拒绝收下，一家人的都没有收。有一年发生大饥荒，士谦拿出家里的全部财产,给他们熬粥喝,赖以保全性命存活下来的人数以万计。他收埋死者的尸体,凡是看到的,都给埋掉。到了春天,又拿出粮种,送给贫穷没有种子的人家。赵郡农民感激他的恩德,抚摸着他的子孙说:"这是李参军赐给我们的恩惠啊。"有人对士谦说:"您积了很多阴德。"士谦说:"所谓的阴德是什么呢?就像是耳鸣,只有自己听得见,别人没有知道的。现在我所做的,您先生全部知道,有什么阴德呢!"

士谦善谈玄理,曾经有一位客人在座,不相信佛家因果报应的说法,认为在一般典籍中没有听说过。士谦对他解释说:"积善就会有福,积恶就会有祸,有人高大的门楼等待着封赠,有人祭扫坟墓、想念着死者,这难道不是善恶的报应吗?佛经说法轮运转五个业道,循环往复以至无穷,这就是贾谊所说的世间的事物千变万化,没有开始也没有终极,忽然就变成了人。佛教还未传到东方,贤明的人就已经知道是怎么回事了。至于鲧是黄熊,杜宇是鹈鴂,褒君是龙,牛哀是兽,君子是鹄,小人是猿,彭生是猪,如意是狗,黄母是鼋,宣武是鳖,邓艾是牛,徐伯是鱼,侍从、走座是乌鸦,书生是蛇,羊祜的前身,是李氏的儿子,这难道不是佛家的投胎变形的说法吗?"客人说:"邢子才说,哪有松柏来世变为樗、栎的呢?我也认为如此。"士谦说:"这和我们说的不是同一类事物。变化都是由心而产生的,树木哪里有心呢?"客人又问起儒、佛、道三教的优劣,士谦说:"佛是太阳,道是月亮,儒是星星。"客人也不能难倒他。

士谦一生经常作咏怀诗,做好后总是又毁掉,不给别人看。又曾经评论刑与罚,他文章没有留下来,大意是:"帝王制定法律,沿袭和改革,有所不同。自然可以增减,但也不要猛然改动。现在偷了很多东西的人就判死刑,是残酷而不是惩罚。俗话说:'人不怕死,就不能以死恐吓他。'我认为盗窃罪应该予以形体惩罚,砍掉他一个脚趾头,再犯的人就砍掉他的右手腕。砍去右手三指,又犯的人砍下他的手腕。小偷小盗应用黥刑,再犯的人砍掉偷盗那只手的三个手指,仍不改悔的砍下他的手腕,没有不停止犯罪的。生活没有依凭的人,逃窜到边疆地区,随便安排他们一个职务,这是对少数民族招安的办法,不是求得国家得到治理的途径。游戏下棋、到处游荡,这是小偷产生的摇床,禁止不了的话,在他们的脸上刺字就可以了。"有水平的人认为这番话很符合治理社会的道理。

开皇八年,死于家中,时年六十六岁。赵郡的老百姓听说后,没有不痛哭流涕的,说:"我们不死,反倒让李参军死了啊。"参加他葬礼的有一万多人。同乡人李景伯等认为士谦的善行闻名于乡村山野,录述了他的行为、事迹,到尚书省请求给他追赠谥号,事情搁置下来,没有办成,于是大家一起在墓旁边立了一块纪念碑。

他的妻子范阳人卢氏,也有妇女的德行,丈夫去世后,所有人的馈赠,都不接受。对州里的父老乡亲说:"参军一生好施舍,现在即使他死了,怎么可以违背他的意愿呢?"于是散发了百石小米以救济穷人。

张胄玄传

【题解】

张胄玄,渤海蓨(今河北省景县)人。生年未详,他博学多闻,尤其精通数术。隋文帝杨坚在位时被征为云骑尉,直太史,参议律历事,旋即擢为员外散骑侍郎,兼太史令。开皇十四年(594),张胄玄参与修制新历。因倡言大论日长影短之事,隐喻大隋仁盛福兴,深得杨坚赞许,赏赐甚厚。开皇十七年(公元 597 年)新历成,文帝让杨素等人评定其优劣,随后下令颁行。大业四年,又重加修订,故名《大业历》。直行至隋末。

张胄玄初学祖冲之的方法,又受到张子信学说的很大影响。《大业历》考虑到张子信关于行星运动不均匀性的发现,利用等差级数求和的方法编制了一个会合周期中的行星位置表,大大提高了行星运行的计算精度。他敢于破除前人的常规,不牵强附会于数字,而是根据五星运行的真实状况来调整制定历法,无论是五星会合周期还是恒星周期,其观测精度都是前所未有的。其中金星达到了密合程度,而五星会合周期误差绝对平均值则达 4702 分,恒星周期误差,木星为 235 分,土星为 397 分,火星高达 4 分,从而使《大业历》成为中国古代历法中五星精度最高的历法。

【原文】

张胄玄,渤海蓨人也。博学多通,尤精术数。冀州刺史赵煚荐之,高祖征授云骑尉,直太史,参议律历事。时辈多出其下,由是太史令刘晖等甚忌之。然晖言多不中,胄玄所推步甚精密,上异之。令杨素与术数人立议六十一事,皆旧法久难通者,令晖与胄玄等辩析之。晖杜口一无所答,胄玄通者五十四焉。由是擢拜员外散骑侍郎,兼太史令,赐物千段,晖及党与八人皆斥逐之。改定新历,言前历差一日。内史通事颜敏楚上言曰:"汉时落下闳改《颛顼历》作《太初历》,云后当差一日。八百年当有圣者定之。计今相去七百一十年,术者举其成数,圣者之谓,其在今乎!"上大悦,渐见亲用。

胄玄所为历法,与古不同者有三事:

其一,宋祖冲之于岁周之末,创设差分,冬至渐移,不循旧轨。每四十六年,却差一度。至梁虞𠇍历法,嫌冲之所差太多,因以一百八十六年冬至移一度。胄玄以此二术,年限悬隔,追检古注,所失极多,遂折中两家,以为度法。冬至所宿,岁别渐移,八十三年却行一度,则上合尧时日永星火,次符汉历宿起牛初,明其前后,并皆密当。

其二,周马显造《丙寅元历》,有阴阳转法,加减章分,进退蚀余,乃推定日,创开此数。当时术者,多不能晓。张宾因而用之,莫能考正。胄玄以为加时先后,逐气参差,就月为断,于理未可。乃因二十四气列其盈缩所出,实由日行迟则月逐日易及,令合朔加时早,日行速则月逐日少迟,令合朔加时晚。检前代加时早晚,以为损益之率。日行自秋分已后至春分,其势速,计一百八十二日而行一百八十度。自春分已后至秋分,日行迟,计一百八十二日而行一百七十六度。每气之下,即其率也。

其三，自古诸历，朔望值交，不问内外，入限便食。张宾立法，创有外限，应食不食，犹未能明。胄玄以日行黄道，岁一周天，月行月道，二十七日有余一周天。月道交络黄道，每行黄道内十三日有奇而出，又行黄道外十三日有奇而入，终而复始，月经黄道，谓之交。朔望去交前后各十五度已下，即为当食。若月行内道，则在黄道之北，食多有验。月行外道，在黄道之南也，虽遇正交，无由掩映，食多不验。遂因前法，别立定限，随交远近，逐气求差，损益食分，事皆明著。

其超古独异者有七事：

其一，古历五星行度皆守恒率，见伏盈缩，悉无格准。胄玄推之，各得其真率，合见之数，与古不同。其差多者，至加减三十许日。即如荧惑平见在雨水气，即均加二十九日，见在小雪气，则均减二十五日。加减平见，以为定见。诸星各有盈缩之数，皆如此例，但差数不同。特其积候所知，时人不能原其意旨。

其二，辰星旧率，一终再见，凡诸古历，皆以为然，应见不见，人未能测。胄玄积候，知辰星一终之中，有时一见，及同类感召，相随而出。即如辰星平晨见在雨水气者，应见即不见，若平晨见在启蛰气者，去日十八度外，三十六度内，晨有木火土金一星者，亦相随见。

其三，古历步术，行有定限，自见已后，依率而推。进退之期，莫知多少。胄玄积候，知五星迟速留退真数皆与古法不同。多者至差八十余日，留回所在亦差八十余度。即如荧惑前疾初见在立冬初，则二百五十日行一百七十七度，定见在夏至初，则一百七十日行九十二度。追步天验，今古皆密。

其四，古历食分，依平即用，推验多少，实数罕符。胄玄积候，知月从木、火、土、金四星行有向背。月向四星即速，背之则迟，皆十五度外，乃循本率。遂于交分，限其多少。

其五，古历加时，朔望同术。胄玄积候，知日食所在，随方改变，傍正高下，每处不同。交有浅深，迟速亦异，约时立差，皆会天象。

其六，古历交分即为食数，去交十四度者食一分，去交十三度食二分，去交十度食三分。每近一度，食益一分，当交即食既。其应少反多，应多反少，自古诸历，未悉其原。胄玄积候，知当交之中，月掩日不能毕尽，其食反少，去交五六时，月在日内，掩日便尽，故食乃既。自此已后，更远者其食又少。交之前后在冬至皆尔。若近夏至，其率又差。所立食分，最为详密。

其七，古历二分，昼夜皆等。胄玄积候，知其有差，春秋二分，昼多夜漏半刻，皆由日行迟疾盈缩使其然也。

凡此胄玄独得于心，论者服其精密。大业中卒官。

【译文】

张胄玄，渤海蓨人。他学识渊博，通晓多门学问，尤其擅长天文，历法和占候之学。经冀州刺史赵煚的推荐，隋文帝杨坚征聘他作了云骑尉，主持太史局，参加议定乐律和历法等事。在他的同辈之中，多数人的才学都不如他，出于这个原因，太史令刘晖对他非常忌恨。然而，刘晖对律历的议论多与事实不符，而张胄玄对历法的推算却相当精密，文帝对这种情况深感诧异。于是，杨坚令大臣杨素与术士多人，设立六十一道难题，让刘晖与张胄玄等人一同辩论分析，这些题目都是长期以来运用传统的方法所不能解决的。经过辩论，刘晖竟哑口无言，一道题都答不上来，而张胄玄却能解答其中的五十四道。由于张胄玄学问精深，文帝升他为员外散骑侍郎，兼任太史令，并赏赐了丰厚的财物。而刘晖及其同伙八人却都遭到痛斥，被革职赶出了朝廷。张胄玄重新修订了一部新历法，因为过去使用的旧历出现了一日的误差，已不很精确了。当时，内史通事颜敏楚上书文帝说："汉代的落下闳在修改《颛顼历》的基础上制定了《太初历》，他曾说过，这个历法使用时间久了就会出现一日的误差。八百年以后必会有圣人来改定它。从那时到现在，已经历七百一十年了，推算历法的人所取的都是整数，因此，落下闳所说的圣人，就出在当代！"文帝看了大喜，渐渐地表现出了要再颁行新历的意愿。

张胄玄所制定的历法，与旧历有三点不同：

第一，南朝刘宋的祖冲之首先将岁差引入历法计算，它表现在每年的冬至点沿黄道逐渐向西退行，而不在原来的位置上。每四十六年，冬至点就要沿黄道西移一度。到梁虞𠛬制定历法的时代，他嫌祖冲之制历时采用的岁差值与实际情况相差太大，因此将此值重新改定为每一百八十六年，冬至点沿黄道西移一度。张胄玄认为，这两种学说在年代上相差甚远，而且考查古代的记录与注疏，失误之处也很多，于是折中两家的说法，制定了新的岁差值。即冬至时的太阳位置，将随着时间的推移循黄道渐渐西移，每八十三年运行一度，这个岁差值首先可以符合帝尧时代所说的夏至时白天最长，傍晚大火星出现在南中天的记载，其次可以符合汉代历法所定的冬至时太阳位于牛宿初度的情况。采用这个岁差值，古今的各种天象就都可以得到说明，并且吻合无误。

第二，北周马显制定的《丙寅元历》，内容有用阴率阳率求相邻的两天月亮真实运行分值之差，推步加减十二月下所列日月蚀时月亮每天真实运行的度数及分值，建立定蚀大小馀，然后求证相邻两节气太阳的真实运行度数，他首先创立使用了这种方法。当时通晓历法的人，对这种方法多不能了解。张宾虽因袭使用了这种方法，但也没有能够加以考查核正。张胄玄认为，为求定朔而加在平朔时刻上的定朔改正值，究竟是加在合朔之前还是合朔之后，将随着节气的不同各有差异，仅以历月为标准来判断，在道理上讲不通。于是他以二十四节气为准，列出了太阳的盈缩数，即冬至到各个节气太阳真实的运行度数与平均运行度数的累积值同日干元的乘积，实际上是因为日行速度慢，所以月亮就容易追赶上太阳，这时在合朔时所加的定朔改正值就要早，日行速度快，所以月亮追赶太阳的速度就显得稍慢，这时在合朔时所加的定朔改正值就要晚。张胄玄检查了前代历法中所加定朔改正值的早晚情况，据以制定了损益率，也就是相邻的两个节气间太阳的真实运行度数与平均运行度数的差值同日干元的乘积。他认为，自秋分以后至春分，太阳运行的速度较快，计一百八十二日行一百八十度。自春分以后至秋分，太阳运行的速度较慢，计一百八十二日行一百七十六度。并在每个节气的下面列出了其时的损益率。

第三，自古以来历代的历法，虽然都知道朔日与望日恰值日月交会的时刻，但却并不理会太阳和月亮的位置哪个在内道，哪个在外道，而只要它们进入一定的限界，就认为将要发生交食。张宾建立了一种方法，创造了外限，也就是不可能发生偏食的限度，但是对于合朔时月亮已经进入食限而并没有发生日食的现象，则还是不能明白。张胄玄以为，太阳在黄道上运行，一年的时间在天空运行一周，月亮在月道上运行，二十七天多的时间在天空运行一周。月道与黄道是相交的,每当月亮在黄道里运行十三天多的时间就到了黄道外,接着在黄道外再运行十三天多的时间又进入到黄道里,周而复始,当月亮正好经过黄道的时刻,就叫作交(黄白交点)。在朔日与望日,当太阳和月亮距离黄白交点的度数前后各小于十五度的时候,就可以认为应该发生交食。如果月亮在内道运行,则处在黄道以北,这时多数应该发生的交食现象就一定会发生。如果月亮在外道运行,则处在黄道以南,这时,尽管月亮正处在黄白交点,如果遮掩不到太阳,日食也不会发生。于是,张胄玄因袭了过去计算交食的方法,同时又另外确定了固定的食限,根据月亮距黄白交点的远近,以气节为准逐次求证食差,校正食分的大小,使所有的事情都清楚了。

另外,新历中有七项内容超过了古代历法,而且具有自己的特点。

第一,在古代的历法中,金、木、水、火、土五星的运行速度都被认为是恒久不变的,因而古人对于五星的始见、伏没,意外地速进、短距离的逆行的推算也就全都没有衡量的标准。张胄玄经过推算,分别得到了五星运行的真实速率,他所获得的五星在一个会合周期内与太阳相会和晨夕始见的日数,与古代历法所取得的不同。相差多的,甚至要增加或减少三十多天。以荧惑(火星)为例,根据它的平均会合周期按匀速运动计算,如果荧惑于雨水气晨见东方,这时就要平均加上二十九日的改正值,如于小雪气晨见东方,就要平均减去二十五日的改正值。将这个按匀速运行计算得到的荧惑晨见东方的时间,再加上由于行星非匀速运动所产生的改正值,就得到了荧惑晨见东方的真实时间。尽管每个行星各有自己的运行行度,但它们的计算方法是相同的,只是所求的差数各异罢了。张胄玄虽然运用独特的积候方法得到了五星运动的真实速率和应该增加的改正值,但他和当时的人却并不能从根本上解释这些现象和做法的原理。

第二,按照传统的认识,辰星(水星)的运动遵循着在一个会合周期内存在晨始见和夕始见两次始见的旧率,过去所有的历法,都以为这个认识是正确的,至于说辰星应该出现而没有出现的情况,人们却还不能知道。张胄玄通过积候的方法,认识到辰星在一个会合周期之中,有时只有一次始见,一旦受到其他行星的影响,则与其相随而出。如依据辰星的平均会合周期计算,它应在雨水气晨见东方,此时尽管应该出现,但就不会出现,如果依据平均会合周期计算出辰星应在启蛰气晨见东方,此时它处在距太阳十八度以外,三十六度以内的地方,清晨时就会有木、火、土、金四星中的一颗星,与辰星相随而出。

第三,依据古代历法的推步,五星的运行有着固定的期限,自五星始见之后,都要依照定律来推算,至于五星前进和逆行的时间,则不能知道是多少。张胄玄通过积候的方法,认识到五星运行速度的慢、快、停止和逆行的真实数值,都与古代历法所取的不同,最多的甚至相差八十余日,它们由逆行而转为顺行时所在的位置也相差八十余度。以荧惑为例,如果它开始运行时速度很快,并在立冬初晨见东方,那么在二百五十日中当运行一百七十七度,如果它的真实始见日期是在夏至初,那么在一百七十日中当运行九十二度。依此方法考查推步天象,古今均密合无误。

第四,古代历法中对交食食分的计算,都是依月亮的平均运动而定,因此所推算的食分的大小,与实际情况很少能够符合。张胄玄通过积候的方法,发现月亮与木、火、土、金四星的运行方向是有变化的,有时它们相向而行,有时它们相背而行。当月亮向着四星运行时,它的速度就快,当月亮背着四星运行时,它的速度就慢,月亮只有在距离四星十五度以外的地方运行时,才是它运行的真实速度。于是,张胄玄通过月亮距黄白交点的远近,用以限定食分的大小。

第五,古代历法所加的定朔定望改正值,在求证定朔和定望时所采用的计算方法都是相同的。张胄玄通过积候的方法,认识到日食所在位置是随着方向的变化而改变的,在旁边,在正中,位置高,位置低,而每个位置所反映的交食情况也各不相同。日月相交有深有浅,速度也有快有慢。因此确定改正值的大小,建立月亮在平朔那天比太阳多走的分数,都需要观察天象。

第六,古代的历法认为,太阳和月亮距黄白交点的远近便决定了交食食分的大小,按照这个原则,当它们距黄白交点十四度的时候,发生的交食被掩蔽的部分即为一分,距交点十三度,被掩二分,距交点十度,被掩三分。每当太阳和月亮接近黄白交点一度,被掩蔽的部分就增加一分,如果正当交点之中,发生的交食就全部被掩住了。但是,在实际天象中却经常会出现一种现象,即本来被掩蔽的部分应该很少,实际情况却反而很多,本来被掩蔽的部分应该很多,实际情况却反而很少,自古以来所有的历法,对这种现象的原因都未能明了。张胄玄通过积候的方法认识到,当太阳和月亮正值黄白交点的时候,太阳并不能被月亮完全遮住,这时日食的食分反而很小,当太阳和月亮在距黄白交点五六时的地方,而且月亮在内道,太阳在外道,这时太阳便能被月亮完全遮住,所以才会发生食既。尔后,如果太阳与月亮至黄白交点的距离比这个度数更大了,那么交食时太阳被掩蔽的部分又会变小了。这种太阳和月亮在黄白交点前后的行度与食分的关系,只在冬至时适用,如果是在夏至日附近,这种关系又会有所不同。张胄玄所确立的计算食分的方法和所得到的结果,最为详密精确。

第七,古代的历法都认为,春分和秋分的昼夜长度是相等的。张胄玄通过积候的方法认识到,其时的昼长与夜长并不一致,用漏刻来测量,在春秋二分的那一天,昼长比夜长多半刻,这都是由于太阳运行的快慢进退所造成的。

凡此种种,都是张胄玄独自获得的创见,讨论历法的人都佩服这些创见精确详密。隋大业年间,张胄玄在任太史令的时候去世了。

庾季才传

【题解】

庾季才(515~603),新野人(今河南省新野县),秉承家学,精通天文历算。在南朝梁时任太史,封宜昌县伯。梁都破,庾季才被俘后受到优待,任西魏、北周太史,并先后加封上仪同,骠骑大将军,开府仪同三司,封临颍伯。隋取代北周,庾季才参与劝进,任通直散骑常侍,封公爵。草一生经历数朝变迁,因长于星象占候,谨慎明断而躲过许多灾祸,得保终身。北周时,庾季才奉命撰《灵台秘苑》一百二十卷,后经(宋)王安礼重修,是传世至今的重要天文文献。他还与明克让等人共同编造了《周历》行用于北周。隋高祖平陈,得到南朝的天文图书仪器和天文学家,庾季才奉命参校南北两朝资料加以整理,画出全天星图(盖图),其中有赤黄二道,内外两规,恒星银河,自此太史观天赖以识星。庾季才父子还奉命编撰了《垂象志》一百四十二卷、《地形志》八十七卷,是当时天文、地理集大成之作。晚年因为不同意张胄玄、袁充的观点而被免职。

【原文】

庾季才字叔奕,新野人也。八世祖滔,随晋元帝过江,官至散骑常侍,封遂昌侯,因家于南郡江陵县。祖诜,梁处士,与宗人易齐名。父曼倩,光禄卿。季才幼颖悟,八岁诵尚书,十二通周易,好占玄象。居丧以孝闻。梁庐陵王绩辟荆州主簿,湘东王绎重其术艺,引授外兵参军。西台建,累迁中书郎,领太史,封宜昌县伯。季才固辞太史,元帝曰:"汉司马迁历世尸掌,魏高堂隆犹领此职,不无前例,卿何惮焉。"帝亦颇明星历,因共仰观,从容谓季才曰:"朕犹虑祸起萧墙,何方可息?"季才曰:"顷天象告变,秦将入郢,陛下宜留重臣,作镇荆陕,整旆还都,以避其患。假令羯寇侵蹙,止失荆湘,在于社稷,可得无忧。必久停留,恐非天意也。"帝初然之,后与吏部尚书宗懔等议,乃止。俄而江陵陷灭,竟如其言。

周太祖一见季才,深加优礼,令参掌太史。每有征讨,恒预侍从。赐宅一区,水田十顷,并奴婢牛羊什物等,谓季才曰:"卿是南人,未安北土,故有此赐者,欲绝卿南望之心。宜尽诚事我,当以富贵相答。"初,郢都之陷也,衣冠士人多没为贱。季才散所赐物,购求亲故。文帝问:"何能若此?"季才曰:"仆闻魏克襄阳,先昭异度,晋平建业,喜得士衡,伐国求贤,古之道也。今郢都覆败,君信有罪,搢绅何咎,皆为贱隶!鄙人羁旅,不敢献言,诚切哀之,故赎购耳。"太祖乃悟曰:"吾之过也。微君遂失天下之望!"因出令免梁俘为奴婢者数千口。

武成二年,与王褒、庾信同补麟趾学士。累迁稍伯大夫、车骑大将军、仪同三司。其后大冢宰宇文护执政,谓季才曰:"比日天道,有何征祥?"季才对曰:"荷恩深厚,若不尽言,便同木石。顷上台有变,不利宰辅,公宜归政天子,请老私门。此则自享期颐,而受旦、奭之美,子孙藩屏,终保维城之固。不然者,非复所知。"护沈吟久之,谓季才曰:"吾本意如此,但辞未获免耳。公既王官,可依朝例,无烦别参寡人也。"自是渐疏,不复别见。及护灭之后,阅其书记,武帝亲自临检,有假托符命,妄造异端者,皆致诛戮。唯得季才书两纸,盛言纬候灾祥,宜反政归权。帝谓少宗伯斛斯征曰:"庾季才至诚谨悫,甚得人臣之礼。"因赐粟三百石,帛二百段。迁太史中大夫,诏撰《灵台秘苑》,加上仪同,封临颍伯,邑六百户。宣帝嗣位,加骠骑大将军、开府仪同三司,增邑三百户。

及高祖为丞相,尝夜召季才而问曰:"吾以庸虚,受兹顾命,天时人事,卿以为如何?"季才曰:"天道精微,难可意察,切以人事卜之,符兆已定。季才纵言不可,公岂复得为箕、颍之事乎?"高祖默然久之,因举首曰:"吾今譬犹骑兽,诚不得下矣。"因赐杂彩五十匹,绢二百段,曰:"愧公此意,宜善为思之。"大定元年正月,季才言:"今月戊戌平旦,青气如楼阙,见于国城之上,俄而变紫,逆风西行。气经云:"天不能无云而雨,皇王不能无气而立。"今王气已见,须即应之。二月日出卯入酉,居天之正位,谓之二八之门。日者,人君之象,人君正位,宜用二月。其月十三日甲子,甲为六甲之始,子为十二辰之初,甲数九,子数又九,九为天数。其日即是惊蛰,阳气壮发之时。昔周武王以二月甲子定天下,享年八百,汉高帝以二月甲午即帝位,享年四百,故知甲子、甲午为得天数。今二月甲子,宜应天受命。"上从之。

开皇元年,授通直散骑常侍。高祖将迁都,夜与高颎、苏威二人定议,季才旦而奏曰:"臣仰观玄象,俯察图记,龟兆允袭,必有迁都。且尧都平阳,舜都冀土,是知帝王居止,世代不同。且汉营此城,经今将八百岁,水皆碱卤,不甚宜人。愿陛下协天人之心,为迁徙之计。"高祖愕然,谓颎等曰:"是何神也!"遂发诏施行,赐绢三百段,马两匹,进爵为公。谓季子才曰:"朕自今已后,信有天道矣。"于是令季才与其子质撰垂象、地形等志,上谓季才曰:"天地秘奥,推测多途,执见不同,或致差舛。朕不欲外人干预此事,故使公父子共为之也。"及书成奏之,赐米千石,绢六百段。

九年,出为均州刺史。策书始降,将就藩,时议以季才术艺精通,有诏还委旧任。季才以年老,频表去职,每降优旨不许。会张胄玄历行,及袁充言日影长。上以问季才,季才因言充谬。上大怒,由是免职,给半禄归第。所有祥异,常使人就家访焉。仁寿三年卒,时年八十八。

季才局量宽弘,术业优博,笃于信义,志好宾游。常吉日良辰,与琅琊王褒、彭城刘珏、河东裴政及宗人信等,为文酒之会。次有刘臻、明克让、柳䂮之徒,虽为后进,亦申游款。撰《灵台秘苑》一百二十卷,《垂象志》一百四十二卷、《地形志》八十七卷,并行于世。

【译文】

庾季才,字叔奕,新野人。八世祖先庾滔跟随晋元帝过江,官至散骑常侍,受封为遂昌侯,于是在南郡江陵县安家。祖父庾诜,南朝梁时处士,与同族人庾易同样闻名于世。父亲庾曼倩曾任光禄卿。庾季才小时聪明,八岁背诵《尚书》,十二岁精通《周易》,喜好天文星占。因居丧尽孝而闻名。梁朝庐陵王萧绩让庾季才担任荆州簿,湘东王萧绎敬重他的学问,请他任外兵参军。御史台建立后,庾季才历任中书郎,兼太史,受封为宜昌县伯。庾季才执意推辞太史职位,梁元帝萧绎说:"汉朝司马迁世代担任太史,魏高堂隆也任过此职。有这些先例,您怕什么呢?"梁元帝也很懂天文历算,曾在一起仰观天象。元帝问道:"我正忧虑祸起萧墙,有什么办法可以平息?"庾季才说:"近来天象预兆政局变化,北方(西魏)将要入侵,陛下应当留重要大臣坐镇荆、陕一带,率领朝廷回到都城,避免战祸。倘若敌寇入侵,至多荆、湘一带失守,国家朝廷可以保全。如果长久在此停留,恐怕不合天意。"皇上当时赞同,但后来与吏部尚书宗懔等商议后,又改变了主意。不久后北兵来犯,江陵陷落,竟和庾季才预料的一样。

北周太祖宇文泰按(当时西魏大将)见到庾季才,非常敬重,让他执掌太史职位。每次出征打仗都带着他。赐给他一座房宅,水田十顷以及奴婢牛羊和各种用具物品,对他说:"先生是南方人,在北方不安心。我赐给你这些东西,希望你在此安家,绝了南归之心。你要尽力为我做事,我将用富贵来答谢你。"当初郢都(江陵)陷落时,官吏绅士多半被俘成奴隶。庾季才卖掉所赐的东西,设法赎买亲戚朋友。隋文帝杨坚按(当时西魏北周大将)问他缘故,庾季才说:"我听说魏攻克襄阳,先表彰蒯异度,晋占领建业,为得到陆士衡而欣喜。攻找别国以求人才,这是古代圣贤的做法。如今郢都被攻破,国君(梁元帝)就算有罪,官吏士绅又有什么罪,让他们都沦为奴隶!我是外来的人,不敢提意见,但心中实在悲哀,因而设法营救。周太祖大为信服,说:"这是我的过错,做了使天下人失望的事!"于是下令免除梁朝战俘为奴隶的数千人。

北周明帝武成二年(560),庾季才和王褒、庾信同时任麟趾学士。又逐步做到稍伯大夫,车骑大将军,仪同三司。后来宰相宇文护执掌政权,问:"近来天象有什么征兆?"庾季才说:"您对我恩情深厚,我若不说真心话,就像木头石头那样无情无义。近来天象有变,对宰相不利。您最好把政权还给皇帝,请求退休回家。这样可以安享晚年,受到周公旦、召公奭那样的赞美,子孙后代安全富贵,不然的话,我可不敢预料了。"宇文护沉吟很久,对庾季才说:"我本意如此,但辞职的请求得不到批准。您是朝廷的官员,可以依常规朝拜皇帝,不必专门来参见我了。"从此,渐渐疏远,不再私下交往。后来宇文护被灭,周武帝亲自查抄他的书信文件。凡是伪托天命,怂恿篡位的人,都被杀戮。只有庾季才的两封信,通过天象星占,极力劝告宇文护将政权交还皇帝。武帝对少宗伯斛斯征说:"庾季才诚实谨慎,懂得规矩。"于是赐粮食三百石,帛二百段,升任太史中大夫,让他编撰《灵台秘苑》,加任上仪同,封临颍伯,赐食邑六百户。宣帝继承皇位,加封庾季才为骠骑大将军、开府仪同三司,增加食邑三百户。

杨坚做宰相时,曾夜里召见庾季才,问他:"我能力不强,担当这样的重任。天时人事,先生认为如何?"庾季才说:"天道的事神秘,难以预料。以人间事看来,改朝换代的事情已定。即使我说不行,您哪能象避让于箕山颍水的许由那样行事呢?"杨坚沉默许久,抬头说:"我如今像骑在兽背之上,想下也下不来了。"赐给彩段五十匹,绢二百段,说:"谢谢您的好意,再慎重考虑一下。"北周静帝大定元年(581)正月,庾季才说:"本月戊戌日早晨,青气如楼阁,出现在首都上空,然后变为紫色,逆风向西行。《气经》说:天不能无云而雨,皇王不能无气而立。如今王气已经出现,应马上顺应它。二月份日出于卯位(正东),入于酉位(正西),居干天上正位,称为二八之门。太阳是皇帝的象征。皇帝即位,最好在二月。今年二月十三日是甲子日,甲是六甲的开始,子是十二辰之首。甲数也是九,子数为九,九是天数。这一天又是惊蛰,阳气萌发的时节。当年周武王二月甲子日定天下,周朝享年八百岁;汉高祖二月甲午即帝位,享年四百岁。可见甲子、甲午是天数。今年二月甲子,应当应天受命。"杨坚采纳了他的建议,废北周自立为帝隋文帝。

隋文帝开皇元年(581),任通直散骑常侍。文帝准备迁都,夜里与高颖、苏威商议决定。早晨庾季才报告:"我仰观天象、俯查书籍、卜卦占课,得到迁都的结论。尧都在平阳,而舜迁都蒲坂。可见帝王居处,世代不同。再说自汉朝营建长安城,至今已有八百年。地下水含碱大,不适宜饮用。希望陛下遵照天意人愿,做好迁都的计划。"皇上大为惊诧,对高颖等人说:"怎么如此神通!"于是下令施行。赐绢三百段,马两匹,加封为公爵,对庾季才说:"我从今后,信服有天道了。"于是命令庾季才和其子庾质撰写《垂象志》《地形志》等书。皇帝对庾季才说:"天地奥秘,测验方法有多种,见解互不相同,以致造成差误。我不愿意外人干预此事,因而让你们父子共同进行。"书编成献上,又赐米千石,绢六百段。

开皇九年(689),派任均州刺史。任命下达,将要动身,又因为众人议论他的学问精通而下令仍留任原职。庾季才因为年老,多次请求辞职,每次都不得批准。这时张冑玄的新历开始执行,又有袁充上书论日晷影长的事。皇上向庾季才询问,回答说袁充谬误。

皇上大怒,因而免职,给半薪回家。天象变化、自然异常,皇上常派人到他家里去询问。仁寿三年(603)去世,终年八十八岁。

庾季才为人宽宏大量,学业精深广博,讲信义,一向好与朋友同游。良辰吉日,常与琅琊王褒、彭城刘珉、河东裴政以及族人庾信等以文酒聚会。还有刘臻、明克让、柳䛒等人,虽然是后辈,也诚恳交往。庾季才撰有《灵台秘苑》一百二十卷,《垂象志》一百四十二卷,《地形志》八十七卷,流传于世。

许智藏传

【题解】

许智藏(公约537~617年),隋代医家。许智藏自青年时代即通达医理。隋文帝时他被授予官职派往外地。适逢秦孝王犯病,皇帝派人急速将他召回。待他回到京城,病人邪已入心。许氏预言病人将发癫狂,不可救治。后来病情发展果如其言。皇帝因此对许智藏的医术甚为赞叹。隋炀帝即位后,许智藏辞官在家,炀帝若身体不适,即派人去他那儿询问。或用小车接他来看病,许智藏给他开的处方亦每显良效。

【原文】

许智藏,高阳人也。祖道幼,尝以母疾,遂览医方,因而究极,世号名医。诫其诸子曰:“为人子者,尝膳视药,不知术,岂谓孝乎?”由是世相传授。任梁,官至员外散骑侍郎。父景。武陵王谘议参军。

智藏少以医术自达,仕陈为散骑侍郎。及陈灭,高祖以为员外散骑侍郎。使诣扬州。会秦孝王俊有疾,上驰召之。俊夜中梦其亡妃崔氏泣曰:“本来相迎,如闻许智藏将至,其人若到,当必相苦,为之奈何?”明夜,俊又梦崔氏曰:“妾得计矣,当入灵府中以避之。”及智藏至,为俊诊脉,曰:“疾已入心,郎当发病,不可救也。”果如言,俊数日而薨。上奇其妙,赉物百段。炀帝即位,知藏时致仕于家,帝每有所苦,辄令中使就询访,或以舆迎入殿,扶登御床。智藏为方奏之,用无不效。年八十,卒于家。

【译文】

许智藏,高阳人。祖父道幼,曾因母亲患病而阅览医方,由此研究医术,造诣颇深,世人称他为名医。道幼告诫他的所有孩子:“作为儿子,辨别饮食,品尝汤药,不懂医药知识,怎么能说尽孝道呢?”自此许氏家族代代传授医术。许智藏的祖父在梁朝做官,官至员外散骑侍郎。父亲名景,官为武陵王谘议参军。智藏青年时自习医术,通达医理。在陈朝做官,任散骑侍郎,陈亡后,隋文帝任命他为员外散骑侍郎。派往扬州。适逢秦孝王俊犯病,皇上急速召他回京。俊于夜间梦见他死去的妃子崔氏哭泣说:“原本来迎接你,然而听说许智藏就要来了。如果那人到来,必定使我吃苦,怎么办呢?”第二夜,俊又梦见崔氏说:“妾已有计谋,当藏入心中躲避他。”待智藏到达后,为他切脉。智藏说:“病已入心,即将发癫狂,不可救治。"后果然如他所言,俊数日后就死去。皇上惊奇他医术高妙,赏赐他数以百计的绸缎。隋炀帝即位时智藏辞官在家,炀帝每不适,就立即命使者前去拜访询问,或用小车接他进宫,于御床旁诊治。智藏为他开的处方,无不收到良效。许智藏八十岁时于家中去世。

万宝常传

【题解】

万宝常,生卒无考,也不知是什么地方人。他的父亲随梁将归顺北齐,因谋图再回南朝,父亲被杀,万宝常也被配为乐户。他的活动,主要在北齐、北周至隋朝开皇年间。万宝常的音乐天赋很高,被配为乐户后,这种天赋得到较充分的发展。隋朝是我国音乐发展的突出时期,万宝常无论在乐理、谱曲、乐兴演奏等方面,在同时代人中是佼佼者。因为他是地位低贱乐户出身,一生不得志,他的音乐理论和实践,受到权势者的压抑,不得为世所用,他本人也在病饿中离开人世。他著有《乐谱》六十四卷,在他临死前因疾愤而烧毁。万宝常的一生,充分体现出在封建社会里出身卑下的艺人的悲惨遭遇。

和万宝常同时的音乐家王令言,也精通音律,他能从演奏的曲调中辨别出人物的情趣以及吉凶祸福,因其传记附在万宝常传后,现一并译出。

【原文】

万宝常,不知何许人也。父大通,从梁将王琳归于齐。后复谋还江南,事泄,伏诛。由是宝常被配为乐户,因而妙达钟律,遍工八音。造玉磬以献于齐。又尝与人方食,论及声调。时无乐器,宝常因取前食器及杂物,以箸扣之,品其高下,宫商毕备,谐于丝竹,大为时人所赏。然历周洎隋,俱不得调。

开皇初,沛国公郑译等定乐,初为黄钟调。宝常虽为伶人,译等每召与议,然言多不用。后译乐成奏之,上召宝常,问其可不,宝常曰:"此亡国之音,岂陛下之所宜闻!"上不悦。宝常因极言乐声哀怨淫放,非雅正之音,请以水尺为律,以调乐器。上从之。宝常奉诏,遂造诸乐器,其声率下郑译调二律。并撰《乐谱》六十四卷,具论八音旋相为宫之法,改弦移柱之变。为八十四调,一百四十四律,变化终于一千八百声。时人以《周礼》有旋宫之义,自汉、魏已来,知音者皆不能通,见宝常特创其事,皆哂之。至是,试令为之,应手成曲,无所凝滞,见者莫不嗟异。于是损益乐器,不可胜纪,其声雅淡,不为时人所好,太常善声者多排毁之。

又太子洗马苏夔以钟律自命,尤忌宝常。夔父威,方用事,凡言乐者,皆附之而短宝常。数诣公卿怨望,苏威因诘宝常,所为何所传授。有一沙门谓宝常曰:"上雅好符瑞,有言征祥者,上皆悦之。先生当言就胡僧受学,云是佛家菩萨所传音律,则上必悦。先生所为,可以行矣。"宝常然之,遂如其言以答威。威怒曰:"胡僧所传,乃是四夷之乐,非中国所宜行也。"其事竟寝。宝常尝听太常所奏乐,泫然而泣。人问其故,宝常曰:"乐声淫厉而哀，天下不久相杀将尽。"时四海全盛，闻其言者皆谓为不然。大业之末。其言卒验。

宝常贫无子，其妻因其卧疾，遂窃其资物而逃。宝常饥馁，无人赡遗，竟饿而死。将死也，取其所著书而焚之，曰："何用此为！"见者于火中探得数卷，见行于世，时论哀之。

开皇之世，有郑译、何妥、卢贲、苏夔、萧吉、并讨论坟籍，撰著乐书，皆为当世所用。至于天然识乐，不及宝常远矣。安马驹、曹妙达、王长通、郭令乐等，能造曲，为一时之妙，又习郑声，而宝常所为，皆归于雅。此辈虽公议不附宝常，然皆心服，谓以为神。

时有乐人王令言，亦妙达音律。大业末，炀帝将幸江都，令言之子尝从，于户外弹胡琵琶，作翻调《安公子曲》。令言时卧室中，闻之大惊，蹶然而起曰："变，变！"急呼其子曰："此曲兴自早晚，"其子对曰："顷来有之。"令言遂歔欷流涕，谓其子曰："汝慎无从行，帝必不返。"子问其故，令言曰："此曲宫声往而不反，宫者君也，吾所以知之。"帝竟被杀于江都。

【译文】

万宝常，不知是什么地方的人。他的父亲叫万大道，随梁将王琳归顺了北齐。后来企图逃回江南梁朝，事情泄漏，被杀。因此，万宝常被发配为乐户，因而他精通音律，各种乐器都能精熟演奏。他自己曾制造了一组玉磬，献给北齐皇帝。曾和人在一起吃饭，饭间讨论起音调。当时现场没有乐器，万宝常就拿面前的餐具和其他杂物，用筷子敲击，定其音调的高低，五音配齐，敲击起来，和乐器一样音调和谐，当时人大为赞赏。但他历事北周和隋朝，都没有被提拔。

开皇初年，沛国公郑译等人主持确定乐曲的声调，起初定为声音洪亮的黄钟调。万宝常虽然是专门从事音乐的乐官，郑译等人也常常把他叫来，参加讨论，但他的主张大多不被采用，后来郑译等人将所定声调，上奏皇帝，隋文帝把万宝常招来，问他这种声调是否可行，万宝常说："这是亡国之音，陛下您不应听这种声调！"隋文帝很不高兴。万宝常极力说明这种声调表现了哀怨、淫邪、放肆的情绪，不是庄重的雅音，请求用水尺为准，调整乐器声调。隋文帝采纳了他的意见。万宝常奉皇帝的命令，制造各种乐器，乐器的声调都比郑译等人所定的调值降了两个调。他撰写《乐谱》一书，共六十四卷，全面论述八种音高可以递相为基调的规律，以及音调调整的变化。总括起来，共有八十四调，一百四十四律，能变化出一千八百声调。当时人认为，《周礼》一书记载了八种音高可以递相为基调的说法，但是从汉、魏以来，历代音乐家都弄不懂，见到万宝常对此记载的创解，都嗤之以鼻。到这时，皇帝让他试奏，简直是应手成曲，在场的人，莫不惊异赞叹。于是经他淘汰、创制、改进的乐器，不可计算；但这些乐器的音色淡雅，当时人不喜欢，音乐官署太常寺里的音乐家多数人持排挤、诋毁的态度。

太子洗马苏夔以擅长音律自命不凡，尤其嫉妒万宝常。苏夔的父亲苏威有权势，因此凡是谈论乐律的人，都附和苏夔，而排斥万宝常，万宝常多次到达官贵人的面前发泄不满的情绪，苏威便责问万宝常，问他的音律理论是从哪里学来的。有一名僧人对万宝常说："皇帝平素喜欢祥瑞征兆，但凡有人说出现某种异物是祥瑞征兆时，皇帝都很高兴。先生您应该说您的乐律理论是从外族僧人那里学来的，并说这是佛门菩萨亲身所传，皇帝一定会喜欢的。这样，你的所作所为，就可以通行无阻了。"万宝常认为有道理，就按照僧人的话回答苏威。苏威听了，勃然大怒，说道："外族僧人所传授的，是四周蛮夷的音乐，不应该在中原地区流行。"这事就被搁置下来。万宝常曾经去听太常寺演奏的乐曲，听完之后，流泪哭泣。人们问他为什么哭，万宝常说："乐声表现出过分猛烈的情绪，但基调是悲哀的，预示着天下不久将互相残杀，同归于尽。"当时隋朝正处于全盛时期，听他这样说，人们都不以为然。到大业末年，他的话终于应验了。

万宝常家里很穷，且没有儿子，他的妻子乘他卧病在床，把家里的东西偷窃一空而逃走。万宝常时常挨饿，也没有人送汤送饭，竟然活活饿死。在临死之前，他把他的著作烧掉，说道："要这有什么用！"看到的人从火中抢救出几卷，现在流传于世，当时人很为他悲哀。

开皇年间，有郑译、何妥、卢贲、苏夔、萧吉等人，都从事研究典籍，撰写音乐著作，这些人都被当时所任用。但若论音乐天赋，这些人都远远赶不上万宝常。安马驹、曹妙达、王长通、郭令乐等人，都能谱曲，也能一时走红，他们又熟悉淫荡音乐，但万宝常的创作，都属于庄重严肃的雅乐。这些人虽然口头上不赞成万宝常，但内心都佩服他，认为他的音乐已经达到出神入化的程度。

当时又有个音乐家王令言，也精通音律。大业末年，隋炀帝要去江都游玩，王令言的儿子曾当隋炀帝的随从，有一天他儿子去窗外弹胡琵琶，弹的是翻调《安公子曲》。王令言当时在屋里躺着，听到乐曲，大惊失色，猛地坐起来，说道："变了，变了！"急忙喊他的儿子，问道："这曲子什么时候兴起来的？"他儿子回答说："近来才出现。"王令言于是流泪长叹，对他儿子说："你千万不要跟皇帝去，皇帝这一去，必然回不来。"他儿子问是什么原因，王令言说："这支曲子中，宫声出现以后再也没有回映，宫声象征君主，我由此而得知。"结果隋炀帝竟然在江都被杀。

列女传

【题解】

《隋书·列女传》有两类内容值得重视：一类是关于公主王妃的，她们虽然出身高贵，但能够做到律己严格，甘心做一个普通的人，或者在遭变故之后仍能忠贞不渝；还有一类是关于教子的，谯国夫人的深明大义，郑善果母亲的劝子清廉，入情入理，令人深思。相反的，像刘昶的儿子刘居士由于父亲教导不严，终于自取灭亡，也可以说是很好的反面教材。

【原文】

自昔贞专淑媛，布在方策者多矣。妇人之德，虽在于温柔，立节垂名，咸资于贞烈。温柔，仁之本也；贞烈，义之资也。非温柔无以成其仁，非贞烈无以显其义。是以诗书所记，风俗所在，图像丹青，流声竹素，莫不守约以居正，杀身以成仁者也。若文伯、王陵之母、白公、杞植之妻，鲁之义姑，梁之高行，卫君灵主之妾，夏侯文宁之女，或抱信以含贞，

或蹈忠而践义，不以存亡易心，不以盛衰改节，其修名彰於既往，徽音传於不朽，不亦休乎！或有王公大人之妃偶，肆情于淫僻之俗，虽衣绣衣，食珍膳，坐金屋，乘玉辇，不入彤管之书，不沾良史之笔，将草木以俱落，与麋鹿而同死，可胜道哉！永言载思，实庶姬之耻也。观夫今之静女，各励松筠之操，甘于玉折兰摧，足以无绝今古。故述其雅志，以纂前代之列女云。

兰陵公主字阿五，高祖第五女也。美姿仪，性婉顺，好读书，高祖于诸女中特所钟爱。初嫁仪同王奉孝，卒，适河东柳述，时年十八。诸姊并骄贵，主独折节遵于妇道，事舅姑甚谨，遇有疾病，必亲奉汤药。高祖闻之大悦。由是述渐见宠遇。

初，晋王广欲以主配其妃弟萧瑒，高祖初许之，后遂适述，晋王因不悦。及述用事，弥恶之。高祖既崩，述徙岭表。炀帝令主与述离绝，将改嫁之。公主以死自誓，不复朝谒，上表请免主号，与述同徙。帝大怒曰："天下岂无男子，欲与述同徙耶？"主曰："先帝以妾适于柳家，今其有罪，妾当从坐，不愿陛下屈法申恩。"帝不从，主忧愤而卒，时年三十二。临终上表曰："昔共姜自誓，著美前诗，郎妙不言，传芳往诰。妾虽负罪，窃慕古人。生既不得从夫，死乞葬于柳氏。"帝览之愈怒，竟不哭，乃葬主于洪渎川，资送甚薄。朝野伤之。

南阳公主者，炀帝之长女也。美风仪，有志节，造次必以礼。年十四，嫁于许国公宇文述子士及，以谨肃闻。及述病且卒，主亲调饮食，手自奉上，世以此称之。

及宇文化及杀逆，主随至聊城，而化及为窦建德所败，士及自济北西归大唐。时隋代衣冠并在其所，建德引见之，莫不惶惧失常，唯主神色自若。建德与语，主自陈国破家亡，不能报怨雪耻，泪下盈襟，声辞不辍，情理切至。建德及观听者莫不为之动容陨涕，咸肃然敬异焉。及建德诛化及，时主有一子，名禅师，年且十岁。建德遣武贲郎将於士澄渭主曰："宇文化及躬行杀逆，人神所不容。今将族灭其家，公主之子，法当从坐，若不能割爱，亦听留之。"主泣曰："武贲既是隋室贵臣，此事何须见问！"建德竟杀之。主寻请建德削发为尼。

及建德败，将归西京，复与士及遇于东都之下，主不与相见。士及就之，立于户外，请复为夫妻。主拒之曰："我与君仇家。今恨不能手刃君者，但谋逆之日察君不预知耳。"因与告绝，诃令速去。士及固请之，主怒曰："必欲就死，可相见也。"士及见其言切，知不可屈，乃拜辞而去。

襄城王恪妃者，河东柳氏女也。父旦，循州刺史。妃姿仪端丽，年十余，以良家子合法相，娉以为妃。未几而恪被废，妃修妇道，事之愈敬。炀帝嗣位，恪复徙边，帝令使者杀之于道。恪与辞诀，妃曰："若王死，妾誓不独生。"于是相对恸哭。恪既死，棺殓讫，妃谓使者曰："妾誓与杨氏同穴。若身死之后得不别埋，君之惠也。"遂抚棺号恸，自经而卒。见者莫不为之涕流。

华阳王楷妃者，河南元氏之女也。父岩，性明敏，有气干。仁寿中，为黄门侍郎，封龙涧县公。炀帝嗣位，坐与柳述连事，除名为民，徙南海。后会赦，还长安。有人谮岩逃归，收而杀之。妃有姿色，性婉顺，初以选为妃。未几而楷被幽废，妃事楷逾谨，每见楷有忧惧之色，辄陈义理以慰谕之，楷甚敬焉。及江都之乱，楷遇宇文化及之逆，以妃赐其党元武达。武达初以宗族之礼，置之别舍，后因醉而逼。妃自誓不屈，武达怒，挞之百余，辞色弥厉。因取甓自毁其面，血泪交下，武达释之。妃谓其徒曰："我不能早死，致令将见侵辱,我之罪也。"因不食而卒。

谯国夫人者,高凉洗氏之女也。世为南越首领,跨据山洞,部落十余万家。夫人幼贤明,多筹略,在父母家,抚循部众,能行军用师,压服诸越。每劝亲族为善,由是信义结于本乡。越人之俗,好相攻击,夫人兄南梁州刺史挺,恃其富强,侵掠傍郡,岭表苦之。夫人多所规谏,由是怨隙止息,海南、儋耳归附者千余洞。梁大同初,罗州刺史冯融闻夫人有志行,为其子高凉太守宝娉以为妻。融本北燕苗裔,初,冯弘之投高丽也,遣融大父业以三百人浮海归宋,因留于新会。自业及融,三世为守牧,他乡羁旅,号令不行。至是,夫人诚约本宗,使从民礼。每共宝参决辞讼,首领有犯法者,虽是亲族,无所舍纵。自此政令有序,人莫敢违。

遇侯景反,广州都督萧勃征兵援台。高州刺史李迁仕据大皋口,遣召宝。宝欲往,夫人止之曰:"刺史无故不合召太守,必欲诈君共为反耳。"宝曰:"何以知之?"夫人曰:"刺史被召援台,乃称有疾,铸兵聚众,而后唤君。今者若往,必留质,追君兵众。此意可见,愿且无行,以观其势。"数日,迁仕果反,遣主帅杜平虏率兵入灨石。宝知之,遽告,夫人曰:"平虏,骁将也,领兵入灨石,即与官兵相拒,势未得还。迁仕在州,无能为也。若君自往,必有战斗。宜遣使诈之,卑辞厚礼,云身未敢出,欲遣妇往参。彼闻之喜,必无防虑。于是我将千余人,步担杂物,唱言输赕,得至栅下,贼必可图。"宝从之,迁仕果大喜,觇夫人众皆担物,不设备。夫人击之,大捷。迁仕遂走,保于宁都。夫人总兵与长城侯陈霸先会于灨石。还谓宝曰:"陈都督大可畏,极得众心。我观此人必能平贼,君宜厚资之。"

及宝卒,岭表大乱,夫人怀集百越,数州晏然。至陈永定二年,其子仆年九岁,遣帅诸首领朝于丹阳,起家拜阳春郡守。后广州刺史欧阳纥谋反,召仆至高安,诱与为乱。仆遣使归告夫人,夫人曰:"我为忠贞,经今两代,不能惜汝辄负国家。"遂发兵拒境,帅百越酋长迎章昭达。内外逼之,纥徒溃散。仆以夫人之功,封信都侯,加平越中郎将,转石龙太守。诏使持节册夫人为中郎将、石龙太夫人,赉绣幰油络驷马安车一乘,给鼓吹一部,并麾幢旌节,其卤簿一如刺史之仪。至德中,仆卒。后遇陈国亡,岭南未有所附,数郡共奉夫人,号为圣母,保境安民。

高祖遣总管韦洸安抚岭外,陈将徐璒以南康拒守。洸至岭下,逡巡不敢进。初,夫人以扶南犀杖献于陈主,至此,晋王广遣陈主遗夫人书,谕以国亡,令其归化,并以犀杖及兵符为信。夫人见杖,验知陈亡,集首领数千,尽日恸哭。遣其孙魂帅众迎洸,入至广州,岭南悉定。表魂为仪同三司,册夫人为宋康郡夫人。

未几,番禺人王仲宣反,首领皆应之,围洸于州城,进兵屯衡岭。夫人遣孙暄帅师救洸。暄与逆党陈佛智素相友善,故迟留不进。夫人知之,大怒,遣使执暄,系於州狱。又遣孙盎出讨佛智,战克,斩之。进兵至南海,与鹿愿军会,共败仲宣。夫人亲被甲,乘介马,张锦伞,领彀骑,卫诏使裴矩巡抚诸州,其苍梧首领陈坦、冈州冯岑翁、梁化邓马头、藤州李光略、罗州庞靖等皆来参谒。还令统其部落,岭表遂定。高祖异之,拜盎为高州刺史,仍赦出暄,拜罗州刺史。追赠宝为广州总管、谯国公,册夫人为谯国夫人。以宋康邑回授仆妾洗氏。仍开谯国夫人幕府,置长史以下官属,给印章,听发部落六州兵马,若有机急,便宜行事。降敕书曰:"朕抚育苍生,情均父母,欲使率土清净,兆庶安乐。而王仲宣等辄相聚结,扰乱彼民。所以遣往诛翦,为百姓除害。夫人情在奉国,深识正理,遂令孙盎斩获佛智，竟破群贼，甚有大功。今赐夫人物五千段。暄不进怨，诚合罪责，以夫人立此诚效，故特原免。夫人宜训导子孙，敦崇礼教，遵奉朝化，以副朕心。"皇后以首饰及宴服一袭赐之，夫人并盛于金箧，并梁、陈赐物各藏于一库。每岁时大会，皆陈于庭，以示子孙，曰："汝等宜尽赤心向天子。我事三代主，唯用一好心。今赐物具存，此忠孝之报也，愿汝皆思念之。"

时番州总管赵讷贪虐，诸俚獠多有亡叛。夫人遣长史张融上封事，论安抚之宜，并言讷罪状，不可以招怀远人。上遣推讷，得其赃贿，竟致於法。降敕委夫人招慰亡叛。夫人亲载诏书，自称使者，历十余州，宣述上意，谕诸俚獠，所至皆降。高祖嘉之，赐夫人临振县汤沐邑，一千五百户。赠仆为崖州总管、平原郡公。仁寿初，卒，赠物一千段，谥为诚敬夫人。

郑善果母者，清河崔氏之女也。年十三，出适郑诚，生善果。而诚讨尉迥，力战死于阵。母年二十而寡，父彦穆欲夺其志，母抱善果谓彦穆曰："妇人无再见男子之义。且郑君虽死，幸有此儿。弃儿为不慈，背死为无礼。宁当割耳截发以明素心，违礼灭慈，非敢闻命。"善果以父死王事，年数岁，拜使持节、大将军，袭爵开封县公，邑一千户。开皇初，进封武德郡公。年十四，授沂州刺史，转景州刺史，寻为鲁郡太守。

母性贤明，有节操，博涉书史，通晓治方。每善果出听事，母恒坐胡床，于鄣后察之。闻其剖断合理，归则大悦，即赐之坐，相对谈笑。若行事不允，或妄瞋怒，母乃还堂，蒙被而泣，终日不食，善果伏于床前，亦不敢起。母方起谓之曰："吾非怒汝，乃愧汝家耳。吾为汝家妇，获奉洒扫，如汝先君，忠勤之士也，在官清恪，未尝问私，以身徇国，继之以死，吾亦望汝副其此心。汝既年小而孤，吾寡妇耳，有慈无威，使汝不知礼训，何可负荷忠臣之业乎？汝以童子承袭茅土，位至方伯，岂汝身致之邪？安可不思此事而妄加瞋怒，心缘骄乐，堕于公政！内则坠尔家风，或亡失官爵，外则亏天子之法，以取罪戾。吾死之日，亦何面目见汝先人于地下乎？"

母恒自纺绩，夜分而寐。善果曰："儿封侯开国，位居三品，秩俸幸足，母何自勤如是邪？"答曰："呜呼！汝年已长，吾谓汝知天下之理，今闻此言，故犹未也。至于公事，何由济乎？今此秩俸，乃是天子报尔先人之徇命也。当须散赡六姻，为先君之惠，妻子奈何独擅其利，以为富贵哉！又丝枲纺织，妇人之务，上自王后，下至大夫士妻，各有所制。若堕业者，是为骄逸。吾虽不知礼，其可自败名乎？"

自初寡，便不御脂粉，常服大练。性又节俭，非祭祀宾客之事，酒肉不妄陈于前。静室端居，未尝辄出门阁。内外姻戚有吉凶事，但厚加赠遗，皆不诣其家。非自手作及庄园禄赐所得，虽亲族礼遗，悉不许入门。

善果历任州郡，唯内自出馔，于衙中食之，公廨所供，皆不许受，悉用修治廨宇及分给僚佐。善果亦由此克己，号为清吏。炀帝遣御史大夫张衡劳之，考为天下最。征授光禄卿。其母卒后，善果为大理卿，渐骄姿，清公平允遂不如畴昔焉。

孝女王舜者，赵郡王子春之女也。子春与从兄长忻不协，属齐灭之际，长忻与其妻同谋杀子春。舜时年七岁，有二妹，粲年五岁，璠年二岁，并孤苦，寄食亲戚。舜抚育二妹，恩义甚笃。而舜阴有复仇之心，长忻殊不为备。姊妹俱长，亲戚欲嫁之，辄拒不从。乃密谓其二妹曰："我无兄弟，致使父仇不复。吾辈虽是女子，何用生为？我欲共汝报复，汝意如何？"二妹皆垂泣曰："唯姊所命。"是夜，姊妹各持刀逾墙而入，手杀长忻夫妻，以告父墓。因诣县请罪，姊妹争为谋首，州县不能决。高祖闻而嘉叹，特原其罪。

韩觊妻者，洛阳于氏女也，字茂德。父实，周大左辅。于氏年十四，适于觊。虽生长膏腴，家门鼎盛，而动遵礼度，躬自俭约，宗党敬之。年十八，觊从军战没，于氏哀毁骨立，恸感行路。每至朝夕奠祭，皆手自捧持。及免丧，其父以其幼少无子，将嫁之。誓无异志。复令家人敦喻，于氏昼夜涕泣，截发自誓。其父喟然伤感，遂不夺其志焉。因养夫之孽子世隆为嗣，身自抚育，爱同己生，训导有方，卒能成立。自媚居己后，唯时或归宁，至于亲族之家，绝不来往。有尊卑就省谒者，送迎皆不出户庭。蔬食布衣，不听声乐，以此终身。高祖闻而嘉叹，下诏褒美，表其门闾，长安中号为节妇阙。终于家，年七十二。

陆让母者，上党冯氏女儿。性仁爱，有母仪，让即其孽子也。仁寿中，为番州刺史，数有聚敛，赃货狼籍，为司马所奏。上遣使按之皆验，于是囚诣长安，亲临问。让称冤，上复令治书侍御史抚按之，状不易前。乃命公卿百僚议之，咸曰"让罪当死"。诏可其奏。

让将就刑，冯氏蓬头垢面诣朝堂数让曰："无汗马之劳，致位刺史，不能尽诚奉国，以答鸿恩，而反违犯宪章，赃货狼籍。若言司马诬汝，百姓百官不应亦皆诬汝。若言至尊不怜愍汝，何故治书覆汝？岂诚臣？岂孝子？不诚不孝，何以为人！"于是流涕呜咽，亲持盂粥劝让令食。既而上表求哀，词情甚切，上愍然为之改容。献皇后甚奇其意，致请于上。治书侍御史柳彧进曰："冯氏母德之至，有感行路。如或杀之，何以为劝？"上于是集京城士庶于朱雀门，遣舍人宣诏曰："冯氏以嫡母之德，足为世范，慈爱之道，义感人神，特宜矜免，用奖风俗。让可减死，除名为民。"复下诏曰："冯氏体备仁慈，夙闲礼度。孽让非其所生，往犯宪章，宜从极法，躬自诣阙，为之请命，匍匐顿颡。朕哀其义，特免死辜。使天下妇人皆如冯者，岂不闺门雍睦，风俗和平！朕每嘉叹不能已。宜标扬优赏，用章有德。可赐物五百段。"集诸命妇，与冯相识，以宠异之。

刘昶女者，河南长孙氏之妇也。昶在周，尚公主，官至柱国、彭国公，数为将帅，位望隆显。与高祖有旧。及受禅，甚亲任，历左武卫大将军、庆州总管。其子居士，为太子千牛备身，聚徒任侠，不遵法度，数得罪。上以昶故，每辄原之。居士转恣，每大言曰："男儿要当辫头反缚，篷簷上作獠舞。"取公卿子弟膂力雄健者，辄将至家，以车轮括其颈而棒之。殆死能不屈者，称为壮士，释而与交。党与三百人，其矫捷者号为饿鹘队，武力者号为蓬转队。每構鹰继犬，连骑道中，殴击路人，多所侵夺。长安市里无贵贱，见之者皆辟易，至于公卿妃主，莫敢与校者。其女则居士之姊也，每垂泣诲之，殷勤垦恻。居士不改，至破家产。昶年老，奉养甚薄。其女时寡居，哀昶如此，每归宁于家，躬勤纺绩，以致其甘脆。

有人告居士与其徒游长安城，登故未央殿基，南向坐，前后列队，意有不逊，每相约曰："当为一死耳。"又时有人言居士遣使引突厥令南寇，当于京师应之。上谓昶曰："今日之事，当复如何？"昶犹恃旧恩，不自引咎，直前曰："黑白在于至尊。"上大怒，下昶狱，捕居士党与，治之甚急。宪司又奏昶事母不孝。其女知昶必不免，不食者数日，每亲调饮食，手自捧持，诣大理饷其父。见狱卒，长跪以进，歔欷呜咽，见者伤之。居士坐斩，昶竟赐死于家。诏百僚临亲。时其女绝而复苏者数矣，公卿慰谕之。其女言父无罪，坐子以及于祸。词情哀切，人皆不忍闻见。遂布衣蔬食以终其身。上闻而叹曰："吾闻衰门之女，兴门之男,固不虚也!"

钟士雄母者,临贺蒋氏女也。士雄仕陈,为伏波将军。陈主以士雄岭南酉帅,虑其反复,每质蒋氏于都下。及晋王广平江南,以士雄在岭表,欲以恩义致之,遣蒋氏归临贺。既而同郡虞子茂、钟文华等作乱,举兵攻城,遣人召士雄,士雄将应之。蒋氏谓士雄曰:"我前在扬都,备尝辛苦。今逢圣化,母子聚集,没身不能上报,焉得为逆哉! 汝若禽兽其心,背德忘义者,我当自杀于汝前。"士雄于是遂止。蒋氏复为书与子茂等,谕以祸福。子茂不从,寻为官军所败。上闻蒋氏,甚异之,封为安乐县君。

时尹州寡妇胡氏者,不知何氏妻也。甚有志节,为邦族所重。当江南之乱,讽谕宗党,皆守险不从叛逆,封为密陵郡君。

赵元楷妻者,清河崔氏之女也。家有素范,子女皆遵礼度。元楷父为仆射,家富于财,重其门望,厚礼以聘之。元楷甚敬崔氏,虽在宴私,不妄言笑,进止容服,动合礼仪。

化及之反也,元楷随至河北,将归长安。至滏口,遇盗攻掠,元楷仅以身免。崔氏为贼所拘,贼请以为妻,崔氏谓贼曰:"我士大夫女,为仆射子妻,今日破亡,自可即死。遣为贼妇,终必不能。"群贼毁裂其衣,形体悉露,缚于床箦之上,将凌之。崔氏惧为所辱,诈之曰:"今力已屈,当听处分,不敢相违,请解缚。"贼遂释之。崔因著衣,取贼佩刀,倚树而立曰:"欲杀我,任加刀锯。若觅死,可来相逼!"贼大怒,乱射杀之。元楷后得杀妻者,支解之,以祭崔氏之枢。

史臣曰:夫称妇人之德,皆以柔顺为先,斯乃举其中庸,未臻其极者也。至于明识远图,贞心峻节,志不可夺,唯义所在,考之图史,亦何世而无哉。兰陵主质迈寒松,南阳主心逾匪石,洗媪、孝女之忠壮,崔、冯二母之诚恳,足使义勇惭其志烈,兰玉谢其贞芳。襄城、华阳之妃,裴伦、元楷之妇,时逢艰阻,事乖好合,甘心同穴,颠沛靡它。志励冰霜,言逾皎日,虽诗咏共姜之自誓,传述伯姬之守死,其将复何以加焉!

【译文】

自古以来,坚贞专一贤淑美好的女子,被记载在文献中的已经有很多了。女人的美德,虽然在于温婉柔和,但树立节操流名于世,都依靠坚贞光明。温婉柔和是仁爱的根本,坚贞光明是道义的资质。没有温婉柔和不能成就她的仁爱,没有坚贞光明不能显出她的道义。因此诗歌书籍所记载的,风俗中所保存的,画成图像书于丹青史书,名声在竹帛中流传,没有不坚持简约简朴以达到居处正当,杀死自己以成就仁爱的。如文伯、王陵的母亲,白公、杞植的妻子,鲁的道义婆婆,梁氏的高尚行为,卫君灵主的妾,夏侯文宁的女儿,有的抱着真诚而包含了坚贞,有的遵循着忠义的道路,不因为生死存亡而改变思想,不因为盛衰而改变节操,她们的美好名声从前就很昭明,美好的声音不断地流传,这不是好事吗! 也有王公大人的妃子配偶,在摇荡的风气中纵情肆意,虽然穿着锦绣衣裳,吃着珍贵的膳食,坐在金屋里,乘着玉做的辇子,但进不了女史写的书,好的史学家也不会书写她们,只能跟草木一起腐败,与麋鹿一同死掉,这类事例是说不完的! 只是述说思念之情,实在是普通女人的耻辱啊。看那今天的贞静女子,各自磨砺松竹的节操,甘心玉折兰摧,也可以古今流传不断。因此,叙述她们的一向志愿,来编集前代的列女。

兰陵公主字阿五,高祖的第五个女儿。姿容仪表美丽,性情温婉和顺,喜欢读书,高祖在所有女儿中特别钟爱她。开始嫁给仪同王奉孝，死了，又嫁给河东人柳述，当时她十八岁。各位姐姐都很骄横，只有这位公主委屈自己遵循做女人的道义，侍候公婆很恭谨，遇到有病，一定亲手服侍汤药。高祖听说后非常高兴。因此，柳述渐渐得到恩宠。

当初，晋王广想把公主许配给他妃子的弟弟萧瑒，高祖开始时答应了他，后来又嫁给了柳述，晋王因此不高兴了。等到柳述掌了权，更加讨厌他。高祖死后，柳述被迁徙到岭南。炀帝命令公主跟柳述离婚，要把她改嫁了。公主用死来表明心迹，不再上朝谒见，上表请求免去她的公主称号，跟柳述一起流放。炀帝大怒说："天下难道没有男子了，想跟柳述一起流放！"公主说："先帝把我嫁给柳家，现在他有罪，我应当跟他一样有罪，不希望陛下歪曲了法律来表示恩情。"皇帝不同意，公主忧心愤恨而死，当时三十二岁。临死时上奏表说："从前共姜自己发誓，古代的诗歌记载她的美好，郎妫没有说话，但古时候的文告中却为她传播芬芳。我虽然负罪，也暗自仰慕古人。活着既然不能跟随丈夫，死后请求葬在柳氏墓地。"皇帝看后，更加生气，竟然没有哭泣，就把公主葬在洪渎川，资助送葬也很微薄。朝野人士都很替她悲伤。

南阳公主是炀帝的长女。风度仪表美好，有志向气节，仓促时也要讲究礼仪。十四岁时嫁给了许国公宇文述的儿子宇文士及，她以恭谨端庄闻名。宇文述病得快死时，公主亲自调理饮食，亲手奉上，世人凭这事称颂她。

到宇文化及杀了皇帝反叛时，公主跟随到聊城，而化及被窦建德打败，士及从济北向西归附大唐。当时隋代读书做官的人都在那里，窦建德把他引见给他们，没有人不惶恐失了常态的，只有公主神色自若。建德跟她说话，公主自己陈述国破家亡，却不能报仇雪耻，眼泪流湿了衣襟，哭声言辞不断，情理深切到家。建德及看见听见的人被她感动得脸色都变了，并且掉下眼泪，都肃然起敬起来。等到建德讨伐化及，当时公主有一个儿子，名禅师，年龄快十岁了。建德派遣武贲郎将於士澄对公主说："宇文化及自己杀了国王叛逆，人与神都不能容忍他。现在要把他的家族都诛灭掉，公主的儿子，依法应该连累到，如果不能割爱，也由你留着。"公主哭着说："武贲既然是隋朝的大臣，这事何必来问我！"建德终于杀了他。公主不久请求建德同意她削发为尼。

到建德灭亡时，她要回西京去，又与士及在东都城下相遇，公主不跟他相见。士及去见她，站在门外，请求再做夫妻。公主拒绝他说："我与你是仇家。现在恨不能亲手杀了你，只是因为你谋反那一天以为你事先并不知道罢了。"就跟他断绝关系，呵责他让他快点离开。士及坚持着请求她，公主发怒地说："一定想死，就相见吧。"士及见她言辞坚决，明白说服不了，就拜辞着离去了。

襄城王恪的妃子，是河东柳氏的女儿。父亲柳旦，循州刺史。妃子姿容仪表端庄秀丽，十多岁时，凭着良家女子符合标准的相貌，聘为王妃。不久恪被废黜，妃子学习妇道，侍候他更加恭敬。炀帝继承皇位，恪又被迁徙到边疆，炀帝命令使者在路上杀了他。恪跟她说告别的话，妃子说："如果大王死了，我发誓不一个人活着。"于是相对痛哭。恪死后，入棺收殓完毕，妃子对使臣说："我发誓跟杨恪同一墓穴。如果死后不被埋在别处，那是您的恩惠啊。"于是抚棺哭喊，上吊死了。看见的人无不为她流泪的。

华阳王楷的妃子，河南元氏的女儿。父亲元岩，性格明朗敏锐，有气魄才干。仁寿年中，做黄门侍郎，封为龙涸县公。炀帝继位后，因与柳述事件有牵连，削职为民，流放到南

中华传世藏书

二十五史

隋书

二〇二二

海。后来遇赦,回到长安。有人诬陷元岩是逃回来的,被抓住后杀了。妃子有姿容美貌,性情温柔和顺,当初被选择做王妃的。不久楷被幽禁废黜,妃子服侍楷比以前更加恭谨,每当看见楷有忧愁害怕的样子,就陈述义理来安慰说服他,楷对她很敬重。江都叛乱时,楷遇到宇文化及的叛变,把妃子赏赐给了他的下属元武达。武达开始时用同宗族的礼节,把她安置在别的屋里,后来借着酒醉强迫她。妃子发誓不屈从,武达愤怒,打了她一百多下,言辞颜色更加坚决。接着拿了甓自己毁伤了脸面,血与泪混在一起流下来,武达放了她。妃子对她的仆人说:"我不能早些死掉,致使差一点被侵犯凌辱,这是我的罪过啊。"于是不吃饭直到死去。

谯国夫人,是高凉冼氏的女儿。世代做南越首领,跨越占据山洞,属下村落有十多万家。夫人从小聪明豁达,富于筹策谋略,在父母家时,抚慰引导属下百姓民众,会指挥军队行动,压服各个越民族。常常规劝亲戚族人要和好,因此,信誉道义在本乡树立了起来。越人的风俗,喜欢互相攻击,夫人的兄长南梁州刺史冼挺,依仗着自己富强,侵略抢掠周围郡县,岭南都受他的苦。夫人经常规劝,因此怨恨逐渐停止消除了,海南、儋耳来归附的有千余洞。梁朝大同初年,罗州刺史冯融听说夫人有志向品行,为他的儿子高凉太守冯宝聘她为妻。冯融本来是北燕的后代。当初,冯弘投降高丽,派遣冯融的伯父冯业领三百人渡海归附宋朝廷,因此留在新会。从业到融,三代都为太守州牧,因为在异国他乡居住,因此,号令都无人执行。到这时,夫人告诫管理自己家族的人,让他们随顺百姓的礼仪。每当跟冯宝共同商量裁决诉讼案件,首领中有犯法的,即使是亲戚族人,也没有放纵不管的。从此政策号令都执行得有条有理,没有人敢于违抗。

遇上侯景造反,广州都督萧勃征集部队去台救援。高州刺史李迁仕据守大皋口,派人来叫冯宝。冯宝想去,夫人阻止他说:"刺史无故不会征召太守的,一定是骗您去一起造反。"冯宝说:"怎么知道呢?"夫人说:"刺史被征召去救援台,就说自己有病,铸造兵器聚集众人,然后来叫您。现在如果去了,一定扣留下作为人质,追要您的部队。这种意思是看得出来的,希望不要去,先观察其变化。"几天后,迁仕果然造反,派遣主帅杜平房率兵进入灨石。冯宝知道这事后,很快告诉了,夫人说:"杜平房是一员骁将,领兵进入灨石,就是去与官兵相抗拒,看样子是不能回来的。迁仕在高州城,是没有多大能力作为的。如果您亲自前去,一定会发生战斗。最好派使者去哄骗他,话要说得谦恭礼物要贵重,说自己不敢出来,想派妻子去参见。他听后高兴,一定会不做防卫考虑。这样我领一千多人,步行挑着各种杂物,喊着说是拿着礼物来赎罪,到得栅门下,贼人就可以想办法解决了。"冯宝同意了她,迁仕果然很高兴,看见夫人等都挑着东西,因此没加防备。夫人袭击了他,大胜。迁仕就逃跑了,在宁都城里自守。夫人率领全部人马跟长城侯陈霸先在灨石会师。回去对冯宝说:"陈都督很值得敬畏,极得人心。我看这人必定能平定贼众,您应该多资助他。"

冯宝死后,岭南大乱,夫人团结百越,好几州平安无事。到陈永定二年,她儿子仆九岁,派他率领各位首领去丹阳朝见,开始被封为阳春郡太守。后来广州刺史欧阳纥谋反,征召冯仆到高安,引诱他一起作乱。冯仆派人回去报告夫人,夫人说:"我家作为忠贞之臣,到现在已经有两代了,不能让你辜负了国家。"于是发兵抵抗,率领百越酋长迎接章昭达。内外夹击,欧阳纥的军队溃败逃散。冯仆因为夫人的帮助,封为信都侯,加平越中郎将，转任石龙太守。奉旨使者拿着符节册封夫人为中郎将、石龙太夫人，赏赐绣幰油络四匹马的马车一辆，赐给鼓吹乐队一支，并且连旗幢旌节，仪仗都跟刺史一样。至德年中，冯仆死了。后来又逢陈国灭亡，岭南无所归附，数郡一起尊奉夫人为首领，号称圣母，保护境内安定百姓。

高祖派遣总管韦洸安抚岭南地区，陈朝旧将徐璒在南康进行抵抗。韦洸到了岭下，逡巡不敢进去。当初，夫人把扶南的犀杖（犀牛角制成的权杖）献给陈朝国王，这时候，晋王广派遣陈国国君寄信给夫人，说明国家已经灭亡，命令她归化，并且用犀杖和兵符作为证明。夫人见到权杖，知道陈朝已经灭亡，就聚集了数千首领，整天痛哭。派她的孙子冯魂率领众人迎接韦洸，到了广州，岭南都安定了。表彰冯魂为仪同三司，册封夫人为宗康郡夫人。

没过多久，番禺人王仲宣造反，首领们都响应他，在州城包围了韦洸，进兵驻扎衡岭。夫人派遣孙子冯暄率兵援救韦洸。冯暄与叛军首领陈佛智一向互相友好相待，因此迟迟停留不进兵。夫人知道这事后，非常生气，派使者抓了冯暄，关在州监狱里。又派孙子冯盎出兵讨伐佛智，战败了他并斩了他。进兵到南海，跟鹿愿军会合，一起打败仲宣。夫人亲自披戴甲胄，乘坐带甲的战马。打着锦绣的伞，率领善于射箭的骑兵，保卫朝廷使臣裴矩巡视安抚各州，苍梧首领陈垣、冈州冯岑翁、梁化邓马头、滕州李光略、罗州庞靖等人都前来参谒。回去后命令他们统领各自的部落，岭南于是平定了。高祖对她感到惊奇，封冯盎为高州刺史，并赦免冯暄，封罗州刺史。追赠冯宝为广州总管、谯国公，册封夫人为谯国夫人。把宋康地方回赠给冯仆的妾冼氏。而且建立谯国夫人幕府，设长史以下官员下属，授给印章，任她发落部落六州兵马，如有危急，她可以根据情况自己决定。下达圣旨说：“我抚育百姓，情义如同父母，想让全国清平宁静，万民安居乐业。而王仲宣等却互相聚集勾结，扰乱那里的百姓，因此派遣军队前往讨伐铲除，替百姓除去祸害。夫人的情义都是为了扶助国家，深深懂得正理，于是命令孙子冯盎斩获了佛智，最后击破群贼，有很大的功劳。现在赏赐夫人物品五千段。冯暄领兵不进，是有过错的，的确应该论罪责罚，因为夫人立了这样的大功，因此特别原谅赦免。夫人应该训导子孙，敦厚尊崇礼仪教育，遵奉朝廷教化，以报答我的用心。”皇后把首饰及礼服一套赏赐给她，夫人都把它们放在金箱子里，加上梁、陈赏赐的物品各藏在一个仓库中。逢每年的节日大会，都陈列在庭中，给子孙们看，说：“你们应该向天子尽效赤心。我侍奉三朝国君，只用一颗好心。现在赏赐的物品都在这里，这是忠孝的报答啊，希望你们都好好想想并记住它。”

当时的番州总管赵讷贪婪暴虐，各俚、獠多有逃亡反叛的。夫人派遣长史张融向皇帝秘密上奏疏，论述安抚事宜，并且说了赵讷的罪状，不能招致安抚远方的民众。皇帝派人追查赵讷，获得了他的赃物贿赂物品，最后依法处置。降旨委托夫人招致安慰逃亡叛乱的人。夫人亲自带着诏书，自称是使者，走了十几州，宣讲传达皇帝的意思，向各俚、獠部族解释清楚，所到的地方都投降了。高祖赞扬了她，赏赐夫人临振县汤沐邑一千五百户。赠冯仆为崖州总管、平原郡公。仁寿初年，去世，赠物一千段，谥为诚敬夫人。

郑善果的母亲，是清河崔氏的女儿。十三岁时，嫁给郑诚，生了善果。郑诚讨伐尉迥，英勇作战死于战场。郑善果母亲二十岁就守了寡，她父亲崔彦穆想要她改嫁，郑善果母亲抱着善果对彦穆说：“妇女没有第二次会见男子的道理。而且郑君虽然死了，幸好有这个儿子。抛弃儿子是不慈爱的,背叛死者是无礼的。宁愿割去耳朵剪了头发来表明向来的心愿,违背礼制丧失慈悲,不敢听命。"善果因为父亲为朝廷而死的,才几岁,就被封持节大将军,袭开封县公的爵位,食邑一千户。开皇初年,进一步封为武德郡公。十四岁时授沂州刺史,转任景州刺史,不久改为鲁郡太守。

郑母性情贤惠开明,有节操,博览文献史书,通晓治理方法。每次善果出去处理事情,母亲总是坐床上,在帐子后边观察他。听到他分析判断合乎情理,回去就很高兴,就让他坐下,相对有说有笑。如果做事不恰当,或者乱发怒,母亲就回到家里,蒙着袖子哭泣,整天不吃饭。善果跪伏在床前,也不敢起身。母亲这才起身对他说:"我不是生你的气,而是为你家感到惭愧啊。我做你家的媳妇,能够奉命洒扫,像你死去的父亲,是个忠诚勤恳的人,做官时清静恪尽职守,从没有为了私事考虑过,把身体都交给了国家,并用死报效了国家,我也期望你不要辜负了他的这种心。你已经年幼就成了孤儿,我不过是寡妇罢了,有慈悲但没有威严,致使你不懂得礼制训导,怎么可以继承忠臣的事业呢?你从童年承袭祖上余荫,位置高到伯爵,难道是你自己挣来的吗?怎么能不想想这事却乱加责怪发怒,心里只想着骄横痛快,破坏公家大事!对内说,就是毁坏你家门风,或者丢失官爵,对外说,就损害了天子的法度,因此犯下罪恶。我死的那一天,又有什么脸面在地下见你的先人呢?"

母亲常常自己纺纱织布,夜深了才睡。善果说:"儿子封侯开国,位居三品,秩俸是足够了的,母亲何必自己这样劳累呢?"回答说:"啊!你年纪已经长大,我以为你懂得天下的道理,现在听了这话,看来还没有懂得。对于公家的事情,又用什么去完成呢?现在这些职位俸禄,是天子报答你父亲的牺牲性命啊!应当散给亲戚们,作为你父亲的恩惠,妻子儿子怎么能独占其好处,当作自己的富贵呢!而且,丝麻纺织,也是女人的分内事情,上自皇后,下至士大夫的妻子,各有规定。如果放弃这项事情,叫作骄奢放纵。我虽然不懂礼制,但是能自己败坏自己的名声吗?"

从刚守寡开始,就不用脂粉,常穿大练做的衣服。性格又节俭,不是祭祀或招待宾客的事情,酒肉不乱放在面前。在宁静的居室里过着严肃的生活,从不随便走出家门。内外亲家有了吉凶事情,只是把礼物送得丰厚些,从来不去他们的家。不是自己亲手制作及庄园出产和俸禄赏赐得到的东西,即使是亲戚族人赠送的礼物,一概不准拿进家门。

善果历任州郡长官,都是自家提供饮食,送到衙门中吃,公家官府提供的,都不准享用,全都用来修建官府房舍,或者分给下属官员。善果也因此克制自己,被称为清官。炀帝派遣御史大夫张衡去犒劳他,考察后被评为全国之最。征召到京城授光禄卿。他母亲死后,善果做了大理寺卿,渐渐地骄横放肆,清廉公平处事允当方面就不如从前了。

孝女王舜,赵郡人王子春的女儿。子春与堂兄长忻不和睦,在齐国灭亡的时候,长忻跟他妻子合谋杀了子春。王舜当时七岁,有两个妹妹,王粲五岁,王璠二岁,都孤苦伶仃的,寄养在亲戚家里。王舜抚养教育两个妹妹,恩情道义非常深厚。而王舜心里有复仇的思想,长忻根本没有防备。姊妹都长大了,亲戚想把她们嫁了,都拒绝不答应。于是悄悄对两个妹妹说:"我没有兄弟,致使父亲的大仇没有报复。我们虽然是女子,活着是为了什么?我想与你们一道报仇,你们觉得怎么样?"两个妹妹都流着眼泪说:"只听姐姐的命令。"当夜,姐妹们各拿着刀子越墙进去,亲手杀了忻夫妻,去告诉父亲的坟墓。接着就到县衙门请罪，姊妹都争说自己是主犯，州县官裁决不下。高祖听说后赞许叹息，特别原谅了他们的罪过。

韩觊的妻子，洛阳于氏的女儿，字茂德。父亲于实，任周朝廷的大左辅。于氏十四岁时嫁给韩觊。虽然生长在富裕之中，家门又高贵，但举动都遵循着礼制法度，自己勤俭节约，同宗族的人都尊敬她。十八岁时，韩觊从军战死，于氏悲痛得骨瘦如柴，痛苦的哭声让路过的人都深受感动。每到早晚祭奠，都亲手捧着祭品。服丧期满后，她父亲因为她年轻又没有孩子，准备把她改嫁了。她发誓不再嫁。她父亲又让家里人敦促劝说，于氏日夜啼哭，剪了头发表示坚决不改嫁。她父亲感慨伤感，就不再要她改嫁了。于是收养了丈夫家族旁枝的儿子世隆作为继承人，亲自抚养教育，爱他如同亲生儿子，由于训导有方，最后能有所建树。自从孀居以后，只是有时候回一下娘家，至于亲戚族人家，从来不去来往。有地位高下不同的人去看望她，送往迎来她一概不走出门庭。吃着粗疏的饭食，穿着粗布衣服，不听乐声，就这样度过了一生。高帝听说后发出了赞叹，下令褒奖赞美，表扬她的门闾，长安中号称节妇阙。死在家里，终年七十二岁。

陆让的母亲，上党冯氏的女儿。性情仁爱，有母亲的风度仪表，陆让是她丈夫家族旁枝人家的儿子。仁寿年间，任番州刺史，多次聚敛财物，赃货很多，被司马弹劾。皇帝派遣使者检查，都属实，于是押到长安，亲自审问。陆让声称冤枉，皇帝又令治书御书一一核对，事情跟前一样。于是命令公卿百官讨论，都说："陆让的罪应当处死。"诏令同意了他们的奏请。

陆让即将行刑，冯氏蓬头垢面到朝廷上责备陆让说："没有汗马的功劳，官做到刺史，不能竭尽忠诚为国家做事，来报答大恩，却反而违犯宪法章程，获取了很多赃货。如果说司马诬告你，百姓百官不应该也都诬告你。如果说至尊的皇帝不怜悯你，为什么要写信复查？你难道是忠诚的臣下？难道是孝子？不忠不孝，凭什么做人！"于是流泪哭泣，亲自端着一盂粥劝陆让吃。接着上书哀求，言词感情都很急切，皇帝因同情她而改变了脸色。治书侍御史柳彧对皇帝说："冯氏作为母亲，品德极高，都感动了路人。如果杀了她儿子，怎么样劝民呢？"皇帝于是在朱雀门召集了京城官员百姓，派遣舍人宣读诏书说："冯氏凭亲生母亲的品德，足以作为世人的模范，她慈爱的道义，感动人神，特别应该同情而免其罪，用以奖励好的风俗。陆让可以免去一死，除名为平民。"又下诏说："冯氏身上具备了仁慈，一向娴熟于礼仪法度。孽子陆让不是她亲生，从前触犯了宪章，理应处以极刑，她亲自到宫殿，为他请命，匍匐叩头。我同情她的义气，特意免去了死罪。假使天下的妇女都跟冯氏一样，怎能不闺门雍容和睦，风俗和平！我常常赞叹不已。应该广为宣扬并给以较高的奖赏，使美德更加光明。可以赏赐物品五百段。"集中了各位命妇，跟冯氏认识，通过这样表明特别的喜爱褒扬。

刘昶的女儿，是河南人长孙氏的妻子。刘昶在周朝廷，娶了公主，官做到柱国、彭国公，多次任将帅，地位名望隆盛显赫。他跟高祖有旧交情。受禅让后，很亲信他，历任左武卫大将军、庆州总管。他的儿子居士任太子千牛备身（官名），聚徒任侠，不遵守法度，多次犯罪。皇帝因为刘昶的缘故，每次都原谅了他。居士更加放肆，常常说大话："男子要做头编辫子反绑两手，在篷簇（竹制器具）上跳獠人舞蹈。"叫了公卿子弟中膂力雄健的，都带到家里，用车轮摩擦他们的头并用棍棒打。快死时还能不屈服的，称为壮士，放开后跟他交朋友。结的帮有三百人，其中矫健敏捷的称为饿鹘队，孔武有力的称为蓬转队。常常携鹰带狗，结队在路上骑马，殴打过路的人，到处侵夺别人财物。长安城里无论高贵低贱，见到他都躲避起来，甚至于公卿妃子公主，没有人胆敢与他争执的。他的女儿就是居士的姐姐，常流着眼泪教训他，殷勤恳切。居士不改，直到破了家产。刘昶年老，他供奉赡养也很薄。他女儿这时寡居，可怜刘昶如此处境，每次回家探望，亲自勤劳纺织，用来换些吃食。

有人告居士跟他的徒众游长安城时，登上从前的未央殿旧址，面向南坐，前后列队，有不恭敬的用意，常常相约说："总有一死的。"又经常有人说居士派使者引导突厥让他们向南侵略，他要在京师响应他们。皇帝对刘昶说："今日这样的事情，又该怎么办呢？"刘昶还恃仗旧日的恩宠，不引咎自责，一直走过去说："判断黑白是非都由至尊的皇帝。"皇帝大怒，把刘昶关到狱中，逮捕居士的帮伙，处治得很严厉。宪司又奏刘昶对待母亲不孝顺。他女儿知道刘昶一定免不了死罪，好几天不吃饭，每次都亲手准备饮食，手捧着，到大理寺送给她父亲吃。遇见监狱里的士兵，长跪着往里爬，唏嘘呜咽，看到的人都很替她伤心。居士被斩首，刘昶最后被赐死在家里。诏令百官都去看。当时他女儿昏迷又活过来已经有好几回了，公卿都安慰规劝她。他女儿说父亲是没有罪的，因为儿子才遭了大祸的。言词情绪哀婉凄切，人们都不忍心听见。她于是穿粗布衣服吃粗茶淡饭地过了一生。皇帝听后叹息说："我听说衰败家庭出女儿，兴盛家庭出儿子，真是不假啊！"

钟士雄的母亲，是临贺人蒋氏的女儿。士雄在陈朝廷做官，任伏波将军。陈的皇帝任士雄为岭南酋长的统帅，担忧他要造反，每次都把蒋氏当作人质让住在都城。等到晋王广平定江南，因为士雄在岭南，想用恩情道义收笼他，把蒋氏送回临贺。不久同郡人虞子茂、钟文华等作乱，举兵攻城，派人招呼士雄，士雄准备策应他们。蒋氏对士雄说："我从前在都城扬州，备尝辛苦。现在逢上圣明的教化，母子团聚，到死也报答不了国君的恩情，怎么还能造反呢！你如果心变得跟禽兽一样，背叛道德忘掉情义，我就在你面前自杀。"士雄于是就不去策应了。蒋氏又写信给子茂等人，向他们说明祸福。子茂不听从，不久被官军打败。皇帝听说蒋氏的事迹，很惊奇，封她为安乐县君。

当时尹州寡妇胡氏，不知道什么地方人。很有志向气节，受得邦国宗族的敬重。江南动乱时，她讽喻同宗族的人，都守住险要不顺从叛逆，被封为密陵郡君。

赵元楷的妻子，是清河人崔氏的女儿。她家向来有良好的风范，子女都遵守礼制法度。元楷的父亲任仆射，家里财富很多，为了加重家族的名望，用厚礼来聘娶她。元楷很敬重崔氏，即使是在宴会私处时，也不乱说笑，进退容貌服饰，都合乎礼仪。

宇文化及造反时，元楷跟随他到了河北，准备回到长安。到滏口时，遇上强盗抢劫，元楷只身逃脱。崔氏被贼人抓住，贼人求她做妻子，崔氏对贼人说："我是士大夫的女儿，做了仆射儿子的妻子，今天遭难，自然只能去死。让我做贼人的妻子，绝对不能。"众贼人撕裂了她的衣服，身体都裸露出来，把她捆在床上，准备凌辱她。崔氏害怕被污辱，骗他们说："现在已经没有力气了，我会由你们处置的，不敢违抗，请求解开绑绳。"贼人赶快放了她。崔氏借着穿衣服，抢过贼人身上的佩刀，靠在树上站着说："想要杀我，随你们便。如果想找死，可以过来逼迫！"贼人大怒，乱箭射死了她。元楷后来捉住杀他妻子的人，肢解了他们，用来祭奠崔氏的灵柩。

史官说：大凡赞扬妇女的品德，都把柔顺作为最重要的因素，这里列举的是得乎中庸没有达到极端的人。至于见识清楚有深远的图谋，思想坚贞节操严峻，意志不能改变，只知道守住道义，考查一下图书历史，又有哪个时代没有这样的人呢。兰陵公主品质超过了耐寒的松柏，南阳公主的思想感情超越了匪石的水平（匪石，意志坚定的意思），冼媪、孝女的忠诚壮烈，崔、冯两位母亲的诚恳，足以使义勇的人为他们的意志刚烈感到惭愧，使兰花美玉的坚固芬芳逊色。襄城、华阳的妃子，裴伦、元楷的妻子，遭逢艰难时世，遭遇艰难但夫妻美满，心甘情愿死后同一个墓穴，生活颠沛流离情爱节操不变。意志比冰霜还凌厉，言语比白日还要光明，即使是《诗经》中歌咏共姜的誓言，《传》记述伯姬的为死者守节，又有什么地方超过了她们呢！

宇文化及传

【题解】

宇文化及，隋代奸臣，为人性格凶险、奸邪，以父亲与隋文帝的关系而遭永用。初任右屯卫将军，与人谋反，被推为主。因胆怯无德，遭司马德勘部下所杀，未成，反杀之。后又遭李密所击，大惧，终为窦建德所杀。

【原文】

宇文化及，左翊卫大将军述之子也。性凶险，不循法度，好乘肥挟弹，驰骛道中，由是长安谓之轻薄公子。炀帝为太子时，常领千牛，出入卧内。累迁至太子仆。数以受纳货贿，再三免官。太子嬖昵之。俄而复职。又以其弟士及尚南阳公主。化及由此益骄，处公卿间，言辞不逊，多所陵轹。见人子女狗马珍玩，必请托求之。常与屠贩者游，以规其利。炀帝即位，拜太仆少卿，益恃旧恩，贪冒尤甚。大业初，炀帝幸榆林，化及与弟智及违禁与突厥交市。帝大怒，因之数月。还至青门外，欲斩之而后入城，解衣辫发，以公主故，久之乃释，并智及并赐述为奴。述薨后，炀帝追忆之，遂起化及为右屯卫将军，智及为将作少监。

是时李密据洛口，炀帝惧，留淮左，不敢还都。从驾骁果多关中人，久客羁旅，见帝无西意，谋欲叛归。时武贲郎将司马德戡总领骁果，屯於东城，风闻兵士欲叛，未之审，遣校尉元武达阴问骁果，知其情，因谋构逆。共所善武贲郎将元礼、直阁裴虔通互相扇惑曰："今闻陛下欲筑宫丹阳，势不还矣。所部骁果莫不思归，人人耦语，并谋逃去。我欲言之，陛下性忌，恶闻兵走，即恐先事见诛。今知而不言，其后事发，又当族灭我矣。进退为戮，将如之何？"虔通曰："上实尔，诚为公忧之。"德戡谓两人曰："我闻关中陷没，李孝常以华阴叛，陛下收其二弟，将尽杀之。吾等家属在西，安得无此虑也！"虔通曰："我子弟已壮，诚不自保，正恐旦暮及诛，计无所出。"德戡曰："同相忧，当共为计取。骁果若走，可与俱去。"虔通等曰："诚如公言，求生之计，无以易此。"因递相招诱。又转告内史舍人元敏、鹰扬郎将孟秉，符玺郎李覆、牛方裕，直长许弘仁、薛良，城门郎唐奉义，医正张恺等，日夜聚博，约为刎颈之交，情相款昵，言无回避，於座中辄论叛计，并相然许。时李孝质在禁，令骁果守之，中外交通。所谋益急。赵行枢者，乐人之子，家产巨万，先交智及，勋侍杨士览者，宇文甥，二人同告智及。智及素狂悖，闻之喜，即共见德戡，期以三月十五日举兵同叛，劫十二卫武马，虏掠居人财物，结党西归。智及曰："不然。当今天实丧隋，英雄并起，同心叛者已数万人，因行大事，此帝王业也。"德戡然之。行枢、薛良请以化及为主，相约既定，方告化及。化及性本驽怯，初闻大惧，色动流汗，久之乃定。

义宁二年三月一日，德戡欲宣言告众，恐以人心未一，更思谲诈以胁骁果，谓许弘仁、张恺曰："君是良医，国家任使，出言惑众，众必信。君可入备身府，告识者，言陛下闻说骁果欲叛，多酝毒酒，因享会尽鸩杀之，独与南人留此。"弘仁等宣布此言，骁果闻之，递相告语，谋叛逾急。德戡知计既行，遂以十日总召故人，谕以所为。众皆伏曰："唯将军命！"其夜，奉义主闭城门，乃与虞通相知，诸门皆不下钥。至夜三更，德戡於东城内集兵，得数万人，举火与城外相应。帝闻有声，问是何事。虞通伪曰："草坊被烧，外人救火，故喧嚣耳。"中外隔绝，帝以为然。孟秉、智及於城外得千余人，劫候卫武贲冯普乐，共布兵分捉郭下街巷。至五更中，德戡授虞通兵，以换诸门卫士。虞通因自开门，领数百骑，至成象殿，杀将军独孤盛。武贲郎将元礼遂引兵进，宿卫者皆走。虞通进兵，排左阁，驰入永巷，问："陛下安在？"有美人出，方指云："在西阁。"从往执帝。帝谓虞通曰："卿非我故人乎！何恨而反？"虞通曰："臣不敢反，但将士思归，奉陛下还京师耳。"帝曰："与汝归。"虞通因勒兵守之。

至旦，孟秉以甲骑迎化及。化及未知事果，战慄不能言，人有来谒之者，但低头据鞍，答云："罪过"。时士及在公主第，弗之知也。智及遣家僮庄桃树就第杀之，桃树不忍，执诣智及，久之乃见释。化及至城门，德戡迎谒，引入朝堂，号为丞相。令将帝出江都门以示群贼，因复将入。遣令狐行达弑帝于宫中，又执朝臣不同己者数十人及诸外戚，无少长害之，唯留秦孝王子浩，立以为帝。

十余日，夺江都人舟楫，从水路西归。至显福宫，宿公麦孟才、折冲郎将沈光等谋击化及，反为所害。化及于是入据六宫，其自奉养一如炀帝故事。每於帐中南面端坐，人有白事者，默然不对。下牙时，方收取启状，共奉义、方裕、良、恺等参决之。行至徐州，水路不通，复夺人车牛，得二千两，并载宫人珍宝。其戈甲戎器，悉令军士负之。道远疲极，三军始怨。德戡失望，窃谓行枢曰："君大谬误我。当今拨乱，必藉英贤。化及庸暗，群小在侧，事将必败，当若之何？"行枢曰："在我等尔，废之何难！"因共李本、宇文导师、尹正卿等谋，以后军万余兵袭杀化及，更立德戡为主。弘仁知之，密告化及，尽收捕德戡及其支党十余人，皆杀之。引兵向东郡，通守王轨以城降之。

元文都推越王侗为主，拜李密为太尉，令击化及。密遣徐勣据黎阳仓。化及渡河，保黎阳县，分兵围勣。密壁清淇，与勣以烽火相应。化及每攻仓，密辄引兵救之。化及数战不利，其将军于弘达为密所擒，送于侗所，镬烹之。化及粮尽，渡永济渠，与密决战于童山，遂入汲郡求军粮，又遣使拷掠东郡吏民以责米粟。王轨怨之，以城归於李密。化及大惧，自汲郡将率众图以北诸州。其将陈智略率岭南骁果万余人，张童儿率江东骁果数千人，皆叛归李密。化及尚有众二万，北走魏县。张恺等与其将陈伯谋去之，事觉，为化及所杀。腹心稍尽，兵势日蹙，兄弟更无他计，但相聚酣宴，奏女乐。醉后，因尤智及曰："我初不知,由汝为计,强来立我。今所向无成,士马日散,负杀主之名,天下所不纳。今者灭族,岂不由汝乎?"持其两子而泣。智及怒曰:"事捷之日,都不赐尤,及其将败,乃欲归罪。何不杀我以降建德?"兄弟数相斗阋,言无长幼,醒而复饮,以此为恒。其众多亡,自知必败,化及叹曰:"人生故当死,岂不一日为帝乎?"于是鸩杀浩,僭皇帝位于魏县,国号许,建元为天寿,署置百官。

攻元宝藏于魏州,四旬不克,反为所败,亡失千余人。乃东北趣聊城,将招携海曲诸贼。时遣士及徇济北,求馈饷。大唐遣淮安王神通安抚山东,并招化及。化及不从,神通进兵围之,十余日不克而退。窦建德悉众攻之。先是,齐州贼帅王薄闻其多宝物,诈来投附。化及信之,与共居守。至是,薄引建德入城,生擒化及,悉虏其众。先执智及、元武达、孟秉、杨士览、许弘仁,皆斩之。乃以辒车载化及之河间,数以杀君之罪,并二子承基、承趾皆斩之,传首於突厥义成公主,枭於房庭。士及自济北西归长安。

【译文】

宇文化及,左翊卫大将军宇文述之子。性格凶险,不循法度,喜好骑肥马挟弹弓,驰骋于道,因此长安城中都说他是轻薄公子。隋炀帝为太子时,他常以千牛之职出入于杨广内室。累升为太子仆。屡以收受贿赂而再三免官。太子璧宠他,不久又恢复原职。又让他弟弟宇文士及娶了南阳公主。宇文化及因此而更加骄横,处于公卿之间,言辞不逊,很多人被他凌侮。见了别人的子女狗马珍玩,必然通过请托搞到手。经常与屠户商贩来往,以图谋财利。炀帝即位,拜官为太仆少卿,更加仗恃东宫时的旧恩情,贪冒财货愈加厉害。大业初年,炀帝游幸榆林,宇文化及与弟弟宇文智及违犯禁约与突厥人贸易。炀帝大怒,把他囚禁数月。归还时到了青门外,想斩了他然后再入城,已经解掉了衣服,把头发梳成了辫子,但因为公主之故,终于过些时候就释放了他,把他和宇文智及都赐给宇文述为奴。宇文述去世后,炀帝又追想起他们,便起用宇文化及为右屯卫将军,宇文智及为将作少监。

当时李密占据了洛口,炀帝害怕,留在了江都,不敢回都城。随从御驾的骁果大多是关中人,长期客居旅舍,见炀帝毫无西归之意,便策划想叛逃回乡。当时武贲郎将司马德戡统领骁果,屯驻在东城,风闻兵士要叛乱,但不太确切,便派校尉元武达悄悄询问骁果们,探知其情,于是便谋划造反。他与交好的武贲郎将元礼和直阁裴虔通共相煽惑道:"近来听说陛下要在丹阳修筑宫殿,看势头是不回去了。我所统领的骁果没有不想回去的,人人凑在一起私语,都打算逃跑。我想汇报这事,但陛下生性猜忌,讨厌听说兵士逃走,便恐怕我先要被杀掉。如今知而不言,以后事件发生,又该把我们灭族了。进退都要死,这将如何是好?"裴虔通道:"皇上确实如此,我也真为您担忧呢。"司马德戡对两人说道:"我听说关中已经陷没,李孝常以华阴叛变,陛下收捕了他的两个兄弟,准备全杀掉。我们的家属都在西面,怎能没有这种顾

宇文化及

虑呢!"裴虔通道:"我的子弟已经长大,确实宜自保,正害怕早晚被诛杀,无计可施呢。"司马德戡道:"我们有共同的忧虑,就应该共谋生路。骁果们如若逃走,可以和他们一起跑。"裴虔通等说:"确实如您所说,求生之计,除此之外没有别的了。"于是递相招诱,又转告内史舍人元敏,鹰扬郎将孟秉,符玺郎李覆、牛方裕,直长许弘仁、薛良,城门郎唐奉义,医正张恺等人,日夜聚在一起赌博,相约为刎颈之交,亲密无间,说话毫不回避,在座上就讨论叛逃计划,并且互相称许。当时李孝质正被禁押,命骁果看守着,内外勾结,策划行动更加急迫了。有个赵行枢,是乐人之子,家产巨万,先与宇文智及交好,还有个勋侍杨士览,是宇文家的外甥,这两人先把此事告诉宇文智及。宇文智及生性狂悖,听说之后大喜,立即共同去见司马德戡,约定于三月十五日举兵同叛,劫取十二卫的军马,掳掠本地居民的财物,结成党伙西归。宇文智及道:"不可。当今上天要灭亡隋朝,所以英雄并起,同心造反的已有数万人,借以行大事,这是帝王的基业呀!"司马德戡很赞成。赵行枢、薛良求以宇文化及为谋主,相约已定,才告诉宇文化及。宇文化及性格本来很怯懦,刚一听说,吓得脸色大变,浑身流汗,过了一会儿才安定下来。

义宁二年三月一日,司马德戡准备宣告于众,又恐人心不齐,更想用谲诈来胁持骁果,便对许弘仁、张恺说:"您是良医,为皇上所任使,出言惑众,众人必然相信。您可前往备身府,告诉相识的人,说陛下闻听骁果要叛乱,便酝了好多毒酒,准备借大宴的机会把他们全都毒死,只和南方人留在此地。"许弘仁等把这话宣扬出去,骁果们听了,转相告诉,便更加紧了叛逃的计划。司马德戡知道计策已行,便在十日把旧相识全部招齐,告诉他们所要做的事。众人皆俯伏道:"唯将命吩咐!"这天夜里,唐奉义负责锁闭城门,便与裴虔通相知会,诸城门全都不取下钥匙。到夜里三更时,司马德戡于东城内集合兵士,得数万人,举火与城外相呼应。炀帝听到有动静,问是什么事。裴虔通骗他说:"草坊被烧,外面来人救火,所以喧嚣。"内外隔绝,炀帝以为就是那么回事了。孟秉、宇文智及在城外集合了千余人,劫持候卫武贲冯普乐,共同安排兵士分头捉守城郭下的街巷。到五更时分,司马德戡交给裴虔通一部兵士,去换掉各城门的卫士。裴虔通于是自行开门率领数百骑士,来至成象殿,杀死将军独孤盛。武贲郎将元礼便率兵而进,值班卫士们都逃跑了。裴虔通进兵,推开左阁,驰入永巷,问:"陛下在哪里?"有个美人走出,指划道:"在西阁。"便跟随着前去捉炀帝。炀帝对裴虔通说:"你难道不是我的故人吗?有什么仇恨要造反呢?"裴虔说:"臣不敢造反,只是将士们想回去,特奉陛下回京城。"炀帝说:"我与你回去。"裴虔通便勒兵监守着他。

到了天明,孟秉以甲骑来迎宇文化及。宇文化及还不知道事已成功,战栗得说不出话来,有人来谒见,他只是低着头趴在马鞍上,答道:"罪过,罪过。"当时宇文士及在公主府,不知道发生的事。宇文智及派家僮庄桃树前往公主府杀死他。庄桃树不忍下手,就捉来送交宇文智及,过了好久才被释免。宇文化及来到城门,司马德戡迎上谒见,领入朝堂,称为丞相。又命人带着炀帝走出江都门,让群贼看过,又带了进去。派遣令狐行达弑杀炀帝于宫中,又逮捕与自己不合的朝臣数十人以及诸外戚,不论长少,全部杀害,只留下秦孝王的儿子杨浩,立以为帝。

过了十多天,夺取江都人的舟船,从水路西归。至显福宫,宿公麦孟才、折冲郎将沈光等人策划袭击宇文化及,反为所害。宇文化及于是占有了六宫,对自己的奉养一如炀帝的旧例。他常在帐内朝南端坐,有人来禀告事情,他默然不答。下衙时,才收取呈上来的文书,与唐奉义、牛方裕、薛良、张恺等人共同研究决定。行至徐州,水路不通,又夺取百姓的牛车,得两千辆,都用来装载宫人和珍宝。那些戈甲军备,全叫军士背负着。路途遥远,疲劳之极,三军开始有了怨气。司马德戡大失所望,偷偷对赵行枢说:"你可把我耽误了。当今拨乱反正,必须凭借英贤,宇文化及庸劣无能,一群小人在他身边,这事一定要失败,这该如何是好?"赵行枢说:"事情全在我们了,废掉他又有何难!"于是便同李本、宇文导师、尹正卿等人策划,用后军万余人袭杀宇文化及,改立司马德戡为主。许弘仁知道了,密告宇文化及,把司马德戡及其党羽十余人全部逮捕并杀死。引兵向东郡洛阳,通守王轨以城投降。

元文都推举越王杨侗为帝,拜李密为太尉,命他进击宇文化及。李密派徐世勣占据黎阳仓。宇文化及渡过黄河,驻保黎阳县城,分兵包围徐世勣。李密于清淇建壁垒,与徐世勣以烽火相呼应。宇文化及每次攻打黎阳仓,李密就率兵救援。宇文化及屡战不利,其部将于弘达被李密所擒,送到杨侗处,用锅烹死。宇文化及粮食已尽,便渡过永济渠,与李密决战于童山,然后进入汲郡寻求军粮,又派使者拷掠东郡的官民,勒取米粟。东郡的道守王轨怨恨他,便以城归降了李密。宇文化及大惧,由汲郡出发准备率从图谋以北诸州。他的部将陈智略率领岭南骁果万余人,张童儿率领江东骁果数千人,全都叛归李密。宇文化及还有兵众二万,便北逃至魏县。张恺等与其部将陈伯策划离去,事情被发觉,都为宇文化及所杀。心腹将尽,兵势日益危急,兄弟们别无他计,只是相聚酣饮,演奏女乐。喝醉之后,宇文化及便埋怨智及道:"我本来不知道这事,是由你来策划,硬来拥立我,如今所向皆败,士马陆续散去,肩负着杀主的恶名,为天下所不容。现在就要灭族了,难道不都是因为你吗?"便抱着他的两个儿子哭起来。宇文智及怒道:"事情成功的时候,听不到你埋怨我,及至将败,就想归罪于我。你为什么不杀了我去投降窦建德!"兄弟俩屡次争吵,说起话也不分长幼,酒醒了又接着喝,以此为常事。他们的兵众大多逃亡,自知必然要破败,宇文化及便叹道:"人生本来要有一死,难道就不能当一天皇帝吗?"于是他鸩杀杨浩,僭窃皇帝位于魏县,国号为许,建年号为天寿,署置百官。

进攻元宝藏于魏州,四旬不能攻克,反为元宝藏击败,丧失千余人。便向东北趋聊城,准备招募沿海诸贼。当时派宇文士及巡略济北,求取粮饷。大唐派淮安王李神通安抚太行山以东,并招抚宇文化及。宇文化及不接受,李神通便进兵包围了他,过十余日未能攻克,便退去了。窦建德以全军来攻。在这之前,齐州贼首王薄听说宇文化及有很多宝物,便装来投靠。宇文化及相信了,便与他共同守城。到此时,王薄引领窦建德入城,生擒宇文化及,全部俘虏了他的兵众。先捉住宇文智及、元武达、孟秉、杨士览、许弘仁,全都斩首。便以槛车装上宇文化及前往河间,责数以杀君之罪,连同他两个儿子承基、承趾一齐斩首,并把首级递送给突厥义成公主,枭示于突厥王庭。宇文士及从济北西归长安。

【二十五史】

南史

[唐]李延寿⊙原著

导　读

　　《南史》是中国历代官修正史《二十五史》之一，是一部纪传体史著，记事起自南朝宋武帝刘裕永初元年（420），止于陈后主陈叔宝祯明三年（589），共记述南朝宋、齐、梁、陈四代一百七十年的历史。《南史》与《北史》为姊妹篇，是由李大师及其子李延寿两代人编撰完成的历史著作。

　　《南史》以《宋书》《南齐书》《梁书》《陈书》为本，删繁就简，重新编纂，成为史林新著，合南朝宋、齐、梁、陈四代历史于一书。《南史》成书于唐高宗显庆四年（659）。

　　《南史》有本纪和列传，无表、志，本纪十卷，列传七十卷，共八十卷。其编撰方法按朝代顺序、帝王在位先后，排列各朝帝王、宗室、诸王、大臣等纪传。本纪中有《宋本纪》三卷，《齐本纪》二卷，《梁本纪》三卷，《陈本纪》二卷。列传中除专传外，列"类传"九种，即后妃、循吏、儒林、文学、孝义、隐逸、恩幸、夷貊及贼臣等。所列类传，并非原有四朝史书所兼备。专传部分，多将南朝人物事迹，前后贯穿，成为完篇。在内容方面，对南朝四史多有增删，除去芜杂臃肿的弊病。其中《宋书》删削最多，凡不关重要的诏诰、奏疏、诗文，全部删去。增加史实内容的，以《南齐书》与《梁书》为最多。此外，南朝四史原有的讳饰、疏漏以及诸史间重复或抵牾等处，也多作了有益的补订与改正，且又多引有正史以外的资料，丰富了传记文字。书中重视对南北各朝之间交往的叙述，为南朝各断代史所不及。

　　南北朝时期，各国及各民族地方割据政权，彼此对峙，交战频仍，且王朝与执政者又不断更迭。这使南朝与北朝各代史著中，互相采用敌意用语。南史称北人为"索虏"，北史称南人作"岛夷"。各国各代史作，叙本朝本国事详，记别国史事则多不完备。隋唐王朝的建立，全国出现南北统一与民族大融合的新形势，促进了历史学家历史观念的变化，这在历史编纂中，打破朝代的断限，通叙南北各朝各代的历史，使之有助于促进国家的统一，已成为历史的大趋势，也是落在史学家肩上的新任务。《南史》《北史》正是在这样的历史背景中产生的巨著。

　　《南史》文字简明，事增文省，在史学上占有重要地位。其不足处在于作者突出门阀士族地位，过多采用家传形式。

文元袁皇后传

【题解】

袁齐妫(？~440),宋文帝刘义隆的皇后。因受宠爱不如潘淑妃而积怨成疾,临终仍不愿面对宋文帝,但能认定自己的儿子刘劭会破国亡家,想杀死他,也令人惊愕不已。

【原文】

宋文元袁皇后讳齐妫,陈郡阳夏人,左光禄大夫湛之庶女也。母本卑贱,后年至六岁方见举。后适文帝,初拜宜都王妃,生子劭、东阳献公主英娥。上待后恩礼甚笃,袁氏贫薄,后每就上求钱帛以赡之。上性俭,所得不过五三万、五三十匹。后潘淑妃有宠,爱倾后宫,咸言所求无不得。后闻之,未知信否,乃因潘求三十万钱与家,以观上意,宿昔便得。因此恚恨称疾,不复见上,遂愤恚成疾。元嘉十七年疾笃,上执手流涕,问所欲言。后视上良久,乃引被覆面,崩于显阳殿。上甚悼痛之,诏前永嘉太守颜延之为哀策,文甚丽。及奏,上自缀"抚存悼亡,感今怀昔"八字以致意焉。有司奏谥宣皇后,诏谥曰元。

初,后生劭,自详视之,使驰白帝:"此儿形貌异常,必破国亡家,不可举。"便欲杀之。文帝狼狈至后殿户外,手掇幔禁之乃止。

后亡后,常有小小灵应。明帝所生沈美人尝以非罪见责,应赐死,从后昔所住徽音殿前度。此殿有五间,自后崩后常闭。美人至殿前流涕大言曰:"今日无罪就死,先后若有灵当知之。"殿户应声豁然开,职掌者遽白文帝,惊往视之,美人乃得释。

大明五年,孝武乃诏追后之所生外祖亲王夫人为豫章郡新淦平乐乡君,又诏赵、萧、臧光禄、袁敬公、平乐乡君墓,先未给茔户,各给蛮户三以供洒扫。后父湛之自有传。

【译文】

文帝元袁皇后名叫齐妫,是陈郡阳夏人,左光禄大夫袁湛之的庶出女儿。她的母亲身份原本卑贱,袁皇后到了六岁才得到抚养。以后嫁给了文帝,最初被拜为宜都王妃,生了儿子刘劭、东阳献公主刘英娥。文帝与袁皇后的恩爱非常深厚,待她礼仪周到。袁家贫困,皇后经常向文帝索求钱财绢帛去赡养家庭。文帝的性情节俭,皇后得到的不过是三、五万钱,三五十匹帛。以后潘淑妃得宠,对她的宠爱盖过了整个后宫,都传说潘淑妃的要求没有得不到的。袁皇后听说后,不知道这种说法是否可信,就通过潘淑妃向文帝给自己家里要三十万钱,以此观察文帝的意思,过了一天就得到了钱。袁皇后因此恼怒愤恨,自称有病,不再去见文帝,便愤恨成疾。元嘉十七年,袁皇后病重,文帝拉着她的手流着泪,问她有什么要说的。袁皇后看了文帝好久,就拉起被子盖上脸,在显阳殿中去世。文帝十分悲痛,悼念她,下诏让前永嘉太守颜延之作哀策,文辞非常华丽。哀策上奏后,文帝自己加上"抚存悼亡,感今怀昔"八个字以表达心意。有关官署上奏谥为宣皇后,文帝下诏命令谥为元皇后。

当初，皇后生了刘劭，自己认真看了看他，派人跑去告诉文帝说："这个儿子形貌异常，一定会使国家破败，家族灭亡，不能养育"。就想要杀了他。文帝慌忙跑到后殿的窗外，用手扯开窗帘禁止她动手，才止住杀刘劭。

袁皇后死后，经常有些小小的灵验感应。生明帝的沈美人曾经在没有罪责的情况下受责罚，应该被处死，从袁皇后过去居住的徽音殿前经过。这个殿有五间房，在袁皇后去世后经常关闭着。沈美人到了殿前流着泪大声说："今天没有罪而被处死，先皇后如果有灵应该知道。"殿门随着声音豁然大开。执事人员赶快去告诉文帝，文帝吃惊地去看这种情况。沈美人就得以释放了。

大明五年，孝武帝就下诏书，追封生袁皇后的自己外祖母王夫人为豫章郡新淦平乐乡君，又下诏书对以前没有赐给看坟人户的赵、肖、臧光禄、袁敬公、平乐乡君等墓，各自给予三户蛮族人以供应洒水清扫事务。袁皇后的父亲袁湛之自己有传记。

郁林王何妃传

【题解】

何婧英，生卒年不详。南齐郁林王萧昭业的王妃，生性淫乱，私宠颇多。南朝历代宫廷内污秽不堪，腐败成风，何妃传中对此有极明显的叙述。

【原文】

郁林王何妃讳婧英，卢江灊人，抚军将军戢女也。初将纳为南郡王妃，文惠太子嫌戢无男，门孤，不欲与昏。王俭以南郡王妃，便为将来外戚，唯须高胄，不须强门。今何氏荫华族弱，实允外戚之义，永明三年，乃成昏。

妃禀性淫乱，南郡王所与无赖人游，妃择其美者，皆与交欢。南郡王侍书人马澄年少色美，甚为妃悦，常与斗腕较力，南郡王以为欢笑。

澄者本剡县寒人，尝於南岸逼略人家女，为秣陵县所录，南郡王语县散遣之。澄又逼求姨女为妾，姨不与，澄诣建康令沈徽孚讼之。徽孚曰："姨女可为妇，不可为妾。"澄曰："仆父为给事中，门户既成，姨家犹是寒贱，政可为妾耳。"徽孚诃而遣之。十一年，为皇太孙妃。又有女巫子杨珉之，亦有美貌，妃尤爱悦之，与同寝处，如伉俪。及太孙即帝位，为皇后，封后嫡母刘为高昌县都乡君，所生母宋为余杭广昌乡君。后将拜，镜在床无因堕地。其冬，与太后同日谒太庙。杨珉之为帝所幸，常居中侍。明帝为辅，与王晏、徐孝嗣、王广之并面请，不听。又令萧谌、坦之固请，皇后与帝同席坐，流涕覆面，谓坦之曰："杨郎好年少，无过，何可枉杀。"坦之耳语于帝曰："此事别有一意，不可令人闻。"帝谓皇后为阿奴，曰："阿奴暂去。"坦之乃曰："外间并云杨珉之与皇后有异情，彰闻遐迩。"帝不得已，乃为敕。坦之驰报明帝，即令建康行刑，而果有敕原之，而珉之已死。

后既淫乱，又与帝相爱亵，故帝恣之。又迎后亲戚入宫，赏赐人百数十万，以武帝曜灵殿处后家属。帝废，后贬为王妃。

【译文】

　　郁林王何妃名叫婧英,庐江郡灊人,是抚军将军何戢的女儿。起初将要被聘娶为南郡王妃,文惠太子嫌何戢没有儿子,家中人口孤单,不想和他结成姻亲。王俭认为南郡王妃的家,就是将来皇帝的外戚,只需要选择高贵门第的人,不必找强盛兴旺的家族。现在何氏门第华贵,家族弱小,确实符合选择外戚的原则。永明三年,就给他们成婚了。

　　何妃生性淫乱,南郡王和一些无赖的闲人游玩交往,何妃选择其中的漂亮男人,和他们全交媾寻欢。南郡王的侍书人员马澄年轻美貌,很得何妃的喜爱,他经常和何妃掰腕子比力气,南郡王以此开心取乐。

　　马澄这个人本来是剡县的寒族,曾经在南岸强迫抢夺人家的女子,被秣陵县记录在案,南郡王对县里发话,让他们把人放了。马澄又逼着要自己姨母的女儿做妾。姨母不给他。马澄到建康令沈徽孚那里去告状。沈徽孚说:"姨母的女儿可以做妻子,不可以做妾。"马澄说:"我的父亲是给事中,已经有了高贵的门第,姨母家还是贫贱的寒族,只可以作为妾罢了。"沈徽孚呵斥他,把他赶了出来。永明十一年,何妃作了皇太孙妃。又有一个女巫的儿子杨珉之,也长得很美,何妃特别喜爱他,和他一同睡觉,一同活动,象夫妇一样。到了皇太孙即皇帝位,何妃作了皇后,封她的嫡亲母亲刘氏为高昌县都乡君。她的生母宋氏为余杭广昌乡君。何后将要被拜为皇后时,放在床上的镜子无缘无故地自己掉到地上。当年冬天,何皇后和太后同一天去拜谒太庙。杨珉之受到皇帝的宠幸,经常处于宫中内侍的位置。明帝辅政时,和王晏、徐孝嗣、王广之一同当面请求杀杨珉之。皇帝不答应。又让萧谌、萧坦之坚持请求。皇后和皇帝坐在同一张座席上,泪流满面,对萧坦之说:"杨郎是好少年,没有过错,怎么能冤枉地杀死他呢?"萧坦之对皇帝耳语说:"这件事另有一层意思,不可以让别人听见。"皇帝称呼皇后为阿奴,就说:"阿奴暂时离开一会儿。"萧坦之才说:"外面都传说杨珉之和皇后有不正当的私情,远近传闻,声名昭著。"皇帝不得已,才下了命令。萧坦之骑马奔驰去报告明帝,马上命令建康官府行刑。而以后果然又有敕命赦免杨珉之,但杨珉之已经死了。

　　皇后既淫乱,又和皇帝之间互相爱抚亵戏,所以皇帝任意纵容她。又迎接皇后的亲戚进宫来,赏赐给每人一百几十万钱,用武帝住的曜灵殿给皇后的家属住。皇帝被废黜后,皇后被贬为王妃。

元帝徐妃传

【题解】

　　徐昭佩(? ~549),梁元帝萧绎的王妃。父亲徐绲,梁侍中。她生性妒忌残忍,杀死怀孕的妾侍,又与侍从、道人私通,最后被逼自杀。徐氏的行为奇特。半面化妆,徐娘半老等成语典故都起源于她的事迹。

【原文】

元帝徐妃讳昭佩，东海郯人也。祖孝嗣，齐太尉、枝江文忠公。父缅，侍中、信武将军。妃以天监十六年十二月拜湘东王妃，生世子方等、益昌公主含贞。妃无容质，不见礼，帝三二年一入房。妃以帝眇一目，每知帝将至，必为半面妆以俟。帝见则大怒而出。妃性嗜酒，多洪醉，帝还房，必吐衣中。与荆州后堂瑶光寺智元道人私通。酷妒忌，见无宠之妾，便交杯接坐。才觉有娠者，即手加刀刃。帝左右暨季江有姿容，又与淫通。季江每叹曰："柏直狗虽老犹能猎，萧溧阳马虽老犹骏，徐娘虽老犹尚多情。"时有贺徽者美色，妃要之于普贤尼寺，书白角枕为诗相赠答。

徐昭佩

既而贞惠世子方诸母王氏宠爱，未几而终，元帝归咎于妃；及方等死，愈见疾。太清三年，遂逼令自杀。妃知不免，乃透井死。帝以尸还徐氏，谓之出妻。葬江陵瓦官寺。帝制《金楼子》述其淫行。初，妃嫁夕，车至西州，而疾风大起，发屋折木。无何，雪霰交下，帷帘皆白。及长还之日，又大雷震西州听事两柱俱碎。帝以为不祥，后果不终妇道。

【译文】

梁元帝的徐妃名叫昭佩，是东海郡郯人。祖父徐孝嗣，齐朝的太尉、枝江文忠公。父亲徐缅，侍中、信武将军。徐妃在天监十六年十二月被拜为湘东王妃，生了世子萧方等、益昌公主萧含贞。徐妃没有漂亮的容貌，不注重礼仪，梁元帝每二、三年才进她的房屋一次。徐妃由于梁元帝瞎了一只眼，每当知道梁元帝将要来临，必定只给一半脸化妆来等候他。梁元帝一见就大怒而出。徐妃生性嗜酒，经常喝得大醉，梁元帝回到房里来，必定吐到衣服里。徐妃和荆州后堂瑶光寺的智远道人私通。她非常好妒忌，见到没有受宠的妾，就和她挨着坐在一起，交杯喝酒。一旦发现怀了孕的妾，就亲手用刀杀死。梁元帝的近侍暨季江长得容貌出众，徐妃就和他私通。暨季江常叹息道："柏直的狗虽然老还能打猎，萧溧阳的马虽然老仍然雄骏，徐娘虽然老了还很多情。"当时有一个叫贺徽的人长得美貌，徐妃约他到普贤尼寺中去，在白角枕上写诗和他互相赠答。

以后贞惠世子萧方诸的母亲王氏受宠爱，不久就死了，梁元帝归罪于徐妃，到了萧方等死后，更加恼恨徐妃。太清三年，就逼着让徐妃自杀。徐妃知道无法避免了，就跳井自杀。梁元帝把尸体归还徐家，叫做出妻。徐妃葬在江陵瓦官寺。梁元帝作了《金楼子》，记述她的淫行。当初，徐妃出嫁那天，车子到了西州，却刮起了狂风，掀开屋顶，吹折了大树。不一会儿，雪和冰雨交错降下，车子的帷幕帘子全白了。到了她回来的日子，又有大雷震碎了西州官厅上的两根柱子。梁元帝认为这不是吉兆，后来徐妃果然不能将妇道恪守到终了。

谢灵运传

【题解】

谢灵运(385～433),晋宋间诗人。陈郡阳夏(今河南太康)人,世居会稽(今浙江绍兴)。十八岁世袭祖父谢玄康乐公的爵位,世称谢康乐。刘宋代晋后,先后出任永嘉太守及临川内史等职。他为人豪奢放纵,不理政务,纵情山水,游娱宴集。元嘉十年因谋反获罪被杀。

谢灵运是第一个大量创作山水诗并且在艺术上卓有成就的作家。他善用富艳精工的语言记叙游赏经历,描摹山水胜景,从题材上扭转了东晋以来的玄言诗风,对南朝和唐代诗歌的发展产生了一定影响。但从全篇来看,未脱尽玄言佛理的旧习,缺乏社会内容。有《谢康乐集》。

【原文】

谢灵运,安西将军弈之曾孙而方明从子也。祖玄,晋车骑将军。父瑛,生而不慧,位秘书郎,早亡。灵运幼便颖悟,玄甚异之。谓亲知曰:"我乃生瑛,瑛儿何为不及我。"

谢灵运

灵运少好学,博览群书,文章之美,与颜延之为江左第一。纵横俊发过于延之,深密则不如也。从叔混特知爱之。袭封康乐公,以国公例除员外散骑侍郎,不就。为琅邪王大司马行参军。性豪侈,车服鲜丽,衣物多改旧形制,世共宗之,咸称谢康乐也。累迁秘书丞,坐事免。

宋武帝在长安,灵运为世子中军谘议、黄门侍郎,奉使慰劳武帝于彭城,依《撰征赋》。后为相国从事中郎,世子左卫率,坐辄杀门生免官。宋受命,降公爵为侯,又为太子左卫率。

灵运多愆礼度,朝廷唯以文义处之,不以应实相许。自谓才能宜参权要,既不见知,常怀愤惋。庐陵王义真少好文籍,与灵运情款异常。少帝即位,权在大臣,灵运构扇异同,非毁执政,司徒徐羡之等患之,出为永嘉太守。郡有名山水,灵运素所爱好。出守既不得志,遂肆意游遨,偏历诸县,动愈旬朔。理人听讼,不复关怀,所至辄为诗咏以致其意。

在郡一周,称疾去职,从弟晦、曜、弘微等并与书止之,不从。灵运祖父并葬始宁县,并有故宅及墅,遂移籍会稽,修营旧业。傍山带江,尽幽居之美。与隐士王弘之、孔淳之等放荡为娱,有终焉之志。每有一首诗至都下,贵贱莫不竞写,宿昔间士庶皆偏,各动都

下。依山居赋，并自注以言其事。

文帝诛徐羡之等，征为秘书监，再召不起。使光禄大夫范泰与书敦奖，乃出。使整秘阁书遗阙，又令撰晋书，粗立条流，书竟不就。寻迁侍中，赏遇甚厚。灵运诗书皆兼独绝，每文竟，手自写之，文帝称为二宝。既自以名辈，应参时政，至是唯以文义见接，每侍上宴，谈赏而已。王昙首、王华、殷景仁等名位素不逾之，并见任遇，意既不平，多称疾不朝直。穿池植援，种竹树果，驱课公役，无复期度。出郭游行，或一百六七十里，经旬不归。既无表闻，又不请急。上不欲伤大臣，讽旨令自解。灵运表陈疾，赐假东归。将行，上书劝伐河北。而游娱宴集，以夜续昼。复为御史中丞傅隆奏免官。是岁，元嘉五年也。

灵运既东，与族弟惠连、东海何长瑜、颍川荀雍、泰山羊璿之以文章赏会，共为山泽之游，时人谓之四友。惠连幼有奇才，不为父方明所知。灵运去永嘉还始宁，时方明为会稽，灵运造方明，遇惠连，大相知赏。灵运性无所推，唯重惠连，与为刎颈交。时何长瑜教惠连读书，亦在郡内，灵运又以为绝伦。谓方明曰："阿连才悟如此，而尊非常儿遇之；长瑜当今仲宣，而饴以下客之食。尊既不能礼贤，宜以长瑜还灵运。"载之而去。荀雍道雍，官至员外散骑郎。璿之字曜璠，为临川内史，被司空竟陵王诞所遇，诞败坐诛。长瑜才亚惠连，雍、璿之不及也。临川王义庆招集文王，长瑜自国侍郎至平西记室参军。尝于江陵寄书与宗人何勖，以韵语序义庆州府僚佐云："陆展染白发欲以媚侧室，青青不解之，星星行复出。"如此者五六句。而轻薄少年遂演之，凡人士并为题目，皆加剧言若句，其文流行。义庆大怒，白文帝，除广州所统曾城令。及义庆薨，朝士并诣第叙哀，何勖谓袁淑曰："长瑜便可还也。"淑曰："国新丧宗英，未宜以流人为念。"庐陵王绍镇寻阳，以长瑜为南中郎行参军，掌书记之任，行至板桥，遇暴风溺死。

灵运因祖父之资，生业甚厚，奴僮既众，义故门生数百，凿山浚湖，功役无已。寻山陟岭，必造幽峻，严嶂数十重，莫不备尽。登蹑常着木屐，上山则去其前齿，下山去其后齿。当自始宁南山伐木开径，直至临海，从者数百。临海太守王琇惊骇，谓为山贼，未知灵运乃安。又要琇更进，琇不肯。灵运赠琇诗曰："邦君难地险，旅客易山行。"在会稽亦多从众，惊动县邑。太守孟顗事佛精恳，而为灵运所轻，当谓顗曰："得道应须慧业，大人生天当在灵运前，成佛必在灵运后。"顗深恨此言。又与王弘之诸人出千秋亭饮酒，倮身大呼，顗深不堪，遣信相闻。灵运大怒曰："身自大呼，何关痴人事。"

会稽东郭有回踵湖，灵运求决以为田，文帝令州郡履行。此湖去郭近，水物所出，百姓惜之，顗坚执不与。灵运既不得回踵，又求始宁休崲湖为田，顗又固执。灵运谓顗非存利人，政虑决湖多害生命，言论伤之。与顗遂隙。因灵运横恣，表其异志，发兵自防，露板上言。灵运驰诣阙上表，自陈本末。文帝知其见诬，不罪也。不欲复使东归，以为临川内史。

在郡游放，不异永嘉。为有司所纠。司徒遣使随州从事郑望生收灵运。灵运与兵叛逸，遂有逆志。为诗曰："韩亡子房奋，秦帝鲁连耻，本自江海人，忠义感君子。"追讨禽之，送廷尉，廷尉论正斩刑。上爱其才，欲免官而已。彭城王义康坚执，谓不宜恕。诏以谢玄勋参征管，宜宥及后嗣，降死徙广州。

后秦郡府将宁齐受使至涂口，行达桃墟村，见有七人下路聚语，疑非常人，还告郡县，遣兵随齐掩讨禽之。其一人姓赵名钦，云"同村薛道双先与灵运共事，道双因村成国报钦云：'灵运犯事徙广州，给钱令买弓箭刀盾等物，使道双要合乡里健儿于三江口篡之。若得志如意后，功劳是同。遂合部尝要谢不得，及还饥馑，缘路为劫。"有司奏收之，文帝诏于广州弃市。临死作诗曰："龚胜无余生，李业有终尽，稽公理既迫，霍生命亦殒。"所称龚胜、李业，犹前诗子房、鲁连之意也。时元嘉十年，年四十九。所著文章传于世。

孟颛字彦重，平昌安丘人，卫将军昶弟也。昶、颛并美风姿，时人谓之双珠。昶贵盛，颛不就辟。昶死后，颛历侍中、仆射、太子詹事、散骑常侍、左光禄大夫。尝就徐羡之因叙关，落中事，颛叹刘穆之终后便无继者，王弘亦在，甚不平，曰："昔魏朝酷重张郃，谓不可一日无之。及郃死，何关与废？"颛不悦，众宾笑而释之。后卒于会稽太守。

灵运子凤，坐灵运徙岭南，早卒。

【译文】

谢灵运，是安西将军谢奕的曾孙、谢方明的侄儿。他的祖父谢玄是东晋东骑将军，父亲谢瑛，生下来就不聪敏，官职是秘书郎，早年就去世。谢灵运年幼就聪慧过人，谢玄十分惊异，对亲友、知己说："我只生瑛儿，瑛儿为什么不及我？"

谢灵运年少就好学，他博览群书，文章写得优美，与颜延之并称为江东第一。文章在纵横峻拔方面，他强过颜延之，而在深刻细密方面则不如颜延之。堂叔谢混特别赏识、宠爱他。谢灵运承袭康乐公的封爵，又按国公的惯例授予员外散骑侍郎，他没有接受。后任琅邪王大司马行参军。谢灵运性情豪爽放纵，车马服饰鲜艳华丽，衣物大多改变旧的样子，社会上都尊崇他，都称他为"谢康乐"。又升迁为秘书丞，因事获罪被免职。

宋武帝在长安时，谢灵运任世子中军谘议、黄门侍郎，奉旨出使到彭城尉劳宋武帝，写了《撰征赋》。后来，任相国从事中郎、世子左卫率，因杀门生获罪免官。宋受天命取代晋朝后，降公爵为侯爵又任太子左卫率。

谢灵运行为多半违背礼仪、法制。朝廷仅以文学人才对待他，不授予相应的有实权的职务。他自认为其才能适宜参与当权要政，既不被赏识，心里常常感到悲愤惋惜。庐陵王义真年少时爱好文艺典籍，与谢灵运情趣非常相投，宋少帝即位，实权落在大臣手里，谢灵运联结煽动不同政见者，非议诋毁当权者，司徒徐羡之等人忌讳他，派他出任永嘉太守。永嘉郡有名山秀水，是谢灵运一向所爱好的。外放任官既已不得志，他便肆意遨游山水，走遍了永嘉各县，一走就是十天半月。郡里的人事诉讼，他不再关心。所到之处则写诗吟咏，以抒发他的感情。

在永嘉一年，他就称病辞职。族弟谢晦、谢曜、谢弘微等一起给予写信劝阻，他都不听。谢灵运的父亲、祖父都葬在始安县，而且那里有故宅别墅，于是他就移住会稽，修理经营旧的家业。这里依山傍江，极尽幽居之美。谢灵运与隐士王弘之、孔淳之等人纵情尽兴为乐，有在这里度过一生的想法。每写成一首诗传到都城，贵族平民无不竞相传抄，马上就在士族百姓间传遍，名声震动都城。写了《山居赋》，并且自加注释，以详载山居之事。

宋文帝诛杀了徐羡之等人，下诏征他为秘书监，两次征召他都不去，派光禄大夫范泰写信加以褒奖，他才出任。命他整顿秘阁书籍的遗缺，又命他撰写《晋书》，他粗疏地确立条目，书到底没有写成。不久，迁任侍中，所受的赏赐和待遇很丰厚。谢灵运诗歌、书法都十分独到卓绝,每次写完,亲自动手抄写,宋文帝称谢灵运的诗歌和书法为"二宝"。他自以为是名流,理当参与时政,但直至这时,还仅以文士被任用,每每侍奉于上等的宴乐,清谈吟赏而已。王昙首、王华、殷景仁等人名声地位素来没有超过他,都被任用,他心里不平,便多次称病不去上朝值勤,他凿池筑垣,种竹栽果,而一切差役、赋税等公务,都没有期限。出城游玩,有时一走就是一百六七十里远,历经十日不回归。既没有上表奏知,也不请假。宋文帝不想有伤大臣的面子,暗示他自己辞官。谢灵运上表称病,皇帝批准给假回乡。临行时,上书建议征伐河北。他游乐饮宴相聚,夜以继日。又被御史中丞傅隆上奏免去官职,那一年,正是宋元帝元嘉五年(428)。

谢灵运返回始宁(在今浙江上虞)后,与族弟谢惠连、东海人何长瑜、颍川人荀雍、泰山人羊璿之以写作欣赏义章聚会,一起游山玩水,当时的人称他们为"四友"。谢惠连年幼就有奇才,不被父亲谢方明所理解,谢灵运离永嘉返回始宁时,谢方明为会稽太守,谢灵运造访谢方明,碰见惠连,大加赏识。谢灵运生来就不推崇别人,他只器重谢惠连,与谢惠连成为刎颈之交。当时,何长瑜教谢惠连读书,也住在郡内,谢灵运又认为何长瑜才学卓绝,无与伦比,便对谢方明说:"阿连才气性灵如此卓绝,而您把他当作普通的儿子那样看待,长瑜是当今的仲宣,而您给他吃下等门客的饭食,您既不能以礼对待贤才,最好还是把长瑜交给我吧!"便用车子把何长瑜载走。荀雍,字道雍,官至员外散骑郎;羊璿之,字曜璠,任临川内史,被司空竟陵王刘诞所知遇,后因刘诞失败获罪被杀。何长瑜的才气不如惠连,荀雍、羊璿之也都不如。临川王刘义庆招集文人学士,何长瑜从任国侍郎到任平西记室参军,曾经在江陵寄信给族人何勖,用押韵的语句介绍刘义庆州府里的官佐说:"陆展染黑白发,想要讨好小妾。青丝不能长久,白发如星又出。"这样的语句有五、六组。轻佻的少年人给予传播,民间人士还配上题目,都加上戏谑和粗劣的语句,这篇文字便流行开来。刘义庆大怒,奉告宋文帝,出任广州所统辖的曾城令。等到刘义庆死去,朝廷士人都到府第致哀,何勖对彭淑说:"何长瑜现在可以回来了。"袁淑说:"国家刚失去皇族精英,不宜先考虑流放的人。"庐陵王刘绍镇守寻阳,任何长瑜为南中郎行参军,掌管书记之职。走到板桥,遇上暴风被淹死。

谢灵运因祖父的资财,产业十分丰厚,有众多的仆人役僮,受过旧恩的故旧、门生有几百人。他开山浚湖,课役没有停止,顺山沿岭,建造幽静险峻的景致,几十重的层峦叠嶂全都这样建置。登山常穿木屐,上山就抽去前齿,下山则抽去后齿。曾从始宁南山砍木开路直达临海,跟从的有几百人。临海太守王琇十分惊恐,以为是山贼,最终知道是谢灵运,才安下心来。又约请王琇进一步开路,王琇不肯。谢灵运赠给王琇的诗说道:"帮郡之主为地势险峻所难,羁旅之客以山行为易。"在会稽也有很多跟随的人,震惊了县城。太守孟顗笃信佛教,被谢灵运所轻视,他曾对孟顗说:"掌握佛理应该有慧业,您老人家升天当在灵运之前,成佛必在灵运之后。"孟顗对此深怀仇恨。又与王弘之等人到千秋亭饮酒,祖裸身体,大声呼叫,孟顗深感受不了,送信去相劝,谢灵运大怒说:"我自己大声呼斗,关你这人痴人屁事!"

会稽城东有个回踵湖,谢灵运请求决湖水以为田地,宋文帝命令州郡准予这样做。这个湖离城不远,水中有物产,百姓都惋惜。孟顗坚决不肯给予。谢灵运得不到回踵湖,又请求把始宁县的休崲湖开决为田,孟顗又固执己见。谢灵运说,孟顗不是顾全利益的人，只担心决湖会多危害生命，便用言论伤害他，与孟颢便有了怨恨。孟颢以谢灵运横行恣意为由，上表告他有反叛之意，拥兵自卫，公开上奏皇帝。谢灵运驰马到京都，上表亲自陈述事情的本末。宋文帝知道他被诬陷，不加他的罪。不想让他再回去，便命他为临川内史。

谢灵运在临川游玩放荡，不亚于在永嘉，被有司所追究，司徒派遣随州从事郑望生拘捕他。谢灵运举兵抗命，便有反叛的意向。他作诗道："韩国灭亡子房奋发，秦称帝鲁连羞耻。我本是江湖人，自有忠义感动君子。"朝廷派兵追捕讨伐，将他擒拿，押送廷尉，廷尉依法处以斩刑。宋文帝爱惜他的才华，只想免官而已。但彭城王义康坚持要杀，认为不应宽恕，文帝下诏书道："谢玄功勋勋略高于管仲，应荫及他的后代，降死罪为流放广州。"

随后，秦郡府将宋齐受命出使到涂口，行至桃墟村时，看见有七个人在路旁凑在一起说话，疑心是不正当的人，回来报告了郡县，郡县派兵随宋齐，乘其不备逮捕了这些人。其中一人叫赵钦，招供说："同村人薛道双过去与谢灵运共事过，道双由同村人成国告诉我说：'谢灵运因事犯罪流放广州，给钱叫我购买弓箭刀楯等物，薛道双要约纠合乡里的好汉在三江口拦劫。如果成功的话，功劳一样。于是便纠合同党，要劫回谢灵运，没有达到目的，到返回时，饥饿无食，只好沿路抢劫。'"有司上奏捉拿谢灵运下狱。宋文帝下诏令在广州斩首。临死前，谢灵运作诗道："龚胜无余生，李业有终尽，嵇公理既迫，霍生命亦殒。"诗中所称的龚胜、李业，犹如前面诗中所说的子房、鲁连的意思。当时正是元嘉十年（433），谢灵运四十九岁。他所著的文章流传于世。

孟颢，字彦重，平昌郡安丘县（今山东潍坊境内）人，卫将军孟昶的弟弟。孟昶、孟颢两人都有美妙的风姿，当时的人称他俩为双珠。孟昶是尊贵的名流，孟颢不接受征召。孟昶死后，孟颢官历侍中、仆射、太子詹事、散骑常侍、左光禄大夫。他曾跟从徐羡之，因事谈及关中、河洛中的事，孟颢感叹刘穆之死后便没了继承者，王弘也在座，很抱不平，说道："过去魏朝极端重视张郃，说是不可一日没有他，后来张郃死了，这又与兴废有什么关系呢？"孟颢很不高兴，众宾客笑着向他解释。后来，他死于会稽太守任上。

谢灵运的儿子谢凤，因谢灵运获罪而流放岭南，早年就死去。

徐文伯传

【题解】

徐文伯，字德秀，南北朝南齐医家。濮阳太守徐熙的曾孙，徐氏家族从其曾祖父熙（字仲融）开始均善于医术，他品学兼备，精通医学，治病疗效与徐嗣伯相近。刘宋孝武帝时路太后患病，诸多医生皆不识此病，文伯看后认为系结石博结于小肠。于是用消石汤治愈她的疾病。文伯由此被授官。刘宋明帝时宫中人患发症，以油治愈其病。徐文伯还精于妇产科，能进行针刺堕胎。徐氏撰有《徐文伯药方》三卷，《徐文伯疗妇人瘕》一卷。均佚。

【原文】

文伯字德秀。濮阳太守熙曾孙也。熙好黄老,隐于秦望山,有道士过求饮,留一瓠芦与之,曰:"君子孙宜以道术救世,当得二千石。"熙开之,乃《扁鹊镜经》一卷,因精心学之,遂名震海内。生子秋夫,弥工其术,仕至射阳令。尝夜有鬼呻吟,声甚凄怆,秋夫问何须。答言姓某,家在东阳,患腰痛死。虽为鬼痛犹难忍,请疗之。秋夫曰:"云何厝法?"鬼请为刍人,案孔穴针之。秋夫如言,为灸四处,又针肩井三处,设祭埋之。明日见一人谢恩,忽然不见。当世伏其通灵。

秋夫生道度、叔向,皆能精其业。道度有脚疾不能行,宋文帝令乘小舆入殿,为诸皇子疗疾,无不绝验。位兰陵太守。宋文帝云:"天下有五绝,而皆出钱唐。"谓杜道鞠弹棋,范悦诗,褚欣远模书,褚胤围棋,徐道度疗疾之。

道度生文伯,叔向生嗣伯。文伯亦精其业,兼有学行,倜傥不屈意于公卿,不以医自业。融谓文伯、嗣伯曰:"昔王微,稽叔夜并学而不能,殷仲堪之徒故所不论。得之者由神明洞彻,然后可至,故非吾徒所及。且褚侍中澄富贵亦能救人疾,卿此更成不达。"答曰:"唯达者知此可崇,不达者多以为深累,既鄙之何能不耻之。"文伯为效与嗣伯相埒。宋孝武路太后病,众医不识。文伯诊之曰:"此石博小肠耳。"乃为水剂清石汤,病即愈。除鄱阳王常侍,遗以千金,旬日恩意隆重。宋明帝宫人患腰痛牵心,每至辄气欲绝,众医以为肉症。文伯曰:"此发症。"以油投之,即吐得物如发。稍引之长三尺,头已成蛇能动,挂门上适尽一发而已,病都差。宋后废帝出乐游苑门,逢一妇人有娠,帝亦善诊,诊之曰:"此腹是女也。"问文伯,曰:"腹有两子,一男一女,男左边,青黑,形小于女。"帝性急,便欲使剖。文伯恻然曰:"若刀釜恐其变异,请针之立落。"便写足太阴,补手阳明;胎便应针而落。两儿相续出,如其言。

子雄,亦传家业,尤工诊察,位奉朝请,能清言,多为贵游所善。事母孝谨,母终,毁瘠几至自灭。俄而兄亡,扶杖临丧,扶膺一恸,遂以哀卒。

【译文】

文伯,字德秀。濮阳太守徐熙曾孙。熙爱好黄老之道,隐居秦望山。有一过路道士向他讨水喝,且留给他一个葫芦,说:"您的子孙宜学道术救世,如此可做郡太守。"熙打开葫芦,内藏一卷《扁鹊镜经》。于是精心研究学习,遂闻名全国。儿子名秋夫,较他更善于医术,官至射阳县令。秋夫曾夜间听见鬼呻吟,声音异常凄惨。他问鬼有何需求,鬼回答,他姓某,家在东阳,因患腰痛而死。虽然死后成鬼,但仍疼痛难忍,请求秋夫给予施治。秋夫说,"你是鬼没有形体,怎么治呢?"鬼请他做一草人,按穴位针刺。秋夫按照他所言,灸治四处,且针刺肩井等三穴。然后设祭礼埋葬草人。次日秋夫见一人来谢恩,忽然又不见了。当时世人都佩服他与神灵相通。

秋夫生道度、叔向,他俩均精通医学。道度有脚疾不能行走,宋文帝命他乘坐小车进宫为皇子们治病,无不应验。道度官至兰陵太守。宋文帝说:"天下有五绝,皆出自钱唐。"他指的是杜道鞠的弹棋、范悦的诗、褚欣远的书法、褚胤的围棋、徐道度的医术。

道度生文伯，叔向生嗣伯。文伯也精通医术、品学兼优。且风流豪爽，不亚于公卿，但不以医为职业。友人张融对文伯、嗣伯说："过去王微、稽叔夜二人有学问但不懂医学。殷仲堪等人姑且不论。做学问必须天资聪颖、眼光明锐，才能达到至高境界，所以不是我们力所能及的。何况侍中褚澄虽然富贵尚能救人疾苦，你我之辈更是无法达到这个程度。"文伯回答："只有学识很高的人懂得医学值得尊崇。而没有知识之人多把它当作沉重负担。既轻视医，怎么能不以医业为耻呢。"文伯治病疗效与嗣伯相近。宋孝武帝时路太后患病，医生们皆不识她患的是何种疾病，文伯诊后说："此为结石博结于小肠。"于是开水剂方药消石汤给她服用，病即治愈。不久徐文伯被授任都阳王散骑常侍，还赠予千金，太后对他恩意深重。宋明帝时宫里有人患腰痛，且牵痛至心，每当发作即气息欲绝。诸医生都认为系肉症。文伯说："此为发症。"以油治疗后，即呕吐出像头发样物体，慢慢牵引长三尺，头部如蛇能动，挂门上正好一人头发那么长，以后病人康复如故。宋后废帝曾于苑门游乐，见一怀孕妇女。皇帝也善于诊脉，为她切脉后推言："她怀的是女孩。"又令文伯切脉，文伯诊后回答："腹中有两胎儿。一男一女，男孩位于左边，又青又黑，较女孩形体小。"皇帝性情急躁，立刻就想派人剖腹验证。文伯怜悯地说："若用刀斧可能会有所变化，请让我给她针刺，胎儿很快降生。"遂以泻法针刺太阴脾经三阴交穴；以补法针刺手阳明，大肠给合谷穴。胎儿应针而生。正如文伯所说那样，两胎儿相继娩出。

文伯的儿子名雄，亦继承家业，尤其善于诊察疾病。官至奉朝请。清谈玄理，常常为贵公子们所称善。他侍奉母亲特别孝顺且非常谨慎。母亲去世，他因悲哀而使身体赢瘦几乎丧失生命。不久兄长亡故，他挂杖参加丧礼，悲痛大哭，最后因哀伤过度而死。

徐嗣伯传

【题解】

徐嗣伯，字叔绍，南北朝南齐医家。祖籍东莞姑幕（今山东诸城），寄籍丹阳（今江苏南京）。系濮阳太守徐熙的曾孙。祖父名秋夫，父亲名叔向，均通晓医术。徐嗣伯善于清谈，甚为临川王映器重。当时直阁将军伯玉服用五石散十剂左右，未见对身体有何益处，反而怕冷，夏天常穿数件衣服。嗣伯为他诊脉后断定，此为热气伏于内，必须在寒冬时节以水来激发。后用冷水浇身果然治愈伯玉之病。据史书记载，徐嗣伯撰有《徐嗣伯落年方》三卷、《药方》五卷、《杂病论》一卷。均佚。后人评价：徐氏医术神灵高妙，具有非凡水平，可与古代名医医和、扁鹊相提并论。

【原文】

嗣伯字叔绍，亦有孝行，善清言，位正员郎，诸府佐，弥为临王映所重。时直阁将军房伯玉服五石散十许剂，无益，更患冷，夏日常复衣。嗣伯为诊之，曰："卿伏热，应须以水发之，非冬月不可。"至十一月，冰雪大盛，令二人夹捉伯玉，解衣坐石，取冷水从头浇之。尽二十斛,伯玉口噤气绝,家人啼哭请止。嗣伯遣人执杖防阁,敢有谏者挝之。又尽水百斛,伯玉始能动,而见背上彭彭有气。俄而起坐,曰:"热不可忍,乞冷饮。"嗣伯以水与之,一饮一升,病都差。自尔恒发热,冬月犹单裤衫,体更肥壮。

常有妪人患滞冷,积年不差。嗣伯为诊之曰:"此尸注也,当取死人枕煮服之及愈。"于是往古冢中取枕,枕已一边腐缺,服之即差。后秣陵人张景,年十五,腹胀面黄,众医不能疗,以问嗣伯,嗣伯曰:"此石蛔耳,极难疗。当取死人枕煮之。"依语煮枕,以汤投之,得大利,并蛔虫头坚如石,五升,病即差。后沈僧翼患眼痛,又多见鬼物,以问嗣伯。嗣伯曰:"邪气入肝,可觅死人枕煮服之。竟,可埋枕于故处。"如其言又愈。王晏问之曰:"三病不同,而皆用死人枕而俱差,何也?"答曰:"尸注者,鬼气伏而未起,故令人沉滞。得死人枕投之,魂气飞越,不得复附体,故尸注可差。石蛔者,久蛔也,医疗既僻,蛔虫转坚,世间药不能遣,所以须鬼物驱之然后可散,故令煮死人枕也。夫邪气入肝,故使眼痛而见魍魉,应须邪物以钩之,故用死人枕也。气因枕去,故令埋于冢间也。"又春月出南篱门戏,闻笪屋中有呻吟声。嗣伯曰:"此病甚重,更二日不疗必死。"乃往视,见一老姥称体痛,而处处有黯黑无数。嗣伯还,煮斗余汤送令服之,服讫痛势愈甚,跳投床者无数。须臾所黯处皆拔出钉,长寸许。以膏涂诸疮口,三日而复,云"此名钉疽也。"

时又有薛伯宗善徙痈疽,公孙泰患背,伯宗为气封之,徙置斋前柳树上。明旦痛消,树边便起一瘤如拳大。稍稍长二十余日,瘤大脓烂,出黄赤汁斗余,树为之瘥损。

论曰:徐氏妙理通灵,盖非常所至,虽古之和、鹊,何以加兹。

【译文】

徐嗣伯,字叔绍。他也很有孝行,善于清谈,官为正员郎,诸府佐。特别为临川王映所器重。那时直阁将军房伯玉因病服五石散十剂左右,未见对身体有何益处,反而怕冷,夏天常常穿几件衣服。嗣伯为他诊脉,说:"您有热气伏于内,必须用水来激发,而且非在冬天不可。"到十一月,冰天大雪,嗣伯命两人捉住伯玉并夹住他,解开衣带令其坐石头上,取冷水从头开始往身上浇,浇完二十斛,伯玉便口闭气绝,他的家人啼哭着请求嗣伯停下来。嗣伯派人拿手杖防护阁楼,若有人敢于劝阻即痛打之。又浇完冷水百斛,伯玉开始能够活动,且见背上冒出热气。过一会儿他便坐起来说:"我太热了,不能忍受,请给我饮冷水。"嗣伯给他喝水,他一喝就是一升。疾病就此痊愈。以后伯玉常常发热,冬天尚穿单衣裤,身体更加健壮。

曾经有一老妇患滞冷,数年未见好转。嗣伯为他诊病后言:"此为尸注。应取死人枕席煮服才能治愈。"于是去古墓中取来枕席,枕席一边已腐烂缺损,服后即病愈。后来秣陵人张景,十五岁,患腹部肿胀,脸色黄,很多医生皆无法治疗。因而问嗣伯,嗣伯说:"此为石蛔病。极其难治。应取死人枕席煮后服。"按照嗣伯所言煮枕席,病人服用枕席汤后,大泻一番,共泻下蛔虫五升,虫头坚硬如石。以后病告治愈。此后沈僧翼患眼痛,常自觉能见鬼物。他因此问嗣伯。嗣伯答:"邪气入肝,可以去找死人枕席煮服。服后可将枕席埋回原处。"如嗣伯所言做,病人又治愈了。王晏因此讨教嗣伯:"上述三种疾病不同,而俱用死人枕席治愈,这是什么道理?"嗣伯解释:"尸注病,是指鬼伏于体内而不起,故令人深重滞着。以死人枕席使魂气飞越外出,不再附着身体,所以能治愈尸注;石蛔是指病程很久的蛔虫症,加之治疗不正确,蛔虫变得坚硬。一般药物不能取效,必须以鬼物驱赶方能散去,所以要用死人枕席;另外邪气入肚,故使眼睛疼痛而如见鬼怪,必须以邪物勾引使之驱出,所以选用死人枕席。邪气随枕席而去,因此令其埋葬于坟墓间。"又一年春季,嗣伯出南篱门游玩。耳闻一竹席搭成之房屋传出呻吟声,嗣伯说:"此病很重,过两天不治必定会死。"于是前往探视,见一老妇人自称身体疼痛,但见她身体处处黯黑色块。嗣伯返回,煮斗余汤药送去令她服下,服后病势更为严重,病人疼痛之至,于床中翻滚。不一会儿身体色黯处皆拔出一寸左右疽钉。后以药膏涂搽所有疮口,三天后患者康复。此病称"钉疽"。

当时还有薛伯宗擅长迁移痈疽。公孙泰患背部痈疽,伯宗发气功为他封闭患处,并把痈疽迁移至斋前柳树上。次日公孙泰之痈疽消失,树边长出一拳头大的疽瘤,二十余天后,痈瘤渐渐长大流脓溃烂,流出黄红色汁液一斗有余。那棵树因此而受损枯萎。

有人评论:徐氏医术精妙通灵,不是一般人能达到的。即使古代名医医和、扁鹊也没有什么本领比他更高。

沈怀文传

【题解】

沈怀文,南朝宋名臣,初为江夏王东阁祭酒,后历中书侍郎转扬州从事史,尚书吏部郎。屡谏武帝不从,最终因忤旨而被赐死。

【原文】

沈怀文字思明,吴与武康人也。祖寂,晋光禄勋。父宣,新安太守。

怀文少好玄理,善为文章,为《楚昭王二妃诗》,见称于世。为江夏王义恭东阁祭酒。丁父忧,新安郡送故丰厚,奉终礼毕,余悉班之亲戚,一无所留,文帝闻而嘉之,赐奴婢六人。服阕,除尚书殿中郎。隐士雷次宗被征居钟山,后南还庐江,何尚之设祖道,文义之士毕集。为连句诗,怀文所作尤美,辞高一座。随王诞镇襄阳,出为后军主簿,与谘议参军谢庄共掌辞令,领义成太守。

元嘉二十八年,诞当为广州,欲以怀文为安南府记室,先除通直郎。怀文因辞南行,上不悦。弟怀远纳东阳公主养女王鹦鹉为妾,元凶行巫蛊,鹦鹉豫之,事泄,怀文因此失调,为治书侍御史。

元凶弑立,以为中书侍郎。孝武入讨,呼之使作符檄,固辞。劭大怒,会殷冲救得免。托落马,间行奔新亭,以为竟陵王诞骠骑录事参军、淮陵太守。时国哀未释,诞欲起内斋。怀文以为不可,乃止。寻转扬州中从事史。时议省录尚书,怀文以为非宜,上议不从。迁别驾从事史。

及江夏王义恭迁西阳王子尚为扬州，居职如故。时荧惑守南斗，上乃废西州旧馆，使子尚移居东城以厌之。怀文曰："天道示变，宜应之以德，今虽空西州，恐无益也。"不从，而西州竟废。

大明二年，迁尚书吏部郎，时朝议欲依古制置立王畿，扬州移居会稽，犹以星变故也。怀文曰："周制封畿，汉置司隶，各因时宜，非存相反，安人定国，其揆一也。敬人心所安，天亦从之，未必改今追古，乃致平一。神州旧坏，历代相承，异于边州，或置或罢。既物情不悦，容亏化本。"又不从。

三年，子尚移镇会稽。迁抚军长史，行府州事。时囚击甚多，动经年月，怀文到任，讯五郡九百三十六狱，众咸称平。

入为侍中，宠待隆密。竟陵王诞据广陵反，及城陷，士庶皆裸身鞭面然后加刑，聚所杀人首于石头南岸，谓之髑髅山。怀文陈其不可，上不纳。

孝武尝有事圆丘，未至期而雨晦竟夜。明旦风霁，云色甚美，帝升坛悦。怀文称庆曰："昔汉后郊祀太一，白日重轮，神光四烛。今陛下有事兹礼，而膏雨迎夜，清景丽朝，斯实圣明幽感所致，臣愿与侍臣赋之。"上笑称善。

扬州移会稽，上忿浙江东人情不和，欲贬共劳禄，唯西州旧人不改。怀文曰："扬州徙居，既乖人情，一州两格，尤失大体。"上不从。

怀文与颜竣、周郎素善，竣以失旨见诛，郎亦以忤意得罪。上谓怀文曰："竣若知我杀之，亦当不敢如此。"怀文默然。又尝以岁夕与谢庄、王景文、颜师伯被敕入省，未及进，景文因谈言次称竣、朗人才之美，怀文与相酬和。师伯后因语次白上，叙景文等此言。怀文屡经犯忤，至此上倍不悦。

上又坏诸郡士族以充将吏，并不服役，至悉逃亡。加以严制不能禁，乃改用军法，得便斩之。莫不奔窜山湖，聚为盗贼。怀文又以为言。

斋库上绢年调巨万疋，绵亦称此，期限严峻。人间买绢一疋至三二千，绵一两三四百，贫者卖妻子，甚者或自缢死。怀文具陈人困，由是绵绢薄有所减，俄复旧。

子尚等诸皇子皆置邸舍，逐什一之利，为患偏天下。怀文又曰："列肆贩卖，古人所非。卜式明不雨之由，弘羊受致旱之责。若以用度不充故，宜量加减省。"不听。

孝建以来，抑础诸弟，庆陵平后，复欲更峻其科。怀文曰："汉明不使其子比光武之子，前史以为美谈。陛下既明管、蔡之诛，愿崇唐、卫之寄。"及海陵王休茂诛，欲遂前议。太宰江夏王义恭探得密旨，先发议端，怀文固请不可，由是得息。

时游幸无度，太后六宫常乘副车在后，怀文与王景文每谏不宜亟出。后因从坐松树下，风雨甚骤。景文曰："卿可以言矣。"怀文曰："独言无继，宜相与陈之。"江智深卧草侧，亦谓之善。俄而被召俱入雉场，怀文曰："风雨如此，非圣躬所宜。"景文又曰："怀文所启宜从。"智深未及有言，上方注弩，作色曰："卿欲效颜竣邪？何以恒知人事！"又曰："颜竣小子，恨不得鞭其面。"

上每宴集，在坐者咸令沈醉。怀文素不饮酒，又不好戏，上谓故欲异己。谢庄尝诫怀文曰："卿每与人异，亦何可久。"怀文曰："吾少来如此，岂可一朝而变。非欲异物，性之所不能耳。"

五年,出为晋安王子勋征虏房长史、庆陵太守。明年坐朝正事毕,被遣还北,以女病求申,临辞又乞停三日,讫犹不去,为有司所纠,免官,禁锢十年。既被免,卖宅还东。上大怒,收付廷尉赐死。

【译文】

沈怀文,字思明,吴兴郡武康县人。祖父沈寂,晋时为光禄勋。父亲沈宣,为新安太守。

沈怀文自少喜好玄理,善于写文章,曾经作《楚昭王二妃》诗,为世人所称道。为江夏王刘义恭东閤祭酒。父丧丁忧,新安郡馈送物品很丰厚,他用以奉行丧礼完毕,其余的全部分给亲戚,自己一无所留。宋文帝听说后很赞赏,赐以奴婢六人。服丧已毕,除官尚书殿中郎。隐士雷次宗被征聘,居于钟山,后来南还庐山,何尚之设宴送行,文章之士全部集会,作联句诗,沈怀文所作尤其优美,文辞高于一座。随王刘诞镇守襄阳,沈怀文出朝为后军主簿,和咨议参军谢庄一同职掌辞令。

宋文帝元嘉二十八年,刘诞当为广州刺史,文帝想用沈怀文做安南府记室,先任命为通直郎,沈怀文固辞不愿南行,文帝很不高兴。他弟弟沈怀远收纳东阳公主的养女王鹦鹉为妾,太子刘劭行巫蛊之术,王鹦鹉也参与了,事情泄漏,沈怀文因此不被调官,为治书侍御史。

刘劭弑杀文帝而自立为帝,任命沈怀文为中书侍郎。武陵王刘骏兴兵入讨,刘劭召沈怀文让他写檄文,沈怀文坚决推辞,刘劭大怒,值殷冲申求救才得以解免。他假托有病落马,逃奔往新亭(当时刘骏已经在建康以南的新亭即位)。孝武帝任命他为竟陵王刘诞骠骑府录事参军、淮陵太守。当时国丧未除,刘诞想要作用斋,沈怀文认为不可,便停止了。不久他又转官为扬州中从事史。当时讨论裁去录尚书,沈怀文认为不妥当,上奏议,孝武帝不从。延为别驾从事史。

及至江夏王刘义恭迁西阳王刘子尚为扬州刺史(当时的扬州治所在建康城的西部,又称西州),沈怀文任职如故。当时营惑星守南斗,孝武帝便停废了西州旧馆,让刘子尚移居东城以压胜天变。沈怀文说:"天道示以变化,应该以修德来应之,如今就是把西州空废,恐怕也没有用处。"孝武帝不听从,而西州竟然被废。

孝武帝大明二年,沈怀文迁为尚书吏部郎,当时朝廷商议要依照古代制度设置王畿,把扬州移居到会稽,其实还是因为星变的缘故。沈怀文说:"周朝设置王畿,汉朝设置司隶,都是各自根据时宜,并不是有意相反,安定人民和国家,他们的主旨是相同的。只要能为民心所接受,天也会相从的,未必改今从古,才会致太平。神州的旧地,历代相承,不同于边疆州郡,有时设置,有时罢废。如果人情不满意,也要有亏于治化之本的。"孝武帝还是不听从。

大明三年,刘子尚移镇会稽。沈怀文迁为抚军长史,代掌府州事。当时监狱中关押的囚犯非常多,动辄经年累月,沈怀文到任以后,审理了五郡的九百三十六起案件,众人都称赞他公允。

入朝为侍中,宠遇甚隆。竟陵王刘诞据广陵造反,及至朝廷攻克广陵,无论士庶都被脱光衣服,鞭子抽脸,然后杀死,再把所杀的人头堆聚在石头城南岸,称为髑髅山。沈怀文力陈这样做不对,孝武帝不接受。

孝武帝曾经要到圆丘祭天,到期之前阴雨连夜。第二早晨起风天晴,云彩非常美丽,孝武帝登坛时很高兴。沈怀文庆贺道:"往昔汉朝的皇帝郊祀太一神,白日出现两重光轮,神光四射。如今陛下行此祭礼,而有膏雨相迎于夜间,晴日焕耀于清晨,这实在是圣明感应天地所致,臣愿意和侍臣为此赋诗。"孝武帝笑着说好。

扬州移镇会稽之后,孝武帝为浙江以东的人情不和而恼怒,想要贬降官员的勋位和俸禄,只有原来西州的旧官属不改。沈怀文说:"扬州移居,已经与人情不顺,现在一州中有两种待遇,尤其有失大体。"孝武帝不听从。

沈怀文与颜竣、周郎一向很友善,颜竣因为不合皇帝旨意而被诛,周朗也因为忤犯皇帝而得罪。孝武帝对沈怀文说:"颜竣要是知道我会杀死他,也就不敢如此了。"沈怀文默然不语。他又在除夕时与谢庄、王景文、颜师伯被召入省,还没有进去之前,王景文在言谈中称赞颜竣、周朗的人才之美,沈怀文就和他一唱一和起来。颜师伯后来在说话间禀报孝武帝,讲述了王景文等人说的这些话。沈怀文屡次忤犯旨意,到这时孝武帝越发不高兴了。

孝武帝又诏令士族充当将史,士族不肯服役,纷纷逃亡。朝廷加以严制,还是无法禁止,就改用军法从事,可以便宜处死。于是无不逃窜山湖之中,相聚为盗贼。沈怀文又为此进谏。

斋库中的绢每年征调上百万匹,丝绵的数目也与此相当,期限很严迫。民间买绢一匹价至二三千文,丝绵一两至三四百文,贫穷的卖妻鬻子,再甚者有的就自缢而死。沈怀文具陈百姓困苦,由此征调的绢绵略有所减,但不久又恢复如旧了。

刘子尚等诸皇子都建置邸舍,经商逐利,为患遍天下。沈怀文又说:"列肆贩卖,为古人所非议。议武帝时,卜式申明天不降雨的缘由,于是桑弘羊受到了困言利而导致大旱的责罚。如果因为用度不够的缘故,应该适当地加以俭省。"孝武帝不接受。

自孝建(孝武帝即位后的年号)年间以来。孝武帝就压制贬黜诸兄弟,平定广陵之后(指大明三年竟陵王刘诞在广陵被迫起兵而被屠灭事),他又要更加严峻地限制诸王。沈怀文说:"汉明帝不让他的儿子与光武帝的儿子相比(光武诸子,即汉明帝的兄弟),前代史书中当作美谈。陛下既已申明管、蔡之诛罚(西周成王时,周公旦平定了管叔、蔡叔的叛乱,管、蔡对成王是叔父,但对周公来说是兄弟,这里把孝武帝比喻成周公),还希望陛下加强唐、卫之寄靠(周成王大量分封同姓诸侯,唐叔、卫叔都是自己的兄弟和叔父)。"及至海陵王刘休茂被诛(刘休茂,孝武帝之弟,大明五年起兵败死),孝武帝想执行以前裁抑诸王的论议。太宰江夏王刘义恭探得孝武帝的心思,就首先提出裁抑之议,沈怀文坚决表示反对,这才停息下来。

当时孝武帝游荡田猎毫无节制,太后和六宫妃嫔常乘坐着副车随在后面,沈怀文和王景文经常进谏说不宜屡次出游。后来他们随从孝武帝出外游猎,坐在松树下,风雨狂骤,王景文说:"你可以进言了。"沈怀文说:"我独自一人进言,没有后继,应该一起去讲得好。"江智深躺卧在草丛边上,也说这样更好。不一会儿,他们一起被召入射雉的围场中,沈怀文说："风雨这样大,对陛下的圣体很不适宜。"王景文也说:"沈怀文所启奏的应该依从。"江智深还没有来得及说话,孝武帝当时正用弓弩瞄准,脸色陡变,道:"你想效仿颜竣吗?为什么常管别人的事!"又说:"颜竣这小子,我恨不得用鞭子抽他的脸!"

孝武帝每次会宴群臣,在座的都让他们喝得烂醉。沈怀文一向就不饮酒,又不好戏耍,孝武帝就认为他故意和自己两样。谢庄曾经告诫沈怀文说:"你经常和别人不一样,这哪里能够长久。"沈怀文说:"我从小如此,岂能一旦改变。我不是想和别人两样,这是性格使我不能如此罢了。"

大明五年,沈怀文离开朝廷,担任晋安王刘子勋征虏府的长史、广陵太守。第二年入朝廷朝拜完毕,被打发回广陵。他因为女儿有病请求延期,临行时又请求再迟三天,到时候还是不走,为有司弹劾,被免官,禁锢十年。他被免之后,就卖掉宅子要回东方老家。孝武帝大怒,把他交付廷尉,赐死。

萧宏传

【题解】

萧宏(473~526),字宣达,是梁武帝萧衍的六弟。梁武帝天监元年(502),被封为临川郡王。他没有才干,只凭借宗室近亲的身份先后任扬州刺史、司徒、太尉、司空等朝廷要职。天监四年,他受命统率大军北伐,但他畏敌如虎,胆怯不进,被北魏人讥为"萧娘"。天监五年九月,梁军营中因暴风雨发生夜惊,他率先逃亡,导致梁军不战而溃,丢弃辎重器甲,四散逃回。但他却未受处分,依旧官运亨通。他仗势四处聚敛财物,强夺百姓田宅,在库房中积有现钱三亿余万,其余物品,不计其数。他生活奢侈过度,仿照皇宫修建宅院,后庭姬妾侍女千人,服饰艳丽。他的所作所为,与梁武帝对宗室亲属的纵容是分不开的,而这种纵容最终导致了梁王朝的崩溃。

【原文】

临川靖惠王宏,字宣达,文帝第六子也。长八尺,美须眉,容止可观。仕齐为北中郎桂阳王功曹史。宣武之难,兄弟皆被收。道人释惠思藏宏。及武帝师下,宏至新林奉迎。建康平,为中护军,领石头戍事。天监元年,封临川郡王,位扬州刺史,加都督。

四年,武帝诏宏都督诸军侵魏。宏以帝之介弟,所领皆器械精新,军容甚盛,北人以为百数十年所未之有。军次洛口,前军克梁城。宏部分乖方,多违朝制,诸将欲乘胜深入,宏闻魏援近,畏懦不敢进,召诸将欲议旋师。吕僧珍曰:"知难而退,不亦善乎。"宏曰:"我亦以为然。"柳惔曰:"自我大众所临,何城不服,何谓难乎?"裴邃曰:"是行也,固敌是求,何难之避?"马仙琕曰:"王安得亡国之言。天子扫境内以属王,有前死一尺,无却生一寸。"昌义之怒须尽磔,曰:"吕僧珍可斩也。岂有百万之师,轻言可退,何面目得见圣主乎!"朱僧勇、胡辛生拔剑而起曰:"欲退自退,下官当前向取死!"议者已罢,僧珍谢诸将曰:"殿下昨来风动,意不在军,深恐大致沮丧,欲使全师而反。"又私裴邃曰:"王非止全无经略,庸怯过甚。吾与言军事,都不相入。观此形势,岂能成功。"宏不敢便违群议,停军不前。魏人知其无武,遗以巾帼。北军歌曰:"不畏萧娘与吕姥,但畏合肥有韦武。"武谓韦睿也。僧珍叹曰:"使始兴、吴平为元帅,我相毗辅,中原不足平。今遂敌人见欺如此。"乃欲遣裴邃分军取寿阳,大众停洛口。宏固执不听,乃令军中曰:"人马有前行者斩。"自是军政不和,人怀愤怒。

魏奚康生驰遣杨大眼谓元英曰:"梁人自克梁城已后,久不进军,其势可见,当是惧我。王若进据洛水,彼自奔败。"元英曰:"萧临川虽骏,其下有好将韦、裴之属,亦未可当。望气者言九月贼退,今且观形势,未可便与交锋。"

张惠绍次下邳,号令严明,所至独克,下邳人多有欲来降。惠绍曰:"我若得城,诸卿皆是国人;若不能破贼,徒令公等失乡,非朝廷吊人本意也。今且安堵复业,勿妄自辛苦。"降人咸悦。

九月,洛口军溃,宏弃众走。其夜暴风雨,军惊,宏与数骑逃亡。诸将求宏不得,众散而归。弃甲投戈,填满水陆,捐弃病者,强壮仅得脱身。宏乘小船济江,夜至白石垒,款城门求入。临汝侯登城谓曰:"百万之师,一朝奔溃,国之存亡,未可知也。恐奸人乘间为变,城门不可夜开。"宏无辞以对,乃缒食馈之。惠绍闻洛口败,亦退军。

六年,迁司徒,领太子太傅。八年,为司空、扬州刺史。十一年正月,为太尉。其年冬,以公事左迁骠骑大将军、开府同三司之仪,未拜,迁扬州刺史。十二年,加司空。十五年,所生母陈太妃薨,去职。寻起为中书监,骠骑大将军、扬州刺史如故。

宏姊弟吴法寿性粗狡,恃宏无所畏忌,辄杀人。死家诉,有敕严讨。法寿在宏府内,无如之何。武帝制宏出之,即日偿辜。南司奏免宏司徒、骠骑、扬州刺史。武帝注曰:"爱宏者兄弟私亲,免宏者王者正法,所奏可。"

宏自洛口之败,常怀愧愤,都下每有窃发,辄以宏为名,屡为有司所奏,帝每贳之。十七年,帝将幸光宅寺,有士伏于骠骑航待帝夜出。帝泣谓宏曰:"我人才胜汝百倍,当此犹恐颠坠,汝何为者。我非不能为周公、汉文,念汝愚故。"宏顿首曰:"无是,无是。"于是以罪免。而纵恣不悛,奢侈过度,修第拟于帝宫,后庭数百千人,皆极天下之选。所幸江无畏服玩侔于齐东昏潘妃,宝屈直千万。好食鲚鱼头,常日进三百,其他珍膳盈溢,后房食之不尽,弃诸道路。江本吴氏女也,世有国色,亲从子女遍游王侯后宫,男免兄弟九人,因权势横于都下。

宏未几复为司徒。普通元年,迁太尉、扬州刺史,侍中如故。七年四月薨,自疾至薨,舆驾七出临视。及薨,诏赠侍中、大将军、扬州牧,假黄钺,并给羽葆、鼓吹一部,增班剑为六十人,谥曰靖惠。

宏以介弟之贵,无佗量能,恣意聚敛。库室垂有百间,在内堂之后,关篰甚严。有疑是铠杖者,密以闻。武帝于友于甚厚,殊不悦。宏爱姜江氏,寝膳不能暂离,上佗日送盛馔与江曰:"当来就汝欢宴。"唯携布衣之旧射声校尉丘佗卿往,与宏及江大饮,半醉后谓曰:"我今欲履行汝后房。"便呼后阁舆径往屋所。宏恐上见其贿货,颜色怖惧。上意弥信是杖,屋屋检视。宏性爱钱,百万一聚,黄榜标之,千万一库,悬一紫标,如此三十余间。

帝与佗卿屈指计见钱三亿余万，余屋贮布绢丝绵漆蜜绖蜡朱砂黄屑杂货，但见满库，不知多少。帝始知非杖，大悦，谓曰："阿六，汝生活大可。"方更剧饮，至夜举烛而还。兄弟情方更敦睦。

宏都下有数十邸出悬钱立券，每以田宅邸店悬上文券，期讫便驱券主，夺其宅。都下东土百姓，失业非一。帝后知，制悬券不得复驱夺，自此后贫庶不复失居业。晋时有《钱神论》，豫章王综以宏贪吝，遂为《钱愚论》，其文甚切。帝知以激宏，宣旨与综："天下文章何限，那忽作此？"虽令急毁，而流布已远，宏深病之，聚敛稍改。

宏又与帝女永兴主私通，因是遂谋弑逆，许事捷以为皇后。帝尝为三日斋，诸主并豫，永兴乃使二僮衣以婢服。僮逾阈失屦，阁帅疑之，密言于丁贵嫔，欲上言惧或不信，乃使宫帅图之。帅令内舆人八人，缠以纯绵，立于幕下。斋坐散，主果请间，帝许之。主升阶，而僮先趣帝后。八人抱而擒之，帝惊坠于扆。搜僮得刀，辞为宏所使。帝秘之，杀二僮于内，以漆车载主出。主恚死，帝竟不临之。帝诸女临安、安吉、长城三主并有文才，而安吉最得令称。

宏性好内乐酒，沉湎声色，侍女千人，皆极绮丽。慎卫寡方，故屡致降免。

【译文】

临川靖惠王萧宏，字宣达，是文帝的第六个儿子。身高八尺，相貌堂堂，动作举止都很优雅。出仕南朝齐为北中郎将桂阳王功曹史。当他哥哥萧懿被害时，兄弟们都被逮捕。道人释惠思将他收藏起来。等梁武帝大军沿江而下，萧宏到新林去迎接。建康平定后，他为中护军，领石头戍事。梁武帝天监元年，封临川郡王，为扬州刺史，并加都督。

天监四年，梁武帝下诏命令萧宏都督诸军入侵北魏。萧宏作为梁武帝的弟弟，所领诸军都器械精新，军容十分严整，北方人认为是一百多年以来从未有过的，大军到达洛口，前锋攻克梁城。萧宏部署失当，多违反朝廷制定的计划，诸将想要乘胜深入，萧宏听说北魏的援军已近，心中畏惧，不敢前进，召集诸将，想要商议班师。吕僧珍："知难而退，不也是很好的吗。"萧宏说："我也认为如此。"柳惔说："自我大军出动，所向无敌，没有城池不降服，怎么能称为难？"裴邃说："这一次出征，正是来与敌决战，有什么困难而要躲避？"马仙琕说："王爷怎么能有这样的亡国之言，天子将境内精兵都交付给王爷，只有向前一尺而战死，不能向后一寸而求生。"昌义之大怒，胡子都竖张开来，说："应当将吕僧珍斩首。怎么有百万大军而轻易说可以后退，还有什么脸面回去见圣明的天子！"朱僧勇、胡辛生拔剑而起说："想要退就自己退，我们要向前与贼军决一死战！"商议完毕后，吕僧珍向诸将道歉说："殿下昨天风疾复发，心思全不在军事上，我生怕会招致大败，故提出退军，想要使全军而还。"吕僧珍又私下对裴邃说："王爷不只是全无谋略，而且平庸怯懦得厉害。我与他谈军事，格格不入。看此形势，怎么能成功。"萧宏不敢立即违反众人的议论宣布退军，就停军不进。北魏人知道萧宏没有勇气，就派人送来妇女用的头巾与头饰。北魏军中流传着歌谣："不畏萧娘（萧宏）与吕姥（吕僧珍），但畏合肥有韦武。"韦武是指韦睿。吕僧珍叹息说："假使让始兴王萧憺、吴平侯萧景为元帅，我来辅佐他们，一定可平定中原，如今竟被敌人如此欺辱。"于是他想要派裴邃分军攻取寿阳，大军停驻洛口。萧宏坚持不许,命令军中说:"人马有向前行进者斩。"自此以后军政不和,将士都心怀愤怒。

北魏将领奚康生派杨大眼骑马去见统帅元英,对他说:"梁人自从攻下梁城以后,久不进军,可见他们是惧怕我军。王爷如果进军据守洛水,他们就会自己奔退。"元英说:"萧宏虽然愚笨无用,但他部下有良将韦睿、裴邃之辈,也不可轻视。望气者说九月份贼军撤退,如今且观察形势,不可就与他们交锋。"

张惠绍率军到下邳,号令严明,所到之处都能攻克,下邳人有许多想要来归降。张惠绍说:"我若攻下城池,你们就都成为国家百姓,如果不能破贼,白白让你们失去家乡,不是朝廷吊民伐罪的本意。如今你们暂且安居复业,不要妄自辛苦。"那些要归降的人都很高兴。

九月,驻在洛口的梁军溃散,萧宏丢弃军众逃走。这一夜下暴风雨,梁军惊乱,萧宏带数名骑兵首先逃走。诸将寻找不到萧宏,就四散而归。丢弃铠甲,扔下矛戈,河流田野,到处都是梁军的兵甲辎重。患病者都被抛弃不管,强壮的将士仅仅得以脱身。萧宏乘小船渡过长江,夜晚来到白石垒,叩城门请求入城。临汝侯萧渊猷登城对他说:"百万大军,一下四散奔溃,国家的存亡还尚未可知。恐怕奸人乘机作乱,城门不可在晚上打开。"萧宏无言以对,于是城上吊下食物来让他们吃。张惠绍听说洛口大军已败,也率军后退。

天监六年,萧宏迁任司徒,领太子太傅。天监八年,改任司空、扬州刺史。天监十一年正月,任太尉。这一年冬天,因公事被降为骠骑大将军、开府同三司之仪,但还未正式被任命,就迁任扬州刺史。天监十二年,加司空。天监十五年,因生母陈太妃去世而去职。不久,被起用为中书监,骠骑大将军、扬州刺史如旧。

萧宏侍妾的弟弟吴法寿性情粗鲁狡猾,倚仗萧宏的势力无所畏忌,随意杀人。死者家属告状,梁武帝下敕严加追讨。吴法寿躲入萧宏的府第,有关部门无计可施。梁武帝亲自下制书命令萧宏将人交出,当天就将吴法寿正法,为死者偿命。御史台上奏请求免除萧宏的司徒、骠骑大将军、扬州刺史。武帝说明道:"爱惜萧宏是兄弟私亲,免除萧宏是王者正法,允许所奏。"

萧宏自从洛口大败之后,常怀惭愧愤恨之心,京城附近每次有人图谋不轨,都用萧宏的名义,因此,他屡次被有关部门所弹劾,梁武帝每次都加以宽恕。天监十七年,梁武帝将要到光宅寺去,有人潜伏在朱雀航等待梁武帝夜晚出行。梁武帝将要走时突觉心中一动,就从朱雀航经过。事情被发觉后,这人宣称是受到萧宏的指使。梁武帝流着泪对萧宏说:"我的人才胜过你一百倍,作天子还恐怕会被推翻,你如何能行呢?我不是不能像周公、汉文帝那样诛杀兄弟,只是考虑你是过于愚笨了。"萧宏叩头说:"绝无此事,绝无此事。"于是以罪被免官。而他放纵不改,奢侈过度,仿照皇宫的样式修造府第,后庭有数百千人,都是从天下精选而来。他所宠幸的江无畏的服饰器物与齐东昏侯潘妃的相似,宝贵的鞋子价值千万。他喜好吃鲟鱼头,经常每天要进三百条鱼,其他山珍海味纷然杂陈,盈溢桌案,后房姬妾吃不完,都扔到路上。江无畏本是吴氏的女儿,家中历代都长得天姿国色,亲戚子女都在王侯后宫,江无畏的兄弟江免等兄弟九人,仗势在京都周围横行不法。

萧宏不久又担任司徒。普通元年，迁任太尉、扬州刺史，侍中如从前一样。普通七年四月去世。自从他得病到去世，梁武帝七次前去探视。萧宏死后，梁武帝下诏追赠侍中、大将军、扬州牧，假黄钺，并给羽葆、鼓吹一部，增加班剑为六十人，赐给谥号称靖惠。

萧宏倚仗梁武帝弟弟的贵重身份，没有其他气度才干，只是肆意聚敛。他有库房将近一百间，处于内堂之后，关锁得十分严密。有人怀疑是收存铠甲武器，秘密奏报给梁武帝。梁武帝对兄弟友情甚厚，听到后十分不高兴。萧宏宠幸爱妾江氏，在吃饭、睡觉时都不能暂时离开，梁武帝有一天送去丰盛的饮食给江氏说："我要到你这里来进行欢宴。"他只携带未登皇位时的老朋友射声校尉丘佗卿前去，与萧宏及江氏喝了很多酒，梁武帝半醉后对他们说："我现在想要看看你的后房。"就招呼后阁舆与直接前往后房。萧宏恐怕梁武帝看到他聚敛而来的财物，脸上表情十分恐惧，梁武帝更加相信收藏着武器，因此逐屋巡视。萧宏性爱钱，一百万钱堆成一聚，用一块黄榜标明，一千万钱占一间库房，悬挂一个紫标，像这样的有三十余间库房。梁武帝与丘佗卿屈指计算，萧宏收存的现钱有三亿余万，其余库房贮存的布、绢、丝、绵、漆、蜜、纻、蜡、朱砂、黄屑等杂货，只看见堆满房屋，不知多少。梁武帝才知道不是武器，大为高兴，对萧宏说："阿六，你的生活很不错啊！"于是回去继续饮酒，直到夜里举着蜡烛而回宫。兄弟的友情更加和睦。

萧宏在京都附近有数十个邸店，出借高利贷，以百姓的田宅邸店作为抵押，悬上文券，到期就将原来的主人驱逐出去，夺取田宅。京城及东部的百姓失去田宅家业的相当多。梁武帝后来知道此事，命令不得再悬上文券驱夺百姓产业，自此以后，贫寒庶民不再失去居宅产业。西晋时有《钱神论》，豫章王萧综因萧宏贪婪吝啬，遂作《钱愚论》，这篇文章写得切中萧宏的要害。梁武帝知道是指责萧宏，宣旨给萧综说："天下文章题目有那么多，为什么要做这个？"虽然命令赶快销毁，但流传已广，萧宏深以为耻，稍微收敛一下聚敛的行为。

萧宏又与梁武帝的女儿永兴公主私通，因此就密谋杀害梁武帝，答应事成之后立永兴公主为皇后。武帝曾为三日斋，诸公主都参加，永兴公主就派两个家僮穿上婢女的衣服一同前往。家僮在跨过门槛时掉了鞋，阁帅看到后起了疑心，秘密报告给丁贵嫔，想要告诉梁武帝，又恐怕他不相信，就使宫帅暗中进行布置。宫帅命令内舆人八人，身上缠上纯棉，站在帷幕之下。斋坐散后，永兴公主果然请求让左右人退下，梁武帝同意。永兴公主走上台阶，而两个家僮先奔向梁武帝身后。八个内舆人冲出，抱住家僮，将他们擒下，梁武帝吃惊得从御座掉下去。在家僮身上搜查出刀子，他们供认是受萧宏指使。梁武帝秘而不宣，把两个家僮杀死在宫内，用漆车把永兴公主送出宫去。永兴公主怨恨而死，梁武帝竟不去临视与参加葬礼。梁武帝的女儿中，临安、安吉、长城三个公主都有文才，而安吉公主的声誉最高。

萧宏性情好色，又喜欢饮酒，终日沉湎于声色之中，有侍女千人，都极其艳丽。他不知谨慎自爱，因此屡次受到降免。

陈庆之传

【题解】

陈庆之(484~539),字子云,义兴国山(今江苏宜兴西南)人。出身寒门。自幼随从梁武帝,很受赏识。梁普通七年(526),击败北魏豫州刺史李宪,入据寿春。大通元年(527),隶领军曹冲宗伐涡阳,大败魏军,占据涡阳,梁置西徐州。二年,北魏北海王元颢降梁,梁武帝命陈庆之率七千人送元颢回北方。元颢在涣水称帝,授庆之前军大都督,从铚县出发,经十四旬,平三十二城,四十七战,到达洛阳。北魏孝庄帝渡黄河北逃。后元颢荒于酒色,怀疑陈庆之,北魏发百万大军来攻,陈庆之兵不出一万,作战失败,个人逃回南方。后历任北兖州刺史、南北司二州刺史等职。陈庆之善抚军士,能得其死力,是梁朝的一位名将。

【原文】

陈庆之字子云,义兴国山人也。幼随从梁武帝。帝性好棋,每从夜至旦不辍,等辈皆寐,唯庆之不寝,闻呼即至,甚见亲赏。从平建邺,稍为主书,散财聚士,恒思立效。除奉朝请。

普通中,魏徐州刺史元法僧于彭城求入内附,以庆之为武威将军,与胡龙牙、成景儁率诸军应接。还除宣猛将军、文德主帅,仍率军送豫章王综入镇徐州。魏遣安丰王元延明、临淮王元彧率众十万来拒。延明先遣其别将丘大千观兵近境,庆之击破之。后豫章王弃军奔魏,庆之乃斩关夜退,军士获全。

普通七年,安西将军元树出征寿春,除庆之假节、总知军事。魏豫州刺史李宪遣其子长钧别筑两城相拒,庆之攻拔之,宪力屈遂降,庆之入据其城。转东宫直阁。

大通元年,隶领军曹仲宗伐涡阳,魏遣常山王元昭等来援,前军至驼涧,去涡阳四十里,韦放曰:"贼锋必是轻锐,战捷不足为功;如不利,沮我军势,不如勿击。"庆之曰:"魏人远来,皆已疲倦,须挫其气,必无不败之理。"于是与麾下五百骑奔击,破其前军,魏人震恐。庆之还共诸将连营西进,据涡阳城,与魏相持,自春至冬,各数十百战。师老气衰,魏之援兵复欲筑垒于军后。仲宗等恐腹背受敌,谋退。庆之杖节军门,曰:"须虏围合,然后与战;若欲班师,庆之别有密敕。"仲宗壮其计。乃从之。魏人掎角作十三城,庆之陷其四垒。九城兵甲犹盛,乃陈其

陈庆之

俘馘,鼓噪攻之,遂奔溃,斩获略尽,涡水咽流。诏以涡阳之地置西徐州。众军乘胜前顿城父。武帝嘉焉,手诏慰勉之。

大通初,魏北海王元颢来降,武帝以庆之为假节、飚勇将军,送颢还北。颢于涣水即魏帝号,授庆之前军大都督。自铚县进,遂至睢阳。魏将丘大千有众七万,分筑九垒以拒。庆之自旦至申,攻陷其三,大千乃降。

时魏济阴王元晖业率羽林庶子二万人来救梁、宋,进屯考城。庆之攻陷其城,禽晖业,仍趣大梁。颢进庆之徐州刺史、武都郡王,仍率众而西。

魏左仆射杨昱等率御仗羽林宗子庶子众七万据荥阳拒颢,兵强城固,魏将元天穆大军复将至,先遣其骠骑将军尔朱兆、骑将鲁安等援杨昱,又遣右仆射尔朱世隆、西荆州刺史王罴据虎牢。时荥阳未拔,士众皆恐。庆之乃解鞍秣马,宣喻众曰:“我等才有七千,贼众四十余万。今日之事,义不图存,须平其城垒。”一鼓悉使登城,壮士东阳宋景休、义兴鱼天愍逾堞而入,遂克之。俄而魏阵外合,庆之率精兵三千大破之。鲁安于阵乞降,天穆、兆单骑获免。进赴虎牢,尔朱世隆弃城走。魏孝庄出居河北。其临淮王彧、安丰王延明率百僚备法驾迎颢入洛阳宫,御前殿,改元大赦。颢以庆之为车骑大将军。

魏上党王元天穆又攻拔大梁,分遣王老生、费穆据虎牢,刁宣、刁双入梁、宋,庆之随方掩袭,并降,天穆与十余骑北度河。庆之麾下悉著白袍,所向披靡。先是洛中谣曰:“名军大将莫自牢,千军万马避白袍。”自发铚县至洛阳,十四旬平三十二城,四十七战,所向无前。

初,魏庄帝单骑度河,宫卫嫔侍无改于常。颢既得志,荒于酒色,不复视事,与安丰、临淮计将背梁,以时事未安,且资庆之力用。庆之心知之,乃说颢曰:“今远来至此,未伏尚多,宜启天子,更请精兵;并勒诸州有南人没此者,悉须部送。”颢欲从之,元延明说颢曰:“庆之兵不出数千,已自难制,今更增其众,宁肯为用?魏之宗社,于斯而灭。”颢由是疑庆之,乃密启武帝停军。洛下南人不出一万,魏人十倍。军副马佛念言于庆之曰:“勋高不赏,震主身危,二事既有,将军岂得无虑?今将军威震中原,声动河塞,屠颢据洛,则千载一时。”庆之不从。颢前以庆之为徐州刺史,因求之镇,颢心惮之,遂不遣。

魏将尔朱荣、尔朱世隆、元天穆、尔朱兆等众号百万,挟魏帝来攻颢。颢据洛阳六十五日,凡所得城一时归魏,庆之度河守北中郎城。三日十一战,伤杀甚众。荣将退还,时有善天文人刘灵助谓荣曰:“不出十日,河南大定。”荣乃为栰济自硖石,与颢战于河桥。颢大败,走至临颍被禽,洛阳复入魏。庆之马步数千结阵东反,荣亲自来追,军人死散。庆之乃落须发为沙门,间行至豫州,州人程道雍等潜送出汝阴。至都,仍以功除右卫将军,封永兴侯。

出为北兖州刺史、都督缘淮诸军事。会有祅贼沙门僧强自称为帝。土豪蔡伯宠起兵应之,攻陷北徐州。诏庆之讨焉。庆之斩伯宠、僧强,传其首。

中大通二年,除南北司二州刺史,加都督。庆之至镇,遂围县瓠,破魏颍州刺史娄起、扬州刺史是云宝于溱水。又破行台孙腾、豫州刺史尧雄、梁州刺史司马恭于楚城。罢义阳镇兵,停水陆转运,江湘诸州并得休息。开田六千顷,二年之后,仓廪充实。又表省南司州,复安陆郡,置上明郡。

　　大同二年，魏遣将侯景攻下楚州，执刺史桓和。景仍进军淮上，庆之破之。时大寒雪，景弃辎重走。是岁豫州饥，庆之开仓振给，多所全济。州人李升等八百人表求树碑颂德，诏许焉。五年卒，谥曰武。

　　庆之性祗慎，每奉诏敕，必洗沐拜受。俭素不衣纨绮，不好丝竹。射不穿札，马非所便，而善抚军士，能得其死力。长子昭嗣。

　　梁世寒门达者唯庆之与俞药，药初为武帝左右，帝谓曰："俞氏无先贤，世人云'俞钱'，非君子所宜，改姓喻。"药曰："当令姓自于臣。"历位云旗将军，安州刺史。

【译文】

　　陈庆之，字子云，义兴国山人。幼年曾随从梁武帝。梁武帝爱好下棋，经常从晚上下到次日清晨还不停止，与陈庆之同辈的随从都睡觉了，只有陈庆之不睡，一听到呼声就立即到达，因此受到赞赏。随梁武帝平定建邺，升为主书，他散耗家财，团结了一批有用之士，常想建立功劳。被任命为奉朝请。

　　梁武帝普通年间，北魏徐州刺史元法僧在彭城请求投靠梁朝，梁武帝任命陈庆之为武威将军，与胡龙牙、成景儁率领各路军队去接应。回来后被任命为宣猛将军、文德主帅，又率领军队送豫章王萧综去镇守徐州。北魏派遣安丰王元延明、临淮王元或率领十万大军来对抗，元延明又先派遣他的别将丘大千在接近边境处观察军情，被陈庆之击败而逃去。后来豫章王萧综抛弃自己军队去投降北魏，陈庆之于是斩杀关守连夜退兵，由此得以保全了军队。

　　梁武帝普通七年，朝廷派安西将军元树出征寿春，任命陈庆之为假节、总知军事。北魏豫州刺史李宪派遣他的儿子李长钧另修筑两城来抗拒，被陈庆之攻破，李宪不得已而投降，陈庆之就进据了寿春城，转任为东宫直阁。

　　梁武帝大通元年，陈庆之隶属于领军曹仲宗攻伐涡阳，北魏派遣常山王元昭来支援，前军到达驼涧，离涡阳四十里。陈庆之打算出征迎战，韦放说："贼的前锋必然是轻装精锐部队，如战胜不算有功；如失败，则沮丧士气，不如勿击。"陈庆之说："北魏军队远道而来，都已疲惫不堪，必须挫伤他们的锐气，这必然没有不打败他们的道理。"于是带领部下五百名骑兵迅速出击，打败了他们的前军，北魏士兵大为震动惊恐。陈庆之回来后与其他将领连营向西进军，占据了涡阳城，与北魏相对峙。从春天直到冬天，经过了几十次、上百次的战斗，部队已十分疲劳，锐气也减弱了，北魏的援兵又想在军队后面修筑营垒。曹仲宗等人怕腹背受敌，打算退兵。陈庆之持着节到军门，说："必须等到鲜卑人包围圈合拢，然后才能与他们战斗；如果打算退兵，我陈庆之另外有皇帝的秘密手令。"曹仲宗很重视他的计谋，于是就同意了。北魏军军阵分多面，共筑了十三城，想控制梁军，陈庆之攻破他们四个城垒。其他九城兵力还很强大，陈庆之把俘虏的耳朵陈列到城前，然后鸣鼓呼喊发起进攻，敌人一下就逃跑崩溃了，其中大部分都被斩杀和被俘虏了，连涡水好像也在呜咽。梁武帝下诏在涡阳地区设置西徐州。大军乘胜向前到达城父。梁武帝嘉奖他们，并亲笔写诏书慰问和勉励陈庆之。

　　大通初年，北魏的北海王元颢前来投降，梁武帝任命陈庆之为假节、飚勇将军，护送元颢回北方。元颢在涣水称北魏皇帝,任命陈庆之为前军大都督。从铚县出发,直到睢阳。北魏大将丘大千率领七万大军分筑九个营垒来抗拒,陈庆之率军进攻,从早上战斗到下午,攻破了三个营垒,丘大千终于投降。

当时北魏济阳王元晖业率领羽林庶子二万人来救援梁宋地区,屯兵在考城。陈庆之又攻陷了考城,活捉了元晖业,再向西到了大梁。元颢进封陈庆之为徐州刺史、武都郡王,于是率部队继续西进。

北魏左仆射相昱等人又率领御仗羽林宗子庶子共七万人,占据荥阳抗拒元颢和陈庆之,兵力强大,城也坚固,魏将元天穆的大军又将到达,先派遣他的骠骑将军尔朱兆、骑将鲁安等支援相昱,又派右仆射尔朱世隆、西荆州刺史王罴占据虎牢。当时荥阳未攻下,士兵们都很恐慌,陈庆之于是解下马鞍喂饱了马,向大家宣告:"现在我们只有七千人马,而贼众有四十余万。今天的事情,只有义不图存,决一死战,才能取胜。首先必须扫平其城垒。"于是击鼓,命士兵们都登城,壮士东阳人宋景休、义兴人鱼天愍首先跨过城垣而进入城内,终于攻克了荥阳。不久,北魏军队在城外完成了包围,陈庆之又率三千精兵大大挫败了魏军,鲁安在阵前求降,元天穆、尔朱兆只身逃走,陈庆之进军到虎牢,尔朱世隆弃城而逃。魏孝庄帝出逃到黄河以北。临淮王元彧,安丰王元延明率领百官准备了天子乘坐的车子迎接元颢入洛阳宫,元颢在前殿召见百官,改年号,发布大赦命令。元颢任命陈庆之为车骑大将军。

北魏上党王元天穆重新又攻下了大梁,并分别派遣王老生、费穆占据虎牢;刁宜、刁双进入梁、宋地区。陈庆之对他们各个发动突然袭击,这些人也都投降了。元天穆和他手下的十余人也骑马渡黄河到了河北。陈庆之和他的部队都穿着白色战袍,打仗时所向披靡。早先在洛阳有童谣:"名军大将莫自牢,千兵万马避白袍。"陈庆之的军队从铚县出发到洛阳,共一百四十天,平定了三十二座城,经过四十七次战斗,可谓所向无前。

在这以前,魏孝庄帝单骑渡黄河北逃,洛阳宫廷中的卫队嫔妃侍从都没有变动。元颢进入洛阳后,志满意足,沉湎于酒色之中,过着荒淫生活,不再处理国家大事,并与安丰王元延明、临淮王元彧谋划背叛梁朝,只是因为时机还不成熟,又要借助陈庆之的兵力,而没有行动。陈庆之心里明白,对元颢说:"今天我们从远处来到这里,没有臣服的地方还很多,应该启奏天子,再派来精兵;并勒令各州中有南方人被抓到这里来的,都必须派部队护送回去。"元颢打算同意这么做,元延明对元颢说:"庆之的兵不超过数千,已经难以控制,现在再使他增加,他还怎么肯为我们所用? 大魏的宗庙社稷,恐怕由此而灭亡。"元颢因此更加怀疑陈庆之,于是秘密启奏梁武帝停止派兵。这时洛阳南方人组成的军队不超过一万,而鲜卑等少数民族人数则多十倍。军副马佛念对陈庆之说:"功太高就不会给予奖赏,名声超过君主就自身难保。今天你两者都有,将军难道不应该有所防虑吗? 你将军威名震动中原,声誉传遍黄河塞上,杀死元颢占据洛阳,这是千载难逢的时机呀。"陈庆之没有同意。元颢早先曾任命陈庆之为徐州刺史,陈庆之因此很坚决要求外出到镇上去,元颢因为对陈庆之不放心,就没有同意。

北魏大将尔朱荣、尔朱世隆、元天穆、尔朱兆等率军队号称百万之众,拥戴着孝庄帝来进攻元颢。元颢占据洛阳六十五日,各处凡是所得的城都反叛重新投归北魏,陈庆之渡过黄河守北中郎城。三天之中发生了十一次战斗,杀伤许多北魏军队,尔朱荣想退兵,有个善于观察天文的术士刘灵助对尔朱荣说:"不出十日,河南大定。"尔朱荣于是造木筏从硖石渡过黄河,与元颢军队在河桥激战,元颢军大败,逃到临颍,元颢被活捉,洛阳又重新落入北魏。陈庆之的数千骑兵步兵联结起来向东返回,尔朱荣亲自来追,陈庆之的军队有的战死有的逃散。陈庆之本人则落发当了和尚,从水路偷偷到了豫州,豫州人程道济等人又把他偷偷送出汝阴。到了都城建康,仍然因为有功被任命为右卫将军,封爵为永兴候。

陈庆之外出为北兖州刺史,都督缘淮诸军事。当时有个祅贼和尚僧强自称皇帝,地方上土豪蔡伯宠起兵响应他,攻下了北徐州。朝廷下诏命陈庆之讨伐他们。陈庆之斩杀了蔡伯宠、僧强,把他们的首级带到了都城。

中大通二年,被任命为南北司二州刺史,加都督。陈庆之到镇上后,就包围了悬瓠城,在溱水打败北魏颍州刺史娄起、扬州刺史是云宝。又在楚城打败行台孙腾、豫州刺史尧雄、梁州刺史司马恭。他解散义阳的镇兵,停止水陆运输,江湖地区各州都得到休养生息。开辟农田六千顷,二年以后,仓库里堆满了粮食。又上表要求省去南司州,恢复安陆郡,设置上明郡。

大同二年,东魏派大将侯景攻下楚州,俘获了刺史桓和。侯景进军到淮上,陈庆之打败了他。当时下着大雪,天寒地冻,侯景抛弃了大批军用物资逃走。这一年豫州发生饥荒,陈庆之打开粮食仓库赈救灾民,救活了不少人。豫州百姓李升等八百人上表要求为陈庆之树碑以称颂其功德,朝廷同意。大同五年,陈庆之死,谥号为"武"。

陈庆之性格安静谨慎。每次奉接诏书敕令,必定要先洗澡再拜受,生活节俭朴素,不穿绢绸衣服。也不爱听音乐。射箭时不穿盔甲,马也不十分讲究,但善于安抚军士,能使他们拼死作战。长子陈昭继承爵位。

梁朝寒门出身而飞黄腾达的只有陈庆之和俞药两人,俞药最初在梁武帝左右,梁武帝对他说:"俞氏祖先无贤人,世人称之为'俞钱',这不是君子所宜有的,可改姓为'喻'。"俞药答:"就从臣下开始改姓吧。"他历任云旗将军,安州刺史。

祖暅之传

【题解】

祖暅之字景烁,祖冲之之子,南北朝时南朝梁代著名科学家。他继承父亲的学术事业,在天文历法和数学等方面做出了贡献。据史书记载,祖暅也有《缀述》之作,研究者常认为是他和父亲合作或父亲先作,儿子再续。他还先后三次向梁朝推荐父亲的《大明历》,并被采纳。他在南朝的北部边境进行天文观测时,曾被北朝俘虏,因他是著名学者受到礼遇,后被放还南朝。他经过长期观测,发现当时的北极星距北极不动点有一度多,而不重合的事实。有奉朝请的头衔,担任过材官将军,大舟卿等官职。著有《漏刻经》《权衡记》等书,均早已失传。

【原文】

(祖)暅之字景烁,少传家业,究极精微。亦有巧思,入神之妙,般、垂无以过也。当其诣微之时,雷霆不能入。尝行遇仆射徐勉,以头触之,勉呼及悟。父所改何承天历时尚未行,梁天监初,暅之更修之,于是始行焉。位至太舟卿。暅之子皓,志节慷慨,有文武才略。少传家业,善历算。大同中为江都令,后拜广陵太守。

【译文】

祖暅之字景烁,少年时继承家庭学业,研究穷极到精细致微。还有灵活高妙的构思,达到全神贯往的程度。当他(思考)到细微的时候,连外面疾雷都听不见。曾经在行路时遇到做仆射官的徐勉,把头部撞到人家身上,徐勉呼喊才明白了。父亲(祖冲之)所改革的何承天历法当时还未施行,梁朝天监初年,祖暅之再次修改,于是才开始行用。做官到太舟卿。祖暅之的儿子祖皓,志向气节慷慨,有文武才能谋略。少年时继承家庭学业,精通历法数学。梁大同(公元 535～546 年)中担任江都县县令,后来升为广陵郡太守。

邓郁、马枢传

【题解】

邓郁是梁朝方士,极具法术,连笃信佛教的梁武帝也很尊崇他,无疾而终,香气四溢,是成仙而去。

马枢,梁朝隐士,知识渊博,又有辩才,但一心向往隐逸,憩于山林,而不出仕。

【原文】

南岳邓先生名郁,荆州建平人也。少而不仕,隐居衡山极峻之岭,立小板屋两间,足不下山,断谷三十余载,唯以涧水服云母屑,日夜诵《大洞经》。梁武帝敬信殊笃,为帝合丹,帝不敢服,起五岳楼贮之供养,道家吉日,躬往礼拜。白日,神仙魏夫人忽来临降,乘云而至,从少姬三十,并着绛紫罗绣袿襦,年皆可十七八许。色艳桃李,质胜琼瑶,言语良久,谓郁曰:"君有仙分,所以故来,寻当相候。"至天监十四年,忽见二青鸟悉如鹤大,鼓翼鸣舞,移晷方去。谓弟子等曰:"求之甚劳,得之甚逸。近青鸟既来,期会至矣。"少日病而终。山内唯闻香气,世未尝有。武帝后令周舍为《邓玄传》,具序其事。

马枢字要理,扶风郿人也。祖灵庆,齐竟陵王录事参军。

枢数岁而孤,为其姑所养。六岁,能诵《孝经》《论语》《老子》。及长,博极经史,尤善佛经及《周易》《老子》义。梁邵陵王纶为南徐州刺史,素闻其名,引为学士。纶时自讲《大品经》,令枢讲《维摩》《老子》《周易》,同日发题,道俗听者两千人。王欲极观优劣,乃谓众曰："与马学士论义，必使屈服，不得空立客主。"于是数家学者，各起问端。枢乃依次剖判，开其宗旨，然后枝分派别，转变无穷，论者拱默听受而已，纶甚嘉之。

寻遇侯景之乱，纶举兵援台，乃留书二万卷付枢。枢肆志寻览，殆将周遍，乃喟然叹曰："吾闻贵爵位者以巢、由为桎梏，爱山林者以伊、吕为管库，束名实则乌芥柱下之言，玩清虚则糠秕席上之说，稽之笃论，亦各从其好也。比求志之士，望涂而息，岂天之不惠高尚，何山林之无闻甚乎。"乃隐于茅山，有终焉之志。

陈天嘉元年，文帝徵为度支尚书，辞不应命。时枢亲故并居京口，每秋冬之际，时往游焉。及鄱阳王为南徐州刺史，钦其高尚，鄙不能致，乃卑辞厚意，令使者邀之，枢固辞以疾。门人劝请，不得已乃行。王别筑室以处之，枢恶其崇丽，乃于竹林间自营茅茨而居。每以王公馈饷，辞不获已者，率十分受一。

枢少属乱离，凡所居处，盗贼不入，依托者常数百家。目精洞黄，能视暗中物。有白鹇一双，巢其庭树，驯狎檐庑，时至几案，春来秋去，几三十年。太建十三年卒。撰《道觉论》行于世。

【译文】

南岳邓先生名郁，是荆州建平人。年轻时不做官，在衡山极高极陡峭的山头上隐居。造了小板屋两间，住在山上，从不下山，不吃谷物有三十多年。只用山涧里的水送服云母屑，日夜都在朗读《大洞经》。梁武帝特别尊敬和相信他，他为武帝调制了仙丹，武帝不敢吃，盖了五层岳楼把它贮存起来供养。在道家做道场的日子，总是亲自前往，拜祭仙丹。青天白日，神仙魏夫人忽然降临，腾云驾雾而来，后面跟着三十位少女，全部穿着绛紫色的丝绣连衣裙，年龄都大约十七八岁。肤如桃李，质胜美玉，她们商量了很久，对邓郁说："您有成仙的福分，所以我们才来，不久将等着您的到来。"到天监十四年，他忽然看见二只和白鹤一般大的青鸟，鼓动着翅膀，一边叫着一边起舞，过了很久才离去。他对弟子说："我寻求它非常费劲，得到它却很容易。最近青鸟已经来了，我和神仙们会面的时间也就到了。"没几天无疾而终。山里面只闻见香气，这是世上所不曾有过的香气。梁武帝后来命令周舍作了《邓玄传》，具体地记录了这件事。

马枢，字要理，扶风郿县人。祖父马灵庆，南齐竟陵王的录事参军。

马枢几岁就成了孤儿，被他的姑姑收养。六岁时，能背诵《孝经》《论语》《老子》。成年后，博览经籍历史，尤其通晓佛经和《周易》《老子》。梁朝邵陵王纶任南徐州刺史时，早就听说了他的大名，请他出任学士。邵陵王当时自己讲解《大品经》，让马枢讲《维摩诘经》《老子》《周易》，同日开讲，道士和俗人来听讲的有两千人。邵陵王想看看他是否讲得好，于是对听众说："和马学士辩论，一定要使他屈服，不得空立辩论的客主两方。"于是几家学者都提出自己的问题。马枢依次分析，阐明其宗旨、大意，然后分别流派，阐述其源流演变、师承、发展，和他辩论的人只能笔直地站着默默地听他讲授而已。邵陵王很夸奖他。

这时刚好遇到侯景之乱，邵陵王纶率兵援救，于是留下两万卷书给马枢。马枢尽意找来搜览，几乎看完一遍，喟然叹息说："我听说看重爵位的人把巢父、许由当成了约束自己的桎梏,喜爱山林的人把伊尹、吕尚当成了微不足道的小官。崇尚名实,则以柱下之言为一钱不值,喜欢清虚,则把席上之论贬得一无可取。考察其真实的言论,不过是各人根据自己的喜好而发罢了。近来追求志向的人望着道路而叹息。莫非是天意不鼓励高尚之人? 为什么山林隐逸之士那样没有听说过呢?"于是隐居在茅山,有一辈子隐居在那里的愿望。

陈朝天嘉元年,文帝征召他为度支尚书,他推辞不接受命令。此时马枢亲朋故友都住在京口,每当秋冬之际,他都去那儿游玩。鄱阳王为南徐州刺史,钦佩他的高尚风操,自己无法达到,于是用谦逊的言辞,诚恳地让人去邀请他。他借口生病,坚决推辞。他门下的人也劝他,不得已才成行,鄱阳王专门建了一坐房屋来安置他,他讨厌这套房屋过于奢华,便在竹林间自己盖了间茅屋居住。每次当王公送他食物,推不掉的,才接受十分之一。

马枢少年时遭受战乱离析之苦,凡是他居住的地方,盗贼不进去,借助于他的庇护的人常常有几百家。眼光精锐,能看见黑暗中的东西。有一对白燕,在他院子中的树上做窝,在栏杆、走廊下相狎玩,时时飞到桌边来。春来秋去,将近三十年。太建十三年去世。撰《道觉论》流行在世上。

侯景传

【题解】

侯景,字万景,北魏怀朔镇人。初为北魏将领,曾担任河南道大行台,位及司徒。后背叛北魏,归附陈朝。梁武帝太清二年,侯景起兵叛乱,次年,攻占京城,挟天子以为己用,先后挟持梁武帝、简文帝和豫亲王萧栋。萧栋天正元年十一月,侯景矫萧栋之诏禅位,自己当上了皇帝。一百二十天后,即被梁元帝部将王僧辩所彻底击败。侯景长于谋略,善于经兵,但生性猜忌残忍,好杀戮,把亲手杀人当作游戏。自他叛乱之后,老百姓惨遭蹂躏,流离失所,白骨遍地。侯景被擒杀之后,老百姓争相割取侯景的肉做成脍羹吃,连他的骨头都被调到酒里喝掉了,可见民愤之大。

【原文】

侯景字万景,魏之怀朔镇人也,少而不羁,为镇功曹史。魏末北方大乱。乃事边将尔朱荣,甚见器重。初学兵法于荣部将慕容绍宗,未几绍宗每询问焉。后以军功为定州刺史。始魏相高欢微时,与景甚相友好,及欢诛尔朱氏,景以众降,仍为欢用。稍至吏部尚书,非其好也。每独曰:"何当离此反故纸邪。"寻封濮阳郡公。

欢之败于沙苑,景谓欢曰:"宇文泰恃于战胜,今必致怠;请以数千劲骑至关中取之。"欢以告其妃娄氏,曰:"彼若得泰,亦将不归。得泰失景,于事奚益。"欢乃止。后为河南道大行台,位司徒。又言于欢曰:"恨不得泰。请兵三万,横行天下;要须济江缚取萧衍老公,以作太平寺主。"欢壮其言,使拥兵十万,专制河南,仗任若已之半体。

景右足短,弓马非其长,所在唯以智谋。时欢部将高昂、彭乐皆雄勇冠时,唯景常轻之,言"似豕突尔,势何所至"。及将镇河南,请于欢曰:"今握兵在远,奸人易生许伪,大王若赐以书,请异于他者。"许之。每与景书,剧加微点,虽子弟弗之知。

及欢疾笃,其世子澄矫书召之。景知伪,惧祸,因用王伟计,乃以太清元年二月遣其行台郎中丁和上表求降。帝召群臣议之,尚书仆射谢举等皆议纳景非便,武帝不从。初,帝以是几正月乙卯于善言殿读佛经,因谓左右黄慧弼曰:"我昨梦天下太平,尔其识之。"及和至,校景实以正月乙卯日定计,帝由是纳之。于是封景河南王、大将军、使持节、董督河南南北诸军事、大行台,承制如邓万故事。

高澄嗣事为渤海王,遣其将慕容绍宗围景于长社。景急,乃求割鲁阳、长社、东荆、北充请救于西魏,魏遣五城王元厌等率兵救之,绍宗乃退。景复请兵于司州刺史羊鸦仁,鸦仁遣长史邓鸿率兵至汝水,元庆军夜遁,鸦仁乃据悬瓠。

时景将蔡道遵守北归,言景有悔过志。高澄以为信然,乃以书喻景,若还,许以豫州刺史终其身,所部文武更不追摄,阖门无恙,并还宠妻爱子。景报书不从。澄知景无归志,乃遣军相继讨景。

帝闻鸦仁已据悬瓠,遂命群帅指授方略,大举攻东魏,以贞阳侯萧明为都督。明军败见俘。绍宗攻潼州,刺史郭凤弃城走。景乃遣其行台左丞王伟、左户郎中王则诣阙献策,请元氏子弟立为魏主。诏遣太子舍人元贞为咸阳王,须度江许即位,以乘舆之副资给之。

高澄又遣慕容绍宗追景,景退保涡阳,使谓绍宗曰:"欲送客邪?将定雄雌邪?"绍宗曰:"将决战。"遂顺风以阵。景闭垒,顷之乃出。绍宗曰:"景多诡,好乘人背。"使备之,果如其言。景命战士皆被短甲短刀,但低视斫人胫马足,遂败绍宗军。裨将斛律光尤之,绍宗曰:"吾战多矣,未见此贼之难也。尔其当之。"光被甲将出,绍宗戒之曰:"勿度涡水。"既而又为景败。绍宗谓曰:"定何如也。"相持连月,景食尽,诳其众以为家口并见杀。众皆信之。绍宗遥谓曰:"尔等家并完。"乃被发向北斗以誓之。景士卒并北人,不乐南度,其将暴显等各率所部降绍宗。景军溃散,丧甲士四万人,马四千匹,辎重万余两。乃与腹心数骑自硖石济淮,稍收散卒,得马步八百人。南过小城,人登陴诟之曰:"跛脚奴何为邪!"景怒,破城杀言者而去。昼夜兼行,追军不敢逼。使谓绍宗曰:"景若就禽,公复何用?"绍宗乃纵之。

既而莫适所归,马头戍主刘神茂者,为韦黯所不容,因是蹑马乃驰谓景曰:"寿阳去此不远,城池险固,韦黯是监州耳。王若次近郊,必郊迎,因而执之,可以集事。得城之后,徐以启闻,朝廷喜王南归,必不责也。"景执其手曰:"天教也。"及至,而黯授甲登陴。景谓神茂曰:"事不谐矣。"对曰:"黯懦而寡智,可说下也。"乃遣豫州司马徐思玉夜入说之,黯乃开门纳景。景执黯,数将斩之,久而见释。乃遣于子悦驰以败闻,自求贬削。优诏不许。复求资给,即授南豫州刺史,本官如故。

帝以景兵新破,未忍移易,故以鄱阳王范为合州刺史,即镇合肥。魏人攻悬瓠,悬瓠粮少,羊鸦仁去悬瓠归义阳。

魏人入悬瓠,更求和亲,帝召公卿谋之。张绾、朱异咸请许之。景闻未之信,乃伪作邺人书,求以贞阳侯换景。帝将许之。舍人傅岐曰:"侯景以穷归义,弃之不祥。且百战之余,宁肯束手受执。"谢举、朱异曰:"景奔败之将,一使之力耳。"帝从之,复书曰:"贞阳旦至,侯景夕反。"景谓左右曰:"我知吴儿老公薄心肠。"又请娶于王、谢,帝曰:"王、谢门高非偶,可于朱、张以下访之。"景恚曰:"会将吴儿女以配奴。"王伟曰:"今坐听亦死,举大事亦死,王其图之。"于是遂怀反计。属城居人,悉占募为军士。辄停责市估及田租,百姓子女悉以配将士。又启求锦万疋为军人袍,中领军朱异议以御府锦署止充颁赏,不容以供边用,请送青布以给之。又以台所给仗多不能精,启请东冶锻工欲更营造,敕并给之。景自涡阳败后,多所征求,朝廷含弘,未尝拒绝。

是时贞阳侯明遣使还梁,述魏人请追前好,许放之还。武帝览之流涕,乃报明启当别遣行人。帝亦欲息兵,乃与魏和通。景闻之惧,驰启固谏,帝不从。尔后表疏跋扈,言辞不逊。又闻遣伏挺、徐陵使魏,不知所为。

元贞知景异志,累启还朝。景谓曰:"将定江南,何不少忍。"贞益惧,奔还建邺,具以事闻。景又招司州刺史羊鸦仁同逆,鸦仁录送其使。时鄱阳王范镇合肥,及鸦仁俱累启称景有异志。朱异曰:"侯景数百叛虏,何能为役。"并抑不奏闻,景所以奸谋益果。乃上言曰:"高澄狡猾,宁可全信。陛下纳其诡语,求与连和,臣亦窃所笑也。臣行年四十有六,未闻江左有佞邪之臣,一旦入朝,乃致嚣薾,宁堪粉骨,投命谁门。请乞江西一境,受臣控督;如其不许,即领甲临江,上向闽、越。非唯朝廷自耻,亦是三公肝食。"帝使朱异宣语答景使曰:"譬如贫家畜十客五客,尚能得意,朕唯有一客,致有忿言,亦是朕之失也。"景又知临贺王正德怨望朝廷,密令要结。正德许为内启。

二年八月,景遂发兵反,于豫州城内集其将帅,登坛歃血。是日地大震。于是以诛中领军朱异、少府卿徐驎、太子左率陆验、制局监周石珍为辞,以为奸臣乱政,请带甲入朝。先攻马头、木栅,执太守刘神茂、戍主曹璆等。武帝闻之,笑曰:"是何能为,吾以折棰答之。"乃敕:斩景者不问南北人同赏封二千户兼一州刺史;其人主帅欲还北不须州者,赏以绢布二万,以礼发遣。于是诏合州刺史鄱阳王范为南道都督,北徐州刺史封山侯正表为北道都督,司州刺史柳仲礼为西道都督,通直散骑常侍裴之高为东道都督,同讨景,济自历阳。又令侍中、开府仪同三司邵陵王纶持节,董督众军。

景闻之,谋于王伟。伟曰:"莫若直掩扬都,临贺反其内,大王攻其外,天下不足定也。兵闻拙速,不闻工迟,今今便须进路,不然邵陵及人。"九月,景发寿春,声云游猎,人不觉也。留伪中军大都督王贵显守寿春城,出军伪向合肥,遂袭谯州。助防董绍先降之,执刺史丰城侯泰。武帝闻之,遣太子家令王质率兵三千巡江遏防。景进攻历阳太守庄铁,铁遣弟均夜斫景营,战没。铁母爱其子,劝铁降。景拜其母,铁乃劝景曰:"急则应机,缓必致祸。"景乃使铁为导。

是时镇戍相次启闻,朱异尚曰:"景必无度江志。"萧正德先遣大船数十艘伪称载荻,实拟济景。景至江将度,虑王质为梗,俄而质被追为丹阳尹,无故自退。景闻未之信,乃密遣觇之,谓使者:"质若退,折江东树枝为验。"觇人如言而返。景大喜曰:"吾事办矣。"乃自采石济,马数百匹,兵八千人,都下弗之觉。

景出,分袭姑孰,执淮南太守文成侯宁,遂至慈湖。南津校尉江子一奔还建邺。皇太子见事急，入面启武帝曰："请以事垂付，愿不劳圣心。"帝曰："此自汝事，何更问为。"太子仍停中书省指授，内外扰乱相劫不复通。于是诏以扬州刺史宣城王大器为都督内外诸军事，都官尚书羊侃为军师将军以副焉。遣南浦侯推守东府城，西丰公大春守石头，轻车长史谢禧守白下。

既而景至朱雀航，遣徐思玉入启，乞带甲入朝，除君侧之恶，请遣了事舍人出相领解，实欲观建成中虚实。帝遣中书舍人贺季、主书郭宝亮随思玉往劳之于板桥。景北面受敕，季曰："今者之举，何以为名？"景曰："欲为帝也。"王伟进曰："朱异、徐骥诪黩乱政，欲除奸臣耳。"景既出恶言，留季不遣，宝亮还宫。

先是，大同中童谣曰："青丝白马寿阳来。"景涡阳之败，求锦，朝廷所给青布，及是皆用为袍，采色尚青。景乘白马，青丝为辔，欲以应谣。萧正德先屯丹阳郡，至是率所部与景合。建康令庾信率真千余人屯航北，及景至彻航，始除一舫，见贼军皆著铁面，遂弃军走。南塘游军复闭航度景。皇太子以所乘马授王质，配精兵三千，使援庾信。质至领军府与贼遇，未阵便奔。景乘胜至阙下。西丰公大春弃石头城走，景遣其仪同于子悦据之。谢禧亦弃白下城走。

景遣百道攻城，纵火烧大司马、东西华诸门。城中仓卒未有备，乃凿门楼，下水沃火，久之方灭。贼又斫东掖门将入，羊侃凿门扇刺杀数人，贼乃退。又登东宫墙射城内。至夜，简文募人出烧东宫台殿遂尽，所聚图籍百厨，一皆灰烬。先是简文梦有人书作秦始皇，云"此人复焚书"，至是而验。景又烧城西马廊、士林馆、太府寺。明日，景又作木驴数百攻城，城上掷以石，并皆碎破。贼又作尖顶木驴，状似槽，石不能破。乃作雉尾炬，灌以膏蜡，丛下焚之。

贼既不克，士卒死者甚多，乃止攻，筑长围以绝内外。又启求诛朱异、陆验、徐骥、周石珍等。城内亦射赏格出外，有能斩景首，授以景位，并钱一亿万，布绢各万疋，女乐二部。庄铁乃奔历阳，始言景已枭首。景城守郭骆惧，弃城走寿阳。铁得入城，遂奔寻阳。

十一月，景立萧正德为帝，即伪位，居于仪贤堂，改年曰正平。初童谣有"正平"之言，故立号以应之。识者以为正德卒当平殄也。景自为相国、天柱将军，正德以女妻之。景又攻东府城，设百尺楼车，铭城堞尽落。城陷，景使其仪同庐晖略率数千人持长刀夹城门，悉驱城内文武裸身而出，使交兵杀之，死者三千余人。南浦侯推是日遇害。景使正德子见理及晖略守东府城。

初，景至都，便唱云"武帝已晏驾"。虽城内亦以为然。简文虑人情有变，乃请上与驾巡城。上将登城，陆验谏曰："陛下万乘之重，岂可轻脱。"因泣下。帝深感其言，乃幸大司马门。城上闻跸声皆鼓噪，军人莫不屑涕，百姓乃安。

景又于城东西各起土山以临城，城内亦作两山以应之，简文以下皆亲奋锸。初，景至便望克定建邺，号令甚明，不犯百姓。既攻不下，人心离沮，又恐援军总集，众必溃散，乃纵兵杀掠，交尸塞路。富室豪家，恣意哀剥，子女妻妾，悉入军宫。又募北人先为奴者，并令自拔，赏以不次。朱异家黥奴乃与其俦逾城投贼，景以为仪同，使至阙下以诱城内，乘马披锦袍诟曰："朱异五十年仕宦，方得中领军。我始事侯王，已为仪同。"于是奴僮竞出，尽皆得志。

景食石头常平仓既尽，便掠居人，尔后米一升七八万钱，人相食，有食其子者。又筑土山，不限贵贱，昼夜不息，乱加殴棰，疲羸者因杀以填山，号哭之声动天地。百姓不敢藏隐，并出从之，旬日间众至数万。

景仪同范桃棒密贪重赏，求以甲士两千人来降，以景首应购，遣文德主帅前白马游军主陈昕夜逾城入，密启言状。简文以启上，上大悦，使报桃棒，事定许封河南王，镌银券以与之。简文恐其诈，犹豫不决。上怒曰："受降常理，何忽致疑。"朱异、傅岐同请纳之。简文曰："吾即坚城自守，所望外援，外援若至，贼岂足平。今若开门以纳桃棒，桃棒之意尚且难知，一旦倾危，悔无及矣。"桃棒又曰："今止将所领五百余人，若至城门，自皆脱甲。乞朝廷赐容。事济之时，保禽侯景。"简文见其言愈疑之。朱异以手槌胸曰："今年社稷去矣。"俄而桃棒军人鲁伯和告景，并烹之。

至是，邵陵王纶率西丰公大春、新淦公大成、永安侯确、南安乡侯骏、前谯州刺史赵伯超、武州刺史萧弄璋、步兵校尉尹思合等马步三万，发自京口，直据钟山。景党大骇，咸欲逃散。分遣万余人拒战，纶大败之于爱敬寺下。

景初闻纶至，惧形于色，及败军还，尤言其盛，愈恐，命具舟石头将北济。任约曰："去乡万里，走欲何之？战若不捷，君争同死。草间乞活，约所不为。"景乃留宋子仙守壁，自将锐卒拒纶，阵于覆舟山北，与纶相持。会暮，景退还。南安侯骏率数十骑挑之。景回军，骏退。时赵伯超阵于玄武湖北，见骏退，仍率军前走。众军因乱，遂败绩。纶奔京口。贼执西丰公大春、纶司马庄丘慧达、直阁将军胡子约、广陵令霍隽等来送城下，逼令云："已禽邵陵王。"霍隽独云："王小失利，已全军还京口，城中但坚守，援军寻至。"语未卒，贼以刀伤其口，景义而释焉。正德乃收而害之，是日，鄱阳世子嗣、裴之高至后渚，结营于蔡洲。景分军屯南岸。

十二月，景造诸攻具及飞楼、橦车、登城车、钩堞车、阶道车、火车，并高数丈，车至二十轮，陈于阙前，百道攻城。以火车焚城东南隅大楼，因火势以攻城。城上纵火，悉焚其攻具，贼乃退。是时，景土山成。城内土山亦成。以太府卿韦黯守西土山，左卫将军柳津守东土山。山起芙蓉层楼，高四丈，饰以锦罽捍以乌笙。山峰相近。募敢死士，厚衣袍铠，名曰"僧腾客"，配二山，交稍以战。鼓叫沸腾，昏旦不息。土山攻战既苦，人不堪命，柳津命作地道，毁外山，掷雉尾炬烧其櫓堞。外山崩，厌贼且尽。贼又作虾蟆车，运土石填堑，战士升之楼车，四面并至。城内飞石碎其车，贼死积于城下。贼又掘城东南角，城内作迂城形如却月以捍之，贼乃退。

材官将军宋嶷降贼，因为立计，引玄武湖水灌台城，阙前御街并为洪波矣。又烧南岸居人营寺，莫不咸尽。司州刺史柳仲礼、衡州刺史韦粲、南陵太守陈文彻、宣猛将军李孝钦等皆来赴援，鄱阳世子嗣、裴之高又济江。柳仲礼营朱雀航南，裴之高营南苑，韦粲营青塘，陈文彻、李孝钦屯丹阳郡，鄱阳世子嗣营小航南，并缘淮造栅。及旦，景方觉，乃登禅灵寺门楼以望之。见韦粲营垒未合，度兵击之，粲败，景斩粲首徇城下。柳仲礼闻粲败，不遑贯甲，与数十人赴之。遇贼，斩首数百，仍投水死者千余人。仲礼深入，马陷泥，亦被重创。自是贼不敢济岸。

邵陵王纶又与临城公大连等自东道集于南岸；荆州刺史湘东王绎遣世子方等、兼司马吴晔、天门太守樊文皎赴援，营于湘子岸前；高州刺史李迁仕、前司州刺史羊鸦仁又率兵继至。既而鄱阳世子嗣、永安侯确、羊鸦仁、李迁仁、樊文皎率众度淮，攻破贼东府城前栅，遂营于青溪水东。景遣其仪同宋子仙缘水西立栅以相拒。景食稍尽，人相食者十五六。

初，援兵至北岸，众号百万。百姓扶老携幼以候王师，绕过淮，便竞剥掠，征责金银。列营而立，互相疑贰，邵陵王纶、柳仲礼甚于谁敌，临城公大连、永安侯确逾于水火，无有关心。贼党有欲自拔者，闻之咸止。

贼之始至，城中绕得固守，平荡之事，期望援军。既而中外断绝，有羊车儿献计，作纸鸦紧以长绳，藏敕于中。简文出太极殿前，因西北风而放，冀得书达。众贼骇之，谓是厌胜之术，又射下之，其危急如此！是时城中围逼既久，胜味顿绝，简文上厨，仅有一肉之膳。军士煮弩熏鼠捕雀食之。殿堂旧多鸽群聚，至是殆焉。初，宫门之闭，公卿以食为念，男女贵贱并出负米，得四十万斛，收诸府藏钱帛五十亿万，并聚德阳堂，鱼监樵采所取盖寡。至是乃壤尚书省为薪，撤荐刬以饲马，尽又食饹焉。御甘露厨有干苔，味酸咸，分给战士。军人屠马于殿省间鬻之，杂以人肉，食者必病。贼又置毒于水窦，于是稍行肿满之疾，城中疫死者大半。初，景之未度江，魏人遣檄，极言景反覆猜忍，又言帝饰智惊愚，将为景欺。至是祸败之状，皆如所陈，南人咸以为识。

时景军亦饥，不能复战。东城有积粟，其路为援军所断，且闻湘东王下荆州兵。彭城刘邈乃说景曰："大军顿兵已久，攻城不拔，今众军云集，未易可破。如闻军粮不支一月，运漕路绝，野无所掠，婴儿掌上，信在于今。未若乞和，全师而反。"景乃与王伟计，遣任约至城北拜表伪降，以河南自效。帝曰："吾有死而已，宁有是议。且贼凶逆多诈，此言云何可信。"既而城中日蹙，简文乃请武帝曰："侯景围逼，既无勤王之师，今欲许和，更思后计。"帝大怒曰："和不如死。"简文曰："城下之盟，乃是深耻；白刃交前，流矢不顾。"上迟回久之，曰："尔自图之，无令取笑千载。"乃听焉。

景请割江右四州地，并求宣城王大器出送，然后解围济江。仍许遣其仪同于子悦、左丞王伟入城为质。中领军傅岐议以宣城王嫡嗣之重，有轻言者请剑斩之。乃请石城公大款出送，诏许焉。遂于西华门外设坛，遣尚书仆射王克、兼侍中上甲乡韶、兼散骑常侍萧瑳与于子悦、王伟等登坛共盟。右卫将军柳津出西华门下，景出其栅门，与津遥遥相对，刑牲歃血。

南兖州刺史南康嗣王会理、前青冀二州刺史湘潭侯退、西昌侯世子彧率众三万至于马卬洲，景虑北军自白下而上，断其江路，请悉勒聚南岸。敕乃遣北军并进江潭苑。景又启称："永安侯、赵威方频隔栅诟臣，云'天子自与尔盟，我终当逐汝'。乞召入城，即进发。"敕并召之。景遂运东城米于石头，食乃足。又启云："西岸信至，高澄已得寿春、钟离，便无处安足，权借广陵、谯州，须征得寿春、钟离，即以奉还朝廷。"

时荆州刺史湘东王绎师于武成，河东王誉次巴陵，前信州刺史桂阳王慥顿江津，并未之进。既而有敕班师。湘东王欲旋，中记室参军萧贲曰："景以人臣举兵向阙，今若放兵，未及度江，童子能斩之，必不为也。大王以十万之师，未见贼而退，若何！"湘东王不悦。贲，骨鲠士也，每恨湘东不入援。尝与王双六，食子未下，贲曰："殿下都无下意。"王深为

憾,遂因事害之。

景既知援军号令不一,终无勤王之效,又闻城中死疾转多,当有应之者。既却湘东王等兵,又得东城之米,王伟且说景曰:"王以人臣举兵背叛,围守宫阙,已盈十旬。逼辱妃主,陵秽宗庙,今日持此,何处容身? 愿且观变。"景然之,乃表陈武帝十失。三年三月丙辰朔,城内于太极殿前设坛,使兼太宰、尚书仆射王克等告天地神祇,以景违盟,举烽鼓噪。初,城围之日,男女十余万,贯甲者三万,至是疾疫且尽,守埤者止二三千人,并悉羸懦。横尸满路,无人埋瘗,臭气熏数里,烂汁满沟洫。于是羊鸦仁、柳仲礼、鄱阳世子嗣进军于东府城北。栅垒未立,为景将宋子仙所败,送首级于阙下。景又遣于子悦乞和,城内遣御史中丞沈浚至景所。景无去意,浚因责之,景大怒,既决石阙前水,百道攻城,昼夜不息。

丁卯,邵陵王世子坚帐内白昙朗、董勋华于城西北楼纳贼。五鼓,贼四面飞梯,众悉上。永安侯确与其兄坚力战不能却,乃还见文德殿言状。须臾,景乃先使王伟、仪同陈庆入殿陈谢曰:"臣既与高氏有隙,所以归投,每启不蒙上奏,所以入朝。而奸佞惧诛,深见推拒,连兵多日,罪合万诛。"武帝曰:"景今何在? 可召来。"景入朝,以甲士五百人自卫,带剑升殿。拜讫,帝神色不变,使引向三公榻坐,谓曰:"卿在戎日久,无乃为劳。"景默然。又问:"卿何州人? 而来至此。"又不对。其从者任约代对。又问:"初度江有几人?"景曰:"千人。""围台城有几人?"曰:"十万。""今有几人?"曰:"率土之内,莫非已有。"帝俯首不言。景出,谓其厢公王僧贵曰:"吾常据鞍对敌,矢刃交下,而意了无怖。今见萧公,使人自慑,岂非天威难犯。吾不可以再见之。"出见简文于永福省,简文坐与相见,亦无惧色。

初,简文寒夕诗云:"雪花无有蒂,冰镜不安台。"又咏月云:"飞轮了无辙,明镜不安台。"后人以为诗谶:谓无蒂者,是无帝;不安台者,台城不安;轮无辙者,以邵陵名纶,空有赴援名也。

既而景屯兵西州,使伪仪同陈庆以甲防太极殿,悉卤掠乘舆服玩、后宫嫔妾,收王侯朝士送永福省,撤二宫侍卫。使王伟守武德殿,于子悦屯太极东堂。矫诏大赦,自为大都督、都督中外诸军、录尚书事,其侍中、使持节、大丞相、王如故。

先是,城中积尸不暇埋瘗,又有已死未敛,或将死未绝,景悉令聚而焚之,臭气闻十余里。尚书外兵郎鲍正疾笃,贼曳出焚之,宛转火中,久而方绝。景又矫诏征镇牧守各复本位,于是诸军并散。降萧正德为侍中、大司马,百官皆复其职。

帝虽外迹夏屈,而意犹忿愤;景欲以宋子仙为司空,帝曰:"调和阴阳,岂在此物!"景又请以文德主帅邓仲为城门校尉,帝曰:"不置此官。"简文重入奏。帝怒曰:"谁令汝来!"景闻亦不敢逼。后每征求,多不称旨,至于御膳亦被裁抑。遂怀忧愤,五月,感疾馁,崩于文德殿。景秘不发丧,权殡于昭阳殿,自外文武咸莫之知。二十余日,然后升梓宫于太极前殿,迎简文即位。及葬修陵,使卫士以大钉于要地钉之,欲令后世血灭。矫诏赦北人为奴婢者,冀收其力用焉。时东扬州刺史临城公大连据州,吴与太守张嵊据郡,自南陵以上并各据守。景制命所行,唯吴郡以西、南陵以北而已。

六月,景乃杀萧正德于永福省,封元罗为西秦王,元景袭为陈留王,诸元子弟封王者

十余人。以柳仲礼为使持节、大都督，隶大丞相，参戎事。

十一月，百济使至，见城邑丘墟，于端门外号泣，行路见者莫不洒泣。景闻大怒，收小庄严寺，禁不听出入。

大宝元年正月，景矫诏自加班剑四十人，给前后部羽葆、鼓吹，置左右长史、从事中郎四人。三月甲申，景请简文禊宴于乐游苑，帐饮三日。其逆尝咸以妻子自随，皇太子以下，并令马射，箭中者赏以金钱。翌日向晨，简文还宫。景拜伏苦请，简文不从。及发，景即与溧阳主共据御状南面并坐，群臣文武列坐侍宴。

四月辛卯，景又召简文幸西州，简文御素辇，侍卫四百余人。景众数千浴铁翼卫。简文至西州，景羊逆拜。上冠下屋白纱帽，服白布裙褥。景服紫绅褶，上加金带，与其伪仪同陈庆、索超世等西向坐。溧阳主与其母范淑妃东向坐。上闻丝竹，凄然下泣。景起谢曰：“陛下何不乐？”上为笑曰：“丞相言索超世闻此以为何声？”景曰：“臣且不知，岂独超世。”上乃命景起舞，景即下席应弦而歌。上顾命淑妃，淑妃固辞乃止。景又上礼，遂逼上起舞。酒阑坐散，上抱景于床曰：“我念丞相。”景曰：“陛下如不念臣，臣何至此。”上索筌蹄，曰：“我为公讲。”命景离席，使其唱经。景问超世何经最小，超世曰：“唯观世音小。”景即唱“尔时无尽意菩萨”。上大笑，夜乃罢。

时江南大饥，江、扬弥甚，旱蝗相系，年谷不登，百姓流亡，死者涂地。父子携手共入江湖，或弟兄相要俱缘山岳，芰实荇花，所在皆声，草根木叶，为之凋残。虽假命须臾，亦终死山泽。其绝粒久者，鸟面鹄形，俯伏床帷。不出户牖者，莫不衣罗绮，怀金玉，交相枕藉，待命听终。于是千里绝烟，人迹罕见，白骨成聚如丘陇焉。而景虐于用刑，酷忍无道，于石头立大舂碓，有犯法者捣杀之。东阳人李瞻起兵，为贼所执，送诣建邺。景先出之市中，断其手足，刻析心腹，破出肝肠。瞻正色整容，言笑自若，见其胆者乃如升焉。又禁人偶语，不许大酺，有犯则刑及外族。其官人任兼困外者位必行台，入附凶徒者并称开府，其亲寄隆重则号曰左右厢公，勇力兼人名为库真部督。

七月，景又矫诏自进位相国，封泰山等二十郡为汉王。入朝不趋，赞拜不名，剑履上殿，依汉萧何故事。十月，景又矫诏自加宇宙大将军、都督六合诸军事。以诏文呈简文。简文大惊曰：“将军乃有宇宙之号乎？”初，武帝既崩，景立简文，升重云殿礼佛为盟曰：“臣乞自今两无疑贰，臣固不负陛下，陛下亦不得负臣。”及南康王会理之事，景稍猜惧，谓简文欲谋之。王伟因构扇，遂怀逆谋矣。

二年正月，景以王克为太宰，宋子仙为太保，元罗为太傅，郭元建为太尉，张化仁为司徒，任约为司空，于庆为太师，纥奚斤为太子太傅，时灵护为太子太保，王伟为尚书左仆射，索超世为右仆射。于大航跨水筑城，名曰捍国。

四月，景遣宋子仙袭陷郢州刺史方诸。景乘胜西上，号二十万，联旗千里，江左以来，水军之盛未有也。元帝闻之。谓御史中丞宗懔曰：“贼若分守巴陵，鼓行西上，荆、郢殆危，此上策也。身顿长沙，徇地零、桂，运粮以至洞庭，湘、郢非吾有，此中策也。拥众江口，连攻巴陵，锐气尽于坚城，士卒饥于半菽，此下策也，吾安枕而卧，无所多忧。”及次巴陵，王僧辩沉船卧鼓，若将已遁。景遂围城。元帝遣平北将军胡僧佑与居士陆法和大破之，禽其将任约，景乃夜遁还都。左右有泣者，景命斩之。王僧辩乃东下，自是众军所至皆捷。先是，景每出师，戒诸将曰："若破城邑，净杀却，使天下知吾威名。"故诸将以杀人为戏笑，百姓虽死不从之。

是月，景乃废简文，幽于永福省，迎豫章王栋即皇帝位，升太极前殿，大赦，改元为天正元年。有回风自永福省吹其文物皆倒折，见者莫不惊骇。初，景既平建邺，便有篡夺志，以四方须定，故未自立。既而巴陵失律，江、郢丧师，猛将外残，雄心内沮，便欲速僭大号。又王伟云："自古移鼎必须废立。"故景从之。其太尉郭元建闻之，自秦郡驰还谏曰："主上仁明，何得废之？"景曰："王伟劝吾。"元建固陈不可，景意遂回，欲复帝位，以栋为太孙。王伟固执不可，乃禅位于栋。景以哀太子妃赐郭元建，元建曰："岂有皇太子妃而降为人妾。"竟不与相见。景司空刘神茂、仪同尹思合、刘归义、王晔、桑干王元颊等据东阳归顺。

十一月，景矫萧栋诏，自加九锡，汉国置丞相以下百官，陈备物于庭。忽有鸟似山鹊翔于景册书上，赤足丹嘴，都下左右所无。贼徒悉骇，竞射之，不能中。景又矫栋诏，追崇其祖为大将军，父为大丞相，自加冕十有二旒，建天子旌旗，出警入跸，乘金根车，驾六马，备五时副车，置旄头云罕，乐舞八佾，钟簴宫悬之乐，一如旧仪。寻又矫萧栋诏禅位，使伪太宰王克奉玺绶于己。先夕，景宿大庄严寺，即南郊，柴燎于天，升坛受禅，大风拔木，旗盖尽偃，文物并失旧仪。既唱警跸，识者以为名景而言警跸，非久祥也。景闻恶之，改为备跸，人又曰，备于此便毕矣。有司乃奏改云永跸。乃以广柳车载鼓吹，橐驼负牺牲，辇上置垂脚坐焉。景所带剑水精标无故堕落，手自拾取，甚恶之。将登坛，有兔自前而走，俄失所在。又白虹贯日三重，日青无色。还将登太极殿，丑徒数万同共吹唇唱吼而上。及升御装，床脚自陷。大赦，改元为太始元年。方飨群臣，中会而起，触扆坠地。封萧栋为淮阴王，幽之。改梁律为汉律，改左户尚书为殿中尚书，五兵尚书为七兵尚书，直殿主帅为直寝。

景三公之官，动置十数，仪同尤多。或匹马孤行，自执羁绁。以宋子仙、郭元建、张化仁、任约为佐命元功，并加三公之位；王伟、索超世为谋主；于子悦、彭㒞主击断；陈庆、吕季略、庐晖略、于和、史安和为爪牙；斯皆尤毒于百姓者。其余王伯丑、任延和等复有数十人。梁人而为景用者，则故将军赵伯超、前制局监姬石珍、内监严亶邵陵王记室伏知命，此四人尽心竭力者。若太宰王克、太傅元罗、侍中殷不害、太常姬弘正等虽官尊，止从人望，非腹心任也。景祖名乙羽周，及篡以周为庙讳，故改周弘正、石珍姓姬焉。

王伟请立七庙，景曰："何谓七庙？"伟曰："天子祭七世祖考，故置七庙。"并请七世讳，敕太常具祭祀之礼。景曰："前世吾不复忆，唯阿爷名标，且在朔州，伊那得来敢是。"众闻咸笑之。景尝有知景祖名乙羽周者，自外悉是王伟制其名位。以汉司徒侯霸为始祖，晋征士侯瑾为七世祖。于是推尊其祖周为大丞相，父标为元皇帝。

于时景修饰台城及朱雀、宣阳等门，童谣曰："的胦鸟，拂朱雀，还与吴。"又曰："脱青袍，著芒属，荆州天子挺应著。"时都下王侯蕃姓五等庙树，咸见残毁，唯文宣太后庙四周栢树独郁茂。及景篡。修南郊路，伪都官尚书吕季略说景令伐此树以立三桥。始斫南面十余株，再宿悉柿生，便长数尺。时既冬月，翠茂若春。贼乃大惊恶之，使悉斫杀。识者以为昔僵柳起于上林，乃表汉宣之与，今庙树重青，必彰陕西之瑞。又景床东边香炉无故堕地，景呼东西南北皆谓为厢，景曰："此东厢香炉那忽下地。"议者以为湘东军下之征。

十二月，谢答仁、李庆等军至建德，攻元颁、李占栅，大破之。执颁、占送京口，截其手足徇之，经日乃死。

景二年，谢答仁攻东阳，刘神茂降。以送建康，景为大剉碓，先进其脚，寸寸斩之，至头方止。使众观之以示威。

王僧辩军至无湖，城主宵遁。侯子鉴率步骑万余人度州，并引水军俱进。僧辩逆击，大破之。景闻之大惧涕下，覆面引衾卧，良久方起，叹曰："咄叱！咄叱！误杀乃公。"

初，景之为丞相，居于西州，将率谋臣，朝必集行列门外，谓之牙门。以次引进，贵以酒食，言笑谈论，善恶必同。及篡，恒坐内不出，旧将稀见面，咸有怨心。至是登烽火楼望西师，看一人以为十人，大惧。僧辩及诸将遂于石头城西步上，连营立栅，至于落星墩。景大恐，遣掘王僧辩父墓，剖棺焚其尸。王僧辩等进营于石头城北，景列阵挑战，僧辩大破之。

景既退败，不敢入宫，敛其散兵屯于阙下，遂将逃。王伟按剑揽辔谏曰："自古岂有叛天子！今宫中卫士尚足一战，宁可便走。"景曰："我在北打贺拔胜，败葛荣，扬名河朔，与高王一种人。来南直度大江，取台城如反掌，打邵陵王于北山，破柳仲礼于南岸，皆乃所亲见。今日之事，恐是天亡。乃好守城，当复一决。"仰观石阙，逡巡叹息久之。乃以皮囊盛二子挂马鞍，与其仪同田迁、范希荣等百余骑东奔。王伟遂委台城窜逸。侯子鉴等奔广陵。王克开台城门引裴之横入宫，纵兵蹂掠。是夜遗烬烧太极殿及东西堂、延阁、秘署皆尽，羽仪辇辂莫有孑遗。王僧辩命武州刺史杜崱救火，仅而得灭。故武德、五明、重云殿及门下、中书、尚书省得免。

僧辩迎简文梓宫升于朝堂，三军缟素，踊于哀次。命侯瑱、裴之横追贼于东，焚伪神主于宣阳门，作神主于太庙，收图书入万卷归江陵。杜崱守台城，都下户口百遗一二，大航南岸极目无烟。老小相扶竞出，绕度淮，王琳、杜龛军人掠之，甚于寇贼，号叫闻于石头。僧辩谓为有变，登城问故，亦不禁也。金以王师之酷，甚于侯景，君子以是知僧辩之不终。

初，景之图台城，援军三十万，兵士望青袍则气消胆夺。及赤亭之役，胡僧佑以嬴卒一千破任约精甲二万，转战而东，前无横阵。既而侯瑱追及，景众未阵，皆举幡乞降。景不能制，乃与腹心人数十单舸走，推堕二子于水，自沪渎入海至胡豆洲，前太子舍人羊鲲杀之，送于王僧辩。

景长不满七尺，长上短下，眉目疎秀，广头高颧，色赤少鬓，低眠娄顾，声散，识者曰："此谓豺狼之声，故能食人，亦当为人所食。"既南奔，魏相高澄悉命先剥景妻子面皮，以大铁镬盛油煎杀之。女以入宫为婢，男三岁者并下蚕室。后齐文宣梦弥猴坐御床，乃并煮景子于镬，其子之在北者殆焉。

景性猜忍，好杀戮，恒以手刃为戏。方食，斩人于前，言笑自若，口不辍飡。或先断手足，割舌劓鼻，经日乃杀之。自篡立后，时著白纱帽，而尚披青袍，头插象牙梳，床上常设胡床及筌蹄，著靴垂脚坐。或跂户限，或走马遨游，弹射鸦鸟。自为天子，王伟不许轻出，于是郁怏，更成失志，曰："吾无事为帝，与受摈不殊！"及闻义师转近，猜忌弥深，床前兰骑自远,然后见客。每登武帝所常幸殿,若有瓦刺在身,恒闻叱咄者。又处宴居殿,一夜惊起,若有物扣其心。自是凡武帝所常居处,并不敢处,多在昭阳殿廊下。所居殿屋,常有鸺鹠鸟鸣呼,景恶之,每使人穷山野捕鸟。景所乘白马,每战将胜,辄踯躅嘶鸣,意气骏逸;其有奔衄,必低头不前。及石头之役,精神沮丧,卧不肯动。景使左右拜请,或加跋策,终不肯进。始景左足上有肉瘤,状似龟,战应克捷,瘤则隐起分明;如不胜,瘤则低。至景败日,瘤隐陷肉中。

天监中,沙门释宝志曰:"掘尾狗子自发狂,当死未死啮人伤,须臾之间自灭亡,起自汝阴死三湘。"又曰:"山家小儿果攘臂,太极殿前作虎视。"狗子,景小字,山家小儿,猴状。景遂覆陷都邑,毒害皇家。起自悬瓠,即昔之汝南。巴陵有地名三湘,景奔败处。其言皆验。景常谓人曰:"侯字人边作主,下作人,此明是人主也。"台城既隐,武帝当语人曰:"侯景必得为帝,但不久耳。破'侯景'字成'小人百日天子',为帝当得百日。"案景以辛未年十一月十九日篡位,壬申年三月十九日败,得一百二十日。而景以三月一日便往姑孰,计在宫殿足满十旬,其言竟验。又大同中,太医令朱耽尝直禁省,无何梦犬羊各一在御坐,觉而告人曰:"犬羊非佳物也,今据御座,将有变乎!"既而天子蒙尘,景登正殿焉。

及景将败,有僧通道人者,意性若狂,饮酒敢肉,不异凡等。世间游行已数十载,姓名乡里,人莫能知。初言隐伏,久乃方验。人并呼为阇梨。景甚信敬之。景尝于后堂与其徒共射,时僧通在坐,夺景弓射景阳山,大呼云"得奴已"。景后又宴集其党,又召僧通。僧通取肉搵盐以进景,问曰:"好不?"景答:"所恨大咸。"僧通曰:"不咸则烂。"及景死,僧辩截其二手送齐文宣,传首江陵,果以盐五斗置腹中,送于建康,暴之于市。百姓争取屠脍羹食皆尽,并溧阳主亦预食例。景焚骨扬灰,曾罹其祸者,乃以灰和酒饮之。首至江陵,元帝命枭于市三日,然后煮而漆之,以付武库。先是江陵谣言:"苦竹町,市南有好井。荆州军,杀侯景。"及景首至,元帝付谘议参军李季长宅,宅东即苦竹町也。既加鼎镬,即用市南井水焉。景仪同谢答仁、行台赵伯超降于侯瑱,生禽贼行台田迁、仪同房世贵、蔡寿乐、领军王伯丑。凶党悉平,斩房世贵于建康市,余党送江陵。初,郭元建以有礼于皇太子妃,将降,侯子鉴曰:"此小惠也,不足自全。"乃奔齐。

【译文】

侯景,字万景,北魏的怀朔镇人。自少放荡不羁,为本镇的功曹史。魏末北方大乱,他便效力于边将尔朱荣,很受器重。他开始向尔朱荣的部将慕容绍宗学习兵法,没有多久,慕容绍宗就要反过来请教他了。后来他以军功为定州刺史。早先,东魏丞相高欢微贱时,与侯景非常要好,及至高欢诛灭尔朱氏,侯景率众投降,仍然为高欢重用。稍升为吏部尚书,但这不合他的愿望,他常常独自说:"为什么离开这里而返回到故纸堆里呢!"不久被封为濮阳郡公。

高欢在沙苑被西魏打败,侯景对高欢说:"宇文泰自恃打了胜仗,现在必然懈怠,请让我率数千劲骑入关中擒拿他!"高欢把这话告诉了他的王妃娄氏,娄氏说:"他如果捉住宇文泰,也就不会再回来了。得了宇文泰而失去了侯景,这对事情有什么补益。"高欢就停止了这次行动。侯景后来又担任河南道大行台,位及司徒。他又对高欢说:"我只恨不能捉住宇文泰。请给我三万兵，我可以横行天下。一定要渡过长江捆来萧衍老翁（梁武帝名），让他当太平寺的寺主。"高欢认为他说的有气魄，就让他拥兵十万，专门节制河南，对他的信赖，好像自己身体的一半。

侯景右腿短，弓马武艺不是他的所长，他的本领全在智谋上。当时高欢的部将高昂、彭乐都是雄勇冠一时，只有侯景常瞧不起他们，说"像野猪一样乱窜，他的势力能到哪儿"！及至他将出镇河南，向高欢提议说："如今我握兵远方，奸人容易施行伪诈，大王如果给我写信，请与其他的有些区别。"高欢答应了。以后他每次给侯景写信，都另外加上个小墨点儿，即使是他自己的子弟也不知道这暗号。

等到高欢病危，他的世子高澄假托高欢写信召侯景回朝。侯景知道这是假的，害怕大祸临头，便用王伟的主意，于梁武帝太清元年二月，派遣他的行台郎中丁和，上表给梁武帝，请求投降。梁武帝召集群臣商议，尚书仆射谢举等人认为接纳侯景有所不便，武帝不听从。开初，武帝在这年正月乙卯日于善言殿读佛经，当时对左右黄慧弼说："我昨天梦见天下太平，你要记住。"等到丁和来到，核对侯景正好在正月乙卯日定计投降，所以武帝就同意接纳侯景了。于是封侯景为河南王、大将军、使持节、董督河南南北诸军事、大行台，承受制书如汉时邓禹故事。

高澄嗣位为渤海王，派遣他的部将慕容绍宗包围侯景于长社。侯景危急，便请求割让鲁阳、长社、东荆、北兖，以请救于西魏。西魏派遣五城王元庆等率兵援救，慕容绍宗才退兵。侯景又向梁朝的司州刺史羊鸦仁请求救兵，羊鸦仁派遣长史邓鸿率兵进至汝水，元庆军乘夜逃遁，羊鸦仁便占据了悬瓠。

当时侯景的部将蔡道遵又返回东魏，说侯景有悔过的意思。高澄信以为然，便写信告诉侯景：如果回来，答应给他豫州刺史以终身，所属的文武将吏不再追回，全家平安无恙，并归还他的宠妻爱子。侯景回信不听从。高澄知道侯景没有回来的打算，就派遣军队相继讨伐侯景。

梁武帝听说羊鸦仁已经占据了悬瓠，便命令群帅布置战略，大举进攻东魏，以贞阳侯萧明为都督。萧明军败被俘。慕容绍宗进攻潼州，刺史郭凤弃城而逃。侯景便派遣他的行台左丞王伟、左户郎中王则，前往梁朝都城献策，建议立元氏子弟为魏主。梁武帝就封太子舍人元贞（投奔梁朝的魏宗室）为咸阳王，等到渡江答应让他即位，把备用的乘舆送给了他。

高澄又派遣慕容绍宗追击侯景，侯景退保涡阳，派人对慕容绍宗说："你是想送客呢，还是想定雌雄？"慕容绍宗答道："准备决战。"于是就顺风摆下战阵。侯景紧闭营垒，过了一会儿才出来。慕容绍宗说："侯景多有诡计，好从背后偷袭。"派兵防备，果然如他所说。侯景命令战士都披短甲，持短刀，只管低头砍人腿马足，于是击败了慕容绍宗。裨将斛律光责怪他，慕容绍宗说："我打的仗多了，还没有见过这么难以对付的贼呢！你去对付他吧。"斛律光披甲准备出去，慕容绍宗告诫说："不要渡过涡水！"接着，斛律光又被侯景打败了。慕容绍宗对他说："到底怎么样？"相持连月，侯景的粮食吃尽了，就诳骗他的部下，说他们的家属都被高澄杀死了。众人都相信了他。慕容绍宗远远地对他们说："你们的家属都安然无恙。"便披发面向北斗发誓。侯景的部卒都是北方人，不愿意南渡，他的部将暴显等各率部下投降慕容绍宗。侯景的军队溃散，丧失甲士四万人，马四千匹，辎重车一万多辆。侯景便和几个心腹，乘马自峡石渡过淮河，稍稍收聚散兵，得马步兵八百人。南行经过一座小城，有人登上城墙诟骂侯景说："跛脚奴要干什么！"侯景大怒，攻破小城，把骂他的人杀了才离开。他昼夜兼行，追军不敢逼近。他派人对慕容绍宗说："侯景如果被擒，您还有什么用呢？"慕容绍宗便放跑了他。

接着侯景不知去哪里为好。马头戍主刘神茂，不为韦黯所容，于是顾不得把马累倒，驰奔投见侯景，说："寿阳离这里不远，城池险固，韦黯是那里的监州。大王如果抵达寿阳近郊，他必然要出迎，大王趁机捉住他，可以成大事。得到寿阳之后，徐徐奏闻，朝廷高兴大王南归，一定不会责怪大王的。"侯景握着刘神茂的手说："这是上天的指点呀！"等抵寿阳，韦黯披甲登上城楼，侯景对刘神茂："事情要失败了。"刘神茂答道："韦黯怯懦而缺少智虑，可以说服他下城的。"便派遣豫州司马徐思玉，到夜里入城说服韦黯，韦黯果然开门接纳了侯景。侯景捉住韦黯，责数着要杀死他，过了很久才把他释放。于是侯景派遣于子悦驰往朝廷报告打了败仗，自己要求贬官削爵。武帝优诏不许。侯景又请求救济，便授任南豫州刺史，本官如故。

梁武帝因为侯景的军队刚刚被击破，不忍把他调动，所以就派鄱阳王萧范为合州刺史，镇守合肥。东魏攻打悬瓠，悬瓠粮食用尽，羊鸦仁离开悬瓠回到义阳。

东魏人进入悬瓠，再次请求和亲，梁武帝召集公卿商议。张绾、朱异都建议答应东魏。侯景听了还不大相信，便伪造了邺都人的书信，要求用俘虏的贞阳侯萧明交换侯景。梁武帝准备应许。舍人傅歧说："侯景因为徒穷归顺朝廷，抛弃他不吉利。而且他身经百战，岂肯束手就擒！"谢举、朱异说："侯景是个败逃之将，要捉他只用一个使者就够了。"梁武帝应许了，回信道："贞阳侯早晨送到，侯景晚上就交回。"侯景得到回信，对左右说："我知道这吴儿老翁没有好心肠。"他又请求娶王、谢豪族的女儿为妻，梁武帝说："王、谢门第很高，你配不上，可在朱、张以下各家求婚。"侯景怒道："我一定要把吴人的儿女配给奴婢！"王伟说："如今坐等也是死，举大事也不过是一死，请大王决定。"于是侯景就怀下造反的念头。他把属内的居民全部强制募为军士，停止征收市税和田租，把老百姓的子女全都配给了将士。他又要求朝廷给他锦缎万匹做军人的衣袍，中领军朱异提议说：御库中的锦缎只做颁赏用，不供边塞使用，建议送给侯景青布。侯景又说朝廷发给的兵杖都不精好，奏请用东冶的铁匠重新锻造，武帝都同意满足他。侯景自从在涡阳失败以后，多次向朝廷提出索求，朝廷含忍，从未拒绝。

当时贞阳侯萧明打发使者回梁朝，陈述东魏人希望接续以前的友好关系，把他放还南方的意愿。武帝看信流下了眼泪，便回信给萧明说准备另外派遣使者去东魏。武帝也想停止征战，就与东魏通知。侯景听了非常恐惧，驰奏谏阻，武帝不听从。此后侯景的表疏跋扈，言词不逊。他又听说朝廷派遣伏挺、徐陵出使东魏，便惶惑不知所为了。

元贞知道侯景有野心，屡次启请还朝。侯景对他说："我很快就会平定江南，你为什么不稍微忍耐一下？"元贞更加恐惧了，就逃回了建邺，把情况全部奏闻朝廷。当时鄱阳王萧范镇守合肥，和羊鸦仁都屡次启奏，说侯景有野心。朱异说："侯景不过有几百个叛虏，哪能打仗！"把奏表都扣压不送交武帝，侯景因此奸谋越发决断。他上言说："高澄狡猎，岂能完全相信？陛下接受了他的诡诈之言，要求与他连和，连我也觉得可笑。我年已将近四十六岁，还没有听说江南有邪佞之臣，可是一旦入朝，竟然招致攻讦，我岂能粉身碎骨，投身于仇家！请给我江西一境，受我的控制；如果不答应，我就率兵逼临长江，直入闽、越，那就不仅朝廷要感到耻辱，三公大臣们也要寝食不安了。"武帝让朱异传语答复侯景的使者说："譬如穷人家养着十个五个客人，还能让他们满意，朕只有你一个客人，致使你有怨愤之言，这是朕的过失。"侯景又知道临贺王萧正德怨望朝廷，秘密地与他勾结。萧正德答应做他的内线。

太清二年八月，侯景便发兵造反，在豫州城内召集他的将帅，登坛歃血为盟。这天地大震。于是以诛锄中领军朱一、少府卿徐驎、太子左率陆验、制局监周石珍为理由，认为奸臣扰乱朝政，请求带兵入朝。他首先攻打马头、木栅，捉住太守刘神茂、戍主曹璆王等。梁武帝听说了，笑道："他能成什么事，让我用马鞭子抽他！"便敕令：能斩侯景者，不论南北方人，都赏封二千户的爵位，兼授一州刺史；那人的主帅想回北方而不需要做州刺史的，赏以绢布二万，以礼遣还。于是诏命合州刺史鄱阳王萧范为南道都督，北徐州刺史封山侯萧正表为北道都督，司州刺史柳仲礼为西道都督，通直散骑常侍裴之高为东道都督，一同讨伐侯景，由历阳渡江。又命令侍中、开府仪同三司邵陵王萧纶持节，督率诸军。

侯景听说，与王伟谋划。王伟说："不如径直掩袭扬都（即建邺），临贺王反于内，大王攻其外，天下不足以安定了。兵法中只听说可以计划不周但行军迅速，没听说应该计划周密却动作迟缓的。今天我们就要出发，否则邵陵王就赶到了。"九月，侯景自寿春出发，声言要去游猎，人们毫无知觉。他留下伪中军大都督王贵显驻守寿春城，自己假装出军合肥，却袭击谯州。谯州助防董绍先投降，捉住刺史丰城侯萧泰。梁武帝听说，派太子家令王质率兵三千巡守长江防遏。侯景进攻历阳太守庄铁，庄铁派遣自己的弟弟庄均夜袭侯景军营，战斗结束。庄铁的母亲疼爱儿子，劝庄铁投降。侯景拜见庄铁的母亲，庄铁便劝侯景说："事急就应该随机应变，行动迟缓必然要导致祸害。"侯景就派庄铁为先导。

当时各驻军戍相次奏闻，朱异还说："侯景一定没有渡江的意图。"萧正德提前派遣数十艘入舟假假称装载芦苇，其实是准备接应侯景。侯景到江边准备渡过，担心王质作梗。但不久王质就被任命为丹阳尹，平白无故地撤走了。侯景听说了还不敢相信，便秘密派人侦察，他对使者说："王质如果真的撤走，你就折下江东的树枝为凭证。"侦察的人如言而返。侯景大喜道："我的事成功了！"就由采石渡江，马数百匹，兵八千人，都城一带毫无知觉。

侯景出兵，分袭姑孰，捉住淮南太守文成侯萧宁，于是抵达慈湖。南津校尉江子一逃回建邺。皇太子见事情紧急，入宫面奏武帝，说："请把这事交给我，不必让圣心操劳。"武帝说："这本来就是你的事，何必再问！"太子就留在中书省指挥，但城内外扰乱劫抢，已经不能传播信息了。于是诏以扬州刺史宣城王萧大器为都督内外诸军事，都官尚书羊侃为军事将军做他的副手。派遣南浦侯萧推守卫东府城（建邺的东南部），西丰公萧大春守卫石头城（建邺的西部），轻车长史谢禧守卫白下（建邺的北部）。

接着侯景进至朱雀航，派遣徐思玉入城启奏，请求带兵入朝，铲除君侧的恶人，要求朝廷派个能办事的舍人出来引领，他的意图是观察城内的虚实。武帝派遣中书舍人贺季、主书郭宝亮跟随徐思玉前往,慰劳侯景于板桥。侯景面北接受诏敕,贺季说:"今日之举,以何为名?"侯景说:"我要当皇帝!"王伟进前说:"朱异、徐骥渎乱国政,我们不过要铲除奸臣。"但侯景已经说出了恶言,就扣留下贺季不让回去,只准郭宝亮回宫。

先是,在大同年间有童谣说:"青丝白马寿阳来。"侯景在涡阳战败,请求给他锦缎,朝廷给了青布,到此时都用来做了战袍,颜色还青。侯景乘坐上一匹白马,用青丝做马鞚,想以此与童谣相应合。萧正德开始屯驻丹阳郡,到这时率领所部与侯景会合。建康令庾信率兵千余人屯驻朱雀航之北,及至侯景来到,他要撤去浮桥,刚刚拆下一只船,见贼军都戴着铁面具,便丢下军队逃跑了。南塘的游军又把浮桥连接上,让侯景渡过。皇太子把自己所乘的马交给王质,配以精兵三千,让他援助庾信。王质走到领军府就遇见了敌军,还没有列阵就逃跑。侯景乘胜进至宫阙之下。西丰公萧大春丢下石头城逃走,侯景派他的仪同子悦占据。谢禧也抛弃白下城逃了。

侯景派兵百道攻城,纵火焚烧大司马、东华、西华诸城门。城中仓促间没有任何准备,便拆毁门楼,泼水浇火,很久才扑灭。贼军又砍东掖门,即将冲入,羊侃命人凿破门扇,刺杀数人,贼兵才退却。贼兵又登上东宫的墙向城内射箭。到了夜里,太子萧纲(即后来的简文帝)招募人出城焚烧东宫的台阁宫殿,几乎烧尽,所收集的图书典籍数百厨,全部化为灰烬。此前太子曾梦见有人把他功成秦始皇,说"这人要再次焚书",到此时应验了。侯景又烧城西的马厩、士林馆、太府寺。第二天,侯景又制造木驴数百,用以攻城,城上掷下石头,把木驴全都砸碎。贼兵又制造尖顶木驴,形状如彗星,石头砸不破。城上便造了雉尾炬,灌上膏油和蜡,纷纷抛下,把尖顶木驴烧毁。

贼兵不能攻克,士卒死了很多,就停止攻城,建筑长围以封锁内外。侯景又上启事,要求诛杀牛昪、陆验、徐骥、周石珍等。城内也用箭射出赏格:有能斩侯景之首者,授以侯景的官位,并赏钱十万万,布、绢各一万匹,女乐两部。庄铁便奔回历阳,谎言侯景已经被枭首。侯景的守将郭骆恐惧,弃城逃往寿阳。庄铁得以入城,于是奔往寻阳。

十一月,侯景立萧正德为帝,即伪皇帝位,居住于仪贤堂,改年号为正平。开初童谣有"正平"的话,所以立年号以应验。而有识者认为"正平"预兆着"正德终当要平灭"。侯景自己担任相国、天柱将军,萧正德把女儿嫁给了他。侯景又攻打东府城,设下百尺楼车,把城堞全部钩掉。东府城陷落,侯景派他的仪同卢晖略,率领数千人,手持长刀,夹城门而立,然后把城中的文武官员裸着身体驱逐出城,让城门两侧的贼兵杀死他们,死者三千人。南浦侯萧推于这天遇害。侯景让萧正德的儿子萧见理和卢晖略守护东府城。

开初,侯景一至都城,便呼叫"武帝已经晏驾",就是城里的人也相信了。太子担心人情有变,就请梁武帝乘车巡城。武帝将要巡城,陆验谏说:"陛下万乘之重,岂能轻率。"说着就哭起来。武帝为他的话所感动,就只临幸司马门。城上听见警跸声,都鼓噪起来,军民无不落泪,百姓这才安定。

侯景又在城的东西两面各垒土山以临城,城内也垒起两座土山以应付,太子以下的人都亲持畚锸劳动。开初,侯景到后以为很快就会攻克建邺,所以号令严明,不触犯百姓。等到攻打不下,人心涣散,又恐怕援军汇集后,自己的军队溃散,便纵兵杀掠,横尸塞路。对富室豪家,恣意剥夺,他们的子女妻妾,全部掠入兵营。他又招募北方人早先做奴仆的,让他们都自行逃出,给以超常的赏赐。朱异家的一个黥面的奴隶和他的同伴翻城投奔贼兵,侯景竟然封以仪同之官,让他到城下引诱城内的人,披着锦袍诟骂道:"朱异当了五十年官,才得个中领军。我刚刚归顺侯王,就已经当了仪同。"于是奴仆们竞相出城,全都得志了。

侯景把石头城常平仓的粮食快吃光了,就开始掠夺居民,后来一升米卖到七八万钱,居民饿得人吃人,还有吃自己孩子的。侯景又为了筑土山,不论身份贵贱,昼夜不息,乱加鞭打,体弱疲惫的就杀了填进土山中,号哭之声,惊天动地。百姓不敢隐藏,都出来跟随他们,十多天的时间,众至数万人。

侯景的仪同范桃棒暗自贪图重赏,要求以甲士两千人来降,用侯景的人头应购,他派萧文德主帅前白马游军主陈听乘夜翻城进入,秘密启奏情况。太子报告给武帝,武帝非常高兴,派人回报范桃棒,答应事成之后封他为河南王,刻银券交给了他。太子恐怕有诈,犹豫不决。武帝怒道:"受降是常理,为什么突然怀疑起来!"朱异、傅歧也都建议纳降。太子说:"我就只管坚城自守,所依赖的就是外援,外援如果赶到,贼兵何足平定。现在如果开门接纳范桃棒,范桃棒的意图尚且难以料知,一旦倾危,后悔也无及了。"范桃棒又派人来说:"如今我只率领所部五百余人,如果到了城门,就自动脱去衣甲。请朝廷收容。事成之时,保证活捉侯景。"太子听了这话,更加起疑。朱异用手捶胸说:"今年社稷完了!"不久,范桃棒的军士鲁伯和报告给侯景,侯景把他们全都烹了。

到这时,邵陵王萧纶率领西丰公萧大春、新淦公萧大成、永安侯萧确、前谯州刺史赵伯超、武州刺史萧弄璋、步兵校尉尹思和等马步兵三万,自京口出发,直据钟山。侯景一伙大为惊骇,都想逃散。一万多人拒战,萧纶在爱敬寺下把他们打得大败。

侯景开始听说萧纶来到,恐惧见于行色,等到败军逃回,张扬对方的强盛,他就越发恐慌,便命人在石头城预备舟船打算北渡。任约说:"离开家乡万里,逃往何处?这仗要是打不赢,我们君臣一起死,要是草间偷活,我是不屑为此的。"侯景便留下宋子仙留守壁垒,自己亲率精兵拒战,列阵于覆舟山北,与萧纶相持。正值日暮,侯景退军。南安侯萧骏率领数十骑挑战,侯景回军,萧骏撤退。当时赵伯超列阵于玄武湖北,见萧骏撤退,就率领军队带头逃跑。众军因此大乱,于是败绩。萧纶逃回京口。贼兵生擒西丰公萧大春、萧纶的司马庄丘慧达、直阁将军胡子约、广陵令霍隽等,送到城下,逼着让他们对城上说:"已经捉住了邵陵王。"只有霍自己说:"邵陵王小有失利,已经全军返还京口。城中只管坚守,援军很快就会来到。"话未说完,贼兵就用刀刺伤他的嘴。侯景钦佩,把他释放了。但萧正德竟逮捕并杀害了他。这一天,鄱阳王世子萧嗣、裴之高抵达后渚,结营于蔡洲。侯景分并屯守南岸。

十二月,侯景制造各种攻城器具及飞楼、撞车、登城车、钩堞车、阶道车、火车,都高达数丈,一车甚至有二十个轮子,都陈列于城门之前,百道攻城。贼兵用火车焚烧城东南角的大楼,借火势以攻城。城上纵火,把贼兵攻具全部焚毁,贼兵才撤退。这时,侯景的土山已经垒成,城内的土山也垒成了。命太府卿韦黯守卫西土山,左卫将军柳津守卫东土山。山上建造芙蓉层楼,高四丈,装饰以锦帼,捍卫以乌笙(一种涂黑漆的竹席)。双方的山顶离得很近,各自招募敢死之士,穿上厚厚的袍铠,起名叫"僧腾客",分派在两山上,用长矛交战。擂鼓呐喊,声如鼎沸,从早到晚,没个停歇。土山的攻战很苦,人们不堪忍受,柳津命人挖地道,毁坏城外土山,抛掷雉尾炬烧毁贼军橹楼的栏堞。外山崩塌,把山上的敌兵几乎全部压死。贼军又制造了蛤蟆车,运土石填塞沟堑,战士登上楼车,可以走到城的四面。城内用飞石击碎楼车,贼兵的尸首堆满城下。贼兵又挖掘城的东南角,城内则筑形如弯月的御城以捍御,贼兵这才退却。

林官将军宋嶷投降贼军,于是为他们设计,引来玄武湖的水灌台城(即侯景一直围攻的宫城),城门前的御街变成一片汪洋。贼兵又焚烧居民住宅和官府,无不化为灰烬。司州刺史柳仲礼、衡州刺史韦粲、南陵太守陈文彻、宣猛将军李孝钦等都来赴援;鄱阳王世子萧嗣、裴之高又渡过长江。柳仲礼扎营于朱雀航之南,裴之高扎营于南苑,韦粲扎营于青塘,陈文彻、礼孝钦屯驻于丹阳郡城,鄱阳王世子萧嗣扎营于小航之南,都沿着淮水(即秦淮河)早建造营栅。等到天亮,侯景才发觉,就登上禅灵寺门楼瞭望。他见韦粲的营垒还没有合围,就派兵渡河袭击,韦粲被击败,侯景斩收粲首级徇于城下。柳仲礼听说韦粲兵败,连盔甲都顾不得披挂,与数十人前往赴援。他遇见敌兵,斩首数百,敌军投水死者还有一千多。柳仲礼深入敌阵,马陷于泥中,自己也受了重伤。从此贼军不敢渡过对岸。

邵陵王萧纶又与临城公萧大连等从东道汇集于长江南岸。荆州刺史、湘东王萧绎派遣世子萧方等、兼司马吴晔、天门太守樊文皎赴援,扎营于湘子岸前。高州刺史李迁仕、前司州刺史羊鸦仁又率领军队相继到来。接着鄱阳王世子萧嗣、永安侯萧确、羊鸦仁、李迁仕樊文皎率众渡过淮水,攻破贼兵在东府城前的营栅,于是扎营于青溪水之东。侯景派遣他的仪同宋子仙沿着淮水的西岸建立营栅以相拒。侯景的食粮快要吃完,人吃人的十有五六。

开初,援兵抵达北岸,号称兵众百万。百姓们扶老携幼地盼望王师,但官军刚刚渡过淮水,就争着盘剥掳掠百姓,征收金银。他们列营而立,互相猜疑,邵陵王萧纶和柳仲礼胜似仇敌,临城公萧大连和永安侯萧确情同水火,没有对敌战斗的心思。贼党中本来有想要投诚的,听说这情况就都罢休了。

贼兵刚刚到来,城中只想固守,平灭贼军,都指望着援军了。不久都城内外消息断绝,有个羊车儿献计,造纸鸦(即风筝)系以长绳把敕令藏在其中。太了援军。群贼惊骇,以为是什么厌胜之术,又把纸鸦射了下来。情况就是这样危急!此时城中围困日久,肉食顿时断绝,太子上厨,仅仅有一味肉膳。军干们煮弓弩熏老鼠,捕鸟雀为食。殿堂过去有很多鸽子群聚,到这时全被杀光了。开初宫城大门将闭的时候,公卿以食物为虑,男女贵贱都出来背米,积攒了四十万斛,聚敛了各府库的钱帛五百万万,都聚集在德阳堂,但鱼盐柴薪却没有积蓄多少。到此时,便拆毁尚书省的屋宇当柴薪,撤下草垫切碎喂马,用完以后就只能吃生粮食了。宫内的御甘露厨中有干苔菜,味酸咸,分给战士。军人宰了马在殿庭之间出卖,掺杂上人肉,吃了的人必然得病。贼兵又在水洞中放了毒药,于是渐渐流行满胀之病,城中的人病死了一大半。开初,侯景没有渡江以前,东魏人送给梁朝的檄文中,极力讲述侯景的反复无常,猜忌残忍,还说梁武帝喜好显示自己的聪明以证实别人愚昧,必将为侯景所欺骗。到这时,所有的祸乱破败之状,全如魏人所说,南朝人都把它当成了谶言。

当时侯景的军队也很饥饿，不能再作战了。东城有积蓄的粮食，但路径被援军所截断，而且听说湘东王萧绎的荆州军队已经顺流而下了。彭城人刘邈向侯景建议说："我军顿兵已久，攻城不能拔取，如今众援军云集于此，更是难于攻破。听说我们的军粮不够支撑一月了，漕运的路已经断绝，田野中无粮可掠，我们此时的处境，确实如婴儿在人家的手掌之上一样。不如向他们求和，还可以全师而返。"侯景就与王伟商议，派任约到城北拜上表章，假装投降，以河南自效赎罪。武帝说："我有一死而已，岂能有讲和之议。而且这贼凶逆多诈，他的话有什么可信的！"接着城中日益危困，太子便向武帝请示说："侯景围逼，而我们也没有勤王的援军，我想先答应他们的求和，再考虑以后的打算。"武帝大怒，说："和不如死瑳！"太子说："城下之盟，确是很深的耻辱，可是白刃在前，也就顾不得流失了。"武帝犹豫了很久，说："你自己决定吧，不要给千载以下留下笑柄。"这样就同意了和谈。

侯景要求割让江右四州之地，并要求宣城王萧大器出来相送，然后解围渡江。同时答应派遣他分仪同于子悦、左丞王伟入城做人质。中领军傅岐提议，说宣城王以嫡嗣之重，不应为人质，再有敢随意提起此事者，请以剑斩之。便建议用石城公萧大款为人质送出，武帝同意了。于是在西华门外设坛，派遣尚书仆射王克、兼侍中上甲乡侯萧韶、兼散骑常侍萧瑳和于子悦、王伟等一起登坛盟誓。右卫将军柳津出立于西华门下，侯景也出立其营栅门外，与柳津遥遥相对，宰杀牺牲，歃血为盟。

南兖州刺史南康嗣王萧会理，前青、冀二州刺史湘潭侯萧退，西昌侯世子萧彧，率兵三万抵达马印洲。侯景顾虑这些北来的军队会从白下沿江而上，断绝他的渡江之路，便向朝廷要求把北军全部都部勒聚集于南岸。朝廷就调遣北军都进驻江潭苑。侯景又启奏说："永安侯和赵威方常常隔着营栅诟骂我，说'天子自己与你盟誓，我终究要把你赶出去'。请把他召入城内，我就出发。"朝廷就把他们全召入城。侯景便把东府城的粮米运往石头城，军粮立刻充足了。于是他又启奏说："西岸来了消息，说高澄已经得了寿春、钟离，我就失去了立足之地。请暂借广陵、谯州，等到我夺回寿春、锺离，就把它还给朝廷。"当时荆州刺史、湘东王萧绎率军于武成，河东王萧誉师次于巴陵，前信州刺史、桂阳王萧慥屯兵于江津，但都不再前进。接着朝廷敕令他们班师撤走。湘东王萧绎想回去，中记室参军萧贲说："侯景以人臣兴兵攻打宫阙，现在如果撤军，不等他渡江，就是个孩子也能把他杀了，所以他一定不会撤走。大王以十万之师，还没有见到走兵就撤退，这算什么！"湘东王很不高兴。萧贲是个骨鲠刚直的人，常怨恨湘东王不入援。他曾经和湘东王玩双陆，湘东王持子不下，萧贲一语双关地说："殿下一点儿下（沿江而下）的意思都没有。"湘东王恨透了，便找个借口杀害了他。

侯景既已知道援军号令不一，到底也不会有勤王的功效，又听说城中死病的人越来越多，一定会有为自己做内应的。他既已哄退了湘东王的军队，又得到了东府城的粮米，王伟就说服侯景道："大王以人臣举兵背叛，围攻宫阙，已经超过百日，逼辱王妃公主，侵凌宗庙，如今带着这些罪过，何处可以容身？希望先观察一下事态的变化再说。"侯景觉得有理，便上表陈述梁武帝的十条过失。太清三年三月丙辰朔，城内在太极殿前设坛，派兼太宰、尚书仆射王克等启告天地神祇，因为侯景背叛盟誓，点燃烽火，擂鼓呐喊。开初，台城被围的时候，有男女人口十多万，披甲之士有三万，到这时因疾病都快死光了，守城的只有二三千人，还都是病弱无力的人。城中横尸满路，没有人掩埋，臭气熏腾数里，腐烂的尸水流满了沟洫。于是羊鸦仁、柳仲礼、鄱阳王世子萧嗣进军于东府城北，营垒还未及建立，就被侯景的部将宋子仙击败，送首级于宫阙之下。侯景又派遣于子悦求和，城内派遣御史中丞沈浚到侯景处。侯景没有撤走的意思，沈浚于是指责他，侯景大怒，就决开石阙前的水，百道攻城，昼夜不息。

丁卯日，邵陵王世子萧坚的属下白昙朗、董勋华，在城西北门楼放进贼兵。五更时，贼兵四面架起云梯，纷纷上城。永安侯萧确和他的兄长萧坚奋力作战，不能退敌，便返回文德殿汇报情况。须臾，侯景先派王伟、仪同陈庆入殿陈述说："臣既与高氏有了裂痕，所以归投朝廷，每次启事都不被奏闻，所以入朝。而奸佞害怕被诛戮，极力抗拒，连兵多日，臣罪该万死。"武帝说："侯景现在何处，可以让他进来。"侯景入朝，以五百名甲士自卫，带剑上殿。叩拜完毕，武帝神色不变，让人把他领到三公的座位上坐下，对他说："卿打了很多天仗，岂不太劳苦。"侯景默然不语。武帝又问："卿是哪个州的人，却来到此地？"侯景还是不说话，他的随从任约代替他回答了。武帝又问："你开始渡江时有多少人？"侯景说："一千人。""围台城的有多少人？""十万。""现在有多少人？"侯景道："普天之下，没有不是我的人了。"武帝低头不言了。侯景走出，对他的厢公王僧贵说："我经常骑马对敌，刀剑齐下，从来未曾恐惧过。如今见了萧公，使人不由得害怕，岂非是天威难犯吗？我不能再见他了。"侯景出来后见太子于永福省，太子坐着与他相见，也是面无惧色。

开初，太子写了首《寒夕》诗，道："寻花无有蒂，冰镜不安台。"又有《咏月》诗道："飞轮了无辙，明镜不安台。"后人认为这是"诗谶"：说"无蒂"，是"没有皇帝"；"不安台"，是说台城不安；"轮无辙"，因为邵陵王名纶，空有赴援之名也。

接着侯景屯兵于西州，派伪仪同陈庆以甲士防卫太极殿，把乘舆服玩和后宫的嫔妃全部掠走，逮捕王侯朝臣送交永福省，撤去两宫（指武帝和太子）的侍卫。派王伟把守武德殿，于子悦屯驻太极东堂。矫诏大赦，自封为大都督，都督中外诸军事、隶尚书事，其侍中、使持节、大丞相、王如故。

先是，城中累积的尸首没有时间葬埋，还有已经死了没有入殓，或者将死还没有断气的，侯景命令全部敛聚起来焚烧掉，臭气远闻十余里外。尚书外兵郎鲍正病重，贼兵曳出去焚烧，宛转于火中，很久才断气。侯景又矫诏令各勤王兵镇郡守都撤回原位，于是所有的援军全都解散了。把萧正德降位为侍中、大司马，百官都各复原职。

武帝虽然表面上不屈，但心里很是愤懑。侯景想以宋子仙为司空，武帝说："调和阴阳，岂能由这种东西！"侯景又建议用萧文德的主帅邓仲为城门校尉，武帝说："我不设置这官。"太子重新入奏，武帝怒道："谁让你来的！"侯景听说了也不敢强逼。后来武帝每有需求，大多不能满足，甚至御膳也被裁减。于是武帝心怀忧愤，到五月，他得了疾病，逝世于文德殿。侯景隐秘起来不发丧，暂且殡殓于昭阳殿，外面的文武官员都不知道。过了二十多天以后，才把棺木抬到太极前殿，迎太子即位（即梁简文帝）。等到葬于修陵时，侯景让卫士把要害的地方都用大钉子钉上，想让他后嗣灭绝。矫诏赦免北方人当奴婢者为自由人，希冀能利用他们。当时东扬州刺史临城公萧大连占据本州，吴兴太守张嵊据有本郡,从南陵以西都各据所守。侯景命令所行只是吴郡以西、南陵以北而已。

六月,侯景便杀死萧正德于永福省,封元罗为西秦王,元景袭为陈留王,元氏子弟封王的有十几个人。以柳仲礼为使持节、大都督,隶属大丞相,参戎事。

十一月,百济使者来到,见城邑化为一片废墟,在端门外号哭,看到的行路之人无不落泪。侯景听说了,大怒,把使者逮捕关押在小庄严寺,禁闭不许出入。

大宝元年正月,侯景矫诏给自己增加班剑四十人,前后部羽葆、鼓吹,设置左右长史、从事中郎四人。三月甲申,侯景请简文帝参加在乐游苑的禊宴(古代于三月三日饮宴于野外水边,称禊饮或禊宴),设账蓬饮宴三日。这天,侯景的党羽都带着妻子儿子,让皇太子以下都骑马射箭,射中者赏以金钱。第二天早晨,简文帝就要回宫。侯景拜伏在地上,苦请他留下,简文帝不答应。等到简文帝出发,侯景就和溧阳公主(简文帝之女,为侯景所娶)并排朝南坐在御床上,文武群臣列坐侍宴。

四月辛卯日,侯景又召简文帝临幸西州,简文帝乘坐素辇,侍卫四百余人。侯景则由身披铁甲的数千部下护卫。简文帝到达西州,侯景等迎拜。简文帝头戴下屋白纱帽,身穿白布裙襦。侯景则身穿紫绸褶,上面还加上金带,和他的伪仪同陈庆、索超世等面西而坐。溧阳公主和她的母亲范淑妃面东而坐。简文帝听到奏起了丝竹,凄然落泪。侯景起身问道:"陛下为什么不高兴?"简文帝强笑道:"丞相说说索世超知道这是什么音乐?"侯景说:"我尚且不知道,岂止索世超呢!"简文帝便让侯景起舞,侯景当即离座应和着音乐唱起歌来。简文帝回头吩咐淑妃起舞,淑妃极力推辞才作罢。侯景又上前行礼,便逼简文帝起舞。酒喝到尽兴散席,简文帝在床上抱着侯景说:"我想念丞相呀!"侯景说:"陛下如果不想念臣,臣怎么会来到这里呢?"简文帝索要筌蹄(当时讲经时手持的一种近似拂尘类的东西),说:"我要为您讲经。"命侯景离开座席,让他唱经。侯景问索世超什么经最短。索超世说:"只有《观世音经》最短。"侯景便唱"尔时无尽意菩萨"。简文帝大笑,到夜里才罢宴。

当时江南大饥荒,江州、扬州最严重,旱灾和蝗灾相连,五谷不登,百姓流亡,死者遍地。或者父子携手进入江湖之中,或者兄弟相邀钻进深山之内,菱芰荇花,所在精光,草叶木根,采掘殆尽。他们虽然苟延片刻,但终究要死于山泽。那些断绝食粮很久的,都瘦得鸟面鹄形,只是俯伏在床榻上。那些不肯出门逃生的,无不穿上绫罗,怀抱着金玉,互相枕藉着,等待死亡。于是千里断绝烟少,人迹罕见,白骨堆聚,如同丘垄。而侯景用刑酷虐,残忍无道,他在石头城设了一套很大的舂碓,有犯法的就用石碓捣死。东阳人李瞻起兵反抗,为贼兵所擒,送至建邺。侯景先把他带到市中,剖开肚腹,剜出肝肠。李瞻面不改色,谈笑自若,看到他的胆的都说有升那样大。侯景还禁止人们在一起说话,不许聚饮,有违犯者刑及母族、妻族。他的官员凡是职兼外郡的官位必是行台,在朝附逆的全叫开府,他的亲信显贵的号为左右厢公,勇力超人的名为库真都督(原文为库真部督,误)。

七月,侯景又矫诏把自己进位为相国,封泰山等二十郡,为汉王。入朝时不趋步,赞拜时不呼名字,佩剑着履上殿,依照汉时萧何的故事。十月,侯景又矫诏给自己加号为宇宙大将军、都督六合诸军事。他把诏文呈送给简文帝过目,简文帝大惊,说:"将军竟有宇宙的称号么!"开初,梁武帝死去之后,侯景扶立简文帝,登上重云殿立誓说:"臣希望从今以后双方各不猜疑,臣固然不会对不起陛下,陛下也不要对不起为臣。"等到南康王萧会理的事发生(大宝元年十一月,南康王会理集众千余人,准备起兵诛杀王伟,为建安侯萧贲告密,被杀),侯景开始疑惧,认为简文帝想图谋自己。王伟乘机煽动,于是侯景心怀弑逆之谋了。

大宝二年正月,侯景以王克为太宰,宋子仙为太保,元罗为太傅,郭元建为太尉,张化仁为司徒,任约为司空,于庆为太师,纥奚斤为太子太傅,时灵护为太子太保,王伟为尚书左仆射,索超世为右仆射。于大航跨水筑城,起名叫"捍国"。

四月,侯景派遣宋子仙袭取郢州刺史方诸。侯景乘胜西上,号称二十万众,旗帜相连千里,江南从来没有过如此盛大的水军。梁元帝(即湘东王萧绎,次年十一月方即位,为孝元帝)闻讯,对御史中丞宗懔说:"贼兵如果分兵镇守巴陵,然后主力鼓行西上,荆、郢二州就危殆了,这是他们的上策。如果他们把主力停顿在长沙,分兵徇略零陵、桂阳,运粮到洞庭,则湘、郢二州非我所有,这是他们的中策。如果拥众于汉江口,连兵攻打巴陵,则锐气耗尽于坚城之下,士卒饥困于半饱之中,这是他们的下策,我们就可以高枕而卧,没有多少忧虑了。"及至侯景进军巴陵,王僧辩把船沉没,鼓声消歇,好像已经逃遁了。侯景便包围了巴陵。元帝派遣平北将军胡僧祐与居士陆法和大破侯景,生擒其将任约,侯景便乘夜逃回都城。左右有哭泣的,侯景就命人斩杀。王僧辩率兵东下,从此诸军所向则胜。此前,侯景每次出兵,都告诫诸将说:"如果攻破城池,就把人都杀死,让天下知道我的威名。"所以诸将把杀人当成儿戏,百姓宁死也不肯归顺他们。

这个月,侯景便废黜了简文帝,把他幽禁在永福省,迎立豫章王萧栋即皇帝位,登上太极前殿,大赦,改年号为天正元年。有旋风起于永福省,把仪仗礼器都吹得或倒或折,见到的无不惊骇。开初,侯景攻破建邺之后,就有篡夺皇位的打算,因为四方尚须平定,所以才没有自立为帝。接着巴陵败绩,江、郢丧师,猛将被歼于外,雄心受挫于内,就想赶快僭称帝号。又有王伟进言说:"自古夺取江山,必须先行废立。"所以侯景照着做了。他的太尉郭元建闻讯,立即由秦郡驰马回朝,谏道:"皇上宽仁明达,为什么废黜了他?"侯景说:"是王伟劝我这样做的。"郭元建极力陈述不可,侯景便改了主意,想恢复简文帝的帝位,以萧栋为太孙。王伟坚持认为不行,便让简文帝禅位于萧栋。侯景把哀太子(即宣城王萧大器,简文帝立为皇太子,不久被侯景杀死)的妃子赐给郭元建,郭元建说:"哪里有皇太子的妃子降为别人姬妾的!"始终不与她相见。侯景的司空刘神茂、仪同尹思和、刘归义、王晔、桑干王元等据东阳郡投降了梁元帝。

十一月,侯景矫萧栋之诏,为自己加九锡,汉国置丞相以下百官。陈设礼器于庭中。忽然有只象山鹊似的鸟飞落在侯景的册书上,它生的赤足红嘴,都城附近都没有这种鸟。贼党都很惊骇,争着射箭。都没有射中。侯景又矫萧栋之诏,追封自己的祖父为大将军,父亲为大丞相,给自己的冠冕增加到十二旒,设置天子旌旗,出警入跸,乘坐金根车,驾六马,备置五时的副车,置旄头云罕,乐舞八佾以及簨架悬钟等乐器,一如旧时之仪。不久又矫萧栋之诏禅位,派伪太宰王克奉献天子的玉玺绶绂给自己。前一天的夜里,侯景宿于大庄严寺,从那里前往南郊,燎柴告天,升坛受禅,大风吹拔树木,旗伞全被吹倒,礼器都错离位置。等到喊起"警跸",有识者认为他名字叫"景"而说"警跸",是不会久长的兆头(跸、毕、毕谐音)。侯景听了很腻歪,就改为"备跸",人们又说:"备齐于此就完毕了。"有司便奏请改为"永跸"。就用广柳车载着鼓吹,用骆驼驮着牺牲,辇上放个垂脚(一种坐具)让侯景坐上。侯景佩剑的水晶饰物无故自己坠落,他亲手拾起来,心里很是腻歪。将要登坛了,有只兔子从前面跑过,忽然不知所在。又有白虹贯日,日光青暗无色。返还时准备登上太极殿,数万徒党打着呼哨,吼叫着一哄而上。及至坐上御床,床腿自己陷塌。大赦,改元为太始元年。正在宴飨群臣,他中途站起,头触屏风,坠倒在地。封萧栋为淮阴王,幽禁起来。改梁律为汉律,改左户尚书为殿中尚书,五兵尚书为七兵尚书,直殿主帅为直寝。

侯景的三公一级的官,动辄设置十多人,仪同尤其多,有的只是一人乘马独行,自己执着辔头。因宋子仙、郭元建、张化仁、任约为佐命元勋,都加以三公之位;王伟、索超世为谋主;于子悦、彭儁主持监察官员;陈庆、吕季略、卢晖略、于和、史安和为爪牙;这些都是对百姓特别狠毒的。其余还有王伯丑、任延和等数十人。梁朝的官员而为侯景所用的,则是故将军赵伯朝、前制局监姬石珍、内监严亶、邵陵王的记室伏知命,这四人是尽心竭力的。象太宰王克、太傅元罗、侍中殷不害、太常姬弘正等人官位虽然尊崇,只是顺从人望,并不是腹心之任。侯景的祖父名叫乙羽周,等到他篡位后就把"周"当成庙讳,所以把周弘正、周石珍改姓为姬。

王伟提议建立七庙,侯景说:"什么叫七庙?"王伟说:"天子要祭祀七代的祖先,所以要建立七庙。"并询问他七代祖宗的名讳,敕命太常准备。祭祀之礼。侯景说:"前代的名讳我记不得了,只有我爹名叫摽,而且他在朔州,怎么能跑那么远来吃祭品?"众人听了都讪笑他。侯景的党徒有知道他祖父的名字叫乙羽周的,此外都是王伟编造的牌位。以汉朝的司徒侯霸为始祖,晋朝的征士侯瑾为七世祖。于是推尊其祖父乙羽周为大丞相,父亲侯摽为元皇帝。

当时侯景整修台城和朱雀、宣阳等城门,童谣说:"的胆鸟,拂朱雀,还与吴。"又说:"脱青袍,著芭屦,荆州天子挺应著。"这时都城下王侯庶姓的五等宗庙及树木,都被残毁,只有文宣太后庙(梁武帝妃阮修容,湘东王即梁元帝萧绎之母)四周的柏树独独茂盛。及至侯景篡位,整修南郊祭天的道路,伪官吕季略建议侯景砍伐此树以建造三桥。刚刚砍了南面的十几棵,经过一夜就都长出的新枝条,一下子就长了几尺长。当时正是冬天,青翠茂盛,宛如春天。贼众于是大惊,觉得不祥,就把树全部砍伐掉。有识者认为,往昔僵死的柳树复生于上林苑,是预示着汉宣帝的兴起,如今庙树重青,一定是湘东王的瑞应。另外,侯景床东侧的香炉无故堕地,侯景称呼东西南北都叫厢,他说:"这东厢的香炉怎么忽然下来了!"议论的人说这是湘东王沿江而下的征兆。

十二月,侯景部将谢答仁、李庆等军抵达建德,攻打元頵、李占的营栅,大破之。生擒元頵、李占,送往京口,截断他们的手足示众,过了一天才死。

侯景二年,谢答仁攻打东阳,刘神茂投降,送往建康。侯景用大铧碓,先进其脚,一寸一寸地碓斩,到头方止。让众人观看以示威。

王僧辩的军队进至芜湖,守城官员趁夜逃遁。侯景部将侯子鉴率领步骑一万余人经过此州,并引领水军并进。王僧辩迎击,大破之。侯景闻讯,大为惊惧,流下了眼泪,拉过被子蒙头而卧，很久才起来，叹道："咄！咄！你算把我给耽误了！"

开初，侯景担任丞相，居住在西州，他的将帅谋士，早晨必须集合排列在门外，称为牙门。他按次序把他们召进，赏给酒食，说笑谈论，对什么事的态度都完全一样。等到他篡位以后，常常坐在里面不出来，旧时的部属很少能见面的，就都产生了怨恨之心。到此时，登上烽火楼向西望去，见一个敌兵就以为十个，大为恐惧。王僧辩和诸将便在石头城西步上，连营扎寨，一直到落星墩。侯景害怕极了，派人挖掘王僧辩父亲的坟墓，打开棺材，焚烧了尸首。王僧辩等进扎于石头城北，侯景列阵挑战，王僧辩大破之。

侯景败退之后，不敢进入宫殿，收聚其散兵屯驻阙下，准备逃跑。王伟按剑拉住他的马辔说："自古哪里有叛逃的天子！如今宫中的卫士还足可一战，哪能就逃！"侯景说："我在北方打贺拔胜，击败葛荣，扬名于河北，与高王爷是一类人。来到南方，直渡长江，取台城易如反掌。打邵陵王于北山，破柳仲礼于南岸，都是你亲眼所见。今天的事，恐怕是天意要灭亡我。你好好守城，当再决一战。"他仰观石阙，徘徊叹息了很久。便用皮囊装上他的两个儿子挂到马鞍上，和他的仪同田迁、范希荣等百余骑向东奔逃。王伟便也抛弃台城逃窜了。侯子鉴等奔往广陵。王克打开台城城门领裴之横入宫，纵兵蹂躏抢掠。这天夜里，留下的残火把太极殿和东西堂、延阁、秘署烧得精光，仪仗车辇莫有孑遗。王僧辩命令武州刺史崡救火，勉强救灭。所以武德殿、五明殿、重云殿和门下省、中书省、尚书省得以保全。

王僧辩迎简文帝的棺木登于朝堂，三军穿上缟素，捶胸顿足以哀悼。命侯瑱、裴之横追贼兵于东方，焚烧伪宗庙的牌位于宣阳门，造梁诸帝牌位立于太庙，收聚图书八万卷送归江陵。杜崡镇守台城，都下的户口百余一二，从大航南岸极目望去，没有人烟。老幼争相扶携而出，刚刚渡过秦淮河，王琳、杜龛的士兵就对他们抢掠起来，比贼寇还凶恶，号叫之声，直传到石头城。王僧辩以为发生了兵变，登城问清缘故，也不加禁止。都认为王师的残酷，胜过了侯景，君子以此知道王僧辩是得不到善终了。

开初，侯景围攻台城的时候，援军有三十万，士兵们望见青袍（侯景士兵穿青色战袍）就气消胆落。等到赤亭之战，胡僧祐以弱卒一千击破任约的二万精兵，转战而东，没遇到过敢于列阵的敌兵。等到侯瑱追及侯景，侯景的士兵还没有列阵，就都举旗求降。侯景不能制止，便与数十名心腹乘坐一条船逃走。他把两个儿子推入水里，从沪渎入海。到了胡豆洲，被前太子舍人羊鲲杀死，送交王僧辩。

侯景身高不足七尺，上长下短，眉目疏朗，宽额头，高颧骨，面色发红，鬓发稀疏，眼睛下视，好频频看人，嗓音发散。有识者说："这叫作豺狼之声，所以他能吃人，也终究被人所吃。"他南奔以后，东魏丞相高澄命人把侯景妻子、儿子的脸皮全剥下，然后用大铁锅盛油煎杀。他的女儿都入宫为宫婢，男孩三岁以下都阉割。后来北齐文宣帝（高洋，高澄之弟）梦见猕猴坐在御床上，就连侯景的幼儿也用锅煮了，他在北方的子息全绝灭了。

侯景生性猜疑残忍，好杀戮，常常把亲手杀人当游戏。他正在吃饭的时候，杀人于面前，他谈笑自若，口不停食。有时他先割下人的手足，然后割舌头、鼻子，折磨一整天才最后处死。自从他篡位以后，时常戴着白纱帽，但还披着青袍，头上插着象牙梳子，床上常摆着胡床和筌蹄，穿着靴子垂脚坐着。有时他踩着门坎，有时他走马遨游，弹射鸦鸟。自从他当了天子,王伟不许他随便出去,于是他郁郁快快,反而成了不自在,说:"我没事做什么皇帝,和被摈弃没什么两样!"等到听说义军开始接近,猜忌得更厉害了,必须把兵器架绕满床前,然后才肯见客。每次登上梁武帝常临幸的大殿,他都好像有芒刺在身,常常好像听见咄斥的声音。还有他睡在宴居殿,有一夜突然惊起。好像有什么东西扣在他心口上。从此凡是武帝所常居处的地方,他都不敢居住,大多都住在昭阳殿的廊下。他所居住的殿屋,时常有夜猫子鸣叫,侯景很是厌恶,常派人跑遍山野去捕鸟。侯景所乘坐的白马,每次打仗将要取胜的时候,就跳跃嘶鸣,意气骏逸;而遇上败仗,必然低头不肯前进。及至石头城之役,这马精神沮丧,卧地不肯动弹。侯景让左右拜请它,甚至加以鞭策,它始终不肯前进。开始侯景左脚上有只肉瘤,形状好像乌龟,打仗如果克捷,瘤子就轮廓分明,如果小胜,就软垂下来。到侯景败亡的那天,瘤子隐陷在肉中。

梁武帝天监年间,沙门释宅志说:"掘尾狗子自发狂,当死未死啮人伤,须臾之间自灭亡,起自汝阴死三湘。"还说:"山家小儿果攘臂,太极殿前作虎视。"狗子,是侯景的小名;山家小儿,就是猴子的模样。侯景沦陷郡城,毒害皇家。他起自悬瓠,即古代的汝南。巴陵有个地名叫三湘,是侯景败逃之处。这话都应验了。侯景常对人说:"'侯'字是'人'字旁一个'主'字,下面是个'人'字,分明是'人主'呀。"台城陷没之后,梁武帝曾经对人说:"侯景必然要当皇帝,只是不长久而已。破开'侯景'二字,成'小人百日天子',他当皇帝应有一百天。"按侯景以辛未年十一月十九日篡位,壬申年三月十九日败亡,得一百二十天。而侯景在三月一日就前往姑孰,算起来在宫殿整够十旬,这话终究应验了。还有梁武帝大同年间,太医令朱耽曾经在宫内值勤,没有多久就梦见狗和羊各一只在御座上,醒来告诉人说:"狗和羊都不是好东西,如今占据御座,莫非要有事变么!"接着天子蒙尘,侯景登上了正殿。

在侯景将要失败的时候,有个叫僧通的和尚,精神好像有些癫狂,喝野吃肉,与俗人无异。他在世间游荡了几十年,谁都不晓得他的姓名乡里。他说的话开始觉得很隐晦,过了很久才应验。人们叫他阇梨。侯景对他极为敬重虔信。侯景曾经和他的党徒在后堂一起射箭,当耐僧通在座,夺过侯景的弓射景阳山,大呼道:"得奴已!"侯景后来与其党会宴,又召请僧通。僧通取肉蘸盐进给侯景,问:"好不好?"侯景说:"只恨太咸。"僧通说:"不成就烂了。"等到侯景死了,王僧辩截下他的两只手送给北齐文宣帝,把首级送往江陵,果然把五斗盐放进侯景的肚子里;送往建康,暴尸于市。百姓们争着割取侯景的肉做成脍羹来吃,一下子就割得净光,连溧阳公主都跟着吃他的肉。侯景对人焚骨扬灰,曾受过他祸害的人,就把他的骨灰调到酒里喝掉。他盼首级送到江陵,元帝命枭于市中三日,然后煮熟上漆,交付武库收藏。此前江陵有童谣说:"苦竹町,市南有好井。荆州军,杀侯景。"等到侯景的首级送到,元帝交送咨议参军李季长的宅子中,宅子的东面就是甘竹町。到了煮它的时候,用的就是市南的井水。侯景的仪同谢答仁、行台赵伯超投降于侯瑱。其行台田迁、仪同房世贵、蔡寿乐、领军王伯丑,都被生擒。凶党全部荡平,斩房世贵于建康市中,其余的党徒送往江陵。开初,郭元建因为对皇太子妃有礼,准备投降,侯子鉴说:"这不过是小惠,不足以保全自己。"于是他就奔往北齐了。

【二十五史】

北史

〔唐〕李延寿⊙原著

导　读

　　《北史》是纪体体史书，作者为唐朝李延寿，全书共一百卷，其中本纪十二卷，列传八十八卷，所记史实起于北魏道武帝登国元年(386)，终于隋恭帝义宁二年(618)，记述了北朝魏(包括西魏、东魏)、周、齐、隋四个封建政权共二百三十三年的历史。

　　《北史》虽与《南史》一样，是在删节《魏书》《北齐书》《周书》《隋书》的基础上形成的，但由于作者李延寿曾参加修撰《五代史志》，对北朝史实较熟悉，再加上他世代居住北方，仕宦北朝，对有关故事见闻较多，因而与《南史》相较，《北史》更为精审详尽。北宋以后，《魏书》《北齐书》《周书》均残缺不全，主要依靠《北史》补足。

　　《南史》《北史》虽贯通南、北，削除各朝国史相互攻讦之辞，但仍以北魏(包括西魏)、周、隋为正统王朝，而以南朝及东魏、北齐为"偏据"。这表现在三个方面：一、宋、齐、梁、陈、东魏、北齐帝纪必系以魏(西魏)、周、隋年号；二、北魏(西魏)及北周皇帝死，《南史》中称"崩"，而《北史》记南朝及东魏、北齐诸帝死只称"殂"；三、称北魏(西魏)、周、隋对南朝、东魏、北齐发动的战争为"征""伐""讨"，反之则为"侵""略"。李延寿还特地根据隋代魏澹的《魏书》增补了西魏三帝纪，《后妃传》中补了西魏诸帝后，《宗室传》中对入关的元魏宗室都增补了资料，从而弥补了《魏书》《周书》的缺陷，成为了解西魏一朝历史的重要材料。

西魏文帝文皇后乙弗氏传

【题解】

西魏文帝文皇后乙弗氏（510～540年），河南洛阳（今洛阳市）人。祖先为吐谷浑首领，后附北魏。乙弗氏母为孝文帝女，后嫁孝文帝孙南阳王元宝矩为妃，生子女十二人，唯存二子。535年，元宝矩即帝位，是为西魏文帝，乙弗氏被册封为皇后。538年，文帝迫于柔然之势，娶柔然首领阿那环女为皇后，令乙弗氏出家为尼。540年，又因柔然之故，令其自杀。后追谥为文皇后。与文帝合葬。参见《西魏文帝悼皇后郁久闾氏传》。

【原文】

文帝文皇后乙弗氏，河南洛阳人也。其先世为吐谷浑渠帅，居青海，号青海王。凉州平，后之高祖莫环拥部落入附，拜定州刺史，封西平公。自莫环后，三世尚公主，女乃多为王妃，甚见贵重。父瑗，仪同三司、兖州刺史。母淮阳长公主，孝文之第四女也。后美容仪，少言笑，年数岁，父母异之，指示诸亲曰："生女何妨也。若此者，实胜男。"年十六，文帝纳为妃。及帝即位，以大统元年册为皇后。后性好节俭，蔬食故衣，珠玉罗绮绝于服玩。又仁恕不为嫉妒之心，帝益重之。生男女十二人，多早夭，唯太子及武都王戊存焉。

时新都关中，务欲东讨，蠕蠕寇边，未遑北伐，故帝结婚以抚之。于是更纳悼后，命后逊居别宫，出家为尼。悼后犹怀猜忌，复徙后居秦州，依子秦州刺史武都王。帝虽限大计，恩好不忘，后密令养发，有追还之意。然事秘禁，外无知者。

六年春，蠕蠕举国度河，前驱已过夏，颇有言虏为悼后之故兴此役。帝曰："岂有百万之众为一女子举也，虽然，致此物论，朕亦何颜以见将帅邪！"乃遣中常绮曹宠赍手敕令后自尽。后奉敕，挥泪谓宠曰："愿至尊享千万岁，天下康宁，死无恨也。"因命武都王前，与之决。遗语皇太子，辞皆凄怆，因恸哭久之。侍御咸垂涕失声，莫能仰视。召僧设供，令侍婢数十人出家，手为落发。事毕，乃入室，引被自覆而崩，年三十一。凿麦积崖为龛而葬，神枢将入，有二丛云先入龛中，顷之一灭一出，后号寂陵。及文帝山陵毕，手书云，万岁后欲令后配飨。公卿乃议追谥曰文皇后，祔于太庙。废帝时，合葬于永陵。

【译文】

西魏文帝元宝矩文皇后乙弗氏，河南洛阳人。她的祖先世代为吐谷浑部落首领，居住于青海，号称青海王。北魏太武帝拓跋焘消灭匈奴沮渠氏建立的北凉政权后，乙弗皇后的高祖莫环统率部落归附北魏，被任命为定州刺史，封西平公。自莫环以后，三代子孙都娶北魏公主，女子则大都嫁给宗王为王妃，极受重视，被委以大任。乙弗皇后的父亲乙弗瑗，官至仪同三司、西兖州刺史。她的母亲淮阳长公主，是孝文帝的第四个女儿。乙弗皇后容貌美丽，不太爱说话嬉笑，才几岁的时候，她的父母亲就为她感到惊奇，指着她对

亲属们说："生女儿又有什么关系呢。像这个女儿，实际上比男孩还强。"十六岁的时候，文帝娶她为南阳王王妃。及文帝登上帝位，于大统元年册封她为皇后。乙弗皇后生性喜欢节俭，吃蔬菜，穿旧衣服，服装玩物中没有珠宝玉石及精美的丝织品。而且仁慈宽恕，没有妒忌心理，文帝更加尊重她。她一共生了十二个儿女，大都幼年夭折，只有太子元钦及武都王元戊活了下来。

当时西魏刚刚建都于关中长安，一心一意想攻打东魏，蠕蠕族侵犯北边疆土，但来不及加以讨伐，所以文帝和蠕蠕联姻加以笼络。因此又娶蠕蠕首领阿那环的女儿悼皇后，命乙弗皇后迁出皇后宫信到别的宫殿中，后出家当尼姑。悼皇后仍心怀猜忌，又将乙弗皇后迁到秦州居住，同儿子秦州刺史武都王元戊住在一起。文帝虽然为国家大计所迫，但仍没有忘记同乙弗皇后的感情，后来暗中让她蓄发，有让她回宫作皇后的意图。不过事情做得极隐秘，外面没有人知道。

大统六年春天，蠕蠕发全国军队渡过黄河，前锋已过夏州，很多人说蠕蠕向西魏发动这场战争是因为悼皇后不被宠爱的缘故。文帝说："哪有百万大军是为一个女子受不受宠而发动的呢？尽管

魏文帝曹丕

如此，让人们发出这样的言论，我又有什么脸面面对将帅们呢！"于是派中常侍曹宠带着自己的亲笔命令让乙弗皇后自杀。乙弗皇后接到命令后，流着眼泪对曹宠说："希望皇上能活千万年，天下富裕安宁，我死后也没有什么可悔恨的了。"于是让武都王前来，同他诀别。给皇太子留下遗言，语句都很凄惨，因此悲痛地哭了很久。服侍她的人都哭出声来，没有谁忍心抬头看她。乙弗皇后叫来僧侣，摆上供品，命令服侍她的几十个婢女出家当尼姑，并亲手给她们剪掉头发。事情完成后，才走进卧室，拉开被子把自己盖上，随即死去，终年三十一岁。在麦积崖凿了一个石窟安葬她，灵柩将放进去的时候，有两朵云彩先涌进石窟中，很快其中一朵云彩消失了，另一朵飘了出去，后来把这儿叫作寂陵。文帝的陵墓修建完工后，他亲笔写下一个文书，说自己去世后想让乙弗皇后配祭。朝廷公卿们于是经过商议，追谥她为文皇后，配祭于太庙中。西魏废帝元钦在位时，将她和文帝一起葬于永陵中。

文帝悼皇后郁久闾氏传

【题解】

西魏文帝悼皇后郁久闾氏(525～540),柔然首领阿那环女。北魏末年政乱,柔然族复兴于塞北草原,威胁东、西魏两个对立的政权,二方统治者各相和亲,以结强援。以是之故,西魏文帝元宝矩郁久闾氏,出原皇后乙弗氏为尼,尊郁久闾氏为皇后。而不加亲待。后郁久闾氏因生产受惊而死。参见《西魏文帝文皇后乙弗氏传》。

【原文】

文帝悼皇后郁久闾氏,蠕蠕主阿那环之长女也。容貌端严,凤布成智。大统初,蠕蠕屡犯北边,文帝乃与约,通好结婚,扶风王孚受使奉迎。蠕蠕俗以东为贵,后之来,营幕户席,一皆东向。车七百乘,马万匹,驼千头。到黑盐池,魏朝卤簿文物始至。孚奏请正南面,后曰:"我未见魏主,故蠕蠕女也。魏仗向南,我自东面。"孚无以辞。

四年正月,至京师,立为皇后,时年十四。六年,后怀孕将产,居于瑶华殿,闻上有狗吠声,心甚恶之。又见妇人盛饰来至后所,后谓左右:"此为何人。"医巫傍侍,悉无见者,时以为文后之灵。产讫而崩,年十六,葬于少陵原。十七年,合葬永陵。当会横桥北,后梓宫先至鹿苑,帝辒辌后来,将就次所,轨折不进。

【译文】

西魏文帝元宝矩悼皇后,是蠕蠕首领阿那环的大女儿。她容貌端庄,幼年便有成年人的智慧。西魏大统初,蠕蠕多次侵犯北边疆土,文帝便同他们约定,两国通使讲和联姻,扶风王元孚奉命为使臣前去迎接。蠕蠕风俗,以东边为尊贵,悼皇后来西魏的路上,营帐的门及座席都朝东方。随带马车七百辆,马一万匹,骆驼一千头。她到达黑盐池的时候,西魏送来的皇后仪仗器物才到那儿。元孚上奏请求悼皇后按魏的习俗,以南方为正。悼皇后说:"我还没有见到魏主,就还是蠕蠕的女儿。魏朝的仪仗向南方,我自己仍向东方。"元孚说不出话来。

大统四年正月,悼皇后到达京城长安,被册封为皇后,当时她十四岁。大统六年,悼皇后怀孕即将生产,住在瑶华殿,听到屋顶上有狗叫声,心中对此深为讨厌。又看见一个女人穿着华丽的服饰来到自己的住所,悼皇后对身边的人说:"这是什么人?"当是医生和巫师在她身边服侍,没有人看见什么,当时人们认为这是文皇后的灵魂在作怪。悼皇后生下孩子后便去世,终年十六岁,安葬于少陵原。大统十七年,迁到永陵和文帝安葬在一起。安葬那天,悼皇后的灵柩应当在横桥北边同文帝的灵柩会合,悼皇后的灵柩先期到达鹿苑,运送文帝棺柩的灵车后到,将要临近暂住之处时,灵车车轮折断不能前进。

蠕蠕公主郁久闾氏传

【题解】

蠕蠕公主郁久闾氏,柔然族首领阿那环女。东、西魏对峙之时,柔然雄于塞北草原,538 年,西魏文帝娶阿那环一女为皇后,东魏丞相渤海王高欢惧其联兵来攻,遂求婚于柔然,迎娶阿那环之一女为渤海王妃。高欢死后,郁久闾氏按柔然风俗嫁于高欢子高澄,并生有一女。

【原文】

蠕蠕公主者,蠕蠕主郁久闾阿那环女也。蠕蠕强盛,与西魏通和,欲连兵东伐。神武病之,令杜弼使蠕蠕,为世子求婚。阿那环曰:"高王自娶则可。"神武犹豫,尉景与武明皇后及文襄并劝请,乃从之。武定三年,使慕容俨往娉之,号曰蠕蠕公主。八月,神武迎于下馆,阿那环使其弟秃突佳来送女,且报娉,仍戒曰:"待见外孙,然后返国。"公主性严毅,一生不肯华言。神武尝有病,不得往公主所,秃突佳怨恚,神武自射堂舆疾就公主。其见将护如此。神武崩,文襄从蠕蠕国法,蒸公主,产一女焉。

【译文】

蠕蠕公主,是蠕蠕首领郁久闾阿那环的女儿。蠕蠕强大,和西魏通使讲和,打算一起兵进攻东魏。神武帝高欢为此忧虑,令杜弼出使蠕蠕,请求阿那环将女儿嫁给自己的长子高澄。阿那环说:"高王自己娶她还差不多。"神武帝犹豫不决,尉景和武明皇后及文襄帝高澄都劝他,于是答应了这门亲事。武定三年,派慕容俨到蠕蠕迎亲,称为蠕蠕公主。八月,神武帝到下馆迎接,阿那环派他的弟弟秃突佳将女儿护送到东魏来,并且充当回访的使节,并告诫他说:"你要等到外孙子出世后,再回国来。"公主性格刚毅,一生中都不肯讲汉话。神武帝曾经有病,不能到公主住处,秃突佳怨恨发怒,神武帝从射堂抱病乘车到公主那儿。她如此受到将就。神武帝去世后,文襄帝按照蠕蠕国内的风俗,与公主结合,生下个女儿。

彭城太妃尔朱氏传

【题解】

彭城太妃尔朱氏,尔朱荣之女,先为北魏孝庄帝元子攸的皇后,后嫁东魏丞相高欢为妾,甚被敬重。生子高淯,北齐初,高淯被封为彭城王,尔朱氏遂被尊为彭城王太妃。后北齐文宣帝欲与私通，尔朱氏不从被杀。

【原文】

彭城太妃尔朱氏，荣之女，魏孝庄后也。神武纳为别室，敬重逾于娄妃，见必束带，自称下官。神武迎蠕蠕公主还，尔朱氏迎于木井北，与蠕蠕公主前后别行，不相见。公主引角弓仰射翔鸥，应弦而落；妃引长弓斜射飞鸟，亦一发而中。神武帝喜曰："我此二妇，并堪击贼。"后为尼，神武为起佛寺。天保初，为太妃。及文宣狂酒，将无礼于太妃，太妃不从，遂遇祸。

小尔朱者，兆之女也。初为建明皇后。神武纳之，生任城王。未几，与赵郡公琛私通，徙于灵州。后适范阳卢景璋。

【译文】

彭城王太妃尔朱氏，是尔朱荣的女儿，原是北魏孝庄帝元子攸的皇后。神武帝把她娶为妾，对她比对娄妃还要敬重。见她时一定要整理好衣服，自称为下官。神武帝在迎接蠕蠕公主回来时，尔朱氏在木井北边迎候，同蠕蠕公主一前一后，分开返回，两个互不见面。蠕蠕公主用牛角制成的弓箭举头向空中飞翔的鸥鹰射去，鸥鹰应弦而落；尔朱氏拉开长弓斜射飞鸟，也一箭便射中。神武帝高兴地说："我这两个女人，都能上阵杀敌。"后来出家当尼姑，神武帝为她建造了一座佛寺。天保初年，册封为彭城太妃。后来文宣帝高洋因嗜酒发狂，将强迫太妃与他同居，太妃不答应，因而被杀。

小尔朱氏，是尔朱兆的女儿，起先为长广王元晔当皇帝时的皇后。神武帝娶了她，生下任城王高湝。不久，她和赵郡公高琛私通，被发配到灵州。后来嫁给范阳人卢景璋。

冯翊太妃郑氏传

【题解】

冯翊太妃郑氏，名大车，荥阳（今河南荥阳）人。先为北魏广平王王妃，后东魏丞相高欢娶之，极受宠幸，生子高润。后郑氏与高欢子高澄私通，引起大祸，高澄几被废黜，赖司马子如而解。读此传可略见当时鲜卑武人私生活之一斑。

【原文】

冯翊太妃郑氏，名大车，严祖妹也。初为魏广平王妃。迁邺后，神武纳之，宠冠后庭，生冯翊王润。神武之征刘蠡升，文襄烝于大车。神武还，一婢告之，二婢为证。神武杖文襄一百而幽之，武明后亦见隔绝。时彭城尔朱太妃有宠，生王子浟，神武将有废立意。文襄求救于司马子如。子如来朝，伪为不知者，请武明后。神武告其故。子如曰："消难亦奸子如妾，如此事，正可覆盖。妃是王结发妇，常以父母家财奉王，王在怀朔被杖，背无完

皮，妃昼夜供给看疮。后避贼，同走并州。贫困，然马屎，自作靴，恩义何可忘？夫妇相宜，女配至尊，男承大业，又娄领军勋，何宜摇动？一女子如草芥，况婢言不必信。"神武因使子如鞫之。子如见文襄，尤之曰："男儿何意畏威自诬？"因教二婢反辞，胁告者自缢，乃启神武曰："果虚言。"神武大悦，召后及文襄。武明后遥见神武，一步一叩头，文襄且拜且进，父子夫妻相泣，乃如初。神武乃置酒曰："全我父子者，司马子如。"赐之黄金百三十斤，文襄赠良马五十匹。

【译文】

　　冯翊太妃郑氏，名叫大车，是郑严祖的女儿。起先为魏广平王王妃。迁都邺城以后，北齐神武帝高欢娶了她。宠爱她超过其他妃子，生下冯翊王高润。神武帝率军讨伐山胡刘蠡升时，他的儿子文襄帝高澄与大车乱伦私通。神武帝回来后，一个婢女把这事告诉了他，两个婢女作证。神武帝打了文襄帝一百棍，把他囚禁起来，武明皇后娄氏也被软禁。当时彭城尔朱太妃受到神武帝宠爱，生下彭城王高浟，神武帝心里打算将文襄帝废掉，立高浟为世子。文襄帝向司马子如求救。司马子如来拜见神武帝，假装不知道这些事，请求拜见武明皇后。神武帝把其中缘故告诉了他。司马子如说："犬子司马消难也和我的妾有奸情，像这种事，最好遮掩过去。娄妃是渤海王您的结发妻子，曾经将她父母家里的财物拿给您，您在怀朔镇被杖责后，背上没块完整的皮肤，娄妃日夜送食物，为您护理创伤。后来逃避葛荣乱军，与您一起跑到并州。极其贫穷，烧马粪做饭，亲自做靴子，这些恩情哪能忘记呢？你们夫妇和睦，女儿嫁给皇帝，儿子继承渤海王业，而且娄妃的弟弟领军将军娄昭立有大功，怎可贬黜她呢？一个女人像棵草一样轻贱，何况婢女的话不一定可信。"神武帝于是让司马子如审理这件事。司马子如见到文襄帝后，责怪他说："男子汉为什么要害怕威势而自己诬告自己呢？"于是叫两个婢女翻供，逼迫报告这事的那个婢女自己上吊而死，于是禀告神武帝说："真的是谎话。"神武帝非常高兴，把娄妃及文襄叫来。武明皇后远远看见神武帝，走一步叩一次头，文襄也一边跪拜一边走上前来，父子夫妻相对哭泣，于是和好如前。神武帝于是摆开宴席说："保全我们父子俩的情谊的，是司马子如。"赏赐他一百三十斤黄金，文襄送司马子如五十匹骏马。

后主冯淑妃传

【题解】

　　后主冯淑妃，名小怜，本为侍婢，后以善弹琵琶，工歌，深受北齐后主高纬宠幸。及北周攻晋阳（今山西太原），后主竟从淑妃之请，继续围猎，以致贻误军机。唐李商隐《北齐》诗说："晋阳已陷休回首，更请君王猎一围。"即讽此事。北齐灭亡，淑妃被赐予北周代王宇文达，隋初被逼自杀。本传还记载了北齐末年后宫的混乱情况，对理解北齐亡国亦有帮助。

【原文】

冯淑妃名小怜，大穆后从婢也。穆后爱衰，以五月五日进之，号曰"续命"。慧黠能弹琵琶，工歌舞。后主惑之，坐则同席，出则并马，愿得生死一处。命淑妃处隆基堂，淑妃恶曹昭仪所常居也，悉令反换其地。

周师之取平阳，帝猎于三堆，晋州亟告急，帝将还，淑妃请更杀一围，帝从其言。识者以为后主名纬，杀围言非吉征。及帝至晋州，城已欲没矣。作地道攻之，城陷十余步，将士乘势欲入。帝敕且止，召淑妃共观之。淑妃妆点，不获时至。周人以木拒塞，城遂不下。旧俗相传，晋州城西石上有圣人迹，淑妃欲往观之。帝恐弩矢及桥，故抽攻城木造远桥，监作舍人以不速成受罚。帝与淑妃渡桥，桥坏，至夜乃还。称妃有功勋，将立为左皇后，即令使驰取祎翟等皇后服御。仍与之并骑观战，东偏少却，淑妃怖曰："军败矣！"帝遂以淑妃奔还。至洪洞戍，淑妃方以粉镜自玩，后声乱唱贼至，于是复走。内参自晋阳以皇后衣至，帝为按辔，命淑妃著之，然后去。帝奔邺，太后后至，帝不出迎。淑妃将至，凿城北门出十里迎之。复以淑妃奔青州。后主至长安，请周武帝乞淑妃，帝曰："朕视天下如脱屣，一老妪岂与公惜也！"仍以赐之。

及帝遇害，以淑妃赐代王达，甚嬖之。淑妃弹琵琶，因弦断，作诗曰："虽蒙今日宠，犹忆昔时怜。欲知心断绝，应看胶上弦。"达妃为淑妃所谮，几致于死。隋文帝将赐达妃兄李询，令著布裙配舂。询母逼令自杀。

后主以李祖钦女为左昭仪，进为左娥英。裴氏为右娥英。娥英者，兼取舜妃娥皇、女英名，阳休之所制。

乐人曹僧奴进二女，大者忤旨，剥面皮，少者弹琵琶，为昭仪。以僧奴为日南王。僧奴死后，又贵其兄弟妙达等二人，同日皆为郡王。为昭仪别起隆基堂，极为绮丽。陆媪诬以左道，遂杀之。

又有董昭仪、毛夫人、彭夫人、王夫人、小王夫人、二李夫人，皆嬖宠之。毛能弹筝，本和士开荐入。帝所幸彭夫人，亦音妓进，死于晋阳，造佛寺，与总持相埒。一李是隶户女，以五弦进。一李即孝贞之女也。小王生一男，诸阉人在旁，皆蒙赐给。毛兄思安，超登武卫。董父贤义，为作军主，由昭仪亦超登开府。自余姻属，多至大官。

【译文】

冯淑妃名叫小怜，原来是北齐后主高纬穆皇后的侍婢。穆皇后不再受后主宠爱以后，在五月五日把冯淑妃进献给后主，称此为"续命"。淑妃聪慧狡黠，会弹琵琶，能歌善舞。后主被她迷住了，坐便和她同桌，出去便与她并马而行，希望能和她生死相依。后主命令冯淑妃住在隆基堂，淑妃因曹昭仪曾在这儿住过，讨厌这儿，于是让嫔妃全都更换住处。

北周军队攻下平阳城时，后主在三堆围猎，晋州多次派人来告急，后主将回晋阳，冯淑妃请求再杀上一围，后主听了她的话。有见识的人以为后主名叫纬，"杀围"这话是不吉利的征兆。当后主到达晋州时，北齐军反攻平阳已快攻下了。齐军挖掘地道攻城，城墙塌了十多步宽的缺口,将士们想乘势攻进城去。后主下令暂时停止进攻,把淑妃叫来和他一起观看攻城。冯淑妃化妆打扮,未能及时到来。周军用木材将缺口堵上,平阳城因此未能攻下。自古以来传说晋州城西边一块石头上有古代圣人的足迹,冯淑妃想到那儿去看看。后主担心箭镞射到路中要经过的桥上,所以抽调攻城用的木材在远处再造一座桥,监督桥的舍人因桥没有迅速建成而受到处罚。后主同冯淑妃过桥,桥塌了,到晚上才回来。后主声称淑妃有功勋,准备册封她为左皇后,当即命令使臣乘快马去取褕衣雉羽等皇后穿用的衣服饰物。并与淑妃一起乘马观看战斗,齐军阵势东面的部队稍稍有些退却,淑妃恐惧地说:"大军战败了!"后主于是带着淑妃逃跑而回。到洪洞戍城时,冯淑妃正在用粉镜自我欣赏,后面传来乱糟糟的呼叫声,说敌军来了,于是又起身奔逃。内参从晋阳带着皇后的衣服到来,后主为她抓住马缰,让冯淑妃穿上,然后才继续逃跑。后主逃到邺城,母亲皇太后随后到达,后主不出城迎接,冯淑妃将到的时候,后主凿开邺城北门,到十里以外去迎接。又带着淑妃逃到青州。后主被俘到长安,向周武帝乞求把冯淑妃赐还给他,周武帝说:"我把天下都不放在眼里,哪会舍不得把一个老婆子给你!"因而把冯淑妃仍旧赐给他。

当后主被杀以后,周武帝将淑妃赏赐给代王宇文达,宇文达非常宠爱她。淑妃弹奏琵琶,趁弦断了的时候,作了一首诗说:"虽蒙今日宠,犹忆昔时怜。欲知心断绝,应看膝上弦。"宇文达的王妃受到淑妃的谗言,差一点被杀。隋文帝将淑妃赏赐给宇文达王妃的哥哥李询为婢,让她穿上布裙舂米。李询的母亲逼迫冯淑妃自杀而死。

后主封李祖钦的女儿为左昭仪,晋封为左娥英。封裴氏为右娥英。所谓娥英,是根据舜的两个妃子娥皇、女英的名字而起的名号,这是阳休之制定的。

在朝廷演奏音乐的一个叫曹僧奴的人,向后主进献两个女儿,老大触犯了后主的旨意,被剥去脸上的皮。年龄较小的那个能弹琵琶,被封为昭仪。封曹僧奴为日南王。曹僧奴死后,后主又尊崇他的哥哥曹妙达等两人。同一天将他们都封为郡王。为曹昭仪另外修了一座叫隆基堂的宫殿,极其精巧壮丽。陆媪诬告曹昭仪搞邪门旁道,后主便把曹昭仪杀了。

此外还有董昭仪、毛夫人、彭夫人、王夫人、小王夫人、两个李夫人,后主对她们都很宠爱。毛夫人善于弹筝,原先是由和士开进献给后宫的。后主所宠幸的彭夫人,本也是从一个会音乐的妓女召进宫中的,后来在晋阳死去,后主为她修建佛寺,同总持寺规模差不多。李夫人之一是个隶户的女儿,因能弹五弦琴得到提升。另一个就是李孝贞的女儿。小王夫人生下一男孩,当时在她身边的所有宦官,都受到赏赐。毛夫人的哥哥毛思安,被越级提升为武卫将军。董昭仪的父亲董贤义,原为掌管工匠的军主,因为董昭仪的缘故,也被越级提升为开府。其他被宠爱者的亲属,很多都当上大官。

元晖传

【题解】

元晖（？~519），字景袭，是北魏宗室。他受宣武帝元恪的宠幸，历任给事黄门侍郎、侍中、领右卫将军等职，曾劝阻宣武帝不要将都城迁回平城（今山西大同）。他任吏部尚书时，大收贿赂，选用官吏皆有定价。因此，当时人将吏部称为"市曹"。他出任冀州刺史时，大规模检括隐匿的户口，增收调绢五万匹，但同时大肆聚敛，使百姓不堪忍受，孝明帝时，回朝任尚书左仆射，提议安定边境以及在全国范围内检括户口，得到采纳。曾招集儒士百余人，撰写《科录》二百七十卷，在病危时献给朝廷，据墓志记载，他死于孝明帝神龟二年（519）。

【原文】

元晖，字景袭。少沉敏，颇涉文史。宣武即位，为给事黄门侍郎。

初，孝文迁洛，旧贵皆难移，时欲和众情，遂许冬则居南，夏便居北。宣武颇惑左右之言，外人遂有还北之闻，至乃鬻卖田宅，不安其居。晖乃请间言事，具奏所闻，曰："先皇移都，以百姓恋土，故发冬夏二居之诏，权宁物意耳。乃是当时之言，实非先皇深意。且比来迁人，安居岁久，公私计立，无复还情。伏愿陛下终高祖既定之业，勿信邪臣不然之说。"帝纳之。

再迁侍中，领右卫将军，虽无补益，深被亲宠。凡在禁中要密之事，晖别奉旨，藏之于柜，唯晖入乃开，其余侍中、黄门莫有知者。侍中卢昶亦蒙恩昵，故时人号曰："饿彪将军，饥鹰侍中"。迁吏部尚书。纳货用官，皆有定价，大郡二千匹，次郡一千匹，下郡五百匹，其余官职各有差，天下号曰市曹。出为冀州刺史。下州之日，连车载物，发信都至汤阴间，首尾相属，道路不断。其车少脂角，即于道上所逢之牛，生截取角，以充其用。晖捡括丁户，听其归首，出调绢五万匹。然聚敛无极，百姓患之。

明帝初，征拜尚书左仆射，诏摄吏部选事。后诏晖与任城王澄、京兆王愉、东平王匡共决门下大事。晖又上书论政要：

其一曰：御史之职，务使得贤。必得其人，不拘阶秩，久于其事，责其成功。

其二曰：安人宁边，观时而动。顷来边将亡远大之略，贪万一之功，楚、梁之好未闻，而蚕妇之怨屡结，斯乃庸人所为，锐于奸利之所致也。平吴之计，自有良图，不在于一城一戍也。又河北数州，国之基本，饥荒多年，户口流散，方今境上，兵复征发，即如此日，何易举动？愚谓数年以来，唯宜静边，以息召役，安人劝农，惠此中夏。请严敕边将，自今有戍贼求内附者，不听辄遣援接，皆须表闻。违者虽有功，请以违诏书论。

三曰：国之资储，唯籍河北。饥馑积年，户口逃散，生长奸诈，因生隐藏，出缩老小，妄注死失，收人租调，割入于己。人困于下，官损于上。自非更立权制，善加检括，损耗之来，方在未已。请求其议，明宣条格。帝纳之。

晖雅好文学，招集儒士崔鸿等撰录百家要事，以类相从，名为《科录》，凡二百七十卷，上起伏羲，迄于晋，凡十四代。晖疾笃，表上之。卒，赐东园秘器，赠使持节、都督中外诸军事、司空公，谥曰文宪。将葬，给羽葆、班剑、鼓吹二十人，羽林百二十人。

【译文】

元晖字景袭，是北魏宗室。自小深沉敏锐，多涉猎文史。宣武帝元恪即位，他出任给事黄门侍郎。

起初，孝文帝元宏迁都洛阳，旧臣权贵都不愿迁徙，当时想要平和诸人的抵触情绪，于是允许他们冬天在南边居住，夏天再回北边居住。宣武帝被左右近臣迁回平城的意见所迷惑，因此，外面人就有了将都城迁回北边的传说，甚至有人出卖田宅，不安心居住。于是元晖请求单独见宣武帝谈论政事，他把所听到的都奏报给宣武帝，说："先帝迁都，由于百姓怀恋故土，因此发布冬夏居于两地的诏令，以暂时安定百姓的情绪。这是出于当时情况而说的，实在不是先帝的本意。而且近来迁到洛阳的人，安居时间已久，公私事业都已建立起来，不再有返回的想法。我愿陛下能完成先帝已确定下来的事业，不要相信邪臣不合情理的胡说。"宣武帝采纳了他的意见。

他又迁任侍中，领右卫将军。虽然他在职没有多少补益，但深受宣武帝宠信。凡在宫禁中机要秘密的事情，元晖另外奉旨，收藏在柜中，只有元晖进来才打开，其余的侍中、给事黄门侍郎都不知道。侍中卢昶也受到宣武帝的恩宠，因此，当时人称他们为"饿彪将军，饥鹰侍中"。他迁任吏部尚书，大收贿赂，任用官员，都有定价，大郡太守两千匹，中郡一千匹，下郡五百匹，其余官职的价钱各有不同，因此，天下人将吏部称为市曹。元晖出任冀州刺史，到冀州赴任时，动用大批车辆装载物品，从信都到汤阴之间的道路上，他的车辆首尾相接，络绎不绝。他的车缺少脂角，就存途中所碰到的牛身上活生生地截下牛角，以供自己使用。元晖到任后，检括隐匿的丁户，允许他们自首，多收调绢五万多匹。但他没有休止地聚敛财物，使得百姓忧虑不安。

明帝初，征召他入朝任尚书左仆射，又下诏让他掌管吏部选用官吏事务。以后，下诏让他与任诚王元澄、京北王元愉、东平王元匡共同议决门下大事。

元晖又上书论政要：

第一点说："御史的职务，一定要让贤臣担任。如果才干合宜，不必局限于官阶品秩，让他长期担任此职，以求能做出成效。"

第二点说："安定民心，使边境宁静，要观察时势而动。近来边境守将没有宏图大略，只是贪图倖倬之功，听不到与敌方和平相处的消息，而经常是相互骚扰结怨，使双方首姓无法生产，这只是庸人的做法，是由于只看重掳掠的利益而引起的。平定南方的大计，自有良策，不在于一城一戍的得失。另外，黄河以北诸州，是国家的根本所在，饥荒多年，户口流散，可如今边境上又在征发兵士，像今天这样的情况，怎么还能轻易有所举动？臣认为数年以来，只宜于使边境保持安宁，以停止征发兵役，安定民心，劝课农桑，使中原地区富庶起来。请陛下严厉敕告边防将领，自今以后，有敌方边戍贼人请求内附者，不许擅自

派军去接应，都必须上表奏报朝廷。违反者虽有功劳，请按违抗诏书论罪。"

第三点说："国家的资源储备，只依靠黄河以北。但饥荒连年，户口逃散，因此，产生隐匿户口，增减年龄，随意乱注死亡流失等各种奸诈方法，收敛百姓的租调，归入私囊。这样，百姓饥困于下，官府损失于上。假如不再设立临时规定，详细加以检括，这样的损耗情况，还会变本加厉地延续下去。请求议定此事，明确颁布法令条文。"明帝采纳了元晖的建议。

元晖一向喜好文学，把集儒士崔鸿等撰录百家要事，按类编排，取名为《科录》，共二百七十卷，上起伏羲，下到晋朝，共十四代。元晖病势危重时，上表将此书献上。元晖去世后，朝廷赐给他东园秘器，追赠使持节，都督中外诸军事、司空公，赐给谥号称文宪。将要下葬时，又给羽葆、班剑、鼓吹二十人，羽林一百二十人护送下葬。

元雍传

【题解】

元雍，字思穆，北魏宗室，魏高祖元宏之子。幼而多变不恒，人莫之测。及长，拜中护军、领镇北大将军，改封高阳王。世宗初年，迁使持节、都督冀相瀛三州诸军事、征北大将军，入朝除太保，领太尉、侍中。肃宗初年，为权臣于忠所贬。灵太后执政，除侍中、太师，以本官领司州牧。元雍虽位极人臣，而识怀短浅，奢侈优游，不学无术，眼前魏室倾崩而无力挽救。孝庄帝初年，权臣尔朱荣发动"河阴之变"，数百大臣被杀，元雍亦在其中。

【原文】

高阳元雍，字思穆，少而倜傥不恒。高祖曰："吾亦未能测此儿之深浅，然观其任真率素，或年器晚成也。"太和九年，封颍川王，加侍中、征南大将军。或说雍曰："诸王皆待士以营声誉，王何以独否？"雍曰："吾天子之子，位为诸王，用声名何为？"久之，拜中护军，领镇北大将军。改封高阳。奉迁七庙神主于洛阳。五等开建，食邑二千户。

车驾南伐，雍行镇军大将军，总摄留事。迁卫尉，加散骑常侍，除使持节、镇北将军、相州刺史，常侍如故。高祖诫雍曰："相州乃是旧都，自非朝贤德望无由居此，是以使汝作牧。为牧之道，亦难亦易。其身正，不令而行，故便是易。其身不正，虽令不从，故便是难。又当爱贤士，存信约，无用人言而轻与夺也。"进号征北将军。

世宗初，迁使持节，都督冀相瀛三州诸军事、征北大将军、开府、冀州刺史，常侍如故。雍在二州，微有声称。入拜骠骑大将军、司州牧。世宗时幸雍第，皆尽家人之礼。迁司空公，议定律令，雍常入参大议。转太尉公，加侍中。时雍以旱故，再表逊位，优诏不许。除太保，领太尉，侍中如故。

世宗行考陟之法，雍表曰：

窃惟三载考绩，百王通典。今任事上中者，三年升一阶，散官上第者，四载登一级。

闲冗之官,本非虚置,或以贤能而进,或因累勤而举。如其无能,不应忝兹高选。既其以能进之朝伍,或任官外戍,远使绝域,催督逋悬,察检州镇,皆是散官,以充剧使。及于考陟,排同闲伍。检散官之人,非才皆劣,称事之辈,未必悉贤。而考闲以多年,课烦以少岁,上乖天泽之均,下生不等之苦。又寻景明之格,无折考之文;正始之奏,有与夺之级。明参差之考,非圣慈之心;改典易常,乃有司之意。又寻考级之奏,委于任事之手;涉议科勤,绝于散官之笔。遂使在事者得展自勤之能,散辈者独绝披衿之所。抑以上下之闲,限以旨格之判,致使近侍禁职,抱檗屈之辞,禁卫武夫,怀不申之恨。欲克平四海,何以获诸。又散官在直,一玷成尤;衔使愆失,差毫即坐。徽缰所逮,未以事闲优之;节庆之赉,不以禄微加赏。罪殿之犯,未殊任事;考陟之机,推年不等。臣闻君举必书,书而不法,后代何观。《诗》云"王事靡盬,不遑启处",又悦曰"岂不怀归?畏此简书"。依依杨柳,以叙治兵之役;霏霏雨雪,又申振旅之勤。若折往来日月,便是《采薇》之诗废,《杕杜》之歌罢。又任事之官,吉凶请假,定省扫拜,动历十旬,或因患重请,动辄径岁。征役在途,勤泰百倍。苦乐之势,非任事之伦;在家私闲,非理务之日。论优语剧,先宜折之。

武人本挽上格者为羽林,次格者为虎贲,下格者为直从。或累纪征戍,靡所不涉;或带甲连年,负重千里;或经战损伤;或年老衰竭。今试以本格,责其如初,有爽于先,退阶夺级。此便责以不衰,理未通也。又蕃使之人,必抽朝彦。或历险千余,或履危万里,登有死亡之忧,咸怀不返之戚,魂骨奉忠,以尸将命。先朝赏格,酬以爵品;今朝改式,止及阶劳。折以代考,有乖使望。非所以奖励《皇华》而敦崇《四牡》者也。

复寻正始之格:泛后任事上中者,三年升一阶;泛前任事上中者,六年进一级。三年一考,自古通经。今以泛前六年升一阶。检无愆犯,倍年成级。以此推之,明以泛代考。新除一日,同沾阶荣,下第之人因泛上陟,上第之士由泛而退。

臣又见部尉资品,本居流外,刊诸明令,行之已久。然近为里巷多盗,以其威轻不肃,欲进品清流,以压奸宄。甄琛启云:"为法者施而观之,不便则改。"窃谓斯言有可采用,圣慈昭览,更高宰尉之秩。今考格始宣,怀怨者众,臣窃观之,亦谓不可,有光国典,改之何难。

世宗乃引雍共论时务。

肃宗初,诏雍入居太极西柏堂,谘决大政,给亲信二十人。又诏雍为宗师,进太傅、侍中,领太尉公,王如故,别敕将作,营国子学寺,给雍居之。领军于忠擅权专恣,仆射国祚劝雍之。忠怒,矫诏杀祚及尚书裴植,废雍以王归第。朝有大事,使黄门郎就谘访之。忠寻复矫诏,将欲杀雍,以问侍中崔光,光拒之,乃止。

未几,灵太后临朝,出忠为冀州刺史。雍表曰:

臣初入柏堂,见诏旨之行,一由门下,而臣出君行,不以悛意。每览伤矜,视之惨目,深知不可,不能禁制。臣之罪一也。臣近忝内枢,兼尸师傅,宜保护圣躬,温清晨夕。而于忠身居武司,禁勒自在,限以内外,朝谒简绝。身居寝食,所在不知,社稷安危,又亦不预,出入伯堂,尸立而已。臣之罪二也。忠规欲杀臣,威震百僚,势倾朝野。臣见其如此,欲出忠为雍州刺史,镇抚关右,在心未行,反为忠废。忝官尸禄,孤负恩私。臣之罪三也。先帝升遐,储宫纂统,斯乃君父君之恒谟,臣子之永则,加赏之义,自古无之。忠既人臣,受恩先帝，丧祸之际，竭节是常，迎陛下于东宫，臣下之恒事，如其不尔，更欲何为？而忠意气凌云，坐要封爵。尔日抑之，交恐为祸。臣以权臣所欲，不敢辄违，即集王公卿士，议其多少。清河王臣怿，先帝懿弟，识度宽明，临众唱议，非以勤而赏之，惮违权臣之旨，望颜而授。臣知不可，因而从之。臣之罪四也。忠秉权门下，且居宰执，又总禁旅，为崇训卫尉，身兼内外，横干宫掖。臣之罪五也。古者重罪，必令三公会，期至旬日，所以重死刑也。先帝登极，十有七年，细人犯刑，犹宽宪墨，朝廷贵仕，不戮一人。今陛下践阼，年未半周，杀仆射、尚书，如夭一草，是忠秉权矫旨，擅行诛戮。臣知不能救，臣之罪六也。臣位荷师相，年未及终，难恕之罪，显露非一，何情以处，何颜以生，虽经恩宥，犹有余责，谨反私门，伏听司败。

灵太后感忠保护之勋，不问其罪，增雍封一千户。除侍中、太师，又加使持节，以本官领司州牧。

雍表请：王公以下贱妾，悉不听用织成绵绣、金玉珠玑，违者以违旨论；奴婢悉不得衣绫绮缬，止于缦缯而已，奴则布服，并不得以金钱为钗带，犯者鞭一百。太后从之，而不能久行也。诏雍乘步挽出入掖门。又以官录尚书事。雍频表辞逊，优答不许，诏侍中敦谕。诏雍朝夕侍讲。

肃宗览政，除使持节、司州牧、侍中、太师、录尚书如故。肃宗加元服，雍兼太保，与兼太尉崔光摄行冠礼。诏雍乘车出入大司马门，进位丞相，给羽葆鼓吹，倍加班剑，余悉如故，又赐帛八百匹，与一千人供具，催令速拜。诏雍依齐郡顺王简太和故事，朝讫引坐，特优拜伏之礼。总摄内外，与元叉同决庶政。岁禄万余，粟至四万，伎侍盈房，诸子衮冕，荣贵之盛，昆弟莫及焉。

元妃卢氏死后，更纳博陵崔显妹，甚有色宠，欲以为妃。世宗初以崔氏世号"东崔"，地寒望劣，难之，久乃听许。延昌已后，多幸妓侍，近百许人，而疏弃崔氏，别房幽禁，不得关豫内政，仅给衣食而已。至乃左右无复婢使，子女欲省其母，必启闻，许乃得见。未见，崔暴死，多云雍殴杀之也。灵太后许赐其女妓，未及送之，雍遣其阉竖丁鹅自至宫内，料简四口，冒以还第。太后责其专擅，追停之。

孝昌初，诏曰："比相府弗开，阴阳未变。王秉哲居宗，勋望隆重，道庇苍生，威被华裔，体国犹家，匪躬在节，可开府置佐史。"寻罢司徒，以为丞相府。

孝庄初，尔朱荣欲害朝士，遂云雍将谋逆，于河阴遇害。赠假黄钺、相国，谥文穆王。

雍识怀短浅，又无学业，虽位居朝首，不为时情所推。既以亲尊，地当宰辅，自熙平以后，朝政褫落，不能守正匡弼，唯唯而已。及清河王怿之死，元叉专政，天下大责归焉。

【译文】

高阳元雍，字思穆，少年之时便倜傥不群，多变而不恒。高祖元宏说："我也不能测度这个孩子的深浅，但看他任真率性，也许是大器晚成。"太和九年，封为颍川王，加侍中、征南大将军。有人劝元雍说："各王都接待士人以营造声誉，为何只有您不如此呢？"元雍说："我是天子的儿子，位为诸王，用声名干什么？"过了一段时间，拜为中护军，领镇北大将军，改封为高阳王。奉诏将七庙神主南迁到洛阳。以五等开爵建国，食邑二千户。

　　高祖率军南伐，元雍行镇军大将军，总摄留守事宜。迁卫尉，加散骑常侍，除使持节、镇北将军、相州刺史，常侍如故。高祖训诫元雍说："相州原是旧都，不是朝中贤才或德高望重者便不能居于此位，所以让你到这里任职。为方镇长官之道，也难也容易。其身正，不令而行，这便是容易；其身不正，虽令不从，这便是难。还应当爱护贤能之士，讲求信义约束，不要只因别人的言语而轻易地实行赏罚。"进号为镇北将军。

　　世宗元恪初年，元雍迁为使持节、都督冀相瀛三州诸军事、征北大将军、开府、冀州刺史，常侍如故。元雍在这两地稍微有点政声。后入拜为骠骑大将军、司州牧。世宗有时行幸元雍的家，元雍都尽家人的礼节。迁司空公，议定律令，并常参与重要决策。转太尉公，加侍中。当时，元雍因为天下发生旱灾，再次上表返位，世宗优诏不许。除太保，领太尉，侍中如故。

　　世宗在全国推行考陟官吏制度，元雍上表说：

　　臣私下认为，夏、商、周三代考绩的办法为百代不变的通典。如今，任上、中等官职的人，三年升一阶，由散官而入第的，四年登一级。闲散的官员本来不是虚置，或者因贤能而升进、或者因积累勤绩而上举。如果此人无能，便不应备列在这些位置上。原来以才能提升的官员，或者是在外戍守任职，或者是出使到绝域、或催督欠通课税，察检州镇，都是散官，而所任却是重任。说到考陟，他们却被排除。检察散官的人，不一定都是庸才，即使称职的人也未必都是贤能之人。但以年代多来考闲，而课烦却以少岁，上乖天泽的均平，下生不公平的苦处。又遵循景明时的格式，有折考的文字；正始年间的上奏，又有与夺的级别规定。这说明参差互考本非皇上本意；改易常典常法，乃是有关部门的私意。又有关考级的奏折多委于任事人的手中；而涉及议列科勤之文，却绝于散官之笔。这样，使在事的人得以展其自勤之能，而散官之辈却没有申诉之所。而且，以上下之闲，限以旨格之判，致使近侍禁职抱槃曲之辞而难诉；禁卫武夫怀不申之恨而难说。如此而想克平四海，怎么可能？又散官在职，一点小错即成污点，一点过失即被治罪。治罪不以他们闲于本职而优待；庆节的赏赐又不以他们俸禄微薄而加赏。罪殿之犯，不因任事不同而有别；考陟之机却要推论年阶而不同。臣听说君主有所举动，史官都要记录。君主举动不合于法，于后代何观？《诗经》说：'王事靡盬，不遑启处。'又说'岂不怀归？畏此简书。'依依杨柳，以叙征役之苦；霏霏雨雪，又申振旅之勤。如果折算往来的时日，便是《采薇》一诗当废，《杕杜》一诗也该罢。又任事的官吏，遇有吉凶之事要请假，回家省亲扫墓，每次要超过十旬，有的因患难深重而请假，动不动就要一年。征役在途，与留守安泰之劳相差百倍。苦乐的差别，责不在任事之人；在家私闲，又不是理政之日。论优语剧，先应当折算。

　　武士本挽上格为羽林，次格者为虎贲，下格者为直从。有的累纪征戍，无所不涉；有的带甲连年，负重千里；有的在战场上受伤；有的年老衰竭。现在试以本格，责求他们像当初一样，有一点不符，便要退阶夺级。这是要求他们永不衰老，于理说不通。另外，出外蕃使的人，必抽调朝中俊才。有的历险千余，有的履危万里，登程便有死亡的忧虑，却心怀身死异乡的哀戚，魂骨奉忠，以尸将命。先朝的赏格是酬之以爵品，如今却只涉及阶品劳绩。折以代考，有乖使者之望，这不是奖励《皇皇者华》而敦崇《四牡》出使之意。

又按正始年间的格式：凡后任事上中的人，三年升一阶；凡后任事上中的人，六年进一级。三年一考，是自古通用的办法。现在以凡前六年便升一级，而不管有无愆失，到年份便提级。以此推之，明明是以泛代考。新除一日，便同沾阶荣。下第之人因泛上提，上第之人却因泛而退。

臣又见部尉资品，源居流外，刊之于明令，而行之已久。但近来因为里巷多有盗贼，因为他们威望不够而难以肃清。想进品清流，以压奸宄。甄琛上启说：'为法的人行而观察之，有不便则改动。'臣私下认为此言有理，可以采用。呈上明察，请提高宰尉的品秩。

现在考格刚刚公布，而怀怨的人众多，臣也以为不妥。只要有光国典，改动又有何难！"世宗见表后，便引元雍共论时务。

肃宗初年，诏令元雍入居太极西柏堂，谘询参决重大政务。配给亲信侍从二十人。又下诏元雍为宗师，进太傅、侍中、领太尉公，王位如故。又另外命将作大匠营造国子学寺，让元雍在其中居住。领军于忠擅权专恣，仆射国祚劝元雍将于忠贬出去。于忠大怒，假造皇帝诏令杀掉了国祚和尚书裴植，废掉元雍之权。让他以王归第。朝中有大事，派黄门郎到元雍家中谘询。不久，于忠又假造诏令，想杀掉元雍，以此事去问侍中崔光，崔光拒绝，于忠便没有下手。

不久，灵太后临朝执政，贬于忠为冀州刺史。元雍上表说：

臣刚入居柏堂，见皇上诏旨之行，都出自门下，而臣出君行，不以为意。每次看见这种情况，都觉伤怀，视之惨目。深知这样不可，却不能制止，这是臣的第一个罪。臣近来忝位内枢，兼尸师傅，应保护圣躬，晨夕参见。而于忠身居武司，禁勒自如，限以内外，朝谒简绝。皇上吾寝饮食，无人知晓，而社稷安危，也不能干预，出入柏堂，如行尸走肉一般，这是臣的第二个罪。于忠一直想杀害臣，赖执事之人拒绝。另外，令仆卿相，任自己的性情晋升退黜，迁官授职，大多不到十天，斥退贤良，专门纳其心腹，威振百僚，势倾朝野。臣见于忠如此，想出于忠为雍州刺史，镇抚关右。心中想着还未说出来，便被于忠迫害废弃。忝官尸禄，有负皇恩，这是臣的第三个罪过。先帝去世，储君继位，这是君父的永远楷模，臣子的永远规则，加赏之议，自古以来就没有。于忠既为人臣，受先帝之恩，在丧祸之际，竭其节义，迎陛下于东宫，这是臣下所应作之事。若不做这些事，那么想干什么？而于忠意气凌云，坐要封爵。当时若要抑止，恐怕生出祸端。臣因为这是权臣所要求，不敢随便违抗，便集合王公卿士，议论其多少。清河王臣元怿，是先帝的弟弟，识度宽明，临众倡议，不是因他勤劳而加赏，而是怕违了权臣的旨意，看着他的脸色来做事。臣明知不可，却因而从之，这是臣的第四个罪过。于忠秉权门下，又居于宰辅之位，又总管禁卫军，为崇训都尉，身兼内外，横干宫掖，这是臣的第五个罪过。古时有重罪，必定令三公相会议其罪，到一定旬日才治罪，这是因为重视死刑。先帝即位有十七年，小民犯罪，犹有所宽容，而朝廷贵臣不曾杀一人。现在陛下即位，不到半年，便杀仆射、尚书如割草一般，这是于忠秉权矫旨，擅行诛杀之权。臣知道而不能救他们，这是臣的第六个罪过。臣身为师相，年未及终，难恕之罪，已经非止一次。有何脸面在这个位子上？有何脸面活着？虽然经过赦免，还有余罪可究。谨返回家门，听候处置。

灵太后因于忠对自己有保护拥戴之功，不治于忠的罪，而给元雍增加封邑一千户，除元雍上表请求：王公以下的贱妾，都不能穿戴现成的锦绣之衣和金玉珠玑，违反者以违抗圣旨论处；家中奴婢都不能穿绫绮之服，而只能穿缦缯之衣，奴隶只能穿布衣服，都不准以金银为钗戴首饰，违反的人鞭打一百。太后听从了元雍的建议，但未能长久地实行。诏令元雍乘步挽出入宫中掖门，又以本官录尚书事。元雍多次上表辞谢，都优答不许，诏令侍中反复劝谕。又诏元雍朝夕入宫侍讲。

肃宗亲览朝政后，除元雍的使持节、司州牧、侍中、太师、录尚书如故。肃宗加元服时，元雍兼太保，和兼太尉崔光摄行冠礼。诏令元雍乘车出入大司马门，进位丞相，配给羽葆鼓吹，倍加班剑，其他仍如故。又赐帛八百匹，和一千人的供具，催令速拜。又诏元雍按齐郡顺王元简太和年间故事，朝见完毕之后赐座，特优其拜伏的礼节。元雍总摄内外，和元乂共同决断政务。每年的俸禄钱万余，粟至四万石，伎侍盈房，诸子都佩戴珰冕，荣贵之盛，兄弟中无人能比。

元雍的第一个妃子卢氏死后，元雍又娶了博陵崔显的妹妹，人长得漂亮，又受到元雍的宠爱，元雍想立她为妃。世宗开始时因为崔家世号“东崔”，地属寒土，门望不高，从中阻拦，过了很久才答应。延昌年间以后，元雍多幸妓侍，多达上百人，并疏远抛弃崔氏，把她关在别房中幽禁起来，不让她参与家事，只供她吃饭穿衣而已，甚至左右连个婢女仆人都没有。子女想见自己的母亲，还得先向元雍报告，经允许后才能去见。不久，崔氏突然死去，人们都说是元雍把她打死的。灵太后答应赐给元雍女妓，还没来得及送去，元雍便派自己的宦官丁鹅到宫中去自己选择，挑选了四个人带回府中。灵太后责备元雍专擅太甚，将这四人要了回去。

孝昌初年，诏令元雍说：“比年相府不开，阴阳未变。王秉哲居宗，勋望隆重，道庇苍生，威被华裔，体国犹家，尽心尽力，可以开府设置佐吏。”不久，置司徒之官，以为左丞相府。

孝庄初年，尔朱荣想加害朝臣，遂诬陷说元雍想造反，把元雍杀死在河阴。死后赠假黄钺、相国，谥号为文穆王。

元雍见识胸怀短浅，又不学无术，虽位居朝臣之首，却不被时情所推重。既以亲尊而位居宰辅。从熙平年间以后，朝政日非，却不能守正匡弼，只会唯唯诺诺而已。等清河王元怿死，元乂专政，天下人的责难都集中在了他一人身上。

古弼传

【题解】

古弼，北魏代地（今山西北部）人。少忠谨，善骑射，有将略。初为猎郎，以敏正称。魏明元帝赐名曰笔，后改为弼。魏太武帝拓拔焘即位，拜立节将军，封云寿侯，历侍中、吏部尚书，迁尚书令，以忠直称。魏之领有南秦（今甘肃东南部及陕西西南部），古弼之功略居多。后魏文成帝即位，被怨杀。

【原文】

　　古弼，代人也。少忠谨，善骑射。初为猎郎，门下奏事，以敏正称。明元嘉其直而有用，赐名曰笔。后改名弼，言其有辅佐才也。令典西部，与刘洁等分管机要，敷奏百揆。

　　太武即位，以功拜立节将军，赐爵云寿侯。历位侍中、吏部尚书，典南部奏事。后征冯弘。弘将奔高丽，高丽救军至，弘乃随之，令妇人被甲居中，其精卒及高丽陈兵于外，弼部将高苟子击贼军，弼酒醉，拔刀止之，故弘得东奔。太武大怒，黜为广夏门卒。寻复为侍中，与尚书李顺使凉州。赐爵建兴公，镇长安，甚有威名。及议征凉州，弼与顺咸言凉州乏水草，不宜行，帝不从。既克姑臧，微嫌之，以其有将略，弗之责。

　　宋将裴方明仇池，立杨玄庶子保炽。于是假弼节，督陇右诸军讨仇池，平之。未几，诸氏复推杨文德为主，围仇池。弼攻解其围，文德走汉川。时东道将皮豹子闻仇池围解，议欲还军。弼使谓曰："若其班师，寇众复至，后举为难。不出秋冬，南寇必来，以逸待劳，百胜之策也。"豹子乃止。太武闻之曰："弼言长策也。制有南秦，弼谋多矣。"

古弼

　　景穆总摄万机，征为东宫四辅，与宜都王穆寿并参政事。迁尚书令。弼虽事务殷奏，而读书不辍。端谨缜密，口不言禁中事。功名等于张黎，而廉不及也。

　　上谷人上书，言苑囿过度，人无田业，宜减太半，以赐贫者。弼入欲陈奏，遇帝与给事中刘树棋，志不闻事。弼侍坐良久，不获申闻。乃起，于帝前捽树头，掣下床，以手搏其耳，以拳殴其背，曰："朝廷不理，实尔之罪！"帝失容，放棋曰："不闻奏事，过在朕。树何罪？置之！"弼具状以闻。帝奇弼公直，皆可其奏，以与百姓。弼曰："为臣逞志于君前者，非无罪也。"乃诣公车，免冠徒跣，自劾请罪。帝召之，谓曰："卿其冠履。吾闻筑社之役，蹇蹶而筑之，端冕而事之'神与之福。然则卿有何罪，自今以后，苟利社稷，益国便人者，虽复颠沛造次，卿则为之，无所顾也。"

　　太武大阅，将校猎于河西，弼留守。诏以肥马给骑人，弼命给弱者。太武大怒曰："尖头奴敢裁量朕也！朕还台，先斩此奴！"弼头尖，帝常名之曰"笔头"，时人呼为"笔公"。属官惧诛，弼告之曰："吾谓事君使田猎不适盘游，其罪小也，不备不虞，使戎寇恣逸，其罪大也。今北狄孔炽，南房未灭，狡焉之志，窥伺边境，是吾忧也。故选肥马备军实，为不虞之远虑。苟使国家有利，吾宁避死科？明主可以理干，此自吾罪。"帝闻而叹曰："有臣如此，国之宝也！"赐衣一袭，马二匹，鹿十头。后车驾田于山北，获麋鹿数千头，诏尚书发车

牛五十乘运之。帝寻谓从者曰："笔公必不与我，汝辈不如马运之速。"遂还。行百余里而弼表至，曰："今秋谷悬黄，麻菽布野，猪鹿窃食，鸟雁侵费，风波所耗，朝夕参倍。乞赐矜缓，使得收载。"帝谓左右曰："笔公果如朕卜，可谓社稷之臣！"

初，杨难当之来也，诏弼悉送其子弟于京师，杨玄少子文德，以黄金三十斤赂弼。弼受金留文德，而遇之无礼，文德亡入宋。太武以其正直，有战功，弗加罪责。太武崩，吴王立，以弼为司徒。文成即位，与张黎并坐议不合旨，俱免。有怨谤之言，其家人告巫蛊，俱伏法。时人冤之。

【译文】

古弼，代地人。自少忠谨，善于骑射。开初担任猎郎，在门下奏事，以敏慧正直著称。明元帝（拓拨嗣）赞赏他正直而有用，赐名为"笔"；后来改为"弼"，是说他有辅弼的才能。命令他掌管西部，与刘洁等人分管机要，敷陈各种政务。

太武帝即位，古弼因功劳拜立节将军，赐为云寿侯。历任侍中、吏部尚书，掌南部奏事。后来征讨冯弘，冯弘准备逃奔高丽。高丽救兵赶到，冯弘就跟随着他们，让妇女披甲居于阵中，精锐将士和高丽救兵陈兵于外。古弼的部将高苟子要攻击敌军，古弼正醉着，拔刀制止住高苟子，所以冯弘得以逃入东方。太武帝大怒，把古弼黜降为都城广夏门的门卒。不久又让他担任侍中，与尚书李顺出使凉州（沮渠牧犍的北凉国，都城为姑臧）。赐爵建兴公，镇守长安，很有威名。及至商议征讨凉州，古弼和李顺都说凉州缺乏水草，不宜出征，太武帝不肯听从。等到攻克姑臧，太武帝对古弼略有不满，但因为他有将略，也没有责罚他。

南朝刘宋的将领裴方明攻克仇池，扶立杨玄的庶子杨保炽。于是以古弼为假节，督率陇右诸军讨伐仇池，平定之。没有多久，氐人诸部又推举杨文德为主，包围仇池。古弼进攻解围，杨文德逃往汉川。当时东道将领皮豹子听说仇池之围已解，商议着想撤回军队。古弼派人对他说："如果你班师，敌众就会重新回来，再兴兵就困难了。出不了秋冬两季，南朝的敌军必然会来，我们以逸待劳，这是百胜之策。"皮豹子才未撤回。太武帝听说后，说："古弼说的是长远之策，我们能够控制据有南秦，多靠古弼的谋划呀。"

皇太子（未即位就去世，后来追封为景穆皇帝）主持朝政，征古弼为东宫"四辅"（其余三人为穆寿、崔浩、张黎），与宜都王穆寿一同参理政事。迁升为尚书令。古弼虽然事务繁杂，但没有停止过读书。他端谨缜密，口不言禁中之事。他的功绩名声与张黎相同，但不如张黎廉洁。

上谷人上书，说皇帝的苑囿占地太多，百姓没有了耕地，应该减少大半，以赐给贫民。古弼入宫准备陈奏，正好太武帝和给事中刘树在下棋，心思不再听取奏事上。古弼侍坐很久，也没有机会奏事。于是他站起身，当着太武帝的面揪住刘树的头，把他扯下床，用手揪着他的耳朵，用拳头殴击他的后背，说："朝廷不能治理，全是你的罪过！"太武帝脸色大变，放下棋子说："没有听你奏事，过错在朕。刘树有什么罪，放了他吧。"古弼详陈奏闻。太武帝激赏古弼的公直，全部批准了他的奏事，把苑囿的地分给了百姓。古弼说："作为臣子逞志于君主之前，不是没有罪的。"便前往公车府，摘去冠，光着脚，自劾请罪。

太武帝召见他,对他说:"你快戴上冠,穿上鞋。我听说建筑社庙的工役,要竭力艰难地营筑,衣冠楚楚地侍奉,这样神才会赐福。如此则您有什么罪?从今以后,只要有利于社稷,益国便民的事,虽然是颠沛造次,您就去做,不要有所顾忌。"

太武帝举行大规模阅兵,准备校猎于河西,派古弼留守京城。有诏把肥马供给骑士,古弼却命令供给弱马。太武帝大怒道:"尖头奴竟敢裁减起我来了!朕回到都城,先斩这奴才!"古弼的脑袋有些尖,太武帝常称他"笔头",当时人叫他"笔公"。古弼的属官害怕牵连受诛。古弼告诉他们说:"我认为侍奉君主而使他田猎得不愉快,这罪过是小的;如果不能加强防御,使得敌寇恣肆,这罪过就大了。如今北狄嚣张(指蠕蠕),南寇未灭(指宋),心存狂狡,窥伺边境,这是我所担忧的。所以我选择肥马以备军用,为不虞之远虑。只要对国家有利,我难道害怕一死么!英明的君主可以用道理说服,这罪由我自己承担。"太武帝闻听后叹息道:"有这样的臣子,是国家的宝贝呀!"便赐衣服一套,马两匹,鹿十头。后来太武帝田猎于山北,猎获麇鹿数千头,诏命尚书派车牛五十乘来运输。接着太武帝对随从说:"笔公一定不会给我,你们还不如用马驮着更快一些。"便启程返还。走了一百多里古弼的表章就送到了,说:"现今秋谷开始变黄,豆麻遍野,猪鹿偷食,鸟雀侵费,风雨所伤耗,朝夕就相差数倍。乞请暂缓调用,使百姓得以收获载运。"太武帝对左右说:"笔公果然如朕所料,真可谓社稷之臣呀!"

开初,杨难当投奔北魏,诏命古弼把他的子弟都送往京师。杨玄的小儿子杨文德,用黄金三十斤贿赂古弼。古弼接受了黄金,让杨文德留在当地,但对他又无礼,杨文德就逃亡入宋。太武帝因为古弼正直,有战功,就没有加罪。太武帝死后,吴王即位(此时吴王拓拨余已经改封为南安王),任命古弼为司徒。文成帝即位,古弼与张黎都因论议不合旨意坐罪,被免职。他们有怨谤之言,被家人告发说搞巫蛊之术,俱被诛杀。当时人都为他们感到冤枉。

郦道元传

【题解】

郦道元(?~公元527年),字善长,范阳郡涿县(今河北涿县)人,北魏地理学家。他出身于官僚世家,曾祖父、祖父均为太守,父亲任刺史、尚书右丞等职。父亲死后,袭爵永宁侯,按惯例降为伯,任尚书主客郎。历任治书侍御史、冀州镇东府长史、颍川太守、鲁阳太守、东荆州刺史、河南尹、御史中尉等职。孝昌三年(527),被人陷害,死于关中阴盘驿亭。主要著作有《水经注》四十卷、《本志》十三篇和《七聘》诸文。流传至今的只有《水经注》一种。

郦道元在地理学上的成就,反映在《水经注》这部书中。此书是郦道元以《水经》为蓝本,以作注的形式写成的地理巨著。书中以水道为纲,将河流流经地区的古今历史、地理、经济、政治、文化、社会风俗、古迹等作了尽可能详细的记述。

【原文】

　　道元字善长。初袭爵永宁侯，例降为伯。御史中尉李彪以道元执法清刻，自太傅掾引为书侍御史。彪为仆射李冲所奏，道元以属官坐免。景明中，为冀州镇东府长史。刺史于劲，顺皇后父也，西讨关中，亦不至州，道元行事三年。为政严酷，吏人畏之，奸盗逃于他境。后试守鲁阳郡，道元表立黉序，崇劝学教。诏曰："鲁阳本以蛮人，不立大学。今可听之，以成良守文翁之化。"道元在郡，山蛮伏其威名，不敢为寇。延昌中，为东荆州刺史，威猛为政，如在冀州。蛮人诣阙讼其刻峻，请前刺史寇祖礼。及以遣戍兵七十人送道元还京，二人并坐免官。

郦道元

　　后为河南尹。明帝以沃野、怀朔、薄骨律、武川、抚冥、柔玄、怀荒、御夷诸镇并改为州，其郡、县、戍名，令准古城邑。诏道元持节兼黄门侍郎，驰驿与大都督李崇筹宜置立，裁减去留。会诸镇叛，不果而还。

　　孝昌初，梁遣将攻扬州，刺史元法僧又于彭城反叛。诏道元持节、兼侍中、摄行台尚书，节度诸军，依仆射李平故事。梁军至涡阳，败退。道元追讨，多有斩获。

　　后徐御史中尉。道元素有严猛之称，权豪始颇惮之。而不能有所纠正，声望更损。司州牧、汝南王悦嬖近左右丘念，常与卧起。及选州官，多由于念。念常匿悦第，时还其家，道元密访知，收念付狱。悦启灵太后，请全念身，有敕赦之。道元遂尽其命，因以劾悦。

　　时雍州刺史萧宝夤反状稍露，侍中、城阳王徽素忌道元，因讽朝廷，遣为关右大使。宝夤虑道元图己，遣其行台郎中郭子帜围道元于阴盘驿亭。亭在冈上，常食冈下之井。既被围，穿井十余丈不得水。水尽力屈，贼遂逾墙而入。道元与其弟道（缺）二子俱被害。道元瞋目叱贼，厉声而死，宝夤犹遣敛其父子，殡于长安城东。事平，丧还，赠吏部尚书、冀州刺史、安定县男。

　　道元好学，历览奇书，撰注《水经》四十卷，《本志》十三篇。又为《七聘》及诸文皆行于世。然兄弟不能笃睦，又多嫌忌，时论薄之。子孝友袭。

【译文】

　　郦道元，字善长，起初，继承父亲的封爵永宁侯，按照惯例，由侯降为伯。御史中尉李彪因道元执法清正苛刻，举荐他由太傅掾升任书侍御史。李彪被仆射李冲参奏下台后，道元因为是李彪的下属官员也被罢免。景明期间（公元 500～503 年），道元任冀州镇东府长史。冀州刺史于劲，是顺皇后的父亲，当时带兵在关中打仗，不在冀州上任。州上的事全由道元管理达三年之久。由于道元行政严酷,所以不仅是官吏畏惧,就是奸诈小人和强盗也纷纷逃离冀州,到别的地方去。后来调道元去鲁阳郡代理太守,他向皇帝打报告,请求在鲁阳建立学校,勉励教师和学生。皇帝指示说:"鲁阳原来因为是南方边远地区,不立大学。现在可以允许,使鲁阳象西汉文翁办学那样成为有文化教养的地区。"道元在鲁阳郡的日子,老百姓佩服他的威名,不敢违法。延昌期间(公元 512~515 年),道元任东荆州刺史,行政威猛跟在冀州一样。当地百姓向皇帝告状,告他苛刻严峻,请求前任刺史寇祖礼回来。等到寇祖礼回来并派遣戍边士兵七十名送道元回京时,两人都因为犯事被罢官。

后来道元任河南尹。北魏明帝因为沃野、怀朔、薄骨律、武川、抚冥、柔玄、怀荒、御夷等镇均改为州,这些州的郡、县、戍名称,命令用古城邑为标准。皇帝指令道元持节、兼黄门侍郎,与大都督李崇一道按驿站制度兼程而行,筹划哪些地方宜立郡、县、戍,哪些地方要裁减去留。正赶上诸镇叛乱,他们的工作没有结果就回去了。

孝昌初期,梁朝派遣将领攻打扬州,刺史元法僧又在彭城叛乱。孝明帝命道元持节、兼侍中、代理行台尚书,指挥调遣各路军马,依照仆射李平的故事。梁朝的军队到涡阳,被击退,道元指挥军马追杀,获胜。

后来任命道元为御史中尉。道元素有行政严猛的名声,掌握大权的人开始有些畏惧。但过了一段时间后,道元纠正不正之风没有显著的成绩,他的声望受到很大损害。司州牧、汝南王悦宠爱男娼丘念,常常跟他一起睡觉,一起生活。等到选举州官时,全由丘念操纵。平时丘念隐藏在王悦的家里,隔三岔五才回一次家。道元秘密查清丘念回家的规律,找一次机会把丘念抓住,关进监狱。王悦上告灵太后,请求释放丘念。灵太后命令释放,道元抢在命令下达之前把丘念处死,并因此事而检举王悦的违法行为。

正在这个时候,雍州刺史萧宝夤反叛北魏的意图已经暴露,侍中、城阳王徽一向忌恨道元,就劝灵太后派道元为关右大使去视察萧宝夤。萧宝夤害怕道元收拾他,于是派手下的行台郎中郭子帜把道元围困在阴盘驿亭。亭在山冈上,平时喝水靠山下的水井。道元在山冈上打井十余丈仍无水,水尽力竭,郭的人马翻墙入亭,把道元和他的弟弟以及两个儿子杀害。道元怒目高声骂萧,气息而亡。萧宝夤派人把道元父子、弟弟埋葬在长安城东。萧宝夤平定之后,道元的尸骨迁回家乡。朝廷追赠道元吏部尚书、冀州刺史、安定县男。

道元好学,一向喜欢阅览奇书。撰《水经注》四十卷,《本志》十三篇,又有《七聘》等文章流行于世。然而兄弟之间不能团结和睦相处,又多嫌忌,当时的舆论有点看不起。儿子孝友继承爵位。

高遵传

【题解】

历史上所谓的"酷吏",其事迹往往很不一样,有的人由于执法严猛,不避权贵,尽管

在行事上不免有些苛刻,但对澄清吏治有一定的作用。这一类人在前后《汉书》中曾出现过不少,到了北魏时,如李彪、郦道元,也属于这一类。另一些人物则与此不同,他们不但残忍,而且贪赃枉法,这里所选的高遵和羊祉就属于后一类。高遵完全是一个贪官污吏,他的贪酷之名甚至传到了北魏孝文帝那里,孝文帝曾加以训诫,他仍不改,最后免不了受到应有惩罚。羊祉的行为和高遵有些相近,他的残暴也曾为朝廷所知。然而他官运亨通,死后还得到了较好的谥号。这是因为他处于孝明帝元诩时代,北魏的朝政已很混乱。传中用了较多的篇幅记载议谥的事,不少人主张给他好的谥号,说什么"义无求备",置他的劣迹于不顾,这很能说明当时贪污已成为较普遍的现象,人们已不把它当作大事。

【原文】

高遵,渤海蓚人。弟允,字世礼,贱出,其兄矫等常欺侮之,及父亡,不令在丧位。遵遂驰赴平城,归允。允为作计,乃为遵父举哀,以遵为丧主,京邑无不吊集,朝贵咸识之。徐归奔赴。免丧后,为营宦路。遵感成益之恩,事允如诸父。涉历文史,颇有笔札。随都将长广公侯穷奇等平定三齐,以功赐爵高昌男,补安定王相。撰太和、安昌二殿画图。后与中书令高闾增改律令,进中书侍郎。假中书令,诣长安,刊燕宣王庙碑,晋爵安昌子。使济、兖、徐三州,观风理讼。进中都令。及新制衣冠,孝文恭荐宗庙,遵形貌庄洁,音气雄畅,堂兼太祝令,跪赞礼事,为俯仰之节,粗合仪矩,由是帝颇识待之。后与游明根、高闾、李冲等人议律令,亲对御坐,时有陈奏。出为齐州刺史,建节历本州,宗乡改观,而矫等弥妒毁之。

遵性不廉清。在中书时,每假归山东,必借备骡马,将从百余,屯逼人家,不得丝缣满意,则诟骂不去。旬月之间,缣布千数,郡邑苦之。既莅方岳,本意未弭,选召僚吏,多所取纳。又其妻明氏,家在齐州,母弟舅甥,共相凭属,争取货利。严暴,非理杀害其多。贪酷之响,帝颇闻之。及车驾幸邺,遵自州来朝。会有赦省,遵临还州,请辞。帝于行宫引见请让之。遵自陈无负。帝厉声曰:"若无迁都赦,必无高遵矣!又卿非唯贪惏,又虐于刑法。"谓:"何如济阴王,犹不免于法;卿何人,而为此行!自今宜自谨约。"还州,仍不悛革。齐州人孟僧振至洛讼遵,诏廷尉少卿刘述穷鞫,皆如所诉。先,沙门道登过遵。遵以道登荷眷于孝文,多奉以货,深托仗之。道登屡因言次,申启救遵,帝不省纳,遂诏述赐遵死。时遵子元荣诣洛讼冤,犹恃道登,不时还赴。道登知事决,方乃遣之。遵恨其妻,不与诀,别处沐浴,引椒而死。

【译文】

高遵,渤海蓚人。高允的堂弟。高遵,字世礼。他母亲地位卑贱,因此哥哥高矫等人常欺侮他,到他父亲死时,不让他居于孝子之列。高遵就赶到平城,投奔高允。高允给他负担费用,就为高遵之父发丧,让高遵当孝子,京中人士都聚集吊唁,朝廷贵臣都认识了高遵。这样,高遵就慢慢回家参加丧事。守丧完毕后,高允又为高遵营求仕官的办法。高遵因此感激高允成全自己的恩德,对待高允像父辈一样。高遵阅览文史典籍,颇善于写文章信函。他跟随都将长广公侯穷奇等平定三齐之地,因功被赐爵高昌男,任安定王相。绘制太和、安昌二殿的壁画。后来和中书令高闾增订和修改律令，进位中书侍郎。代理中书令之职，奉命到长安，刊刻燕宣王庙碑，进爵安昌子。奉使济、兖、徐三州，观察风俗，处理诉讼。进职中都令。到孝文帝重新规定衣冠服饰时，孝文帝将衣冠恭恭敬敬上献宗庙，高遵仪容庄重整洁，声音响亮清晰，常兼太祝令，跪着报唱礼仪，他拜伏、起立的动作，大体符合礼制，因此孝文帝很赏识他。后来，他和游明根、高闾、李冲等人商讨律令，面对着孝文帝的座位，时时有所奏禀。出京任齐州刺史，握着符节行经本州，他的宗族都对他改变了看法，但高矫等人更嫉妒而诽毁他。

高遵习性不清廉。在中书时，每次请假回东边去，必定到处借骡马，随从百余人，逼迫百姓人家，非得到满意的绢匹之数，就辱骂不走。十天一个月之间，搜刮绢布上千匹，为郡邑百姓之害。他既做刺史，原来的习性不改，选用僚佐属史，都收取很多财货。又他妻子明氏，家在齐州，她的弟弟及舅舅外甥等，都凭借权势，谋取财利。高遵严酷残暴，不合理地杀害人很多，贪酷的名声，颇为孝文帝所闻。到孝文帝来到邺城时，高遵从齐州来朝见。正逢当时有大赦令，高遵临回齐州时，请见辞行。孝文帝在行宫召见并责备他。高遵自称无罪。孝文帝厉声说："如果不因迁都大赦，一定没有你高遵了。而且你不但贪婪，又用刑残虐。"又说："你和济阴王比又怎样？济阴王当不免于依法处理；你算什么人，而行为如此！今后要自己谨慎廉俭！"高遵回到州里以后仍不改过。齐州人孟僧振到洛阳去控诉高遵，孝文帝下诏让廷尉少卿刘述彻查，结论和所控诉的相同。先前，道登和尚拜访高遵，高遵因孝文帝宠信道登，用许多财货送他，深深地依托仰仗他。道登因此好几次借机进言，要求救免高遵，孝文帝不听，下诏给刘述让他赐高遵死。当时高遵的儿子高元荣到洛阳诉冤，还依仗道登，不及时赶还。道登知道事情已决定，这才让高元荣回去。高遵恨他妻子，不和她诀别，在别处洗浴后，服毒而死。

羊祉传

【题解】

羊祉，字灵祐，太山钜平(今山东钜平)人，袭父爵为钜平子。性刚愎，喜刑名之学。景明间，任左军将军，使持节梁州军司。正始二年，又假节，在骧将军、益州刺史。在任残虐，百姓苦之，号曰："天狗"。死谥曰"景"。

【原文】

羊祉字灵祐，太山钜平人，晋太仆卿琇之六世孙也。父规之，宋任城令。太武南讨，至邹山，规之与鲁郡太守崔邪利及其属县徐逊、爱猛之等俱降，赐爵钜平子，拜雁门太守。

祉性刚愎，好刑名。为司空令、辅国长史，袭爵钜平子。侵盗公资，私营居宅，有司按之，抵死，孝文特恕远徙，后还。景明初，为将作都将，加左军将军。四年，持节为梁州军司，讨叛氐。正始二年，王师伐蜀，以祉假节龙骧将军，益州刺史，出剑阁而还。又以本将

军为秦、梁二州刺史,加征虏将军。天性酷忍,又不清洁,坐掠人为奴婢,为御史中尉王显所弹,免。高肇执政,祉复被起为光禄大夫,假平南将军、持节,领步骑三万,先驱趣涪。未至,宣武崩,班师。夜中引军,山有二径,军人迷而失路,祉便斩队付杨明达,枭首路侧。为中尉元昭所劾,会赦免。后加平北将军,未拜而卒,赠安东将军、兖州刺史。

太常少卿元端、博士刘台龙议谥曰:"祉志存埋轮,不避强御;及赞戎律,熊武斯裁。仗节抚藩,边夷识德,化沾殊类,禑负怀仁。谨依谥法,布德行刚曰景,宜谥为景。"侍中侯刚、给事黄门侍郎元纂等驳曰:"臣闻唯名与器,弗可妄假,定谥准行,必当其迹。按祉志性急酷,所在过威,布德罕闻,暴声屡发,而礼官虚述,谥之为景,非直失于一人,实毁朝则。请还付外,准行更量虚实。"灵太后令曰:"依驳更议。"元端、台龙上言:"窃惟谥者行之迹,状者迹之称。然尚书铨衡是司,厘品庶物,若状与迹乖,应抑而不受,录其实状,然后下寺,依谥法准状科上。岂有舍其行迹,外有所求,去状去称,将何所准?检祉以母老辞藩,乃降手诏云:'卿绥抚有年、声实兼著,安边宁境,实称朝望。'及其没也,又加显赠,言祉诚著累朝。效彰出内,作牧岷区,字萌之绩骤闻。诏册褒美,无替伦望。然君子使人,器之,义无求备。德有数德,优劣不同,刚而能克,亦为德焉。谨依谥法,布德行刚曰景,谓前议为允。"司徒右长史张烈、主薄李玚刺称:"按祉历官累朝,当官允称,委捍西南,边隅靖遏,准行易名,奖诚攸在,窃谓无亏体例。"尚书李韶又述奏以府寺为允,灵太后可其毒。

祉自当官,不惮强御,朝廷以为刚断,时有检复,每令出使。然慕刑名,颇为深文,所经之处,人号天狗下。及出将临州,并无恩润,兵人患其严虐。子深。

【译文】

羊祉字灵祐,太山钜平人,晋代太仆卿羊琇的六世孙。他父亲羊规之,刘宋任城令。魏太武帝南征,到邹山,羊规之和鲁郡太守崔邪利以及崔邪利所属县官吏徐逊、爱猛之等一起投降,太武帝封羊规之为钜平子,任为雁门太守。

羊祉性情刚愎,喜欢刑名之学。任司空令(按:司空属官无令,疑误)、辅国长史,承袭父亲钜平子的爵位。羊祉因侵吞公款,修筑私宅,被有关部门审处,应判死刑,孝文帝特加宽恕,改为流放远地,后来返回洛阳。宣武帝景明初年,任将作都将,加左军将军。景明四年,任持节梁州军司,讨伐叛乱的氐族。正始二年,北魏军队进攻蜀地,以羊祉持符假节任龙骧将军、益州刺史,兵出剑阁而返回。又以龙骧将军本号任秦、梁二州刺史,加号征虏将军。羊祉天性苛酷残忍,又不清廉,因抢掠平民作奴婢,被御史中尉王昱所弹劾,因此免官。高肇西征昌地时,羊祉重新被起用为光禄大大,让羊祉代理平南将军持符节,领步兵骑兵共三万人,率先率军向涪城。羊祉尚未抵达涪城,宣武帝死去,就领兵返回。羊祉夜间领兵赶路,山里有两条道路,军人迷失道路,羊祉便斩了队副杨明达,割下首级挂路边示众。因此被中尉元昭所弹劾,正逢大赦免予处分。后来任平北将军,没有拜官上任就死了,追赠安东将军,劲州刺史。

太常少卿元端、博士刘台龙议论羊祉的谥号说:"羊祉尽忠报国,不怕强暴;在他参与军务之时,率领勇敢的战士。当他手持符节,传布德行安抚藩属,边境上的夷狄理解他的恩德,教化及于不同的族类,使他们扶老携幼归附仁德。谨慎地依据谥法,能传布恩德行为刚强的人称景,应谥为景。"侍中侯刚、给事黄门侍郎元纂等人驳诘说:"臣下听说名号和礼器,不可胡乱借给人,定谥法要依据行为,必须和他的事迹相合。按羊祉性情急躁暴酷,所到之处威严过度,很少听说他传播恩德,暴虐之声则屡次听到,而礼官虚伪地讲述他的事迹,给他谥为'景',这不但是对一人的褒贬失当,实在破坏了朝廷法则。请再交付外廷,核定其行事时重新考虑其虚实。"灵太后下令说:"依照所驳再议。"元端、刘台龙上奏:"臣等私下以为谥号是给所作所为的事迹,行状则是称述事迹的。尚书专门负责权衡此事,依人之德行而定其谥号。如果行状与事迹相违背,就要记录下其人的事实状况,然后交付官署,依据谥法结合行状来定谥奏上。那有舍弃其行状和事迹,对死者另有所要求,舍弃了行状即舍弃人们的称述,定谥又将以什么为准绳?检查羊祉事迹,他因母亲年老,辞去地方长官,皇帝曾降手诏说:'你安抚地方多年了,名声和事实都很显著,安靖边境,实能符合朝廷的期望。'在羊祉死后,又加以显赫的追赠,说羊祉的忠诚著称于好几朝,不论入朝及出守功效均甚显著,在岷山一带作刺史,爱抚百姓的功绩很快就传闻到朝廷。皇帝下诏褒物,不忽视这人伦的楷模。然而君子的使用人,是像器物一样,取其所长,无求全责备之理。人的德行有各种各样,其间优劣也不相同,刚强而能克胜也算是德行。臣等谨依照谥法之中有德行刚曰"景"的规定,认为以前的谥号是妥当的。"司徒右长史张烈、主簿李玚上奏:"按羊祉历侄官职多朝,做官能符合其位,被托防卫西南,边境平定,根据他的行为来定其名谥,正是有奖诫为官者的用意。臣等私下以为没有亏损朝廷的规则。"尚书李韶又奏称这些议论中以太常寺官署的意见为妥当。灵太后同意了李韶的奏请。

羊祉自任职以来,不畏强暴,朝廷认为他刚强决断,逢到需要检查复核的事,常常派他出使。但羊祉喜好刑名之学,颇能深文周纳,所到的地方,人们称为天狗下来吃人。他出为将帅及州刺史,并无恩德,士兵和百姓都以他的严厉暴虐为苦。他的儿子叫羊深。

李彪传

【题解】

《魏书》和《北史》都设有《酷吏传》,但在二书中,李彪都另立一传。这是因为他的事迹甚多,作史者认为应单独立传之故。从李彪的行为看来,把他算作"酷吏",应该是没有疑问的。试看他用木手打击犯人的胁肋,"气绝而复属者时有焉"。李冲还说他曾声称:"南台所问,唯恐枉活,终无枉死。"这些事例就很能说明其严酷。不过,综观《李彪传》的记载,李彪毕竟是一个有才能的人物。他在内政、外交、学术、文章方面都有突出的才能,因此得到了魏孝文帝和许多达官的赞赏,六次代表北魏出使南齐。至于他后来的免官,是由于和大臣李冲间的矛盾。这个李冲出身于陇西李氏,是当时的高门,而李彪则属寒门,李彪开始时曾依附过他。后来官职升迁以后,特别是魏孝文帝南伐时,让他们二人充任留守，共同处理政事，难免有不同意见。而李彪生性耿直，因此得罪。从魏孝文帝把李彪和汉代汲黯相比，以及后来李冲参奏他的表看来，李彪只是"是己非人，专恣无忌，"等等，但他也能使"贪暴敛手"，可见错处并不全在李彪。从这件事，也可以看出北朝的寒门之士，即使身为高官，其势力仍不足与高门相比。

【原文】

李彪字道固，顿丘卫国人也，孝文赐名焉。家寒微，少孤贫，有大志，好学不倦。初受业于长乐监伯阳，伯阳称美之。晚与渔阳高悦、北平阳尼等将隐名山，不果而罢，悦兄闾博学高才，家富典籍，彪遂于悦家手抄口诵，不暇寝食。既而还乡里。平原王陆睿年将弱冠，雅有志业。娶东徐州刺史博陵崔鉴女，路由冀、相，闻彪名而诣之，修师友之礼，称之州郡，遂举孝廉，至京师，馆而受业焉。闾阎称之朝贵，李冲礼之甚厚，彪深宗附之。

孝文初，为中书教学博士。后假散骑常侍、卫国子，使于齐。迁秘书丞，参著作事。自成帝已来，至于太和，崔浩、高允著述国书，编年序录为《春秋》体，遗落时事。彪与秘书令高祐始奏从迁、固体，创为纪、传、表、志之目焉。

彪又表上封事七条，曰：

古先哲王之为制也，自天子以至公卿，下及抱关击柝，其宫室车服，各有差品，少不得僭大，贱不得逾贵。夫然，故上下序而人志定。今时浮华相竞，情无常守，大为消功之物，巨制费力之事，岂不谬哉！天消功者，锦绣彤文是也；费力者，广宅高宇，壮制丽饰是也。其妨男业害女工者，可胜言哉！汉文时，贾谊上疏，云今之王政可为长太息者六，此即是其一也。

夫上之所好，下必从之。故越王好勇而士多轻死，楚王好瘠而国有饥人。今二圣躬行俭素，诏令殷勤，而百姓之奢犹未革者，岂楚、越之人易变如彼，大魏之士难化如此？此盖朝制不宣，人未见德，使之然耳。臣遇以为第宅车服，自百官以下至于庶人，宜为其等制。使贵不逼贱，卑不僭高，不可以称其侈意，用违经典。

其二曰：《易》称"主器者莫若长子"，传曰"太子奉冢嫡之粢盛。"然则祭无主则宗庙无所飨，冢嫡废则神器无所传。圣贤知其如此，故垂诰以为长世之法。昔姬王得斯道也，故恢崇儒术以训世嫡，世嫡于是乎习成懿德，用大协于黎蒸。是以世统黎元，载祀八百。逮嬴氏之君于秦也，弗以方教厥冢子，冢子于是习成凶德，肆虐以临黔首。是以飨年不永，二世而亡。亡之与兴，道在于师傅。故《礼》云："冢子生，因举以礼，使士负之，有司齐肃端冕，见于南郊"。明冢嫡之重，见乎天也。"过阙则下，过庙则趋"，明孝敬之道也。然古之太子，自为赤子而教固以行矣，此则远世之镜也。高宗文成皇帝慨少时师不勤教，尝谓群臣曰："朕始学之日，年尚幼冲，情未能专。既临万机，不遑温习。今而思之，岂非唯予之咎，抑亦师傅之不勤。"尚书李䜣免冠而谢。此则近日之可鉴也。

伏惟太皇太后翼赞高宗，训成显祖，使巍巍之功，邈乎前王。陛下幼蒙鞠海，圣敬日跻，及储宫诞育，复亲抚诰，日省月课，实劳神虑。今诚宜准古立师傅，以诏导太子。诏导正则太子正，太子正则皇家庆，皇家庆则人事幸甚矣。

其三曰：记云：国无三年之储，谓国非其国。光武以一亩不实，罪及牧守。圣人之忧世重谷殷勤如彼;明君之恤人劝农,相切若此。顷年山东饥,去岁京师俭,风外人庶,出入就丰,既废营产,疲困乃加,又于国体,实有虚损。若先多积谷,安而给之,岂有驱督老弱,糊口千里之外?以今况古,诚可惧也。

臣以为宜析州郡常调九分之二,京都度支岁用之余,各立官司。年丰籴积于仓,时俭则加私之二,粜之于人。如此,人必事田以买官绢,又务贮财以取官粟。年登则常积,岁凶则直给。又别立农官,取州郡户十分之一以为屯人。相水陆之宜,料顷亩之数,以赃赎杂物余财市牛科给,令其肆力。一夫之田,岁责六十斛,甄其正课并征戍杂役。行此二事,数年之中,则谷积而人足,虽灾不害。

臣又闻前代明王皆务怀远人,礼贤引滞。故汉高过赵,求乐毅之胄;晋武廓定,旌吴、蜀之彦。臣谓宜于河表七州人中,擢其门才,引令赴阙,依中州官比,随能序之。一可以广圣朝均新旧之义,二可以怀江、汉归有道之情。

其四曰:汉制,旧断狱报重尽季冬,至孝章时改尽十月,以育三微。后岁旱,论者以十月断狱,阴气微,阳气泄,以故至旱。事下公卿。尚书陈宠曰:"冬至阳气始萌,故十一月有射干芸荔之应,周以为春。十二月阳气上通,雉雊鸡乳,殷以为春。十三月阳气已至,蛰虫皆震,夏以为春。三微成著,以通三统,三统之月断狱流血,是不稽天意也。"章帝善其言,卒以十月断。

今京都及四方断狱报重,常竟季冬,不推三正以育三微。宽宥之情,每过于昔,遵之典宪,犹或阙然。今岂所谓助阳发生,垂奉微之仁也?诚宜远稽周典,近采汉制,天下断狱起自初秋,尽于孟冬。不于三统之春,行斩绞之刑。如此则道协幽显,仁垂后昆矣。

其五曰:古者大臣有坐不廉而废者,不谓之不廉,乃曰簠簋不饰。此君之所以礼贵臣,不明言其过也。臣有大谴,则白冠厘缨盘水加剑,造室而请死,此臣之所以知罪而不敢逃刑也。圣朝宾遇大臣,礼崇古典,自太和以降,有负罪当陷大辟者,多得归第自尽。遣之日,深垂隐恻,言发凄泪,百官莫不见,四海莫不闻,诚足以感将死之一心,慰戚属之情。然恩发于衷,未著永制,此愚臣所以敢陈末见。

昔汉文时,人有告丞相勃谋反者,逮系长安狱,顿辱之与皂隶同。贾谊乃上书,极陈君臣之义不宜如是。夫贵臣者,天子为其改容而体貌之,吏人为其俯伏而敬贵之。其有罪过,废之可也,赐之死可也。若束缚之,输之司寇,榜笞之,小吏詈骂之,殆非所以令众庶见也。及将刑也,臣则北面再拜,跪而自裁。天子曰:"子大夫自有过耳,吾遇子有礼矣。上下使人抑而刑之也。"孝文深纳其言。是后大臣有罪,皆自杀不受刑。至孝武时,稍复下狱。良由孝文行之当时,未为永制故耳。今天下有道,庶人不议之时,安可陈瞽言于朝?且恐万世之后,继体之主有若汉武之事。焉得行恩当时,不著长世之制乎?

其六曰:《孝经》称父子之道天性,盖明一体而同气,可共而不可离者也。及其有罪不相及者,乃君上之厚恩也。而无情之人,父兄系狱,子弟无惨惕之容,子弟即刑,义兄无愧恶之色。宴安荣位,游从自若、车马仍华、衣冠犹饰。宁是同体共气,分忧均戚之理也?臣愚以为父兄有犯,宜令子弟素服肉袒,诣阙请罪;子弟有坐,宜令父兄露板引咎,乞解所司。若职任必要,不宜许乾,慰勉留之。如此,足以敦厉凡薄,使人知有所耻矣。

其七曰:《礼》云:臣有大丧,君三年不呼其门。此圣人缘情制礼,以终孝子之情也。

周季陵夷，丧礼稍亡，是以要经即戎，素冠作刺。逮乎虐秦，殆皆泯矣。汉初，军旅屡兴，未能遵古。至宣帝时，人当从军屯者，遭大父母、父母死，未满三月，皆弗徭役。其朝臣丧制，未有定闻。至后汉元初中，大臣有重忧，始得去官终服。暨魏、武、孙、刘之世，日寻干戈，前世礼制，复废不行。晋时鸿胪郑默丧亲，因请终服，武帝感其孝诚，遂著令以为常。

圣魏之初，拨乱反正，未遑建终丧之制。今四方无虞，百姓安逸，诚是孝慈道洽，礼教兴行之日也。然愚臣所怀，窃有未尽。伏见朝臣丁大忧者，服满赴职，衣锦乘轩，从郊庙之祀；鸣玉垂绶。同节庆之醮。伤人子之道，亏天地之经。愚谓如有遭父母丧者，皆得终服。若无其人有旷官者，则优旨慰喻，起令视事。但综理所司，出纳敷奏而已，国之吉庆，一令无预。其军戎之警，墨缞从役，虽愆于礼，事所宜行也。

帝览而善之，寻皆施行。

彪稍见礼遇。诏曰："彪虽宿非清第，代阙华资，然识性严聪，学博坟籍，刚辩之才，颇堪时用。兼优吏职，载宣朝美，若不赏庸叙绩，将何以劝奖勤能？特迁秘书令。"以参议律令之勤，赐帛五百匹，马一匹、牛二头。

其年，加员外散骑常侍，使于齐。齐遣其主客郎刘绘接对，并设谑乐。彪辞乐。及坐，彪曰："向辞乐者，卿或未相体。我皇孝性自天，追慕罔极，故有今者丧除之议。去三月晦，朝臣始除缞裳，犹以素服以事。裴、谢在北，固应见此。今辞乐，想卿无怪。"绘答言："请问魏朝丧礼竟何所依？"彪曰："高宗三年，孝文逾月。今圣上追鞠育之深思，感慈训之厚德，报于殷、汉之间，可谓得礼之变。"绘复问："若欲遵古，何不终三年？"彪曰："万机不可久旷，故割至慕，俯从群议。服变不异三年，而限同一期，可谓失礼？"绘言："汰哉叔氏，专以礼许人。"彪曰："圣朝自为旷代之制，何关许人。"绘言："百官总已听于冢宰，万机何虑于旷？"彪曰："五帝之臣，臣不若君，故君亲揽其事。三王君臣智等，故共理机务。主上亲揽，盖远轨轩、唐。"

彪将还，齐主亲谓彪曰："卿前使还日，赋阮诗云：'但愿长闲暇，后岁复来游。'果如今日。卿此还也，复有来理否？"彪答："请重赋阮诗曰：'宴衍清都中，一去永矣哉'"齐主悯然曰："清都可尔，一去何事！观卿此言，似成长阔。朕当以殊礼相送。"遂亲至琅邪城，登山临水，命群臣赋诗以送别。其见重如此。彪前后六度衔命，南人奇其謇博。

后为御史中尉，领著作郎。彪既为孝文所宠，性又刚直，遂多劾纠，远近畏之，豪右屏气。帝常听于李生，从容谓群臣曰："吾之有李生，犹汉之有汲黯。"后除散骑常侍，领御史中尉，解著作事。帝宴群臣于流化池，谓仆射李冲曰："崔光之博，李彪之直，是我国得贤之基。"

车驾南伐，彪兼度支尚书，与仆射李冲，任城王澄等参理留台事。彪素性刚豪，与冲等意议乖异，遂形声色，殊无降下之心。冲积其前后罪过，乃于尚书省禁止彪，上表曰：

案臣彪昔于凡品，特以才拔，等望清华，司文东观，绸缪恩眷，绳直宪台，左加金珰，右珥蝉冕。东省。宜感思厉节，忠以报德。而窃名忝职，身为违傲，矜势高亢，公行僭逸。坐与禁省，冒取官材，辄驾乘黄，无所惮惧。肆志傲然，愚聋视听。此而可忍，谁不可怀。臣今请以见事免彪所居职，付廷尉狱。

冲又表曰：

臣与彪相识以来，垂二十载，彪始南使之时，见其色厉辞辩，臣之愚识，谓是拔萃之一人。及彪官位升达，参与言宴，闻彪平章古今，商略人物，兴言于侍筵之次，启论于众莫之中，赏忠职正，发言恳恻，惟直是语，辞无隐避。臣虽不愚，辄亦钦其正直。及其始居司直，执志经行，其所弹劾，应弦而倒。赫赫之威，振于下国，肃肃之称，著自京师，天下改目，贪暴敛手。然时有私臣云其威暴者，臣以直强之官，人所忌疾，风谤之际，易生音谣，必不承信。

往年以河阳事，曾与彪在领军府共太尉、司空及领军诸卿等集阅廷尉所问囚徒。时有人诉枉者，二公及臣少欲听采。语理未尽，彪便振怒，东坐攘袂挥赫，口称贼奴，叱吒左右，高声大呼曰："南台中取我木手去，搭奴肋折！"虽有此言，终竟不取。即言："南台所问，唯恐枉活，终无枉死。"时诸人以所枉至重，有首实者多，又心难彪，遂各默尔。因缘此事，臣遂心疑有滥。知其威虐。犹谓益多损少，故不以申撤，实失为臣知无不闻之义。

及去年大驾南行以来，彪兼尚书，日夕共事，始乃知其言与行舛，是己非人，专恣无忌，尊身忽物。臣与任城卑躬曲己，其所欲者无不屈从。依事求实，悉有成验。如臣列得实，宜亟投彪于有北，以除奸矫之乱政。如臣列无证，宜于臣于四裔，以息青蝇之白黑。

帝在悬瓠，览表叹愕曰："何意留京如此也！"有司处彪大辟，帝恕之，除名而已。

彪寻归本乡。帝北幸邺，彪野服称草茅臣，拜迎邺南。帝曰："朕以卿为己死。"彪对曰："子在，回何敢死。"帝悦，因谓曰："朕期卿每以贞松为志，岁寒为心，卿应报国，尽心为用，近见弹文，殊乖所以。卿罹此谴，为朕与卿？为宰事？为卿自取。"彪曰："臣愆由己至，罪自身招，实非陛下横与臣罪，又非宰事无幸滥臣。臣罪既如此，宜伏东皋之下，不应远点属车之清尘。但仗承圣躬不豫，臣肝胆涂地，是以敢至，非谢罪而来。"帝曰："朕欲用卿，忆李仆射不得。"帝寻纳宋弁之言，将复采用。会留台表至，言彪与御史贾尚往穷庶人恂事，理有诬抑，奏请收彪。彪自言语枉，帝明彪无此，遣左右慰勉之，听以牛车散载，送之洛阳。会赦得免。

宣武践阼，彪自托于王肃，又与廓祚、崔光、刘芳、甄琛、邢峦等诗书往来，迭相称重。因论求复旧职，修史官之事，肃等许为左右。彪乃表曰：

惟我皇魏之奄有中华也，岁越百令，年几十纪，史官叙录，未充其盛。加以东观中圮，册勋有阙，美随日落，善因月稀。故谚曰："一日不书，百事荒芜。"至于太和之十一年，先帝先后召名儒博达之士，以充麟阁之选。于时忘臣众短，采臣片志。令臣出纳，授臣丞职，猥属斯事，无所与让。高祖时诏臣曰："平尔雅志，正尔笔端，书而不法，后世何观？"臣奉以周旋，不敢失坠。

伏惟幸文皇帝承天地之宝，崇祖宗之业，景功未就，奄焉崩殂，凡百黎萌，若无天地。赖遇陛下体明睿之真，应保合之量，恢大明以独物，履静恭充和邦，天清其气，地乐其静，可谓重明叠圣，元首康哉。《记》曰："善迹者欲人继其行，善歌者欲人继其声。"故传曰："文王基之，周公成之。"然先皇之茂勋圣达，今王之懿美洞鉴，准之前代，其德靡悔也。时哉时哉，可不光昭哉！合德二仪者，先皇之陶钧也。齐明日月者，先皇之洞照也。虑周四时者，先皇之茂功也；合契鬼神者，先皇之玄烛也；迁都改邑者，先皇之达也；变是协和者，先皇之鉴也；思同书轨者，先皇之远也；守在四夷者，先皇之略也；海外有载者，先皇之威也；礼由岐阳者，先皇之义也；张乐岱郊者，先皇之仁也；銮幸幽漠者，先皇之智也；燮伐南荆者，先皇之礼也；升中告成者，先皇之肃也；亲虔宗社者，先皇之敬也；衮实无阙者，先皇之德也；开物成务者，先皇之贞也；观乎人文者，先皇之蕴也；革弊创新者，先皇之志也。孝慈道洽者，先皇之衷也。先皇有大功二十，加以谦尊而光，为而弗有者，可谓四三皇而六五帝矣。诚宜功书于竹素，声播于金石。

臣窃谓史官之达者，大则与日月齐其明，小则与四时并其茂，故能声流无穷，义昭来裔。是以金石可灭，而风流不泯者，其唯载籍乎。谚曰："相门有相，将门有将。"斯不唯其性，盖言习之所得也。窃谓天文之官，太史之职，如有其人，宜其世矣。是以谈、迁世事而功立，彪、固世事而名成，此乃前鉴之轨辙，后镜之蓍龟也。然前代史官之不终业者，皆陵迟之世，不能容善。是以平子去史而成赋，伯喈违阁而就志。近僭晋之世，有佐郎王隐，为著作虞预所毁，亡官在家，昼则樵薪供炊，夜则观文属缀，集成晋书，存一代之事。司马绍敕尚书唯给笔札而已。国之大籍，成于私家，末世之弊，乃至如此。此史官之不遇时也。

今大魏之史，职则身贵，禄则亲荣，优哉游哉，式谷令尔休矣！而典谟弗恢者。其有以也。而故著作渔阳傅毗、北平阳尼、河间邢产、广平宋弁、昌黎韩显宗并以文才见举，注述是同，并登年不永，弗终茂绩。前著作程灵虬同时应举，共掌此务，今徙他职，官非所司。唯著作崔光一人，虽不移任，然侍官两兼，故载述致阙。

臣闻载籍之兴，由于大业；雅颂垂荐，起于德美。昔史谈诚其子迁曰："当世有美而不书，汝之罪也。"是以久而见美。孔明在蜀，不以史官留意，是以久而受讥。《书》称"无旷庶官"《诗》有"职思其忧"，臣虽今非所司，然昔忝斯任，故不以草茅自疏，敢言及于此。语曰："患为之者不必知，知之者不得为。"臣诚不知，强欲为之耳。窃寻先朝赐臣名彪者，远则拟汉史之叔皮，近则准晋史之绍统，推名求义，欲罢不能。今求都下乞一静处，综理国籍，以终前志，官给事力，以充所须。虽不能光启大录，庶不为饱食终日耳。近则期月可就，远则三年有成，正本蕴之麟阁，副贰藏之名山。

时司空北海王详、尚书令王肃许之。肃以其无禄，颇相赈饷。遂在秘书省，同王隐故事，白衣修史。

宣武亲政，崔光表曰："臣昔为彪所致，与之同业积年，其志力贞强，考述无倦。顷来契阔，多所废离，近蒙收起，还综厥事。老而弥厉，史才日新。若克复旧职，专功不殆，必能昭明《春秋》阐成皇籍。既先帝厚委，宿历高班，纤负微愆，应从涤洗。愚谓宜申以常伯，正绾著作。"宣武不许。诏彪兼通直散骑常侍、行汾州事，非彪好也，固请不行，卒于洛阳。

始彪为中尉，号为严酷，以奸款难得，乃为木手击其肋腑，气绝而复属者时有焉。又慰喻汾州叛胡，得其凶渠，皆鞭面杀之。及彪病，体上往往疮溃，痛毒备极。赠汾州刺史，谥曰刚宪。彪在秘书岁余，史业竟未及就，然区分书体，皆彪之功。述《春秋三传》合成十卷，其余著诗颂赋诗章表别有集。

彪号与宋弁结管、鲍交，弁为大中正，与孝文私议，犹以寒地处之，殊不欲微相优假。彪亦知之，不以为恨。彪卒，彪痛之无已，为之哀诗，备尽辛酸。郭祚为吏部，彪为子求官,祚仍以旧第处之。彪以位经常伯,又兼尚书,谓祚应以贵游拔之,深用忿怨,形于言色,时论以此非祚。祚每曰:"尔与义和至友,岂能饶尔,而怨我乎。"任城王澄与彪先亦不穆,及为雍州,彪诣澄,为志求其府僚。澄释然为启,得为列曹行参军,时称澄之美。

志字鸿道。博学有才干,年十余。便能属文。彪奇之,谓崔鸿曰:"子宜与鸿道为二鸿于洛阳。"鸿遂与交款往来。

彪有女,幼而聪令,彪每奇之,教之书学,读诵经传。赏窈谓所亲曰:"此当兴我家,卿曹容得其力。"彪亡后,宣武闻其名,召为婕妤,在宫常教帝妹书,诵授经史。始彪奇志及婕妤,特加器爱,公私坐集,必自称咏,由是为孝文所贵。及彪亡后,婕妤果入掖廷,后宫咸师宗之。宣武崩后,为比丘尼,通习经义,法座讲说,诸僧叹重之。

志历官所在著绩。桓叔兴外叛,南荆荒毁,领军元叉举其才任抚导,擢为南荆州刺史。建义初,叛入梁。

志弟游,有才行。随兄志在南荆州,属尔朱之乱,与志俱奔江左。子昶。

【译文】

李彪字道固,顿丘卫国人,是孝文帝所赐的名字。家世微贱,少年丧父贫穷,有大志,努力学习不知疲倦。起初向长乐人监伯阳学习,监伯阳称赞他。后来他和渔阳人高悦、北平人阳尼等想隐居名山,没有实现。高悦的哥哥高闾,学识渊博才能很高,家中藏书很多,李彪就到高悦家里手抄口读这些书,连睡觉吃饭也顾不上。过了一段时间回到家乡。平原王陆睿年近二十岁,素来有志建功立业。他娶东徐州刺史博陵人崔鉴的女儿,路过冀州、相州,听说李彪的名字而去拜访李彪,视他如同老师和朋友,在州郡官员中称赞他,李彪就被推荐为孝廉。到京城里,陆睿又设馆舍招待,并向他学习。高闾对朝中贵臣称赏他,李冲对待李彪很优厚,李彪就深深依附李冲。

孝文帝初年,李彪任中书教学博士。后来代理散骑常侍、卫国子,出使南齐。回来后升秘书丞。参与著作事宜。从昭成帝(拓跋什翼犍)以来,直到孝文帝太和年间,崔浩、高允等著述魏朝的史书,采用《春秋》的编年体记事,有些时事被遗漏。李彪和秘书令高祐开始奏请效法司马迁、班固的纪传体,创立为纪、传、表、志等名目。

李彪又奏上秘密表章,提出七条说:

古代贤明的君王所定制度,从皇帝以至公卿百官,下到守门人、打更人,他们的住房车辆衣服,各有等级,官小的不许使用大官的服饰,地位卑贱的人不得逾越高贵的人。正因为这样,所以上下都有秩序而人心安定。现在人们互相以浮华相争竞,性情无常,大量制造耗费功夫的物品,大办靡费人力的事情,岂不是荒谬吗!那些耗费功夫的,就是锦绣雕花之物;靡费人力的,就是宽广的住宅高巍的屋宇,以及规模雄壮的仪仗和华丽的装饰。这些东西妨害男子的职业和女子的功夫之处,真是数不清。汉文帝时,贾谊曾经上疏,说当前的王政可以长长地叹息之事有六点,这就是其一。

那些在上位的人所爱好的,在下位的人必然会效法。所以从前越王喜欢勇敢,而武士们大多把死看得很轻,楚王爱好身材苗条,而国中有人节食饿肚子。现在两位圣上亲自实行节俭朴素,诏书中殷勤劝导,而百姓的奢侈之俗仍未改去,难道楚国和越国的人这样容易改变,而大魏的士人这样难于接受教化? 这是因为朝廷制度不明,人们未知德行,才造成的。臣下以为住宅车辆服装,从百官以下直到平民,应该制定各级差别。使高贵的人不压迫微贱的人,卑下的人不冒充高等,不能让他们满足奢侈之意,来违反经典的规定。

其二说:《周易》说"主管祭器的人莫如长子。"古书说:"太子主管大宗嫡子韵祭礼饭食"。因此祭礼没有主祭者就使宗庙中祖先无法享用,大宗嫡子靡弃帝位就没有传人。圣人贤人知道这个道理,所以训示告诫后人以为长治久安的办法。从前周朝做到了这一点,所以推崇儒家学说来教训嫡子,嫡子们于是养成良好的德行,以此使百姓大为融洽。所以周朝世世统治百姓,传了八百年。到赢姓做了秦国的君主,不用正当的道理教育他们的长子,长子们于是养成了凶恶的品行,恣意暴虐百姓,所以秦国统治的年代不长,二世而亡。国家的衰亡与兴盛,其道理在于教长子的师傅。所以《礼》说:"君主的嫡长子出生,就以礼来举养,让士人背负着他,有关百官整齐严肃端庄地戴着冠冕,去南郊祭天。"说明嫡长子的重要,要让上天见到。嫡长子过宫阙就要下车,过庙就要小步快走,这是说明孝敬的道理。这样古代的太子,从婴儿时代起就已进行教育。这是从前久远的鉴戒。大魏高宗文成皇帝曾感叹年少时师傅没有勤于教诲,曾对群臣说:"朕始学习的时候,年纪还很小,情绪不能专一。后来亲自管理国家众多的事务,没有空再进行温习。今天想来,难道仅仅是我的过错,也还是师傅们教诲不勤之故。"尚书李䜣摘下冠来谢罪。这是近日的事可以做鉴戒的。

臣私下以为太皇太后辅佐高宗,教训显祖成长,使他们伟大的功绩,远远超过前代帝王。陛下小时受到太皇太后的抚养教诲,因此圣德日益提高。等太子出生以后,又亲自爱抚训告,每日每月考校其实效,实在是很劳费心思的。现在应当效法古代设立师傅,用来训导皇太子。训导正当,那么太子行为就正当,太子行为正当就是皇家的庆幸,皇家庆幸则政事就万幸了。

其三说:《记》中说:"国家没有三年的粮食储备,叫作国非其国。从前汉光武帝因为一亩田没收获,就把州牧太守论罪。圣人的忧虑世事重视谷物,其殷切勤劳到这样;贤明的君主爱惜人民倡导农务,恳切到这样。近年崤山以东饥荒,去年京城一带歉收,畿内畿外的百姓们。出乡到丰产之地,既荒废了所经营的产业,又更加疲乏困顿,这又对国体大有损伤。如果能在事先多藏谷物,安抚而且赈给百姓,岂有驱赶老幼的人,为吃饭而远走千里之外的道理? 用现在来比况古代,确实很可怕。

我以为应当分出州郡中常年征上的布帛税收入中的九分之二,京城里度支官署中每年结算的余额,个个设立官署主管。丰收之年就买进五谷储积在仓库中,年景不好则用比私人加二成的谷物量,卖给百姓。这样人们必然努力种田来换取官府的绢匹,又从事积蓄财货来买官府的米。年成好就常加积蓄,年成不好则取值供应。另外又设立农官,取州郡中户数的十分之一作为"屯人"。考察水土适宜种植哪一种作物,估计一顷一亩地的产量,用没收的赃款、入财赎罪的款项及其他剩余的收入买牛分给屯人,让他们努力耕种。一个丁口的田,一年要求收六十斛,甄别他们应交的租税和当兵服劳役之事,实行了这两件事,数年之后,谷物有了储备而人们生活富足,虽遇灾荒不能为害。

臣又听说前朝英明的君主都努力招抚远方的人，尊敬贤能的人，提拔沉沦于下位的人。所以汉高祖路过赵国，访求战国时乐毅的后代；晋武帝平定吴蜀，就表扬两地的才能之士。我认为应在黄河以南七个州的人中，提拔高门中的有才学的人，引他们来到朝廷，依中原官员的例子，随其才能而给予官职。这样一可以广开圣朝对新旧的士庶一律对待的道理，二可以安抚江、汉的人使他们归附有道之邦的心情。

其四说：汉朝的制度规定：旧制判处刑狱到冬季十二月才完毕，到孝章帝时改为到十月就完毕，以养育细微而当未显著的阳气。后来天气干旱，议论的人认为用十月判决刑狱，阴气微弱，阳气就会泄漏，因此引起旱灾。这事交给公卿讨论。尚书陈宏说："冬至时阳气开始萌动，所以十一月有射干木、芸香草、荔草萌芽的徵应，周朝以此为春。十二月阳气向上，雄雉鸣叫求雌，鸡也开始繁殖，殷朝以此为春，十三月（正月）阳气已到，蛰伏的动物都因震雷而动，夏朝以此为春天。把这三个月微弱的阳气转为显著事，就构成夏殷周三代的历法，所谓三统，在这三统的月份里判案流血，是没有考察上天的意志。"汉章帝认为他的话对，最后决定在十月里判断刑狱。

现在京城和四方判断刑狱报请处重刑，总是到十二月执行，这就是不考察三代的历法来养育三个月内微弱的阳气。我们大魏判狱用心宽大，往往比前朝更宽，但要遵守前人的典则，则往往不够。这种做法难道是帮助阳气发生，而施行仁道长养微弱的阳气的办法？的确应远则考察周朝的典章，近则采用汉朝的制度，让天下判决刑狱从初秋开始，到十月结束。不在三统历法中的春天（指十一月和十二月）执行斩首绞杀的刑罚。这样就在道义上合乎天道和人道，仁德流传后代了。

其五说：从前大臣有因不廉洁而被免职的，不说他不廉洁，而是说他盛祭品的礼器不整洁。这是君主所以用礼来尊重臣下，不明白说出他的过错。臣子有大罪，就派戴上有毛缨白帽子的人手持一盘水，上面加一把剑，到罪臣屋里要求他自尽，这是臣子能知罪而不敢逃避刑罚。本朝接待大臣如同宾客，礼数比古时更高，自从太和以来，臣子有犯罪应处死刑的，大多能回私第自杀。发遣的日子，皇帝深深地表示哀怜，说话时流着泪，这是朝廷百官无不亲见，四海百姓无不听到的，这的确可以感动将死的人的心，安慰他家属的感情。但这种恩义只发自皇帝的内心，并未立为永远的制度，因此我愚臣才敢把浅见陈上。

从前汉文帝时，有人告发丞相周勃谋反，周勃被捕关在长安狱中，狱吏侮辱他如同奴隶一样。贾谊就上书，竭力说明君臣之义不应当如此办理。那些贵臣们，是天子应该温颜悦色来接待他们，官员百姓所当弯着身子恭敬他们的。他们有了罪，罢官可以，赐他自杀可以。如果把他们绑起来，交付执掌刑罚的司寇，用棒打他们，让小吏们斥骂他们。这种做法是不适宜让众多百姓看到的。等到要行刑时，臣子就向北拜两次，跪着自杀。天子说："你自己有过错，我对你是讲礼的。皇上不会叫人押着他去行刑。"汉文帝深深地采纳了他的话。此后大臣有罪，都让自杀而不行刑。到汉武帝时，逐渐又有人被送进监狱。这是因为文帝当时实行这办法，而没有定为永久的制度之故。现在天下正值有道之君，是平民不应发议论的时候，怎么可以在朝廷上瞎说？只是怕陛下万年之后，继承帝位的君主会有像汉武帝那样的行径。怎可以当时实行恩德，而不定为永久的制度呢？

其六说:《孝经》说父子间的关系是天性,这是说明同一种体质而气性相同,可以共通而不能分离的。等到有人犯罪而其他人不牵连的,仍是君主深厚的恩德。但没有情义的人,父亲和哥哥下狱,儿子和弟弟并无忧伤自警的容貌;儿子或弟弟受了刑罚,父亲或哥哥也没有惭愧地面色。他们照样安居荣耀的地位,游戏安乐和往常一样,车马仍然华丽,衣冠还这样整齐。这岂是同一体性共有气质的人,应当分担忧愁的道理?臣愚意以为:父兄有犯罪之行,应叫子弟穿素色衣服,袒露肩背,到朝廷请求罪责;子弟有犯罪的事,父兄应该公开上章自认罪责,请求免去官职。如果职位和任务必要他们留下,应由皇帝安慰勉励叫他们留任。这样,就可以劝使恶薄的风俗归于淳厚,让人们知道有所羞耻。

其七说:《礼》规定,做臣的家里遭丧,君主在三年之内不登门召唤。这是圣人根据人情而制定的礼,所以让孝子能尽他们的情。周代末年世风衰颓,丧礼逐渐散亡,所以有人戴着孝去从军,《诗经》中以素冠来讽刺。到了暴虐的秦代,礼制全部泯灭了。汉朝初年,屡次发生军事行动,不能遵守古代的礼制。到宣帝时,人们应当从军屯戍的,遇到祖父母、父母死亡,不满三个月,都不征发。至于朝中臣子遭丧的制度,还没有听说明确的规定。至后汉安帝元初年间,大臣遭逢重大丧事,才允许离开官职服成丧期。到魏武帝和孙权、刘备的时代,天天打仗,前朝礼制的规定,又被废为不行。晋朝时大鸿胪郑默死了母亲,坚持要求在丧服期间守制,武帝被他诚孝之心感动,就下令明文规定成为经常的制度。

圣明的魏朝初年,拨去祸乱复归正道,还没空暇建立服丧三年的制度。现今四方太平,百姓安乐,真是使孝的道理广为流传,使礼教得以振兴行使的时候。但愚臣所想到的,还有未尽之处。臣见到朝中臣子遭遇大丧的人,丧假满了回到职位上来,穿着锦缎的衣服坐着华贵的车子,跟随帝王到南郊和宗庙中参加祭祀;身上挂的玉佩发出音响,头上戴冠,垂着璎珞,和别人一样参加节日庆典的宴会。这伤害做人儿子的道理,亏损天地的常理。臣以为如果有人遭逢父母之丧,应该都得服丧三年。如果此人不在职,无人代替而使官职位空缺,就由皇帝发优抚的诏旨加以安慰,叫他出来担任事务。但只是管理有关的事务,向皇帝进纳劝谏陈奏事情而已,国家的吉庆之事,全部不叫参加。至于军旅方面的警备,穿着丧服去从军役,虽然不合于礼,但确实应该予以实行。

魏孝文帝看了李彪的表很赞赏,不久都加以施行。

李彪渐渐受到孝文帝的礼遇。孝文帝下诏说:"李彪虽然过去不是清高门第,家世缺乏荣华的资历,但见识和性情严密聪明,学术上博通群籍,刚强善辩之才,很能适应现时使用。再加他做官能很好尽职,宣扬本朝的美德,如果不赏他的功绩,那么将怎样勉励和奖赏勤于政事又有才能的人?特地升迁他为秘书令。"因为李彪参加议定律令的勤劳,孝文帝赐他帛五百匹,马一匹、牛二头。

这一年,李彪被加员外散骑常侍的官衔,出使南齐。南齐派他们的主客郎刘绘来接待。并设置宴会和音乐。李彪辞谢演奏音乐。等坐定后,李彪说:"刚才我辞去音乐不听,您或者还没有体谅。我们皇上天生的孝性,无穷地追念去世的太皇太后,所以到现在才有除丧的打算。三月底,魏朝臣子刚除去服丧的麻衣,还穿了素服处理政务。裴、谢等人在北方时,自然应都知道这些。我今天推辞音乐,请您不要因此怪罪。"刘绘回答说:

"魏朝的丧礼究竟有什么根据?"李彪说:"殷高宗(武丁)服丧三年,汉文帝规定过月除丧。现在皇上追念太皇太后抚养的深恩,感激她仁慈教训的原德,取法于殷代和汉代之间,可以说是深得礼制的变通。"刘绘又问:"如果要遵守古代礼制,何不服丧三年?"李彪说:"国家大事不能长久没人管,所以损割自己的追慕之情,接受群臣的建议。服丧时间的改变实际与三年守丧并无两样,而只限了一年守丧,怎么能说是失礼?"刘绘说:"老先生太过分了,专把礼制来称道人。"李彪说:"圣朝自己订立空前的制度,与称道的人何干?"刘绘说:"古礼君主守丧,百官各司其职而总的听命于宰相,国家大事哪会荒废?"李彪说:"五帝的时候,臣不如君主,所以君主亲自处理事务。三王时君臣的智能相等,所以一起处理国家事务。主上亲自掌握政事,是向远古的轩辕、唐尧取法。"

李彪将要还北魏时,齐武帝亲自对李彪说:"你上次出使回去时,曾背诵阮籍的诗说:'但愿长有闲暇的时间,后年再来此游观。'今天的确又来了。你这次回去,还可能再来吗?"李彪回答说:"请让我再背诵阮籍诗说:'宴乐于清明的都城里,一走就永远完了。'"齐武帝很感慨地说:"称清明的都城是可以的,一去不来又是干什么呢!细想你这话,好像要永远诀别了。我要以特别的礼节来送你。"齐武帝就亲自到琅邪城,登上山,面临流水,命令群臣作诗来送别。李彪之被齐武帝看重就是如此。李彪前前后后六次奉命出使,南朝人对他的耿直和博学表示惊异。

李彪后来任御史中尉,兼管著作郎之职。李彪既被孝文帝所宠任,性格又刚强正直,就多次弹劾别人,远近的人们都怕他,豪门大族不敢吐气。孝文帝常常把李彪称为李生,曾从容地对群臣说:"我有李生在朝,好比汉武帝有汲黯。"后来任散骑常侍,兼管御史中尉之职,免去兼管的著作事务。孝文帝在流化池大宴群臣,对仆射李冲说:"崔光的渊博,李彪的耿直,是我们国家求得贤臣的基础。"

孝文帝率兵南征,让李彪兼任度支尚书,跟濮射李冲、任城王元澄等一起参加治理留守机构的事宜。李彪从来性情刚强豪纵,跟李冲等人意见有分歧,就在声音脸色中表现出来,完全没有自谦退让的意思。李冲收集了他的罪行和过错,于是就在尚书省拘留李彪,上表给孝文帝说:

查李彪在过去本属凡庸的品第,只是倚靠才能被提拔,使他的名声和清贵的高门相等,在任秘书令和著作郎时,深受恩荣,后来又任御史中尉,左边佩上金的冠饰,右边带着蝉状的礼冠。东省(原缺)。应当感恩砥砺臣节,忠于职守以报皇恩。而他盗窃各种官职,亲身做出违理傲慢之事,自夸权势高,公然僭越和放肆。坐在宫禁的官署中,冒取官家的木材,擅自驾着四匹黄马,毫无忌惮。恣意地傲慢,愚弄和阻塞大家的视听。这样如果还可容忍,那就没有可计较的了。我臣下现在请求以现有的事实免去李彪所居官职,交付廷尉监狱审问。

李冲又上表说:

臣下我跟李彪相认识以来,近二十年了。李彪开始出使南方的时候,见到他面色严肃能言善辩。我愚昧的见识,认为他是出类拔萃的一个人。等到李彪官位高升之后,参加议事和宴会,听到他评论古今之事,商讨人物的好坏,在侍奉皇帝宴会时发言,在众多英才面前发议论,表彰忠心,识见正当。所说的话很真诚,只说正直的话,毫无隐瞒。我虽然是愚蠢之辈,也常常佩服他的正直。等他任御史中尉时,意志固执想到就做,他所弹劾的人,无不被他参倒。他赫赫的威势,震恐了各地的官民,严肃的声誉,在京城里著称。天下人都另眼相看,贪污暴虐的人都为之敛手。然而当时已有人私下对我讲到他的擅自作威暴虐的,我认为是正直刚强的官员,为人们所忌恨,风闻的毁谤,容易掺杂谣言,所以心中不相信。

往年因为河阳的事,我曾经在领军府和太尉元丕、司空穆亮以及领军将军九卿诸官聚会审问廷尉所审理的囚犯。当时有犯人倾诉冤枉,元丕、穆亮和我想稍稍听一下。话没说完,李彪便发起火来,坐在东边座位上拉起衣袖斥责,口中骂着贼奴,喝令他左右的人,高声大叫说:"到南台里拿我的木手去,用来打折奴才的肋骨!"他虽然有这话,终究没有取来。他就说:"南台所审问的囚犯,唯恐有错误的,决没有错死的!"当时在位的各人因为称冤的事情极重,而有口供的较多,心里又难与和李彪为难,各人都保持了缄默。因为这件事,我就疑心李彪审案有错判。知道他的残虐。但我还认为他长处多于错处,所以没有奏闻,这实在是我失去了做臣子的应该知道的事无不奏闻的道义。

等到去年皇上征伐南方以来,李彪兼任尚书,每日一起共事,才知他言论和行动不一样,自认为正确而非难别人,专横放肆无所忌惮,尊重自己轻视别人。我和任城王委曲求全,李彪所要办的没有不屈从的。根据这些事实,都有实际证据。如果我们陈奏的是事实,应该快流放李彪到北方荒远之地,来除去奸邪们扰乱朝政。如果我陈奏的没有证据,应该把我放逐到四周远地,来平息苍蝇那样淆乱白黑的行为。

当时孝文帝在悬瓠瓠,看了李冲的奏表惊愕叹息说:"哪想到留守京城的官员们这个样子!"有关部门判处李彪死罪,孝文帝宽恕他,只是除名为民而已。

李彪不久回到本乡。孝文帝洛阳向北巡幸到邺城,李彪穿着平民的服装自称"草茅臣",在邺城南边立拜迎。孝文帝说:"我当你已死了。"李彪引用《论语》中话说"子(孔子)在,颜回哪里敢死。"孝文帝高兴了,就对李彪说:"我常常以坚贞的松树似的志节期望你,希望你有不怕岁寒之心,你应当报效国家,尽心为国做事,近来看到弹劾你的奏章,你的行为大大违反了我的期望。你遭受这次谴责,是由于你还是由于我?是由于掌执事情的大臣?还是你自己找的?"李彪说:"臣的错误是臣自己的缘故,罪由自取,实在不是陛下横加臣罪名,又不是掌事的大臣无辜冤枉臣。臣的罪行如此,应该窜伏在田亩之中,不应该远来玷污车驾的尘土。但臣听说圣上身体不舒服,这是臣肝脑涂地之际,所以敢来,并不是为了谢罪才来的。"孝文帝说:"我想用你,但因回忆李仆射(李冲)所以不能用。"孝文帝后来采纳宋弁的话,又将起用李彪。正好留台的章表送到,说李彪和御史贾尚过去穷追废太子元恂的事件时,按理说应有冤枉之处,奏请收捕李彪。李彪自称冤枉,孝文帝证明他没有这事,派左右的侍从去安慰他,允许他乘坐牛车,送回洛阳。正好逢大赦免罪。

宣武帝继位,李彪自动依附王肃,又跟郭祚、崔光、刘芳、甄琛、邢峦等人作诗唱和、书信往来,经常互相称赞推崇。因此计谋求得恢复旧职,重新从事史官的工作,王肃答应给他想办法。李彪就上表说:

我们大魏朝拥有中原之地,年岁已逾百年,将近十纪,但史官的记录,还没有完备。

再加秘书著作机构中衰，记录功勋之事有缺，美事日益被遗忘，善事月益稀少。所以谚语说："一天史官不记事，有事就会荒废。"到了太和十一年时，先帝先太后召集著名儒者和博雅通达的人，来充任史官的人选。当时忽视臣的许多缺点，采纳臣的微薄愿望，命令臣出纳善言，授给臣以秘书丞之职，吩咐臣去做这件事，臣也无法谦让。高祖皇帝当时下诏给臣说："端正你的素志，在笔头上必须公正，记录史事而不合法则，后世的人会怎样看待呢？"臣奉了高祖的诏命从事工作，不敢失误。

臣私下以为孝文皇帝继承了天地间的大位，使祖宗的基业得以隆盛，大功尚未完成，忽然地去世了，所有的黎民百姓，好像丧失了天地。幸亏逢上陛下明察聪慧的本性，应上天保和谐合万民的度量，扩大明亮的智慧体察万物，躬行静默恭敬来使万邦和顺，天的气因此而清明，地也乐于平静，可以说是两代明圣之君重出，君主明良于上。《记》说："善于示人行迹的人希望别人继承他的行为，善于唱歌的人希望别人延续他的声音。"所以古书说："文王奠定基础，周公完成了事业。"然则先皇盛大功业和圣明，现今皇上的纯美德行和明察，与前代相比，其德行是没有失误的。这伟大的时机啊，哪能不光大发扬！先皇的化育万物，其德合于阴阳二仪；先皇的洞察事理，其明同于日月；先皇的伟大功绩，其思虑周密同于四时；先皇的明察与鬼神相符合；是先皇的识见卓越；想使天下统一，是先皇的远虑；安抚四夷使为天子守疆土，是先王的雄略；使境外安宁齐整，是先皇的威德；礼制效法周代，是先皇的恩义，在泰山设乐祭天，是先皇的仁德；车驾亲自征伐漠北，这是先皇的智谋；征伐南方，是先皇的守礼(指孝文帝伐南齐，闻齐明帝死，退兵)；登上泰山，告成于上天这是先皇的恭敬天神；亲自祭祀宗庙社稷，是先皇的孝敬祖先神祇；官职无所失误，是先皇的德行；通天下之志而能完成其事务，是先皇的正道；考察人间万事，是先皇的深厚智慧；革去弊端创立新制，是先皇的大志；孝慈之道广泛传播，是先皇的大善。先皇有大功二十件，加上他居尊位能谦恭而且光明，做成了大事而不去据为己有，真可以和三皇并列为四而与五帝并列为六了。确实应该把功劳写在竹帛上，使名声流传于金石。

臣私下以为史官中通达的人，大的可以和日月一样明亮，小的也能和四时那样丰富，所以能把名声无穷地传留下去，把道理明白地告诉后人。所以金石当可磨灭，而人的遗风流韵不会消失，就靠的是史籍。谚语说："宰相之门出宰相，将军之门出将军。"这不仅因为生性，实因积习的教导所致。窃以为掌管天文的官，职为太史的人，如果确实得到了人才，就应让他世居世官。所以司马谈、司马迁世代从事史职而功业得立，班彪、班固世代从事史职而得以成名，这是前世已实行过的经验，后人当借以为鉴。然而前代史官之不能完成其事业的，都是处于衰乱之世，在上者不能容忍善人的缘故。所以张衡离开史职去做赋，蔡邕离开掌史职的东阁去成就自己的志节。近来东晋时代，有个佐郎叫王隐，被著作虞预所毁谤，被免官在家，白天就打柴供烧火做饭，夜里就观看文书作史，这样写成《晋书》，记录了一代之事。当时晋明帝司马绍只是命令尚书供给王隐纸笔而已。国家重大的典籍，由私人来完成，衰乱末世的弊病，竟到这地步。这是史官的生不逢时。

现在大魏朝的史官，以职而论是贵显的，俸禄使亲属引以为荣，可以从容地从事，因善而得吉祥了。然而像典谟一类文字并未齐备，是有其原因的。而前任著作渔阳人傅毗、北平人阳尼、河间人邢产、广平人宋弁、昌黎人韩显宗都以文才被举拔，都掌管记事之事,但都享年不长,没有能完成重大的功绩。前任著作程灵纠同时被举拔,一起职掌这事务,现在被调任其他职位,再不管著史之事。只有著作崔光一个人,虽然没有调任其他职务,但身兼侍中和著作两个职位,所以记载史事仍然不能兼顾而致缺失。

臣听说史籍的兴起,由于帝王的大业;《雅》《颂》留给后世以赞叹,是由于帝王德行之美。从前司马谈告诫他儿子司马迁说:"当代有好的事业而没有记述,这是你的罪过。"所以到久远之后仍能知道当时的美德。诸葛亮在蜀国,不把史官放在心上,所以久后受人讥笑。《尚书》说"不要荒废各种官职",《诗经》说"实在深忧其事",臣虽然现在并不掌管史事,但从前曾任此职,所以并不因为身居草野而自觉疏远,敢于谈到这些。俗语说:"就怕做这事的人不知道,知道的人又不能做。"臣诚然不知史事,但勉强想做罢了。私下寻思先帝赐臣名叫彪的意思,远则要比作汉史的班彪,近则要学作晋史的司马彪,从赐名以推求先帝的意愿,所以欲罢不能。现在臣请求在都城里给一处安静的地方,让臣综合整理国史的典籍,来完成以前的志向,由国家派人服役,来满足修史所须。臣虽然不能使史传发出光芒,也可以不做饱食终日、无所用心而已。时间稍短,则一年可成,稍长则三年必有成就。史传的正本藏在国家的藏书处,副本藏于名山中。

当时司空北海王元详,尚书令王肃答应了李彪的请求。王肃困为李彪般有俸禄,经常给予资助。李彪就在秘书省中,像王隐的先例一样,以庶民身份修史。

魏宣武帝亲自执政以后,崔光上表说:"臣从前是李彪招来的,跟他同时当史官,他心志正,精力强,考订记述不知疲倦。后来阔别,史事常有废缺,近来他又蒙收用,仍然从事修史的事务。他年老更加努力,修史的事做得越来越精。如能恢复他原来的职务,专心工作不停,一定能够阐明史事,完成皇朝的典籍。他既曾受先帝的深厚托付,过去曾经历高位,小小的过失,应该给予豁免。臣意认为应给予官职,正式任命他为著作。"宣武帝不同意,下诏让李彪兼通直散骑常侍,代行汾州事务,但这不是李彪所乐意的,他固执地请求没有就任。死于洛阳。

当初李彪当御史中尉,被称为严厉残酷,他认为很难叫人招供罪行,所以制造了木手打犯的胁肋,经常把人打得晕厥而又醒来。他又曾奉命安抚汾州地方反叛的胡人,抓得了为首的人,都鞭打他们的脸再杀死。等李彪病了,身上往往生疮溃烂,极为痛苦。死后遣赠汾州刺史,谥号为"刚宪"。李彪在秘书省一年多,修史的事业竟未完成,然区务史书的体例,都是李彪的功劳。李彪还阐述《春秋》的《左氏》《公羊》《谷梁》三传,合成十卷。其余所著诗颂赋诗章表等另有文集。

李彪虽然和宋弁交谊如同管仲、鲍叔,宋弁当大中正,和孝文帝私下议论,还是把李彪作为微贱门第,一点不稍为通融。李彪也知道,但并不恨他。宋弁死后,李彪悲痛不止,作了哀诗文章,极为辛酸。郭祚当吏部尚书,李彪为儿子李志求官,郭祚仍然把他作为微贱门第。李彪自以为官至御史中尉,又兼任尚书,认为郭祚应该用高门的标准来提拔李志,因此深为怨恨,在言论和脸色上表现出来。当时的舆论不以郭祚为然。郭祚常说:"你和宋弁是最好的朋友,他岂能宽假你,你却怨我吗?"任城王元澄和李彪开始时也不和睦,等元澄任雍州刺史,李彪去拜访元澄,请求让李志做他的幕僚。元澄放弃前嫌给他启请,李志因此做了列曹行参军,当时人的议论称赞元澄的美德。

李志字鸿道。博学而有才干，十几岁就会写文章。李彪很欣赏他，对崔鸿说："你应该和鸿道在洛阳并称二鸿。"崔鸿就与李志结交往来。

李彪有个女儿，从小聪明，李彪很欣赏她，教她读书学习，诵读经传。李彪曾私下对亲近的人说："她能使我家兴盛，你们或许能得到她帮助。"李彪死后，宣武帝听说他女儿的名声，召她进宫为婕妤。她在宫里常常教皇帝的妹妹读书，讲授经史。当初李彪欣赏李志及李婕妤，特别宠爱，在公私聚会的场合，一定要亲自加以称赞，因此受到孝文帝的责备。等李彪死后，婕妤果然进了宫廷，后宫的人都奉之为师。宣武帝死后，李婕妤做了尼姑，精通佛经，设痤讲说，许多和尚都赞叹尊重她。

李志任官到处有政绩。桓叔兴叛魏入梁，南荆州的辖区废弃，领军元叉举拔季志的才能足以安抚，升任他为南荆州刺史。魏孝庄帝建义初年，李志叛入梁朝。

李志的弟弟李游，有才能和好品行。跟随哥哥李志在南荆州，遇到尔朱氏之乱，和李志一同投奔江南。李游的儿子叫李昶。

傅永传

【题解】

傅永，字修期，北魏清河（今河北临清东）人。拳勇过人，又涉猎经史。幼随叔父自青州入魏，不久南奔，后又与崔道固俱降魏，为平齐民。任中书博士。王肃为豫州刺史，为其长史，齐军攻豫州的太仓口，王肃命他出击，他用计谋大破敌军。又大败齐裴叔业军，受到孝文帝的表扬。拜汝南太守。宣武帝初，击败齐将陈伯之对寿春的进攻。随中山王元英征义阳，在与齐将马仙琕战斗中，股中箭，拔出复战，大破齐军。后任恒农太守。傅永是北魏时期一个能文能武，勇敢而有计谋的将领。

【原文】

傅永字修期，清河人也。幼随叔父洪仲与张幸自青州入魏，寻复南奔。有气干，拳勇过人，能手执鞍桥，倒立驰骋。年二十余，有友人与之书而不能答，请洪仲，洪仲深让之而不为报。永乃发愤读书，涉猎经史，兼有才干为崔道固城局参军，与道固俱降，入为平齐百姓。父母并老，饥寒十数年，赖其强于人事，戮力庸丐，得以存立。晚为奉礼郎，诣长安拜文明太后父燕宣王庙，赐爵贝丘男，除中书博士。

王肃之为豫州，又以永为王肃平南长史。咸阳王禧虑肃难信，言于孝文。曰："已选傅修期为其长史，虽威仪不足，而文武有余矣。"肃以永宿士，礼之甚厚；永亦以肃为帝眷遇，尽心事之。情义至穆。

齐将鲁康祖、赵公政侵豫州之太仓口，肃令永击之。永量吴、楚兵好以斫营为事，又贼若夜来，必于渡淮之所以火记其浅处。永既设伏，有密令人以瓠盛火，渡南岸，当深处置之，教云："若仍火起，即亦燃之。"其夜，康祖、公政等果亲率领来斫营。东西二伏夹击之，康祖等奔趣淮水。火既竞起，不能记其本济，遂望永所置火争渡，水深溺死，斩首者数千级。生禽公政，康祖人马坠淮，晓而获其尸，斩首并公政送京师。

时裴叔业率王茂先、李定等东侵楚王戍，肃复令永将伏兵击其后军破之。获叔业伞扇鼓幕甲仗万余。两月之中，遂献再捷。帝嘉之，遣谒者就豫州策拜永安远将军、镇南府长史、汝南太守、贝丘县男。帝每叹曰："上马能击贼，下马作露布，唯傅修期耳。"

裴叔业又围涡阳，时帝在豫州，遣永为统军，与高聪、刘藻、成道益、任莫问等救之。永曰："深沟固垒，然后图之。"聪等不从，一战而败。聪等弃甲奔悬瓠，永独收散卒徐还，贼追至，又设伏击之，挫其锐。藻仵边，永免官爵而已。不经旬，诏永为汝阴镇将，带汝阴太守。

景明初，裴叔业将以寿春归魏，密通于永。及将迎纳，诏永为统军，与杨大眼、奚康生等诸军俱入寿春。同日而永在后，故康生、大眼二人并赏列土，永唯清河男。

齐将陈伯之逼寿春，沿淮为寇。时司徒彭城王勰、广陵侯元衍同镇寿春，以九江初附，人情未洽，兼台援不至，深以为忧。诏遣永为统军，令汝阴三千人先援之。永至，勰令永引军入城。永曰："苦如教旨，便共殿下同被围守，岂是救援之意？"遂孤军城外，与勰并势以击伯之，频有克捷。

中山王英之征义阳，永以宁朔将军、统军，当长围遏其南门。齐将马仙琕连营稍进，规解城围。永乃分兵付长史贾思祖，令守营垒，自将马步千人，南逆仙琕。贼俯射永，洞其左股，永出箭复入，遂大破之，仙琕烧营卷甲而遁。英曰："公伤矣！且还营。"永曰："昔汉祖扪足，不欲人知。下官虽微，国家一帅，奈何使虏有伤将之名！"遂与诸军追之，极夜而返。时年七十余矣，军莫不壮之。

义阳既平，英使司马陆希道为露布，意谓不可，令永改之。永亦不增文采，直与之改，陈列军仪，处置形要，而英深赏之。还京，除太中大夫。

后除恒农太守，非心所乐。时英东征钟离，表请永，求以为将，朝廷不听。永每言曰："马援、充国，竟何人哉？吾独白首见拘此郡！"然于御人非其所长，故在任无多声称。后为南衮州刺史。年逾八十，犹能驰射，盘马奋稍，常讳言老，每自称六十九。还京，拜光禄大夫。卒，赠齐州刺史。

永尝登北芒，于平坦处奋矛跃马，盘旋瞻望，有终焉之志。远慕杜预，近好李冲、王肃，欲葬附墓，遂买左右地数顷，遗敕子叔伟："此吾之永宅也。"永妻贾氏留本乡，永至代都，娶妾冯氏，生叔伟及数女。贾后归平城，无男，唯一女。冯恃子，事贾无礼，叔伟亦奉贾不顺，贾常忿之。冯先永卒，叔伟称父命欲葬北芒，贾疑叔伟将以冯合葬，遂求归葬永于所封贝丘县。事经司徒，司徒胡国珍感其所慕，许叔伟葬焉。贾乃邀诉灵太后，太后从贾意，乃葬于东清河。又永昔营宅兆，葬父母于旧乡，贾于此强徙之，与永同处，永宗亲不能抑。葬已数十年矣，棺为桑枣根所遶束，去地尺余，甚为周固，以斧斫，出之于坎，时人咸怪。

叔伟膂力过人，弯弓三百斤，左右驰射，能立马上与人角骋，见者以为得永武而不得永文。

【译文】

傅永，字修期，清河人。幼年时随叔父傅洪仲与张幸从青州投降北魏，不久，又重新投奔南朝。有气概，会拳击，十分勇敢，能够手执马鞍，倒立驰骋。二十多岁时，有朋友给他写信而不能答复，请求叔父洪仲回信，洪仲严厉责备了他而没有写回信。傅永由此发愤读书，五经和史书都有所阅读，同时他也很有才干。做了宋徐州刺史崔道固的城局参军，不久，与崔道固一起投降了北魏，成为平齐郡的百姓。父母都已年老，十几年中生活困苦，难免饥寒，靠他善于处理人事，努力帮工，才得以勉强生存下来。后来成为奉礼郎，到长安文明太后父亲燕宣王冯朗的宗庙参拜，赐给爵位贝丘男，授官做中书博士。

王肃做豫州刺史时，朝廷任命傅永为王肃的平南长史。咸阳王元禧因王肃是南朝投奔而来，考虑他难以相信，对孝文帝说了这意思。孝文帝说："已经选用傅修期做他的长史，虽然威信还不够，但文武才能已经有余了。"王肃因为傅永是久有名望的人，对他很是敬重有礼；傅永也因为王肃被孝文帝所恩幸重用，而尽力侍奉他。两人情义很深。

南齐将军鲁康祖、赵公政侵犯豫州的太仓口，王肃命令傅永出击。傅永估量南方的士兵在战斗中常常劫营，他们如果夜晚来，必定在淮河水浅可渡的地方点燃火把，作为记号，于是就设埋伏，秘密令人用壶盛着油，并带了柴渡到南岸，到水深处放置，并教伏兵："如果有火起，也立即点燃。"这一天夜晚，鲁康祖、赵公政等果然亲自率领士兵来劫营。傅永在营外东西两处埋伏士兵夹击齐军，鲁求祖等奔回，逃到淮河边想渡河。河南岸火把纷纷点燃，他不能再记得原来渡河处，于是就望着傅永所设置火的地方争着渡河，由于水深，齐军溺死、被杀的有数千人。这次战役活捉了赵公政，鲁康祖连人带马掉到了淮河里，次晨才得到他的尸体，斩了他的首级与赵公政一起送到了京城。

当时南齐徐州刺史裴叔业率领王茂先、李定等东侵楚王戍，王肃再命令傅永带兵绕到敌军后击败了他，缴获了裴叔业的伞、扇、战鼓、帐篷、盔甲、武器等万余件。两个月中，两次传来捷报。孝文帝嘉奖他，派遣使者到豫州授予傅永为安远将军、镇南府长史、汝南太守、贝丘县男。孝文帝常感叹说："上马能打击敌贼，下马能写公开的文告，只有傅修期一个人。"

裴叔业再次包围涡阳，当时孝文帝在豫州，派遣傅永为统军，与高聪、刘藻、成道益、任莫问等去救援。傅永说："先修筑深的壕沟、坚固的堡垒坚守，然后再出击敌人。"高聪等人不听从他的意见，出击敌人，一战而败。于是他们纷纷抛弃盔甲逃奔到悬瓠，只有傅永一人收拾散溃的士兵慢慢撤退，敌人追来，他又设伏兵，打败了敌人，挫了他们的锐气。孝文帝下令让高聪、刘藻等人流放在边境，傅永只免去了官位和爵位。过了不到十天，又诏命傅永为汝阴镇将，兼汝阴太守。

宣武帝景明初年，裴叔业准备用寿春城来投降北魏，先秘密与傅永联系。等将要迎接他投降时，诏命傅永为统军，与杨大眼、吴康生等诸军都进入寿春。三人同日到达，而傅永进城在后，故而康生、杨大眼都有土地之封，而傅永只封有清河男爵位。

齐将陈伯之进逼寿春，沿淮河向北魏进攻。当时司徒彭城王元勰、广陵侯元衍一起镇守寿春，因为九江（即淮南地区）刚从南朝依附过来，人们之间还不十分融洽，加上朝廷派遣的援助未到，常常感到忧虑。宣武帝下诏命令傅永为统军，率领汝阴三千人先去支援。傅永到后，元勰下令傅永把军队开进城内，傅永说："如果按照您所指教的办，那就是与殿下一同被围守，这哪里是救援的本意？"于是孤军留在城外，与元勰互相配合攻击陈伯之，常常打胜仗。

中山王元英征伐梁的义阳，傅永为宁朔将军、统军，在义阳的南门外布置了围城的军队。齐将马仙琕几个营军队来进击，打算解除义阳的包围。傅永分出一部分兵力给长史贾思祖，命他守营垒，自己率领骑兵、步兵共千人，迎战马仙琕。敌军的箭射中了傅永的左股，傅永拔出箭，重新冲进敌阵，于是大败敌军，马仙琕烧营卷甲而逃。元英说："你受伤了，快回营。"傅永说："过去汉高祖刘邦被项羽军射中胸，刘邦捂其足，声称中其足趾，不想让人知道。我下官虽然地位不高，也是国家一将帅，怎么能使敌人有伤我方之将的名声！"于是和其他将领一起追杀敌军，追了一夜晚才回返。这时他已经七十二岁，三军中没有一人不赞扬他的英勇。

攻克义阳后，元英命司马陆希道写胜利捷报，但觉得不满意，再命傅永修改。傅永也不增加文采，直接在上面陈述和罗列了军事处置及设防等，元英十分赞赏。回到京城洛阳后，傅永授官为太中大夫。

后又授官为恒农太守，不是他内心所愿意做的。当时元英东征钟离，上表请求让傅永成为手下将领，朝廷没有同意。傅永常常说："东汉的马援，西汉赵充国，有什么了不起，我头发都白了还到这地方上来！"很是不满。但是使用人不是他的特长，所以在太守的任上没有多少业绩可称说。后来又任南兖州刺史。年过八十，还能骑马奔跪射箭，在马上舞弄挺矛，他对年老很忌讳，常常自称六十九岁。回到京城后，授予光禄大夫。死后，赠官齐州刺史。

傅永曾登上洛阳北郊的北芒山，在山上平坦处舞矛跃马，盘旋瞻望，有葬在这里的打算。他远的仰慕西晋的杜预，近的钦佩李冲、王肃，想把自己的墓放在他俩的附近，于是买两人的墓的左右附近的土地数顷，遗命儿予叔伟说："这是我的墓地呀。"傅永的妻子贾氏留在本乡，傅永到代都后，娶姜冯氏，生叔伟和几个女儿。贾氏后来回归平城，没有男儿，只有一女。冯氏仗着自己有儿子，对贾氏常无礼，叔伟对贾氏也不孝顺，贾氏很愤恨。冯氏在傅永前去世，叔伟称说父命想葬北芒山，贾氏怀疑叔伟将让冯氏与傅永合葬，于是就要求自己将来归葬到傅永所封的贝丘县。此事上报到司徒。司徒胡国珍鉴于傅永生前仰慕李冲、王肃，允许傅永葬在北芒山。贾氏上诉到灵太后，太后顺从贾氏意愿，让她葬东清河郡贝丘县。又傅永过去经营墓地，把父母葬在家乡，贾氏强要把它徙到与傅永墓地同处，傅永的宗室亲属不能阻止。此墓下葬已数二年，棺材被桑树枣树根所缠绕，离地面一尺多，十分坚固，用斧头砍伐，才从墓穴中出来，当时人都感到奇怪。

叔伟体力过人，弯弓可达三百斤，能边骑马奔跑边左右射箭，还能立在马上与人比赛跑马，见过他的人都认为他学得了傅永武方面的才能而没有得到文的方面才能。

崔廓、徐则、张文诩传

【题解】

崔廓、徐则、张文诩三人的传文都很短,但都写得有内容而生动,崔廓当其好友去世后,伤心痛苦,并为其作传,反映其内心的至性至情。徐则当晋王用道理劝说他出来辅助政权时,他年已八十一岁,也毅然出山。但并不是为了当官享福。因为隐者往往比仕者更关心政治,他们的隐居往往是对时政一种最身体力行的批评。张文诩半夜碰到偷割麦子的人,赶紧回避,无非是怕小偷难堪。这不正是他存心善良的自然表露?

【原文】

崔廓字士玄,博陵安平人也。父子元,齐燕州司马。廓少孤贫,母贱,由是不为邦族所齿。初为里佐,屡逢屈辱,于是感激,逃入山中。遂博览书籍,多所通涉,山东学者皆宗之。既还乡,不应辟命。与赵郡李士谦为忘言友,时称崔、李。士谦死,廓哭之恸,为之作传,输之秘府。士谦妻卢氏寡居,每家事,辄令人谘廓取定。廓尝著论言刑名之理,其义甚精,文多不载。隋大业中,终于家。

徐则,东海郯人也。幼沈静,寡嗜欲,受业于周弘正,善三玄,精于论议,声擅都邑。则叹曰:"名者实之宾,吾其为宾乎!"遂怀栖隐之揉,杖策入缙云山。后学者数百人苦请教授,则谢而遣之。不娶妻,常服巾褐。陈太建中,应召来憩于至真台,期月,又辞入天观山。因绝粒养性,所资唯松术而已,虽隆冬冱寒,不服棉絮。太傅徐陵为之刊山立颂。

初在缙云山,太极真人徐君降之曰:"汝年出八十,当为王者师,然后得道也。"晋王广镇扬州,闻其名,手书召之曰:"夫道得众妙,法体自然,包涵二仪,混成万物,人能弘道,道不虚行。先生履德养空,宗玄齐物,深晓义理,颇味法门。悦性冲玄,恬神虚白,食松饵术,栖息烟霞。望赤城而待风云,游玉堂而驾龙凤。虽复藏名台岳,犹且腾实江、淮。藉甚嘉猷,有劳痌瘝。钦承素道,久积虚襟,侧席幽人,梦想岩穴。霜风已冷,海气将寒,偃息茂林,道体休悆。昔商山四皓,轻举汉庭,淮南八公,来仪藩邸。古今虽异,山谷不殊。市朝之隐,前贤已说。道凡述圣,非先生而谁故遣使人,往彼延请,想无劳束帛,贲然来思,不待蒲轮,去彼空谷。希能屈己,伫望被云。"则谓门人曰:"吾今年八十一,王来召我,徐君之旨,信而有徵。"于是遂诣扬州。

晋王将请受道法,则辞以时日不便。其后夕中,命侍者取香火,如平常朝礼之仪,至于五更而死。支体柔弱如生,停留数旬,颜色不变。晋王下书曰:"天台真隐东海徐先生,虚确居宗,冲玄成德,齐物处外,检行安身。草褐蒲衣,餐松饵术。栖隐灵岳,五十余年。卓矣仙才,飘然腾气,千寻万顷,莫测其涯。寡人钦承道风,久餐德素,频遣使乎。远此延屈,冀得虔受上法,式建良缘。至止甫尔,未淹旬日,厌尘羽化,反真灵府。身体柔软,颜色不变,经方所谓尸解地仙者哉。诚复尸体未申,而心许有在,虽忘怛化,犹怆于怀。丧事所资，随须供给。霓裳羽盖，既且腾云，空榔余衣，讵藉坟垄？但杖舄在尔，可同俗法。宜遣使人，送还天台定葬。”

是时，自江都至天台，在道多见则徒步，云得放还。至其旧居，取经书道法，分遣弟子，仍令净扫一房，曰：“若有客至，宜延之于此。”然后跨石梁而去，不知所之。须臾尸柩至，知其灵化，时年八十二。晋王闻而盖异之，赐物千段，遣画工图其状，令柳䛒为之赞。

时有建安宋玉泉、会稽孔道茂、丹阳王远知等，亦行辟谷道，以松术自给，皆为炀帝所重。

张文诩，河东人也。父琚，开皇中，为洹水令，以清正闻。

文诩博览群书，特精《三礼》，隋文帝方引天下名儒硕学之士，文诩时游太学，博士房晖远等莫不推伏之。书侍御史皇甫诞，一时朝彦，恒执弟子之礼，以所乘马就学邀屈。文诩遂每牵马步进，意在不因人自致也。右濮射苏威闻而召之，与语大悦，劝令从官，文诩策辞。

仁寿末，学废，文诩策杖而归，灌园为业。州郡频举，皆不应命。事母以孝闻。每以德化人，乡党颇移风俗。尝有人夜中窃刈其麦者，见而避之。盗因感悟，弃麦而谢。文诩慰谕之，自誓不言，固令持去。经数年，盗者向乡人说之，始为远近所悉。邻家筑墙，心有不直，文诩因毁旧堵以应之。文诩常有腰疾，会医者自言善禁，文诩令禁之，遂为刀所伤，至于顿伏床枕。医者叩头请罪。文诩遽遣之，因为隐，谓妻子曰：“吾昨风眩，落坑所致。”其掩人短，皆此类也。州县以其贫素，将加赈恤，辄辞不受。尝闲居无事，从容叹曰：“老冉冉而将至，恐修名之不立！”以如意击几自乐，皆有处所，时人方之闵子骞、原宪焉。终于家，乡人为立碑颂，号曰张先生。

【译文】

崔廓，字士玄，博陵安平人。父亲名子元，是北齐的燕州司马。崔廓幼年丧父，家境贫困，母亲出身低微，所以被同族本家看不起。起初担任乡里的小官，屡次遭到侮辱，他对这些很有感触，于是逃到了山里面。博览群书，很多典籍都涉猎精通。燕山以东的学者都以他为宗师。回乡以后，就不再应征朝廷的任命。和赵郡人李士谦为莫逆之交，当时并称为“崔李”。士谦死后，崔廓为他伤心地痛哭，给他写了传记，递交官府存档。士谦的妻子卢氏寡居在家，每逢家里有事，总是派人询问崔廓的意见，然后再决定。崔廓曾经著文阐明刑名之学的理论，强调名副其实，他的思想、论述很精湛，很多史料都没有记载。隋大业年间死于家中。

徐则，东海郡郯县人。小时候性格安静，清心寡欲，没什么嗜好，拜周弘正为师，通晓《周易》《老子》《庄子》，善于发表意见和进行评论，各大城镇都很知名。徐则感叹地说：“‘名’是‘实’的外表，我难道只有虚名吗！”于是怀有隐居的想法，拄着拐棍进入缙云山中。他的弟子和后学有数百人苦苦地请求他继续教他们，徐则谢绝了，遣散了他们。不结婚，常常穿着粗布衣，戴着头巾。陈代太建年间，应召小住于至真观，一个月后，又告辞回到了天台山。因为要不吃东西以服食养气，所以只有靠松子和白术维持生命。即使在隆冬极严寒的天气里，也不穿棉衣。太傅徐陵刻石立碑称颂他。

早年在缙云山时，太极真人徐君屈尊拜访他说："你年过八十后，将作帝王的老师，然后就能够得道成仙了。"晋王统治扬州时，听说了他的名声，亲自写信征召他说："道应该汇集众多精华，法应该出于自然，二者包涵天地万物，造化出芸芸众生。人能够发扬光大道，道也不会没有规律地运行。先生奉行仁德，怡情养性，信仰物我为一的思想，深晓大义真理，很能领略出家的真谛。性情冲淡和蔼，清虚恬静，以松子、白术为饮食，睡在烟云霞雾中。遥望着赤城，等待着风云涌起，遨游在天堂上而驾龙使凤。虽然隐藏在天台山中，就好像腾越在长江、淮河之上。贡献出好的计谋，真是十分辛苦。我恭敬地继承了大道，长久以来就求贤若渴，把高位空出来等着隐士的到来，做梦都想着住在山洞里的贤人。霜风已经刮起，空气即将变冷，住在深山老林中，于修炼于身体都有不利。过去商山四皓轻轻地托举起汉朝的朝廷；淮南八公来到小国的官邸参政议政。古今虽有不同，但隐居均为一致。争名夺利的隐患，前贤已经指出。引导凡人，传述古人圣人的思想主张，除了您还有谁？所以派遣使者，到您那儿去邀请您，想不用重礼，您很快就会来到，不用舒适的车子，您就会离开那空旷的山谷。希望您能委屈自己出山，我引领盼望着您的到来。"徐则对门人说："我今年八十一岁，徐君说的话，的确是有根据的。"于是就到了扬州。

晋王将请他传授道法，徐则以时日不宜推辞了。这以后有一天晚上，他让侍者拿香火来，好像平常上朝一样，到了五更时分就死了。肢体柔软，就像还活着一样，停尸几十天，颜色都没有变。晋王下令说："天台山真正的隐士东海人徐先生清虚实在，堪称宗师，冲淡恬静养成大德，等同天地万物，安处尘世之外，行为检点，乐天知命。穿草鞋着蒲衣，吃松子和白术，在灵山中隐居，有五十多年。很高尚啊，神仙般的人才，飘飘然腾云驾雾，千尺高万丈深，也没有人能测量出他的气度。我恭敬地继承了国运，想念有德之人已经很久，多次派遣使者，老远地跑去请他们屈就出山，希望能够得到神奇的方法，找到良好的机缘。到这儿这么短的时间，还不到十天，就厌弃了尘世，仙逝而去，魂归地府。躯体柔软，脸色不变，这是经方上所说的'尸解地仙'啊。对我来说始终未能拜他为师，总是耿耿于怀，即使是忘记了他的死亡，心里仍然感到十分悲哀。丧事的花费，按照需要供给。他的灵魂既已仙逝，穿着的棺材和剩余的衣服，那里还需要坟墓呢？只是拐杖和鞋子在这儿，所以可按一般的方法安葬。应该派人把他送回天台山安葬。"

这个时候，从江都到天台的路上，很多行人都看见徐则在步行，说是他被放还回山，来到他过去的住处，取来经书道法书，分送给他的弟子。并且命令打扫出一个房间，说："如果有客人来，应该请到这里来。"然后跨过石桥就走了，不知道到什么地方去了。不一会儿他的灵柩就到了，知道他已经仙逝，时年八十二岁。晋王听说后更觉得他奇特，赠给他安葬用的布帛一千段，派遣画工画出他的相貌，命令柳䛒作文歌颂他。

当时有建安人宋玉泉、会稽人孔道茂、丹阳人王远知等，也炼丹服食，不吃谷物，以松子白术维持生命，都为隋炀帝所看重。

张文诩，河东人。父亲张琚，开皇年间任洹水令，以清廉正直出名。

文诩博览群书，尤其精通《周礼》《仪礼》《礼记》。隋文帝刚开始延请天下名儒饱学之士时，文诩刚好在太学游学，博士房晕远等没有人不推荐、佩服他。书侍御史皇甫诞是当时朝廷中的佼佼者，对他总是以弟子自居，坐着马车到太学去俯就他。文诩于是每每牵着马步行,表示不是他屈就自己而是自己使他到来。右仆射苏威听说后叫他去,和他说了一番话后很高兴,劝他做官,文诩坚决地推辞了。

仁寿末年,太学停办,文诩拉着拐杖回到了家乡,以种菜为生。州里郡里多次推荐他做官,他都没有出任。侍奉母亲,以孝著称。每每以自己的德行来感化别人,乡里的风俗习气都有好转。曾经有人半夜偷割他的麦子,他看见后反而回避。小偷因此有所感悟,放下麦子向他表示感谢。文诩安慰开导他,自己发誓不把这件事说出去,一定要他把麦子拿走。几年后,小偷向乡里人说了这件事情,才让远近的人知道。邻居筑墙,心里不太正直,文诩因此毁掉旧墙来适应他们。文诩常有腰痛病,碰到一个医生,说他自己善于用巫术"禁"的方法来治疗,文诩就让他治,结果被刀弄伤,以至于爬在床上不能动。医生磕头请罪。文诩赶紧打发了他,并隐瞒了这件事。对妻子说:"我昨天眩晕,掉到坑里跌成这样。"他掩盖别人的错误缺点,都像这样。州里县里因为他很贫穷,给予救济,他总是推辞,不肯接受。当他闲居无事时,慢慢地叹息道:"老年慢慢地就来到了,我唯恐我的好名声没有树立。"用如意敲打着小茶几,自得其乐,到什么地方都这样,当时的人把他比作闵子骞和原宪。死于家中,同乡人为他立碑赞颂,叫他"张先生"。

信都芳传

【题解】

信都芳是北朝时东魏的著名数学家、天文学家和技术家,字玉琳,河间(今河北省河间县一带)人,生年不详,卒于东魏武定年间。他少年聪颖,读书和思考问题时非常专心致志,甚至不闻雷声,行路掉进坑里。他曾受到江南名儒、祖冲之之子祖暅的教诲与指点,有着深厚的学术渊源。这些都是他日后成长为一名优秀学者的必备条件。信都芳擅长天文历算,在数学方面,他曾对有关勾股、重差的问题做过研究与注释,并抄集注解《诗》《书》《易》《礼》《春秋》五经中有关算术的内容,成《五经宗》。在天文学方面,信都芳著《四术周髀宗》。自汉代以后,因天文学的发展,盖天说已逐渐显示出它的缺陷,因而不能与浑天说抗衡,信都芳在《四术周髀宗》中,本"浑盖合一"的学说,试图调和浑天说与盖天说的矛盾。他还著有《灵宪历》,但书未成就去世了。

信都芳巧思绝伦,想法奇妙,深通律管候气之法,复原古武。他将芦苇中的薄膜填入律管,只要节气应至,相应律管中的芦苇膜即会飞出。他曾指着天上的云彩对人说:"春分之气来了。"待人们察验律管,果然应验,而且月月不差。他又有二十四轮扇测二十四节气法,将扇埋入地中,每一气至则一扇自动,其他扇不动。与律管定气的结果完全一致。这些发明在当时并未引起足够的重视,因而相继失传了。

值得指出的是,信都芳描画古代各种机械制作并记载其原理和制作方法,著成《器准》一书,这是我国较早的机械图纸专著,可惜也已亡佚。他还著有《史宗》数十卷及《乐书》《遁甲经》等书。

【原文】

信都芳字玉琳，河间人也。少明算术，兼有巧思，每精心研究，惑坠坑坎。常语人云："算历玄妙，机巧精微，我每一沈思，不闻雷霆之声也。"其用心如此。后为安丰王延明召入宾馆。有江南人祖暅者，先于边境被获，在延明家，旧明算历，而不为王所待。芳谏王礼遇之。暅后还，留诸法授芳，由是弥复精密。延明家有群书，欲抄集《五经》算事为《五经宗》，及古今乐事为《乐书》，又聚浑天、欹器、地动、铜乌、漏刻、候风诸巧事，并图画为《器准》，并令芳算之。会延明南奔，芳乃自撰注。

后隐于并州乐平之东山，太守慕容保乐闻而召之，芳不得已而见焉。于是保乐弟绍宗荐之于齐神武，为馆客，授中外府田曹参军。芳性清俭质朴，不与物和。绍宗给其羸马，不肯乘骑。夜遣婢侍以试之，芳忿呼殴击，不听近己，狷介自守，无求于物。后亦注重差、勾股，复撰《史宗》。

芳精专不已，又多所窥涉。丞相仓曾祖斑谓芳曰："律管吹灰，术甚微妙，绝来既久，吾思所不至，卿试思之。"芳留意十数日，便报斑云："吾得之矣，然终须河内葭莩灰。"祖对试之，无验。后得河内灰，用术，应节便飞，余灰即不动也。不为时所重，竟不行用，故此法遂绝。

又著《乐书》《遁甲经》《四术周髀宗》。其序曰："汉成帝时，学者问盖天，杨雄曰：'盖哉，本几也。'问浑天，曰：'落下闳为之，鲜于妄人度之，耿中丞象之，几乎，莫之息矣。'此言盖差而浑密也。盖器测影而造，用之日久，不同于祖，故云'未几也'。浑器量天而作，乾坤大象，隐儿难变，故云'几乎'。是时，太史令尹咸穷研晷盖，易古周法，雄乃见之，以为难也。自昔周公定影王城，至汉朝，盖器一改焉。浑天覆观，以《灵宪》为文；盖天仰观，以《周髀》为法。覆仰虽殊，大归是一。古之人制者，所表天效玄象。芳以浑算精微，术机万首，故约本为之省要，凡述二篇，合六法，名《四术周髀宗》。"

又上党李业兴撰新历，自以为长于赵歐、何承天、祖冲之三家，芳难业兴五阙。又私撰历书，名曰《灵宪历》，算月频大频小，食必以朔，证据甚甄明。每云："何承天亦为此法，而不能精。《灵宪》若成，必当百代无异议者。"书未成而卒。

【译文】

信都芳，字玉琳，河间人。他少年时代即通晓算术，且常有灵巧高妙的构思和想法。当他潜心研究问题的时候，非常聚精会神，甚至有时走路都会掉进坑里。他经常对人说："算术非常玄妙，灵活巧妙而又精密入微，每当我沉思默想的时候，根本听不到雷鸣之声。"他对待学问的态度就是这样。后来，魏安丰王元延明招募他住在自己的宾馆中。当时，江南名人祖暅因先前在边境上被抓获，为魏拘执，也留住在延明的宾馆中，他精通历法算术，但并没有得到安丰王的款待。信都芳劝谏安丰王，对祖暅应以礼相待。后来，祖暅被放还南朝，他把自己的很多知识与方法都传授给了信都芳，因此，信都芳的算术更加精密了。延明家中藏书很富。他本想抄录汇集《五经》中有关算术的内容写成《五经宗》，再汇集有关古今音乐的内容写成《乐书》，且集中浑天仪、欹器、地动仪、铜乌、漏刻、候风仪等多种精巧仪器,描画它们的图像而成《器准》,并让信都芳负责演算。此后正值延明南逃,于是信都芳自己开始了撰写与注释。

信都芳后在并州乐平的东山过着隐居生活,太守慕容保乐听说后想要召见他,在不得已的情况下,信都芳拜见了慕容太守。于是保乐的弟弟慕容绍宗把他推荐给了齐神武高欢,作了他的门客,并被封为中外府田曹参军。信都芳性格清俭质朴,对物质利益不感兴趣。绍宗曾给他一匹瘦弱的马,他不肯骑;夜里又派奴婢侍女引诱他,用这种方法来试探他,信都芳则愤然呵斥轰打侍女,不让她靠近自己。信都芳一生清廉自守,对物质没有任何要求。后来他对重差和勾股也有研究注释,又著有《史宗》一书。

信都芳不仅治学精专,而且对多种学问有着广泛的涉及,丞相仓曹祖珽对他说:"律管吹灰的技艺十分精妙,很久以来已没有人懂得了,我想了很久都不得门径,请先生试着考虑考虑。"信都芳留意思索了十几天,便告知祖珽说:"我得到答案了,然而最后一定要用河内生长的芦苇内的薄膜。"祖珽选用别的东西试验,都不能应验。后来找到了河内生长的芦苇膜,用信都芳所说的方法演示,果然在交节气的时候,与节气相应的律管,芦苇膜就会飞出,其他管内的苇膜则纹丝不动。这种技艺由于在当时没有得到应有的重视,终于没能得以实行,以至于渐渐地失传了。

信都芳还著有《乐书》《遁甲经》《四术周髀宗》等书。他在《四术周髀宗》一书的序中说:"汉成帝时,学者询问盖天说的仪器,扬雄答道:'盖天说的仪器嘛,与实际情况不相符。'学者又询问浑天说的仪器,扬雄又说:'落下闳制造了它,鲜于妄人为它作了计算,耿中丞为它设计了星象,符合实际天象,所以一直都在使用。'这些话是说盖天仪器比较简陋,而浑天仪则很精密。盖天仪器是根据测量太阳的影子而设计制造的,使用时间长了,就会与刚刚制成时不同,从而出现误差,听以说'不很符合实际天象'。浑天仪则是依靠对天体的实际测量而设计制造的,天地万物的变化规律很难改变,所以说'符合实际天象'。当时,太史令尹咸正在彻底地研究日晷,他改变周代的古老方法,扬雄见到后认为是件难事。昔日周公以测度日影的方法测量大地,以王城所在的位置作为标准点,自那时直到汉代,盖天仪器已经大变。浑天仪需要俯视,以《灵宪》为它的理论;盖天仪需要仰视,以《周髀》为它的方法。俯视与仰视虽然不同,但道理却一致。古人制造它们,表示天空并模拟日月星辰等天象。芳以为浑天仪的计算精密入微,方法灵活而要义繁多,所以省略其要点,简化其根本,共著述二篇,综合六种方法,名为《四术周髀宗》。"

另外,上党人李业兴修订了新的历法,自认为比赵歈、何承天和祖冲之三人撰定的历法精密,信都芳提出五条反驳李业兴的新历,而后又自己撰修了历法,名为《灵宪历》,他对于频大月频小月的计算,日食必发生在朔日的讨论,证据充分,辨析明晰。他常说:"何承天也用这种方法,但结果却不能很精密。《灵宪历》如果能写成,几百年内一定不会有人提出不同的议论。"但书还没有完成,信都芳就去世了。

宋景业传

【题解】

宋景业,广宗(今河北省威县东)人。生卒年未详。他是南北朝时期东魏与北齐两代的著名学者,但史籍有关他的生平事迹记载不多。他通晓《易经》,并研习阴阳消长及行星占候之学,兼通天文历法。东魏武定初年(550~551),任北平太守。北齐天保初年,任散骑侍郎,封爵长城县子。东魏末年,他为文宣帝高洋受禅称帝极尽粉饰,屡陈瑞应,深博高洋的欢心。北齐天保元年(公元550年),文宣帝命他撰造《天保历》,并于次年颁行。

【原文】

宋景业,广宗人也。明《周易》,为阴阳纬候之学,兼明历数。魏武定初,任北平太守。齐文宣作相,在晋阳。景业因高德政上言:"《易稽览图》曰:'《鼎》,五月,圣人君,天与延年齿,东北水中,庶人王,高得之。'谨案:东北水。谓勃海也。高得之,明高氏得天下也。"时魏武定八年三月也。高德政、徐之才并劝文宣应天受禅,乃之邺。至平城都,诸大臣沮计,将还。贺拔仁等又云:"宋景业误王,宜斩之以谢天下。"帝曰:"宋景业当为帝王师,何可杀也?"还至并州,文宣令景业筮,遇《乾》之《鼎》。景业曰:"乾,君也,天也。《易》曰:'时乘六龙,以御天。'《鼎》,五月卦也,宜以仲夏吉辰,顺天受禅。"或曰:"阴阳书,五月不可入宫。犯之,卒于其位。"景业曰:"此乃大吉,王为天子,无复下期,岂得不终于其位?"帝大悦。

天保初,封长城县子,受诏撰《天保历》,李广为之序。

【译文】

宋景业,广宗人。他通晓《周易》,研究过阴阳变化及行星占测气气候的学问,同时还兼通天文历法。东魏武定初年,任北平太守。北齐文宣帝高洋作东魏丞相的时候,宋景业也同在晋阳。他通过高德政上书高洋说:"《易稽览图》载:'鼎卦为五月,占卜时遇到此卦,圣人就要作君主了,皇天也会延长他的寿命,在东北方的水域之中,庶民百姓要做帝王,高得之。'我来郑重地解释一下这段话:东北方的水域说的就是渤海,高得之,表明了姓高的人要称王天下。"其时正值东魏武定八年(公元550年)三月。高德政、徐之才也都劝文宣帝高洋顺应天命,接受东魏皇帝的禅让而称帝,于是一同前往邺城。走到平都城时,很多大臣出来阻止这个计划,并要重返晋阳。贺拔仁等人甚至称:"宋景业用谎言蛊惑齐王,使齐王是非不辨,最好杀了他,以告谢天下。"高洋却说道:"宋景业应当作帝王的老师,怎么可以杀他呢?"回到并州后,文宣帝命宋景业用筮草占卦,筮占的结果是,乾卦的第一爻和第五爻起了变化,由阳爻变为阴爻,所以整个卦由乾卦变成了鼎卦。景业说:"乾卦代表君王和皇天,所以《易经》载:'有人骑着六条龙在天上巡御'。而鼎卦则是五月卦,所以最好选择在仲夏时节的良辰吉日,顺应天命,接受帝位的禅让。"当时有人议论:"阴阳谶纬之书说过,五月之中不可以做官,如果违反了这项禁忌,必死在官位上。"景业说道:"这正是件大吉大利的事情,帝王的皇天之子,再也没有下凡的机会了,怎么能不最终死在他的岗位上呢?"高洋听后非常高兴。

北齐天保初年(公元550年),宋景业被封为长城县子,奉诏撰修《天保历》,李广为此书撰写了序言。

张子信传

【题解】

张子信(?~577年),河内(今河南省沁阳市)人。关于他的生平事迹,史书记载不多。他经常隐居于白鹿山。只是偶到京城游历。当时的著名文人魏收、崔季舒等人对他十分赏识,曾作诗相赠。北魏孝明帝孝昌年间,张子信为逃避战乱,躲到海岛上过了三十多年的隐居生活,由于他博闻强记,擅长天文历算,在此期间,专心致力于天文历法的研究,取得了极其显著的成就。北齐武成帝太宁年间,被征为尚药典御。武平初年,朝廷又要任命他为太中大夫,但他对仕途不感兴趣,于是听凭自己的志愿,还归山中。在隐居中度过了晚年。张子信在避居海岛的三十年中,发现太阳周年运动的速度并不是均匀不变的,从而推翻了关于太阳每日在黄道上的行移度数相等的传统认识。张子信还最早发现了五星运动的不均匀性现象,并提出了五星入气加减的改正方法。张子信的重要贡献,不仅导致了历法中由平朔到定朔,由平气到定气的改革,导致了日、月食推算精确度的提高,而且导致了我国古代五星位置推算工作的进步。对北齐至隋唐时期以及后世天文学及历法的发展,起了重大的促进作用并产生了深远的影响。同时,张子信的天文学成就,如关于太阳运动的不均匀性以及四季时间长度不同的发现,也曾对印度天文学者产生过一定的影响。

【原文】

张子信,河内人也。颇涉文学,少以医术知名。恒隐白鹿山,时出游京邑,甚为魏收、崔季舒所重。大宁中,征为尚药典御。武平初,又以太中大夫征之,听其所志,还山。又善《易》筮及风角之术。武卫奚永洛与子信对坐,有鹊鸣庭树,斗而堕焉。子信曰:"不善,向夕,当有风从西南来,历此树,拂堂角,则有口舌事。今夜有人唤,必不可往,虽敕亦以病辞。"子信去后,果有风如其言。是夜,琅邪王五使切召永洛,且云:"敕唤。"永洛欲起,其妻苦留之,称坠马腰折,不堪动。诘朝而难作。子信,齐亡卒。

【译文】

张子信,河内人。对古代文献略有涉猎,少年时代就以通晓医术而闻名。他一直在白鹿山过着隐居生活,只是偶尔出山到京城游历,并深为魏收、崔季舒等人所器重。北齐大宁年间,张子信被征聘任尚药典御。武平初,朝廷又要征聘他出任太中大夫,但他顺随自己的志愿,放弃做官的机会,返回了白鹿山。张子信还擅长运用《周易》布示筮草占卜问卦以及风角古测气候等方法。一次,武卫奚永洛与张子信对坐交谈,忽然喜鹊在庭院中的树上鸣叫,并争斗着掉下树来。子信说:"喜鹊的叫声不祥,天色将晚的时候会起西南风,风吹过此树,掠过屋檐角,就会发生口角之事。今天夜里如有人呼唤,一定不能去,即使是皇帝下令,也要以有病为由推脱掉。"子信走后,果然像他说的那样刮起了西南风。当天夜里,琅琊王五次派人来,急切地召唤永洛,甚至对他说:"皇帝下令叫你去。"永洛准备起身前往,他的妻子苦苦地挽留他,但却没有留住,结果正应了子信的预言,永洛翻身落马,摔坏了腰,不能动弹。直到第二天早晨,起身还很困难。在北齐火亡的那一年,张子信去世了。

徐謇传

【题解】

徐謇(约公元432~512年),字成伯。他是徐文伯的弟弟。南北朝北魏医家。徐謇去青州之时,适逢慕容白曜平定东阳,被俘入北魏而送到京城。献文帝想验证徐謇的才能,让病人藏于幕内。徐謇隔幕诊脉,同样将病人行色症候予以准确诊断,于是被献文帝所看重,授官为中散。以后又逐渐升至内侍长。当时名医李修,较他更为朝廷重用,文明太后以经方试问徐謇与李修等,謇所论不及李修,然謇合和药剂,临床治疗疾病之效验却比李修精妙。但他性格孤僻,妒忌心强,侍奉医药多不能令其随意。孝文帝迁都洛阳,徐謇待遇较以前有所改善。后来徐謇去嵩山居住了一段时间,准备为皇帝炼制金丹,以助延年益寿。然而最终没有成功。太和二十二年(公元498年),皇帝在悬瓠县患疒病,派使者骑马急召徐謇。徐謇赶去专皇帝治病,疗效大验。皇帝为此对他大加嘉奖,授官封爵,赏赐财物。诸亲王也随着赠送很多物品。

徐謇时常服用养生药饵,年近八十岁鬓发不白,身体尚健。后因年老任光禄大夫,死后赠官安东将军,齐州刺史,谥号靖。

【原文】

徐謇字成伯,丹阳人也,家本东莞。与兄文伯等皆善医药。謇因至青州,慕容白曜平东阳,获之,送京师。献文欲验其能,置病人于幕中,使謇隔而脉之,深得病形,兼知色候,遂被宠遇。为中散,稍迁内侍长。文明太后时问经方,而不及李修之见任用。謇合和药剂攻疗之验,精妙于修。而性秘忌,承奉不得其意。虽贵为王公,不为措疗也。

孝文迁洛,稍加眷待,体小不平,及所宠冯昭仪有病皆令处疗。又除中散大夫,转侍御师。謇欲为孝文合金丹,致延年法,乃入居嵩高,采营其物,历岁无所成,遂罢。二十二年,上幸县瓠,有疾大渐,乃驰驿召謇,令水路赴行所。一日一夜行数百里。至,诊省有大验。九月,车驾次于汝滨,乃大为謇设太官珍膳。因集百官,特坐謇于上席,遍陈肴馔于前,命左右宣謇救摄危笃振济之功,宜加酬赉。乃下诏褒美,以謇为大鸿胪卿、金乡县伯,又赐钱绢、杂物、奴婢、牛马,事出丰厚,皆经内呈。诸亲王咸阳王禧等各有别赉,并至千匹。从行至邺,上犹自发动,謇日夕左右。明年,从诣马圈,上疾势遂甚,蹙蹙不怡,每加切诮,又欲加之鞭捶;幸而获免。帝崩后,謇随梓宫还洛。

謇常有将饵及吞服道,年垂八十,而鬓发不白,力未多衰。正始元年,以老为光禄大夫。卒,赠安东将军、齐州刺史,谥曰靖。子践,字景升,袭爵。位建兴太守。

【译文】

徐謇,字成伯,丹阳人,原籍东莞。他与哥哥徐文伯等均善于医药。徐謇因去青州,适逢慕容白曜平定东阳,故被俘入魏,送至京城。献文帝想验证徐謇的才能,让病人藏于幕内,令徐謇隔幕诊脉,他将病人行色症状诊断十分准确,于是被献文帝所看重。授官为中散,后渐升至内侍长。文明太后时常询问徐謇有关医药经方问题,所见不及李修为朝廷重用。徐謇处方用药,治疗效果均较李修为好。然而他性情孤僻易生炉意,承奉医药也不能合人心意。虽然贵为王公大人,也不为之处理治疗。

孝文帝迁都洛阳,待徐謇较以前有所改善。孝文帝若身体稍有不适,以及他所钟爱的冯昭仪有病,均请徐謇治疗。后来又任徐謇为中散大夫,调任侍御师。徐謇打算为孝文帝炼制金丹,以助延年益寿。于是去嵩山居住,采集药物,炼制金丹,然而一年后仍未成功,只好作罢。太和二十二年(498),皇帝在悬瓠县患病且日渐加剧,派使者骑马急召徐謇,命他从水路前往,一日一夜行程数百里。到达目的地,徐氏为皇帝治病疗效大验。九月皇帝到达汝水之滨,为徐謇大设珍膳宴席,聚集众官员,且特别赐徐謇坐上席,将美味佳肴都放在他的面前,又命左右官员宣陈徐謇为皇上解除病苦,救急治危,立下功劳,宜给予酬劳赏赐。皇帝于是下诏书赞美他,授予他为大鸿胪卿、金乡县伯,并赐钱绢、杂物、奴婢、牛马等。丰厚的物品都经大内送呈皇帝检阅才赐予他。诸亲王、咸阳王禧等人也分别赠送他物品,都达到千匹。以后徐謇又随从孝文帝到达邺城,孝文帝旧病发作,徐謇日夜侍奉于他身旁。第二年跟随孝文帝去马圈,孝文帝病情日趋加剧,常常皱眉不愉快,严词责问且要鞭打徐謇,幸而最终他被免罪。孝文帝驾崩后,徐謇跟随皇帝灵柩返回洛阳。

徐謇时常服用养生药饵、吞服道符,年近八十岁而鬓发不白,体力不衰。正始元年(504),徐謇因年老而授光禄大夫。死后赠官安东将军、齐州刺史,谥号靖。他的儿子名践,字景升,承袭徐謇爵位,官至建兴太守。

马嗣明传

【题解】

马嗣明,河内野王(今河南沁阳)人。南北朝时期北齐医家。青年时期即博览群书,研读医学典籍,医术精湛。为人诊脉,可预见病人一年后死生吉凶。魏朝官员邢邵独生子大宝,十七八岁患伤寒,马嗣明诊脉后说:"邢公子伤寒病可不治自愈。然脉象显示不出一年就会死去,发觉已晚,不可救治。"大宝果然不出一年病故。北齐朝廷官员杨愔患背部肿,马嗣明以练石外搽治愈其疾,杨愔因此格外器重他。马氏还用灸法治愈两奴仆遍身发青、虚弱不能进食之病症。并及时救治一例虫兽哆伤病人,保全其性命。马嗣明医技高妙。曾任北齐通直散骑常侍。

【原文】

马嗣明,河内野王人也。少博综经方,为人诊脉,一年前知其生死。邢邵唯一子大宝,甚聪慧,年十七、八患伤寒。嗣明为其诊脉,退告杨愔云:"邢公子伤寒不疗自差,然脉候不出一年便死,觉之少晚,不可复疗。"数日后,杨、邢并侍宴内殿。文宣云:"邢子才儿大不恶,我欲乞其随近一郡。"杨以年少,未合剖符。宴罢,奏云:"马嗣明称大宝脉恶,一年内恐死,若其出郡,医药难求。"遂寝。大宝未期而卒。杨愔患背肿,嗣明以练石涂之,便差,因此大为杨愔所重。作练石法:以粗黄色如鹅鸭卵大,猛火烧令赤,内淳醋中,自有石屑落醋里。频烧至石尽,取石屑曝干,捣下筛,和醋以涂肿上,无不愈。

武平中,为通直散骑常侍,针灸孔穴,往往与《明堂》不同。尝有一家,二奴俱患,身体遍青,渐虚羸不能食。访诸医,无识者。嗣明为灸两足跌上各三七壮,便愈。武平末,从驾往晋阳,至辽阳山中,数处见榜,云有人家女病,若能差之者,购钱十万。又诸名医多寻榜至是人家,问疾状,俱不下手。唯嗣明为之疗。问其病由,云曾以手持一麦穗,即见一赤物长二尺许,似蛇,入其手指中,因惊倒地。即觉手臂疼肿,月余日,渐及半身,肢节俱肿,痛不可忍,呻吟昼夜不绝。嗣明即为处方,令驰马往都市药,示其节度,前后服十剂汤,一剂散。比嗣明明年从驾还,此女平复如故。嗣明艺术精妙,多如是。

【译文】

马嗣明,河内野王人。年轻时博览纵观,研读医学书籍。为他人诊脉治病,可判断一年后死生吉凶。邢邵(字子才)独生儿子大宝,非常聪明敏慧,十七八岁时患伤寒,嗣明给他看病,退而告诉杨愔说:"邢公子伤寒病可不治自愈。但他的脉象显出不到一年就会死去,发觉稍晚了一些,不再可以救疗。"几天以后,杨愔、邢邵两人一起于内殿陪宴,文宣帝说:"邢子才的儿子长大成人,人善不恶,我想给予他近地一郡。"杨愔以他年少为由,未予封爵之剖符。宴会完毕,杨愔向文帝上奏:"马嗣明曾称大宝脉象险恶,一年内可能死去,如果他去那里,很难求到医药。"此事于是作罢。大宝未至一年而卒。杨愔患背部肿疾,马嗣明以练石为他涂搽即治愈其疾。于是被杨愔格外器重。练石制作方法:用鹅鸭蛋那么大的粗黄色石头,猛火烧之令红,放入淳醋中,有石屑自落醋里。反复烧至石头全部成为石屑,取石屑曝晒冷干,捣细过筛,用醋和涂肿处,没有不治愈的。

武平年间,马嗣明官任通直散骑常侍。他采用的针灸穴位常常与《明堂针灸图》不同。有一人家,两名奴仆均患病,全身发青,渐渐虚弱不能进食,看了许多医生,皆不识此病。嗣明施用灸法,于两足跌上各灸二十一壮。即治好该病。武平年末,他随从皇上去晋阳,到达辽阳山,见数处贴榜。说有一户人家女儿生病,如有人能治愈,赏钱十万。很多名医都揭榜去那户人家,询问疾病状况,然而俱未下手治疗。唯有嗣明为她诊治,询问她的发病缘由,患者说曾用手拿一根麦穗,看见一条长约二尺形似蛇的红色东西进入她的手指中,因而受惊倒地。当时即觉手臂既疼且肿,一个多月后渐渐延及半身,肢体关节皆肿起来,疼痛难以忍受,呻吟声日夜不断。嗣明给她开了处方,嘱人骑马去城里购药,并告诉服药方法,前后服用汤药十剂、散药一剂。至嗣明第二年随从皇上返回,此女孩已平安恢复如故。嗣明技艺精妙,有许多这样的事例。

齐诸宦者传

【题解】

本书《恩幸传》序云:"其宦者之徒,尤是亡齐之一物,丑声秽迹,千端万绪,其事阙而不书,乃略存姓名,附之此传之末。其帝家诸奴及胡人乐工叨窃贵幸者,亦附出焉。"《北齐书·恩倖传》韩宝业等人传略同于本篇。唯本篇内述及北齐宦官近三十人,较《北齐书》所载人名为多。

【原文】

宦者韩宝业、卢勒义、齐绍、秦子徵,并神武旧左右,唯阁内驱使,不被恩遇。历天保、皇建之朝,亦不至宠幸,但渐有职任。宝业至长秋卿,勒义等或为中常侍。武成时有曹文摽、夏侯通、伊长游、鲁恃伯、郭沙弥、邓长颙及宝业辈,亦有至仪同食干者,唯长颙武平中任参宰相,干预朝权。如宝业及勒义、齐绍、子徵后并封王,俱自收敛,不过侵暴。又有陈德信亦参时宰,与长颙并开府封王,俱为侍中、左右光禄大夫、领侍中。又有潘师子、崔孝礼、刘万通、研胥光弁、刘通远、王弘远、王子立、王玄昌、高伯华、左君才、能纯陀、宫钟馗、赵野义、徐世凝、荀子溢、斛子慎、宋元宾、康德汪,并于后主之朝肆其奸佞,败政虐人,古今未有。多授开府,罕止仪同,亦有加光禄大夫,金章紫绶者。多带甲侍中、中常侍,此二职乃至数十人。恒出入门禁,往来园苑,趋侍左右,通宵累日。承候颜色,竞进诏谀,发言动意,多会深旨。一戏之赏,动逾巨万,丘山之积,贪吝无厌。犹以波斯狗为仪同、郡君,分其干禄。神兽门外,有朝贵憩息之所,时人号为解卸厅。诸阉或在内多日,暂放归休,所乘之马,牵至神兽门阶,然后升骑,飞鞭竞走,十数为群,马尘必坌诸贵,爰至唐、赵、韩、骆,皆隐厅趋避,不敢为言。齐、卢、陈、邓之徒,亦意属尚书、卿尹,宰相既不为致言,时主亦无此命。唯以工巧矜功,用长颙为太府卿焉。

【译文】

宦官韩宝业、卢勒义、齐绍、秦子徵都是神武帝旧日的亲信,只供阁内驱使,不加恩宠厚待。历经天保至皇建年间,仍没达到蒙受宠幸的地步,但是逐渐有了职务。韩宝业官至长秋卿，卢勒义等人，有的当了中常侍。武成帝时，有曹文摽、夏侯通、伊长游、鲁恃伯、郭沙弥、邓长颙以及韩宝业之流，也有当上仪同三司，受封食邑的，只有邓长颙在武平年间职任与宰相不相上下，干预朝廷大权，至于韩宝业以及卢勒义、齐绍、秦子徽，后来全被封王，但都很收敛，不过分越职侵官，逞其强暴。还有陈德信也在当时执政官员之列，与邓长颙都得任开府仪同三司，被封为王，担任侍中、左右光禄大夫，兼任侍中。又有潘师子、崔孝礼、刘万通、研胥光弁、刘通远、王弘远、王子立、王玄昌、高伯华、左君才、能纯陀、宫钟馗、赵野义、徐世凝、苟子溢、斛子慎、宋元宾、康德汪等人，在后主朝都肆意行奸作恶，败坏朝政，残害百姓，古今未有。他们大多得授开府，只当仪同三司的已经很少，还有加授光禄大夫，佩戴金印紫绶的；大多兼作甲侍中、中常侍，挂这两个职衔的以至有数十人之多。他们经常在宫廷园苑中出入往来，整天整夜侍奉在君王的身边，察言观色，竞相巴结逢迎，说话出主意时多能领会君王的深意。一次游戏得到的赏赐，动不动就超过好几万钱，财宝堆积如山，而他们贪婪吝啬，仍不满足，还有让波斯狗来当仪同、郡君，分享俸禄的。神兽门外有朝廷贵人休息的地方，当时人称为"解卸厅。"众宦官有的在内宫多日，暂时放假，把要骑的马牵到神兽门的石阶前，然后由石阶上马，扬鞭疾驰，成群结伙，一定让马扬起飞尘，沾到各位权贵的身上，以至唐、赵、韩、骆各家都到厅堂里躲避，忍气吞声。齐绍、卢勒叉、陈德信、邓长颙这些人也有意要当尚书卿尹，但宰相不肯为他们进言，当时的皇上也没有这类任命，只因他们为人机巧，善于夸功，才任用邓长颙当了太府卿。

李延寿传

【题解】

李延寿(约595~?)，字遐龄，相州人(今河南安阳)，唐初著名史学家。其父李大师(570~628年)早年即有"著述之志"，欲改变以往南北史中南北相互诋骂、详本国略别国、因民族偏见而失实的种种弊病，以编年体的形式写出一部新的南北朝史，未果而逝，遂成"没齿之恨"。李延寿自贞观年间起，即参加朝廷组织的修史工作，得到了接触有关南北史资料的便利，便借助他父亲所修的"旧本"，经十六年的努力，写出了纪传体的《南史》和《北史》。这两部著作从国家一统的思想出发，承认地不分南北，其历史发展都是祖国历史发展的一部分，反映了魏晋以来各民族大融合的历史过程；弃曲去讳，直书其争，纠正了不少旧史的失实之处；"鸠聚遗逸"，增补"异闻"，丰富了南北史的内容；叙事简洁，受到后世多数学者的好评。而《北史》详《南史》略，"于征祥诙嘲小事无所不载"，删削亦有不甚恰当之处，则是其不足之处。但总的看来，《南史》和《北史》仍不失为我国史学中的佳作。

【原文】

延寿与敬播俱在中书侍郎颜师古、给事中孔颖达下删削。既家有旧本，思欲追终先志，其齐、梁、陈五代旧事所未见，因于编辑之暇，昼夜抄录之。至五年，以内忧去职。服阙，从官蜀中，以所得者编次之。然尚多所阙，未得及终。十五年，任东宫典膳丞日，右庶子、彭阳公令狐德棻又启延寿修《晋书》，因兹复得勘究宋、齐、魏三代之事所未得者。十七年，尚书右仆射褚遂良时以谏议大夫奉敕修《隋书》十志，复准赖诏延寿撰录，因此遍得技寻。时五代史既未出，延寿不敢使人抄录；家素贫罄，又不办雇人书写。至于魏、齐、周、隋、宋、齐、梁、陈正史，并手自写，本纪依司马迁体，以次连缀之。又从此八代正史外，更勘杂史于正史所无者一千余卷，皆以编入。其烦冗者，即削去之。始末修撰，凡十六载。始宋，凡八代，为《北史》《南史》二书，合一百八十卷。其《南史》先写讫，以呈监国史、国子祭酒令狐德棻，始末蒙读了，乖失者亦为改正，许令奏闻。次以《北史》谘知，亦为详正。因遍谘宰相，乃上表。表曰：

臣延寿言：臣闻史官之立，其来已旧，执简记言，必资良直。是以《典》《谟》载述，唐、虞之风尤著；《诰》《誓》斯陈，殷、周之烈弥显。鲁书有作，鹿门贻鉴于臧孙；晋《乘》无隐，桃园取讥于赵孟。斯盖哲王经国，通贤垂范，惩诫之方，率由兹义。逮秦书既烬，周籍俱湮。子长创制，五三毕纪，条流且异，纲目咸张。自斯以后，皆所取则。虽左史笔削，无乏于时，微婉所传，唯称班、范。次有陈寿《国志》，亦曰名家。并已见重前修，无俟扬榷。

洎紫气南浮，黄旗东徙，时更五代，年且三百。元熙以前，则总归诸晋，著述之士，家数虽多，泛而商略，未闻尽善。太宗文皇帝神资睿圣，天纵英灵，爰动冲襟用纡玄览，深嗟芜秽，大存刊勒，既悬诸日星，方传不朽。然北朝自魏以还，南朝从宋以降，运行迭变，时俗污隆，代有载笔，人多好事，考之篇目，史牒不少，互陈闻见，同异甚多。而小说短书，易为湮落，脱或残灭，求勘无所。一则王道得丧，朝市贸廷，日失其真，晦明安取？二则至人高迹，达士弘规，因此无闻，可为伤叹。三则败俗巨蠹，滔开桀恶，书法不纪，孰为劝奖？

臣轻生多幸，运奉千龄，从贞观以来，屡叨史局，不揆愚固，私为修撰。起魏登国元年，尽隋义宁二年，凡三代二百四十四年，兼自东魏天平元年，尽齐隆化二年，又四十四年行事，总编为本纪十二卷，列传八十八卷，谓之《北史》；又起宋永初元年，尽陈祯明三年，四代一百七十年，为本纪十卷，列传七十卷，谓之《南史》。凡八代，合为二书，一百八十卷，以拟司马迁《史记》。就此八代，而梁、陈、齐、周、隋五书，是贞观中敕撰，以十志未奏，本犹未出。然其书及志，始末是臣所修。臣既夙怀慕尚，又备得寻闻，私为抄录，一十六年，凡所猎略，千有余卷。连缀改定。止资一手，故淹时序，迄今方就。唯鸠聚遗逸，以广异闻，编次别代，共为部秩。除其冗长，捃其菁华。若文之所安，则因而不改，不敢苟以下愚，自申管见。虽则疏野，远惭先哲，于披求所得，窃谓详尽。其《南史》刊勒已定，《北史》勘校初了。既撰自私门，不敢寝嘿，又未经闻奏，亦不敢流传。轻用陈闻，伏深战越。谨言。

【译文】

李延寿与敬播都在中书侍郎颜师古、给事中孔颖达手下担任写作工作。因为家中已有(南北史的)旧稿，想继承、实现先人的愿望，补出齐、梁、陈、周、隋五代部分所未写的部分，所以在编辑工作之余，昼夜抄录这些材料。到贞观五年，因家中有丧事而离职。服丧期满后，从官到蜀，把所得材料进行编辑。但所缺材料尚多，没有能够完成。贞观十五年，任东宫典膳丞的时候，右庶子、彭阳公令狐德棻又启用李延寿修《晋书》，因此再次得以勘校研究有关宋、齐、魏三代还没有得到的材料。贞观十七年，尚书右仆射褚遂良当时以谏议大夫的身份奉皇上命令修《隋书》的十志，又获得了皇上的批准召李延寿参加撰录，李延寿因此得到了广泛阅读的机会。当时五代史还没有公开，李延寿不敢使人抄录；家中素来贫穷，又无能力雇人书写。魏、齐、周、隋、宋、齐、梁、陈诸正史，都是李延寿自己抄写的，其中本纪是依司马迁的体裁，把它们连缀起来。又在这八部正史之外，参考了一千余卷杂史，将原来正史中没有的记载，都编入书中。对它们烦冗的地方，就删削掉。南北史从开始到修成，共用了十六年。从刘宋开始，共八代，分为《北史》《南史》二书，合计一百八十卷。其中《南史》先写完，呈送给监国史、国子祭酒令狐德棻，承蒙他从头到尾读完，并将其中的错误作了改正，允许我上奏皇上。接着又以《北史》求教，他也为我做了详细更正。将二书向各宰相讨教后，就向皇上上了表。表文说：

　　臣延寿说：臣下我听说设置史官，由来已久，执简记言，必须借助直笔。所以《典》《谟》记载叙述的，唐尧、虞舜的风范尤其突出；《诰》《誓》所陈述的，殷代、周代的伟绩特别显著。有了鲁国的《春秋》，鹿门之会给臧孙留下了借鉴；晋国的史书《乘》没有隐讳，赵桃园杀君赵盾受到了讥讽。大约圣哲的君王治理国家，交通贤人树立榜样，惩罚告诫的方法，都是由史书引出的意义，到了秦朝大量焚烧书籍，周代的典籍都湮灭。后来司马迁创造了纪传体，五帝三代都完全写入了本纪中，不同的事情归记于不同的体例记载，纲目都很清晰。从此以后，这段都被后人作为效法的对象。虽然左史写史，每一时代都不乏其人，然而微隐委婉所传的，只有班固和范晔得到称赞。其次有陈寿写的《三国志》，也被称为名家所作。这些著作都被前代修史的人所重视，不必在这里再评论赞扬了。

　　到了紫气南浮，黄旗东徙，五代更替，大约有三百年。元熙年以前，就总归于晋朝，著述这段历史的士人，虽多达数家，大约地讨论一下，没有听说其中有完美的。我大唐太宗文皇帝神资睿圣，天给了他英明灵气，对此事哀悯冲襟，经多方体察，深深地为这些史书的芜秽而嗟叹，于是决心删削而完成新著，此作既悬之于日月星辰，就成了流传不朽的著作了。但是，北朝自元魏以后，南朝从刘宋以后，朝代迭变，当时的风气喜欢诋毁前朝，每个朝代都有史书，人多好事，从篇目上看，史书不少，但各人都陈述自己的见闻，同异甚多。而一些小说短书，易被湮灭散落，其中的脱文或者残落之处，找不到地方去校勘。一则是因为王道颓丧，朝廷与市场不断变换，资料日失其真，怎么判断它的真假？二则是道德修养达到最高境界的人的高尚事迹，通达之士的重要的教导，因此就不能听到了，这是令人伤叹的。三则败坏风俗的巨蠹，犯有如夏桀一样滔天罪恶的人，不记载下来加以贬责，用什么人作为样板来进行鼓励和引导人们呢？

　　臣下我的生命虽然轻贱但多有幸运，有幸侍奉千岁，从贞观以来，屡次忝入史局，不度量自己的愚蠢鄙陋，私自修撰了前代史。起自北魏登国元年，到隋朝义宁二年止，共三代二百四十四年，又兼写了东魏天平元年，到北齐隆化二年，共四十四年的行事，总编为本纪十二卷、列传八十八卷，称为《北史》；又起南朝宋永初元年，到陈祯明三年，共四代一百七十年，为本纪十卷、列传七十卷，称为《南史》。总共八代，合为二书，计一百八十卷，用以模拟司马迁的《史记》。以上八代之中,梁、陈、齐、周、隋五代史书,是贞观年间奉皇上之命撰写的,因为所写的十志没上奏,这些书都未公开。但这些书及志,从开始到末尾都是臣下我所写的。臣下我本来就一直追慕古事,又完全得到了研寻闻见的条件,便私自抄录,共用了十六年,所涉猎的书,有千多卷。连缀改定,只靠一人之手,所以拖的时间很长,到现在才完成。我只是搜集遗书逸事,用来增加不同的见闻,分朝代进行编辑,把它们统编在一部书中;删除冗长的地方,保留它们的精华。假如原文妥帖,就不修改加以采用,不敢以我的愚钝,自发管见。虽然此书粗疏朴野,大惭于先哲,但在搜寻材料方面也有所得,我私下认为还是详尽的。其中的《南史》删改修订已是定稿,《北史》修改校对仅初步完成。南北史既然是私人修撰的,所以不敢沉默,又没有上奏过皇上,也不敢流传。臣下我轻率地陈述,伏地颤抖等待皇上的裁决。臣就恭敬地说以上的话。

【二十五史】

旧唐书

［后晋］刘昫⊙原著

导　读

　　《旧唐书》是现存最早的系统记录唐代历史的一部史籍,全书共二百卷,包括本纪二十卷,志三十卷,列传一百五十卷。记载了李渊武德元年(618年)至李柷天祐四年(907年)唐朝二百九十年的历史。它原名《唐书》,宋朝宋祁、欧阳修编写的《新唐书》问世后,才改称《旧唐书》。

　　后晋天福六年(941年),石敬瑭命张昭远、贾纬等人编写唐史,用了四年多的时间写成全书。当时宰相刘昫负责监修,就由他奏上,因此《旧唐书》的作者署名"刘昫"。实际上,刘昫对这部史书没有什么贡献,张昭远、贾纬等人才是真正的作者。

　　《旧唐书》成书仓促,所以显得有些粗糙。本纪的前半部分,由于有唐代实录和史馆编写的"国史"可供采摘,所以对材料的剪裁也还得体,文字也较为简洁。唐武宗以后,没有足资利用的史料,全靠作者采访编辑,内容明显的芜杂,记事矛盾的地方屡见不鲜。列传部分,情况大体相同,唐后期的人物多所缺漏,甚至存在一人两传,一事重见的现象。《历志》《经籍志》只叙述到唐玄宗(712~756年在位)。后人讥议它"敷衍成帙",不是毫无根据的。

　　但就史料价值而言,《旧唐书》却是不能轻视的。作者去唐不远,有条件看到并收录大量的原始记录,如《懿宗本纪》《僖宗本纪》中有关于庞勋起义和黄巢起义的记载,是比较原始而重要的史料。列传中对我国少数民族的记载,超过了以前各史,其中有关突厥、回纥、吐蕃等族的史料尤为详尽。研究隋末农民大起义,不能不利用本书李密、王世充、窦建德、刘武周、刘黑闼、杜伏威、李子通等人的传。科技文化领域的代表人物,如有名的科学家李淳风、孙思邈,文学巨匠李白、杜甫、韩愈、柳宗元,史学和经学家姚思廉、孔颖达,佛学大师玄奘等人,《旧唐书》都记载了他们的生平事迹。这是值得珍视的。

　　《新唐书》行世后,《旧唐书》在很长一段时间里几乎被人们废弃。明朝嘉靖十七年(1538年),闻人诠等人重新刊行后,才又广泛流传开来。《旧唐书》传布过程中的兴衰,既反映了它的缺点,也说明它有自己的长处,《新唐书》不能完全取而代之。

唐高祖纪

【题解】

唐高祖李渊(公元566~635年),字叔德,祖籍陇西狄道(今甘肃临洮南),北周大贵族唐国公李虎的孙子。七岁承袭唐国公爵位,隋炀帝大业十三年(公元617年),任太原留守。当时各地农民纷纷起义,李渊听从次子李世民的劝告,于当年起兵反隋,攻入长安,立隋代王杨侑为皇帝(隋恭帝)。次年,李渊废掉隋恭帝,自立为皇帝,定都长安,建立了唐王朝。李渊共在位九年,于武德九年(公元626年)传位李世民,自为太上皇,不再过问政事。贞观九年(公元635年)病卒。

李渊在隋末农民起义军沉重地打击隋朝统治的形势下,摘取农民起义的果实,掌握强兵,统筹全局,有智有谋,依靠李世民的谋略与战功,统一了全国,建立了唐王朝。

李渊

李渊在处理和突厥的关系上,以及对待隋代王杨侑的态度上,充分显示了他的政治远见。特别是遥尊隋炀帝为太上皇,另立代王杨侑为帝,争得了政治上的主动权,从而削平群雄,统一全国。在帝位继承上,他基本上是倾向李世民的,给李世民即皇位创造了条件。他较早让位给二十七岁的李世民,也是明智的决策,这使李世民得以充分发挥才能,大力革除隋朝的暴政,废止繁琐苛刻的刑法,轻徭薄赋,与民休息,从而使唐王朝统治初期出现了"贞观之治"。

【原文】

高祖神尧大圣大光孝皇帝姓李氏,讳渊。其先陇西狄道人,凉武昭王暠七代孙也。暠生歆。歆生重耳,仕魏为弘农太守。重耳生熙,为金门镇将,领豪杰镇武川,因家焉。仪凤中,追尊宣皇帝。熙生天锡,仕魏为幢主。大统中,赠司空。仪凤中,追尊光皇帝。皇祖讳虎,后魏左仆射,封陇西郡公,与周文帝及太保李弼、大司马独孤信等以功参佐命,当时称为"八柱国家",仍赐姓大野氏。周受禅,追封唐国公,谥曰襄。至隋文帝作相,还复本姓。武德初,追尊景皇帝,庙号太祖,陵曰永康。皇考讳昞,周安州总管、柱国大将军。袭唐国公,谥曰仁。武德初,追尊元皇帝,庙号世祖,陵曰兴宁。

高祖以周天和元年生于长安,七岁袭唐国公。及长,倜傥豁达,任性真率,宽仁容众,无贵贱咸得其欢心。隋受禅,补千牛备身。文帝独孤皇后,即高祖从母也,由是特见亲爱,累转谯、陇、岐三州刺史,有史世良者,善相人,谓高祖曰:"公骨法非常,必为人主,愿自爱，勿忘鄙言。"高祖颇以自负。

大业初，为荥阳、楼烦二郡太守，征为殿内少监。九年，迁卫尉少卿。辽东之役，督运于怀远镇。及杨玄感反，诏高祖驰驿镇弘化郡，兼知关右诸军事。高祖历试中外，素树恩德，及是结纳豪杰，众多款附。时炀帝多所猜忌，人怀疑惧。会有诏征高祖诣行在所，遇疾未谒，时甥王氏在后宫，帝问曰："汝舅何迟？"五氏以疾对，帝曰："可得死否？"高祖闻之益惧，因纵酒沉湎，纳贿以混其迹焉。十一年，炀帝幸汾阳宫，命高祖往山西、河东黜陟讨捕。师次龙门，贼帅母端儿帅众数千薄于城下。高祖从十余骑击之，所射七十发，皆应弦而倒，贼乃大溃。十二年，迁右骁卫将军。

十三年，为太原留守，郡丞王威、武牙郎将高君雅为副。群贼蜂起，江都阻绝，太宗与晋阳令刘文静首谋，劝举义兵。俄而马邑校尉刘武周据汾阳宫举兵反，太宗与王威、高君雅将集兵讨之。高祖乃命太宗与刘文静及门下客长孙顺德、刘弘基各募兵，旬日间众且一万，密遣使召世子建成及元吉于河东。威、君雅见兵大集，恐高祖为变，相与疑惧，请高祖祈雨于晋祠，将为不利。晋阳乡长刘世龙知之，以告高祖，高祖阴为之备。五月甲子，高祖与威、君雅视事，太宗密严兵于外，以备非常。遣开阳府司马刘政会告威等谋反，即斩之徇，遂起义兵。甲戌，遣刘文静使于突厥始毕可汗，令率兵相应。

六月甲申，命太宗将兵徇西河，下之。癸巳，建大将军府，并置三军，分为左右：以世子建成为陇西公、左领大都督，左统军隶焉；太宗为燉煌公、右领大都督，右统军隶焉。裴寂为大将军府长史，刘文静为司马，石艾县长殷开山为掾，刘政会为属，长孙顺德、刘弘基、窦琮等分为左右统军。开仓库以赈穷乏，远近响应。

秋七月壬子，高祖率兵西图关中，以元吉为镇北将军、太原留守。癸丑，发自太原，有兵三万。丙辰，师次灵石县，营于贾胡堡。隋武牙郎将宋老生屯霍邑以拒义师。会霖雨积旬，馈运不给，高祖命旋师。太宗切谏乃止。有白衣老父诣军门曰："余为霍山神使谒唐皇帝曰：'八月雨止，路出霍邑东南，吾当济师。"高祖曰："此神不欺赵无恤，岂负我哉！"

八月辛巳，高祖引师趋霍邑，斩宋老生，平霍邑。丙戌，进下临汾郡及绛郡。癸巳，至龙门，突厥始毕可汗遣康稍利率兵五百人、马二千匹，与刘文静会于麾下。隋骁卫大将军屈突通镇河东，津梁断绝，关中向义者颇以为阻。河东水滨居人，竞进舟楫，不谋而至，前后数百人。

九月壬寅，冯翊贼帅孙华、土门贼帅白玄度各率其众送款，并具舟楫以待义师。高祖令华与统军王长谐、刘弘基引兵渡河。屈突通遣其武牙郎将桑显和率众数千，夜袭长谐，义师不利。太宗以游骑数百掩其后，显和溃散，义军复振。丙辰，冯翊太守萧造以郡来降。戊午，高祖亲率众围河东，屈突通自守不出，乃命攻城，不利而还。文武将吏请高祖领太尉，加置僚佐，从之。华阴令李孝常以永丰仓来降。庚申，高祖率军济河，舍于长春宫。三秦士庶至者日以千数，高祖礼之，咸过所望，人皆喜悦。丙寅，遣陇西公建成、司马刘文静屯兵永丰仓，兼守潼关，以备他盗。太宗率刘弘基、长孙顺德等前后数万人，自渭北徇三辅，所至皆下。高祖从父弟神通起兵鄠县，柴氏妇举兵于司竹，至是并与太宗会。鄠县贼帅丘师利、李仲文、盩屋贼帅何潘仁等，合众数万来降。乙亥，命太宗自渭汭屯兵阿城，陇西公建成自新丰趣霸上。高祖率大军自下邽西上，经炀帝行宫园苑，悉罢之，宫女放还亲属。

冬十月辛巳，至长乐宫，有众二十万。京师留守邢部尚书卫文升、右翊卫将军阴世师、京兆郡丞滑仪挟代王侑以拒义师。高祖遣使至城下，谕以匡复之意，再三皆不报。诸将固请围城。十一月丙辰，攻拔京城。卫文升先已病死，以阴世师、滑仪等拒义兵，并斩之。癸亥，率百僚，备法驾，立代王侑为天子，遥尊炀帝为太上皇，大赦，改元为义宁。甲子，隋帝诏加高祖假黄钺、使持节、大都督内外诸军事、大丞相，进封唐王，总录万机。以武德殿为丞相府，改教为令。以陇西公建成为唐国世子；太宗为京兆尹，改封秦公；姑臧公元吉为齐公。

十二月癸未，丞相府置长史、司录已下官僚。金城贼帅薛举寇扶风，命太宗为元帅击之。遣赵郡公孝恭招慰山南，所至皆下。癸巳，太宗大破薛举之众于扶风。屈突通自潼关奔东都，刘文静等追擒于阌乡，虏其众数万。河池太守萧瑀以郡降。丙午，遣云阳令詹俊、武功县正李仲衮徇巴蜀，下之。

二年春正月戊辰，世子建成为抚宁大将军、东讨元帅，太宗为副，总兵七万，徇地东都。二月，清河贼帅窦建德僭称长乐王。吴兴人沈法兴据丹阳起兵。三月丙辰，右屯卫将军宇文化及弑隋太上皇于江都宫，立秦王浩为帝，自称大丞相。徙封太宗为赵国公。戊辰，隋帝进高祖相国，总百揆，备九锡之礼。唐国置丞相以下，立皇高祖已下四庙于长安通义里第。

夏四月辛卯，停竹使符，颁银菟符于诸郡。戊戌，世子建成及太宗自东都班师。五月乙巳，天子诏高祖冕十有二旒，建天子旌旗，出警入跸。王后、王女爵命之号，一遵旧典。戊午，隋帝诏曰：

天祸隋国，大行太上皇遇盗江都，酷甚望夷，衅深骊北。悯予小子，奄造丕愆，哀号永感，心情糜溃。仰惟荼毒，仇复靡申，形影相吊，罔知启处。相国唐王，膺期命世，抚危拯溺。自北徂南，东征西怨。致九合于诸侯，决百胜于千里。纠率夷夏，大庇黎黔，保义朕躬，繄王是赖。德侔造化。功格苍旻，兆庶归心，历数斯在，屈为人臣，载违天命。在昔虞、夏，揖让相推，苟非重华，谁堪命禹！当今九服崩离，三灵改卜，大运去矣，请避贤路。兆谋布德，顾己莫能，私僮命驾，须归藩国。予本代王，及予而代，天之所废。岂其如是！庶凭稽古之圣，以诛四凶；幸值惟新之恩，预充三恪。雪冤耻于皇祖，守禋祀为孝孙，朝闻夕殒，及泉无恨。今遵故事，逊于旧邸，庶官群辟，改事唐朝。宜依前典，趋上尊号，若释重负，感泰兼怀。假手真人，俾除丑逆，济济多士，明知朕意。仍敕有司，凡有表奏，皆不得以闻。

遣使持节、兼太保、刑部尚书、光禄大夫、梁郡公萧造，兼太尉、司农少卿裴之隐奉皇帝玺绶于高祖，高祖辞让。百僚上表劝进，至于再三，乃从之。隋帝逊于旧邸。改大兴殿为太极殿。

甲子，高祖即皇帝位于太极殿，命刑部尚书萧造兼太尉，告于南郊，大赦天下，改隋义宁二年为唐武德元年。官人百姓，赐爵一级。义师所行之处，给复三年。罢郡置州，改太守为刺史。丁卯，宴百官于太极殿，赐帛有差。东都留守官共立隋越王侗为帝。壬申，命相国长史裴寂等修律令。

六月甲戌，太宗为尚书令，相国府长史裴寂为尚书右仆射，相国府司马刘文静为纳言，隋民部尚书萧瑀、相国府司录窦威并为内史令。废隋大业律令，颁新格。己卯，备法驾，迎皇高祖宣简公已下神主，祔于太庙。追谥妃窦氏为太穆皇后，陵曰寿安。庚辰，立世子建成为皇太子。封太宗为秦王，齐国公元吉为齐王。封宗室蜀国公孝基为永安王，柱国道玄为淮阳王，长平公叔良为长平王，郑国公神通为永康王，安吉公神符为襄邑王，柱国德良为长乐王，上开府道素为竟陵王，上柱国博义为陇西王。奉慈为渤海王。诸州总管加号使持节。癸未，封隋帝为酅国公。薛举寇泾州，命秦王为西讨元帅征之。改封永康王神通为淮安王。壬辰，加秦王雍州牧，余官如故。辛丑，内史令窦威卒。

秋七月丙午，刑部尚书萧造为太子太保。追封皇子玄霸为卫王。西突厥遣使内附。秦王与薛举大战于泾州，我师败绩。

秋八月壬午，薛举死，其子仁果复僭称帝，命秦王为元帅以讨之。丁亥，诏曰："隋太常卿高炯、上柱国贺若弼，并抗节不阿，矫枉无挠；司隶大走薛道衡、刑部尚书宇文敫、左翊卫将军董纯，并怀忠抱义，以陷极刑：宜从褒饰，以慰泉壤。炯可赠上柱国、郯国公，弼赠上柱国、杞国公，各令有司加谥；道衡赠上开府、临河县公，敫赠上开府、平昌县公，纯赠柱国、狄道县公。"又诏曰："隋右骁卫大将军李金才、左光禄大夫李敏，并鼎族高门，元功世胄，横受屠杀，朝野称冤。然李氏将兴，天祚有应，冥契深隐，妄肆诛夷。朕受命君临，志存刷荡，申冤旌善，无忘寤寐。金才可赠上柱国、申国公，敏可赠柱国、观国公。又前代酷滥，子孙被流者，并放还乡里。"凉州贼帅李轨以其地来降，拜凉州总管，封凉王。

九月乙巳，亲录囚徒，改银菟符为铜鱼符。辛未，追谥隋太上皇为炀帝。宇文化及至魏州，鸩杀秦王浩，僭称天子，国号许。

冬十月壬申朔，日有蚀之。李密率众来降。封皇从父弟襄武公琛为襄武兰，黄台公瑗为庐江王。癸巳，诏行傅仁均所造戊寅历。

十一月己酉，以京师谷贵，令四面入关者，车马牛驴各给课米，充其自食。秦王大破薛仁呆于浅水原，降之，陇右平。乙巳，凉王李轨僭称天子于凉州。诏颁五十三条格，以约法缓刑。

十二月壬申，加秦王太尉、陕东道大行台。丁丑，封上柱国李孝常为义安王。庚子，李密反于桃林，行军总管盛彦师追讨斩之。

二年春正月乙卯，初令文官遭父母丧者听去职。黄门侍郎陈叔达兼纳言。

二月丙戌，诏天下诸宗人无职任者，不在徭役之限，每州置宗师一人，以相统摄。丁酉，窦建德攻宇文化及于聊城，斩之，传首突厥。

闰月辛丑，刘武周侵我并州。己酉，李密旧将徐世勣以黎阳之众及河南十郡降，授黎州总管，封曹国公，赐娃李氏，庚戌，上微行都邑，以察甿俗，即日还宫。甲寅，贼帅朱粲杀我使散骑常侍段确，奔洛阳。

夏四月乙巳，王世充篡越王侗位，僭称天子，国号郑。辛亥，李轨为其伪尚书安兴贵所执以降，河右平。突厥始毕可汗死。

五月己卯，酅国公薨，追崇为隋帝，谥曰恭。

六月戊戌，令国子学立周公、孔子庙，四时致祭，仍博求其后。癸亥，尚书右仆射裴寂为晋州道行军总管,以讨刘武周。

秋七月壬申,置十二军,以关内诸府分隶焉。王世充遣其将罗士信侵我谷州,士信率其众来降。西突厥叶护可汗及高昌并遣使朝贡。

九月辛未,贼帅李子通据江都,僭称天子,国号吴。沈法兴据毗陵,僭称梁王。丁丑,和州贼帅杜伏威遣使来降,授和州总管、东南道行台尚书令,封楚王。裴寂与刘武周将宋金刚战于介州,我师败绩,右武卫大将军姜宝谊死之。并州总管、齐王元吉惧武周所逼,奔于京师,并州陷。乙未,京师地震。

冬十月己亥,封幽州总管罗艺为燕郡王,赐姓李氏。黄门侍郎杨恭仁为纳言。杀民部尚书、鲁国公刘文静。乙卯,秦王世民讨刘武周,军于蒲州,为诸军声援。壬子,刘武周进围晋州。甲子,上亲祠华岳。

十一月丙子,窦建德陷黎阳,尽有山东之地。淮安王神通、左武侯大将军李世勣皆没于贼。

十二月丙申,永安王孝基、工部尚书独孤怀恩、总管于筠为刘武周将宋金刚掩袭,并没焉。甲辰,狩于华山。壬子,大风拔木。

三年春正月辛巳,幸蒲州,命祀舜庙。癸巳,至自蒲州。甲午,李世勣于窦建德所自拔归国。建德僭称夏王。

二月丁酉,京师西南地有声如山崩。庚子,幸华阴。工部尚书独孤怀恩谋反,伏诛。

三月癸酉,西突厥叶护可汗、高昌王麴伯雅遣使朝贡。突厥贡条支巨鸟。己卯,改纳言为侍中,内史令为中书令,给事郎为给事中。甲戌,内史侍郎封德彝兼中书令。封贼帅刘孝真为彭城王,赐姓李氏。

夏四月壬寅,至自华阴。于益州置行台尚书省。甲寅,加秦王益州道行台尚书令。秦王大破宋金刚于介州,金刚与刘武周俱奔突厥,遂平并州。伪总管尉迟敬德、寻相以介州降。

六月壬辰,徙封楚王杜伏威为吴王,赐姓李氏,加授东南道行台尚书令。丙午,亲录囚徒。封皇子元景为赵王,元昌为鲁王,元亨为酆王;皇孙承宗为太原王,承道为安陆王,承乾为恒山王,恪为长沙王,泰为宜都王。

秋七月壬戌,命秦王率诸军讨王世充。遣皇太子镇蒲州,以备突厥。丙申,突厥杀刘武周于白道。

冬十月庚子,怀戎贼帅高开道遣使降,授蔚州总管,封北平郡王,赐姓李氏。

四年春正月丁卯,窦建德行台尚书令胡大恩以大安镇来降,封定襄郡王,赐姓李氏。辛巳,命皇太子总统诸军讨稽胡。

三月,徙封宜都王泰为卫王。窦建德来援王世充,攻陷我管州。

夏四月甲寅,封皇子元方为周王,元礼为郑王,元嘉为宋王,元则为荆王,元茂为越王。初置都护府官员。

五月己未,秦王大破窦建德之众于武牢,擒建德,河北悉平。丙寅,王世充举东都降,河南平。

秋七月甲子,秦王凯旋,献俘于太庙。丁卯,大赦天下。废五铢钱,行开元通宝钱。

斩窦建德于市;流王世充于蜀,未发,为仇人所害。甲戌,建德余党刘黑闼据漳南反。置山东道行台尚书省于洺州。

八月,兖州总管徐圆朗举兵反,以应刘黑闼,僭称鲁王。

冬十月己丑,加秦王天策上将,位在王公上,领司徒、陕东道大行台尚书令;齐王元吉为司空。乙巳,赵郡王孝恭平荆州,获萧铣。

十一月甲申,于洺州置大行台,废洺州都督府。庚寅,焚东都紫微宫乾阳殿。会稽贼帅李子通以其地来降。

十二月丁卯,命秦王及齐王元吉讨刘黑闼。壬申,徙封宋王元嘉为徐王。

五年春正月丙申,刘黑闼据洺州,僭称汉东王。

三月丁未,秦王破刘黑闼于洺水上,尽复所陷州县,黑闼亡奔突厥。蔚州总管、北平王高开道叛,寇易州。

夏四月庚戌,秦王还京师,高祖迎劳于长乐宫。壬申,代州总管、定襄郡王大恩为虏所败,战死。

六月,刘黑闼引突厥寇山东。置谏议大夫官员。

秋七月丁亥,吴王伏威来朝。隋汉阳太守冯盎以南越之地来降,岭表悉定。

八月辛亥,以洺、荆、并、幽、交五州为大总管府。改封恒山王承乾为中山王。葬隋炀帝于扬州。丙辰,突厥颉利寇雁门。己未,进寇朔州。遣皇太子及秦王讨击,大败之。

冬十月癸酉,遣齐王元吉击刘黑闼于洺州。时山东州县多为黑闼所守,所在杀长吏以应之。行军总管、淮阳王道玄与黑闼战于下博,道玄败没。

十一月甲申,命皇太子率兵讨刘黑闼。丙申,幸宜州,简阅将士。

十二月丙辰,校猎于华池。庚申,至自宜州。皇太子破刘黑闼于魏州,斩之,山东平。

六年春正月,吴王杜伏威为太子太保。

二月辛亥,校猎于骊山。

三月乙未,幸昆明池,宴百官。

夏四月己未,旧宅改为通义宫,曲赦京城系囚。于是置酒高会;赐从官帛各有差。癸酉,以尚书右仆射、魏国公裴寂为左仆射,中书令、宋国公萧瑀为右仆射,侍中、观国公杨恭仁为吏部尚书。

秋七月,突厥颉利寇朔州,遣皇太子及秦王屯并州以备之。

八月壬子,东南道行台仆射辅公祐据丹阳反,僭称宋王,遣赵郡王孝恭及岭南道大使、永康县公李靖讨之。丙寅,吐谷浑内附。

九月丙子,突厥退,皇太子班师。改东都为洛州。高开道引突厥寇幽州。

冬十月,幸华阴。

十一月,校猎于沙苑。

十二月乙巳,以奉义监为龙跃宫,武功宅为庆善宫。甲寅,至自华阴。

七年春正月己酉,封高丽王高武为辽东郡王,百济王扶余璋为带方郡王,新罗王金真平为乐浪郡王。

二月,高开道为部将张金树所杀,以其地降。丁巳,幸国子学,亲临释奠。改大总管府为大都督府。吴王伏威薨。

三月戊寅，废尚书省六司侍郎，增吏部郎中秩正四品，掌选事。戊戌，赵郡王孝恭大破辅公祏，擒之，丹阳平。

夏四月庚子，大赦天下，颁行新律令。以天下大定，诏遭父母丧者听终制。

五月，造仁智宫于宜州之宜君县。李世勣讨徐圆朗，平之。

六月辛丑，幸仁智宫。

秋七月甲午，至自仁智宫。巂州地震山崩，江水咽流。

八月戊辰，突厥寇并州，京师戒严。壬午，突厥退。乙未，京师解严。

冬十月丁卯，幸庆善宫。癸酉，幸终南山，谒老子庙。

十一月戊辰，校猎于高陵。庚午，至自庆善宫。

八年春二月己巳，亲录囚徒，多所原宥。

夏四月，造太和宫于终南山。

六月甲子，幸太和宫。突厥寇定州，命皇太子往幽州，秦王往并州，以备突厥。

八月，并州道总管张公谨与突厥战于太谷，王师败绩，中书令温彦博没于贼。九月，突厥退。

冬十月辛巳，幸周氏陂校猎，因幸龙跃宫。

十一月辛卯，幸宜州。庚子，讲武于同官县。改封蜀王元轨为吴王，汉王元庆为陈王。加授秦王中书令，齐王元吉侍中。天策上将府司马宇文士及权检校侍中。

十二月辛酉，至自宜州。

九年春正月丙寅，命州县修城隍，备突厥。尚书左仆射、魏国公裴寂为司空。

二月庚申，加齐王元吉为司徒。戊寅，亲祠社稷。

三月辛卯。幸昆明池。

夏五月辛巳，以京师寺观不甚清净，诏曰：

释迦阐教，清净为先，远离尘垢，断除贪欲，所以弘宣胜业，修植善根，开导愚迷，津梁品庶。是以敷演经教，检约学徒，调忤身心，舍诸染著，衣服饮食，咸资四辈。

自觉王迁谢，像法流行，末代陵迟，渐以亏滥。乃有猥贱之侣，规自尊高，浮惰之人，苟避徭役，妄为剃度，托号出家，嗜欲无厌，营求不息。出入闾里，周旋阛阓，驱策田产，聚积货物。耕织为生，估贩成业，事同编户，迹等齐人。进违戒律之文，退无礼典之训。至乃亲行劫掠，躬自穿窬，造作妖讹，交通豪猾。每罹宪纲，自陷重刑，黩乱真如，倾毁妙法。譬兹稂莠，有秽嘉苗；类彼淤泥，混夫清水。又伽蓝之地，本曰净居，栖心之所，理尚幽寂。近代以来，多立寺舍，不求闲旷之境，唯趋喧杂之方。缮采崎岖，栋宇殊拓，错舛隐匿，诱纳奸邪。或有接延鄽邸，邻近屠酤，埃尘满室，膻腥盈道。徒长轻慢之心，有亏崇敬之意。且老氏垂化，本贵冲虚，养志无为，遗情物外，全真守一，是谓玄门，驱驰世务，尤乖宗旨。

朕膺期驭宇，兴隆教法，志思利益，情在护持。欲使玉石区分，薰莸有辨，长存妙道，永固福田。正本澄源，宜从沙汰。诸僧、尼、道士、女冠等，有精勤练行、守戒律者，并令大寺观居住，给衣食，勿令乏短。其不能精进、戒行有阙、不堪供养者，并令罢遣，各还桑梓。所司明为条式，务依法教，违制之事，悉宜停断。京城留寺三所，观二所。其余天下诸州，各留一所,余悉罢之。

事竟不行

六月庚申,秦王以皇太子建成与齐王元吉同谋害己,率兵诛之。诏立秦王为皇太子,继统万机,大赦天下。

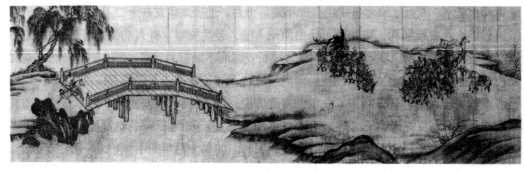

便桥会盟图

八月癸亥,诏传位于皇太子。尊帝为太上皇,徙居弘义宫,改名太安宫。

贞观八年三月甲戌,高和宴西突厥使者于两仪殿,顾谓长孙无忌曰:"当今蛮夷率服,古未尝有。"无忌上千万岁寿,高祖大悦,以酒赐太宗。太宗又奉觞上寿,流涕而言曰:"百姓获安,四夷咸附,皆奉遵圣旨,岂臣之力!"于是太宗与文德皇后互进御膳,并上服御衣物,一同家人常礼。是岁,阅武于城西,高祖亲自临视,劳将士而还。置酒于未央宫,三品以上咸侍。高祖命突厥颉利可汗起舞,又遣南越酋长冯智戴咏诗,既而笑曰:"胡、越一家,自古未之有也。"太宗奉觞上寿曰:"臣早蒙慈训,教以文道;爰从义旗,平定京邑。重以薛举、武周、世充、建德,皆上禀睿算,幸而克定。三数年间,混一区宇。天慈崇宠,遂蒙重任。今上天垂佑,时和岁阜,被发左衽,并为臣妾。此岂臣圣力,皆由上禀圣算。"高祖大悦,群臣皆呼万岁,极夜方罢。

九年五月庚子,高祖大渐,下诏:"既殡之后,皇帝宜于别所视军国大事。其服轻重,悉从汉制,以日易月。园陵制度,务从俭约。"是日,崩于太安宫之垂拱前殿,年七十。群臣上谥曰大武皇帝,庙号高祖。十月庚寅,葬于献陵。高宗上元元年八月,改上尊号曰神尧皇帝。天宝十三载二月,上尊号神尧大圣大光孝皇帝。

【译文】

唐高祖神尧大圣大光孝皂帝姓李,名渊。祖籍陇西狄道,是西凉武昭王李暠的七代孙。李暠生李歆。李歆的儿子李重耳,任北魏弘农太守。李重耳的儿子李熙,任金门守将,带领一些豪杰镇守武川,于是把家搬到这里。唐高宗仪凤年间,被追尊为宣皇帝。李熙的儿子李天锡,任北魏的禁军主将。西魏文帝大统年间,赠司空。仪凤年间,被追尊为光皇帝。唐高祖的祖父叫李虎,任西魏左仆射,封陇西郡公,与北用文帝宇文泰及太保李弼、大司马独孤信等人因有功同任辅佐大臣,当时人称为"八柱国家",李虎并被赐姓为大野氏。北周接受西魏的禅让后,追封李虎为唐国公,赠谥号为襄。到隋文帝作北周宰相时,又恢复本姓李氏。唐高祖武德初年,李虎被追尊为景皇帝,庙号太祖,陵墓称永康陵。

唐高祖的父亲叫李昞,任北周安州总管、柱国大将军,承袭唐国公爵位,赠谥号为仁。武德初年,被追尊为元皇帝,庙号世祖,陵墓称兴宁陵。

唐高祖北周天和元年生于长安,七岁承袭唐国公爵位。长大后,洒脱豁达,坦率直爽,毫不做作,宽厚仁慈,能容纳人,不论贵贱,他全以好意相待。隋接受北周的禅让后,高祖任千牛备身。隋文帝独孤皇后,是高祖的姨妈,因此高祖特别受隋文帝的亲近和宠爱,连续迁任谯、陇、岐三州刺史。有个叫史世良的人,擅长看相,对高祖说:"您的骨骼、相貌非同一般,一定会当皇帝,希望您自爱,不要忘掉我的鄙陋之言。"高祖听后颇以此自负。

隋炀帝大业初年,高祖任荥阳、楼烦二郡太守,又被征召入朝担任殿内少监。大业九年,升任卫尉少卿。隋炀帝远征辽东的时候,高祖奉命在怀远镇监督运粮。等到杨玄感造反时,炀帝命高祖速乘驿车前去镇守弘化郡,兼主管关右各郡军事。高祖历任中央和地方的官吏,一向多树立个人的恩德,到这时更广泛结交豪杰,大家也多诚心归附于他。当时炀帝多猜忌臣下,人人心里都疑虑恐惧。正好炀帝下诏征召高祖到他所在的地方,高祖得病,未能按时谒见炀帝。当时高祖的外甥女王氏在后宫,炀帝问她说:"你舅舅为什么迟迟不来?"王氏回答说舅舅得了病,炀帝说:"会死不?"高祖听说这事后更加害怕,于是尽情饮酒,收受贿赂,故意使自己的行为污浊。大业十一年,炀帝驾临汾阳宫,命令高祖前往山西、河东督察官吏,进退人才,讨捕盗贼。高祖率军暂驻龙门,盗贼首领母端儿领徒众数千逼近龙门城下。高祖带十多名骑兵攻打他们。高祖发射七十支箭,敌人都应声倒地,贼寇于是大败。大业十二年,高祖升任右骁卫将军。

大业十三年,高祖任太原留守,郡丞王威、武牙郎将高君雅任副留守。这时各路盗贼纷然并起,太原与住在江都的炀帝断绝联系,唐太宗李世民和晋阳县令刘文静首先在一起谋划,劝高祖起兵反隋。没过多久马邑校尉刘武周占领汾阳宫起兵造反,唐太宗与王威、高君雅准备调集军队讨伐他。高祖于是命令太宗和刘文静以及自己的门客长孙顺德、刘弘基分别到各地招募士兵,十日间就得到士兵将近一万名,高祖又秘密派人到河东招来自己的嫡长子李建成以及嫡子李元吉。王威、高君雅见大军集结,担心高祖发生变故,心里感到疑虑和恐惧,于是请高祖到晋祠祈雨,准备乘机干危害高祖的事。晋阳乡长刘世龙知道这件事,将它报告给高祖,高祖暗中作了防备。五月甲子,高祖与王威、高君雅在一起办公,太宗暗中在府衙外严密地布下军队,以防备发生突如其来的事故。高祖派开阳府司马刘政会告发王威等人图谋造反,于是立即将他们斩首示众,宣布起兵反隋。甲戌,高祖派刘文静出使突厥,让突厥始毕可汗派兵与高祖相呼应。

六月甲申,高祖命令太宗领兵夺取西河,攻下了它。癸巳,建立大将军府,设置三军,分为左三军右三军:任命嫡长子李建成为陇西公、左领军大都督,左三统军归他领导;任命太宗为敦煌公、右领军大都督,右三统军归他领导。任命裴寂为大将军府长史,刘文静为大将军府司马,石艾县长殷开山为大将军府掾,刘政会为大将军府属,长孙顺德、刘弘基、窦琮等分别担任左右统军。高祖下令开仓救济穷困的百姓,远近的人争相响应。

秋季七月壬子,高祖率兵西行谋取关中,任命李元吉为镇北将军、太原留守。癸丑,高祖由太原出发,有兵十三万名。丙辰。军队停留于灵石县,在贾胡堡扎营。隋朝的武牙郎将宋老生屯兵霍邑以抵抗义军。恰好连续下了十天大雨，军粮无法运到，高祖下令回师太原，经太宗极力劝谏才没有这样做。有一位穿白色衣服的老人到义军的营门说："霍山神派我来谒见和告诉唐皇帝说：'八月雨停，你路经霍邑东南，我当帮助唐皇帝的军队。'"高祖说："这神不欺骗赵无恤，难道会背弃我吗！"

八月辛巳，高祖领兵奔赴霍邑，杀了宋老生，平定霍邑。丙戌，进兵攻下临汾郡及绛郡。癸巳，高祖到龙门，突厥始毕可汗派康稍利带领士兵五百人、马两千匹前来龙门，与刘文静会合于帅旗下。隋朝骁卫大将军屈突通镇守河东，通往关中的蒲津黄河浮桥断绝，关中地区心向义军的人感到这是一个阻碍。于是河东地区居于水滨的百姓，竞相向高祖进献船只，不约而同前来进献的人，前后达数百名。

九月壬寅，冯翊盗贼首领孙华、土门盗贼首领白玄度各自率领部下归顺高祖，并准备好船只等待义军渡过黄河。高祖命令孙华与统军王长谐、刘弘基领兵渡过黄河。屈突通派他手下的武牙郎将桑显和率领数千士兵，在晚上袭击王长谐，义军迎战失利。唐太宗带领数百名流动骑兵从背后突袭敌人，桑显和的军队溃散，义军的士气又振作起来。丙辰，隋冯翊太守萧造率郡中军民投降高祖。戊午，高祖亲自带领军队包围河东城，隋将屈突通坚守不出，高祖于是下令攻城，结果因失利而撤军。文武官员请求高祖担任太尉，并增置僚属，高祖接受他们的建议。隋华阴县令李孝常献永丰仓投降高祖。庚申，高祖带领军队渡过黄河，住进长春宫。三秦士民每天到长春宫来的，以千计算，高祖对他们以礼相待，全超过了他们的期望，因此大家都非常高兴。丙寅，高祖派陇西公李建成、司马刘文静领兵屯驻永丰仓，兼守卫潼关，以防备别的盗贼入关。太宗率领刘弘基、长孙顺德等前后共数万人，由渭北夺取三辅，所到之地，攻无不克。高祖的堂弟李神通在鄠县起兵，柴绍的妻子在司竹起兵，这时候都领兵与太宗会合。鄠县盗贼首领丘师利、李仲文、鏊屋盗贼首领何潘仁等，聚集此众数万，前来投降太宗。乙亥，高祖命令太宗自渭汭领兵屯驻阿城，陇西公李建成由新丰率兵赴霸上。高祖统率大军由下邽西上，一路上经过隋炀帝的行宫、园林，高祖都下令废除，宫女一律释放回家。

冬季十月辛巳，高祖到长乐宫，有军队二十万人。隋京师留守、刑部尚书卫文升，右翊卫将军阴世师和京兆郡丞滑仪胁持隋代王杨侑以抵抗义军。高祖派使者到京师城下，告谕他们自己有挽救扶助隋室之意，几次派使者反复申明此意，都得不到答复。各位将领坚决请求围攻京城。十一月丙辰，攻下京城。卫文升在这以前已经病死，高祖认为阴世师、滑仪等人抗拒义军，都将他们斩首。癸亥，高祖带领百官，准备好天子的车驾，立代王杨侑为皇帝，遥尊隋炀帝为太上皇，大赦天下，改年号为义宁。甲子，隋帝杨侑下诏加授高祖得借用天子的仪仗黄钺、使持节、大都督内外诸军事、大丞相，进封唐王，总揽朝廷的各项事务。提供武德殿作为丞相府，唐王对百官的教谕改称为令。以陇西公李建成为唐国太子；任命太宗为京兆尹，改封秦公；改封姑藏公李元吉为齐公。

十二月癸未，丞相府设置长史、司录以下属官。金城盗贼首领薛举进犯扶风，任命太宗为元帅领兵攻打薛举。派赵郡公李孝恭招抚山南地区，所到之地吏民无不归服。癸巳，太宗在扶风将薛举的部队打得大败。屈突通由潼关逃往东都，刘文静等人领兵追击，在阌乡将他抓住，又俘虏了他的部下数万人。河池太守萧瑀率郡中军民投降高祖。丙午,高祖派云阳县令詹俊、武功县正李仲衮夺取巴蜀地区,攻下了它。

义宁二年春季正月戊辰,高祖任命太子李建成为抚宁大将军、东讨元帅,太宗为副元帅,领兵七万,夺取东都。二月,清河盗贼首领窦建德越分自称为长乐王。吴兴人沈法兴占据丹阳起兵。三月丙辰,隋右屯卫将军宇文化及在江都宫杀死隋太上皇杨广,立秦王李浩为皇帝,自称为大丞相。改封唐太宗为赵国公。戊辰,隋帝杨侑进封高祖为相国,让他总领百官,又加赐九锡之礼。唐国设置丞相以下官员,在长安通义里私第立唐高祖的已故高祖父以下四代祖先的祠庙。

夏季四月辛卯,停止使用竹使符,另发给各郡银兔符。戊戌,太子李建成与太宗自东都班师回朝。五月乙巳,隋帝杨侑下诏让高祖戴皇帝用的有十二旒的冕,并立天子的旌旗,像天子那样出入警戒,禁止行人来往。王后、王女的封号,都依照旧规办理。戊午,隋帝杨侑下诏说:

上天降祸给隋国,已故太上皇在江都遇到贼寇,残酷甚于赵高在望夷宫刺杀秦二世,仇恨深于周幽王在骊山北被犬戎杀死。可悲啊我这小子,忽然铸成大错,哀伤哭泣,长叹不已,痛苦之至,内心破碎。抬头想起太上皇受到的残害,冤仇又得不到申雪,我只身孤立,不知怎样过日子。相国唐王,应圣王兴起之期,有治世之才,扶危济困,把百姓从水火中救出。唐王由北往南征讨,如果向东进军,西边的百姓就会抱怨为什么不先到他们那里去。使各路诸侯汇合,决战于千里之外而取得大胜。集合、统率夷狄、华夏之人,保护黎民百姓,使朕自身得到安定,都有赖于唐王。唐王的道德同于造物主,功勋感通上天,万民归心,天命体现在他身上,如今仍屈居臣下之位,违背了上天的意旨。从前虞、夏时代,彼此推举,让位于贤者,如果不是有虞舜,谁能命令夏禹继位!现今天下分崩离析,天、地、人改变选择,隋朝气数已尽,朕请求为贤者让路。重新开始谋划广施恩德,不过自己已做不到,命令私人的僮仆驾车,朕应当回到原来的地方。我本是代王,到了我而被取代,上天的遗弃隋,怎么就像这样啊!也许可以依靠德与天齐的圣王,来诛灭叛逆的恶人;希望得到新王朝的恩泽,让隋朝子孙受封为王侯,充任三恪之一。能为朕的祖先申雪冤耻,能保持对祖先的祭祀作孝顺的子孙,早晨知道这些愿望实现晚上就立即死去,朕到了泉下也不感到遗憾。现在朕遵从旧例,退位居于旧府第,众位文武官员,应改而服侍唐朝。应当按照以往的规矩,赶快奉上皇帝尊号,这样做朕便如释重负,感到安宁,心地宽广如能包容万物。借助真正的帝王之手,来清除凶恶的叛逆者,满朝众多的官员,应明白了解朕的这一旨意。命令有关部门,凡有群臣的奏章,都不得上报朕知。

隋帝杨侑派遣使持节、兼太保、刑部尚书、光禄大夫、梁郡公萧造,以及兼太尉、司农少卿裴之隐将皇帝的印玺进献给高祖,高祖推让。百官联名上表劝高祖即帝位,高祖没有接受。经再三上表,高祖才接受。隋帝杨侑退位居于旧府第。将大兴殿改名为太极殿。

甲子,高祖在太极殿即皇帝位,任命刑部尚书萧造兼任太尉,在南郊祭告上天,发布大赦令,改隋义宁二年为唐武德元年。官吏百姓,赐给一级爵位。义军经过的地方,免除三年徭役。撤销郡改设州,将郡太守改为州刺史。丁卯,高祖在太极殿宴请百官,分别赐给他们多少不等的丝织品。隋朝东都留守等官一起立隋越王杨侗为皇帝。壬申,高祖命令相国府长史裴寂等人制定律令。

六月甲戌，太宗李世民任尚书令，相国府长史裴寂任尚书右仆射，相国府司马刘文静任纳言，隋朝民部尚书萧瑀、相国府司录窦威都任内史令。废除隋朝的《大业律令》，颁布新的法规。己卯，准备天子的车驾，将唐高祖的高祖父宣简公以下四代祖先的神主迎进太庙受祭。给已故高祖妃窦氏追加谥号为太穆皇后，她的陵墓称寿安陵。庚辰，立嫡长子李建成为皇太子。封太宗勾秦王，齐国公李元吉为齐王。封皇族子弟蜀国公李孝基为永安王，柱国李道玄为淮阳王，长平公李叔良为长平丰，郑国公李神通为永康王，安吉公李神符为襄邑王，柱国李德良为长乐王，上开府李道素为竟陵王，上柱国李博义为陇西王，李奉慈为渤海王。各州总管都加使持节的名号。癸未，高祖封隋帝杨侑为酅国公。薛举侵犯泾州，高祖命令秦王李世民为西讨元帅领兵征讨薛举。改封永康王李神通为淮安王。壬辰，加封秦王为雍州牧，其他官职不变。辛丑，内史令窦威去世。

秋季七月丙午，刑部尚书萧造任太子太保。追封已故皇子李玄霸为卫王。西突厥派使者要求归附唐朝。秦王在泾州与薛举交战，唐军战败。

八月壬午，薛举去世，他的儿子薛仁杲又越分自称为皇帝，高祖命令秦王为元帅领兵讨伐他。丁亥，高祖发布诏令说："隋朝的太常卿高颎、上柱国贺若弼，都坚持节操，刚正不阿，纠正邪恶，不屈不挠；司隶大夫薛道衡、刑部尚书宇文㢸、左翊卫将军董纯，都心怀忠义，却被处以极刑。这些人都应加以表扬，以使他们在泉下能得到一些安慰。高颎应追赠上柱国、郯国公，贺若弼追赠上柱国、杞国公，让有关部门分别给他们追加谥号；薛道衡追赠上开府、临河县公，宇文㢸追赠上开府、平昌县公，董纯赠柱国、狄道县公。"又发布诏令说："隋右骁卫大将军李金才、左光禄大夫李敏，都出身高门望族，有大功绩的贵族世家，他们意外地遭屠杀，朝廷民间都认为冤枉。但李氏家族将兴起，自有上天赐福的灵应，暗中感悟到这种隐秘的灵应，于是便狂乱地肆意诛戮李氏族人。朕受命于天作万民的君主，志在清除邪恶，日夜不忘申雪冤屈，表彰善人。李金才应追赠上柱国、申国公，李敏应追赠柱国、观国公。另外，前朝刑罚残酷、失当，受害者的子孙被流放的，一律放他们回故乡。"凉州盗贼首领李轨献出他的辖地投降唐朝，高祖任命他为凉州总管，又封他为凉王。

九月乙巳，高祖亲自省察囚徒的罪状，看有无处治不当的情况；改银兔符为铜鱼符。辛未，给隋太上皇杨广追加炀帝的谥号。宇文化及到魏州，毒死隋秦王杨浩，越分自称为天子，定国号为许。

冬季十月壬申初一，出现日蚀。李密带领部众前来投降唐朝。高祖封自己的堂弟襄武公李琛为襄武王，黄台公李瑗为庐江王。癸巳，高祖下令施行傅仁均制定的《戊寅历》。

十一月巳酉，由于京师粮食昂贵，高祖下令四方进入潼关的人，官府各为他们的车马牛驴配给收来的税米，供他们自己喂养牲口之用。秦王李世民在浅水原将薛仁杲打得大败，薛仁杲投降，陇右平定。乙巳，凉王李轨在凉州越分自称为天子。高祖下诏颁布五十三条法律，借以简省法令，减轻刑罚。

十二月壬申，加封秦王李世民为太尉、陕东道大行台。丁丑，高祖封上柱国李孝常为义安王。庚子，李密在桃林造反，行军总管盛彦师追击讨伐，将李密杀死。

武德二年春季正月乙卯，首次下令规定文官，凡遇父母去世，听任他们离职守丧。黄门侍郎陈叔达兼任纳言。

二月丙戌，高祖下诏规定全国各地与天子同宗未担任官职的人，一律免除徭役。每州设置宗师一人，总领本州这些同宗的人。丁酉，窦建德在聊城攻打并杀死宇文化及，将他的首级送到突厥。

闰二月辛丑，刘武周侵犯唐朝的并州。己酉，李密的旧将徐世勣率黎阳的军民及河南十郡投降唐朝，高祖任命他为黎州总管，封曹国公，赐姓李氏。庚戌，高祖穿平民的服装巡视京城，考察民俗，当日回宫。甲寅，盗贼首领朱粲杀死唐朝的使臣散骑常侍段确，逃往洛阳。

夏季四月乙巳，王世充篡夺隋越王杨侗的皇位，越分自称为天子，定国号为郑。辛亥，李轨的伪尚书安兴贵逮捕李轨，投降唐朝，河西平定。突厥始毕可汗去世。

五月己卯，酅国公杨侑去世，高祖追尊他为隋帝，定谥号为恭。

六月戊戌，命令国子学建立周公、孔子庙，四季都举行祭祀，并在全国广泛寻找周公、孔子的后代。癸亥，尚书右仆射裴寂担任晋州道行军总管，以讨伐刘武周。

秋季七月壬申，设置十二军，让关内各府分别隶属于十二军。王世充派他的将领罗士信领兵侵犯唐朝谷州，罗士信率领他的部下投降了唐朝。西突厥叶护可汗和高昌国都派使者前来朝见高祖，进献贡品。

九月辛未，盗贼首领李子通占据江都，越分自称为天子，定国号为吴。沈法兴占据毗陵，越分自称为梁王。丁丑，和州盗贼首领杜伏威派使者前来投降唐朝，高祖任命杜伏威为和州总管、东南道行台尚书令，并封他为楚王。裴寂与刘武周的将领宋金刚在介州交战，唐军战败，右武卫大将军姜宝谊战死。唐并州总管、齐王李元吉害怕刘武周进逼，逃往京师长安，并州于是沦陷。乙未，京师发生地震。

冬季十月己亥，高祖封幽州总管罗艺为燕郡王，赐姓李氏。任命黄门侍郎杨恭仁为纳言。杀死民部尚书、鲁国公刘文静。乙卯，秦王李世民讨伐刘武周，率军驻扎于蒲州，与唐各军声势相通，互为援助。壬子，刘武周进兵围攻晋州。甲子，高祖亲自祭祀华山。

十一月丙子，窦建德攻陷黎阳，全部占有了太行山以东地区。唐淮安王李神通、左武侯大将军李世勣都被窦建德俘虏。

十二月丙申，唐永安王李孝基、工部尚书独孤怀恩、陕州总管于筠遭到刘武周的将领宋金刚的突然袭击，全部被俘。甲辰，高祖在华山打猎。壬子，大风将树连根拔起。

武德三年春季正月辛巳，高祖到蒲州，下令到舜庙祭祀。癸巳，从蒲州回到长安。甲午，李世勣从窦建德那里自己脱身返回唐朝。窦建德越分自称为夏王。

二月丁酉，京师西南地里发出像山崩一样的声音。庚子，高祖到华阴。工部尚书独孤怀恩图谋造反，被处死。

三月癸酉，西突厥叶护可汗、高昌国王麴伯雅派使者入唐朝见天子，进献方物。突厥向唐进献条支大鸟。己卯，将纳言改为侍中，内史令改为中书令，给事郎改为给事中。甲戌，内史侍郎封德彝兼任中书令。高祖封盗贼首领刘孝真为彭城王，赐姓李氏。

夏季四月壬寅，高祖自华阴回到长安。唐在益州设立行台尚书省。甲寅，加封秦王李世民为益州道行台尚书令。秦王李世民在介州将宋金刚打得大败,宋金刚与刘武周一起逃往突厥,于是平定了并州。刘武周手下的总管尉迟敬德、寻相献出介州投降唐朝。

六月壬辰,高祖改封楚王杜伏威为吴王,赐姓李氏,并加授他为东南道行台尚书令。丙午,高祖亲自审查囚徒的罪状,看有无处治不当的情况。高祖封皇子李元景为赵王,李元昌为鲁王,李元亨鄅为王;封皇孙李承宗为太原王,李承道为安陆王,李承乾为恒山王,李恪为长沙王,李泰为宜都王。

秋季七月壬戌,高祖命令秦王李世民统率各军讨伐王世充。派皇太子李建成镇守蒲州,以防备突厥入侵。丙申,突厥在白道杀死刘武周。

冬季十月庚子,怀戎盗贼首领高开道派使者前来投降,高祖任命高开道为蔚州总管,并封他为北平郡王,赐姓李氏。

武德四年春季正月丁卯,窦建德的行台尚书令胡大恩率大安镇军民投降唐朝,高祖封他为定襄郡王,赐姓李氏。辛巳,高祖命令皇太子统领各军讨伐稽胡。

三月,改封宜都王李泰为卫王。窦建德领兵前来援救王世充,攻陷唐朝的管州。

夏季四月甲寅,高祖封皇子李元方为周王,李元礼为郑王,李元嘉为宋王,李元则为荆王,李元茂为越王。首次设置都护府官员。

五月已未,案王李世民在武牢关把窦建德的部队打得大败,活捉了窦建德。河北地区全部平定。丙寅,王世充献东都城投降唐朝,河南地区平定。

秋季七月甲子,秦王李世民得胜回朝,到太庙献俘虏。丁卯,高祖发布大赦令。朝廷下令废除五铢钱,发行开元通宝钱。在长安将窦建德斩首;王世充被流放蜀地,尚未启程,被他的仇人杀死。甲戌,窦建德的余党刘黑闼占据漳南造反。唐在洺州设立山东道行台尚书省。

八月,兖州总管徐圆朗起兵反叛朝廷,以响应刘黑闼,并越分自称为鲁王。

冬季十月己丑,高祖加封秦王李世民为天策上将,地位在王公之上,又命他兼任司徒、陕东道大行台尚书令;任命齐王李元吉为司空。乙巳,赵郡王李孝恭平定荆州,俘获萧铣。

十一月甲申,在洺州设置大行台,废除洺州都督府。庚寅,焚毁东都紫微宫乾阳殿。会稽盗贼首领李子通献出他的地盘投降唐朝。

十二月丁卯,高祖命令秦王李世民及齐王李元吉讨伐刘黑闼。壬申,改封宋王李元嘉为徐王。

武德五年春季正月丙申,刘黑闼占据洺州,越分自称为汉东王。

三月丁未,秦王在洺水边击败刘黑闼,全部收复被刘黑闼攻陷的州县,刘黑闼逃往突厥。蔚州总管、北平王高开道反叛朝廷,进犯易州。

夏季四月庚戌,秦王回京师长安,高祖到长乐宫迎接慰劳秦王。壬申,代州总管、定襄郡王李大恩被突厥打败,战死。

六月,刘黑闼领突厥兵侵犯太行山以东地区。朝廷设立谏议大夫的官职。

秋季七月丁亥,吴王杜伏威前来朝见高祖。隋朝汉阳太守冯盎献南越之地投降唐朝,岭南地区全部平定。

八月辛亥，在洺、荆、并、幽、交五州设立大总管府。改封恒山王李承乾为中山王。在扬州改葬隋炀帝。丙辰，突厥颉利可汗侵犯雁门。己未，又进犯朔州。高祖派皇太子李建成和秦王李世民讨伐突厥，获得大胜。

冬季十月癸酉，高祖派齐王李元吉到洺州攻打刘黑闼。当时太行山以东的州县多被刘黑闼控制，到处有人杀死州县长官以响应刘黑闼。行军总管、淮阳王李道玄在下博与刘黑闼交战，李道玄兵败被杀。

十一月甲申，高祖命令皇太子李建成率兵讨伐刘黑闼。丙申，高祖到宜州，检阅将士。

十二月丙辰，高祖在华池围猎。庚申，高祖自宜州回到长安。皇太子在魏州击败刘黑闼，杀死了他，太行山以东地区平定。

武德六年春季正月，吴王杜伏威担任太子太保。

二月辛亥，高祖在骊山围猎。

三月乙未，高祖到昆明池，在那里宴请百官。

夏季四月己未，高祖即位以前的旧宅改名为通义宫，因特殊情况赦免京城的在押囚犯。于是高祖在通义宫举行大宴会，并赐给随从的官吏多少不等的丝织物。癸酉，高祖任命尚书右仆射、魏国公裴寂为尚书左仆射，中书令、宋国公萧瑀为尚书右仆射，侍中、观国公杨恭仁为吏部尚书。

秋季七月，突厥颉利可汗侵犯朔州，高祖派皇太子和秦王率兵屯驻并州以防备突厥。

八月壬子，东南道行台仆射辅公祏占据丹阳造反。越分自称为宋王，高祖派遣赵郡王李孝恭及岭南道大使、永康县公李靖领兵讨伐他。丙寅，吐谷浑归附大唐。

九月丙子，突厥退兵。皇太子班师回朝。东都改名为洛州。高开道领突厥兵侵犯幽州。

冬季十月，高祖到华阴。

十一月，高祖在沙苑围猎。

十二月乙巳，把奉义监改为龙跃宫，将高祖在武功的旧宅改为庆善宫。甲寅，高祖从华阴回到长安。

武德七年春季正月己酉，高祖封高丽王高武为辽东郡王，百济王扶余璋为带方郡王，新罗王金真平为乐浪郡王。

二月，高开道被他的部将张金树杀死，张金树献出高开道的地盘投降唐朝。丁巳，高祖到国子学，亲自祭祀先圣先师。将大总管府改为大都督府。吴王杜伏威去世。

三月戊寅，废除尚书省六部侍郎的官职，将吏部郎中的级别提升为正四品，掌管选拔官吏的事务。戊戌，赵郡王李孝恭把辅公祏打得大败，并活捉了他，丹阳地区平定。

夏季四月庚子，全国实行大赦，颁行新的律令。由于天下安定，高祖下诏规定官吏凡遇父母去世，听任他离职守满三年之丧。

五月，在宜州的宜君县建造仁智宫。李世勣讨伐徐圆朗，平定了他的叛乱。

六月辛丑，高祖到仁智宫。

秋季七月甲午，高祖从仁智宫回到长安。巂州因发生地震而出现山崩，江水被堵塞。

八月戊辰，突厥侵犯并州，京城戒严。壬午，突厥退兵。乙未，京城解除戒严。

冬季十月丁卯，高祖到庆善宫。癸酉，到终南山，晋谒老子庙。

十一月戊辰，高祖在高陵围猎。庚午，从庆善宫回到长安。

武德八年春二月己巳，高祖亲自审查囚徒的罪状，宽赦了不少人的罪。

夏季四月，在终南山造太和宫。

六月甲子，高祖到太和宫。突厥侵犯定州，高祖命皇太子李建成前往幽州，秦王李世民前往并州，以防备突厥。

八月，并州道总管张公谨在太谷与突厥交战，唐军大败，中书令温彦博被敌人俘虏。九月，突厥退兵。

冬季十月辛巳，高祖到周氏陂围猎，于是驾临龙跃宫。

十一月辛卯，高祖到宜州。庚子，在同官县讲习武事。改封蜀王李元轨为吴王，汉王李元庆为陈王。加授秦王李世民为中书令，齐王李元吉为侍中。任命天策上将府司马宇文士及为代理检校侍中。

十二月辛酉，高祖从宜州回到长安。

武德九年春正月丙寅，命令各州县修筑城墙城壕，防备突厥入侵。任命尚书左仆射、魏国公裴寂为司空。

二月庚申，加授齐王李元吉为司徒。戊寅，高祖亲自祭祀土、谷之神。

三月辛卯，高祖到昆明池。

夏季五月辛巳，由于京师的佛寺道观不很清净，高祖下诏说：

释迦牟尼阐明教义，将清净放在首要地位，主张远离尘世，断除贪欲。这些是用来扩大、发扬佳妙的思想行为，修习、树立善的根性，启发诱导愚蠢糊涂的人，接引众生到达彼岸的教法。因此释迦牟尼铺陈讲论各种经义教说，约束徒弟，对身心作调理和忏悔，舍弃各种迷恋、执着于外物的妄念，衣服饮食，全依靠僧俗弟子供给。

自从释迦牟尼辞世，佛法流行，每遇到一个朝代的末期国势衰落，就逐渐会有破坏规矩、滥竽充数的现象出现。于是有卑贱之徒，图谋提高自己的地位，懒惰不务正业的人，苟求逃避徭役，胡乱剃发为僧，名为出家，嗜好与欲望却没有满足之时，谋求财富从不止息。这些人出入里巷，周旋于市场，使用田产，聚积货物。有的靠耕田织布为生，有的以商贩为业，行为事迹同编入户籍的平民百姓没有两样。进违背佛教戒律的条文，退无视礼经的教诲。甚至于亲自进行抢劫，干凿壁翻墙的偷窃勾当，公然制造妖异怪乱，交结地方上有势力的不法之徒。他们常触犯法网，自己陷于重刑，玷污搅乱佛教的永恒真理，毁坏佛法。就譬如那杂草，使田里的好禾苗荒芜；又像那污泥，使清水变浑浊。另外佛寺之地，本称"净居"，是养心的处所，理应崇尚幽静。近代以来，多建造寺庙，不寻找安静空旷的地方，只选择喧闹嘈杂的处所。这些寺庙修造高低不一，屋宇开阔，交互错杂，便于隐藏，可引诱招纳奸恶之徒。有的寺庙与市场旅店相连，同肉铺酒肆邻近，弄得尘埃满屋，膻腥气充满道路。这只会增加对佛教的轻慢之心，有损于对佛的崇敬之意。况且老子的教化传留后世，本以淡泊虚静为贵，要求人们涵养高尚的志趣，清静无为，忘却世情，置身物外，保持自然本性，专一思道，这被称为入道的门户，奔走世事，特别有悖于道家的宗朕应圣王兴起之期而统治全国,欲使佛道的教法昌盛,心想利益众生,意在护持佛道。要让玉石区分,香草臭草有别,长期保全释老妙道,永远得到福报,从根本上对佛道加以整顿,应该进行甄别淘汰。凡和尚、尼姑、道士、女道士等,有能够专心勤奋地修行、遵守戒律的,都让他们到大的佛寺道观居住,由官府供给衣食,不让他们有所缺乏。那些不能努力修行、在遵守戒律的行为上有缺陷、不宜供养的人,一律取消他们的和尚、道士资格,遣送回各自的家乡。有关主管部门要明确地制订条规,务必按照法制教令执行,违背制度的事,都应制止。京城只保留佛寺三座,道观两座。其余全国各州,每州佛寺、道观各保留一座。其余的佛寺、道观,全部废除。

这事最后没有实行。

六月庚申,秦王李世民因皇太子李建成和齐王李元吉合谋杀害自己,便领兵诛灭了他们。高祖下诏立秦王为皇太子,承继高祖总领天下的纷繁政务,并在全国实行大赦。

八日癸亥,高祖下诏把帝位传给皇太子李世民。李世民尊高祖为太上皇,高祖迁居弘义宫,将弘义宫改名为太安宫。

唐太宗李世民贞观八年三月甲戌,高祖在两仪殿宴请西突厥使者,回过头对长孙无忌说道:“当今四方异族归顺,是古时未曾有过的。”长孙无忌祝高祖千岁万岁,高祖十分高兴,赐给太宗酒喝。太宗又举杯向高祖祝寿,流着泪说道:“百姓得以安定,四方异族全部归附,都是遵照您的旨意做的,哪里是我的功劳!”于是太宗与文德皇后交替向高祖进献饮食,并献上车马衣服器物等,全按家庭的日常礼节进行。这一年,在长安城西检阅军队,高祖亲自前往视察,慰劳将士而后回宫。在未央宫设宴,三品以上官员全部陪侍。在宴会上,高祖命突厥颉利可汗站起来跳舞,又让南越酋长冯智戴吟诗,接着笑道:“胡、越成为一家,这是自古以来没有过的。”太宗举杯向高祖祝寿道:“臣很早就蒙受父亲教诲,父亲教给臣文治之道;后来跟随父亲创建的义军,平定了京城。又有薛举、刘武周、王世充、窦建德等人,都是秉承父亲的明智计谋,才幸而战胜了他们。几年之间,统一了全国。由于父皇的推重、宠爱,臣于是承受重任。现在上天保佑大唐,四时调和,收成丰足,那些散发不束、衣服前襟向左开的异族人,都成为朝廷的臣仆。这哪里是靠臣的智力,都是由于秉承父亲的圣明计谋的结果。”高祖非常高兴,在座的群臣都高呼万岁,宴会一直到夜尽才结束。

贞观九年五月庚子,高祖病危,下诏说:“朕停枢以后,皇帝应当在正殿以外的地方处理军政大事。皇帝守丧礼节的轻重,都依从汉朝的制度,用一日代替一月。陵园的制度规模,务必遵从节约的原则。”这一天,高祖在太安宫的垂拱前殿驾崩,享年七十。群臣进献谥号为大武皇帝,庙号高祖。十月庚寅,高祖葬于献陵。唐高宗上元元年八月,改进献尊号为神尧皇帝。唐玄宗天宝十三载二月,改进献尊号为神尧大圣大光孝皇帝。

太宗本纪

【题解】

　　唐太宗李世民（599～649），唐高祖李渊次子。隋末劝李渊起兵，推翻隋王朝。他是唐王朝的实际缔造者，在唐王朝镇压和收编各路农民起义军，消灭各地割据势力，实现全国的统一等方面，都起了关键性的作用。李渊即帝位，他被封为秦王。武德九年（626），发动"玄武门之变"，杀其兄弟建成、元吉。同年，高祖让位于世民。太宗在位期间，知人善任，虚心纳谏，注意缓和阶段矛盾，恢复和发展农业生产，使国家形成一个政治清明、刑法宽平、社会安定、经济繁荣的局面，历史上称为"贞观之治"。太宗在对外关系方面，也取得巨大成就。首先他征服西突厥，使国家的西北部地区，免除了落后的游牧民族的侵扰。他对四境少数民族采取比较正确的政策，同等看待汉族和非汉族人，因此境外部落纷纷内附，使唐的疆域空前扩大。但他晚年骄矜心逐渐滋长，曾错误地出兵侵犯高丽。总的说来，唐太宗是中国历史上少见的英明君主和卓越人物，他的文治武功，为唐帝国的统一、安定和强盛，奠定了巩固的基础。

【原文】

　　太宗文武大圣大广孝皇帝讳世民，高祖第二子也。母曰太穆顺圣皇后窦氏。隋开皇十八年十二月戊午，生于武功之别馆。时有二龙戏于馆门之外，三日而去。高祖之临岐州，太宗时年四岁。有书生自言善相，谒高祖曰："公贵人也，且有贵子。"见太宗，曰："龙凤之姿，天日之表，年将二十，必能济世安民矣。"高祖惧其言泄，将杀之，忽失所在，因采"济世安民"之义以为名焉！太宗幼聪睿，玄鉴深远，临机果断，不拘小节，时人莫能测也。

　　大业末，炀帝于雁门为突厥所围，太宗应募救援，隶屯卫将军云定兴营。将行，谓定兴曰："必赍旗鼓以设疑兵。且始毕可汗举国之师，敢围天子，必以国家仓卒无援。我张军容，令数十里幡旗相续，夜则钲鼓相应，虏必谓救兵云集。望尘而遁矣。不然，彼众我寡，悉军来战，必不能支矣。"定兴从焉。师次崞县，突厥候骑驰告始毕曰：王师大至。由是解围而遁。及高祖之守太原，太宗时年十八。有高阳贼帅魏刀儿，自号历山飞，来攻太原，高祖击之，深入贼阵。太宗以轻骑突围而进，射之，所向皆披靡，拔高祖于万众之中。适会步兵至，高祖与太宗又奋击，大破之。

　　时隋祚已终，太宗潜图义举，每折节下士，推财养客，群盗大侠，莫不愿效死力。及义兵起，乃率兵略徇西河，克之。拜右领大都督，右三军皆隶焉，封敦煌郡公。

　　大军西上贾胡堡，隋将宋老生率精兵二万屯霍邑，以拒义师。会久雨粮尽，高祖与裴寂议，且还太原，以图后举。太宗曰："本兴大义以救苍生，当须先入咸阳，号令天下；遇小敌即班师，将恐从义之徒一朝解体。还守太原一城之地，此为贼耳，何以自全！"高祖不纳，促令引发。太宗遂号泣于外，声闻帐中。高祖召问其故，对曰："今兵以义动，进战则必克,退还则必散。众散于前,敌乘于后,死亡须臾而至,是以悲耳。"高祖乃悟而止。八月己卯,雨霁,高祖引师趣霍邑。太宗恐老生不出战,乃将数骑先诣其城下,举鞭指麾,若将围城者,以激怒之。老生果怒,开门出兵,背城而阵。高祖与建成合阵于城东,太宗及柴绍阵于城南。老生麾兵疾进,先薄高祖,而建成坠马,老生乘之,高祖与建成军咸却。太宗自南原率二骑驰下峻坂,冲断其军,引兵奋击,贼众大败,各舍仗而走。悬门发,老生引绳欲上,遂斩之,平霍邑。

唐太宗

至河东,关中豪杰争走赴义。太宗请进师入关,取永丰仓以赈穷乏,收群盗以图京师。高祖称善。太宗以前军济河,先定渭北。三辅吏民及诸豪猾诣军门请自效者日以千计,扶老携幼,满于麾下。收纳英俊,以备僚列,远近闻者,咸自托焉。师次于泾阳,胜兵九万,破胡贼刘鹞子,并其众。留殷开山、刘弘基屯长安故城。太宗自趣司竹,贼帅李仲文、何潘仁、向善志等皆来会,顿于阿城,获兵十三万。长安父老赍牛酒诣旌门者不可胜纪,劳而遣之,一无所受。军令严肃,秋毫无所犯。寻与大军平京城。高祖辅政,受唐国内史,改封泰国公。会薛举以劲卒十万来逼渭滨,太宗亲击之,大破其众,追斩万余级,略地至于陇坻。

义宁元年十二月,复为右元帅,总兵十万徇东都。及将旋,谓左右曰:"贼见吾还,必相追蹑。"设三伏以待之。俄而隋将段达率万余人自后而至,度三王陵,发伏击之,段达大败,追奔至于城下。因于宜阳、新安置熊、谷二州,戍之而还。徙封赵国公。高祖受禅,拜尚书令、右武侯大将军,进封秦王,加授雍州牧。

武德元年七月,薛举寇泾州,太宗率众讨之,不利而旋。九月,薛举死,其子仁杲嗣立。太宗又为元帅以击仁杲,相持于折墌城。深沟高垒者六十余日。贼众十余万,兵锋甚锐,数来挑战,太宗按甲以挫之。贼粮尽,其将牟君才、梁胡郎来降。太宗谓诸将军曰:"彼气衰矣,吾当取之。"遣将军庞玉先阵于浅水原南以诱之,贼将宗罗睺并军来拒,玉军几败。既而太宗亲御大军,奄自原北,出其不意。罗睺望见,复回师相拒。太宗将骁骑数十入贼阵,于是王师表里齐备,罗睺大溃,斩首数千级,投涧谷而死者不可胜计。太宗率左右二十余骑追奔,直趣折墌以乘之。仁杲大惧,婴城自守。将夕,大军继至,四面合围。诘朝,仁杲请降,俘其精兵万余人,男女五万口。

既而诸将奉贺,因问曰:"始大王野战破贼,其主尚保坚城,王无攻具,轻骑腾逐,不待步兵,径薄城下,咸疑不克。而竟下之,何也?"太宗曰:"此以权道迫之,使其计不暇发,以故克也。罗睺恃往年之胜，兼复养锐一久，见吾不出，意在相轻。今喜吾出，悉兵来战，虽击破之，擒杀盖少。若不急蹴，还走投城，仁杲收而抚之，则便未可得矣。且其兵众皆陇西人，一败披退，不及回顾，败归陇外，则折墌自虚，我军随而迫之，所以惧而降也。此可谓成算，诸君尽不见耶？"诸将曰："此非凡人所能及也。"获贼兵精骑甚众，还令仁杲兄弟及贼帅宗罗睺、翟长孙等领之。太宗与之游猎驰射，无所间然。贼徒荷恩慑气，咸愿效死。时李密初附，高祖令密驰传迎太宗于豳州。密见太宗天姿神武，军威严肃，惊悚叹服，私谓殷开山曰："真英主也。不如此，何以定祸乱乎？"凯旋，献捷于太庙。拜太尉、陕东道行台尚书令，镇长春宫，关东兵马并受节度。寻加左武侯大将军、凉州总管。

宋金刚之陷浍州也，兵锋甚锐。高祖以王行本尚据蒲州，吕崇茂反于夏县，晋、浍二州相继陷没，关中震骇，乃手敕曰："贼势如此，难与争锋，宜弃河东之地，谨守关西而已。"太宗上表曰："太原王业所基，国之根本，河东殷实，京邑所资。若举而弃之，臣窃愤恨。愿假精兵三万，必能平殄武周，克复汾、晋。"高祖于是悉发关中兵以益之，又幸长春宫亲送太宗。

二年十一月，太宗率众趣龙门关，履冰而渡之，进屯柏壁，与贼将宋金刚相持。寻而永安王孝基败于夏县，于筠、独孤怀恩、唐俭并为贼将寻相、尉迟敬德所执，将还浍州。太宗遣殷开山、秦叔宝邀之于美良川，大破之，相等仅以身免，悉虏其众，复归柏壁。于是诸将咸请战，太宗曰："金刚悬军千里，深入吾地，精兵骁将，皆在于此。武周据太原，专倚金刚以为捍。士卒虽众，内实空虚，意在速战。我坚营蓄锐以挫其锋，粮尽计穷，自当遁走。"

三年二月，金刚竟以众馁而遁，太宗追之至介州。金刚列阵，南北七里，以拒官军。太宗遣总管李世勣、程咬金、秦叔宝当其北，翟长孙、秦武通当其南。诸军战小却，为贼所乘。太宗率精骑击之，冲其阵后，贼众大败，追奔数十里。敬德、相率众八千来降，还令敬德督之，与军营相参。屈突通惧其为变，骤以为请。太宗曰："昔萧王推赤心置人腹中，并能毕命，今委任敬德，又何疑也。"于是刘武周奔于突厥，并、汾悉复旧地。诏就军加拜益州道行台尚书令。

七月，总率诸军攻王世充于洛邑，师次谷州。世充率精兵三万阵于慈涧，太宗以轻骑挑之。时众寡不敌，陷于重围，左右成惧。太宗命左右先归，独留后殿。世充骁将单雄信数百骑夹道来逼，交抢竞进，太宗几为所败。太宗左右射之，无不应弦而倒，获其大将燕顾。世充乃拔慈涧之镇归于东都。太宗遣行军总管史万宝自宜阳南据龙门，刘德威自太行东围河内，王君廓自洛口断贼粮道。又遣黄君汉夜从孝水河中下舟师袭回洛城，克之。黄河已南，莫不响应，城堡相次来降。大军进屯邙山。九月，太宗以五百骑先观战地，卒与世充万余人相遇，会战，复破之，斩首三千余级，获大将陈智略，世充仅以身免。其所署筠州总管杨庆遣使请降，遣李世勣率师出辗辕道安抚其众。荥、汴、洧、豫九州相继来降。世充遂求救于窦建德。

四年二月，又进屯青城宫。营垒未立，世充众二万自方诸门临谷水而阵。太宗以精骑阵于北邙山，令屈突通率步卒五千渡水以击之，因诫通曰："待兵交即放烟，吾当率骑军南下。"兵才接，太宗以骑冲之，挺身先进，与通表里相应。贼众殊死战，散而复合者数焉。

自辰及午，贼众始退。纵兵乘之，俘斩八千人，于是进营城下。世充不敢复出，但婴城自守，以待建德之援。太宗遣诸军掘堑，匝布长围以守之。吴王杜伏威遣其将陈正通、徐召宗率精兵二千来会于军所。伪郑州司马沈悦以武牢降，将军王君廓应之，擒其伪荆王王行本。

会窦建德以兵十余万来援世充，至于酸枣。萧瑀、屈突通、封德彝皆以腹背受敌，恐非万全，请退师谷州以观之。太宗曰："世充粮尽，内外离心，我当不劳攻击，坐收其敝。建德新破孟海公，将骄卒惰，吾当进据武牢，扼其襟要。贼若冒险与我争锋，破之必矣。如其不战，旬日间世充当自溃，若不速进，贼入武牢，诸城新附，必不能守。二贼并力，将若之何？"通又请解围就险以候其变。太宗不许。于是留通辅齐王元吉以围世充，亲率步骑三千五百人趣武牢。

建德自荥阳西上，筑垒于板渚，太宗屯武牢，相持二十余日。谍者曰："建德伺官军刍尽，候牧马于河北，因将袭武牢。"太宗知其谋，遂牧马河北以诱之。诘朝，建德果悉众而至，陈兵汜水，世充将郭士衡阵于其南，绵亘数里，鼓噪，诸将大惧。太宗将数骑升高丘以望之，谓诸将曰："贼起山东，未见大敌。今度险而嚣，是无政令；逼城而阵，有轻我心。我按兵不出，彼乃气衰，阵久卒饥，必将自退，追而击之，无往不克。吾与公等约，必以午时后破之。"建德列阵，自辰至午，兵士饥倦，皆坐列，又争饮水，逡巡敛退。太宗曰："可击矣！"亲率轻骑追而诱之，众继至。建德回师而阵，未及整列，太宗先登击之，所向皆靡。俄而众军合战，嚣尘四起，太宗率史大奈、程咬金、秦叔宝、宇文歆等挥幡而入，直突出其阵后，张我旗帜。贼顾见之，大溃。追奔三十里，斩首三千余级，虏其众五万，生擒建德于阵。太宗数之曰："我以干戈问罪，本在王世充，得失存亡，不预汝事，何故越境，犯我兵锋？"建德股栗而言曰："今若不来，恐劳远取。"高祖闻而大悦，手诏曰："隋氏分崩，崤函隔绝。两雄合势，一朝清荡。兵既克捷，更无死伤。无愧为臣，不忧其父，并汝功也。"

乃将建德至东都城下。世充惧，率其官属二千余人诣军门请降，山东悉平。太宗入据宫城，令萧瑀、窦轨等封守府库，一无所取，令记室房玄龄收隋图籍。于是诛其用恶段达等五十余人，枉被囚禁者悉释之，非罪诛戮者祭而诔之。大飨将士，班赐有差。高祖令尚书左仆射裴寂劳于军中。

六月，凯旋。太宗亲披黄金甲，陈铁马一万骑，甲士三万人，前后部鼓吹，俘二伪主及隋氏器物辇辂献于太庙。高祖大悦，行饮至礼以享焉。高祖以自古旧官不称殊功，乃别表徽号，用旌勋德。十月，加号天策上将、陕东道大行台，位在王公上。增邑二万户，通前三万户。赐金辂一乘，衮冕之服，玉璧一双，黄金六千斤，前后部鼓吹及九部之乐，班剑四十人。

于时海内渐平，太宗乃锐意经籍，开文学馆以待四方之士。行台司勋郎中杜如晦等十有八人为学士，每更直阁下，降以温颜，与之讨论经义，或夜分而罢。

未几，窦建德旧将刘黑闼举兵反，据洺州。十二月，太宗总戎东讨。五年正月，进军肥乡，分兵绝其粮道，相持两月。黑闼窘急求战，率步骑二万，南渡洺水，晨压官军。太宗亲率精骑，击其马军，破之，乘胜蹂其步卒，贼大溃，斩首万余级。先是，太宗遣堰名水上流使浅，令黑闼得渡。及战，乃令决堰，水大至，深丈余，贼徒既败，赴水者皆溺死焉。黑

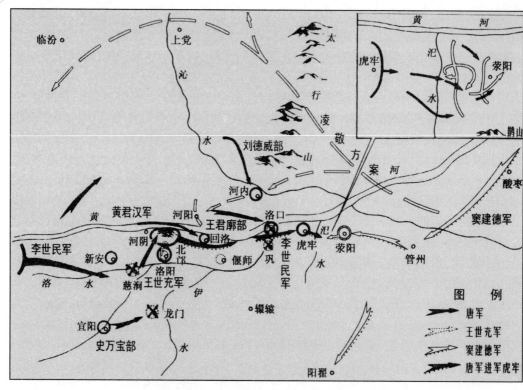

唐军于洛阳、虎牢败王世充、窦建德之战示意图

阋与二百余骑北走突厥，悉虏其众，河北平。时徐圆朗阻兵徐、兖，太宗回师讨平之，于是河、济、江、淮诸郡邑皆平。十月，加左右十二卫大将军。

七年秋，突厥颉利、突利二可汗自原州入寇，侵扰关中。有说高祖云："只为府藏子女在京师，故突厥来，若烧却长安而不都，则胡寇自止。"高祖乃遣中书侍郎宇文士及行山南可居之地，即欲移都。萧瑀等皆以为非，然终不敢犯颜正谏。太宗独曰："霍去病，汉廷之将帅耳，犹且志灭匈奴。臣忝备藩维，尚使胡尘不息，遂令陛下议欲迁都，此臣之责也。幸乞听臣一申微效，取彼颉利。若一两年间不系其颈，徐建移都之策，臣当不敢复言。"高祖怒，仍遣太宗将三十余骑行劐。还日，固奏必不可移都，高祖遂止。八年，加中书令。

九年，皇太子建成、齐王元吉谋害太宗。六月四日，太宗率长孙无忌，尉迟敬德、房玄龄、杜如晦、宇文士及、高士廉、侯君集、程知节、秦叔宝、段志玄、屈突通、张士贵等于玄武门诛之。甲子，立为皇太子，庶政皆断决。太宗乃纵禁苑所养鹰犬，并停诸方所进珍异，政尚简肃，天下大悦。又令百官各上封事，备陈安人理国之要。己巳，令曰："依礼，二名不偏讳。近代已来，两字兼避，废阙已多，率意而行，有违经典。其官号、人名、公私文籍，有'世民'两字不连续者，并不须讳。"罢幽州大都督府。辛未，废陕东道大行台，置洛州都督府；废益州道行台，置益州大都督府。壬午，幽州大都督庐江王瑗谋逆，废为庶人。乙酉，罢天策府。

七月壬辰，太子左庶子高士廉为侍中，右庶子房玄龄为中书令，尚书右仆射萧瑀为尚书左仆射,吏部尚书杨恭仁为雍州牧,太子左庶子长孙无忌为吏部尚书,右庶子杜如晦为兵部尚书,太子詹事宇文士及为中书令。封德彝为尚书右仆射。

八月癸亥,高祖传位于皇太子,太宗即位于东宫显德殿。遣司空、魏国公裴寂柴告于南郊。大赦天下。武德元年以来责情流配者并放还。文武官五品已上先无爵者赐爵一级,六品已下加勋一转。天下给复一年。癸酉,放掖庭宫女三千余人。甲戌,突厥颉利、突利寇泾州。乙亥,突厥进寇武功,京师戒严。丙子,立妃长孙氏为皇后。己卯,突厥寇高陵。辛巳,行军总管尉迟敬德与突厥战于泾阳,大破之,斩首千余级。癸未,突厥颉利至于渭水便桥之北,遣其酋帅执失思力入朝为觇,自张形势,太宗命囚之。亲出玄武门,驰六骑幸渭水上,与颉利隔津而语,责以负约。俄而众军继至,颉利见军容既盛,又知思力就拘,由是大惧,遂请和,诏许焉。即日还宫。乙酉,又幸便桥,与颉利刑白马设盟,突厥引退。

九月丙戌,颉利献马三千匹、羊万口,帝不受,令颉利归所掠中国户口。丁未,引诸卫骑兵统将等习射于显德殿庭,谓将军已下曰:"自古突厥与中国,更有盛衰。若轩辕善用五兵,即能北逐獯鬻;周宣驱驰方、召,亦能制胜太原。至汉、晋之君,逮于隋代,不使兵士素习干戈,突厥来侵,莫能抗御,致遗中国生民涂炭于寇手。我今不使汝等穿池筑苑,造诸淫费,农民恣令逸乐,兵士唯习弓马,庶使汝斗战,亦望汝前无横敌。"于是每日引数百人于殿前教射,帝亲自临试,射中者随赏弓刀、布帛。朝臣多有谏者,曰:"先王制法,有以兵刃至御所者刑之,所以防萌杜渐,备不虞也。今引神卒之人,弯弧纵矢于轩陛之侧,陛下亲在其间,正恐祸出非意,非所议为社稷计也。"上不纳。自是后,士卒皆为精锐。壬子,诏私家不得辄立妖神,妄设淫祀,非礼祠祷,一皆禁绝。其龟易五兆之外,诸杂占卜,亦皆停断。长孙无忌封齐国公,房玄龄邢国公,尉迟敬德吴国公,杜如晦蔡国公,侯君集潞国公。

冬十月丙辰朔,日有蚀之。癸亥,立中山王承乾为皇太子。癸酉,裴寂食实封一千五百户,长孙无忌、王君廓、尉迟敬德、房玄龄、杜如晦一千三百户,长孙顺德、柴绍、罗艺、赵郡王孝恭一千二百户,侯君集、张公谨、刘师立一千户,李世勣、刘弘基九百户,高士廉、宇文士及、秦叔宝、程知节七百户,安兴贵、安修仁、唐俭、窦轨、屈突通、萧瑀、封德彝、刘义节六百户,钱九陇、樊世兴、公孙武达、李孟常、段志玄、庞卿恽、张亮、李药师、杜淹、元仲文四百户,张长逊、张平高、李安远、李子和、秦行师、马三宝三百户。

十一月庚寅,降宗室封郡王者并为县公。

十二月癸酉,亲录囚徒。

是岁,新罗、龟兹、突厥、高丽、百济、党项并遣使朝贡。

贞观元年春正月乙酉,改元。辛丑,燕郡王李艺据泾州反,寻为左右所斩,传首京师。庚午,以仆射窦轨为益州大都督。

三月癸巳,皇后亲蚕。尚书左仆射、宋国公萧瑀为太子少师。丙午,诏:"齐故尚书仆射崔季舒、给事黄门侍郎郭遵、尚书右丞封孝琰等,昔仕邺中,名位通显,志存忠谠,抗表极言,无救杜稷之亡,遂见龙逢之酷,其季舒子刚、遵子云、孝琰子君遵,并以门遭时谴,淫刑滥及。宜从褒奖,特异常伦,可免内侍,量才利叙。"

夏四月癸巳,凉州都督、长乐王幼良有罪伏诛。

六月辛巳,尚书右仆射、密国公封德彝薨。壬辰,太子少师宋国公萧瑀为尚书左仆射。

是夏,山东诸州大旱,令所在赈恤,无出今年租赋。

秋七月壬子,吏部尚书、齐国公长孙无忌为尚书右仆射。

八月戊戌,贬侍中、义兴郡公高士廉为安州大都督。户部尚书裴矩卒。是月,关东及河南、陇右沿边诸州霜害秋稼。

九月辛酉,命中书侍郎温彦博、尚书右丞魏微等分往诸州赈恤。中书令、郢国公宇文士及为殿中监。御史大夫、检校吏部尚书、参预朝政、安吉郡公杜淹署位。

十二月壬午,上谓待臣曰:"神仙事本虚妄,空有其名。秦始皇非分爱好,遂为方士所诈,乃遣童男女数千人随徐福入海求仙药。方士避秦苛虐,因留不归,始皇犹海侧踟蹰以待之,还至沙丘而死。汉武帝为求仙,乃将女嫁道术人,事既无验,便行诛戮。据此二事,神仙不烦妄求也。"尚书左仆射、宋国公萧瑀坐事免。戊申,利州都督义安王孝常、右武卫将军刘德裕等谋反,伏诛。

是岁,关中饥,至有鬻男女者。

二年春正月辛丑,尚书右仆射、齐国公长孙无忌为开府仪同三司。徙封汉王恪为蜀王,卫王泰为越王,楚王祐为燕王。复置六侍郎,副六尚书事,并置左右司郎中各一人。前安州大都督、赵王元景为雍州牧,蜀王恪为益州大都督,越王泰为扬州大都督。

三月丙戌,靺鞨内属。

三月戊申朔,日有蚀之。丁卯,遣御史大夫杜淹巡关内诸州。出御府金宝,赎男女自卖者还其父母。庚午,大赦天下。

夏四月己卯,诏骸骨暴露者,令所在埋瘗。丙申,契丹内属。初诏天下州县并置义仓。夏州贼帅梁师都为其从父弟洛仁所杀,以城降。

五月,大雨雹。

六月庚寅,皇子治生,宴五品以上。赐帛有差,仍赐天下是日生者粟。辛卯,上谓待臣曰:"君最不君,臣不可以不臣。裴虔通,炀帝旧左右也,而亲为乱首。朕方崇奖敬义,岂可犹使宰民训俗。"诏曰:

天地定位,君臣之义以彰;卑高既陈,人伦之道斯著。是用笃厚风俗,化成天下。虽复时经治乱,主或昏明,疾风劲草,芬芳无绝,剖心焚体,赴蹈如归。夫岂不爱七尺之躯,重百年之命?谅由君臣义重,名教所先,故能明大节于当时,立清风于身后。至如赵高之殒二世,董卓之鸩弘农,人神所疾,异代同愤。况凡庸小竖,有怀凶悖,退观典策,莫不诛夷。辰州刺史、长蛇县男裴虔通,昔在隋代,委质晋藩,炀帝以旧邸之情,特相爱幸。遂乃志蔑君亲,潜图弑逆,密伺间隙,招结群丑,长戟流矢,一朝窃发。天下之恶,孰云可忍!宜其夷宗焚首,以彰大戮。但年代异时,累逢赦令,可特免极刑,除名削爵,迁配欢州。

秋七月戊申,诏:"莱州刺史牛方裕、绛州刺史薛世良、广州都督府长史唐奉义、隋武牙郎将高元礼,并于隋代俱蒙任用。乃协契宇文化及,构成弑逆。宜依裴虔通,除名配流岭表。"太宗谓侍臣曰:"天下愚人,好犯宪章,凡赦宥之恩,唯及不轨之辈。古语曰:'小人之幸,君子之不幸。''一岁再赦,好人暗哑。''凡养稂莠者伤禾稼,惠奸宄者贼良人。'昔文王作罚,刑兹无赦。又蜀先主尝谓诸葛亮曰:'吾周旋陈元方、郑康成间,每见启告理乱之道备矣,曾不语赦也。'夫小人者,大人之贼,故朕有天下已来,不甚放赦。今四海安静,礼义兴行,非常之恩,施不可数,将恐愚人常冀侥幸,唯欲犯法,不能改过。"

八月甲戌朔,幸朝堂,亲览冤屈。自是,上以军国无事,每日视膳于西宫。癸巳,公卿奏曰:"依礼,季夏之月,可以居台榭。今隆署未退,秋霖方始,宫中卑湿,请营一阁以居之。"帝曰:"朕有气病,岂宜下湿。若遂来请,糜费良多。昔汉文帝将起露台,而惜十家之产。朕德不逮于汉帝,而所费过之,岂谓为民父母之道也?"竟不许。是月,河南、河北大霜,人饥。

九月丙午,诏曰:"尚齿重旧,先王以之垂范;还章解组,朝臣于是克终。释菜合乐之仪,东胶西序之制,养老之义,遗文可睹。朕恭膺大宝,宪章故实,乞言尊事,弥切深衷。然情存今古,世踵浇季,而策名就列,或乖大体。至若筋力将尽,桑榆且迫,徒竭夙兴之勤,未悟夜行之罪。其有心惊止足,行堪激励,谢事公门,收骸闾里,能以礼让,固可嘉焉。内外文武群官年高致仕、抗表去职者,参朝之日,宜在本品见任之上。"丁未,谓侍臣曰:"妇人幽闭深宫,情实可愍。隋氏末年,求采无已,至于离宫别馆,非幸御之所,多聚宫人,皆竭人财力,朕所不取。且洒扫之余,更何所用?今将出之,任求伉俪,非独以惜费,亦人得各遂其性。"于是遣尚书左丞戴胄、给事中杜正伦等,于掖庭宫西门简出之。

冬十月庚辰,御史大夫、安吉郡公杜淹卒。戊子,杀瀛洲刺史卢祖尚。

十一月辛酉,有事于圆丘。

十二月壬午,黄门侍郎王珪为侍中。

三年春正月辛亥,契丹渠帅来朝。戊午,谒太庙。癸亥,亲耕籍田。辛未,司空、魏国公裴寂坐事免。

二月戊寅,中书令、邢国公房玄龄为尚书左仆射,兵部尚书、检校侍中、蔡国公杜如晦为尚书右仆射,刑部尚书、检校中书令、永康县公李靖为兵部尚书,右丞魏微为守秘书监,参预朝政。

夏四月辛巳,太上皇徙居大安宫。甲午,太宗始于太极殿听政。

五月,周王元方薨。

六月戊寅,以旱,亲录囚徒。遣长孙无忌、房玄龄等祈雨于名山大川,中书舍人杜正伦等往关内诸州慰抚。又令文武官各上封事,极言得失。己卯,大风折木。

秋八月己巳朔,日有蚀之。薛延陀遣使朝贡。

九月癸丑,诸州置医学。

冬十一月丙午,西突厥、高昌遣使朝贡。庚申,以并州都督李世勣为通汉道行军总管,兵部尚书李靖为定襄道行军总管,以击突厥。

十二月戊辰,突利可汗来奔。癸未,杜如晦以疾辞位,许之。癸丑,诏建义以来交兵之处,为义士勇夫殒身戎阵者各立一寺,命虞世南、李伯药、褚亮、颜师古、岑文本、许敬宗、朱子奢等为之碑铭,以纪功业。

是岁,户部奏言:中国人自塞外来归及突厥前后内附、开四夷为州县者,男女一百二十余万口。

四年春正月乙亥，定襄道行军总管李靖大破突厥，获隋皇后萧氏及炀帝之孙正道，送至京师。癸巳，武德殿北院火。

二月己亥，幸温汤。甲辰，李靖又破突厥于阴山，颉利可汗轻骑远遁。丙午，至自温汤。甲寅，大赦，赐酺五日。民部尚书戴胄以本官检校吏部尚书，参预朝政。太常卿萧瑀为御史大夫，与宰臣参议朝政。御史大夫、西河郡公温彦博为中书令。

三月庚辰，大同道行军副总管张宝相生擒颉利可汗，献于京师。甲申，尚书右仆射、蔡国公杜如晦薨。甲午，以俘颉利告于太庙。

夏四月丁酉。御顺天门，军吏执颉利以献捷。自是西北诸蕃咸请上尊号为"天可汗"，于是降玺书册命其君长，则兼称之。

秋七月甲子朔，日有蚀之。上谓房玄龄、萧瑀曰："隋文何等主？"对曰："克己复礼，勤劳思政，每一坐朝，或至日昃。五品已上，引之论事，宿卫之人，传餐而食。虽非性体仁明，变励精之主也。"上曰："公得其一，未知其二。此人性至察而心不明。夫心暗则照有不通，至察则多疑于物。自以欺孤寡得之，谓群下不可信任，事皆自决，虽劳神苦形，未能尽合于理。朝臣既知上意，亦复不敢直言，宰相已下，承受而已。朕意不然。以天下之广，岂可独断一人之虑？朕方选天下之才，为天下之务，委任责成，各尽其用，庶几于理也。"因令有司："诏敕不便于时，即宜执奏，不得顺旨施行。"

八月丙午，诏三品已上服紫，五品已上服绯，六品七品以绿，八品九品以青；妇人从夫色。甲寅，兵部尚书、代国公李靖为尚书右仆射。

九月庚午，令收瘗长城之南骸骨，仍令致祭。壬午，令自古明王圣帝、贤臣烈士坟墓无得刍牧，春秋致祭。

冬十月壬辰，幸陇州，曲赦陇、岐二州，给复一年。辛丑，校猎于贵泉谷。甲展，校猎于鱼龙川，自射鹿，献于大安宫。

十一月甲子，至自陇州。戊寅，制决罪人不得鞭背，以明堂孔穴针灸之所。兵部尚书侯君集参议朝政。

十二月辛亥，开府仪同三司、淮安王神通薨。甲寅，高昌王麴文泰来朝。

是岁，断死刑二十九人，几致刑措。东至于海，南至于岭，皆外户不闭，行旅不赍粮焉。

五年春正月癸酉，大蒐于昆明池，蕃夷君长咸从。丙子，亲献禽于大安宫。己卯，幸左藏库，赐三品已上帛，任其轻重。癸未，朝集使请封禅。

二月己酉，封皇弟元裕为邹王，元名为谯王，灵夔为魏王，元祥为许王，元晓为密王。庚戌，封皇子恪为梁王，贞为汉王，挥为郯王，治为晋王，慎为申王，嚣为江王，简为代王。

夏四月壬辰，代王简薨。以金帛购中国人因隋乱没突厥者男女八万人，尽还其家属。

六月甲寅，太子少师、新昌县公李纲薨。

秋八月甲辰，遣使毁高丽所立京观，收隋人骸骨，祭而葬之。戊申，初令天下决死刑必三覆奏，在京诸司五覆奏，其日尚食进蔬菜，内教坊及太常不举乐。

九月乙丑，赐群官大射于武德殿。

冬十月，右卫大将军、顺州都督、北平郡王阿史那什钵苾卒。

十二月壬寅，幸温汤。癸卯，猎于骊山。丙午，赐新丰高年帛有差。戊申，至自温汤。

六年春正月乙卯朔，日有蚀之。

二月丙戌，置三师官员。戊子，初置律学。

三月戊辰，幸九成宫。

六月己亥，酆王元亨薨。辛亥，江王嚣薨。

冬十月乙卯，至自九成宫。

十二月辛未，亲录囚徒，归死罪者二百九十人于家，令明年秋末就刑。其后应期毕至，诏悉原之。

是岁，党项羌前后内属者三十万口。

七年春正月戊子，诏曰："宇文化及弟智及、司马德戡、裴虔通、孟景、元礼、杨览、唐奉义、牛方裕、元敏、薛诏、乌举、元武达、李孝本、李孝质、张恺、许弘仁、令狐行达、席德方、李覆等，大业季年，咸居列职，或恩结一代，任重一时；乃包藏凶慝，罔思忠义，爰在江都，遂行弑逆，罪百阎、赵，衅深枭獍。虽事是前代，岁月已久，而天下之恶，古今同弃，宜置重典，以励臣节。其子孙并宜禁锢，勿令齿叙。"是日，上制《破阵乐舞图》。辛丑，赐京城酺三日。丁卯，雨土。乙酉，薛延陀遣使来朝。庚寅，秘书监、检校侍中魏徵为侍中。癸巳，直太史、将仕郎李淳风铸浑天黄道仪，奏之，置于凝晖阁。

夏五月癸未，幸九成宫。

八月，山东、河南三十州大水，遣使赈恤。

冬十月庚申，至自九成宫。

十一月丁丑，颁新定《五经》。壬辰，开府仪同三司、齐国公长孙无忌为司空。

十二月丙辰，狩于少陵原，诏以少牢祭杜如晦、杜淹、李纲之墓。

八年正月癸未，右卫大将军阿史那吐苾卒。辛丑，右屯卫大将军张士贵讨东、西五洞反獠，平之。壬寅，命尚书右仆射李靖、特进萧瑀杨恭仁、礼部尚书王珪、御史大夫韦挺、郿州大都督府长史皇甫无逸、扬州大都督府长史李袭誉、幽州大都督府长史张亮、凉州大都督李大亮、右领军大将军窦诞、太子左庶子杜正伦、绵州刺史刘德威、黄门侍郎赵弘智使于四方，观省风俗。

二月乙巳，皇太子加元服。丙午，赐天下酺三日。

三月庚辰，幸九成宫。

五月辛未朔，日有蚀之。丁丑，上初服翼善冠，贵臣服进德冠。

七月，始以云麾将军阶为从三品。陇右山崩，大蛇屡见。山东、河南、淮南大水，遣使赈恤。

八月甲子，有星孛于虚、危，历于氐，十一月上旬乃灭。

九月丁丑，皇太子来朝。

冬十月，右骁卫大将军、褒国公段志玄击吐谷浑，破之，追奔八百余里。甲子，至自九成宫。

十一月辛未，右仆射、代国公李靖以疾辞官，授特进。丁亥，吐谷浑寇凉州。己丑，吐谷浑拘我行人赵德楷。

十二月辛丑，命特进李靖、兵部尚书侯君集、刑部尚书任城王道宗、凉州都督李大亮等为大总管，各帅师分道以讨吐谷浑。壬子，越王泰为雍州牧。乙卯，帝从太上皇阅武于城西。

是岁，龟兹、吐蕃、高昌、女国、石国遣使朝贡。

九年春三月，洮州羌叛，杀刺史孔长秀。壬午，大赦。每乡置长一人，佐二人。乙酉，监泽道总管高甑生大破叛羌之众。庚寅，敕天下户立三等，未尽升降，置为九等。

夏四月壬寅，康国献狮子。

闰月丁卯，日有蚀之。癸巳，大总管李靖、侯君集、李大亮、任城王道宗破吐谷浑于牛心堆。

五月乙未，又破之于乌海，追奔至柏海。副总管薛万均、薛万彻又破之于赤水源，获其名王二十人。庚子，太上皇崩于大安宫。壬子，李靖平吐谷浑于西海之上，获其王慕容伏允。以其子慕容顺光降，封为西平郡王，复其本国。

秋七月甲寅，增修太庙为六室。

冬十月庚寅，葬高祖太武皇帝于献陵。戊申，祔于太庙。辛丑，左仆射、魏国公房玄龄加开府仪同三司，余如故。

十二月甲戌，吐谷浑西平郡王慕容顺光为其下所弑，遣兵部尚书侯君集率师安抚之，仍封顺光子诺曷钵为河源郡王，使统其众。右光禄大夫、宋国公萧瑀依旧特进，复令参预朝政。

十年春正月壬子，尚书左仆射房玄龄、侍中魏徵上梁、陈、齐、周、隋五代史，诏藏于秘阁。癸丑，徙封赵王元景为荆王，鲁王元昌为汉王，郑王元礼为徐王，徐王元嘉为韩王，荆王元则为彭王，滕王元懿为郑王，吴王元轨为霍王，幽王元凤为虢王，陈王元庆为道王，魏王灵夔为燕王，蜀王恪为吴王，越王泰为魏王，燕王祐为齐王，梁王愔为蜀王，郯王恽为蒋王，汉王贞为越王，申王慎为纪王。

夏六月，以侍中魏徵为特进，仍知门下省事。壬申，中书令温彦博为尚书右仆射。甲戌，太常卿、安德郡公杨师道为侍中。己卯，皇后长孙氏崩于立政殿。

冬十一月庚寅，葬文德皇后于昭陵。

十二月壬申，吐谷浑河源郡王慕容诺曷钵来朝。乙亥，亲录京师囚徒。

是岁，关内、河东疾病，命医赍药疗之。

十一年春正月丁亥朔，徙邺王元裕为邓王，谯王元名为舒王。癸巳，加魏王泰为雍州牧、左武候大将军。庚子，颁新律令于天下。作飞山宫。甲寅，房玄龄等进所修《五礼》，诏所司行用之。二月丁巳，诏曰：

夫生者天地之大德，寿者修短之一期。生有七尺之形，寿以百龄为限，含灵禀气，莫不同焉，皆得之于自然，不可以分外企也。是以《礼记》云："君即位而为椑。"庄周云："劳我以形，息我以死。"岂非圣人远鉴，通贤深识？末代已来，明辟盖寡，靡不矜黄屋之尊，虑白驹之过，并多拘忌，有慕遐年。谓云车易乘，羲轮可驻，异轨同趣，其蔽甚矣。

有隋之季，海内横流，豺狼肆暴，吞噬黔首。朕投袂发愤，情深拯溺，扶翼义师，济斯涂炭。赖苍昊降鉴，股肱宣力，提剑指麾，天下大定。此朕之宿志，于斯已毕。犹恐身后之日，子子孙孙，习于流俗，犹循常礼，加四重之橥，伐百祀之木，劳扰百姓，崇厚园陵。今预为此制，务从俭约，于九峻之山，足容棺而已。积以岁月，渐而备之。木马涂车，土桴苇篇，事合古典，不为时用。

又佐命功臣，或义深舟楫，或谋定帷幄，或身摧行阵，同济艰危，克成鸿业，追念在昔，何日忘之！使逝者无知，咸归寂寞；若营魂有识，还如畴曩，居止相望，不亦善乎！汉氏使将相陪陵，又给以东园秘器，笃终之义，恩意深厚，古人岂异我哉！自今已后，功臣密戚及德业佐时者，如有薨亡，宜赐茔地一所，及以秘器，使窀穸之时，丧事无阙。所司依此营备，称朕意焉。

甲子，幸洛阳宫，命祭汉文帝。

三月丙戌朔，日有蚀之。丁亥，车驾至洛阳。丙申，改洛州为洛阳宫。辛亥，大蒐于广城泽。癸丑，还宫。

夏四月甲子，震乾元殿前槐树。丙寅，诏河北、淮南举孝悌淳笃，兼闲时务；儒术该通，可为师范；文辞秀美，才堪著述；明识政体，可委字人；并志行修立，为乡闾所推者，给传诣洛阳宫。

六月甲寅，尚书右仆射、虞国公温彦博薨。丁巳，幸明德宫。己未，定制诸王为世封刺史。戊辰，定制勋臣为世封刺史。改封任城王道宗为江夏郡王，赵郡王孝恭为河间郡王。己巳，改封许王元祥为江王。

秋七月癸未，大霖雨。谷水溢入洛阳宫，深四尺，坏左掖门，毁宫寺十九所；洛水溢，漂六百家。庚寅，诏以灾命百官上封事。极言得失。丁酉，车驾还宫。壬寅，废明德宫及飞山宫之玄圃院，分给遭水之家，仍赐帛有差。丙午，修老君庙于亳州，宣尼庙于兖州，各给二十户享祀焉。凉武昭王复近墓二十户充守卫，仍禁刍牧樵采。

九月丁亥，河溢，坏映州河北县，毁河阳中渚。幸白司马坂以观之，赐遭水之家粟帛有差。

冬十一月辛卯，幸怀州。乙未，狩于济源。丙午，车驾还宫。

十二月辛酉，百济王遣其太子隆来朝。

十二年春正月乙未，吏部尚书高士廉等上《氏族志》一百三十卷。壬寅，松、丛二州地震，坏人庐舍，有压死者。

二月乙卯，车驾还京。癸亥，观砥柱，勒铭以纪功德。甲子，夜郎獠反，夔州都督齐善行讨平之。乙丑，次陕州，自新桥幸河北县，祀夏禹庙。丁卯，次柳谷顿，观盐池。戊寅，以隋鹰扬郎将尧君素忠于本朝，赠蒲州刺史，仍录其子孙。

闰二月庚辰朔，日有蚀之。丙戌，至自洛阳宫。

夏五月壬申，银青光禄大夫、永兴县公虞世南卒。

六月庚子，初置玄武门左右飞骑。

秋七月癸酉，吏部尚书、申国公高士廉为尚书右仆射。

冬十月己卯，狩于始平，赐高年粟帛有差。乙未，至自始平。己亥，百济遣使贡金甲雕斧。

十二月辛巳，右武侯将军上官怀仁大破山獠于壁州。

十三年春正月乙巳朔，谒献陵。曲赦三原县及行从大辟罪。丁未，至自献陵。戊午，加房玄龄为太子少师。

二月丙子，停世袭刺史。

三月乙丑，有星孛于毕、昴。

夏四月戊寅，幸九成宫。甲申，阿史那结社尔犯御营，伏诛。壬寅，云阳石燃者方丈，昼如灰，夜则有光，投草木于上则焚，历年而止。

自去冬不雨至于五月。甲寅，避正殿，令五品以上上封事，减膳罢役，分使赈恤，申理冤屈，乃雨。

六月丙申，封皇弟元婴为滕王。

秋八月辛未朔，日有蚀之。庚辰，立右武侯大将军、化州都督、怀化郡王李思摩为突厥可汗，率所部建牙于河北。

冬十月甲申，至自九成宫。

十一月辛亥，侍中、安德郡公杨师道为中书令。

十二月丁丑，吏部尚书、陈国公侯君集为交河道行军大总管，帅师伐高昌。乙亥，封皇子福为赵王。壬午，巂州都督王志远有罪伏诛。诏于洛、相、幽、徐、齐、并、秦、蒲等州并置常平仓。己丑，吐谷浑河源郡王慕容诺曷钵来逆女。壬辰，狩于咸阳。

是岁，滁州言："野蚕食槲叶，成茧大如奈，其色绿，凡六千五百七十石。"高丽、新罗、西突厥、吐火罗、康国、安国、波斯、疏勒、于阗、焉耆、高昌、林邑、昆明及荒服蛮酋，相次遣使朝贡。

十四年春正月庚子，初命有司读时令。甲寅，幸魏王泰宅。赦雍州及长安狱大辟罪已下。

二月丁丑，幸国子学，亲释奠，赦大理、万年系囚，国子祭酒以下及学生高第精勤者加一级，赐帛有差。庚辰，左骁卫将军、淮阳王道明送弘化公主归于吐谷浑。壬午，幸温汤。辛卯，至自温汤。乙未，诏以梁皇侃、褚仲都，周熊安生、沈重、陈沈文阿、周弘正、张讥，隋何妥、刘焯、刘炫等前代名儒，学徒多行其义，命求其后。

三月戊午，置宁朔大使，以护突厥。

夏五月壬戌，徙封燕王灵夔为鲁王。

六月乙酉，大风拔木。己丑，薛延陀遣使求婚。乙未，滁州野蚕成茧，凡收八千三百石。

八月庚午，新作襄城宫。癸巳，交河道行军大总管侯君集平高昌，以其地置西州。

九月癸卯，曲赦西州大辟罪。乙卯，于西州置安西都护府。

冬十月己卯，诏以赠司空、河间元王孝恭，赠陕东道大行台尚书右仆射、郧节公殷开山，赠民部尚书、渝襄公刘政会等配飨高祖庙庭。

闰月乙未，幸同州。甲辰，狩于尧山。庚戌，至自同州。丙辰，吐蕃遣使献黄金器千斤以求婚。

十一月甲子朔，日南至，有事于圆丘。

十二月丁酉，交河道旋师。吏部尚书、陈国公侯君集执高昌王麴智盛，献捷于观德殿，行饮至之礼，赐酺三日。乙卯，高丽世子相权来朝。

十五年春正月丁卯，吐蕃遣其国相禄东赞来逆女。丁丑，礼部尚书、江夏王道宗送文成公主归吐蕃。辛巳，幸洛阳宫。

三月戊申，幸襄城宫。庚午，废襄城宫。

夏四月辛卯，诏以来年二月有事泰山，所司详定仪制。

五月壬申，并州僧道及老人等抗表，以太原王业所因，明年登封已后，愿时临幸。上于武成殿赐宴，因从容谓侍臣曰："朕少在太原，喜群聚博戏，暑往寒逝，将三十年矣。"时会中有旧识上者，相与道旧以为笑乐。因谓之曰："他人之言，或有面谀。公等朕之故人，实以告朕，即日政教，于百姓何如？人间得无疾苦耶？"皆奏："即日四海太平，百姓欢乐，陛下力也。臣等余年，日惜一日，但眷恋圣化，不知疾苦。"因固请过并州。上谓曰："飞鸟过故乡，犹踯躅徘徊；况朕于太原起义，遂定天下，复少小游观，诚所不忘。岱礼若毕，或冀与公等相见。"于是赐物各有差。丙子，百济王扶馀璋卒。诏立其世子扶馀义慈嗣其父位，仍封为带方郡王。

六月戊申，诏天下诸州，举学综古今及孝悌淳笃、文章秀异者，并以来年二月总集泰山。己酉，有星孛于太微，犯郎位。丙辰，停封泰山，避正殿以思咎，命尚食减膳。

秋七月甲戌，孛星灭。

冬十月辛卯，大阅于伊阙。壬辰，幸嵩阳。辛丑，还宫。

十一月壬戌，废乡长。壬申，还京师。癸酉，薛延陁以同罗、仆骨、回纥、靺鞨、霫之众度漠，屯于白遏川。命营州都督张俭统所部兵压其东境；兵部尚书李勣为朔方行军总管，右卫大将军李大亮为灵州道行军总管，凉州都督李袭誉为凉州道行军总管，分道以御之。

十二月戊子朔，至自洛阳宫。甲辰，李勣及薛延陁战于诺真水，大破之，斩首三千余级，获马万五千匹，薛延陁跳身而遁。勣旋破突厥思结于五台县，虏其男女千余口，获羊马称是。

十六年春正月辛未，诏在京及诸州死罪囚徒，配西州为户；流人未达前所者，徙防西州。兼中书侍郎、江陵子岑文本为中书侍郎，专知机密。

夏六月辛卯，诏复隐王建成曰隐太子，改封海陵剌王元吉曰巢剌王。

秋七月戊午，司空、赵国公无忌为司徒，尚书左仆射、梁国公玄龄为司空。

九月丁巳，特进、郑国公魏徵为太子太师，知门下省事如故。

冬十一月丙辰，狩于岐山。辛酉，使祭隋文帝陵。丁卯，宴武功士女于庆善宫南门。酒酣，上与父老等涕泣论旧事，老人等递起为舞，争上万岁寿，上各尽一杯。庚午，至自岐州。

十二月癸卯，幸温汤。甲辰，狩于骊山，时阴寒晦冥，围兵断绝。上乘高望见之，欲舍其罚，恐亏军令，乃回辔入谷以避之。

是岁，高丽大臣盖苏文弑其君高武，而立武兄子藏为王。

十七年春正月戊辰，右卫将军、代州都督刘兰谋反，腰斩。太子太师、郑国公魏徵薨。

戊申，诏图画司徒、赵国公无忌等勋臣二十四人于凌烟阁。

三月丙辰，齐州都督齐王祐杀长史权万纪、典军韦文振，据齐州自守，诏兵部尚书李勣、刑部尚书刘德威发兵讨之。兵未至，兵曹杜行敏执之而降，遂赐死于内侍省。丁巳，荧惑守心前星，十九日而退。

夏四月庚辰朔，皇太子有罪，废为庶人。汉王元昌、吏部尚书侯君集并坐与连谋，伏诛。丙戌，立晋王治为皇太子，大赦，赐酺三日。丁亥，中书令杨师道为吏部尚书。己丑，加司徒、赵国公长刊、无忌太子太师，司空、梁国公房玄龄太子太傅；特进、宋国公萧瑀太子太保，兵部尚书、英国公李勣为太子詹事，仍同中书门下三品。庚寅，上亲谒太庙，以谢承乾之过。癸巳，魏王泰以罪降爵为东莱郡王。

五月乙丑，手诏举孝廉茂才异能之士。

六月己卯朔，日有蚀之。壬午，改葬隋恭帝。丁酉，尚书右仆射高士廉请致仕，诏以为开府仪同三司、同中书门下三品。

闰月戊午，薛延陀遣其兄子突利设献马五万匹、牛驼一万、羊十万以请婚，许之。丙子，徙封东莱郡王泰为顺阳王。

秋七月庚辰，京城讹言云："上遣枨枨取人心肝，以祠天狗。"递相惊悚。上遣使遍加宣谕，月余乃止。丁酉，司空、太子太傅、梁国公房玄龄以母忧罢职。

八月，工部尚书、郧国公张亮为刑部尚书，参预朝政。

九月癸未，徙庶人承乾于黔州。

冬十月丁巳，房玄龄起复本职。

十一月己卯，有事于南郊。壬午，赐天下酺三日。以凉州获瑞石，曲赦凉州，并录京城及诸州系囚，多所原宥。

十八年春正月壬寅，幸温汤。

夏四月辛亥，幸九成宫。

秋八月甲子，至自九成宫。丁卯，散骑常侍清苑男刘洎为侍中，中书侍郎江陵子岑文本、中书侍郎马周并为中书令。

九月，黄门侍郎褚遂良参预朝政。

冬十月辛丑朔，日有蚀之。甲辰，初置太子司议郎官员。甲寅，幸洛阳宫。安西都护郭孝恪帅师灭焉耆，执其王突骑支送行在所。

十一月壬寅，车驾至洛阳宫。庚子，命太子詹事、英国公李勣为辽东道行军总管，出柳城，礼部尚书、江夏郡王道宗副之；刑部尚书、郧国公张亮为平壤道行军总管，以舟师出莱州，左领军常何、泸州都督左难当副之。发天下甲士，招募十万，并趣平壤，以伐高丽。

十二月辛丑，庶人承乾死。

十九年春二月庚戌，上亲统六军发洛阳。乙卯，诏皇太子留定州监国；开府仪同三司、申国公高士廉摄太子太傅，与侍中刘洎、中书令马周、太子少詹事张行成、太子右庶子高季辅五人同掌机务；以吏部尚书、安德郡公杨师道为中书令。赠殷比干为大师，谥曰忠烈，命所司封墓，茸祠堂，春秋祠以少牢，上自为文以祭之。

三月壬辰，上发定州，以司徒、太子太师兼检校侍中、赵国公长孙无忌，中书令岑文本、杨师道从。

夏四月癸卯,誓师于幽州城南,因大飨六军以遣之。丁未,中书令岑文本卒于师。癸亥,辽东道行军大总管、英国公李勣攻盖牟城。破之。

五月丁丑,车驾渡辽。甲申,上亲率铁骑与李勣会围辽东城,因烈风发火弩,斯须城上屋及楼皆尽,麾战士令登,乃拔之。

六月丙辰,师至安市城。丁巳,高丽别将高延寿、高惠真帅兵十五万来援安市,以拒王师。李勣率兵奋击,上自高峰引军临之,高丽大溃,杀获不可胜纪。延寿等以其众降,因名所幸山为驻跸山,刻石纪功焉。赐天下大酺二日。

秋七月,李勣进军攻安市城,至九月不克,乃班师。

冬十月丙辰,入临渝关,皇太子自定州迎谒。戊午,次汉武台,刻石以纪功德。

十一月辛未,幸幽州。癸酉,大飨,还师。

十二月戊申,幸并州。侍中、清苑男刘洎以罪赐死。

是岁,薛延陁真珠毗伽可汗死。

二十年春正月,上在并州。丁丑,遣大理卿孙伏伽、黄门侍郎褚遂良等二十二人,以六条巡察四方,黜陟官吏。庚辰,曲赦并州,宴从官及起义元从,赐粟帛、给复有差。

三月己巳,车驾至京师。己丑,刑部尚书、郧国公张亮谋反,诛。

闰月癸巳朔,日有蚀之。

夏四月甲子,太子太师、赵国公长孙无忌,太子太傅、梁国公房玄龄,太子太保、宋国公萧瑀各辞调护之职,诏许之。

六月,遣兵部尚书、固安公崔敦礼,特进、英国公李勣击破薛延陁于郁督军山北,前后斩首五千余级,虏男女三万余人。

秋八月甲子,封皇孙忠为陈王。己巳,幸灵州。庚午,次泾阳顿。铁勒回纥、拔野古、同罗、仆骨、多滥葛、思结、阿跌、契苾、跌结、浑、斛薛等十一姓各遣使朝贡,奏称:"延陁可汗不事大国,部落乌散,不知所之。奴等各有分地,不能逐延陁去,归命天子,乞置汉官。"诏遣会灵州。

九月甲辰,铁勒诸部落俟斤、颉利发等遣使相继而至灵州者数千人,来贡方物,因请置吏,咸请至尊为可汗。于是北荒悉平,为五言诗勒石以序其事。辛亥,灵州地震有声。

冬十月,前太子太保、宋国公萧瑀贬商州刺史。丙戌,至自灵州。

二十一年春正月壬辰,开府仪同三司、申国公高士廉薨。丁酉,诏以来年二月有事泰山。甲寅,赐京师酺三日。

二月壬申,诏以左丘明、卜子夏、公羊高、谷梁赤、伏胜、高堂生、戴圣、毛苌、孔安国、刘向、郑众、杜子春、马融、卢植、郑康成、服子慎、何休、王肃、王辅嗣、杜元凯、范甯等二十一人,代用其书,垂于国胄,自今有事于太学,并命配享宣尼庙堂。丁丑,皇太子于国学释菜。

夏四月乙丑,营太和宫于终南之上,改为翠微宫。

五月戊子,幸翠微宫。

六月癸亥,司徒、赵国公无忌加授扬州都督。

秋七月庚子,建玉华宫于宜君县之凤凰谷。庚戌,至自翠微宫。

八月壬戌，诏以河北大水，停封禅。辛未，骨利干国遣使贡名马。丁酉，封皇子明为曹王。

冬十一月癸卯，徙封顺阳王泰为濮王。

十二月戊寅，左骁卫大将军阿史那社尔、右骁卫大将军契苾何力、安西都护郭孝恪、司农卿杨弘礼为昆山上道行军大总管，以伐龟兹。

是岁，堕婆登、乙利、鼻林送、都播、羊同、石、波斯、康国、吐火罗、阿悉吉等远夷十九国，并遣使朝贡。又于突厥之北至于回纥部落，置驿六十六所，以通北荒焉。

二十二年春正月庚寅，中书令马周卒。司徒、赵国公无忌兼检校中书令，知尚书门下二省事。己亥，刑部侍郎崔仁师为中书侍郎，参知机务。戊戌，幸温汤。戊申，还宫。

二月，前黄门侍郎褚遂良起复黄门侍郎。中书侍郎崔仁师除名，配流连州。癸丑，西番沙钵罗叶护率众归附，以其俟斤屈裴禄为忠武将军，兼大俟斤。戊午，以结骨布置坚昆都督。乙亥，幸玉华宫。乙卯，赐所经高年笃疾粟帛有差。己卯，蒐于华原。

四月甲寅，碛外蕃人争牧马出界，上亲临断决，然后咸服。丁巳，右武候将军梁建方击松外蛮，下其部落七十二所。

五月庚子，右卫率长史王玄策击帝那伏帝国，大破之，获其王阿罗那顺及王妃、子等，虏男女万两千人、牛马二万余以诣阙。使方士那罗迩娑婆于金飚门造延年之药。吐蕃赞普击破中天竺国，遣使献捷。

六月癸酉，特进、宋国公萧瑀薨。

秋七月癸卯，司空、梁国公房玄龄薨。

八月己酉朔，日有蚀之。

九月己亥，黄门侍郎褚遂良为中书令。

十月癸亥，至自玉华宫。

十一月戊戌，眉、邛、雅三州獠反，右卫将军梁建方讨平之。庚子，契丹帅窟哥、奚帅可度者并率其部内属。以契丹部为松漠都督，以奚部置饶乐都督。

十二月乙卯，增置殿中侍御史、监察御史各二员，大理寺置平事十员。

闰月丁丑朔，昆山道总管阿史那社尔降处密、处月，破龟兹大拨等五十城，虏数万口，执龟兹王诃黎布失毕以归，龟兹平，西域震骇。副将薛万彻胁于阗王伏阇信入朝。癸未，新罗王遣其相伊赞千金春秋及其子文王来朝。

是岁，新罗女王金善德死，遣册立其妹真德为新罗王。

二十三年春正月辛亥，俘龟兹王诃黎布失毕及其相那利等，献于社庙。

二月丙戌，置瑶池都督府，隶安西都护府。丁亥，西突厥肆叶护可汗遣使来朝。

三月丙辰，置丰州都督府。自去冬不雨，至于此月己未乃雨。辛酉，大赦。丁卯，敕皇太子于金液门听政。是月，日赤无光。

四月己亥，幸翠微宫。

五月戊午，太子詹事、英国公李勣为叠州都督。辛酉，开府仪同三司、卫国公李靖薨。己巳，上崩于含风殿，年五十二。遗诏皇太子即位于枢前，丧纪宜用汉制。秘不发丧。庚午，遣旧将统飞骑劲兵从皇太子先还京，发六府甲士四千人，分列于道及安化门，翼从乃六月甲戌朔，殡于太极殿。

八月丙子，百僚上谥曰文皇帝，庙号太宗。庚寅，葬昭陵。上元元年八月，改上尊号曰文武圣皇帝。天宝十三载二月，改上尊号为文武大圣大广孝皇帝。

史臣曰：臣观文皇帝，发迹多奇，聪明神武。拔人物则不私于党，负志业则咸尽其才。所以屈突、尉迟，由仇敌而愿倾心膂；马周、刘洎，自疏远而卒委钧衡。终平泰阶，谅由斯道。尝试论之：础润云兴，虫鸣螽跃。虽尧、舜之圣，不能用梼杌、穷奇而治平；伊、吕之贤，不能为夏桀、殷辛而昌盛。君臣之际，遭遇斯难，以至抉目剖心，虫流筋擢，良由遭值之异也。以房、魏之智，不逾于丘、轲，遂能尊主庇民者，遭时也。

或曰：以太宗之贤，失爱于昆弟，失教于诸子，何也？曰：然，舜不能仁四罪，尧不能训丹朱，斯前志也。当神尧任谗之年，建成忌功之日，苟除畏逼，孰顾分崩，变故之兴，间不容发，方惧"毁巢"之祸，宁虞"尺布"之谣？承乾之愚，圣父不能移也。若文皇自定储于哲嗣，不骋志于高丽；用人如贞观之初，纳谏比魏徵之日。况周发、周成之世袭，我有遗妍；较汉文、汉武之恢弘，彼多惭德。迹其听断不惑，从善如流，千载可称，一人而已！

【译文】

太宗文武大圣大广孝皇帝名世民，高祖第二子。母亲是太穆顺圣皇后窦氏。隋代开皇十八年十二月戊午，出生于高祖在武功县的别墅里。当时有两条龙在别墅门外游戏，三天才离开。高祖到岐州任刺史，太宗当时四岁。有个书生自称擅长算命，晋见高祖说："您是贵人，而且有贵子。"见到太宗，说："龙凤的姿貌，天庭隆起的仪表，年近二十，必定能济世安民。"高祖怕他把这话泄露出去，准备杀掉他，书生忽然不见，于是取"济世安民"的意思作为名字。太宗年幼时聪明多智，见解深远，处事果断，不拘小节，当时人都摸不透他。

大业末年，隋炀帝在雁门被突厥围困，太宗应募前去救援，隶属于屯卫将军云定兴的部队。临出发时，对定兴说："一定要携带旗鼓，用来虚设队伍，迷惑敌人。始毕可汗全国的军队，敢于来围困天子，一定以为国家仓促间派不出援兵。我方部署队伍，让数十里旗帜相连，夜晚则钲鼓声相应，敌人必定会以为救兵云集，望见我军的行尘而逃去。要不然，敌众我寡，敌人全军来战，我方一定支持不住。"定兴听从太宗的意见。部队在崞县宿营，突厥的侦察骑兵跑回去报告始毕：隋朝的大军已到。突厥因此解围而去。高祖守太原的时候，太宗十八岁。有高阳盗贼首领魏刀儿，自己起个号叫历山飞，来攻太原，高祖袭击敌人，深入贼阵。太宗用轻骑兵突围进入贼阵，箭射贼兵，所到之处，敌皆倒退，于是把高祖从上万贼兵的围困中救出。这时正好遇上步兵开到，高祖与太宗义奋力进击，大破敌兵。

这时隋朝气数已尽，太宗暗中图谋起义，常屈己下人，舍财养客，群盗大侠，无不愿效死力。等到义军一起，便率兵夺取西河，攻下了它。拜右领军大都督，右三军都归他统领，封敦煌郡公。

起义大军西上贾胡堡，隋将宋老生率领精兵二万屯驻霍邑，以抵挡义军。正遇上连天阴雨，军粮用尽，高祖与裴寂商议，暂且领兵回太原，再谋划以后的行动。太宗说："原本兴立大义是为了拯救百姓，应当先攻入咸阳，号令天下；遇到小敌就回师，恐怕随从起义的人将会一朝解体。回去守太原一城之地，这不过是贼寇罢了，怎么能保全自己！"高祖不接受，催促他带兵出发。太宗于是在营帐外啼哭，声音传入营帐中。高祖召太宗进账，询问原因，回答说："现在部队凭借正义而出动，前进、战斗就必定胜利，退回就一定会散伙。大家散伙于煎，敌人趁机追击于后，死亡将顷刻而至，因此悲伤。"高祖醒悟，停止退兵。八月己卯，雨过天晴，高祖领兵直趋霍邑。太宗怕老生不出战，于是率领数名骑兵先到霍邑城下，拿着马鞭指点比画，好像要围城的样子，以激怒老生。老生果然发怒，开门出兵，背城列阵。高祖与李建成一起列阵于城东，太宗和柴绍列阵于城南。老生指挥兵士迅速前进，先逼近高祖，这时建成忽然坠马，老生趁机进攻，高祖与建成的部队都往后退。太宗自城南高地率领两名骑兵急驰而下，冲断了老生的部队，又领兵奋力进击，敌军大败，各扔掉兵器逃跑。城上的闸门放下，老生手拉绳子想上城，于是被砍死，霍邑平定。

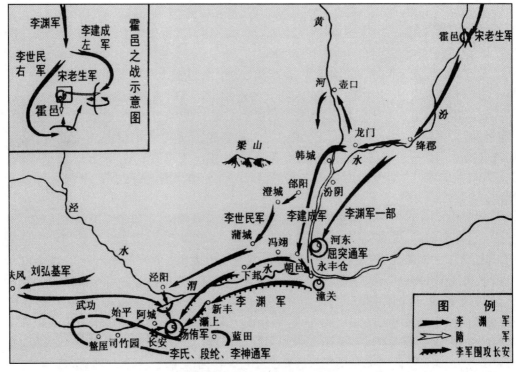

李渊进军关中、攻克长安示意图

部队到河东，关中豪杰争着跑来参加义军。太宗请求进兵入关，夺取永丰仓用来救济穷苦百姓，收编各路盗贼以便谋取京师，高祖认为这个建议很好。太宗带领先锋部队渡过黄河，先平定渭北。三辅的官吏百姓以及各式强宗豪族，到营门请求让自己效力的每日有上千人，扶老携幼，拥挤于将旗之下。太宗收纳优秀人才，用以充任朝廷官吏，远近听到消息的人，无不自求托身于此。部队在泾阳宿营，有优秀兵士九万名，击破贼寇胡人刘鹞子，兼并了他的部下。留下殷开山，刘弘基屯驻长安旧城。太宗自己奔赴司竹、盗贼首领李仲文、何潘仁、向善志等都来相见，停留于阿城，获得兵士十三万人。长安父老牵牛担酒到营门劳军的不可胜数，太宗都加以慰问，然后送走他们，东西一概不收。军令严肃，秋毫无犯。接着与大军一起平定京城。高祖任宰相时，太宗当唐国内史，改封秦国公。恰巧薛举率精壮的士兵十万逼近渭水边，太宗亲自迎击，大破敌兵，追杀万余人，夺取的土地一直到了陇坻。

义宁元年十二月，太宗又任右元帅，统兵十万前去夺取东都。到了准备回师的时候，对部下说："贼寇见我回去，必定会追赶。"设三处埋伏等待敌军。没多久隋将段达率领一万多人尾随而至，走过三王陵，发伏兵出击，段达大败，太宗的部队追击逃敌一直到了东都城下。于是在宜阳、新安设置熊、谷两州，派兵防守而后回京。太宗改封赵国公。高祖接受隋帝禅让，太宗拜尚书令、右武侯大将军，进封秦王，加授雍州牧。

武德元年七年，薛举死亡，他的儿子薛仁杲继位。太宗又任元帅带兵攻打仁杲，双方相持于折墌城，各挖深沟筑高垒，对抗六十余日。贼寇有十多万人，军队的锋芒甚锐，多次来挑战，太宗按兵不动以挫折它的锐气。贼寇的粮食用完，他们的将领牟君才，梁胡郎前来投降。太宗对手下的将军们说："敌军已经气衰，我应该征服它了。"派将军庞玉先在浅水原南列阵以引诱敌人，敌将宗罗睺率全军出战，庞玉的部队几乎被打败。接着太宗亲自统领大军，忽然从浅水原北出现，出敌不意。罗睺望见后，又回师抵抗。太宗率领数十名骁勇的骑兵冲入贼阵，于是朝廷的军队里外一起奋战，罗睺溃不成军，斩敌兵首级数千，落入涧谷而死的人更多的没法统计。太宗率领左右二十多名骑兵追击逃敌，直趋折墌城下以便乘机破城。仁杲非常害怕，环城固守。快到傍晚的时候，大军到达，四面合围。第二天早晨，仁杲请求投降，俘获他的精兵一万多人，随军的男女五万名。

接着将领们向太宗表示祝贺，于是问道："开始大王在野外击破贼寇，他们的主子还保有坚固的城池，大王没有攻城的器具，靠轻骑兵奔驰追逐，不等候步兵，直逼城下，大家都怀疑不能攻克这个城，却竟然攻下了，这是为什么呢？"太宗说："这是用随机应变的方法逼迫敌人，使他们的计谋来不及形成，所以能攻克。罗睺依恃往年的胜利，加上养精蓄锐的日子很长，见我们不出战，便有相轻之意。现在高兴我们出战，于是率领全部人马迎击，我们虽然击破敌人，但擒获、杀死的人不多。如不急追，使敌人还跑回城里，仁杲收聚、安抚这些败卒，那我们就得不到这个城了。而且罗睺的部下都是陇西人，一打败仗，溃散后退，来不及回头，便逃归陇西，那么折墌城自然空虚，我军随着逼近它，所以就害怕而投降。这可说是既定的计划，诸位都没看到吗？"将领们说："这不是我们这些凡人所能赶得上的。"获得敌军精壮的骑兵甚多，还让仁杲兄弟及敌军首领宗罗睺、翟长孙等统领。太宗和他们一起骑马打猎，没有什么隔阂。这帮贼寇蒙受恩惠，屏息丧气，全愿舍命效力。当时李密刚归附朝廷，高祖命他乘驿车到幽州迎接太宗。李密见太宗容貌精明而威武，军威严肃，惊畏叹服，私下对殷开山说："真是英明的主子。不像这样，怎么能平定祸乱呢？"太宗凯旋回京，到太庙进献战利品。拜为太尉，陕东道行台尚书令，坐镇长春宫，关东的兵马都归他指挥调度。接着加授左武侯大将军、凉州总管。

宋金刚攻陷浍州的时候，军队的锋芒甚锐。高祖因为王行本还占据蒲州，吕崇茂在夏县反叛,晋州、浍州相继陷落,关中震惊,就亲自给太宗写诏书说:"贼寇的势力像这样,难以同他们争斗以决胜负,应该放弃河东,谨慎防守关西。"太宗进上奏章说:"太原是王业的奠基之地,国家的根本,河东富足,京城依托于它。如果攻下而又放弃它们,臣私下感到愤恨。愿陛下借给精兵三万,必定能消灭刘武周,克复汾州、晋州。"高祖于是全部征调关中的军队以增强太宗的兵力,又亲临长春宫送太宗。

武德二年十一月,太宗率领部队奔赴龙门关,踩着冰过河,进驻柏壁,与贼将宋金刚相持。接着永安王李孝基在夏县打败仗,于筠、独孤怀恩、唐俭都被贼将寻相、尉迟敬德抓获。敌军将回浍州,太宗派殷开山、秦叔宝在美良川拦击,大破敌军,寻相等只独自逃脱,他们的部下全被俘虏,殷开山、秦叔宝又回到柏壁。于是将领们全来请战,太宗说:"金刚孤军千里,深入我们的地方,精兵骁将,都集中在这里。刘武周据有太原,专依靠金刚保卫自己。敌人士卒虽多,内实空虚,意在速战。我们加固营垒、养精蓄锐以挫折敌人的锋芒,一朝粮尽计穷,敌人自当逃走。"

武德三年二月,金刚竟因士卒饥饿而逃跑,太宗追赶他们到介州。金刚列阵,南北七里,以抵挡官军。太宗派总管李世勣、程咬金、秦叔宝在其阵北抵敌,翟长孙、秦武通在其阵南抵敌。各军作战略退却,被贼寇钻了空子。太宗率领精壮骑兵攻打敌人,冲击敌军阵后,贼寇大败,太宗追击逃兵跑了数十里地。尉迟敬德、寻相率领八千人前来投降,太宗还让敬德统领这些兵士,与太宗军营的人相杂,屈突通害怕他们有变故,急忙告诉太宗。太宗说:"从前萧王推赤心置他人腹中,他人全能尽力效命,现在委任敬德,又有什么可怀疑的呢。"于是刘武周逃奔突厥,并州、汾州全恢复原有的辖地。高祖下令往军中加授太宗为益州道行台尚书令。

七月,太宗总领各军往洛邑攻打王世充,部队在谷州宿营。世充率领精兵三万在慈涧列阵,太宗率领轻骑兵向敌人挑战。当时众寡不敌,官军陷于重围,太宗旁边的人都感到害怕。太宗命令旁边的人先回去,独自留下来殿后。这时世充骁将单雄信的数百名骑兵从道路两边互逼太宗,他们交互争先,竞相向前,太宗几乎被他们打败。太宗左右开弓,敌兵无不应弦落马,俘获敌军的大将燕颀。世充于是撤去慈涧的据点回到东都。太宗派行军总管史万宝自宜阳往南占据龙门,刘德威自太行向东包围河内,王君廓自洛口截断贼寇的运粮通道。又派黄君汉率水军夜晚从孝水河顺流而下袭击回洛城,攻克了它。黄河以南,无不响应,城堡一个接一个前来投降。大军进驻邙山。九月,太宗带五百名骑兵先去观察地形,突然与世充率领的一万多人相遇,双方会战,又破敌军,斩首级三千余,俘获大将陈智略,世充只独自脱身。他所委任的筠州总管杨庆派使者要求投降,太宗派李世勣率军出辕道安抚杨庆的部队。荥、汴、洧、豫等九州相继前来投降。世充于是向窦建德求救。

武德四年二月,太宗又进驻青城宫。营垒还没有建立起来,世充的部队二万人即出方诸门临谷水列阵。太宗率精壮骑兵在北邙山列阵,命令屈突通率步兵五千渡过谷水攻击敌军,于是告诫屈突通说:"等两军交战就放烟为号,我当率骑兵南下。"军队刚交战,太宗率骑兵冲击敌人,挺身走在队伍前方,与屈突通里外相应。贼军拼死战斗,多次散而复合。自辰时到午时,敌人才开始后退。太宗趁势纵兵追击,俘虏和杀死敌军八千人,于是部队前进到洛阳城下扎营。世充不敢再出来，只环城固守，以等待窦建德的援兵。太宗派各部队在营外挖壕沟，营四周布满长围子以利防守。吴王杜伏威派他的将领陈正通、徐召宗率精兵二千前来同太宗的部队会合。伪郑州司马沈悦献虎牢关投降，将军王君廓同他里应外合，擒获了关里的伪荆王王行本。

正好窦建德领兵十多万前来援救世充，到了酸枣。萧瑀、屈突通、封彝德都认为腹背受敌，恐怕不是万全之策，要求退兵到谷州以观察敌情。太宗说："世充粮尽，内外离心，我们合当不力攻击，坐等他自己破败而得利。建德新破孟海公，将骄兵惰，我们应该进兵据守虎牢，扼制要害之地。贼寇如果冒险与我们决战，击破他们是必然的。如果贼寇不战，十日间世充当自崩溃。如果不迅速进兵，贼寇一入虎牢，各城新归附我们，必定无法守住。那时世充、建德两贼协力，我们将怎么办呢？"屈突通又要求解东都之围移军险要之地以等待敌军的变化，太宗不允许。于是留下屈突通辅助齐王李元吉包围世充，亲自率领步、骑兵三千五百人奔赴虎牢。

建德由荥阳西上，筑营垒于板渚，太宗驻虎牢，双方相持二十余日。间谍报告说："建德等候官军草料用尽，侦察到官军在黄河北岸放马，就将袭击虎牢。"太宗知道敌人的计划，于是在黄河北岸放马以引诱敌人。第二天早晨，建德果然倾巢出动，列军汜水，世充的将领郭士衡也列阵于建德之南，绵延数里，击鼓呼叫，将领们非常害怕。太宗带数名骑兵登上高地瞭望敌阵，对将领们说："这些贼寇起于山东，未遇见大敌。现在他们要通过险要之地而喧闹，这是军中没有规矩法度的表现；逼近城堡而列阵，这是有轻我之心。我们按兵不出，敌军的锐气就会渐衰，列阵时间一长，兵士饥饿，必将自己退兵，那时追击敌人，无往不克。我与诸位相约，一定在午时后破敌。"建德列阵，自辰时至午时，兵士饥饿疲倦，都坐在队列里，又争水喝，不一会收兵退走。太宗说："可以出击了！"亲自率领轻骑兵追赶并引诱敌人，大部队也接着赶到。建德把军队掉转过来列阵。还来不及整理队伍，太宗就先上前进攻，所到之处，敌皆倒退。一会儿众军合战，喊声四起，尘土飞扬。太宗率领史大奈、程咬金、秦叔宝、字文歆等挥旗进入敌阵，直接冲杀到敌军阵后，张开我军的旗帜。贼寇回头见到旗帜，溃不成军。太宗追击逃兵跑了三十里地，斩敌军首级三千余，俘获敌兵五万名，在阵中活捉了建德。太宗责备他说："我兴师问罪，目标本在王世充。得失存亡，不干好事，为什么越过自己的境域，触犯我军的锋芒？"建德吓得两腿发抖说道："现在我如果不来，怕还要有劳您到远方去拿我。"高祖听到胜利的消息非常高兴，亲自给太宗写诏书说："隋朝分崩离析，崤山函谷关隔绝不通。两个豪杰势力相连，一时就把他们清除。军队既打胜仗，又没有死伤。无愧是臣子的表率，不让自己的父亲忧虑，这些都是你的功劳。"

太宗于是带着建德到东都城下。世充害怕，率领他的部属二千多人到营门要求投降，山东全部平定。太宗进驻东都宫城，命令萧瑀、窦轨等封闭和防守仓库，一无所取，命令记室房玄龄收集隋朝的地图和户籍。于是诛杀和窦、王一起作恶的段达等五十余人，无辜被囚禁的人一律释放，无罪被杀害的人都加以祭奠并作悼词。大宴将士，分等级颁赏。高祖派尚书左仆射裴寂到军中慰问。

六月，凯旋回京。太宗身披黄金甲，队伍中有披甲的骑兵、战马一万，带甲的步兵三万人，前后部鼓吹乐，俘获的两个伪皇帝和隋朝的器物、辇车等献到太庙。高祖非常高兴，在太庙行饮至礼犒劳太宗。高祖认为自古以来已有的官号同太宗的特殊功勋不相称，于是另立徽号，以表彰太宗的功德。十月，加号天策上将，领陕东道大行台，地位在王公之上。增加封邑二万户，连以前的共三万户。赐给太宗用黄金作装饰的大车一辆，衮冕服，玉璧一双，黄金六千斤，前后部鼓吹乐及九部乐，持木剑的仪仗队四十人。

当时海内逐渐平定，太宗于是专心研读经籍，开设文学馆以接待四方的士人。行台司勋郎中杜如晦等十八人任学士，常轮流在馆里值班，太宗和产悦色，同他们讨论经义，有时到夜半才休息。

没多久，窦建德的旧将刘黑闼起兵反叛，占据洺州。十二月，太宗统兵东讨。武德五年正月，进军肥乡，分兵截断敌人的运粮道路，双方相持两个月。黑闼窘迫惶急，求战心切，率领步、骑兵两万，往南渡过洺水，清晨逼近官军。太宗亲自率领精壮骑兵，攻打敌人的马军，击破它，然后乘胜践踏敌人的步兵，贼寇大败，斩敌首级一万多。在这以前。太宗派人在洺水上游筑坝挡水，使河变浅，让黑闼能够渡河。等到战斗打响，就下令决坝，结果大水流到河深丈余，敌军溃败后，往河里跑的人全被淹死。黑闼与二百多骑兵北走突厥，他的部下全被俘虏，河北平定。当时徐圆朗拥兵于徐、兖二州，太宗回师讨平他，于是黄河、济水、长江、淮水各郡邑全部平定。十月，加授太宗左右十二卫大将军。

武德七年秋，突厥颉利、突利两可汗由原州入侵，袭扰关中。有人劝说高祖道："只因为财宝女子在京师，所以突厥人来，如果烧掉长安城而不以它为首都，那么胡寇自然不来。"高祖于是派中书侍郎宇文士及巡视山南可居之地，准备迁都。萧瑀等都认为这样做不对，但终不敢冒犯天子，正言劝谏。太宗独自进谏说："霍去病，汉朝的一个将帅罢了，尚且立志消灭匈奴。臣充诸侯王之数，还使边患不息，于是让陛下准备迁都，这都是臣的责任。现在有幸乞求陛下听任臣效些微之劳，拿住那颉利。如果一两年间不能把绳子套在他颈上，慢慢再立迁都之策，臣当不敢再说什么。"高祖发怒，仍派太宗带领三十多名骑兵去巡视栈道。回来的时候，太宗坚决奏请一定不能迁都，高祖于是打消迁都的念头。八年，加授太宗中书令。

武德九年，皇太子建成、齐王元吉图谋杀害太宗。六月四日，太宗率领长孙无忌、尉迟敬德、房玄龄、杜如晦、宇文士及、高士廉、侯君集、程知节、秦叔宝、段志玄、屈突通、张士贵等在玄武门杀建成、元吉。甲子，太宗立为皇太子，各种政务都由他裁定。太宗于是放走禁苑中所养的鹰犬，并命各地停止进献珍异之物，政治崇尚简约严肃，天下人非常高兴。又命令百官和上密封的奏章，细述安民治国的要旨。己巳发布命令说："依照礼的规定，两个字的名字不单个避讳。近代以来，两个字的名字都单个避讳，名号、词语、书籍等废弃、空缺已多。随意而行，有违经典。凡官号、人名、公私文书，有'世民'两字不相连的，都不须避讳。"撤销幽州大都督府。辛未，废除陕东道大行台，设置洺州都督府；废除益州道行台，设置益州大都督府，壬午，幽州大都督庐江王李瑗图谋叛逆，废为平民。乙酉，撤销天策府。

七月壬辰，太子左庶子高士廉任侍中，右庶子房玄龄任中书令，尚书右仆射萧瑀任尚书左仆射，吏部尚书杨恭仁任雍州牧，太子左庶子长孙无忌任吏部尚书，右庶子杜如晦任

玄武门兵变

兵部尚书,太子詹事宇文士及任中书令,封德彝任尚书右仆射。

八月癸亥,高祖传位给皇太子,太宗在东宫显德殿即位。派司空、魏国公裴寂在南郊烧柴祭告上天。大赦天下的罪人。武德元年以来究问得实被流放到边远地区的人全部放回。文武官五品以下原先无爵的赐给最低一等爵,六品以上各加勋官一级。天下免除徭役一年。癸酉,放走后宫里的宫女三千多人。甲戌,突厥颉利、突利可汗侵犯泾州。乙亥,突厥进犯武功,京师戒严,丙子,立妃子长孙氏为皇后。己卯,突厥侵犯高陵。辛巳,行军总管尉迟敬德同突厥在泾阳作战,大破敌军,斩首级一千多。癸未,突厥颉利可汗到了渭水便桥北边,派他的酋长执失思力入朝窥探,擅自察看地形,太宗下令囚禁他。太宗亲自出玄武门,乘六匹马驾的车疾驱到渭水上,与颉利隔着河谈话,指责他负约。一会儿各个部队接着开到,颉利见军容壮盛,又知道思力被囚禁,因此很害怕,要求讲和,太宗允许。当日回宫。乙酉,又亲临便桥,与颉利杀白马订盟,突厥退兵。

九月丙戌。颉利献马三千匹、羊一万头,皇帝不收,让颉利送回所掠夺的中国户口。丁未,领进各卫的骑兵统领等在显德殿庭练习射箭,对将军以下的人说:"自古以来突厥与中国,互有盛衰,傍轩辕善于使用五种兵器,就能在北方驱逐獯鬻;周宣王使方叔、召虎为自己效力,也能在太原克敌制胜,到了汉、晋的君主,以至于隋代,不让兵士平时练习各种兵器,突厥来犯,不能抵御,导致扔下中国百姓在敌寇手中遭难。我现在不让你们挖池筑苑,建造各种过度浪费钱财的设施。农民可恣意让他们安乐,兵士只有练习射箭骑马,希望使你们能战斗,也盼望在你们面前没有敢于横行的敌人。"于是每天领进数百人在殿前教他们射箭,皇帝亲自考试,射中的人立刻赏给弓刀、布匹、丝织品。朝臣多有进谏的,他们说:"先代的圣王制定法律,有带兵器到天子住处的处死刑,这是制止刚萌生的不良现象扩展,防备不测之事的办法。现在领进偏将士卒一类人,在皇宫旁边弯弓放箭,正怕灾祸产生于不意之中,这不是为国家考虑的办法。"皇上不接受。从这以后,士兵都变精锐了。壬子,天子命令私家不得随便立妖神,滥设祭祀,不符合礼制规定的祭祀,一律禁止。除龟卜和它的五种兆形、《易经》和它的卜筮术外,各种形形色色的占卜术,也全禁止。长孙无忌封齐国公,房玄龄封邢国公,尉迟敬德封吴国公,杜如晦封蔡国公,侯君集封潞国公。

冬十月丙辰初一,日蚀。癸亥,立中山王李承乾为皇太子。癸酉,赐给裴寂封邑一千五百户,长孙无忌、王君廓、尉迟敬德、房玄龄、杜如晦一千三百户,长孙顺德、柴绍、罗艺、赵郡王李孝恭一千二百户,侯君集、张公谨、刘师立一千户,李世勣、刘弘基九百户,高士廉、宇文士及、秦叔宝、程知节七百户,安兴贵、安修仁、唐俭、窦轨、屈突通、萧瑀、封德彝、刘义节六百户,钱九陇、樊世兴、公孙武达、李孟常、段志玄、庞卿恽、张亮、李药师、杜淹、元仲文四百户,张长逊、张平高、李安远、李子和、秦行师、马三宝三百户。

十一月庚寅,皇族封郡王的都降为县公。

十二月癸酉,亲自省察囚徒的罪状。

这一年,新罗、龟兹、突厥、高丽、百济、党项都派使者来朝见天子,进献方物。

贞观元年春正月乙酉,更改年号。辛丑,燕郡王李艺占据泾州反叛朝廷,接着被他的部下杀死,首级传送到京师。庚午,任命仆射窦轨为益州大都督。

三月癸巳,皇后行亲自养蚕之礼。尚书左仆射、宋国公萧瑀任太子少师。丙午,发布诏令:"齐国的前尚书仆射崔季舒、给事黄门侍郎郭遵、尚书右丞封孝琰等,从前在邺中做官,名位显达,志操忠直,上表极言直谏,不能挽救国家的危亡,于是像关龙逢那样遇害。季舒的儿子崔刚,郭遵的儿子郭云,孝琰的儿子君遵,都因家遭当世责难,而身受滥施的刑罚。应当给予褒奖,特别不同于一般人,可免除他们的内侍之官,另外量才进用。"

夏四月癸巳,凉州都督、长乐王李幼良有罪被处死刑。

六月辛巳,尚书左仆射、密国公封德彝逝世。壬辰,太子少师宋国公萧瑀任尚书左仆射。

这年夏天,山东各州大旱,下令各州救济,百姓不用出今年的租赋。

秋七月壬子,吏部尚书、齐国公长孙无忌任尚书右仆射。

八月戊戌,贬侍中、义兴郡公高士廉为安州大都督。户部尚书裴矩去世。这一月,关东及河南、陇右沿边各州秋庄稼受霜害。

九月辛酉,命令中书侍郎温彦博、尚书右丞魏徵等分别到各州救济百姓。中书令、郢国公宇文士及任殿中监。御史大夫、检校吏部尚书、参预朝政、安吉郡公杜淹就任。

十二壬午,皇上对随侍左右的臣子说:"神仙的事本来虚妄,不过空有其名。秦始皇不安本分地爱好神仙,于是被方士欺骗,便派童男童女数千人随徐福入海求仙药。方士为躲避秦朝暴政,留在那里不回来,始争还在海边徘徊等待他们,后来回到沙丘便死了。汉武帝为求神仙,就把女儿嫁给有道术的人,后来事情既无效验,便杀掉方士。根据这两件事,神仙是不必劳神去妄求的。"尚书左仆射、宋国公萧瑀因事获罪被免职。戊申,利州都督义安王李孝常、右武卫将军刘德裕等图谋造反,被处死刑。

这一年,关中饥荒,以至于有卖儿鬻女的。

贞观二年春正月辛丑,尚书左仆射、齐国公长孙无忌任开府仪同三司。改封汉王李恪为蜀王，卫王李泰为越王，楚王李祐为燕王。又设置六部侍郎，辅助六部尚书治理政事，并设置左右司郎中各一人。前安州大都督、赵王李元景任雍州牧，蜀王李恪任益州大都督，越王李泰任扬州大都督。

二月丙戌，靺鞨成为唐的属国。

三月戊申初一，日蚀。丁卯，派御史大夫杜淹巡视关内各州。取出皇宫府库里的黄金和宝物，赎回自己卖身为奴的男女，送还给他们的父母。庚午，大赦天下的罪人。

夏四月己卯，命令死人的骸骨暴露在外的，让所在的地方负责掩埋。丙申，契丹成为唐的属国。首次命令天下的州县都设置义仓。夏州的盗贼首领梁师都被他的堂弟洛仁杀死，洛仁献城投降唐朝。

五月，下大冰雹。

六月庚寅，皇子李治诞生，设宴招待五品以上官吏，分等第赐给他们丝织物，还赐给全国在这一天出生的人粮食。辛卯，皇上对随侍左右的人说："君主虽然不像君主，臣子不可以不像臣子。裴虔通，本是炀帝的侍从之臣，却亲自当叛乱的首领。朕正推崇、鼓励恭敬信义，怎么还可以让他继续统治人民、训导风俗呢。"发布诏令说：

天与地确定位置，君臣之间应有的关系也就明白了；地卑天高的位置既已确立，人与人之间应有的等级关系也就清楚了。所以能使风俗淳厚，天下教化成功。虽然又时常经历太平或动乱的年代，君主有昏有明，但疾风中有劲草，芬芳的品德不绝，不少人为君主剖胸焚身，赴汤蹈火，视死如归。难道他们不爱惜七尺的身躯，不重视百年的生命？实由于君臣之间应有的关系非常重，在礼教中被置于首要地位，所以他们能在当世显示临难不苟的节操，于身后树立清正高洁的风范。至于像赵高的杀害秦二世，董卓的毒死弘农王，是人与神所憎恶的，连其他时代的人都共同感到气愤。更何况平庸小子，有凶暴悖逆之心！远观前代帝王的策命，这种人没有不杀掉的。辰州刺史、长蛇县男裴虔通，过去在隋代，侍奉晋王杨广，炀帝因原先在王府的交情，特别加以宠幸。于是就心无君亲，暗中图谋弑君，秘密窥测可乘之机，招纳、勾结各种恶人，长戟流矢，竟一朝私自往宫中发射。这是天下的恶事，谁说可以忍受！应当诛灭虔通的同宗，焚烧他的首级，用以表明他的犯上行为是一种大耻辱。但发生的年代不与当今同时，又多次遇到发布赦令，可特别免去他的死刑，从官籍中除名并削去爵位，流放欢州。

秋七月戊申，发布诏令："莱州刺史牛方裕、绛州刺史薛世良、广州都督府长史唐奉义、隋武牙将高元礼，在隋代都蒙炀帝任用，却协同宇文化及，构成弑君之罪。应当按照裴虔通的样子，除名流放岭南。"太宗对随侍左右的臣子说："天下的愚人，好触犯法令，所有赦免罪人的恩惠，只能给予不守法度之辈。古语说：'小人的幸运。是君子的不幸。''一年两次赦免罪人，好人成了哑巴。''凡养着杂草，会妨害禾苗的生长，施恩惠给为非作歹的人，会伤害好人。'从前文王设刑罚，该用刑的都不被免。又蜀先主曾对诸葛亮说：'我周旋于陈元方、郑康成之间，常听见他们告诉我治乱之道，内容相当全面，而不曾谈到赦免罪人。'小人，是君子的祸害，所以朕自得天下以来，不大发布赦令。观今四海安静，礼义得到振兴和推行，非常的恩惠，施给不可频繁，怕愚人常会冀求侥幸，只想犯法，不能改过。"

八月甲戌初一,太宗到朝堂,亲自过问冤狱。从这以后,皇上因为国家、军队无事,每天到西宫侍奉太上皇,问寒问暖。癸巳,公卿大臣进言:"按照礼的规定,季夏六月,可以住在台上的高屋里。现在盛暑未退,秋天的多雨季节即将开始,宫中地势低而潮湿,请营造一座楼阁居住。"皇帝说:"朕有气力衰竭的病,哪里适合住在低而湿的地方。如果答应你们的请求,要耗费的钱财实在不少,从前汉文帝准备建露台,而舍不得相当于十户人家财产的花销。朕品德赶不上汉文帝,而所费的钱超过他,难道说作百姓父母的方法就是这样?"竟不答应。这一月,河南、河北有大霜害,百姓饥饿。

九月丙午,发布诏令说:"尊崇老年人,看重旧臣,先代的圣王以此为后人留下了榜样;送回官印,解下绶带,去职退休,朝臣于是能有一个好结局。放置芹藻祭祀先师合奏众乐的礼仪,设立东胶西序一类学校的制度,奉养老人的道理,前代的遗文里都可以看到。朕恭敬地接受帝位,效法先代旧事,尊敬、侍奉老人,向他们求教,这样做也十分符合自己内心深处的意愿。但情况有今古的不同,时代进入风俗浮薄的末世,却出仕就职,或许违背原则。至于像筋力将尽,暮年逼近,而仍居官位,徒然极尽起早的辛劳,不明白夜行的过错,他们中有的人心中惊恐,知止知足,行为堪激励后辈,主动辞去官职,归死乡里,能以礼相让,精神本来可嘉。内外文武官吏凡年老退休、上表辞官的,入朝参见天子之时,位次应存本品现任官之上。"丁未,对随侍左右的臣子说:"妇女被幽闭于探宫,那情况实在可怜。隋朝末年,选女入宫,没有停止的时候,至于建在各地的离宫别馆,不足天子临幸游息之处,也多集聚宫女,全耗尽了人民的财力,这是我所不取的。而且宫女除洒水扫地之处,还能用在什么地方?现在准备遣返宫女,听任她们寻求配偶。不但因为吝惜费用,也使这些人能够各按照自己的本性生活。"于是派尚书左丞戴胄、给事中杜正伦等在妃嫔居住的掖庭宫西门选择宫女,遣返她们。

冬十月庚辰,御史大夫、安吉郡公杜淹去世。戊子,杀瀛洲刺史卢祖尚。

十一月辛酉,在圆丘祭天。

十二月壬午,黄门侍郎王珪任侍中。

贞观三年春正月辛亥,契丹首领来朝见天子。戊午,在太庙祭祀。癸亥,天子行亲耕籍田礼。辛未,司空、魏国公裴寂因事获罪被免职。

二月戊寅,中书令、邢国公房玄龄任尚书左仆射,兵部尚书、检校侍中、蔡国公杜如晦任尚书右仆射,刑部尚书、检校中书令、永康县公李靖任兵部尚书,右丞魏徵任守秘书监,参预朝政。

夏四月辛巳,太上皇迁居大安宫。甲午,太宗开始在太极殿处理政务。

五月,周王李元方逝世。

六月戊寅,由于天旱,亲自省察囚徒的罪状。派长孙无忌、房玄龄等在名山大川祈雨,派中书舍人杜正伦等到关内各州安抚、慰问。又下令文武官吏各上密封的奏章,毫无保留地谈出自己对政治得失的看法。己卯,大风吹折树木。

秋八月己巳初一,日蚀。薛延陀派使者入朝拜见天子,进献方物。

九月癸丑,各州设立培养医师的学校。

冬十一月阳午,西突厥、高昌派使者入朝拜见天子,进献方物。庚申,任命并州都督李世勣为通汉道行军总管,兵部尚书李靖为定襄道行军总管,领兵攻打突厥。

十二月戊辰,突利可汗投奔中国。癸未,杜如晦因病辞官,皇上答应。癸丑,下令在自树立义旗以来交战的地方,为那些丧生于战阵的义士勇夫各立一座寺庙,命令虞世南、李伯药、褚亮、颜师古、岑文本、许敬宗、朱子奢等为他们撰写碑铭,以记载他们的功业。

这一年,户部报告:中国自塞外归来和突厥人前后归附中国以及开辟四境异族地区而建立的州县所增加的人口,合计共有男女一百二十多万。

贞观四年春正月乙亥,定襄道行军总管李靖大破突厥,俘获隋朝皇后萧氏和炀帝的孙子杨正道,送到京师。癸巳,武德殿北院发生火灾。

二月己亥,太宗到温泉。甲辰,李靖又在阴山击败突厥,颉利可汗轻装骑马远逃。丙午,自温泉回到长安。甲寅,发布大赦令,赐臣民会饮五天。民部尚书戴胄兼任检校吏部尚书,参预朝政。太常卿萧瑀任御史大夫,和宰相一起参议朝政。御史大夫、西河郡公温彦博任中书令。

三月庚辰,大同道行军副总管张宝相活捉颉利可汗,送往京师。甲申,尚书右仆射、蔡国公杜如晦逝世。甲午,到太庙向祖先报告俘获颉利的喜讯。

夏四月丁酉,皇上临顺天门,军中的官吏押解颉利向天子献战利品。自这以后西北各藩属都请求皇上用"天可汗"的尊号,于是皇上下诏书册封各藩属的君长,就兼用这个称号。

秋七月甲子初一,日蚀。皇上对房玄龄、萧瑀说:"隋文帝是个怎么样的君主?"回答说:"约束自己,使言行符合于礼,辛勤思考政事,每次一坐到朝廷上,有时直到太阳偏西。领着五品以上官吏议论政事,皇宫的卫士不能下岗,站着传递干粮而食。虽然不能说品性仁爱、贤明,也可算是一个励精图治的君主了。"皇上说:"你们看到他的一个方面,而不了解他的另一个方面。这人本性极其明察而内心并不贤明。内心昏昧那么览察事理就不能都通达,极其明察就会临事多疑。自己靠欺骗孤儿寡母得到天下,认为众臣不可信任,凡事都自己决定,虽然使精神劳累、身体受苦,处事也未能都符合道理。朝廷的臣子既然了解皇上的这种心理,也就不敢直言,自宰相以下,接受皇帝的命令罢了。朕的意思不认为这样做对。以天下事物之广,难道可以凭一个人的思考独自决断?朕将选用天下的人才,治理天下的事务,信任人才,要求他们完成任务,使他们各尽其用,这样做也许可以达到政治的清明安定。"因此命令官吏:"天子的诏令如果不适合于时世,就应当坚持上报,不得顺旨施行。"

八月丙午,下诏规定三品以上官员穿紫色衣服,五品以上官员穿红色衣服,六品、七官穿绿色衣服,八品、九品官穿青色衣服;妇人衣服的颜色随从丈夫。甲寅,兵部尚书、代国公李靖任尚书右仆射。

九月庚午,命令收埋长城南边的死人骸骨,并让祭奠死者。壬午,命令不得在自古至今的圣明君主、贤臣义士的坟墓上放牧,每年春秋两季在他们的坟上祭奠。

冬十月壬辰,到陇州,因特殊情况赦免陇、岐两州的罪犯,免除两州百姓的徭役一年。辛丑,在贵泉谷立栅栏围猎野兽。甲辰,在鱼龙川围猎野兽,亲自射鹿,献给大安宫。

十一月甲子,自陇州回到长安。戊寅,命令判决处置罪犯不得鞭打背部,免得连及针灸穴位。兵部尚书侯君集参议朝政。

十二月辛亥,开府仪同三司、淮安王李神通逝世。甲午,高昌王麴文泰前来朝见天子。

这一年,判死刑的共二十九人,几乎达到刑罚弃置不用的地步。东到海,南到五岭,都夜不闭户,来往的旅客用不着携带粮食。

贞观五年春正月癸酉,在昆明池打猎,藩属和四境异族君长都跟随。丙子,亲自到大安宫献猎获的禽兽。己卯,亲临左藏库,赐给三品以上官员丝织品,听任自取,不限轻重。癸未,朝集使请求行封禅礼。

二月己酉,封皇弟元裕为邓王,元名为谯王,灵夔为魏王,元祥为许王,元晓为密王。庚戌,封皇子愔为梁王,贞为汉王,恽为郯王,治为晋王,慎为申王,嚣为江王,简为代王。

夏四月壬辰,代王简去世。用黄金和丝织品赎回由于隋末动乱沦入突厥的中国男女八万人,全部送还给他们的家属。

六月甲寅,太子少师、新昌县公李纲逝世。

秋八月甲辰,派遣使者到高丽,毁掉高丽人所立的京观,收集隋代战死者的骸骨,祭奠并埋葬它们。戊申,首次命令天下判死刑必须经过三次按验、上奏,在京各司要经过五次按验、上奏,判死刑这一天,尚食局供应膳食只有蔬菜,内教坊和太常寺不奏乐。

九月乙丑,赐群臣在武德殿举行射礼。

冬十月,右卫大将军、顺州都督、北平郡王阿史那什钵苾去世。

十二月壬寅,到温泉。癸卯,在骊山打猎。丙午,分等第赏给新丰县年高的人丝织品。戊申,自温泉回到长安。

贞观六年春正月乙卯初一,日蚀。

二月丙戌,设置三师的官职。戊子,开始设立律学。

三月戊辰,到九成宫。

六月己亥,郿王李元亨逝世。辛亥,江王李嚣逝世。

冬十月乙卯,自九成宫回到长安。

十二月辛未,亲自省察囚徒的罪状,释放犯死罪的二百九十个人回家,命令他们明年秋末自动前来受刑。后来死囚们全按期归来,天子下诏宽赦所有人的罪过。

这一年党项羌前后归附于中国的共三十万人。

贞观七年春正有戊子,发布诏令说:"字文化及的弟弟智及、司马德戡、裴虔通、孟景、元礼、杨览、唐奉义、牛方裕、元敏、薛良、马举、元武达、李孝本、李孝质、张恺、许弘仁、令狐行达、席德方、李覆等,大业末年,全任各种官职,有的家中一代人都蒙受隋帝的恩惠,有的整整一个时代担负重任,却包藏邪恶之心,不思忠义,就在江都,干出弑君的勾当。罪恶是阎乐、赵高的百倍,超过了生而食母的枭和生而食父的獍。虽然事情发生在前代,时间已久,而天下的恶人,为古今所共弃,当应处以重法,用来劝勉臣子保持节操。这些人的子孙都应当禁锢,不允许录用。"这一天,皇上制作《破阵乐舞图》。辛丑,赐京城臣民会饮三天。丁卯,天上落下泥土。乙酉,薛延陀派使者来朝见天子。庚寅,秘书监、检校侍中魏徵任侍中。癸巳,直太史、将仕郎李淳风铸造浑天黄道仪,进献给天子,放置于凝晖阁。

夏五月癸未，到九成宫。

八月，山东、河南三十州发生大水灾，皇上派使臣救济。

冬十月庚申，自九成宫回到长安。

十一月丁丑，颁行新编定的《五经》。壬辰，开府仪同三司、齐国公长孙无忌任司空。

十二月丙辰，在少陵原打猎，命令用羊、猪二牲在杜如晦、杜淹、李纲的坟上祭奠。

贞观八年春正月癸未，右卫大将军阿史那苾去世。辛丑，右屯卫大将军张士贵讨伐东、西五洞反叛的獠族人，平定了他们。壬寅，命令尚书右仆射李靖、特进萧瑀杨恭仁、礼部尚书王珪、御史大夫韦挺、瑀州大都督府长史皇甫无逸、扬州大都督府长史李袭誉、幽州大都督府长史张亮、凉州大都督李大亮、右领军将军窦诞、太子左庶子杜正伦、绵州刺史刘德威、黄门侍郎赵弘智出使四方，观察风俗民情。

二月乙巳，皇太子加冠。丙午，赐全国臣民会饮三天。

三月庚辰，到九成宫。

五月辛未初一，日蚀。丁丑，皇上开始戴翼善冠，贵臣戴进德冠。

七月，首次定武散官云麾将军的阶位为从三品。陇右山崩，大蛇屡次出现。山东、河南、淮南发生大水灾，天子派使臣救济。

八月甲子，有一颗彗星出现于虚、危宿之间，经过氐宿，到十一月上旬才消失。

九月丁丑，皇太子来拜见天子。

冬十月，右骁卫大将军、褒国公段志玄攻打吐谷浑，击破了它，追踪逃敌走了八百多里。甲子，皇上自九成宫回到长安。

十一月辛未，右仆射、代国公李靖因病辞官，授特进。丁亥，吐谷浑侵犯凉州。己丑，吐谷浑拘禁我国使者赵德楷。

十二月辛丑，命令特进李靖、兵部尚书侯君集、刑部尚书任城王李道宗、凉州都督李大亮等为大总管，各率兵分路讨伐吐谷浑。壬子，越王李泰任雍州牧。乙卯，皇帝跟隋太上皇在城西检阅军队。

这一年，龟兹、吐蕃、高昌、女国、石国派使者入朝拜见天子，进献方物。

贞观九年春三月，洮州羌族反叛，杀死刺史孔长秀。壬午，发布大赦令。每个乡各设置乡长一人，乡佐二人。乙酉，盐泽道总管高甑生大破反叛的羌族民众。庚寅，下诏说天下的住户分成三等，不能完全显示出住户资产的增减情况，现改定为九等。

夏四月壬寅，康国进献狮子。

闰四月丁卯，日蚀。癸巳，总管李靖、侯君集、李大亮、任城王李道宗在牛心堆击败吐谷浑。

五月乙未，又在乌海击败吐谷浑，追击逃敌到了柏海。副总管薛万均、薛万彻又在赤水源击破吐谷浑，抓获吐谷浑有名的王二十人。庚子，太上皇在永安宫逝世。壬子，李靖在西海上平定了吐谷浑，俘虏了吐谷浑王慕容伏允。由于慕容伏允的儿子慕容顺光投降唐朝，被封为西平郡王，吐谷浑国又得到恢复。

秋七月甲寅，增修太庙，扩大为六个室。

冬十月庚寅，安葬高祖太武皇帝于献陵。戊申，在太庙合祭高祖和祖先。辛丑，左仆射、魏国公房玄龄加授开府仪同三司，其他官位封爵不变。

十二月甲戌，吐谷浑西平郡王慕容顺光被他的下属杀害，天子派兵部尚书侯君集率兵安抚吐谷浑，封顺光的儿子诺曷钵为河源郡王，让他统领吐谷浑军民。右光禄大夫、宋国公萧瑀依旧任特进，又命令他参预朝政。

贞观十年春正月壬子，尚书左仆射房玄龄、侍中魏徵进上梁、陈、齐、周、隋五代史，天子命令将这些书藏在秘阁。癸丑，改封赵王李元景为荆王，鲁王元昌为汉王，郑王元礼为徐王，徐王元嘉为韩王，荆王元则为彭王。滕王元懿为郑王，吴王元轨为霍王，幽王元凤为虢王，陈王元庆为道王，魏王灵夔为燕王，蜀王恪为吴王，越王泰为魏王，燕王佑为齐王，梁王愔为蜀王，郯王恽为蒋王，汉王贞为越王，申王慎为纪王。

夏六月，任命侍中魏徵为特进，仍执掌门下省事务。壬申，中书令温彦博任尚书右仆射。甲戌，太常卿、安德郡公杨师道任侍中。己卯，皇后长孙氏在立政殿逝世。

冬十一月庚寅。安葬文德皇后于昭陵。

十二月壬申，吐谷浑河源郡王慕容诺曷钵来朝见天子。乙亥，亲自省察京师囚徒的罪状。

这一年，关内、河东疾病流行，命令医师携带药品前去治疗。

贞观十一年春正月丁亥初一，改封邻王元裕为邓王，谯王元名为舒王。癸巳，加封魏王泰为雍州牧、左武侯大将军。庚子，将新定的律令颁发到全国。建造飞山宫。甲寅，房玄龄等进上他们所写的《五礼》，皇上命令主管礼仪的部门施行。

二月丁巳，发布诏令说：

生是天地的大德大恩，寿是或长或短的一个期限。生有七尺的身躯，寿以百岁为限度，包藏灵性、禀受天地之气的人类，无不一样。生与寿都得之于自然，是不能够分外企求的。所以《礼记》说："君主即位就制作棺木。"庄周说："躯体使我劳累，死亡使我休息。"这难道不是圣人的远见，通达事理的贤人的深识？近代以来，明君不多，无不自负帝王尊贵，想到光阴迅速，犹如白驹过隙，因而全都有不少拘限禁忌，思慕长生。认为仙人的云车容易乘坐，羲和驾驭的太阳之车可以停留，车轨不同趋向一致，他们的受蒙蔽已经很厉害了。

隋朝末年，天下大乱，豺狼恣行暴虐，吞噬百姓。朕挥袖而起，发愤努力，对拯救危难一往情深，护持义军，救民于涂炭之中。依赖苍天明察下情，辅佐之臣效劳出力，朕提剑指挥，终于使天下得到大安定。这是朕平素的志向，现在已经实现。但仍怕朕死后的日子，子子孙孙。习惯于流行的风俗，仍然遵循通常的礼仪，加四层的棺材，砍伐百年的巨木，骚扰百姓，增高增大陵园。现在预先写下这一诏令，丧事务必遵从俭省的原则，陵园在九峻山，地宫不过足以容纳棺木而已。岁月累积，逐渐齐备。葬具有木马泥车，瓦制的鼓，芦苇截成的笛，这样做符合古代的典章制度，却不被当代采用。

另外辅助朕立国的功臣，有的对朕的情义之深，犹如过大河所需的船和桨，有的在军队的帐幕中定下计谋，有的亲自冲锋陷阵，与朕一起度过艰难危险，成就大业。追念往事，没有一天能够忘掉！假如死去的人没有知觉，那就尽可各居东西，都归于孤单冷清；

如果魂魄有知，那就还像从前一样，居处相望，不也是很好的吗！汉朝让将相葬在天子陵墓附近，又供给他们东园制作的棺木，重视送终，恩义深厚，古人哪里不同于我呢！从今以后，功臣近亲和德行、事业有助于当世的人，如果逝世，应当赐给坟地一处，及所用的棺木，使埋葬的时候，丧事完满。有关主管部门照此筹措准备，就合朕的心意了。

甲子，往洛阳宫，命令祭奠汉文帝。

三月丙戌初一，日蚀。丁亥，车驾抵达洛阳。丙申，改洺州为洛阳宫。辛亥，在广城泽举行大规模的狩猎活动。癸丑，回洛阳宫。

夏四月甲子，雷击乾元殿前槐树。丙寅，命令河北、淮南推荐孝顺父母、敬爱兄长、淳厚朴实，兼熟悉当代事务的人；博通儒术、可作为学习榜样的人；文辞秀美、才能可以担负著述任务的人；明了施政的要领、可委以抚养百姓任务的人。这些人都必须是志向、操守修治树立，为乡里所推崇的，官府供给驿车送他们到洛阳宫。

六月甲寅，尚书右仆射、虞国公温彦博逝世。丁巳，到明德宫。已未，订立制度，诸王任世袭刺史。戊辰，订立制度，功臣任世袭刺史。改封任城王李道宗为江夏郡王，赵郡王孝恭为河间郡王。已巳，改封许王元祥为江王。

秋七月癸未，长时间下大雨。谷水泛滥，流入洛阳宫，深四尺，冲坏左掖门，冲毁宫观十九处；洛水泛滥，冲走六百家。庚寅，由于水灾命令群臣各上密封的奏章，毫无保留地谈出自己对政治得失的看法。丁酉，天子回洛阳宫。壬寅，放弃明德宫和飞山宫的玄圃院，分给遭水淹的人家居住，还分等第赐给他们丝织品。丙午，在亳州修建老君庙，在兖州修建宣尼庙，每个庙各给二十户人家负责祭祀。免除靠近凉武昭王陵墓的二十户人家的徭役，让他们负责陵墓的守卫，并禁止在墓地放牧打柴。

九月丁亥，黄河泛滥，冲坏陕州河北县，冲毁河阳县中潬城。亲临白司马坂观察水情，分等第赐给遭水淹的人家粮食和丝织品。

冬十一月辛卯，到怀州。乙未，在济源打猎。丙午，回洛阳宫。

十二月辛酉，百济王派他的太子隆来朝见天子。

十二年春正月乙未，吏部尚书高士廉等进上《氏族志》一百三十卷。壬寅，松、丛两州地震，毁坏百姓房屋，有人被压死。

二月乙卯，皇帝自洛阳回长安。癸亥，观看砥柱，刻铭文记载功德。甲子，夜郎獠反叛，被夔州都督齐善行讨平。乙丑，在陕州停留，皇上自新桥到河北县，祭夏禹庙。丁卯，在柳谷顿停留，皇上观看盐池。戊寅，认为隋鹰扬郎将尧君素忠于自己的朝廷，赠给蒲州刺史的官号，还录用他的子孙。

闰二月庚辰初一，日蚀。丙戌，自洛阳宫回到了长安。

夏五月壬申，银青光禄大夫、永兴县公虞世南去世。

六月庚子，开始设立玄武门左右飞骑。

秋七月癸酉。吏部尚书、申国公高士廉任尚书右仆射。

冬十月已卯。在始平打猎，分等第赐给那里的高龄老人粮食和丝织品。乙未，自始平回到长安。已亥，百济派使者进献黄金甲和刻有花纹的斧子。

十二月辛巳，右武候将军上官怀仁在壁州大破山獠。

贞观十三年春正月乙巳初一，晋谒高祖献陵。因特殊原因赦免三原县及随从出行人员中犯有死罪的人。丁未，自献陵阿到长安。戊午，加授房玄龄为太子少师。

二月丙子，取消世袭刺史。

三月乙丑，有彗星出现于毕、昴宿之间。

夏四月戊寅，到九成宫。甲申，阿史那结社尔进犯禁卫军营帐，被处死刑。壬寅，云阳县一块石头能燃烧，有一丈见方大小，白天像灰，晚上便有光，将草木扔到它上面就会燃烧，这种现象历时一年才消失。

自去年冬天不下雨一直持续到今年五月。甲寅，不居正殿，命令五品以上官员各上密封的奏章，减少肴馔，免除徭役，分派使者到各地救济百姓，为受冤屈的人昭雪，天于是下雨。

六月丙申，封皇弟元婴为滕王。

秋八月辛未初一，日蚀。庚辰，立右武侯大将军、化州都督、怀化郡王李思摩为突厥可汗，让他率领部属在黄河北边建立官署。

冬十月甲申，自九成宫回到长安。

十一月辛亥，侍中、安德郡公杨师道任中书令。

十二月丁丑。吏部尚书、陈国公侯君集任交河道行军大总管，率军讨伐高昌。乙亥，封皇子福为赵王。壬午，巂州都督王志远有罪被处死刑。下令在洛、相、幽、徐、齐、并、秦、蒲等州设立常平仓。己丑，吐谷浑河源郡王慕容诺曷钵前来迎亲。壬辰，在咸阳打猎。

这一年，滁州报告："野蚕吃榹树的叶子，结的茧大得像沙果，绿色，共收得六千五百七十石。"高丽、新罗、西突厥、吐火罗、康国、安国、波斯、疏勒、于阗、焉耆、高昌、林邑、昆明及边远地区的异族首领，相继派使者入朝拜见天子，进献方物。

贞观十四年春正月庚子，首次命令有关官吏宣读按季节制定的政令。甲寅，到魏王李泰的宅第。赦免雍州和长安监狱中犯死罪以下的囚犯。

二月丁丑，到国子学，亲自参预祭奠先师孔子，赦免大理寺、万年县在押的囚犯，国子祭酒以下学官及在学生徒成绩优异学习勤奋的，提升一级，赐给丝织品，多少不等。庚辰，左骁卫将军、淮阳王李道明送弘化公主远嫁吐谷浑。壬午，天子到温泉。辛卯，自温泉回到长安。乙未，发布诏令说梁皇侃、褚仲都，周熊安生、沈重、陈沈文阿、周弘正、张讥，隋何妥、刘焯、刘炫等前代名儒，他们的学生多能实行老师的道义，命令寻找这些名儒的后代。

三月戊午，设置宁朔大使，用来监视突厥。

夏五月壬戌，改封燕王灵夔为鲁王。

六月乙酉，大风把树连根拔起。己丑，薛延陀派使者前来求婚。乙未，滁州野蚕结茧，共收得八千三百石。

八月庚午，新建成襄城官。癸巳，交河道行军大总管侯君集平定高昌，在那里设置西州。

九月癸卯，因特殊原因赦免西州的死刑罪犯。乙卯，在西州设立安西都护府。

冬十月己卯，下令让赠司空、河间元王李孝恭，赠陕东道大行台尚书右仆射、郧国公殷开先，赠民部尚书、渝襄公刘政会等在高祖庙陪从受祭。

闰十月乙未，到同州。甲辰，在尧山打猎。庚戌，自同州回到长安。丙辰，吐蕃派使者进献总重约一千斤的黄金器物，向唐求婚。

十一月甲子初一，冬至，在圆丘祭天。

十二月丁酉，交河道的军队归来。吏部尚书、陈国公侯君集押解高昌王麴智盛，到观德殿献战利品，天子行饮至礼犒劳将士，赐他们会饮三天。乙卯，高丽太子相权来拜见天子。

贞观十五年春正月丁卯，吐蕃派他的国相禄东赞前来迎亲。丁丑，礼部尚书、江夏王李道宗送文成公主远嫁吐蕃。辛巳，往洛阳宫。

三月戊申，到襄城宫。庚午，放弃襄城宫。

夏四月辛卯，命令在明年二月封泰山，有关主管部门详细制定封禅的礼仪制度。

五月壬申，并州的和尚、道士及老人等上书，说成就王业有赖于太原，明年封泰山之后，希望陛下降临太原。皇上在武成殿设宴招待来洛阳上书的并州父老，于是从容不迫地对随侍左右的人说："朕年幼时在太原，喜欢好多人聚在一块赌博，岁月流逝，快三十年了。"当时宴会上有过去认识皇上的人，皇上和他们在一起叙故旧之情，感到快乐。于是对他们说："别人的话，或许是当面阿谀奉承。你们是朕的老朋友，请如实告诉朕，现在的政治教化，百姓认为怎么样？民间能没有疾苦吗？"大家都奏道："现在天下太平，百姓欢乐，这是陛下的功劳。我们这些人剩下的日子，一天比一天更加爱惜，只眷恋圣人的教化，不知道疾苦。"于是坚决请求皇上到并州去。皇上对他们说："飞鸟经过故乡，还要徘徊不前；何况朕在太原起义，终于平定天下，又是幼时游览的地方，确实是朕所不能忘的。泰山的封禅礼如果结束，希望与你们相见。"于是赐给他们礼物，各有差别。丙子，百济王扶馀璋去世。下令立他的嫡长子扶馀义慈承继父位，仍封为带方郡王。

六月戊申，命令天下各州，推荐学问综贯古今和孝顺父母、敬爱兄长、淳厚朴实以及文辞优异的人，都在明年二月汇集泰山。己酉，有彗星出现于太微垣，侵犯郎位。丙辰，取消封泰山。不居正殿，自思过错，命令尚食局减少肴馔。

秋七月甲戌，彗星消失。

冬十月辛卯，在伊阙大规模检阅军队。壬辰，到嵩阳。辛丑，回洛阳宫。

十一月壬戌，废除乡长。壬申，还京师。癸酉，薛延陀率领同罗、仆骨、回纥、鞑靼、雞的士兵越过沙漠，屯驻于白道川。命令营州都督张俭带领所统率的部队逼近敌人的东境；命令兵部尚书李勣任朔方行军总管，右卫大将军李大亮任灵州道行军总管，凉州都督李袭誉任凉州道行军总管，率兵分道抵御敌人。

十二月戊子初一，自洛阳宫回到了长安。甲辰，李勣在诺真水同薛延陀打仗，大破敌军，斩首级三千多，获得马一万五千匹，薛延陀首领跃身逃脱。李勣接着在五台县打败突厥思结，俘获敌军男女一千余口，得到的羊、马数量和这相当。

贞观十六年春正月辛未，命令将在京城和各州的死刑罪犯，发配到西州为住户；被流放的人还没有抵达流放地的，改送到西州戍边。任命兼中书侍郎、江陵子岑文本为中书侍郎,专门执掌机要事务。

夏六月辛卯,命令恢复隐王李建成为隐太子,改封海陵剌王李元吉为巢剌王。

秋七月戊午,司空、赵国公长孙无忌任司徒,尚书左仆射、梁国公房玄龄任司空。

九月丁巳,特进、郑国公魏徵任太子太师,仍执掌门下省事务。

冬十一月丙辰,到岐山打猎。辛酉,派人到隋文帝陵墓祭奠。丁卯,在庆善宫南门设宴招待武功县士女。酒喝得高兴,皇上与武功父老等谈论往事,甚至于哭泣落泪。老人等交替起身为皇上跳舞,竞相向皇上敬酒祝寿,皇上各喝完每个人敬的一杯酒。庚午,自岐州回到长安。

十二月癸卯,到温泉。甲辰,在骊山打猎,当时天色阴冷晦暗,围猎野兽的部队失去联络,皇上登高望见他们,想免掉对他们应有的处罚,又怕损害军令的严肃性,于是掉转马走入谷中以避开他们。

这一年,高丽大臣盖苏文杀死高丽君主高武,而立高武哥哥的儿子高藏为王。

贞观十七年春正月戊辰,右卫将军、代州都督刘兰图谋造反,被腰斩。太子太师、郑国公魏徵逝世。戊申,命令画司徒、赵国公长孙无忌等二十四个功臣的像于凌烟阁。

三月丙辰,齐州都督齐王李勖杀死齐州长史权万纪、典军韦文振,占领齐州,据城自守,命令兵部尚书李勖、刑部尚书刘德威调兵讨伐。军队还没有开到,齐州兵曹杜行敏逮住齐王投降,于是解送齐王入京,赐死于内侍省。丁巳,火星出现在心宿前头那颗星星的位置上,十九天才隐没。

夏四月庚辰初一,皇太子有罪,废为平民。汉王李元昌、吏部尚书侯君集都犯有与太子同谋的罪,被处死刑。丙戌,立晋王李治为皇太子,发布大赦令,赐天下会饮三天。丁亥,中书令杨师道任吏部尚书。己丑,加授司徒、赵国公长孙无忌太子太师,司空、梁国公房玄龄太子太傅;授特进、宋国公萧瑀太子太保,兵部尚书、英国公李勖太子詹事,两人又任同中书门下三品。庚寅,皇上亲自晋谒太庙,就原太子承乾的罪过向祖先道歉。癸巳,魏王李泰因有罪降爵为东莱郡王。

五月乙丑,亲自写诏书命令各地推荐孝顺廉洁、才能优秀杰出的士人。

六月己卯初一,日蚀。壬午,改葬隋恭帝。丁酉,尚书右仆射高士廉请求退休,皇上命他任开府仪同三司、同中书门下三品。

闰六月戊午,薛延陀可汗派他哥哥的儿子突利设进献马五万匹、牛和骆驼一万头、羊十万只,向唐求婚,天子答应。丙子,改封东莱郡王李泰为顺阳王。

秋七月庚寅,京城有谣言说:"皇上派桄桄取人心肝,用来祭天狗。"百姓一批接一批,都很惊恐不安。皇上派使者到处宣传解说,过了一个多月风波才止息。丁酉,司空、太子太傅、梁国公房玄龄因母丧罢职。

八月,工部尚书、勋国公张亮任刑部尚书,参预朝政。

九月癸未,流放平民李承乾到黔州。

冬十月丁巳,房玄龄服丧未满,又被起用担任原来的职务。

十一月己卯,在南郊祭天。壬午,赐天下会饮三日。由于凉州获得吉祥之石,赦免凉州的罪犯,并省察京城及各州在押囚犯的罪状,受到宽赦的人不少。

贞观十八年春正月壬寅,到温泉。

夏四月辛亥,到九成宫。

秋八月甲子,自九成宫回到长安。丁卯,散骑常侍、清苑县男刘洎任侍中;中书侍郎、江陵县子岑文本,中书侍郎马周,同任中书令。

九月,黄门侍郎褚遂良参预朝政。

冬十月辛丑初一,日蚀。甲辰,开始设立太子司议郎的官职。甲寅,往洛阳宫。安西都护郭孝恪率兵灭焉耆,捉住焉耆王突骑支,送往天子所在的地方。

十一月壬寅,天子抵达洛阳宫。庚子,命令太子詹事、英国公李勣任辽东道行军总管,自柳城出兵,礼部尚书、江夏郡王李道宗辅助他;刑部尚书、郧国公张亮任平壤道行军总管,率水师自莱州出发,左领军常何、泸州都督左难当辅助他。征调天下的兵士,又招募到兵士十万名,同趋平壤,征讨高丽。

十二月辛丑,平民李承乾去世。

贞观十九年春二月庚戌,皇上亲自统率六军自洛阳出发。乙卯,命令皇太子留在定州代天子处理国政;命开府仪同一司、申国公高士廉代理太子太傅,与侍中刘洎、中书令马周、太子少詹事张行成、太子右庶子高季辅五人共同掌管机要事务;任用吏部尚书、安德郡公杨师道为中书令。追赠殷代比干为太师。定谥号为忠烈。命令有关主管部门给他的墓添土,并修葺祠堂,每年春秋二季用猪、羊二牲祭奠,皇上亲自写祭文。

三月壬辰,皇上从定州出发,司徒、太子太师兼检校侍中、赵国公长孙无忌,中书令岑文本、杨师道随从。

夏四月癸卯,在幽州城南誓师,于是大宴六军将士而后派他们出征。丁未,中书令岑文本死于军中。癸亥,辽东道行军大总管、英国公李勣进攻盖牟城,击破了它。

五月丁丑,天子渡过辽水。甲申,皇上亲自率领精锐的骑兵与李勣合围辽东城,借助大风接连发射带引火物的箭,不一会儿城上的房屋和城楼全被烧光,于是指挥战士登城,随即拿下了这座城堡。

六月丙辰,部队到达安市城下。丁巳,高丽偏将高延寿、高惠真率兵十五万来援救安市,抵抗天子的军队。李勣率兵奋力进击,皇上从高山上领兵俯冲敌阵,高丽军大败,杀死和俘获的敌兵多得没法计算。延寿等带领剩下的兵士投降。于是将天子所到的山改名为驻跸山,并在那里刻石记功。赐天下会饮两天。

秋七月,李勣进军攻打安市城,到九月仍没有攻下,于是班师回朝。

冬十月丙辰,进入临渝关,皇太子自定州来关上迎接和晋见天子。戊午,在汉武台停留,刻石记载功德。

十一月辛未,到幽州。癸酉,大宴将士,接着军队撤回。

十二月戊申,到并州。侍中、清苑县男刘洎因有罪被赐死。

这一年,薛延陀真珠毗伽可汗去世。

贞观二十年春正月,皇上在并州。丁丑,派大理卿孙伏伽、黄门侍郎褚遂良等二十二人,用汉代制定的六条标准巡察四方,升降官吏。庚辰,因特殊情况赦免并州的罪犯,设宴招待随从的官员和一开始就随从起义的战士,分等第赐给他们粮食、丝织品和免除徭役的待遇。

三月己巳,天子抵达京师。己丑,刑部尚书、郧国公张亮图谋造反,被处死。

闰三月癸巳初一,日蚀。

夏四月甲子,太子太师、赵国公长孙无忌,太子太傅、梁国公房玄龄,太子太保、宋国公萧瑀各辞去调理保护太子的职务,天子同意。

六月,派兵部尚书、固安县公崔敦礼,特进、英国公李勣在郁督军山北击破薛延陀,前后斩敌军首级五千余,俘获男女三万多人。

秋八月甲子,封皇孙李忠为陈王。己巳,往灵州。庚午,在泾阳顿停留。铁勒回纥、拔野古、同罗、仆骨、多滥葛、思结、阿跌、契苾、跌结、浑、斛薛等十一个部落各派使者来朝见天子,贡献方物,进奏说:"薛延陀的可汗不侍奉大国,部落如鸟兽散,不知道往哪儿去了。我等各有自己的地盘,不能跟随薛延陀走,现归顺天子,请求在我们那儿设置汉族的官吏。"天子命令他们派人到灵州聚会。

九月甲辰,铁勒各部落的俟斤、颉利发等派使者相继到达灵州的有数千人,他们前来贡献方物,接着要求设置官吏,都请天子做他们的可汗。于是北部边远地区全部平定,天子写了一首五言诗刻在石上记叙此事。辛亥,灵州发生地震,可听到声音。

冬十月,从前的太子太保、宋国公萧瑀贬任商州刺史。丙戌,天子自灵州回到长安。

贞观二十一年春正月壬辰,开府仪同三司、申国公高士廉逝世。丁酉,下令在明年二月封泰山。甲寅,赐京师会饮三日。

二月壬申,下诏说左丘明、卜子夏、公羊高、谷梁赤、伏胜、高堂生、戴圣、长苌、孔安国、刘向、郑众、杜子春、马融、卢植、郑康成、服子慎、何休、王肃、王辅嗣、杜元凯、范宁等二十一人,世上使用他们的书,恩惠及于公卿大夫的子弟,从今以后太学祭祀,全让他们在宣尼庙堂陪从受祭。丁丑,皇太子在国学放置芹藻祭奠先师。

夏四月乙丑,在终南山上营造太和宫,改名为翠微宫。

五月戊子,到翠微宫。

六月癸亥,司徒、赵国公长孙无忌加授扬州都督。

秋七月庚子,在宜君县的凤凰谷建玉华宫。庚戌,自翠微宫回到长安。

八月壬戌,下诏说河北发生大水灾,取消原定明年举行的封禅典礼。辛未,骨利干国派使者进献名马。丁酉,封皇子李明为曹王。

冬十一月癸卯,改封顺阳王李泰为濮王。

十二月戊寅,任命左骁卫大将军阿史那社尔、右骁卫大将军契苾何力、安西都护郭孝恪、司农卿杨弘礼为昆山道行军大总管,领兵讨伐龟兹。

这一年,堕婆登、乙利、鼻林送、都播、羊同、石、波斯、康国、吐火罗、阿悉吉等远方异族的十九个国家,都派使者入朝拜见天子,进献方物。又在突厥的北边到回纥部落之间,设立驿站六十六处,以使往北部荒远地区的道路得以畅通。

贞观二十二年春正月庚寅,中书令马周去世。司徒、赵国公长孙无忌兼检校中书令,执掌尚书、门下两省事务。己亥,刑部侍郎崔仁师任中书侍郎,参预执掌机要事务。戊戌,到温泉。戊申,回宫。

　　二月，前任黄门侍郎褚遂良服丧未满，又被起用为黄门侍郎。中书侍郎崔仁师从官籍中除名，流放连州。癸丑，西部异族首领沙钵罗叶护率领他的臣民归附唐朝，任命他的俟斤屈裴禄为忠武将军，兼大俟斤。戊午，在结骨部落居住区设置坚昆都督。乙亥，往玉华宫。乙卯，赐给所经之地高龄有重病的人粮食和丝织品，多少不等。己卯，在华原打猎。

　　四月甲寅，漠北异族人为牧马越出疆界而相争，皇上亲自裁决，然后各方都心服。丁巳，右武侯将军梁建方进攻松外蛮，打下它的部落七十二个。

　　五月庚子，右卫率长史王玄策进攻帝那伏帝国，大破敌兵，捉到国王阿罗那顺及王妃、王子等，俘获男女一万两千人、牛马两万头而后还朝。派方士那罗迩娑婆在金飚门制造延长寿命的药。吐蕃赞普击破中天竺国，派使者来献战利品。

　　六月癸酉，特进、宋国公萧瑀逝世。

　　秋七月癸卯，司空、梁国公房玄龄逝世。

　　八月己酉初一，日蚀。

　　九月己亥，黄门侍郎褚遂良人造中书令。

　　十月癸亥，天子自玉华宫回到长安。

　　十一月戊戌，眉、邛、雅三州的獠人反叛，右卫将军梁建方将他们平定。庚子，契丹首领窟哥、奚首领可度者都率部归附唐朝。在契丹部落居住区设立松漠都督，在奚部落居住区设立饶乐都督。

　　十二月乙卯，增设殿中侍御史、监察御电各二人，大理寺设平事十人。

　　闰十二月丁丑初一，昆山道总管阿史那社尔逼降处密、处月，攻破龟兹大拔等五十座城，俘获数万人，捉拿龟兹王诃黎布失毕回朝，龟兹平定，西域各国震惊。副将薛万彻胁迫于阗王伏信入朝。癸未，新罗王派她的宰相伊赞千金春秋和她的儿子文王来朝见天子。

　　这一年，新罗女王金善德去世，派使者册封她的妹妹真德为新罗王。

　　贞观二十三年春正月辛亥，俘获的龟兹王诃黎布失毕和他的宰相那利等，被献到祭土神的庙里。

　　二月丙戌，设立瑶池都督府，隶属于安西都护府。丁亥，西突厥肆叶护可汗派使者来朝见天子。

　　三月丙辰，设立丰州都督府。自去年冬天不下雨，到了这月己未才下雨。辛酉，发布大赦令。丁卯，命令皇太子在金掖门处理政务。这一月，太阳发赤无光。

　　四月己亥，皇上到翠微宫。

　　五月戊午，太子詹事、英国公李勣任叠州都督。辛酉，开府仪同三司、卫国公李靖逝世。己巳，皇上在含风殿去世，享年五十二。遗诏命皇太子在灵柩前即位，说丧事应当按照汉代的制度办理。不公布天子逝世的消息。庚午，派先帝旧将统率飞骑营的精壮士兵随从皇太子先回京，调集六府披甲的士兵四千人，分列于道路及安化门，以这些士兵为护卫侍从，而后天子的车驾才入京；辞世的天子所用的车马，以及侍从护卫的官吏，都和平日一样。壬申，公布天子逝世的消息。

唐代宫女

六月甲戌初一，停枢于太极殿。

八月丙子，百官进献谥号为文皇帝，庙号太宗。庚寅，葬于昭陵。上元元年八月，改进献尊号为文武圣皇帝。天宝十三载二月，改进献尊号为文武大圣大广孝皇帝。

史官说：臣观文皇帝，创业立功，才能出众，聪慧多智，精明威武。选拔人物不对自己的同伙有所偏私，胸有志向、事业的人都能充分发挥自己的才能。所以屈突通、尉迟恭，由仇敌变而为愿意竭尽心力；马周、刘洎，自关系疏远而最终委以宰相的重任。终于使天下太平，实因为这个道理。臣尝试谈一下这样的事：柱子下的石墩湿润，空中就会云起雨落，昆虫叫唤，螽斯就会跳跃。纵然尧、舜圣明，不可能任用梼杌、穷奇而使天下太平；伊尹、吕尚贤能，不可能辅助夏桀、殷辛而使国家昌盛。君臣之间，遇合是困难的，以至于伍子胥挖眼，比干剖心，齐桓公尸体腐烂生蛆，虫子爬到门外，齐缗王被抽筋而薨，这实在是由于遇到的人不同造成的。以房玄龄、魏徵的才智而论，没有超过孔丘、孟轲，之所以能使君主尊贵、百姓受到保护，是因为遇到了机会。

有人问：凭太宗的贤明，却对兄弟没有爱，对儿子们有失教诲，为什么？回答是：对，舜不能爱四个被惩处的恶人，尧不能教育好丹朱，这是过去的记载中说的。当高祖神尧皇帝任用谗人的日子，李建成嫉妒太宗的功劳的时候，如果能消除畏惧，谁还顾得上家族的分崩离析，那时变故的发生，迫在眉睫，太宗正害怕"毁巢"的灾祸，哪里考虑到"兄弟二人不能相容"的歌谣？李承乾的愚昧，是圣明的父亲不能改变的。假如文皇帝自己选定贤明的太子，不随心所欲地攻打高丽，任用人才像贞观初年那样，接受谏言同于魏徵在世的时候，那么，较之周武王、周成王的王位世代相袭，我有美德遗留于世；同汉文帝、汉武帝的气度恢宏相比，他们多半会因为自己的行事有缺欠而内愧于心。推求太宗的听言断事不迷惑，从善如流，千载之间，可说是只有一人而已！